高等教育会计类创新应用型规划教材

国家级一流本科专业建设点

Accounting Information System

会计信息系统

黄辉　主编

东北财经大学出版社
Dongbei University of Finance & Economics Press
大连

图书在版编目（CIP）数据

会计信息系统 / 黄辉主编．—大连：东北财经大学出版社，2024.12．—（高等教育会计类创新应用型规划教材）．—ISBN 978-7-5654-5426-4

Ⅰ．F232

中国国家版本馆CIP数据核字第2024C3P234号

东北财经大学出版社出版

（大连市黑石礁尖山街217号　邮政编码　116025）

网　　址：http://www.dufep.cn

读者信箱：dufep@dufe.edu.cn

大连雪莲彩印有限公司印刷　东北财经大学出版社发行

幅面尺寸：185mm×260mm　字数：611千字　印张：25.5

2024年12月第1版　2024年12月第1次印刷

责任编辑：王　莹　责任校对：何　群

封面设计：原　皓　版式设计：原　皓

定价：59.00元

教学支持　售后服务　联系电话：（0411）84710309

如有印装质量问题，请联系营销部：（0411）84710711

前　言

党的二十大报告提出："高质量发展是全面建设社会主义现代化国家的首要任务。"各类单位作为国家的重要组成部分，其高质量发展自然也是当前的首要任务，而数字化转型正是各类单位高质量发展的重要途径。通常来说，会计信息化是各类单位数字化转型的起点和必由之路。因此，如何实现会计信息化的高质量发展成为当前的重要研究课题。

2024年6月，十四届全国人大常委会第十次会议表决通过《关于修改〈中华人民共和国会计法〉的决定》，首次将会计信息化写入会计法，在第八条中提出"国家加强会计信息化建设，鼓励依法采用现代信息技术开展会计工作，具体办法由国务院财政部门会同有关部门制定"。这是顺应数字经济发展的必然要求，既有利于加快推进会计工作数字化转型，支撑会计职能拓展，也为推进会计信息化高质量发展提供了坚实的法律基础。

2024年7月，为贯彻落实《中华人民共和国会计法》的有关要求，规范数字经济环境下的会计工作，推动会计信息化健康发展，根据《会计改革与发展"十四五"规划纲要》《会计信息化发展规划（2021—2025年）》，财政部对《企业会计信息化工作规范》（财会〔2013〕20号）进行修订，形成了《会计信息化工作规范》。为了规范数字经济环境下的会计软件基本功能和服务，提高会计软件和相关服务质量，对《会计核算软件基本功能规范》（财会字〔1994〕27号）进行修订，形成了《会计软件基本功能和服务规范》。以上规范为推进会计信息化高质量发展提供了具体路径。

会计实务上，随着以"大智移云区"为代表的信息技术在会计工作中的深度应用，会计信息化进入了新的发展时期。承载这些信息技术应用的会计软件从仅具备单纯的总账记账功能到业务财务一体化的全面功能，从核算型软件到管理决策型软件，这些变化都对财务人员提出了更高的要求，相应地，也给当前高校的会计信息系统课程教学提出了新的要求。正视这样的变化，改变传统的思维和教学模式，对会计信息系统课程进行改革，成为促进会计信息化高质量发展的重要手段，也是完成党的二十大提出的"坚持把发展经济的着力点放在实体经济上，推进新型工业化，加快建设制造强国、质量强国、航天强国、交通强国、网络强国、数字中国"，"加快发展数字经济，促进数字经济和实体经济深度融合，打造具有国际竞争力的数字产业集群"任务的必然选择。

在国内不同时期出版的会计电算化、会计信息系统、财务软件应用等会计信息系统方面的教材中，实验部分大多使用用友U8和金蝶K3两种平台。基于U8和K3平台的教学设计中，软件模块教学流程基本上是沿着"建账—基础档案设置—总账—报表管理—应收款/应付款管理—薪资管理—固定资产管理—供应链管理"的线索来安排的，因此绝大多数学校也是采用这样的软件模块教学流程来开展教学工作的。此模块教学流程可以让学生最先接触到总账和报表模块，适用于企业早期的会计软件应用由于资源所限只配置总账和报表模块的情况，此时涉及的业务处理内容是在总账模块中通过设置简单的辅助核算来完成的，或者直接在线下简单进行处理，体现出一种典型的重财务轻业务的倾向。

随着可扩展商业报告语言（XBRL）标准的奠基，大型企业集团财务共享服务的建立，小微企业财务SaaS（软件即服务）的广泛应用，财务规范流程中RPA财务机器人大显身手，财务区块链“小荷已露尖尖角”，现阶段我国企业的会计信息化已经进入业务财务一体化的阶段。与早期的软件应用相比，业务模块开始走向中台，总账模块退居后台，战略财务成为财务工作的统领，业务财务成为价值创造的源泉。

基于以上变化，当前会计信息系统教学暴露出会计软件模块教学流程安排不够合理的问题：

其一，按照当前的教学流程安排，总账模块放在最前面，供应链管理安排在后面。从模块之间的逻辑关系来看，企业的很多业务是由供应链业务驱动的，企业价值创造的根基也是隐藏在业务中，比如采购业务驱动产生应付业务和存货采购成本核算，销售业务驱动产生应收业务和存货销售成本核算，在此基础上由业务系统生成记账凭证传递到总账系统进行审核记账处理。显然，当前的教学流程聚焦于规范处理后的财务结果，忽视了千变万化的业务原因，是本末倒置。

其二，按照当前的教学流程安排，子系统的启用顺序非常复杂。例如，总账结账时要求当月的业务系统要先结账或者不启用；往来款项中的当月发票处理要求供应链系统当月不启用等。提前接触到这些复杂的启用规则，不利于教学的开展。

其三，按照当前的教学流程安排，业务模块的初始化以及总账的初始化是分散在各模块中分别进行的，这与企业的实际情况不符，缺少初始化设置的全局性。实际上，由于各模块初始化的内容并不是孤立的，而是存在密切的联系和严谨的钩稽关系，因此应该从总体的角度统一进行初始化设置。

在以上认识的基础上，作者基于业财一体化视角重构会计软件模块教学流程，即在会计软件模块的教学流程上，采用“建账—基础档案设置—整体初始化—供应链管理—应收款/应付款管理—薪资管理—固定资产管理—出纳管理—总账—报表管理—综合应用”的路径进行模块教学。与以前的流程相比，初始化工作是作为一个整体统一进行的，供应链管理被放到其他模块的前面因而被学生更早接触到。这种“总—分—总”的方式更容易让学生对企业业务以及会计软件有一个完整的认识。

课程初期，学生在教师的指导下完成会计软件所有子系统的初始化，通过初始化阶段数据之间的钩稽关系初步认识业务数据和财务数据的关联关系。业务处理阶段，首先开始供应链管理的教学，这是因为供应链管理业务的操作需要在采购管理、销售管理、应收款管理、应付款管理、库存管理、存货核算等子系统之间进行，可以让学生了解业务数据在各子系统之间的传递情况，从整体上把握业财一体化的实质。

这样的教学安排，一方面使学生在掌握供应链管理之后可以加强业务处理能力，另一方面既强调单个模块的应用又注重对整体流程和综合业务的处理，在会计软件的应用过程中最大限度地还原企业的实务，也就是业务驱动财务，这也为学生将来学习财务共享服务、云计算会计服务等打下坚实的理论基础和实践基础。

基于以上想法，编者通过深入分析和研究，尽量贴近企业实际情况，重新设计了业务内容，借助用友U8 V10.0演示版平台实现了会计核算前期准备以及供应链管理、应收款/

应付款管理、薪资管理、固定资产管理、出纳管理、总账、报表管理等模块的会计操作，实现了业务驱动财务、财务综合反映业务、业务财务高度一体化的目标。

在总结多年教学经验和科学研究的基础上，华东交通大学经济管理学院黄辉教授完成了本书的编写工作。天津财经大学2024级会计学博士生张悦同学为本书的编写提供了诸多科学的建议，并帮助核对书中案例数据。教材内容包括纸质印刷内容和二维码链接内容。本书既可以作为高等院校本科及研究生教材，也可以作为会计人员实际工作的参考用书。本书在写作过程中参考了相关文献资料，这些资料在参考文献部分有详细列示，实践部分使用了用友软件演示版，部分操作内容改编自软件的联机帮助，在此向所有版权拥有者致谢。

本书的出版得到了华东交通大学国家级一流本科专业建设点会计学专业的支持，是该建设点会计学系列教材的一部分。

由于编者水平有限，书中难免存在不妥之处，敬请广大读者批评指正。

编 者

2024年10月

目　录

第一章　会计信息系统概述 /1

第一节　大智移云等技术对会计的影响/1

第二节　会计软件/10

第三节　会计信息系统规章制度/16

第二章　会计软件安装与维护 /27

第一节　数据库安装/27

第二节　会计软件安装/29

第三节　数据源配置及初始化数据库/30

第三章　会计数据 /35

第一节　建账信息及基础档案数据/35

第二节　初始化设置数据/43

第三节　子系统日常业务数据/53

第四章　建账及基础设置 /60

第一节　建立账套及管理/61

第二节　基本信息设置/78

第三节　基础档案设置/84

第五章　子系统初始化 /112

第一节　供应链管理初始化/112

第二节　应收款/应付款管理初始化/127

第三节　薪资管理初始化/143

第四节　固定资产管理初始化/159

第五节　出纳管理初始化/167

第六节　总账初始化/171

第六章 供应链管理 / 180
第一节 供应链管理业务概述/180
第二节 采购管理日常业务及月末处理/187
第三节 销售管理日常业务及月末处理/226
第四节 库存管理日常业务及月末处理/244
第五节 存货核算日常业务及月末处理/252
第七章 应收款管理 / 262
第一节 应收款管理日常业务/263
第二节 应收款管理月末处理/274
第八章 应付款管理 / 276
第一节 应付款管理日常业务/277
第二节 应付款管理月末处理/281
第九章 薪资管理 / 283
第一节 薪资管理日常业务/283
第二节 薪资管理数据维护及月末处理/295
第十章 固定资产管理 / 298
第一节 固定资产管理日常业务/298
第二节 固定资产管理月末处理/313
第十一章 出纳管理 / 315
第一节 出纳管理日常业务/315
第二节 出纳管理月末处理/333
第十二章 总账 / 336
第一节 总账凭证处理/336
第二节 自动转账处理/347
第三节 账簿查询/355
第四节 凭证及账簿修改/363
第五节 总账月末处理/370
第十三章 报表管理 / 376
第一节 报表格式设计/377
第二节 报表数据处理/383
第三节 报表的其他操作/387
第四节 现金流量表/389
综合练习 / 398
参考文献 / 399

第一章　会计信息系统概述

美国《纽约时报》专栏作家托马斯·弗里德曼在《世界是平的：21世纪简史》一书中描述了信息技术的发展及其对世界的影响，“当今世界的竞技场已经被夷为平地”，“世界是平的，意味着在今天这样一个因信息技术而紧密、方便的互联世界中，全球市场、劳动力和产品都可以被整个世界共享，一切都有可能通过最有效率和最低成本的方式实现”。

信息时代的到来使会计面临的环境发生了巨大的变化。同时，信息技术凭借其超强的渗透能力在会计领域也得到了广泛的应用。从早期的会计电算化（会计核算）、XBRL（财务报告），到当期的财务共享服务（财务模式）、云计算会计服务（会计核算）、机器人流程自动化（财务决算）、电子发票（会计凭证）、区块链技术（会计信息安全）等。特别是以“大智移云区”为代表的主流信息技术，已经或者正在对会计产生影响。

大智移云区等技术简介

第一节　大智移云等技术对会计的影响

上海国家会计学院组织发起了“影响中国会计人员的十大信息技术”评选活动，旨在帮助会计人员积极应对信息技术带来的挑战，用乐观的心态拥抱新技术，最终成为技术大变革时代有所作为的群体。各年评选结果见表1-1。

表1-1　“影响中国会计人员的十大信息技术”各年评选结果

年份	信息技术
2024	会计大数据分析与处理、数电票、流程自动化、财务云、中台技术、电子会计档案、数据治理、新一代ERP、数据挖掘、商业智能
2023	数电发票（包括电子发票和区块链电子发票）、会计大数据分析与处理技术、财务云、流程自动化（RPA和IPA）、电子会计档案、中台技术、新一代ERP、数据治理技术、商业智能（BI）、数据挖掘
2022	财务云、会计大数据分析与处理技术、流程自动化（RPA和IPA）、中台技术（数据中台、业务中台、财务中台等）、电子会计档案、电子发票、在线审计与远程审计、新一代ERP、在线与远程办公、商业智能（BI）
2021	财务云、电子发票、会计大数据分析与处理技术、电子会计档案、机器人流程自动化（RPA）、新一代ERP、移动支付、数据中台、数据挖掘、智能流程自动化（IPA）
2020	财务云、电子发票、会计大数据技术、电子档案、机器人流程自动化（RPA）、新一代企业资源计划、区块链技术、移动支付、数据挖掘、在线审计

续表

年份	信息技术
2019	财务云、电子发票、移动支付、数据挖掘、数字签名、电子档案、在线审计、区块链发票、移动互联网、财务专家系统
2018	财务云、电子发票、移动支付、电子档案、在线审计、数据挖掘、数字签名、财务专家系统、移动互联网、身份认证
2017	大数据、电子发票、云计算、数据挖掘、移动支付、机器学习、移动互联、图像识别、区块链、数据安全技术
2002	会计核算与财务管理软件、企业资源计划（ERP）、数据/信息安全与控制、数据库技术、网络与计算机安全、计算机辅助审计、计算机病毒与防治、数据备份与恢复、企业网技术、制表软件与电子表格

从以上评选结果来看，大智移云技术是上榜常客，说明人们就这些技术对会计的影响已经达成共识。然而，信息技术的发展是无止境的。就会计人员而言，时代赋予的使命是，结合环境的变化，从认知角度思考信息技术应该在会计领域内的哪些应用场景落地，从而为会计理论发展与实务应用赋能。实际上，技术的应用对传统会计领域的工作方式和思维方式已经产生了深远的影响，电子商务的蓬勃兴起进一步推动了会计领域的变革。在信息技术的推动下，会计的职能不仅是报告组织过去的活动，而且必须积极主动地报告现在和将来的活动；不仅要报告组织的财务信息，而且要报告业务信息；不仅要知道经济活动的结果，而且要知道经济活动发生的原因。只有这样，会计才能为组织创造价值。

一、大数据技术对会计的影响

面对大数据时代产生的新思维、新技术与新方法的变革，会计人员要能了解数据的采集以及数据处理技术的变革，要能挖掘数据、分析数据、驾驭数据，要及时、准确地从大量复杂的数据中辨认出对会计的意义与价值，进而协助决策人员做出最佳的决策。大数据对会计的影响，主要表现在以下几个方面：

（一）从事后的财务报告向实时财务报告发展

按照会计分期假设，会计人员在会计期间结束后才能编制财务报告，其中年度财务报告最长的在会计期间结束后四个月才能披露，严重影响了会计信息的及时性。采用这种事后编报财务报告的方式，对于反映日益频繁和复杂的企业经营管理活动的财务信息则显得过于迟缓。随着企业竞争的加剧，越来越多的人意识到实时财务报告的重要性，而大数据技术使实时财务报告成为可能。实时财务报告是信息技术与大数据技术交叉融合的产物，是信息化条件下会计技术和方法发展的必然产物，尤其对业务数据和风险控制“实时性”要求较高的特定行业，如银行、证券、保险等行业，在这些行业中实施实时财务报告迫在眉睫。在大数据时代，构建企业实时财务报告系统的步骤主要包括：一是将企业内部局域网中的会计信息系统与管理信息系统的数据整合，建立企业的中心数据库，并在企业中心数据库中及时添加和更新企业生产经营活动的数据；二是建立企业实时财务报告系统网站，并将企业中心数据库与外部互联网连通，及时采集与企业生产经营活动相关的外部数据，实现数据共享和同步更新，并进行相互印证，分析发生差异的原因；三是由企业的会计人员和信息技术人员对数据库中的信息进行技术处理，经审计后上传至企业实时财务报告系统网站，为财务报告使用者提供实时的财务会计信息。

（二）从反映过去向预测未来发展

长期以来，企业会计的主要职能是反映过去，对预测未来则显得力不从心。当前形势下，企业会计预测未来正在比反映过去更为重要。在大数据时代，会计工作的重心发生改变，会计人员所发挥的战略性和前瞻性作用更强。会计人员需要不断收集、储存和传递海量数据，利用数据挖掘和数据分析对企业的未来进行预测，采取风险防范措施，推动企业业绩增长和价值提高，同时为股东等利益相关方提供有利于其做出决策的相关信息。会计要从反映过去向预测未来发展，需要做好以下工作：首先，制定预测未来的数据相关管理制度和办法，明确规定对预测数据的评估程序和方法，将企业的数据资产作为整体资产的一个重要方面进行记录、储存和保护，充分发挥数据资产的作用；其次，利用实时更新的大数据为企业提供更具针对性的决策支持，编制财务预算报告或提出风险预警报告，并将其及时提供给企业管理者和股东等利益相关者；最后，企业利用大数据对未来进行预测的目的是实时识别风险和提高风险控制能力，因此，企业各种实时数据要及时用于评估生产经营活动所面临的短期风险和长期风险，并有针对性地提出风险应对策略。

（三）从单一财务管理向综合财务管理发展

在大数据时代，财务管理的理念发生实质性的变革。企业财务管理不再局限于单一的财务范畴，而是延伸到计划、供应、生产、销售、研发、人力资源和战略制定等更广泛的领域，也就是说，财务管理的主要任务和中心工作是收集、处理、分析和管理与企业业务有关的一切数据。很多与传统财务管理范畴无关的业务和内容将被纳入大数据时代的财务管理，因此，可以称之为综合财务管理。正因为有了大数据的支撑，一方面，财务管理人员可以通过对企业内外部各种数据的采集、挖掘，掌握全面、大量的有用信息，从而深入分析企业的生产经营活动情况，了解企业面临的内外部风险，促使企业正确面对现在与把握未来；另一方面，财务管理人员在进行相关数据分析时，可以及早觉察到企业生产经营活动的异常情况，提醒企业管理人员及时采取应对措施，堵塞各种漏洞，减少可能的损失。综合财务管理拓展了财务管理的领域和深度，从企业所处的国内外形势、行业现状与前景、企业的竞争能力、有形资产与无形资产状况、产品价值优势和自身财务状况出发，进行深入、细致的分析与评估，真正做到不仅“知己”，而且“知彼”。从这个意义上说，在大数据时代，综合财务管理将成为企业在激烈的市场竞争中取胜的核心要素。

二、人工智能技术对会计的影响

当前，人工智能在会计领域的应用只是对逻辑性强、重复性高的工作部分加以替代，以降低会计工作成本，提高会计工作的准确性和及时性。人工智能在会计工作中应用的场景主要有语音指令会计核算、机器视觉核对验证、财务大数据分析、财务风险智能控制、提供精准预测方案等，主要以RPA的应用方式呈现。

（一）语音指令会计核算

人工智能在语言方面的交互性已十分强大，可以提取语音中的关键信息，自动进行归纳分类，直接存储在“机器大脑”中并向系统发出指令完成操作。语音指令会计核算主要采用语音识别、语音转换技术，通过人工智能训练把语义自动转换为结构化信息，自动完成资产、负债、收入、成本、费用类型的金额、时间、地点的填写和核算。

语音指令会计核算包括语音指令记账、语音指令核算和语音指令编制财务报表。语音指令记账是会计人员发出语音指令，人工智能根据指令就能完成记账；语音指令核算是会计人员发出语音指令，人工智能根据指令输出核算过程和结果；语音指令编制财务报表是会计人员发出语音指令，人工智能自动完成财务报表编制。会计人员在与人工智能的交互中，轻松完成会计核算，从而使会计核算流程变得简单、快速和高效。

（二）机器视觉核对验证

机器视觉是人工智能正在快速发展的一个分支。机器视觉是指从客观事物的图像中提取信息，用机器视觉代替人眼进行核对处理并加以理解，用于实际检测、测量和控制。机器视觉在会计领域中的应用，就是通过机器的“眼睛”和“大脑”的功能，把影像文件转化成结构化数据，并做出测量、判断、核对和验证。其主要包括：（1）会计凭证查重、验证。在会计核算工作中，需要检查发票等原始凭证是否重复，并对其真实性与合规性进行审核。传统方法是人工登录税务局网站输入相关信息后逐个查询，而机器视觉能将该项工作完全实现自动化。（2）自动完成记账，价税分离。审核原始凭证是会计核算的第一步，在原始凭证审核完成后需要根据复式记账原理选择核算科目和数量、单价、金额，机器视觉可以自动确定核算科目和数量、单价、金额，并根据原始凭证的类型和业务情况自动确定税额。

（三）财务大数据分析

通过人工智能系统，会计人员可以对同行业国内外情况、公司内部财务状况与生产经营等各个方面的数据进行挖掘、分析、整理、对比，将所收集和录入的数据分成不同方面进行数据整合，以满足经营管理的需要。首先，会计人员可以利用人工智能广泛搜集相关信息，形成数据库并实时更新，综合不同的数据集进行全方位核算。其次，会计人员可以利用数据挖掘和分析技术发现并推断数据间的关系，建立相应的数据模型。最后，会计人员可以依据大数据的分析结果，结合公司实际情况，选择相应参数，得出相关结论，服务于管理层决策。在应用人工智能技术后，事前风险分析、事中数据分析、事后绩效分析等都将成为财务大数据分析的新内容。

（四）财务风险智能控制

财务风险智能控制是把人类具有的直觉推理和试凑法等智能加以形式化或机器模拟，用于财务风险控制系统的分析与设计，使之在一定程度上实现财务风险控制系统的智能化。财务风险智能控制是指不需要人的干预就能够根据深度学习自主地驱动智能工具实现自动控制目标，这是人工智能模拟人类智能的一个重要方面。现代信息化财务风险控制系统需要依赖那些不够完备和不够精确的数据来解决难以控制或无法控制的情况，财务风险智能控制技术为解决这一难题提供了有效的方案。目前，财务风险智能控制的流程主要有：（1）利用模糊数学、神经网络方法对财务风险控制过程进行动态环境建模，利用传感器融合技术进行数据的预处理和综合；（2）采用专家系统作为反馈机构，修改控制环节或选择较好的控制模式和参数；（3）利用模糊集合决策选取决策模型进行财务风险控制；（4）利用神经网络的学习功能和并行处理数据的能力进行在线模式识别；（5）自动进行财务风险预警，自动实施财务风险控制。

（五）提供精准预测方案

人工智能的实际应用就是生成各种精准的预测方案以供选择。实际上，人工智能是一种预测技术。生产经营预测对公司发展来说是不可或缺的重要环节，它主要通过总结以前公司在发展中的生产经营数据，对公司未来可能出现的生产经营数据进行测算和规划。传统的生产经营预测是将人工录入的单一数据作为基本依据，这会存在很大的不稳定性，同时数据的精准性也存在问题。当人工智能被应用于预测时，可以从多维度、多角度对公司数据进行全面收录，除了数字还包括文本和图像，甚至包括与客户的通话记录。此外，人工智能可以根据不同参数及时提供多种精准的预测方案，这是传统的生产经营预测无法做到的。

2022年11月30日，ChatGPT的发布将人工智能的应用提升到新的高度。这种人工智能技术驱动的自然语言处理工具，能基于在预训练阶段所见的模式和统计规律生成回答，还能根据聊天的上下文进行互动，像人类一样交流，甚至能完成撰写论文、发送邮件、编写脚本、生成文案、翻译、编写代码等任务。在会计领域，相比于传统的会计软件，ChatGPT的引入将极大地提升会计软件性能，在工作效率、质量和稳定性等方面都具有显著优势。ChatGPT技术可以在自动化会计处理、数据分析与财务处理、财务预测与规划、风险管理等方面得到广泛应用。

三、"互联网+"对会计的影响

"互联网+"促进了会计服务的升级换代，对现有会计业务的转型具有巨大的促进作用，甚至可能颠覆现行会计服务模式。

（一）"互联网+"推进会计服务水平升级

"互联网+"促进社会化分工，强势构建新型现代会计服务业体系，并推进会计服务水平的升级。"互联网+"使会计服务的重点从财务会计向管理会计转变，给管理会计的发展带来了新的机会。传统的会计服务仅提供简单、标准化的财务信息，"互联网+"会计服务将逐渐转变为重点提供参与决策分析、创造价值、提供战略支持的管理会计服务。管理会计是现代企业管理的重要组成部分，在提升我国企业经营管理水平和促进企业可持续发展等方面发挥着越来越大的作用。

打造会计服务"升级版"的重点在于大力培育和发展管理会计，并推进管理会计服务的转型。传统的管理会计是基于静态预算进行反馈、控制和评价的机械体系，而"互联网+"时代的管理会计将转变成根据环境变化进行动态预测和计划，提供实时决策支持，柔性优化资源配置，持续改进绩效，有助于构建科学的财务分析与预测、财务战略规划、资本市场运作、全面预算管理体系、全面风险管理、绩效管理、商业模式等专业体系，其提高决策支持能力、降低成本费用、提高企业竞争力的重要作用日益突出。

在"互联网+"作用下，现代会计服务业体系变得日益丰富，在为传统的企业所有者和利益相关者提供相关财务信息的同时，更多地为企业管理者提供全面、及时、相关和可靠的决策信息与管理信息，提升会计的服务水平。

（二）"互联网+"助力会计服务效率提高

在"互联网+"时代，高效运作的企业对会计服务效率提出了更高的要求。"互联网+"使会计核算从事后处理发展到事中处理，使财务管理从静态管理走向动态管理，使会计监控从间断性监控走向持续性监控，突破了传统会计分期理论，使会计数据更具有决策意义，会计信息在企业管理过程中将发挥更加积极的作用。

（三）“互联网+”促进会计服务平台建设

“互联网+”是把互联网的创新成果与各行业深度融合，提升行业创新能力和服务能力，形成更广泛的以互联网为基础设施和创新要素的行业新生态。在“互联网+”时代，会计服务的平台建设是关键，企业应当建设财务共享服务平台以集中数据，从而强化内部控制、降低风险、提高效率，为所有者和经营管理者提供广阔的服务空间。

财务共享服务平台是依托信息技术、云计算和大数据，以财务业务流程处理为基础，以优化组织结构、规范流程、提升流程效率、降低运营成本或创造价值为目的，以市场导向为内外部单位提供专业化服务的分布式管理模式和平台。通过财务共享服务平台，集团公司可以让分公司、子公司把数据导入系统，做到事前提示、事中控制、事后评价；可以利用先进的信息技术和网络财务软件，实现“协同业务、集中管理”；可以在平台上建立财务模板，尽可能取消人工作业，让业务数据自动生成有用的财务信息；可以运用标准化系统执行各项业务，减少偏差及各业务单元可能存在的暗箱操作，降低各种风险；可以通过设置让系统自动提示例外和预警，加强对下属机构的财务监控；可以利用系统的开放性建立各数据共享接口和平台，满足各方不同需求；可以通过系统定期生成符合会计准则要求的财务报表及符合管理要求的管理会计报表等。因此，企业财务共享服务平台的建设和完善是实现会计服务转型升级的关键环节。

（四）“互联网+”改善会计服务资源配置

“互联网+”在提高社会生产效率和资源配置效益以及改变人类生活方式等方面发挥着不可逆转的巨大作用。互联网技术催生新的增值服务，改变会计服务业价值链的价值分布。互联网的互联互通让会计服务资源有机会流动起来，解决会计服务资源闲置的问题，从根本上打破过去会计人员独立和封闭的工作单元。

我国财政部门相关数据显示，会计人员供给的结构性过剩和需求缺口同时存在，这种矛盾在“互联网+”时代将有可能通过会计服务众包模式得到解决。众包是互联网环境下重要的生产组织方式，它通过有效配置资源，有效利用资源的闲置产能，形成一种分散而又分享的经济形态。会计服务众包模式已经被应用于实践之中。在开放的会计服务在线平台上，持有会计专业技术资格证书的人员可以注册、认证、考试及接单。注册、认证、考试完毕的会计人员只要有空闲的时间，有电脑，有网络，就可以随时随地通过会计服务在线平台处理各种财务会计事项，如在线查阅用户账单凭据、做账、进行财务审批、更新财务制度、编制财务报表、完成纳税申报、交付成果、提供咨询等。

（五）“互联网+”实现全流程会计服务

企业内部的业务流程很多，如以购销链为主的物流、以生产管理为主的信息流、以财务资金为主的资金流。传统的会计服务是基于对资金流的分析，提出改进管理的意见和建议，这无法保证财务与业务步调一致。在“互联网+”时代，企业会计人员可以通过构筑电子商务信息平台、连接智能物流骨干网和金融服务平台，及时取得企业内部和外部的相关数据，成功实现信息流、物流、资金流“三流合一”，贯穿从用户需求分析、服务准备到服务改进的整个业务流程，从而提供无缝衔接的全流程服务。

在经营过程中，企业无论是进行宏观分析还是进行微观分析，无论是进行概率预测还是进行趋势判断，都需要有相应的数据作为支撑。在“互联网+”时代，以大数据平台为支撑，详细记录每一个用户对产品和技术的要求，及时收集市场对产品和技术的反馈，有助于制定精细化的产品营销策略。同时，企业可以根据所存储的大量数据，对生产、经营和销售过程进行深入挖掘，开展多维度的定量和定性分析，适时调整计划、方案，规避经营和财务风险，及时发现问题并提出成熟的解决方案，最终改进信息流、物流、资金流管理。

（六）“互联网+”优化会计服务企业布局

互联网促进各地资源对接，推动会计服务全国一体化发展。在全国东西部经济发展不平衡条件下，我国会计服务业发展也呈现割裂的状态，与中西部地区相比，东部地区会计服务企业多、从业人员素质高、业务快速发展。但是，伴随着互联网普及率的提升和物流基础设施的完善，中西部地区同样能享受到东部地区高水平的会计服务。从会计服务企业的布局上看，会计服务企业选址大多在北京、上海、广州、深圳、大连、成都和武汉等城市及其周边地区。这些城市凭借良好的互联网基础设施和会计人才资源禀赋，在业务先进性、行业代表性、服务辐射性、规模增长性四个方面呈现出各自的特色。

“互联网+”助力会计服务企业实施国际化战略，一点接入、服务全球。移动互联网的快速发展为会计服务企业国际化经营提供了不可或缺的便利条件，很多会计服务企业利用移动互联网开启了“走出去”的新征程，扩大了会计服务的全球竞争版图。会计服务企业一方面要把握移动互联网所带来的会计服务国际化的机遇，学习、掌握国际会计服务的相关规则和互联网应用技术，在会计服务工作中应用大数据、云计算等手段，借助新工具，更高效地履行会计服务、决策咨询、辅助管理等职能；另一方面要适应互联网所带来的业务延伸新挑战，加强国际化能力的全方位锻造，在承接境外企业会计外包等新业务时，运用该国语言提供的符合当地会计政策的会计服务解决方案将赢得境外企业的青睐。

（七）“互联网+”改变会计服务监管模式

互联网为建立庞大的会计服务平台提供了可能，加速了会计综合服务的发展趋势，也对现行的针对会计服务行业的分业监管提出了挑战。会计记账由财政部门监管，税务代理由税务部门监管，证券咨询服务由证券管理机构监管，统计资料提交由统计管理部门核定资格，注册登记由市场监督管理部门管理，诸如此类的分业监管的政府管理体制会造成信息孤岛，增加社会管理成本。会计综合服务是大势所趋，跨市场、跨行业的会计服务层出不穷，分业监管越来越不适应当下会计服务业发展的需求。为此，一方面，会计服务行业要打通信息障碍，数出一门，让数据发挥更大价值，综合利用各种数据；另一方面，政府部门要进一步简政放权，让市场自由选择，充分发挥市场主体和中介机构的作用。在“互联网+”时代，实行适合会计综合服务的混业监管模式，不仅能提高管理效率，降低行政管理成本和社会成本，而且可以促进会计服务内容、管理模式乃至管理思维的不断创新。

未来的监管模式可以采取弹性互动机制。首先，由会计服务行业的社会组织根据相关企业标准制定行业公约，提升行业自律；其次，政府监管部门在对行业公约进行广泛调研并取得行业认可的基础上，最终将其转化为制度规范。这种自下而上自觉提炼、发现规则与自上而下沟通协商、完善规则的互动机制对整个社会的良性运行和制度规范的优化有极大的益处。

四、云计算对会计的影响

会计理论、会计技术的每一次重大变革，都是伴随着商业模式的重大变革而发生的。在云计算模式下，终端用户将自己的数据资源交给云计算服务提供商管理，这就产生了数据资源等资产确认、收入确认与计量、成本确认与计量、会计凭证合法有效性以及云计算安全等问题。

（一）云计算对数据资源等资产确认的挑战

在云计算模式下，终端用户的数据资源脱离终端用户的控制进入云计算服务提供商的系统，改变了传统模式下数据资源存在于终端用户系统的事实，这就动摇了资产确认的“存在性”认定。这使得提供数据的公司在会计期末确认数据资源等资产的价值时，在技术上增加了难度。此外，缺乏有效的保护用户数据安全的网络框架体系也使数据资源等资产的确认与计量存在困难。存储于云中的数据完全依靠云计算服务提供商的保障，在数据资源等资产安全方面存在极大的不确定性。例如，若存储和处理数据的服务提供商倒闭，那么存储于云中的数据就有可能丢失。再如，云计算服务提供商迁移或删除旧数据会导致用户的数据遗失。另外，一旦发生自然灾害，导致服务提供商的服务器毁损，也有可能导致用户数据丢失。因此，云计算模式改变了传统上对数据资源等资产的确认模式，使传统的资产确认、计量模式受到很大的冲击。

（二）云计算对收入确认与计量的挑战

云计算产业将会带动软件、信息服务、互联网、服务器、存储、网络设备、数据中心等行业的发展，可以说是对整个计算机、互联网产业链的重构。云计算改变了传统的商业模式，导致各个交易环节的重构，因此必须进行新的交易安排。云（即数据资源）服务商、平台提供商、应用软件服务商乃至终端用户等从事云计算业务的各种市场主体之间发生的交易可能具有新的特点，企业应据此更新交易的内涵，并重新设计交易框架。例如，苹果应用商店提供软件开发工具包（Software Development Kit，SDK）并与软件开发者分成的模式颠覆了传统的收入模式。未来云计算产业的发展还将孕育出更多的模式，因此，如何区分云计算服务提供商与其相关产业的收入，如何确认云计算服务提供商的收入，这是亟待研究和解决的问题。事实上，基于种种原因，即使是云计算服务提供商，目前也无法明确列出业务收入中来自云计算的部分，更不可能对其进行及时、正确的确认与计量。

（三）云计算对成本确认与计量的挑战

云计算服务提供商不仅难以对云计算的收入进行及时、正确的确认与计量，而且难以对云计算的成本进行及时、正确的确认与计量。云计算的成本包括很多内容，其中一些成本可能是云计算服务提供商意想不到的，这些成本虽然未必会降低云计算服务提供商从云计算中获得的实际商业价值，但会给云服务的总成本带来影响。云计算服务提供商应采取措施来管理固有风险和意想不到的各类成本。

从目前来看，云计算的成本主要包括：（1）迁移和存储数据的费用。把大量数据迁移到公共云上并长期存储它们，每年都需要花费资源。如果没有完全理解云计算模式，就不会意识到这些费用的存在。（2）集成多家提供商的应用程序的费用。云计算在集成方面存在着隐性成本，如果没有考虑到这些成本，那么对云计算的成本计量就可能是不全面的。

(3) 测试软件的费用。在将软件迁移到云端之前要测试软件，这也会带来不可预见的成本。(4) 租金和水电设施的费用。只要使用云服务，租金和水电设施等基础设施费用就应计入成本。(5) 准备成本。以上云计算的成本，有的发生在基础设施建设时期，有的发生在云计算服务提供期间，有的则发生在未来，这就给成本的确认与计量造成了困难，也给成本与收入的配比带来了严峻的挑战。

（四）云计算对会计凭证合法有效性的挑战

云计算模式以在线服务为核心，依靠增值服务、功能应用或广告获利。在比较典型的云计算模式中，软件或初始服务均以低价甚至免费向用户提供，真正的盈利点在于增值服务和广告。但是，网络环境的开放性、虚拟性、交互性、匿名性，使传统会计业务确认、计量和报告需要提供合法、有效的会计凭证的要求难以满足。

在云计算模式下，终端用户的大量数据资源存储在“云”上，不仅取得合法、有效的会计凭证的可能性很小，而且在取得会计凭证的过程中可能发生各种各样的问题，表现最为突出的是会计凭证的取证和管辖权问题。电子证据本身就非常复杂，这就使得会计凭证的取证更加困难。此外，数据通过互联网存储和交付并且在全球范围内流动，数据的拥有者既不能控制数据的流动也无法掌握数据的存储位置，而每个国家又拥有自己的法律及管理要求。因此，必须取得会计凭证来确认、计量会计业务的要求在云计算模式下受到了严峻的挑战，会计凭证的取证及管辖权问题不仅涉及判断数据存储位置，而且涉及国际交流与合作。

（五）云计算的安全问题

目前，我国自主研发的财务会计信息化云计算平台尚处于起步阶段。因此，云计算在会计领域广泛应用的最大挑战是安全问题。考虑到会计和经济数据的安全性，大部分公司不愿意将公司内的会计和经济数据放在公共云上。虽然从技术角度看，云计算服务提供商通常能提供较高的数据安全机制，但这并不能保证公司的会计与经济数据绝对安全。公司的会计和经济数据的泄露，对公司的生存和发展来说是致命打击。因此，如何进一步加强云计算的安全性，消除公司对云计算隐患的担忧，有待于云计算系统的不断完善。此外，云平台建设的技术与资金起点较高，研发风险较大，开发周期较长，这也是制约云计算在会计领域广泛应用的原因所在。

五、区块链技术对会计的影响

区块链为各行各业带来了机遇和挑战。目前，虽然会计不是区块链技术应用的中心领域，但由于会计记录反映企业生产经营的数据，而通过区块链技术的应用可以解决信息不透明、易篡改和不信任等问题，节省高额成本，因此应用前景广阔。区块链技术可以被成功应用在会计的方面有：可追溯的自主审核；会计流程自动化；交易审核和认证；追踪资产所有权；实施“智能合约”；资产的注册和库存管理系统。

区块链在数据记录开放方面的重大变革将从根本上改变现行的封闭式会计账表体系。在区块链系统中，通过智能合约，会计人员可以事前设计格式规范的账表体系，以便向使用者提供决策有用信息。相关账表会随着交易的发生而同时形成，并向所有使用者及时公开，形成开放式的账表体系。区块链技术能够向区块链系统里的所有使用者提供一份自动更新的账本（链），包含系统中发生的每笔交易（区块）。区块链系统的重要组成部分是系统预先选定的多个验证节点，由它们来对交易达成“共识”。一旦共识达成，交易就会自动被信任。区块链系统会将每笔交易的副本传递给与交易相关的所有用户，而不是传递企业能自由控制的账表体系。除了输入错误外，在其他环节中是不可能发生欺诈或者错误的。如果企业对交易存在输入错误，也会被其他用户发现并纠正。在互联网和大数据时代，区块链技术可以为数据录入、提取、编辑提供便捷的渠道和安全保障，犹如一个巨大的数据账本，这有利于需要大量数据储备的会计行业的发展。区块链技术是使用全新的加密认证技术和去中心化的机制。维护完整的分布式的不可篡改的连续账本数据库，能够让区块链中的参与者在无须相互认识和建立信任关系的前提下，通过统一的账本系统确保资金和信息安全。

区块链的这些特性将对会计业务产生极其重大的影响，主要体现在以下几个方面：区块链能够降低公司之间的信任风险；区块链技术可以被应用于股权、债权、供应链、利润分配等领域；区块链能够驱动公司形成新的商业模式；公司可以应用区块链防控财务风险，促进财务创新和协作。

在现行的公司资产管理中，公开透明地管理资产有助于解决公司资源流失等问题。将区块链技术应用于资产管理领域，公司可以有效地实现资产公开化、透明化，将每一笔资产记录于区块链上，成为一组真实可靠、不可篡改的信息。同时，该资产涉及的每一笔交易也将被写入区块链中，公司的投资者可以通过这个分布式的数据网络查看公司资产的具体明细，评估公司资产的实际价值，审查每一笔与其相关的交易，了解该资产的具体去向，从而实现对公司资产的监管。在这样一个高度公开透明的账表体系中，一切交易行为都将暴露在光天化日之下，侵吞公司资产的行为将无处藏身。

第二节　会计软件

会计工作的开展，会计职能的实现，离不开会计信息系统。作为管理信息系统的重要组成部分，会计信息系统首先是一个系统，是人机系统，包括会计软件及软硬件运行环境。会计信息系统从会计信息处理的角度出发，在信息技术环境中分析、设计、评价和研究会计数据的收集、加工、存储以及会计信息输出等。具体来看，其基本构成包括硬件、软件、人员、规章制度等方面。其中，核心部分是会计软件，相关的法律和规章制度是确保数据安全合规、软件运行稳定可靠的保障。

从历史的发展来看，会计软件带来了会计工作各方面特别是数据处理技术方面质的飞跃。1954年10月美国通用电气公司第一次采用电子计算机计算职工工资，标志着电子计算机被真正应用到了会计领域，引起了会计处理技术的重大变革，这也是第一个真正意义上的会计软件。尽管会计软件最初的处理内容仅限于工资计算、库存材料的收发核算等一些数据处理量大、计算简单而重复次数多的经济业务，但它充分利用了计算机的优势，以模拟手工会计核算形式代替了部分手工劳动，大大提高了这些劳动强度较高的工作效率。为信息技术在会计领域的广泛应用打下了坚实的基础，起到了良好的示范作用。

在我国，计算机在会计中的应用始于1979年财政部在长春第一汽车制造厂的试点。从这时开始，有了我国最早的会计软件。

2024年7月，为了规范数字经济环境下的会计软件基本功能和服务，提高会计软件和相关服务质量，财政部对《会计核算软件基本功能规范》（财会字〔1994〕27号）进行修订，形成了《会计软件基本功能和服务规范》，自2025年1月1日起正式施行。

一、会计软件概述

会计软件是指单位使用的专门用于会计核算、财务管理的应用软件或者其功能模块。会计软件具有以下基本功能：①为会计核算、财务管理直接采集数据；②生成会计凭证、账簿、报表等会计资料；③对会计资料进行存储、转换、输出、分析、利用。

会计软件按不同的适用范围可分为专用会计软件和通用会计软件。

1. 专用会计软件是指由使用单位根据会计工作的需要自行开发或者委托其他单位开发、供本单位使用的会计软件。专用会计软件也称为定点开发会计软件，其特点是把使用单位的会计规则，如会计科目、报表格式、工资项目、固定资产项目等固化到会计软件，定点开发的专用会计软件适合本单位的特点，使用起来更加方便。但因受到使用范围的限制，仅适用于个别单位。

2. 通用会计软件是指由专业软件公司研制，公开在市场销售，能适应不同行业、不同单位业务处理与会计工作需要的会计软件。通用会计软件的特点是一般设计有一个初始化模块，对本单位的所有会计规则进行设置，从而把一个通用会计软件转化为一个适合本单位情况的专用会计软件。通用会计软件虽然存在许多不足，比如系统初始化的工作量大，计算机系统的资源占用和浪费严重，难以满足用户单位的某些特殊要求，但是与专用会计软件相比，通用会计软件具有软件质量高、成效快、成本相对较低、系统维护量小并且维护有保障等优点。所以，中小企业甚至大型企业大都选择通用会计软件以迅速实现会计信息化。

作为一名会计人员，为了能够迅速适应信息化的会计工作环境，应该掌握市场占有率较高的通用会计软件的实现原理及基本操作方法。国产通用会计软件市场占有率较高的有用友、金蝶、浪潮、新中大、速达、金算盘等，国外软件有SAP、Oracle等。尽管会计软件的取得方式各不相同，品牌很多，但由于会计工作内在的规范性要求，在功能方面，各种会计软件功能模块构成、操作流程都类似。

二、会计软件的功能组成及联系

会计软件需要处理的数据多、流程复杂，而且各种业务在数据处理上各有其特点，因此会计软件内部还需要划分若干个相对独立的功能模块，分别完成不同的核算内容，一般划分为财务会计部分的总账、报表、薪资管理、固定资产管理、应收款/应付款管理等模块，管理会计部分的成本管理、预算管理、资金管理、绩效管理等模块，供应链业务部分的采购管理、销售管理、库存管理、存货核算模块等。财务会计和供应链业务部分模块功能如下：

1. 总账模块，是整个会计软件的核心，以会计凭证为原始数据，通过凭证的输入和处理，完成记账、算账、对账、转账、账簿查询等功能。

2. 报表模块。根据事先定义好的格式和数据生成公式，由计算机自动从账务处理系统的账簿数据库中获取核算数据，完成各种报表的编制与汇总工作。企业会计报表发生变动时，只需要修改或重新定义报表格式和取数公式。

3. 薪资管理模块，主要用来计算企业职工应发和实发工资，并根据部门对工资进行分配。

4. 固定资产管理模块，主要用来反映企业固定资产增减变动及折旧计提情况。

5. 应收款/应付款模块，主要用来处理企业生产经营过程中发生的单位与单位、单位与个人业务往来所形成的债权、债务。

6. 成本核算模块，主要用来归集和分配各种成本费用，及时计算产品总成本和单位成本，计算和结转成本差异，输出成本核算的有关信息。

7. 供应链管理模块，主要用来完成采购管理、销售管理、库存管理、存货核算等方面的业务处理以及相应的财务处理工作，实现业务与财务的一体化管理。

一套完整的会计软件是一个大系统，它可分解为若干个子系统，各子系统之间相互作用，共同完成会计软件的总体工作目标。了解各子系统间的数据联系是非常重要的，例如用友软件中常用的子系统之间的数据联系如图1-1所示。

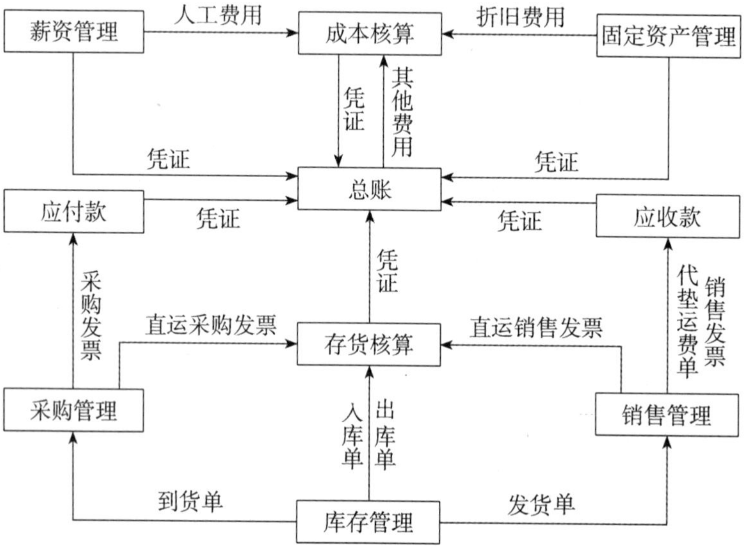

图1-1 子系统之间的数据联系

三、会计软件总体要求

由于会计工作的规范性和特殊性，《会计软件基本功能和服务规范》对会计软件提出了如下总体要求，只有符合要求的软件才能在实务中应用。

1. 会计软件的设计应当符合我国法律、行政法规和部门规章的有关规定，保证会计数据合法、真实、准确、完整、安全，有利于提高会计工作效率。

2. 会计软件应当保障单位按照国家统一的会计制度开展会计工作，不得有违背国家统一的会计制度的功能设计。

3. 会计软件应当遵循国家统一发布的电子凭证会计数据标准，在电子凭证输入、处理和输出等环节进行适配，满足会计数据标准的要求。

4. 会计软件结构应当具备开放性，遵循国家相关技术标准规范，采用开放式体系架构，提供易于理解的标准数据接口，支持通用的数据传输协议和数据格式，便于实现与其他信息系统集成或数据交换。

5. 会计软件功能应当具备可扩展性，满足当前及可预见时间内的业务需求，方便进行功能和会计数据标准应用的扩展。

6. 会计软件设计应当具备灵活性，支持会计信息化业务模式、工作流程和数据等的灵活定义与部署。

7. 会计软件性能应当具备稳定性，能够有效防范和消除用户误操作和恶性操作而产生系统错误甚至故障，能够通过自动或手工方式消除运行环境造成的影响，快速恢复正常运行。

8. 会计软件应当具备安全性，能够及时保存会计数据处理关键业务过程记录，有效防止非授权访问，充分防御恶意攻击，保障会计数据安全。

9. 会计软件服务商应当积极探索现代信息技术在会计领域的应用，在会计软件的研究开发中保持技术更新迭代，积极助力会计数字化转型和会计职能作用发挥。

10. 会计软件的界面应当优先使用中文，遵循中文编码国家标准并提供对中文处理的支持，可以同时提供外国或者少数民族文字界面对照和处理支持。

11. 会计软件应当支持以人民币作为记账本位币进行会计核算。以人民币以外币种记账的，应当支持折算为人民币编报财务会计报告。

四、会计软件的数据输入要求

1. 会计软件应当具备会计数据输入功能，支持网络报文传输、文件导入和手工录入等输入方式。会计软件应具备输入数据校验功能，对于软件中已有的相关数据内容，支持对新输入会计数据与已有相关数据的准确性和一致性进行校验。

2. 会计软件应当支持与业务软件系统的一体化应用，确保会计数据真实、完整、安全的传输，实现电子原始凭证自动生成电子记账凭证。

3. 会计软件应当能够接收电子原始凭证等会计数据，支持通过查验电子签名等方式检查电子原始凭证的合法性、真实性。

4. 会计软件应当准确、完整、有效读取电子会计凭证中的数据，真实、直观、安全呈现电子会计凭证所承载的信息。会计软件应当适配电子凭证会计数据标准，支持按照电子凭证会计数据标准解析符合标准的电子会计凭证。

五、会计软件的数据处理要求

1.会计软件应当安全、可靠地传输、存储、转换、利用会计数据。对内部生成和从外部接收的电子会计凭证，能准确识别和防止信息被篡改，能够如实、直观地向用户呈现凭证的真实性等状态。

2.会计软件的数据处理功能设置应当符合国家统一的会计制度要求。

（1）会计软件应当同时提供国家统一的会计制度允许使用的多种会计核算方法，以供用户选择。会计软件对会计核算方法的更改过程，在系统内应当有相应的记录。

（2）会计软件应当提供符合国家统一的会计制度的会计科目分类和编码功能，支持单位进一步扩展应用。

（3）会计软件应当提供自定义辅助核算项目功能，支持单位结合实际情况开展多维度会计数据分析。

3.会计软件应当提供填制和生成记账凭证的功能。

（1）会计软件应当支持审签程序自动化，能够根据预置的审核规则实现电子会计凭证数据、业务数据和资金支付数据等相关数据的自动关联和相互校验。校验无误的电子原始凭证可自动填制电子记账凭证，并进行会计入账。会计软件的自动审核规则应当可查询、可校验、可追溯。会计软件应当支持用户针对特定审签程序的系统自动化处理进行授权操作。

（2）会计软件应当按照国家统一的会计制度进行会计核算，具备经办、审核、审批等必要的审签程序并防止电子会计凭证重复入账。

（3）会计软件应当提供不可逆的记账功能，不得提供对已记账凭证的删除和插入功能，确保对同类已记账凭证的连续编号，不得提供对已记账凭证日期、币种、汇率、金额、科目、操作人等的修改功能。

（4）会计软件应当具有按照电子凭证会计数据标准要求处理电子会计凭证，并生成入账信息结构化数据文件的功能。

4.会计软件应当提供根据审核通过的记账凭证生成账簿的功能。

（1）根据审核通过的记账凭证或者记账凭证汇总表登记总分类账。

（2）根据审核通过的记账凭证和相应原始凭证登记明细分类账。

5.会计软件应当提供自动进行银行对账的功能，根据银行存款账面余额、银行存款日记账与输入的银行对账单，借助适当的手工辅助完成银行对账。

6.会计软件应当提供会计数据按照规定会计期间进行结账的功能。结账前，会计软件应当自动检查本期输入的会计凭证是否全部登记入账，全部登记入账后才能结账。鼓励会计软件提供跨应用、跨系统的智能结账功能，满足单位多应用、多系统的情况下，加强结账任务协同，提升结账效率。

7.会计软件应当提供符合国家统一的会计制度规定自动编制会计报表的功能。会计软件应当提供会计报表的自定义功能，包括定义会计报表的格式、项目、各项目的数据来源、项目之间的计算逻辑等。

8.鼓励会计软件服务商在会计软件中集成可扩展商业报告语言（XBRL）功能，便于单位生成符合国家统一标准的XBRL会计数据文件和财务会计报告。

六、会计软件的数据输出要求

1.会计软件应当提供符合国家统一的会计制度的会计凭证、会计账簿、财务会计报告和其他会计资料的显示、打印、生成版式文件并导出的功能。

2.会计软件应当具有会计资料归档功能，提供导出电子会计档案的接口，输出归档的电子会计资料应当符合国家有关电子文件归档与电子会计档案管理的要求。

3.会计软件应当具有符合国家统一标准的数据接口，满足系统功能拓展、与外部系统对接和监督需要，支持相关监管机构的信息披露要求。

4.鼓励会计软件提供按照标准格式输出各类会计数据的功能，促进会计数据的应用，发挥会计数据的价值。

七、会计软件安全要求

1. 会计软件运行、处理应当安全可靠，根据需要采取安全认证、电子签名、数字加密和可信存证等技术手段，防止非授权访问，防范数据库中的会计数据被篡改，保障会计处理过程安全可信，以及会计数据可验证、可溯源。

2. 会计软件应当能够记录用户操作日志，确保日志的安全、完整，提供按操作人员、操作时间和操作内容查询日志的功能，并能以简单易懂的形式输出。

3. 会计软件应当满足数据保密性的要求，支持对重要敏感数据的加密存储和传输。会计软件应支持按照数据使用场景及安全要求，对敏感数据进行脱敏处理。

4. 会计软件应当满足数据完整性的要求，根据需要采取电子签名、可信存证等技术手段，保障会计数据不被篡改。

5. 会计软件应当满足数据可靠存储的要求，能够支持数据容灾和备份功能，避免会计数据因错误操作、系统故障或自然灾害而损毁、丢失。

6. 会计软件应当满足跨境数据境内备份的要求。如存在单位在境外设立分支机构等情形，其数据服务器部署在境外的，会计软件应当能够支持将境外部署的数据服务器中的电子会计资料备份到境内，并能够支持在必要时仅依靠境内备份的电子会计资料独立满足单位开展会计工作以及财会监督需要。

7. 会计软件采用密码技术的，应当遵循国家密码主管部门的有关规定。

八、会计软件服务要求

1. 鼓励会计软件服务商为用户提供符合国家统一的会计制度要求的个性化、自动化、智能化核算处理功能。会计软件服务商为财务会计报告按规定须经注册会计师审计的单位提供会计软件时，鼓励其提供的会计软件适配注册会计师审计数据标准。

2. 会计软件服务商应当保证会计软件服务质量，按照合同约定及时解决用户使用中的故障问题。对于新施行的国家统一的会计制度和会计数据标准，会计软件服务商应当及时审查和评估软件功能，对软件进行必要的维护和升级，并通知用户所升级的版本、补丁和功能。对于会计软件服务提供之前已施行的国家统一的会计制度和会计数据标准，会计软件服务存在影响用户按照国家统一的会计制度进行会计核算的，或存在影响用户按照会计数据标准输入、处理和输出会计数据的，会计软件服务商应当为用户免费提供更正程序以消除上述影响。

3. 会计软件服务商以远程访问、云计算等方式提供的会计软件服务，应当支持用户使用符合本规范要求的会计软件功能。

4. 用户以远程访问、云计算等方式使用会计软件服务生成的电子会计资料及相关数据归用户所有。会计软件服务商应当提供符合国家统一标准的数据接口供用户导出电子会计资料，不得以任何理由拒绝用户导出电子会计资料的请求。

5. 以远程访问、云计算等方式提供服务的会计软件服务商，应当严格遵守国家有关网络安全、数据安全和信息保护等方面的法律法规，落实网络安全等级保护的有关要求，在技术上保证用户会计资料的安全、完整和可用，为用户的会计资料提供必要的数据容灾、应用容灾技术措施，出现系统故障或自然灾害导致数据毁损的，能及时为用户恢复会计资料，保障用户业务能够延续。对于因会计软件服务商原因造成用户会计资料泄露、毁损的，会计软件服务商应当按规定承担恢复、赔偿责任。

6. 以远程访问、云计算等方式提供服务的会计软件服务商，应当做好本服务商不能维持服务的情况下，保障用户电子会计资料安全以及单位会计工作持续进行的预案，并在相关服务合同中与用户就该预案做出约定。

7. 会计软件服务商应当为用户提供必要的会计软件使用操作培训和相关教程资料。会计软件服务商和用户在有关合同中约定了操作培训事宜的，应当从其约定。

8. 会计软件服务商可以采用现场服务、呼叫中心、在线人工客服、智能客服、网络社区服务等多种方式为用户提供实时技术支持。会计软件服务商应当努力提高会计软件相关服务质量，按照合同约定及时解决用户使用中的故障问题，并建立突发问题应急机制。

9. 有关部门依法开展监督检查工作，需要通过会计软件开展检查、调查的，会计软件服务商应当配合并提供相关文档等支持资料。

第三节　会计信息系统规章制度

会计信息化的推进过程不是简单地将会计软件应用于会计业务，而是有领导、有目标、有计划、有组织推进的技术革命。在此过程中，会计信息系统规章制度的制定和有力执行是这场技术革命能否成功的重要方面。

美国注册会计师协会（AICPA）于1976年发布了《管理咨询服务公告第4号——计算机应用系统开发和实施指南》。国际会计师联合会（IFAC）分别于1984年2月、1984年10月、1985年6月公布了3个有关会计电算化的国际审计准则。

在我国，“会计电算化”一词是在1981年8月财政部和中国会计学会于长春市召开的“财务、会计、成本应用电子计算机专题讨论会”上被正式提出来的，在当时是“电子计算机信息技术在会计工作中应用”的简称。随着我国会计电算化事业的发展，会计电算化的概念也在发展，有狭义和广义之分。狭义的会计电算化，是指以电子计算机为主体的当代电子信息技术在会计工作中的应用；广义的会计电算化，是指与实现会计工作电算化有关的所有工作，包括会计电算化软件的开发和应用、会计电算化人才的培训、会计电算化的宏观规划、会计电算化的制度建设、会计电算化软件市场的培育与发展等。1999年4月，在深圳市财政局与深圳金蝶软件科技有限公司举办的“新形势下会计软件市场管理研讨会暨会计信息化理论专家座谈会”上提出了“会计信息化”的概念，这个概念的内涵和外延基本上与广义的会计电算化一致。

2024年6月28日，十四届全国人大常委会第十次会议表决通过《关于修改〈中华人民共和国会计法〉的决定》，首次将会计信息化写入会计法，在第八条中提出“国家加强会计信息化建设，鼓励依法采用现代信息技术开展会计工作，具体办法由国务院财政部门会同有关部门制定”。这是顺应数字经济发展的必然要求，既有利于加快推进会计工作数字化转型，支撑会计职能拓展，也为推进会计信息化高质量发展提供了坚实的法律基础。

在以上规范中，会计信息化是指单位（包括国家机关、社会团体、公司、企业、事业单位和其他组织）利用现代信息技术手段和数字基础设施开展会计核算，以及利用现代信息技术手段和数字基础设施将会计核算与其他经营管理活动有机结合的过程。

从我国会计信息系统相关的法律规章制度的制定和执行历史来看，1999年10月31日修订通过的《中华人民共和国会计法》（以下简称《会计法》）规定，“使用电子计算机进行会计核算的，其软件及其生成的会计凭证、会计账簿、财务会计报告和其他会计资料，也必须符合国家统一的会计制度的规定”，“用电子计算机进行会计核算的，其会计账簿的登记、更正，应当符合国家统一的会计制度的规定”。2024年6月28日第三次修正的《中华人民共和国会计法》规定，“国家加强会计信息化建设，鼓励依法采用现代信息技术开展会计工作，具体办法由国务院财政部门会同有关部门制定”。

按照《会计法》的规定，财政部先后制定并发布了《会计电算化管理办法》（1994，已废止）、《商品化会计核算软件评审规则》（1994，已废止）、《会计核算软件基本功能规范》（1994，已废止）、《会计电算化工作规范》（1996，已废止）、《关于全面推进我国会计信息化工作的指导意见》（2009）、《企业会计信息化工作规范》（2013，已废止）、《会计档案管理办法》（2015）等一系列相关的规章制度，这些制度对单位使用会计软件、软件生成的会计资料、采用电子计算机替代手工记账、电子会计档案保管等工作做出了具体规范，在我国会计信息化的发展过程中发挥了重要作用。

2024年7月，为贯彻落实《中华人民共和国会计法》的有关要求，规范数字经济环境下的会计工作，推动会计信息化健康发展，提高会计信息质量，发挥会计数据作用，根据《会计改革与发展“十四五”规划纲要》《会计信息化发展规划（2021—2025年）》，财政部修订印发了《会计信息化工作规范》（财会〔2024〕11号）和《会计软件基本功能和服务规范》（财会〔2024〕12号），自2025年1月1日起施行。

一、会计信息化管理

财政部主管全国会计信息化工作，主要职责包括：（1）拟订会计信息化发展政策、制度与规划；（2）起草、制定会计信息化标准；（3）规范会计软件基本功能和相关服务；（4）指导和监督单位开展会计信息化工作、会计软件服务商提供会计软件和相关服务。

县级以上地方各级人民政府财政部门负责管理本行政区域内会计信息化工作，指导和监督本行政区域内单位开展会计信息化工作。

省、自治区、直辖市人民政府财政部门负责指导和监督本行政区域内会计软件服务商提供会计软件和相关服务。

单位应当重视会计信息化工作，加强组织领导和人才培养，建立健全制度，完善管理机制，保障资金投入，积极推进会计信息化在本单位的应用。单位负责人是本单位会计信息化工作的第一责任人。单位应当指定专门机构或者岗位负责会计信息化工作，并依照本规范的要求开展工作。

未设置会计机构和会计岗位的单位，可以采取委托代理记账机构或者财政部规定的其他方式组织会计工作，推进会计信息化应用。

二、会计信息化建设

1. 单位开展会计信息化建设，应当根据单位发展目标和信息化体系建设实际需要，遵循统筹兼顾、安全合规、成本效益等原则，因地制宜地推进。

2. 单位应当加强会计信息化建设顶层设计和整体规划，明确建设目标和资源投入，统一构建管理机制和标准体系，合理搭建系统框架和内容模块，科学制定实施步骤和实施路径，保障内外部系统有机整合和互联互通。

3. 单位应当在推动实现会计核算信息化的基础上，从业务领域层面逐步推动实现财务管理信息化和决策支持信息化，从技术应用层面推动实现会计工作数字化、智能化。

4. 单位应当加强会计信息化制度建设，明确会计信息化建设和应用各个领域与各个环节的管理要求和责任机制。

5. 单位应当注重会计信息系统与单位运营环境的匹配，通过会计信息化推动管理模式、组织架构、业务流程的优化与革新，建立健全适应数字经济发展要求的会计信息化工作体系。

6. 单位应当在遵循国家统一的会计制度的基础上，加强会计标准化建设，结合单位实际业务场景和管理需求，制定统一的会计核算科目体系、核算流程、财务主数据及会计报表等一系列业务标准，并建立健全内部技术标准和数据标准体系，消除数据孤岛，促进数据利用。鼓励行业主管部门、大型企业及企业集团对所属单位统一开展会计标准化建设。

7. 单位建设配备会计信息系统，应当根据管理要求、技术力量以及业务需求，考虑系统功能、安全性、可靠性、开放性、可扩展性等要求，合理选择购买、定制开发、购买与定制开发相结合、租用等方式。定制开发包括单位自行开发、委托外部单位开发、与外部单位联合开发。

8. 单位通过委托外部单位开发、购买或者租用等方式配备会计信息系统，应当在有关合同中约定服务内容、服务质量、服务时效、数据安全等权利和责任事项。

9. 会计信息系统业务流程设计、业务规则制定应当科学合理。鼓励实现业务流程、业务规则配置操作可视化。会计信息系统应当设定经办、审核、审批等必要的审签程序。系统自动执行的业务流程应当可查询、可校验、可追溯。

10. 对于会计信息系统自动生成且具有明晰审核规则的会计凭证，可以将审核规则嵌入会计信息系统，由系统自动审核。未经自动审核的会计凭证，应当先经人工审核再进行后续处理。系统自动审核的规则应当可查询、可校验、可追溯，其设立与变更应当履行审签程序，严格管理，留档备查。

11. 单位应当遵循内部控制规范体系要求，运用技术手段加强对会计信息系统规划、设计、开发、运行、维护全过程的控制，并将控制流程和控制规则嵌入会计信息系统，实现对违反控制要求情况的自动防范和监控预警。

12. 单位建设与会计信息系统相关的业务系统，应当安排负责会计信息化工作的专门机构或者岗位参与，充分考虑会计信息系统的需求，加强内部系统协同。单位应当促进会计信息系统与业务信息系统的一体化，通过业务的处理直接驱动会计处理，提高业务数据与会计数据的一致性，实现单位内部数据资源共享与分析利用。

13. 单位应当根据实际情况，开展本单位会计信息系统与财政、税务、银行、供应商、客户等外部单位信息系统的互联，实现外部交易信息的集中自动处理。提供产品或者服务的单位，具备条件的，应当向接受产品或者服务的单位交付符合电子凭证会计数据标准的电子凭证。国家机关、事业单位等预算单位使用的会计信息系统应当按照财政预算管理一体化系统有关接口标准，实现与财政预算管理一体化系统的衔接。鼓励单位利用现代信息技术定期核对往来款项，提高外部交易和会计信息的真实性、完整性。

14. 鼓励单位积极探索大数据、人工智能、移动互联网、云计算、物联网、区块链等现代信息技术在会计领域的应用，提升会计信息化水平。

15. 具备条件的单位应当利用信息技术促进会计工作的集约化、自动化、智能化，构建和优化财务共享服务、预算管理一体化、云服务等工作模式。

三、会计数据处理和应用

1. 单位应当遵循国家统一的会计数据标准，保证会计信息系统输入、处理、输出等各环节的会计数据质量和可用性，夯实会计数据处理和应用基础。

2. 单位应当建立安全便捷的电子原始凭证获取渠道。鼓励单位通过数据交换、数据集成等方式，实现电子原始凭证等会计数据的自动采集和接收。

3. 单位处理和应用电子会计凭证，应当保证电子会计凭证的接收、生成、传输、存储等各环节安全可靠。单位应当通过完善会计信息系统功能、建立比对机制等方式，对接收的电子原始凭证等会计数据进行验证，确保其来源合法、真实，对电子原始凭证的任何篡改能够被发现，并设置必要的程序防止其重复入账。

4. 单位会计信息系统应当能够准确、完整、有效地读取或者解析电子原始凭证及其元数据，按照国家统一的会计制度的规定开展会计核算，生成会计凭证、会计账簿、财务会计报告等会计资料。单位会计信息系统应当适配电子凭证会计数据标准，具备处理符合标准的电子会计凭证的能力，并生成符合标准的入账信息结构化数据文件。对于财务会计报告按规定须经注册会计师审计的单位，鼓励其会计信息系统适配注册会计师审计数据标准。

5. 单位以电子会计凭证的纸质打印件作为报销、入账、归档依据的，必须同时保存打印该纸质件的电子会计凭证原文件，并建立纸质会计凭证与其对应电子文件的检索关系。

6. 单位以纸质会计凭证的电子影像文件作为报销、入账、归档依据的，必须同时保存纸质会计凭证，并建立电子影像文件与其对应纸质会计凭证的检索关系。

7. 具备条件的单位应当推动电子会计凭证接收、生成、传输、存储、归档等各环节全流程无纸化、自动化处理。

8. 单位可以在权责明确、确保信息安全的情况下，将一个或者多个会计数据处理环节委托给符合要求的第三方平台进行集约化、批量化处理，以降低成本、提高效率。鼓励第三方平台探索一站式、聚合式服务模式。

9. 单位应当按照国家有关电子会计档案管理的规定，建立和完善电子会计资料的形成、收集、整理、归档和电子会计档案保管、统计、利用、鉴定、处置等管理制度，采取可靠的安全防护技术和措施，保证电子会计档案在传递及存储过程中的真实性、完整性、可用性和安全性，加强电子会计资料归档和电子会计档案管理。符合电子凭证会计数据标准的入账信息结构化数据文件应当与电子会计凭证同步归档。

10. 来源可靠、程序规范、要素合规的电子会计凭证、电子会计账簿、电子财务会计报告和其他电子会计资料与纸质会计资料具有同等法律效力，可仅以电子形式接收、处理、生成和归档保存。符合国家有关电子会计档案管理要求的电子会计档案与纸质会计档案具有同等法律效力。除法律、行政法规另有规定外，电子会计档案可不再另以纸质形式保存。

11. 单位应当充分利用现代信息技术，推动单位业财融合和会计职能拓展，增强会计数据支撑单位提升绩效管理、风险管理、可持续发展的能力，助力单位高质量发展。单位应当加强会计数据与其他财会监督数据汇聚融合和共享共用，推动财会监督信息化。

12. 鼓励单位运用各类信息技术开展会计数据治理，探索形成可扩展、可聚合、可比对的会计数据要素，丰富数据应用场景，服务价值创造。鼓励单位以安全合规为前提，促进会计数据要素的流通使用，发挥会计数据要素在资源配置中的支撑作用，充分实现会计数据要素价值。

13. 单位应当根据法律法规要求向会计资料使用者提供电子财务会计报告等电子会计资料。实施企业会计准则通用分类标准的企业，应当按照有关要求向财政部门等监管部门报送可扩展商业报告语言（XBRL）财务会计报告。

14. 单位接受外部监督检查机构依法依规查询和调阅会计资料时，对符合国家有关电子会计档案管理规定要求的电子会计资料，可仅以电子形式提供。

四、会计信息化安全

1. 单位会计信息化工作应当统筹安全与发展，遵循《中华人民共和国网络安全法》《中华人民共和国数据安全法》《中华人民共和国保守国家秘密法》等法律法规的有关规定，切实防范、控制和化解会计信息化可能产生的风险。

2. 单位应当加强会计数据安全风险防范，采取数据加密传输技术等有效措施，保证会计数据处理与应用的安全合规，避免会计数据在生成、传输、处理、存储等环节的泄露、篡改及损毁风险。单位应当对电子会计资料进行备份，规定备份信息的备份方式、备份频率、存储介质、保存期等，确保会计资料的安全、完整和可用。鼓励单位结合内部数据管理要求建立会计数据安全分类分级管理体系，加强对重要数据和核心数据的保护。

3. 单位应当加强会计信息系统安全风险防范，采取有效措施保证会计信息系统持续、稳定、安全运行。

4. 单位应当按照国家网络安全等级保护制度，全面落实安全保护管理和技术要求，加强会计信息网络安全风险防范，采取有效措施保障会计信息网络安全，防范病毒木马、恶意软件、黑客攻击或者非法访问等风险。

5. 单位开展涉及国家秘密的会计信息化活动，应当遵循《中华人民共和国保守国家秘密法》等法律法规的有关规定。单位不得在非涉密信息系统和设备中存储、处理和传输涉及国家秘密或者其他法律法规另有限制性规定的电子会计资料。

6. 单位会计信息系统数据服务器的部署应当符合国家有关规定。如存在单位在境外设立分支机构等情形，其数据服务器部署在境外的，应当在境内保存电子会计资料备份，备份频率不得低于每月一次。境内备份的电子会计资料应当能够在境外服务器不能正常工作时，独立满足单位开展会计工作的需要以及财会监督的需要。单位应当加强跨境会计信息安全管理，防止境内外有关机构和个人通过违法违规和不当手段获取并向境外传输会计数据。单位的电子会计档案需要携带、寄运或者传输至境外的，应当按照国家有关规定执行。

7. 单位开展会计信息化工作涉及处理自然人个人信息的活动，应当遵循《中华人民共和国个人信息保护法》等法律法规的有关规定。

8. 单位开展会计信息化工作涉及人工智能各类活动和生成式人工智能服务，应当遵守有关法律法规，尊重社会公德和伦理道德。

五、会计信息化监督

1. 县级以上地方各级人民政府财政部门采取现场检查、第三方评价等方式对单位开展会计信息化工作是否符合本规范、会计软件功能和服务规范要求的情况实施监督。对不符合要求的单位，由县级以上地方各级人民政府财政部门责令限期改正。限期不改的，县级以上地方各级人民政府财政部门应当依法予以处罚，并将有关情况通报同级相关部门。

2. 财政部采取组织同行评议、第三方认证、向用户单位征求意见等方式对会计软件服务商提供会计软件和相关服务遵循会计软件功能和服务规范的情况进行检查。省、自治区、直辖市人民政府财政部门发现会计软件和相关服务不符合会计软件功能和服务规范规定的，应当将有关情况报财政部。任何单位和个人发现会计软件和相关服务不符合会计软件功能和服务规范要求的，可以向所在地省（自治区、直辖市）人民政府财政部门反映，有关省、自治区、直辖市人民政府财政部门应当根据反映情况开展调查，并按上述规定处理。

3. 会计软件服务商提供会计软件和相关服务不符合会计软件功能和服务规范要求的，财政部可以约谈该服务商主要负责人，责令限期改正。限期内未改正的，由财政部依法予以处罚，并将有关情况通报相关部门。

4. 财政部门及其工作人员存在违反本规范规定，以及其他滥用职权、玩忽职守、徇私舞弊等违法违规行为的，依法依规追究相应责任。

六、建立会计信息化岗位责任制

要明确各个工作岗位的职责范围，切实做到事事有人管、人人有专责、办事有要求、工作有检查。工作岗位可分为基本会计岗位和会计信息化岗位。基本会计岗位包括会计主管、出纳、会计核算、稽核、会计档案管理等工作岗位。会计信息化岗位包括直接管理、操作、维护计算机及会计软件系统的工作岗位。会计信息化岗位和工作职责一般可划分如下：①会计信息化主管，负责协调计算机及会计软件系统的运行工作，要求具备会计和计算机知识，以及相关的会计信息化组织管理的经验。②软件操作，负责输入记账凭证和原始凭证等会计数据，输出记账凭证、会计账簿、报表和进行部分会计数据处理工作，要求具备会计软件操作知识，达到会计信息化初级知识培训的水平。③审核记账，负责对输入计算机的会计数据（记账凭证和原始凭证等）进行审核，操作会计软件登记机内账簿，对打印输出的账簿、报表进行确认。要求具备会计和计算机知识，达到会计电算化初级知识培训的水平，可由主管会计兼任。④会计信息化维护，负责保证计算机硬件、软件的正常运行，管理机内会计数据。要求具备计算机和会计知识，经过会计信息化中级知识培训。⑤会计信息化审查，负责监督计算机及会计软件系统的运行，防止利用计算机进行舞弊。要求具备会计和计算机知识，达到会计电算化中级知识培训的水平。⑥数据分析，负责对计算机内的会计数据进行分析，要求具备计算机和会计知识，达到会计电算化中级知识培训的水平。

实施会计信息化过程中，各单位可根据内部牵制制度的要求和本单位的工作需要，对会计信息化岗位的划分进行调整，设立必要的工作岗位。基本会计岗位和会计信息化岗位可在保证会计数据安全的前提下交叉设置，各岗位人员要保持相对稳定。由本单位人员进行会计软件开发的，还可设立软件开发岗位。

七、会计档案管理办法

会计档案是指单位在进行会计核算等过程中接收或形成的，记录和反映单位经济业务事项的，具有保存价值的文字、图表等各种形式的会计资料，包括通过计算机等电子设备形成、传输和存储的电子会计档案。

1.会计档案范围

（1）以下会计资料应纳入归档范围：

① 会计凭证：原始凭证、记账凭证。

② 会计账簿：总账、明细账、日记账、固定资产卡片及其他辅助性账簿。

③ 财务会计报告：月度、季度、半年度、年度财务会计报告。

④ 其他会计资料：银行存款余额调节表、银行对账单、纳税申报表、会计档案移交清册、会计档案保管清册、会计档案销毁清册、会计档案鉴定意见书及其他具有保存价值的会计资料。

（2）单位可以利用计算机、网络通信等现代信息技术手段管理会计档案。

（3）同时满足下列条件的，单位内部形成的属于归档范围的电子会计资料可仅以电子形式保存，形成电子会计档案：

① 形成的电子会计资料来源真实有效，由计算机等电子设备形成和传输。

② 使用的会计核算系统能够准确、完整、有效接收和读取电子会计资料，能够输出符合国家标准归档格式的会计凭证、会计账簿、财务会计报表等会计资料，设定了经办、审核、审批等必要的审签程序。

③ 使用的电子档案管理系统能够有效接收、管理、利用电子会计档案，符合电子档案的长期保管要求，并建立了电子会计档案与相关联的其他纸质会计档案的检索关系。

④ 采取有效措施，防止电子会计档案被篡改。

⑤ 建立电子会计档案备份制度，能够有效防范自然灾害、意外事故和人为破坏的影响。

⑥ 形成的电子会计资料不属于具有永久保存价值或者其他重要保存价值的会计档案。

（4）满足（3）规定条件，单位从外部接收的电子会计资料附有符合《中华人民共和国电子签名法》规定的电子签名的，可仅以电子形式归档保存，形成电子会计档案。

2.会计档案归档

单位的会计机构或会计人员所属机构（以下统称单位会计管理机构）按照归档范围和归档要求，负责定期将应当归档的会计资料整理立卷，编制会计档案保管清册。

当年形成的会计档案，在会计年度终了后，可由单位会计管理机构临时保管一年，再移交单位档案管理机构保管。因工作需要确需推迟移交的，应当经单位档案管理机构同意。单位会计管理机构临时保管会计档案最长不超过三年。临时保管期间，会计档案的保管应当符合国家档案管理的有关规定，且出纳人员不得兼管会计档案。

单位会计管理机构在办理会计档案移交时，应当编制会计档案移交清册，并按照国家档案管理的有关规定办理移交手续。纸质会计档案移交时应当保持原卷的封装。电子会计档案移交时应当将电子会计档案及其元数据一并移交，且文件格式应当符合国家档案管理的有关规定。特殊格式的电子会计档案应当与其读取平台一并移交。单位档案管理机构接收电子会计档案时，应当对电子会计档案的准确性、完整性、可用性、安全性进行检测，符合要求的才能接收。

3.会计档案利用

单位应当严格按照相关制度利用会计档案，在进行会计档案查阅、复制、借出时履行登记手续，严禁篡改和损坏。单位保存的会计档案一般不得对外借出。确因工作需要且根据国家有关规定必须借出的，应当严格按照规定办理相关手续。会计档案借用单位应当妥善保管和利用借入的会计档案，确保借入会计档案的安全完整，并在规定时间内归还。

4.会计档案保管

会计档案的保管期限分为永久、定期两类。定期保管期限一般分为10年和30年。会计档案的保管期限，从会计年度终了后的第一天算起。

5.会计档案销毁

会计档案鉴定工作应当由单位档案管理机构牵头，组织单位会计、审计、纪检监察等机构或人员共同进行。单位应当定期对已到保管期限的会计档案进行鉴定，并形成会计档案鉴定意见书。经鉴定，仍需继续保存的会计档案，应当重新划定保管期限；对保管期满，确无保存价值的会计档案，可以销毁。经鉴定可以销毁的会计档案，应当按照以下程序销毁：

（1）单位档案管理机构编制会计档案销毁清册，列明拟销毁会计档案的名称、卷号、册数、起止年度、档案编号、应保管期限、已保管期限和销毁时间等内容。

（2）单位负责人、档案管理机构负责人、会计管理机构负责人、档案管理机构经办人、会计管理机构经办人在会计档案销毁清册上签署意见。

（3）单位档案管理机构负责组织会计档案销毁工作，并与会计管理机构共同派员监销。监销人在会计档案销毁前，应当按照会计档案销毁清册所列内容进行清点核对；在会计档案销毁后，应当在会计档案销毁清册上签名或盖章。

电子会计档案的销毁还应当符合国家有关电子档案的规定，并由单位档案管理机构、会计管理机构和信息系统管理机构共同派员监销。电子会计档案的鉴定销毁应当符合国家有关规定。

保管期满但未结清的债权债务会计凭证和涉及其他未了事项的会计凭证不得销毁，纸质会计档案应当单独抽出立卷，电子会计档案单独转存，保管到未了事项完结时为止。单独抽出立卷或转存的会计档案，应当在会计档案鉴定意见书、会计档案销毁清册和会计档案保管清册中列明。

6.终止经营的会计档案管理

单位因撤销、解散、破产或其他原因而终止的，在终止或办理注销登记手续之前形成的会计档案，按照国家档案管理的有关规定处置。

7.分立后的会计档案管理

单位分立后原单位存续的，其会计档案应当由分立后的存续方统一保管，其他方可以查阅、复制与其业务相关的会计档案。单位分立后原单位解散的，其会计档案应当经各方协商后由其中一方代管或按照国家档案管理的有关规定处置，各方可以查阅、复制与其业务相关的会计档案。单位分立中未结清的会计事项所涉及的会计凭证，应当单独抽出由业务相关方保存，并按照规定办理交接手续。单位因业务移交其他单位办理所涉及的会计档案，应当由原单位保管，承接业务单位可以查阅、复制与其业务相关的会计档案。对其中未结清的会计事项所涉及的会计凭证，应当单独抽出由承接业务单位保存，并按照规定办理交接手续。

8.合并后的会计档案管理

单位合并后原各单位解散或者一方存续其他方解散的，原各单位的会计档案应当由合并后的单位统一保管。单位合并后原各单位仍存续的，其会计档案仍应当由原各单位保管。

9.建设期的档案管理

建设单位在项目建设期间形成的会计档案，需要移交给建设项目接受单位的，应当在办理竣工财务决算后及时移交，并按照规定办理交接手续。

10.会计档案交接

单位之间交接会计档案时，交接双方应当办理会计档案交接手续。移交会计档案的单位，应当编制会计档案移交清册，列明应当移交的会计档案名称、卷号、册数、起止年度、档案编号、应保管期限和已保管期限等内容。交接会计档案时，交接双方应当按照会计档案移交清册所列内容逐项交接，并由交接双方的单位有关负责人负责监督。交接完毕后，交接双方经办人和监督人应当在会计档案移交清册上签名或盖章。电子会计档案应当与其元数据一并移交，特殊格式的电子会计档案应当与其读取平台一并移交。档案接受单位应当对保存电子会计档案的载体及其技术环境进行检验，确保所接收电子会计档案的准确、完整、可用和安全。

11.境外机构会计档案管理

单位的会计档案及其复制件需要携带、寄运或者传输至境外的，应当按照国家有关规定执行。关系国家安全的会计档案，未经有关业务主管部门及国家保密主管部门批准，不得以任何形式将其携带、寄运或传输至境外。

12.代理记账会计档案管理

单位委托中介机构代理记账的，应当在签订的书面委托合同中，明确会计档案的管理要求及相应责任。

13.会计信息化档案管理制度

（1）会计信息化档案，包括存储在计算机硬盘中的会计数据以及其他磁性介质或光盘存储的会计数据和计算机打印出来的书面等形式的会计数据。会计数据是指记账凭证、会计账簿、会计报表（包括报表格式和计算公式）等数据。

（2）会计信息化档案管理是重要的会计基础工作，要严格按照财政部有关规定的要求对会计档案进行管理，由专人负责。

（3）对会计信息化档案的管理要做好防磁、防火、防潮和防尘工作，重要会计档案应准备双份，存放在两个不同的地点。采用磁性介质保存会计档案，要定期进行检查，定期进行复制，防止由于磁性介质损坏而使会计档案丢失。

（4）通用会计软件、定点开发会计软件、通用与定点开发相结合会计软件的全套文档资料以及会计软件程序，视同会计档案保管，保管期截止到该软件停止使用或有重大更改之后的5年。

八、关于规范电子会计凭证报销入账归档的通知

该文件由财政部、国家档案局于2020年3月23日发布。其主要内容如下：

为适应电子商务、电子政务发展，规范各类电子会计凭证的报销入账归档，根据国家有关法律、行政法规，现就有关事项通知如下：

（1）本通知所称电子会计凭证，是指单位从外部接收的电子形式的各类会计凭证，包括电子发票、财政电子票据、电子客票、电子行程单、电子海关专用缴款书、银行电子回单等电子会计凭证。

（2）来源合法、真实的电子会计凭证与纸质会计凭证具有同等法律效力。

（3）除法律和行政法规另有规定外，同时满足下列条件的，单位可以仅使用电子会计凭证进行报销入账归档：①接收的电子会计凭证经查验合法、真实；②电子会计凭证的传输、存储安全、可靠，对电子会计凭证的任何篡改能够及时被发现；③使用的会计核算系统能够准确、完整、有效接收和读取电子会计凭证及其元数据，能够按照国家统一的会计制度完成会计核算业务，能够按照国家档案行政管理部门规定格式输出电子会计凭证及其元数据，设定了经办、审核、审批等必要的审签程序，且能有效防止电子会计凭证重复入账；④电子会计凭证的归档及管理符合《会计档案管理办法》（财政部国家档案局令第79号）等要求。

（4）单位以电子会计凭证的纸质打印件作为报销入账归档依据的，必须同时保存打印该纸质件的电子会计凭证。

（5）符合档案管理要求的电子会计档案与纸质档案具有同等法律效力。除法律、行政法规另有规定外，电子会计档案可不再另以纸质形式保存。

（6）单位和个人在电子会计凭证报销入账归档中存在违反本通知规定行为的，县级以上人民政府财政部门、档案行政管理部门应当依据《会计法》《中华人民共和国档案法》等有关法律、行政法规处理处罚。

财政部关于全面推进我国会计信息化工作的指导意见

思考题：

1.会计电算化与会计信息化有什么区别？

2.基于计算机的会计核算流程与手工会计有何不同？

3.基于会计信息化的会计档案保管有什么要求？

4.我国会计信息化的任务有哪些？

5.会计信息化环境下如何进行会计岗位分工？

6.XBRL对会计工作有什么影响？

7.大数据对会计信息质量会带来什么影响？

8.区块链技术对会计核算有什么影响？

9.机器人流程自动化（RPA）适合替代哪部分会计工作？

10.会计信息系统包括哪些要素？

第二章　会计软件安装与维护

会计软件的运行离不开硬件和软件的支持，硬件主要包括计算机、网络设备等，软件主要包括操作系统、数据库系统、应用程序等。硬件的配置满足基本要求即可；而就软件来说，安装和配置的好坏对系统运行会有很大的影响。

目前，大中型企业使用的会计软件大多是C/S结构或者B/S结构，一些小微企业也有采用云计算服务的方式（例如SaaS）来获取会计软件服务的，比如柠檬云、用友畅捷通好会计、浪潮易云、金蝶在线会计、爱记账、云代账等。对于C/S结构或者B/S结构的会计软件，通常需要先安装好IIS（Internet Information Services），否则将无法完成数据库管理系统的安装，最终导致会计软件无法安装。关于IIS的安装，可以在操作系统中，打开控制面板，在“程序和功能”中执行“启用或关闭Windows功能”，选中“Internet Information Services”后点击“确定”即可（如图2-1所示）。

图2-1　安装IIS

第一节　数据库安装

会计软件对会计数据的管理通常需要使用大型数据库管理系统（DBMS），如用友、金蝶使用SQL Server数据库，浪潮使用Sybase数据库，铁路财务会计管理信息系统使用Oracle数据库。数据库的正确安装是会计软件安装和运行的前提条件，以下数据库安装以SQL Server 2005为例来进行说明。

1.选择数据库的类型。SQL Server 2005有针对32位（x86）和64位（x64）操作系统的产品，安装前需要了解使用的操作系统是32位还是64位的，然后选择对应的数据库。

2.选择安装“服务器组件、工具、联机丛书和示例（C）”。

3.接受最终用户许可协议后，准备安装必备组件，进行系统配置检查，若检查不通过则无法进行后续安装。然后，输入软件注册信息。

4.选择需要安装的组件（如图2-2所示）。

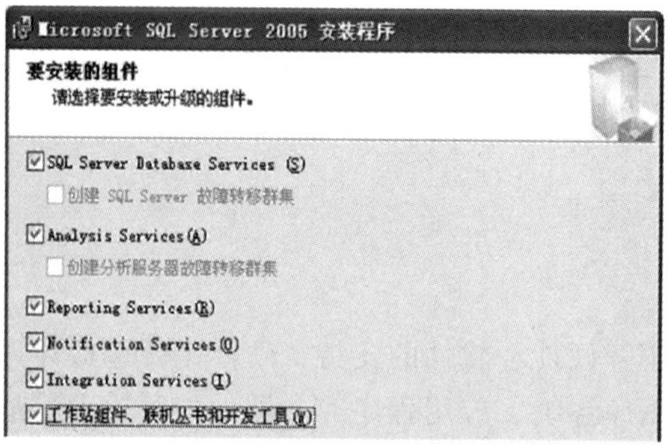

图2-2　选择需要安装的组件

5.指定实例名，通常选择默认实例即可。确定服务账户为内置系统账户（如图2-3所示）。

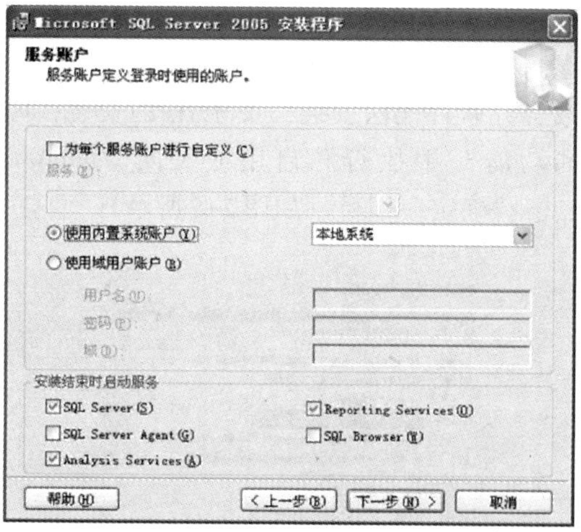

图2-3　确定服务账户

6.选择身份验证模式为混合模式，设置sa登录密码（如图2-4所示）。

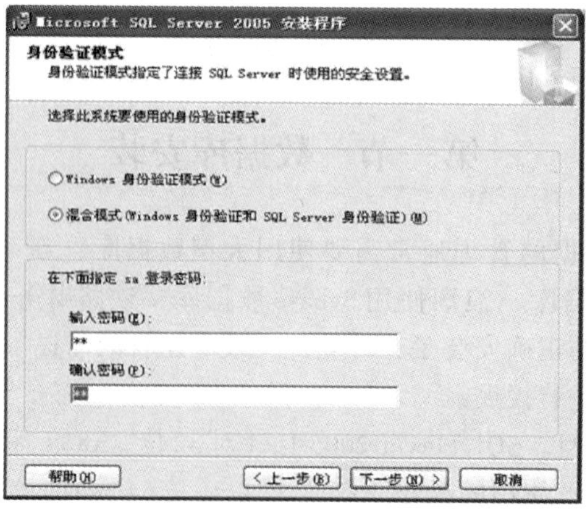

图2-4　选择身份验证模式

7.确定排序规则设置，完成数据库软件的安装。

第二节　会计软件安装

数据库安装完成以后就可以进行会计软件安装。以用友U8为例，运行用友安装文件Setup.exe，进入安装界面。接受许可证协议以后，系统会检测是否存在历史版本产品。如果存在历史版本残留内容，提示并开始清理历史版本残留内容；如无历史版本残留内容，将进入正式安装过程。

一、选择需要安装的功能

系统有四种安装类型可供选择：①全产品，即U8系统全模块安装，包括应用服务器、数据库服务器和客户端所有文件；②服务器，包括数据库服务器、应用服务器、Web服务器的相关选择，用户也可以分别选择进行安装；③客户端，只安装应用客户端相关文件，不用的产品可以不装；④自定义，如果上述产品的安装都不满足用户的要求，用户可选择自定义安装产品。功能选择界面如图2-5所示。

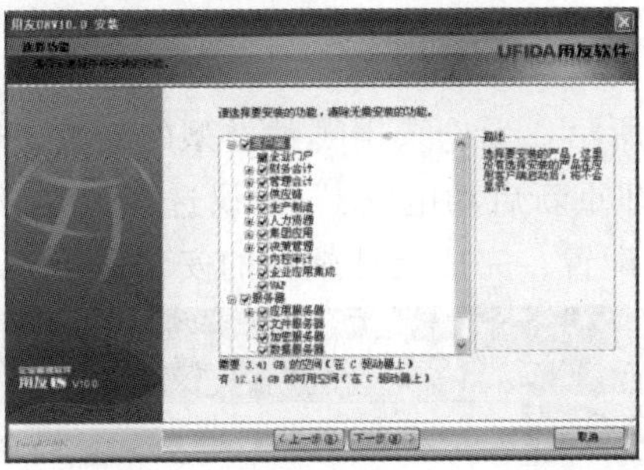

图2-5　选择需要安装的功能

二、进入系统环境检查

系统环境分为基础环境、缺省组件和可选组件三部分。如果“基础环境”不符合要求，需要退出当前安装，手工安装所需要安装的组件或者补丁；“缺省组件”没有安装的，可以通过点击“安装缺省组件”自动安装，也可手工安装；“可选组件”可自行选择。系统环境检查界面如图2-6所示。

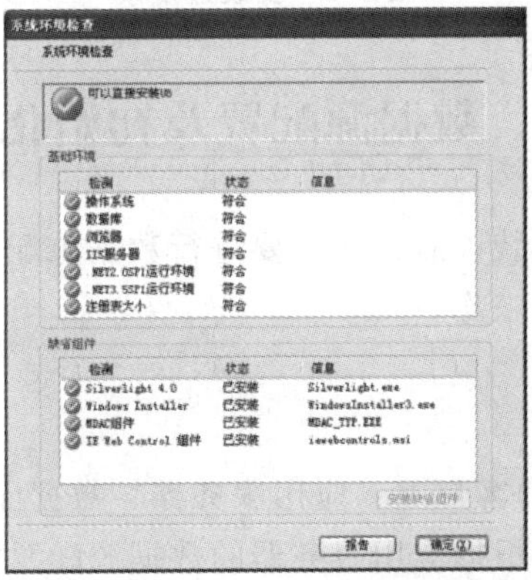

图2-6　系统环境检查

三、选择是否记录每一个MSI包的详细安装日志

当“基础环境”“缺省组件”都满足要求后，确定是否记录详细安装日志（如图2-7所示）。安装日志主要用于记录安装过程信息，在安装失败时这些信息非常有价值。

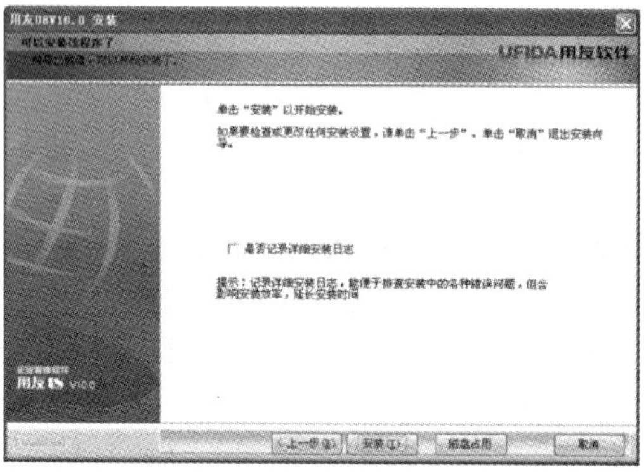

图2-7　是否记录详细安装日志

四、进行产品安装

产品安装界面如图2-8所示。无论采用哪种类型的安装，安装完成后，系统都会提示“已安装成功，是否需要立即重新启动电脑?”建议选择“是，立即重新启动计算机”。重新启动后，按系统提示进行配置，完成会计软件的安装。

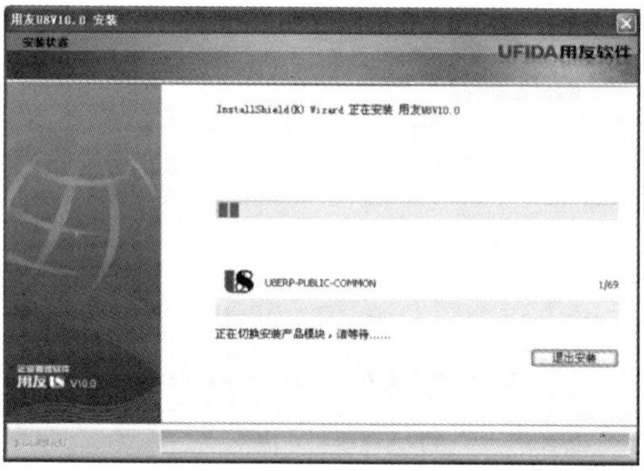

图2-8　安装进度条

第三节　数据源配置及初始化数据库

完成数据库和会计软件安装以后，还需要进行数据源配置和初始化数据库，否则无法进入会计软件系统进行相关的工作。

一、数据源配置

用友U8采用三层架构，即客户端、应用服务器、数据库服务器。客户端登录系统时，首先登录到应用服务器，然后根据应用服务器的数据源配置情况决定用户所能进入的账套和数据库。数据源的配置是在应用服务器上进行的，根据需要可以增加多个数据源，不同

数据源对应相同或者不同的数据库。

系统管理员（admin）登录系统管理模块时，登录界面的“账套”选项显示名为default的账套，实际上它是指应用服务器上的数据源名称，而非实体账套名称，也不是数据库名称（如图2-9所示）。

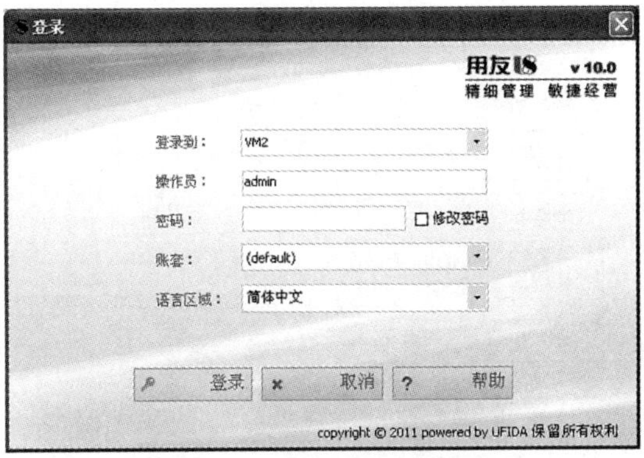

图2-9　系统管理员登录账套

在建立账套以后，如果以账套主管或者非系统管理员等身份登录系统管理或者企业应用平台等业务处理模块时，此处显示的将是“账套号+数据源+账套名称”的组合名称方式（如图2-10所示）。

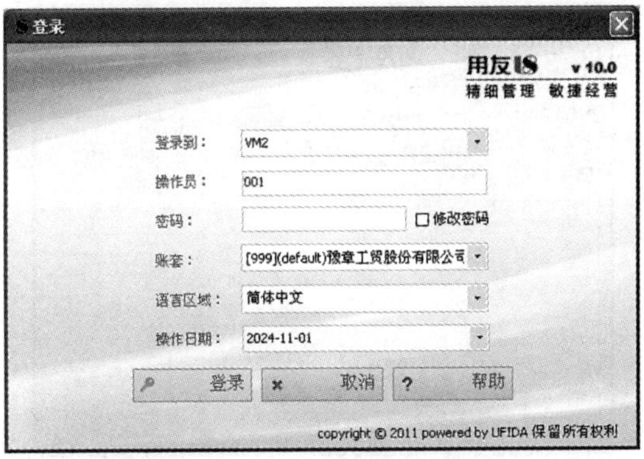

图2-10　账套主管登录账套

用户在登录系统管理或者企业应用平台时，如果没有配置好数据源，或者没有指定好数据源，即使系统内已有实体账套存在，也无法进行正常的登录（如图2-11所示）。

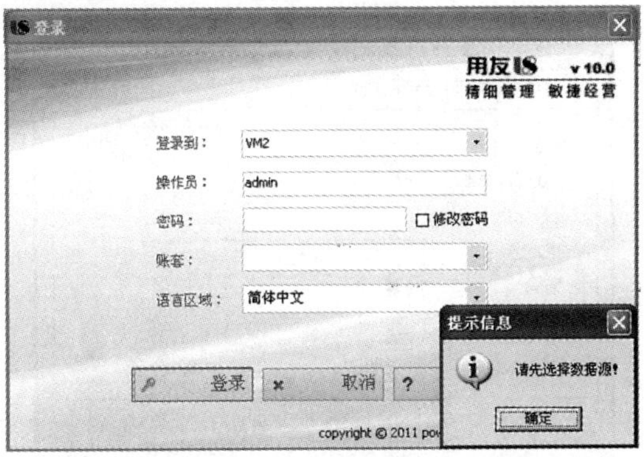

图2-11　登录失败提示信息

如果数据库系统和用友U8安装正常，通常数据源的配置不需要人工干预，系统会自动配置好。但是，如果系统自动配置数据源时出现问题，则需要人工进行数据源配置。基本步骤如下：

首先，运行U8应用服务器配置工具（如图2-12所示）。

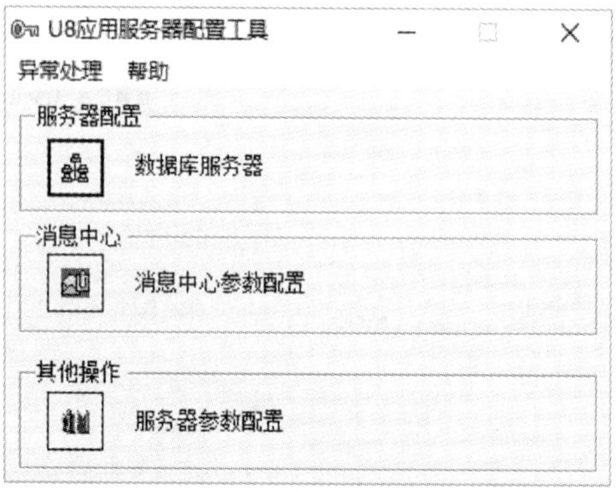

图2-12 U8应用服务器配置工具

其次，点击“数据库服务器”功能，进入数据源配置界面（如图2-13所示）。此处的名为default的数据源就是系统自动建立的数据源名称，数据服务器是指SQL所在的服务器名称（可输入机器名称或者IP地址）。

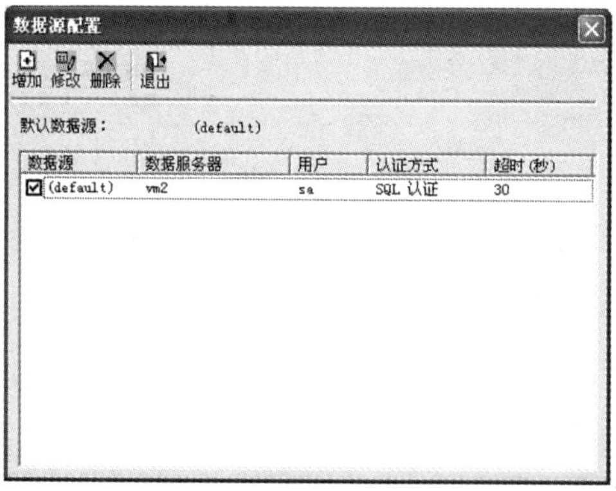

图2-13 数据源配置界面

如果需要增加其他的数据源，点击“增加”功能，输入数据源名称、数据库服务器、密码，然后点击“测试连接”（如图2-14所示）。

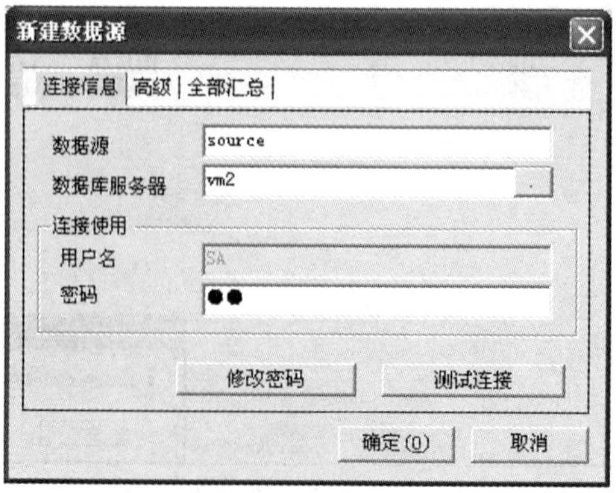

图2-14 新建数据源

如果出现“连接串测试成功”的信息提示，说明数据源的配置成功完成（如图2-15所示）。

图2-15 测试连接提示信息

配置成功的数据源可以在登录时进行选择，在账套下拉列表框选项中会出现（如图2-16、图2-17所示）。

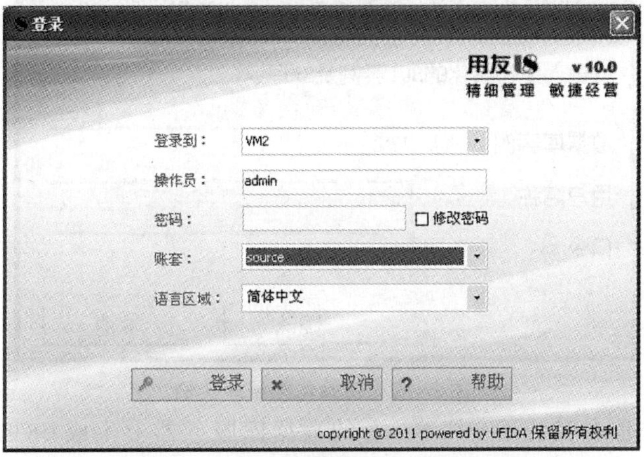

图2-16 系统管理员登录新建数据源账套

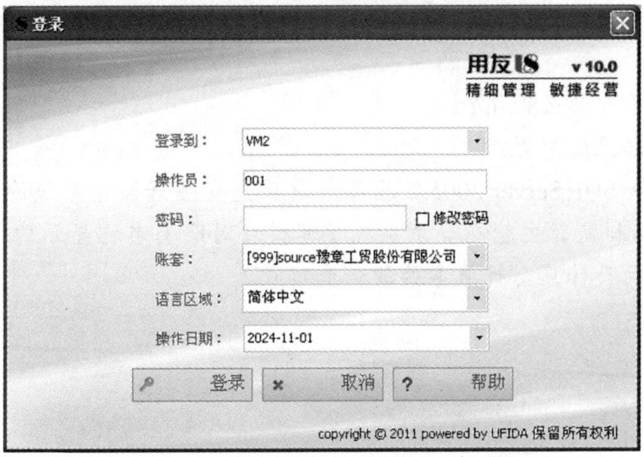

图2-17 账套主管登录新建数据源账套

二、初始化数据库

U8系统要正常使用，需要U8系统数据库的正常运行来支持。通常系统数据库（例如UFSystem）的建立是系统在软件安装完成后自动进行的，如果自动建立系统数据库未成功，则需要按以下方式人工完成。

运行系统管理模块菜单项“系统”中的“初始化数据库”功能（如图2-18所示）。

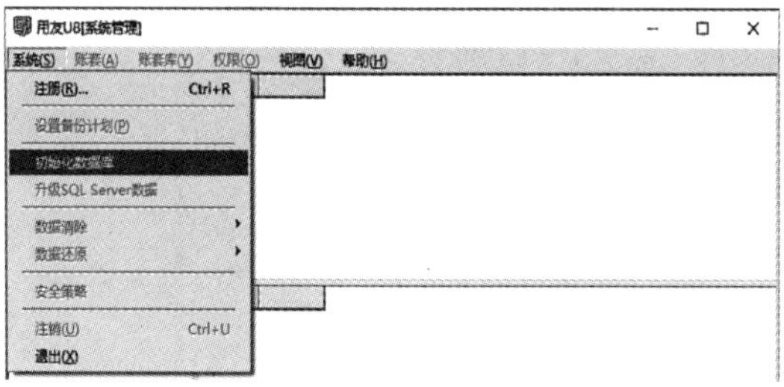

图2-18　初始化数据库功能

输入需要初始化的数据库对象名，即数据库实例，通常是指SQL Server数据库所在的机器名称或者IP地址，输入SA口令（如图2-19所示）。

会计软件运行环境构建

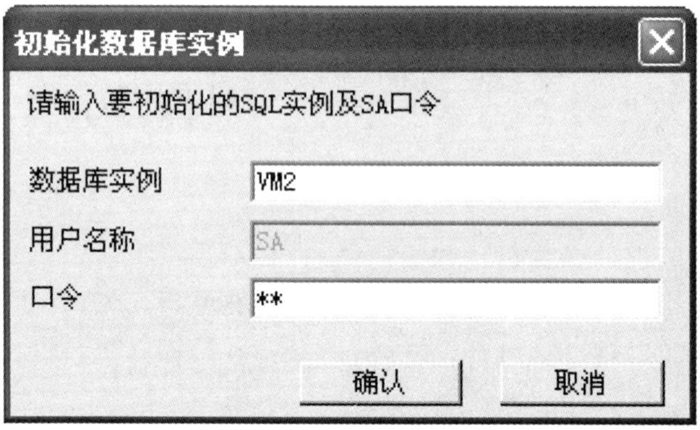

图2-19　初始化数据库实例

该操作的实质是在安装了SQL Server的数据库服务器上生成U8的系统数据库文件，包括UFportal、UFSystem。

思考题：

1. 初始化数据库有什么作用？
2. 如何进行数据源的配置？
3. 为什么在安装SQL Server 2005数据库前需要先安装好操作系统的IIS?
4. 为什么admin和账套主管在登录系统管理模块时账套名称显示的内容不一样?
5. 我国当前提供云计算会计服务的软件有哪些?

第三章　会计数据

第一节　建账信息及基础档案数据

豫章工贸股份有限公司是一家商品流通企业，是增值税一般纳税人，适用增值税税率13%。该公司创建于2017年，主要从事服装以及手表的购销业务，偶尔也接受客户定制进行小批量生产。公司位于江西省南昌市怡园路与红谷中大道交会处的红谷隧道出口，手工账向计算机账转换日期是2024年11月1日。

一、建账信息

1.用户信息及操作分工

001　王剑：拥有账套主管权限，负责公用目录设置、记账凭证审核、记账、总账结账。

002　张梅：拥有出纳权限，负责总账中的出纳签字、出纳控制台，出纳管理模块，以及应收款管理中的选择收款、收款单据处理（卡片编辑、卡片查询）、票据管理，以及应付款管理中的选择付款、付款单据处理（卡片编辑、卡片查询）、票据管理。

003　李颖：拥有会计权限，负责公共单据、公用目录设置，以及除001和002负责的业务以外的业务处理，包括总账、应收款管理、应付款管理、人力资源管理、计件工资管理、固定资产管理、供应链管理、UFO报表。

2.账套信息

账套号：999；

账套名称：豫章工贸股份有限公司；

账套语言：简体中文，English；

账套路径：默认；

启用会计期：2024年11月；

该账套为非集团账套，不需要建立专家财务评估数据库。

3.单位信息

单位名称：豫章工贸股份有限公司；

单位简称：豫章工贸；

邮政编码：330013；

税号：932058300067459899。

4.核算类型

记账本位币：人民币；

企业类型：商业；

行业性质："2007年新会计制度"科目，不按行业性质预置科目。

5.基础信息

根据管理要求，该企业需要对存货、客户、供应商分类。企业有外币核算业务。

6.编码方案

科目编码级次为4-2-2，其余项目编码方案为系统默认值。

7.数据精度

数据精度为系统默认值。

8.系统启用

建账过程中系统管理员（admin）不启用任何子系统，留待账套主管在"企业应用平台"中启用。根据核算内容要求，启用的子系统包括：总账（GL）、应收款管理（AR）、应付款管理（AP）、固定资产（FA）、出纳管理（SC）、销售管理（SA）、采购管理（PU）、库存管理（ST）、存货核算（IA）、薪资管理（WA）、计件工资管理（PR）。启用自然日期均为2024-11-01。

二、基础档案数据

1.部门档案（见表3-1）

表3-1 **部门档案**

部门编码	部门名称	成立日期
1	行政部门	2017-11-01
101	办公室	2017-11-01
102	财务部	2017-11-01
2	供销中心	2017-11-01
201	采购部	2017-11-01
202	销售部	2017-11-01
203	仓库	2017-11-01
3	生产中心	2017-11-01
301	一车间	2017-11-01
302	二车间	2017-11-01

2.在职人员类别（见表3-2）

表3-2 **在职人员类别**

在职人员类别档案编码	在职人员类别档案名称
101	企业管理人员
102	经营人员
103	车间管理人员
104	生产人员

3. 人员档案（见表3-3）

表3-3　**人员档案**

人员编码	人员姓名	性别	人员类别	部门名称	是否操作员	是否业务员	生效日期	业务或费用部门
000	马阳	男	企业管理人员	办公室		是	2017-11-01	办公室
001	王剑	男	企业管理人员	财务部	是	是	2017-11-01	财务部
002	张梅	女	企业管理人员	财务部	是	是	2017-11-01	财务部
003	李颖	女	企业管理人员	财务部	是	是	2017-11-01	财务部
004	王一	男	经营人员	采购部		是	2017-11-01	采购部
005	杨健	男	经营人员	销售部		是	2017-11-01	销售部
006	赵月	女	车间管理人员	一车间		是	2017-11-01	一车间
007	周强	男	生产人员	一车间		是	2017-11-01	一车间
008	罗青	女	生产人员	二车间		是	2017-11-01	二车间
009	孙栋	男	经营人员	仓库		是	2017-11-01	仓库

4. 供应商和客户分类编码方案（见表3-4）

表3-4　**供应商和客户分类编码方案**

类别名称	一级分类编码和名称	二级分类编码和名称
供应商	01 服装商	01001 批发商
		01002 代销商
	02 手表商	02001 批发商
		02002 代销商
客户	01 经销商	01001 江西省经销商
	02 批发商	02001 广东省批发商
		02002 湖南省批发商
	03 子公司	03001 上海子公司

5.供应商和客户档案（见表3-5），所有企业开户行币种都是人民币。

表3-5 供应商和客户档案

类别	编码	供应商/客户名称	简称	所属分类码	税号（统一社会信用代码）	开户银行	银行账号
供应商	001	上海明珠服装厂	上海明珠	01001	900213322190909090	中国工商银行	21118899
	002	湖北新星服装厂	湖北新星	01002	910215588991919191	中国建设银行	02106688
	003	深圳海王手表厂	深圳海王	02001	920105599892929292	中国建设银行	11055899
	004	浙江东方手表厂	浙江东方	02002	930102233193939393	中国银行	01008899
客户	001	南昌中山百货公司	南昌中山	01001	940791332294949494	招商银行金域名都支行	21033366（默认）
	002	广州天河百货公司	广州天河	02001	950202228895959595	中国银行花城支行	45210009（默认）
	003	长沙芙蓉百货公司	长沙芙蓉	02002	960999888396969696	民生银行五一支行	98000123（默认）
	004	上海黄浦贸易公司	上海黄浦	03001	970215555997979797	华夏银行浦东支行	20098011（默认）

6.存货信息

（1）存货分类编码方案（见表3-6）。

表3-6 存货分类编码方案

一　级	二　级
01商品	0101服装　0102手表
02劳务	0201劳务费用
03原材料	0301布匹　0302纽扣　0303缝纫线

（2）计量单位信息。

01：自然单位，无换算率。包括：套、对、匹、米、粒、卷、次。

02：手表计量，固定换算率。1盒=10只，1箱=40盒。

03：服装计量，固定换算率。1袋=20件，1包=10袋。

（3）存货档案（见表3-7）。参考售价和计划价/售价均为含税价。

表3-7 存货档案 金额单位：元

存货编码及名称	存货分类	计量单位组	主计量单位	税率	存货属性	计划价/售价	参考成本	参考售价
01明珠女装	0101服装	服装计量	件	13%	内销、外销、外购		200	280
02明珠男衣		服装计量	件	13%	内销、外销、外购		300	500
03明珠男套装		自然单位	套	13%	内销、外销、外购		800	1000

续表

存货编码及名称	存货分类	计量单位组	主计量单位	税率	存货属性	计划价/售价	参考成本	参考售价
04新星女风衣		服装计量	件	13%	内销、外销、外购		120	200
05东方女表	0102手表	手表计量	只	13%	内销、外销、外购、受托代销	1 300	800	
06海王女表		手表计量	只	13%	内销、外销、外购	220	120	
07海王情侣表		自然单位	对	13%	内销、外销、外购	400	140	
08运输费	0201劳务费用	自然单位	次	9%	外销、外购、应税劳务			
09布匹	0301	自然单位	米	13%	外购、生产耗用		10	
10纽扣	0302	自然单位	粒	13%	外购、生产耗用		1	
11缝纫线	0303	自然单位	卷	13%	外购、生产耗用		5	

7.外币及汇率设置

美元（USD）（2024年11月记账汇率6.8，调整汇率6.81）、港元（HKD）。

8.会计科目表（见表3-8）

表3-8　**会计科目表**

一级科目编码及名称	二级科目编码及名称	三级科目编码及名称	方向	辅助核算
1001库存现金			借	日记账
1002银行存款	01工行		借	日记账、银行账
	02中行		借	日记账、银行账、外币核算（美元）
1012其他货币资金			借	
1121应收票据			借	客户往来/受控应收款管理系统
1122应收账款			借	客户往来/受控应收款管理系统
1123预付账款			借	供应商往来/受控应付款管理系统
1221其他应收款			借	个人往来
1231坏账准备			贷	
1321代理业务资产			借	
1401材料采购			借	
1402在途物资			借	
1403原材料	01布匹		借	数量核算（米）
	02纽扣			数量核算（粒）
	03缝纫线			数量核算（卷）

续表

一级科目 编码及名称	二级科目 编码及名称	三级科目 编码及名称	方向	辅助核算
1405库存商品			借	数量核算（件）、自定义项“保管人”“出厂日期”
1406发出商品			借	
1407商品进销差价			贷	
1601固定资产			借	
1602累计折旧			贷	
1603固定资产减值准备			贷	
1606固定资产清理			借	
1701无形资产			借	
1702累计摊销			贷	
2201应付票据			贷	供应商往来/受控应付款管理系统
2202应付账款	01一般应付款		贷	供应商往来/受控应付款管理系统
	02暂估应付款			供应商往来
2203预收账款			贷	客户往来/受控应收款管理系统
2211应付职工薪酬			贷	
2221应交税费	01应交增值税	01进项	贷	
		02销项	贷	
	02应交消费税		贷	
2314代理业务负债			贷	
4001实收资本			贷	
4002资本公积			贷	
4103本年利润			贷	
4104利润分配	01未分配利润		贷	
5001生产成本	01基本生产成本	01服装生产	借	项目核算
	02辅助生产成本			

续表

一级科目编码及名称	二级科目编码及名称	三级科目编码及名称	方向	辅助核算
5101制造费用	01差旅费		借	
	02工资			
	03折旧费			
6001主营业务收入			收入	数量核算（件）
6301营业外收入			收入	
6401主营业务成本			支出	数量核算（件）
6601销售费用	01广告费		支出	
	02工资			
	03折旧费			
	04手续费			
6602管理费用	01差旅费		支出	部门核算
	02工资			
	03折旧费			
	04无形资产摊销			
6603财务费用	01利息支出		支出	
	02汇兑损益			
6701资产减值损失			支出	
6702信用减值损失			支出	
6711营业外支出			支出	

9.凭证类别

凭证分为收、付、转三类。设置限制类型：收（借方必有1001，1002）；付（贷方必有1001，1002）；转（凭证必无1001，1002）。

10.项目目录

新项目大类名称：定制生产（普通项目）；定义项目级次：2；定义项目栏目：默认；项目分类定义：01 服装生产；项目目录：001 明珠男衣 002 明珠男套装 003 明珠女装 004新星女风衣；核算科目：生产成本——基本生产成本——服装生产（50010101）。

11.结算方式

1转账；

101　现金支票；

102　转账支票（要求票据管理）；

103　商业承兑汇票；

104　银行承兑汇票；

105　电汇。

12.付款条件（见表3-9）

表3-9　付款条件

付款条件编码	信用天数	优惠天数1	优惠率1	优惠天数2	优惠率2	优惠天数3	优惠率3
01	30	10	1.5	20	0.5	30	0
02	60	20	2	40	1	60	0
03	90	30	4	60	2	90	0

13.本单位开户银行

（1）编码：01。银行账号：100010195588。账户名称：结算账户。开户银行：中国工商银行八一广场支行。币种：人民币。所属银行编码：01。

（2）编码：02。银行账号：100010195566。账户名称：外币账户。开户银行：中国银行昌北支行。币种：美元。所属银行编码：00002。机构号：5824。联行号：17。

14.仓库档案（见表3-10）

表3-10　仓库档案

仓库编码	仓库名称	计价方式
01	明珠服装库	先进先出法
02	新星服装库	全月平均法
03	手表库	售价法
04	原材料库	先进先出法

15.收发类别（见表3-11）

表3-11　收发类别

一级编码和名称	二级编码和名称	一级编码和名称	二级编码和名称
1入库	11采购入库	2出库	21销售出库
	12盘盈入库		22盘亏出库
	13调拨入库		23调拨出库
	14其他入库		24其他出库
	15采购退货		25销售退货

16.采购类型和销售类型（见表3-12）

表3-12　采购类型和销售类型

采购类型		销售类型	
名称	入库类别	名称	出库类别
01厂商采购	采购入库	01批发销售	销售出库
02代销商进货	采购入库	02经销商批发	销售出库
03采购退回	采购退货	03销售退回	销售退货

17.费用项目分类（见表3-13）

表3-13 **费用项目分类**

费用项目分类编码	费用项目名称
1	直接费用
2	间接费用

18.费用项目（见表3-14）

表3-14 **费用项目**

费用项目编码	费用项目名称	费用项目分类
01	运输费	间接费用
02	安装费	间接费用
03	包装费	间接费用

第二节 初始化设置数据

以下所有子系统的初始化设置，提及的按要求完成，未提及的按系统默认。

一、供应链管理系统初始化

（一）供应链管理系统参数

1.采购管理系统参数

（1）普通业务必有订单；

（2）启用受托代销，并补充设置存货档案中“东方女表”的“受托代销”属性。

2.库存管理系统参数

（1）采购入库审核时改现存量；

（2）销售出库审核时改现存量；

（3）其他出入库审核时改现存量；

（4）库存生成销售出库单；

（5）自动带出单价的单据：销售出库单、其他出库单；

（6）允许超预计可用量出库。

3.存货核算系统参数

（1）暂估方式：单到回冲；

（2）结算单价与暂估单价不一致需要调整出库成本。

4.销售管理系统参数

（1）有分期收款业务；

（2）销售不生成出库单；

（3）普通销售必有订单；

（4）新增退货单默认、新增发票默认参照发货生成；

（5）允许非批次存货超可用量发货；

（6）允许批次存货超可用量发货。

（二）供应链管理期初数据

1.采购管理系统期初数据

（1）2024年10月8日，收到外购的新星女风衣20件，单价120元/件，入新星服装库，购自湖北新星服装厂。

（2）2024年10月10日，收到代销的东方女表20只，单价800元/只，入手表库。委托企业是浙江东方手表厂。

（3）2024年10月18日，收到外购的明珠男套装10套，单价800元/套，入明珠服装库，购自上海明珠服装厂。

2.库存管理、存货核算期初数据

库存管理、存货核算期初数据见表3-15。

表3-15 **库存管理、存货核算期初数据** 金额单位：元

仓库名称	存货编码和名称	数量	单价	金额	期初差异	差价科目
明珠服装库	01明珠女装	10	200	2 000		
明珠服装库	02明珠男衣	20	300	6 000		
明珠服装库	03明珠男套装	10	800	8 000		
新星服装库	04新星女风衣	30	120	3 600		
手表库	05东方女表	20	1 300	26 000	10 000	商品进销差价
手表库	06海王女表	10	220	2 200	1 000	商品进销差价
手表库	07海王情侣表	20	400	8 000	5 200	商品进销差价
原材料库	09布匹	500	10	5 000		
原材料库	10纽扣	1 000	1	1 000		
原材料库	11缝纫线	100	5	500		

3.销售管理系统期初数据

（1）2024年10月8日，明珠男套装50套，含税售价1 000元/套，属于明珠服装库，销往广州天河百货公司，销售部门为销售部，销售类型为批发销售。

（2）2024年10月10日，海王女表10只，含税单价220元/只，属于手表库，销往长沙芙蓉百货公司，销售部门为销售部，销售类型为批发销售。

（3）2024年10月15日，给上海黄浦贸易公司发出明珠男套装40套，含税单价1 000元/套，属于明珠服装库，销售部门为销售部，销售类型为分期收款销售。

二、应收款管理系统初始化

（一）应收款选项

1. 坏账处理方式：应收余额百分比法。

2. 单据审核后不立即制单。

3. 权限与预警中不控制操作员权限。

（二）初始设置

1.基本科目设置：应收科目1122；预收科目2203；销售收入科目6001；商业承兑科目1121；银行承兑科目1121；票据利息科目660301；汇兑损益科目660302；坏账入账科目1231。

2.控制科目：应收科目1122；预收科目2203。

3.产品科目：销售收入科目6001；应交增值税科目22210102；销售退回科目6001。

4.结算方式科目：现金支票、转账支票、电汇100201；商业承兑汇票、银行承兑汇票1012。

5.坏账提取比率：0.5%。坏账准备期初余额：1000元（贷方）。坏账准备科目：1231。对方科目：6702。

6.设置账期内账龄区间：

序号01：起止天数0～5；总天数5。

序号02：起止天数6～10；总天数10。

序号03：起止天数11～20；总天数20。

序号04：起止天数21～30；总天数30。

序号05：起止天数31以上。

7.单据类型设置：增加“应收单——整理费”。

（三）应收款期初余额

增值税专用发票见表3-16，其他应收单见表3-17。

表3-16 **增值税专用发票**

单据类别	单据类型	方向	开票日期	客户名称	销售部门	货物名称	数量	含税单价（元）	科目
销售发票	专用发票	正向	2024.10.8	南昌中山百货公司	销售部	明珠女装	200	280	220202
销售发票	专用发票	正向	2024.10.15	广州天河百货公司	销售部	明珠男套装	50	1000	220202

表3-17 **其他应收单**

开票日期	客户	摘要	金额（元）
2024.10.15	广州天河百货公司	代垫运费	600

三、应付款管理系统初始化

（一）应付款选项

1.应付票据不直接生成付款单。

2.单据审核后不立即制单。

3.不控制操作员权限。

（二）初始设置

1.基本科目设置：应付科目220201；预付科目1123；税金科目22210101；汇兑损益科目660302；商业承兑科目2201；银行承兑科目2201；票据利息科目660301。

2.控制科目设置：应付科目220201；预付科目1123。

3. 产品科目设置：采购科目1401（或1402）；产品采购税金科目22210101。

4. 结算方式科目设置：现金支票、转账支票、电汇100201；商业承兑汇票、银行承兑汇票1012。

（三）应付款期初余额

增值税专用发票见表3-18。

表3-18 **增值税专用发票**

单据类别	单据类型	方向	开票日期	供应商名称	采购部门	存货名称	数量	含税单价（元）	科目
采购发票	专用发票	正向	2024.10.1	上海明珠服装厂	采购部	明珠女装	50	226	220201

四、薪资管理系统初始化

（一）薪资账套参数

1. 薪资类别个数为多个。

2. 核算计件工资，核算币种为人民币。

3. 要求代扣个人所得税。

4. 不进行扣零处理。

（二）薪资项目

除系统预置的薪资项目外，其他薪资项目见表3-19。

表3-19 **薪资项目设置**

项目名称	类型	长度	小数位	增减项
基本工资	数字	8	2	增项
奖金	数字	8	2	增项
交通补贴	数字	8	2	增项
事假天数	数字	2	0	其它
事假扣款	数字	8	2	减项
养老保险	数字	8	2	减项
医疗保险	数字	8	2	减项
失业保险	数字	8	2	减项
住房公积金	数字	8	2	减项
子女教育专项	数字	8	2	其它
继续教育专项	数字	8	2	其它
大病医疗专项	数字	8	2	其它
住房贷款利息专项	数字	8	2	其它
住房租金专项	数字	8	2	其它
赡养老人专项	数字	8	2	其它
三岁以下婴幼儿照护专项	数字	8	2	其它
个税缴纳基数	数字	8	2	其它

（三）工资类别（正式员工）

1.工资类别名称：正式员工，11月1日启用。

2.部门选择：所有部门。

3.正式员工档案（见表3-20），均不核算计件工资，代发工资银行均为中国工商银行。

表3-20 **正式员工档案**

人员编码	姓　名	所在部门	人员类别	账　号	是否为中方人员	是否计税
000	马阳	办公室	企业管理人员	20060080001	是	是
001	王剑	财务部	企业管理人员	20060080002	是	是
002	张梅	财务部	企业管理人员	20060080003	是	是
003	李颖	财务部	企业管理人员	20060080004	是	是
004	王一	采购部	经营人员	20060080005	是	是
005	杨健	销售部	经营人员	20060080006	是	是
006	赵月	一车间	车间管理人员	20060080007	是	是
009	孙栋	仓库	经营人员	20060080010	是	是

4.工资项目：基本工资、奖金、交通补贴、事假天数、事假扣款、养老保险、医疗保险、失业保险、住房公积金、子女教育专项、继续教育专项、大病医疗专项、住房贷款利息专项、住房租金专项、赡养老人专项、三岁以下婴幼儿照护专项、个税缴纳基数。工资项目计算公式见表3-21。

表3-21 **工资项目计算公式**

工资项目	公　式
事假扣款	事假天数*基本工资/30
交通补贴	iff（人员类别=“企业管理人员”，80，iff（人员类别=“经营人员”，100，90））
养老保险	基本工资*0.08
医疗保险	基本工资*0.02
失业保险	基本工资*0.005
住房公积金	基本工资*0.12
个税缴纳基数	应发合计-养老保险-医疗保险-失业保险-住房公积金-子女教育专项-继续教育专项-大病医疗专项-住房贷款利息专项-住房租金专项-赡养老人专项-三岁以下婴幼儿照护专项

5.工资类别选项设置：“收入额合计”项选择“个税缴纳基数”工资项目。从2018年10月1日起，工资、薪金所得基本减除费用为5 000元/月，外籍人员不再享受附加减除费用，适用新的个人所得税税率（见表3-22）。自2019年1月1日起，将劳务报酬、稿酬、

特许权使用费等三项所得与工资、薪金合并起来计算纳税，并实行专项附加扣除。

应纳个人所得税额=应纳税所得额×适用税率-速算扣除数

表3-22 **个人所得税税率表（工资、薪金所得适用）** 金额单位：元

级数	全月应纳税所得额下限	全月应纳税所得额上限	税率（%）	速算扣除数
1	0	3 000	3	0
2	3 000	12 000	10	210
3	12 000	25 000	20	1 410
4	25 000	35 000	25	2 660
5	35 000	55 000	30	4 410
6	55 000	80 000	35	7 160
7	80 000		45	15 160

（四）工资类别（临时员工）

1.工资类别名称：临时员工，11月1日启用。

2.部门选择：生产中心。

3.临时员工档案（见表3-23），代发工资银行均为中国工商银行。

表3-23 **临时员工档案**

人员编码	姓名	所在部门	人员类别	账　号	是否为中方人员	是否计税	是否核算计件工资
007	周强	一车间	生产人员	20060080008	是	是	是
008	罗青	二车间	生产人员	20060080009	是	是	是

4.工资项目：基本工资、养老保险、医疗保险、失业保险、住房公积金、子女教育专项、继续教育专项、大病医疗专项、住房贷款利息专项、住房租金专项、赡养老人专项、三岁以下婴幼儿照护专项、个税缴纳基数。工资项目计算公式见表3-24。

表3-24 **临时员工工资项目计算公式**

工资项目	公　　式
养老保险	（计件工资+基本工资）*0.08
医疗保险	（计件工资+基本工资）*0.02
失业保险	（计件工资+基本工资）*0.005
住房公积金	（计件工资+基本工资）*0.12
个税缴纳基数	应发合计-养老保险-医疗保险-失业保险-住房公积金-子女教育专项-继续教育专项-大病医疗专项-住房贷款利息专项-住房租金专项-赡养老人专项-三岁以下婴幼儿照护专项

5.工资类别选项设置与正式员工类别相同。

五、计件工资系统初始化

（一）计件要素设置（见表3-25）

表3-25 计件要素

名称	类型	数据类型	长度	小数位	启用
工时	标准	字符型	10	-	是
装配工时	数量	数值型	12	2	是
检验工时	数量	数值型	12	2	是
装配工价	单价	数值型	12	4	是
检验工价	单价	数值型	12	4	是

（二）计件工价设置（见表3-26）

表3-26 计件工价 单位：元

工时	装配工价	检验工价
装配工时	20	0
检验工时	0	10

（三）计件公式设置

计件工资=装配工时*装配工价+检验工时*检验工价

计件工资=isnull（计件工资明细表．装配工时，0）* isnull（计件工资明细表．装配工价，0）+ isnull（计件工资明细表．检验工时，0）* isnull（计件工资明细表．检验工价，0）

六、固定资产管理系统初始化

（一）固定资产管理选项

1.控制参数（见表3-27）。

表3-27 控制参数

项目	参数设置
折旧信息	本账套主要折旧方法：平均年限法（一） 折旧汇总分配周期：1个月 当“月初已计提月份=可使用月份-1”时，将剩余折旧全部提足
编码方式	资产类别编码方式：2112 固定资产编码方式：自动编码按“类别编号+序号”；序号长度为5
财务接口	与账务系统进行对账；对账科目：固定资产（1601）、累计折旧（1602） 在对账不平的情况下允许固定资产月末结账
选项	月末结账前一定要完成制单登账业务，设置缺省入账科目固定资产（1601）、累计折旧（1602）

2.部门及对应折旧科目（见表3-28）。

表3-28 **部门及对应折旧科目**

部门	对应折旧科目
行政部门、采购部、仓库	管理费用/折旧费
销售部	销售费用/折旧费
生产中心	制造费用/折旧费

3.资产类别（见表3-29）。

表3-29 **资产类别**

编码	类别名称	使用年限	净残值率	单位	计提属性
01	交通运输设备	10年	4%		正常计提
011	生产用设备	10年	4%		正常计提
012	非生产用设备	10年	4%		正常计提
02	电子设备	5年	4%		正常计提
021	生产用设备	5年	4%	台	正常计提
022	非生产用设备	5年	4%	台	正常计提

4.增减方式的对应入账科目（见表3-30）。

表3-30 **增减方式的对应入账科目**

增减方式	对应入账科目
增加方式	
直接购入	银行存款——工行（100201）
投资人投入	实收资本（4001）
减少方式	
毁损	固定资产清理（1606）

5.增加一个固定资产卡片自定义项目“产地”，定义一张豫章工贸专用的固定资产卡片，把“产地”项目加入该卡片。

（二）原始卡片数据

原始卡片数据见表3-31，所有资产增加方式都是直接购入，使用状况均为“在用”。

表3-31 **原始卡片数据** 金额单位：元

固定资产名称	类别编号	所在部门	可使用年限	开始使用日期	原值	累计折旧	产地	对应折旧科目
轿车	012	办公室	10	2022-12-31	215 470	37 922.72	上海	管理费用/折旧费
笔记本电脑	022	办公室	5	2023-10-31	28 900	5 548.80	苏州	管理费用/折旧费
一体机	022	办公室	5	2021-01-31	3 510	2 527.20	南昌	管理费用/折旧费
微机	021	一车间	5	2023-10-31	6 490	1 246.08	大连	制造费用/折旧费
工作站	021	二车间	5	2023-10-31	6 490	1 246.08	长沙	制造费用/折旧费
合计					260 860	48 490.88		

七、出纳管理系统初始化

（一）账户

1. 备用金（现金账户）：总账科目1001，建账日期2024年11月1日，日记账期初数4 700元。

2. 结算账户（中国工商银行八一广场支行，银行存款账户）：总账科目100201，建账日期2024年11月1日，日记账期初数103 300元，对账单期初数103 300元。

3. 外币账户（中国银行昌北支行，银行存款账户，美元）：总账科目100202，建账日期2024年11月1日，日记账期初数4 000美元、27 200元，对账单期初数4 000美元、27 200元。

（二）出纳类别字

1. 收（收入）对应的总账凭证类别字：收–收款凭证。

2. 付（付出）对应的总账凭证类别字：付–付款凭证。

八、总账初始化

（一）总账选项设置

1. 不启用制单序时控制。

2. 启用支票控制。

3. 不可以使用应收受控科目。

4. 不可以使用应付受控科目。

5. 出纳凭证必须经由出纳签字。

（二）总账期初余额

总账11月份期初余额见表3-32。

表3-32 **总账期初余额**

一级科目编码及名称	二级科目编码及名称	三级科目编码及名称	方向	期初余额	
				外币或数量	人民币（元）
1001库存现金			借		4 700
1002银行存款	01工行		借	4 000美元	103 300
	02中行		借		27 200
1122应收账款			借		106 600
1221其他应收款			借		2 000
1231坏账准备			贷		1 000
1321代理业务资产			借	500米	41 500
1403原材料	01布匹		借	1 000粒	5 000
	02纽扣				1 000
	03缝纫线			100卷	500

续表

一级科目 编码及名称	二级科目 编码及名称	三级科目 编码及名称	方向	期初余额	
				外币或数量	人民币（元）
1405库存商品			借		55 800
1406发出商品			借		73 200
1407商品进销差价			贷		16 200
1601固定资产			借		260 860
1602累计折旧			贷		48 490.88
2202应付账款	01一般应付款		贷		11 300
2221应交税费	01应交增值税	01进项	贷		−1 000
	02应交消费税		贷		78 800
2314代理业务负债			贷		41 500
4001实收资本			贷		410 000
4002资本公积			贷		33 669.12
4104利润分配	01未分配利润		贷		41 700

（三）辅助账期初余额

辅助账11月份期初余额见表3-33至表3-38。

表3-33 **应收账款期初往来明细**

会计科目：1122应收账款

日期	客户	摘要	方向	金额（元）
2024.10.8	南昌中山	销售货款	借	56 000
2024.10.15	广州天河	销售货款	借	50 000
2024.10.15	广州天河	代垫运费	借	600

表3-34 **应收账款辅助期初余额**

会计科目：1122应收账款

客户	方向	金额（元）
南昌中山	借	56 000
广州天河	借	50 600

表3-35 **其他应收款期初往来明细**

会计科目：1221其他应收款

日期	部门	个人	摘要	方向	金额（元）
2024.10.10	销售部	杨健	预借差旅费	借	2 000

表3-36 其他应收款辅助期初余额

会计科目：1221其他应收款

部门	个人	方向	金额（元）
销售部	杨健	借	2 000

表3-37 应付账款期初往来明细

会计科目：220201一般应付款

日期	供应商	摘要	方向	金额（元）
2024.10.1	上海明珠	采购款	贷	11 300

表3-38 应付账款辅助期初余额

会计科目：220201一般应付款

供应商	方向	金额（元）
上海明珠	贷	11 300

（四）支票登记簿

各部门空白支票领用情况见表3-39。

表3-39 空白支票领用情况

科目：工行

领用日期	领用部门	领用人	支票号	预计金额（元）	用途
2024.11.1	采购部	王一	ZZ01	3 276	采购材料
2024.11.2	办公室	马阳	ZZ02	2 000	广告费
2024.11.7	财务部	王剑	ZZ03	30 000	采购专户

第三节 子系统日常业务数据

一、采购管理日常业务

1. 11月8日，一车间根据生产计划填制请购单向采购部提出采购请求，请求采购明珠男衣100件，明珠男套装42套，采购部审核同意。同日，采购部向供应商上海明珠服装厂提出采购请求，双方协商后签订了供货合同，明珠男衣不含税单价300元/件，明珠男套装不含税单价850元/套，要求本月10日到货。

2. 11月10日，收到上海明珠服装厂发来的男士服装和专用发票，发票号码MD10098，该批服装系11月8日采购。发票载明，明珠男衣100件，不含税单价300元/件；明珠男套装42套，不含税单价850元/套。经检验质量全部合格，办理入明珠服装库手续。财务部门确认该笔存货成本和应付款项，尚未付款。

3. 11月12日，与深圳海王手表厂签订购货合同。订购海王情侣表4对，不含税单价140元/对，要求19日到货；海王女表6只，不含税单价120元/只，要求次月9日到货。

4. 11月19日，收到深圳海王手表厂发来的海王情侣表和专用发票，是11月12日订购的手表，发票号码MD10501。发票载明海王情侣表4对，不含税单价140元/对。经检验，手表质量合格，入手表库，财务部门确认采购成本和应付款项。

5. 11月20日，收到上海明珠服装厂开具的10月18日入库的明珠男套装的专用发票，发票号码MD10088。发票记录明珠男套装10套，不含税单价780元/套。公司核实后立即支付货款和税款（现金支票xj03）。

6. 11月21日，与上海明珠服装厂签订购货合同，采购明珠女装8件，不含税单价200元/件，明珠男衣10件，不含税单价300元/件，明珠男套装5套，不含税单价800元/套。同日收到明珠女装8件，明珠男衣9件，明珠男套装4套，检验合格验收入库。

7. 11月22日，收到11月21日采购明珠女装的专用发票，发票号码为MD11023，记录内容与合同相同。按合同约定，本次采购运费160元由采购方负担，已收到运费发票，货款及运费均未支付。为简化处理，运费全部由明珠女装分摊。

8. 11月23日，收到11月21日入库的明珠男衣专用发票，发票号码为MD26A15，发票载明，明珠男衣10件，不含税单价为300元/件。与入库单相比多1件，经核查入库缺少的1件属于合理损耗，货款及运费均未支付。

9. 11月30日，期末尚未收到11月21日入库的4套明珠男套装专用发票，按估价830元/套做暂估处理。

10. 11月30日，销售部从仓库领用存货时发现11月10日入库的明珠男衣7件存在质量问题，向供应商提出退货。对方同意并交来红字专用发票，发票号码为TH2155，载明明珠男衣7件，不含税单价300元/件。财务部门做相应处理。

二、销售管理日常业务

1. 11月10日，公司客户南昌中山百货公司打算订购新星女风衣，向公司征询报价。本公司报价为含税价200元/件。12日，公司与南昌中山百货公司协商，对方同意该报价，同时签订销售合同，订购数量为4件。公司于11月13日发货，同时开具增值税专用发票（MD210122），货款尚未收到。

2. 11月18日，公司给客户广州天河百货公司开具10月8日购买明珠男套装的增值税专用发票（MD10108），同时收到该客户价税款50 000元（电汇DH020118），确认出库成本。

3. 11月20日，经协商与客户长沙芙蓉百货公司签订销售合同，销售海王情侣表2对，含税单价400元/对，货物及增值税专用发票（MD12176）已发给客户，货款尚未收到。

4. 11月30日，广州天河百货公司将存在质量问题的5套明珠男套装退还给公司，进行入库处理。公司开具红字增值税专用发票XTH3290，载明5套明珠男套装，含税单位售价1 000元/套。

三、库存管理日常业务

1. 11月18日，由于新星服装库货位不足，将10件新星女风衣暂时转移到明珠服装库。

2. 11月30日，对原材料库中的存货进行盘点，实盘数量为布匹490米，纽扣1 050粒，缝纫线100卷。

3. 11月30日，由于货位充足，将10件新星女风衣从明珠服装库转回新星服装库。

四、存货核算日常业务

1. 11月30日，经核查，明珠服装库中明珠女装存货成本偏低，经批准对该类存货调增360元。

2. 11月30日，进行期末处理，确定新星服装库和手表库销售成本，计算差异率，并填制销售成本结转凭证。

3. 查询流水账、明细账、总账、差异分摊表，进行存货周转率分析、ABC成本分析。

五、应收款管理日常业务

1. 11月8日，收到南昌中山百货公司交来转账支票1张，金额56 000元，支票号CCB05，用于偿还上月所欠货款。

2. 11月17日，收到南昌中山百货公司交来商业承兑汇票1张，金额900元，用于偿还本月13日货款。票据编号sy01，出票日期为11月17日，到期日为11月30日。

3. 11月22日，收到长沙芙蓉百货公司交来转账支票1张，金额1 400元，支票号CCB13，用于偿还本月20日所欠海王情侣表货款800元，余款作为预收账款。

4. 11月30日，确认上月广州天河百货公司所欠货款中500元作为坏账处理。

5. 11月30日，将广州天河百货公司上月所欠货款中的45 100元转给上海黄浦贸易公司代还。

6. 11月30日，核销南昌中山百货公司已结应收账款56 000元。

六、应付款管理日常业务

1. 11月13日，开出转账支票ZZ05，支付上个月欠上海明珠服装厂货款11 300元。

2. 11月21日，开出转账支票，票号ZZ09，金额80 000元，用于偿还11月10日采购上海明珠服装厂货款74 241元，余款作为下次采购预付账款。

七、薪资管理日常业务

1. 11月份正式员工基本工资和奖金等（见表3-40）。

表3-40 **正式员工工资数据** 金额单位：元

姓名	基本工资	奖金	事假天数	子女教育专项	继续教育专项	大病医疗专项	住房贷款利息专项	住房租金专项	赡养老人专项	三岁以下婴幼儿照护专项
马阳	11 000	500	2	1 000			1 000		1 000	
王剑	9 000	300					1 000		1 000	
张梅	8 000	200		1 000			1 000		1 000	
李颖	8 500	200		1 000	400				1 000	
王一	8 000	200	1	1 000			1 000		1 000	
杨健	9 000	300		1 000			1 000		1 000	
赵月	10 500	450	2	1 000	400				1 000	
孙栋	9 000	300		1 000					1 000	

2.11月份临时员工基本工资等（见表3-41）。

表3-41 **临时员工工资数据** 单位：元

姓名	基本工资	子女教育专项	继续教育专项	大病医疗专项	住房贷款利息专项	住房租金专项	赡养老人专项	三岁以下婴幼儿照护专项
周强	6 800	1 000			1 000		1 000	
罗青	7 000				1 000		1 000	

3.11月份临时员工工时统计（见表3-42）。

表3-42 **临时员工计件工时统计表** 单位：小时

姓名	装配工时	检验工时
周强	100	300
罗青	50	500

4.工资类别汇总。

5.汇总工资类别进行工资分摊。应付工资总额等于工资项目“应发合计”，工会经费、职工教育经费以此为计提基数，各类费用分配的转账分录见表3-43。

表3-43 **各类费用分配的转账分录**

<table>
<tr><th colspan="2" rowspan="2">工资分摊部门及人员类别</th><th colspan="2">应付工资（100%）</th><th colspan="2">工会经费（2%）
职工教育经费（2.5%）</th></tr>
<tr><th>借方</th><th>贷方</th><th>借方</th><th>贷方</th></tr>
<tr><td>办公室、财务部</td><td>企业管理人员</td><td>管理费用</td><td>应付职工薪酬</td><td rowspan="5">管理费用</td><td rowspan="5">应付职工薪酬</td></tr>
<tr><td>销售部</td><td>经营人员</td><td>销售费用</td><td>应付职工薪酬</td></tr>
<tr><td>采购部、仓库</td><td>经营人员</td><td>管理费用</td><td>应付职工薪酬</td></tr>
<tr><td rowspan="2">一车间、二车间</td><td>车间管理人员</td><td>制造费用</td><td>应付职工薪酬</td></tr>
<tr><td>生产人员</td><td>基本生产成本——定制生产（明珠男衣）</td><td>应付职工薪酬</td></tr>
</table>

八、固定资产管理日常业务

1.11月21日，财务部以现金支付购买磁带机1台，产地杭州，价值1 500元，净残值率4%，预计使用年限5年。

2.11月23日，对轿车进行资产评估，评估结果为原值200 000元，累计折旧45 000元。

3.11月25日，办公室的轿车添置新配件，价值10 000元。

4.11月30日，计提本月折旧费用。

5.11月30日，二车间毁损工作站一台。

6.11月30日，经核查对笔记本电脑计提1 000元的减值准备。

7.11月30日，对资产类别为022的资产进行盘点，实盘结果发现三台设备，固定资产编号分别为02200001、02200003、02200004（兼容机）。

九、出纳管理日常业务

1.11月5日，收到股东出资15 000元，存入工行账户，结算方式为转账支票，结算号CCB15。

2.11月7日，开出现金支票从工行账户提取2 000元备用，票据号xj07。

3.11月8日，采购部王一预借差旅费1 000元，以现金付讫。

4.11月13日，开出工行转账支票支付广告费2 000元，票据号ZZ02。

5.11月25日，用现金支付车间管理人员差旅费1 500元。

6.出纳签字。

7.根据获取的11月份银行对账单数据进行银行对账：

（1）5日，收到股东投资款15 000元，工行转账支票，结算号CCB15。

（2）13日，付广告费2 000元，工行转账支票，票据号ZZ02。

（3）18日，收回货款50 000元，电汇，编号DH020118。

（4）20日，付采购款8 814元，现金支票，票号xj03。

（5）22日，收到销售货款1 400元，转账支票，CCB13。

十、总账日常业务

1.11月15日，采购部王一报销差旅费1 000元。

2.11月15日，接受华人公司以商标权向公司投资，评估价100 000元，其中80 000元作为注册资本。

3.11月17日，从原材料仓库领用1 000元（100米）布匹、200元（200粒）纽扣、100元（20卷）缝纫线，用于生产明珠男衣。

4.月末无形资产摊销（摊销期按10年计）。

5.月末结转销售成本。

6.月末结转汇兑损益，调整汇率为6.81。

7.月末结转期间损益。

十一、报表数据

1.编制11月指标一览表（见表3-44）。

表3-44 **指标一览表**

编制单位： 年 月 金额单位：元

项 目	行次	期初数量与金额		期末数量与金额		变化情况	
		数量	金额	数量	金额	数量	金额
库存商品	1						
银行存款——中行	2						
实收资本	3						
合 计	4						

2.编制11月30日资产负债表，在报表中定义审核公式和舍位平衡公式。

3.编制11月利润表。

4.编制11月现金流量表。

5.编制11月财务指标一览表（见表3-45）。

表3-45 财务指标一览表

编制单位： 年 月 日

序号	指标类型		指标名称	计算公式	指标值	说明
1	盈利分析	盈利能力	销售净利率	净利润/销售收入×100%		比率越大，盈利能力越强
2			资产净利率	净利润/总资产×100%		
3			权益净利率	净利润/股东权益×100%		
4			总资产报酬率	（利润总额+利息支出）/平均资产总额×100%		
5			营业利润率	营业利润/营业收入×100%		
6			成本费用利润率	利润总额/成本费用总额×100%		比率越大，经营效益越好
7		盈利质量	全部资产现金回收率	经营活动现金净流量/平均资产总额×100%		与行业平均水平相比进行分析
8			盈利现金比率	经营活动现金净流量/净利润×100%		比率越大，盈利质量越高
9			销售收现比率	销售商品或提供劳务收到的现金/主营业务收入净额×100%		比率越大，销售收现能力越强，销售质量越高
10	偿债能力		流动比率	流动资产/流动负债		与行业平均水平相比进行分析
11			速动比率	（流动资产-存货）/流动负债		
12			现金比率	（货币资金+交易性金融资产）/流动负债		
13			现金流量比率	经营活动现金流量/流动负债		
14			净运营资本	流动资产-流动负债 或：长期资本-长期资产		对比企业连续多期的值，比较分析
15			资产负债率	负债总额/资产总额		比值越低，企业偿债越有保证，贷款越安全
16			产权比率	负债总额/股东权益		
17			利息保障倍数	（净利润+利息费用+所得税费用）/利息费用		比值越高，企业偿债越有保证，贷款越安全
18			现金流量利息保障倍数	经营活动现金净流量/利息费用		
19			经营现金流量债务比	经营活动现金净流量/债务总额×100%		

续表

序号	指标类型	指标名称	计算公式	指标值	说明
20	资产管理能力	应收账款周转率	产品销售收入/（（期初应收账款+期末应收账款）/2）		与行业平均水平相比进行分析
21		应收账款周转天数	360/应收账款周转率		
22		存货周转率	产品销售成本/（（期初存货+期末存货）/2）		
23		存货周转天数	360/存货周转率		
24		净营运资本周转次数	销售收入/净营运资本		
25		流动资产周转率	产品销售收入/（（期初流动资产+期末流动资产）/2）		
26		总资产周转率	产品销售收入/（（期初总资产+期末总资产）/2）		
27	发展能力	股东权益增长率	本期股东权益增加额/股东权益期初余额 ×100%		对比企业连续多期的值，分析发展趋势
28		销售增长率	本期营业收入增加额/上期营业收入 ×100%		
29		净利润增长率	本期净利润增加额/上期净利润 ×100%		
30		营业利润增长率	本期营业利润增加额/上期营业利润 ×100%		

实验数据

第四章　建账及基础设置

在进行具体的业务处理之前，先要建账。建账实际上是在计算机中为经济业务的原始数据、中间数据、最终数据准备一个存放的容器。建账的“账”有两层含义：一是账套，也就是存放数据的容器，它是一个整体概念，通常针对一个特定的会计主体，根据持续经营的要求连续存放业务及财务数据；二是账套库，它从属于某一个账套，是根据会计分期核算的要求，把一个账套分割以后存放特定会计期间数据的小容器，如果这个小容器中存放的是多年连续的数据，通常称之为账套库，如果账套库中存放的只是一个年度的数据，也可以把这种账套库称为年度账。

账套和账套库与会计核算的持续性与分期性相对应，采用这种数据组织方式，数据的应用非常灵活，一方面实现了多年业务持续应用，即在同一个数据库内支持多年业务数据连续处理和分析，另一方面解决了交易数据过大可能引起数据库空间过大和应用效率下降的问题，支持按年度卸出交易数据的功能，实现数据分离，减轻系统负荷。“账”在手工会计中是存放在纸面上，在会计信息系统中则是以文件的形式存放在计算机硬盘等存储介质上。

建账是通过“系统管理”模块来完成的，它是会计软件最基础的模块。用户可以通过该模块对账套进行管理，实时地掌握账套的运行状况。可以使用该模块的用户通常包括企业中具备计算机教育背景的系统管理人员和具备会计教育背景的财务主管等，具体包括系统管理员（admin）、系统安全员（SAdmin）、管理员用户和账套主管。

系统管理模块的主要工作内容包括用户管理、新建账套、权限分配、修改账套、删除账套、备份账套、账套库维护、系统维护等，由各用户分工完成，各用户的系统管理操作内容和流程如图4-1所示。

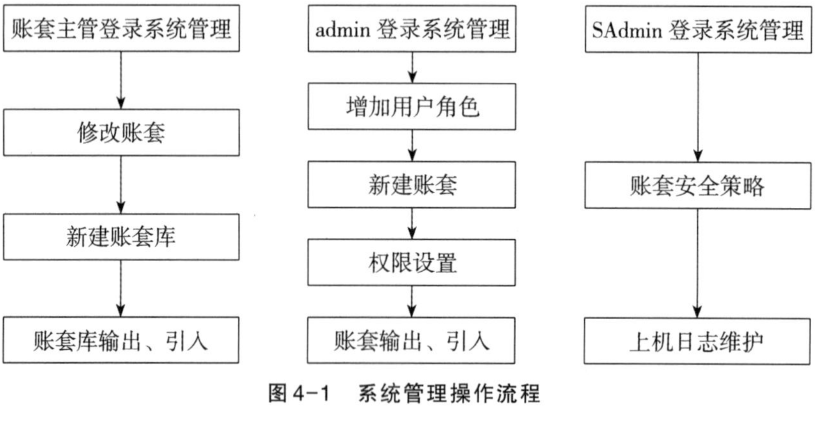

图4-1　系统管理操作流程

第一节　建立账套及管理

建立账套操作需要以系统内置的名为admin的用户来完成，通常称之为系统管理员。在用户类型上，该用户是一个管理员用户。

一、系统管理注册

执行“系统管理”模块菜单中的“系统（S）”—“注册（R）”功能（如图4-2所示）。

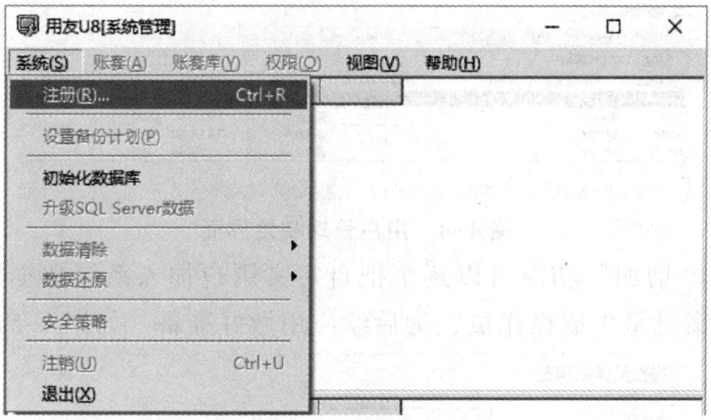

图4-2　系统管理注册

在登录界面，“登录到”下拉列表框中选择或者输入需要登录的数据库服务器。如果在客户端登录，则选择服务端的服务器名称；服务端或单机用户则选择本地服务器。“操作员”文本框中输入操作员名称（代码）。如果为非管理员用户，则系统会根据该操作员的权限显示可以登录的具体账套号；如果为系统管理员（admin）或系统安全员(SAdmin)，则系统不关联具体账套，按数据源登录，可以对该数据源中所有账套进行相关操作。

系统预置的是系统管理员（admin），默认的密码为空，实际应用时可以选中“修改密码”复选框进行密码设置（如图4-3所示）。

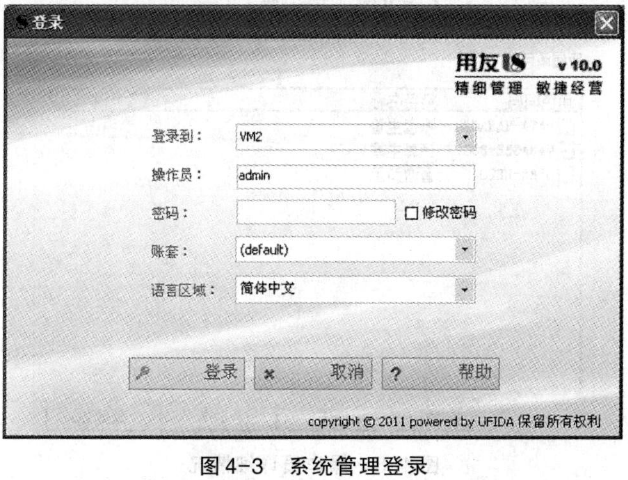

图4-3　系统管理登录

二、用户管理

企业在应用会计软件之前，需要先设置账套的操作人员并进行岗位分工。对操作人员的权限进行明确规定，实施权限控制，可以避免无关人员对系统进行操作，做到权责分明，保证系统的安全。

通过系统管理模块“权限（O）”菜单项的“用户（U）”功能，实现用户的日常管理。例如增加用户、删除用户、修改用户、注销用户等，“用户”是指将来要承担某一个或多个账套中相关职能的具体操作人员。“用户管理”初始界面如图4-4所示，其中包括系统预置的四个用户，系统管理员（admin）就是其中之一。

图4-4 用户管理初始界面

通过菜单中的“增加”功能可以逐个把自定义用户加入系统数据库，或者通过“批量”功能从人员档案批量生成操作员，为后续应用做好准备（如图4-5所示）。

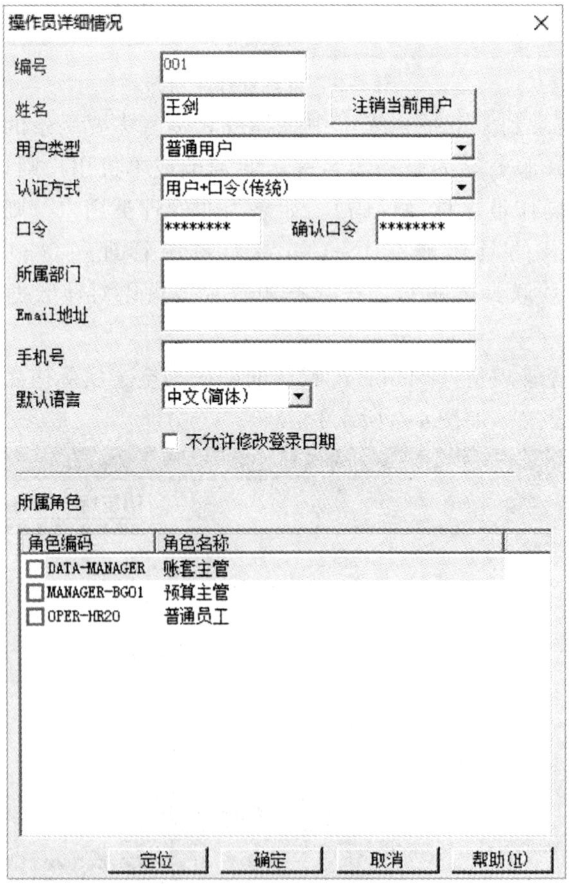

图4-5 操作员详细情况

增加用户时涉及的相关参数要求如下：

1. 编号和姓名：这两个项目是蓝色字体，属于必须输入的项目，最大不能超过20位，不能输入数字、字母、汉字之外的字符。

2. 用户类型：用户类型包括普通用户和管理员用户两种。普通用户是指能够登录企业应用平台进行业务处理的用户，系统中大部分用户属于此类型，这类用户（账套主管除外）是无法登录“系统管理”模块的。管理员用户是进行账套管理、协助系统维护的用户，可以登录“系统管理”模块进行操作，为系统管理员（admin）分担一部分管理工作，进行备份计划管理、升级年度、权限设置、用户/角色管理、清除任务、清退站点、清除单据锁定、上机日志查看等，这类用户无法登录企业应用平台进行业务处理。

3. 认证方式：用户登录时的认证方式，可以选择用户+口令、动态密码、CA认证、域身份验证。用户+口令（传统）是默认方式，通过用户名和密码来认证用户身份；动态密码采用的是第三方的用户身份认证方式；CA认证指数字证书认证，如果用户指定为CA认证，则输入用户口令、选择数据源，登录界面确定后还需要输入pin码（CA的认证码）；域身份验证指使用域账户认证的方式，登录时输入域账户及密码，通过配置好的认证服务器进行身份验证。

4. 口令：可以为空，最长不能超过20位。

5. 所属部门：可以为空，最长不能超过20位。

6. 默认语言：为用户选择合适的语言，系统中的一些功能以此处设置的语种给用户发送通知，可以选择中文（简体）、中文（繁体）、英文。

7. 不允许修改登录日期：设置特定用户登录企业应用平台时是否可以修改登录日期。选择此项后，特定用户登录企业应用平台时要求以操作系统日期登录，不能更改登录日期，从而规避一些风险，比如，通过滞后制单享受已过期的价格优惠。

8. 所属角色：选择用户所属的角色，以获取该角色的权限。

本账套涉及的全部用户信息如图4-6所示。

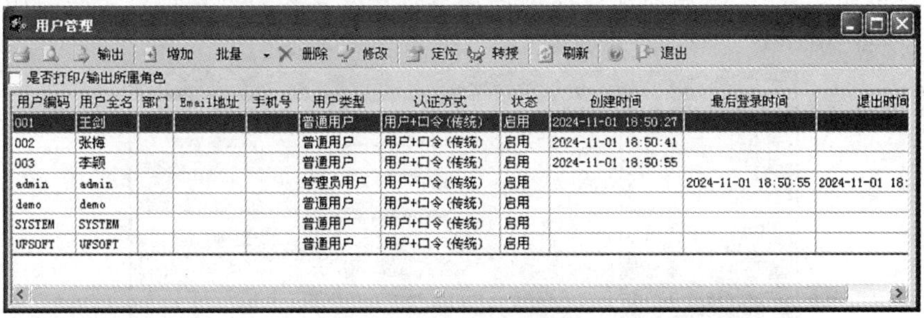

用户编码	用户全名	部门	Email地址	手机号	用户类型	认证方式	状态	创建时间	最后登录时间	退出时间
001	王剑				普通用户	用户+口令(传统)	启用	2024-11-01 18:50:27		
002	张梅				普通用户	用户+口令(传统)	启用	2024-11-01 18:50:41		
003	李颖				普通用户	用户+口令(传统)	启用	2024-11-01 18:50:55		
admin	admin				管理员用户	用户+口令(传统)	启用		2024-11-01 18:50:55	2024-11-01 18:
demo	demo				普通用户	用户+口令(传统)	启用			
SYSTEM	SYSTEM				普通用户	用户+口令(传统)	启用			
UFSOFT	UFSOFT				普通用户	用户+口令(传统)	启用			

图4-6　用户信息表

在用户信息表中，系统还会自动记录用户创建时间、最后登录时间、退出时间等相关信息，保留操作线索，确保系统安全。

三、建立账套

前已述及，账套是用来存放一个独立核算单位相关数据的载体。在计算机中每个账套对应着一个数据库文件。在DBMS的管理下，可以在系统中同时为多个独立核算的单位分别建立账套而不会相互影响。通常，建立账套的过程是系统引导下的人机交互过程，系统收集到了足够的参数以后可以自动在指定路径建好账套文件。

执行“系统管理”模块的菜单项“账套（A）”—“建立（C）”功能，建账过程如下所示。

1.选择建账方式（如图4-7所示）。有两种建账方式可供选择：一种是“新建空白账套”，如果系统中无任何账套，则只能选择这种方式建立新账套；另一种是“参照已有账套”，若系统中已有账套，既可以选择“新建空白账套”，也可以选择“参照已有账套”的方式，建立一个与已有账套参数相似的账套，并结转档案或者期初数据，从而加快账套建立的速度。

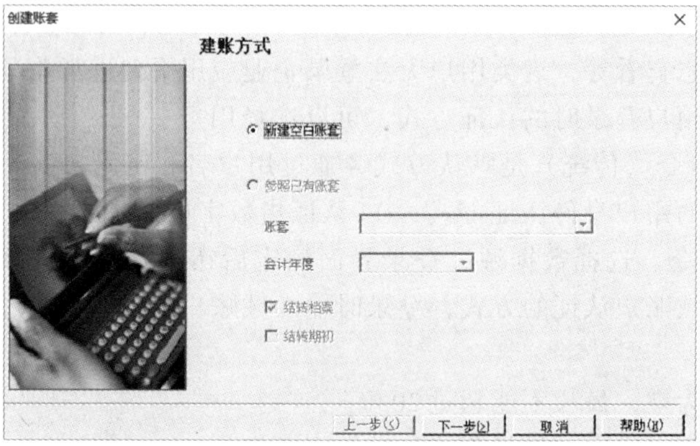

图4-7　建账方式选择

2.输入账套信息（如图4-8所示）。“已存账套”下拉列表框中，显示系统中已经存在的账套占用的号码和账套名，这个信息的主要作用是告诉建账者哪些账套号不能使用。在用友U8软件中，最多可以建立999个账套，用1～999的数字来区别。“账套号”文本框输入未被占用的数字；“账套名称”文本框中输入不超过40个字符的账套名称；“账套路径”是指账套保存的位置，应选择本地磁盘，不能是网络路径。“启用会计期”是账套开始使用的日期，是手工会计和计算机会计交接的日期。如果不是集团公司汇总用的账套，不要选择“是否集团账套”。根据需要可以选择是否“建立专家财务评估数据库”用于财务分析和评估，本例不建立。

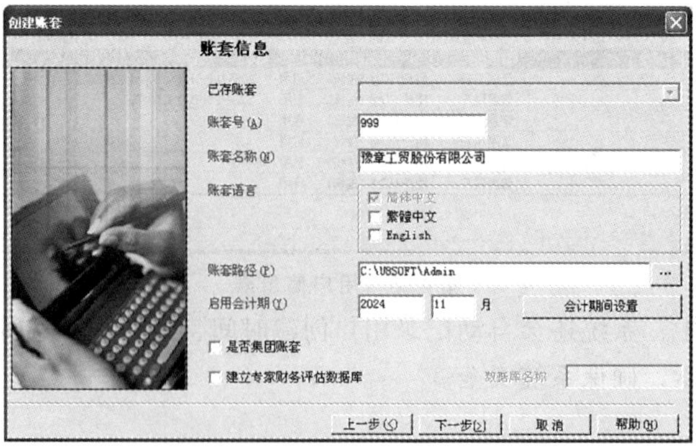

图4-8　输入账套信息

3.输入单位信息（如图4-9所示）。“单位名称”应该输入企业全称，企业对外往来时将使用该信息，其他内容根据实际情况录入。

4.输入核算类型（如图4-10所示）。该账套“本币代码”为RMB，“本币名称”为

“人民币”。“企业类型”分为工业、商业、医药流通三种，根据需要进行选择，本例选择“商业”。“行业性质”根据实际情况进行选择，本例选择2007年新会计制度科目。如果选中“按行业性质预置科目”，则可以将系统预置的行业会计科目自动导入，减少会计科目维护的工作量，本例为了完整体验会计科目的设置过程，不选择该选项。账套主管根据事先分工选择001号用户。

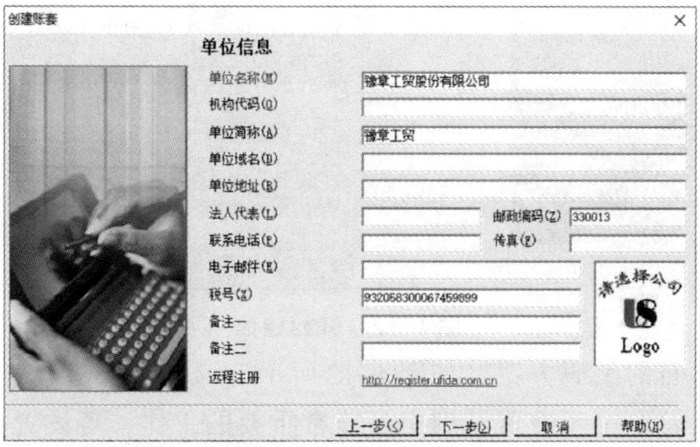

图4-9 输入单位信息

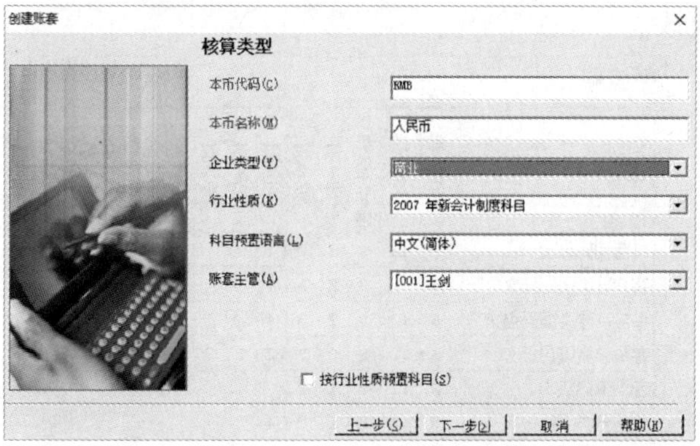

图4-10 输入核算类型

5.设置基础信息（如图4-11所示）。该部分可以根据企业核算的具体要求进行选择，若要进行精细化的管理，则选择存货、客户、供应商需要分类，有无外币核算根据企业实际情况决定。本例选择所有选项。

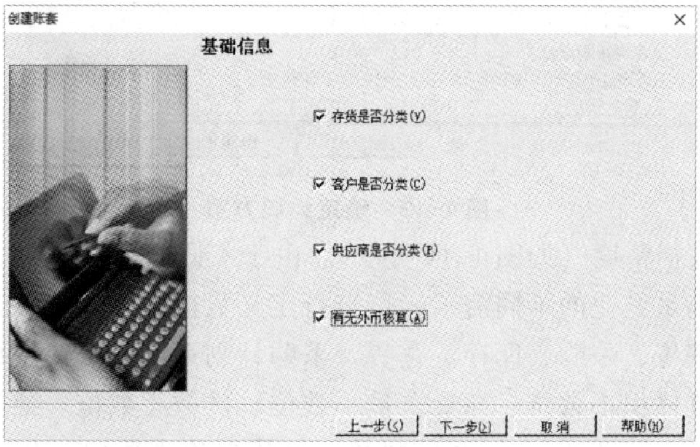

图4-11 设置基础信息

6.开始建账（如图4-12所示）。信息收集完成，准备建立账套。由于需要建立的账套文件较大，所以需要花费较长时间。

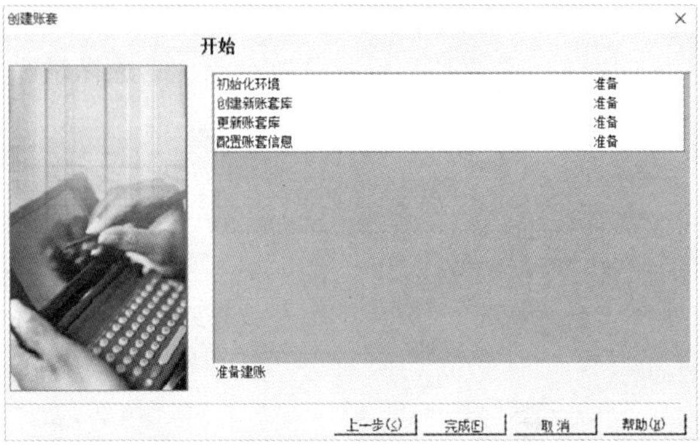

图4-12 开始建账

7.确定账套中项目的编码方案（如图4-13所示）。建账完成以后，需要设置账套中相关项目的编码方案，这是一项非常基础也是非常重要的工作，若设置不合适，将对后续操作产生重大影响。本例根据核算要求将科目编码级次设为4-2-2，其余按系统默认。该设置可以在以后进行更改。

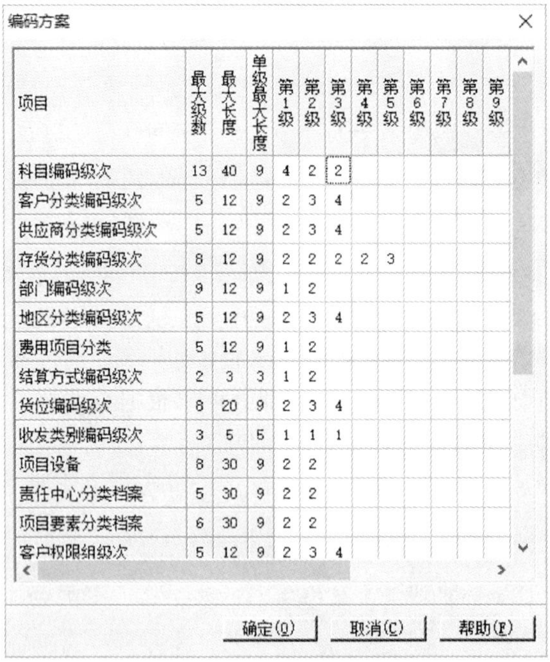

项目	最大级数	最大长度	单级最大长度	第1级	第2级	第3级	第4级	第5级	第6级	第7级	第8级	第9级
科目编码级次	13	40	9	4	2	2						
客户分类编码级次	5	12	9	2	3	4						
供应商分类编码级次	5	12	9	2	3	4						
存货分类编码级次	8	12	9	2	2	2	2	3				
部门编码级次	9	12	9	1	2							
地区分类编码级次	5	12	9	2	3	4						
费用项目分类	5	12	9	1	2							
结算方式编码级次	2	3	3	1	2							
货位编码级次	8	20	9	2	3	4						
收发类别编码级次	3	5	5	1	1	1						
项目设备	8	30	9	2	2							
责任中心分类档案	5	30	9	2	2							
项目要素分类档案	6	30	9	2	2							
客户权限组级次	5	12	9	2	3	4						

图4-13 确定编码方案

8.确定账套的数据精度（如图4-14所示）。由于不同企业对数量、单价的核算精度要求不尽相同，为了满足企业的不同需求，可自行定义数据精度。该设置可以在以后进行更改。应收、应付、销售、采购、库存、存货、采购计划系统均需使用数据精度。其中：存货数量小数位、存货体积小数位、存货重量小数位、件数小数位、换算率小数位、税率小数位，可根据企业实际情况输入0～6的整数；存货单价小数位、开票单价小数位，可根据企业实际情况输入0～8的整数。

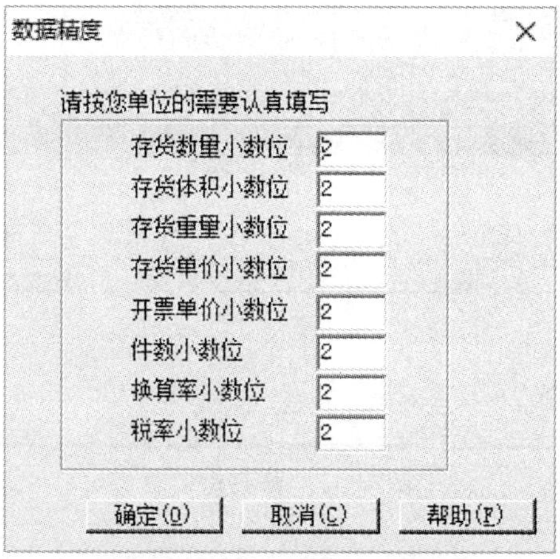

图4-14 确定数据精度

9.系统启用选择（如图4-15所示）。在建账完成后系统会提示是否启用相关的子系统，如果选择“是”，则可以立即以系统管理员（admin）的身份进入系统启用的界面进行设置；如果选择“否”，则只能在以后由账套主管通过企业应用平台来启用。无论由谁启用，后续的使用效果都是一样的。本例为了了解系统启用的完整流程，选择“否”，暂时不启用。留待后续操作中由账套主管通过企业应用平台的功能来启用。

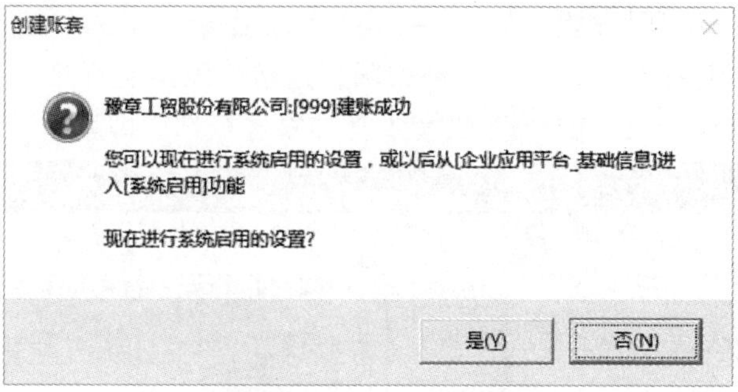

图4-15 系统启用选择

10.建账完成以后，点击“退出”完成账套建立（如图4-16所示）。

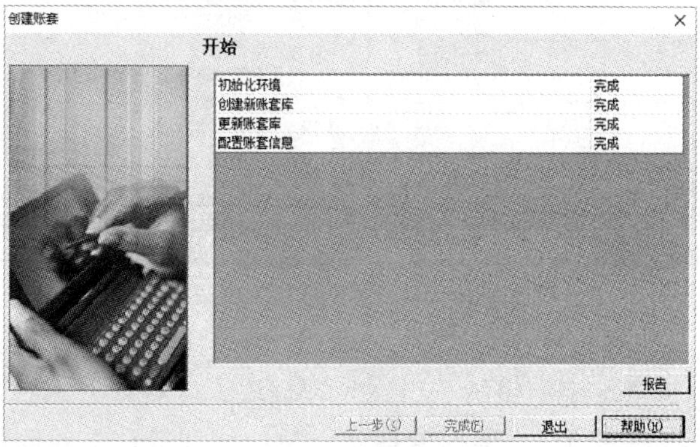

图4-16 账套创建完成

11.系统管理左侧窗口中显示已经建立好999号账套，2024—2024账套库信息（如图4-17所示）。

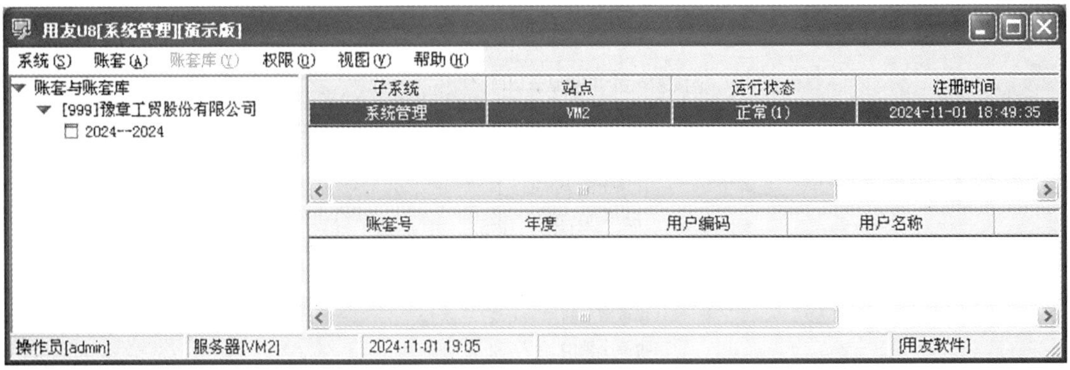

图 4-17 账套库信息

四、分配操作权限

为了保证系统安全，用户对账套的操作需要得到授权，即需要给用户分配事先划分好的账套操作权限，本质上就是建立用户和账套之间的联系。用户和账套之间的权限分配是多对多关系，首先要依据会计核算制度，严格区分账套中不相容的会计操作业务，然后根据工作量合理分配各操作内容。执行系统管理的“权限”菜单中的“权限”功能，进入操作员权限设置界面。

1.用户“王剑”的权限设置（如图4-18所示）。由于“王剑”被授予账套主管操作权限，系统默认账套主管拥有该账套的全部权限，这些权限不能删除，也不需要进一步明确具体权限，只需要将账套对应的“□ 账套主管”复选框选中即可。

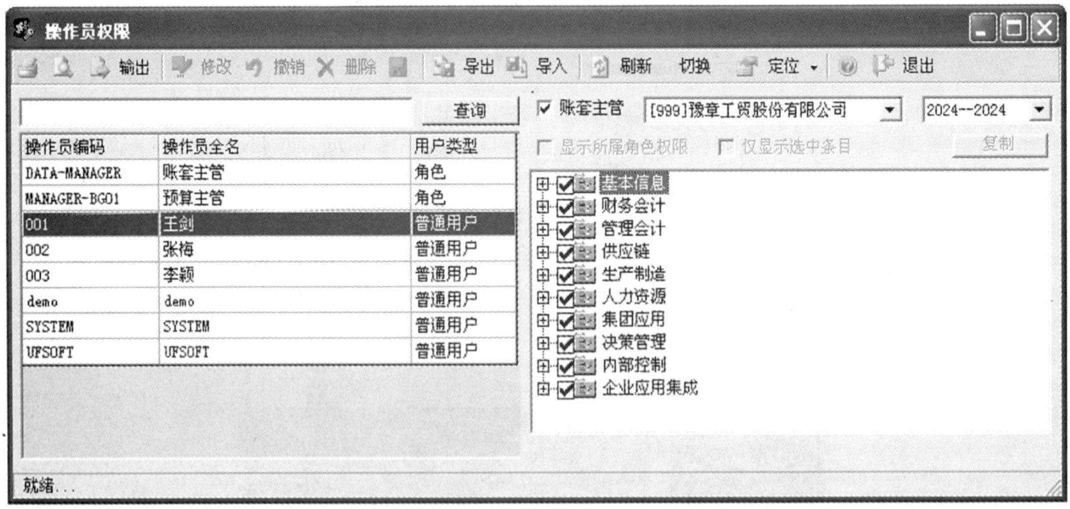

图 4-18 用户“王剑”的权限设置

2.用户“张梅”的权限设置（如图4-19所示）。该用户需要被授予出纳权限，出纳权限一般包括总账中的出纳签字、出纳，出纳管理模块，应收款管理中的选择收款、收款单据处理（卡片编辑、卡片查询）、票据管理，以及应付款管理中的选择付款、付款单据处理（卡片编辑、卡片查询）、票据管理。授权时需要先点击菜单中“修改”功能，然后从右边窗口中选择相关权限，存盘即可。

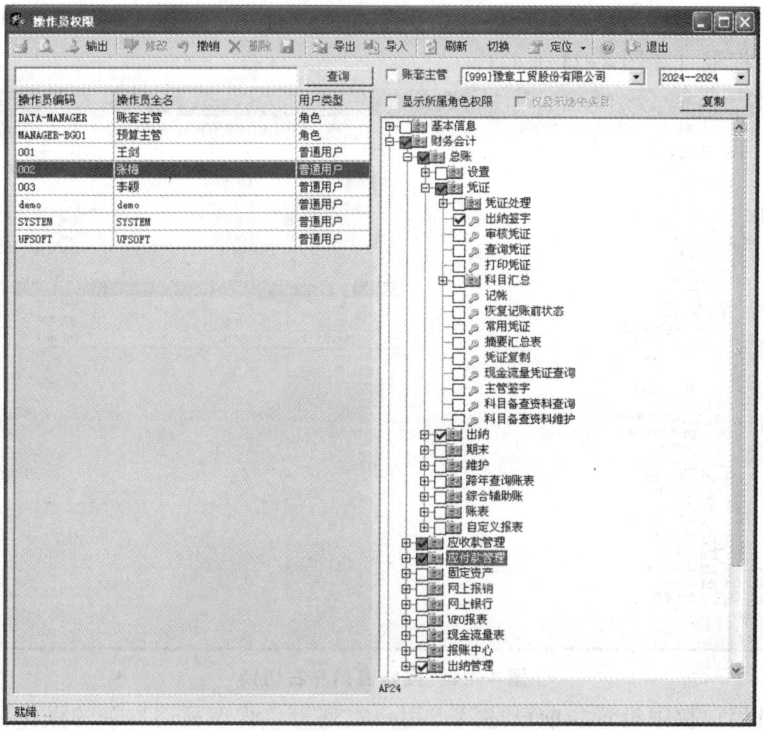

图 4-19 用户“张梅”的权限设置

3.用户“李颖”的权限设置（如图4-20所示）。该用户需要被授予会计权限，会计权限较多且较为零散。为了提高效率，可以先将财务会计、供应链、人力资源权限全部选中，然后将其中不属于该用户的权限剔除。

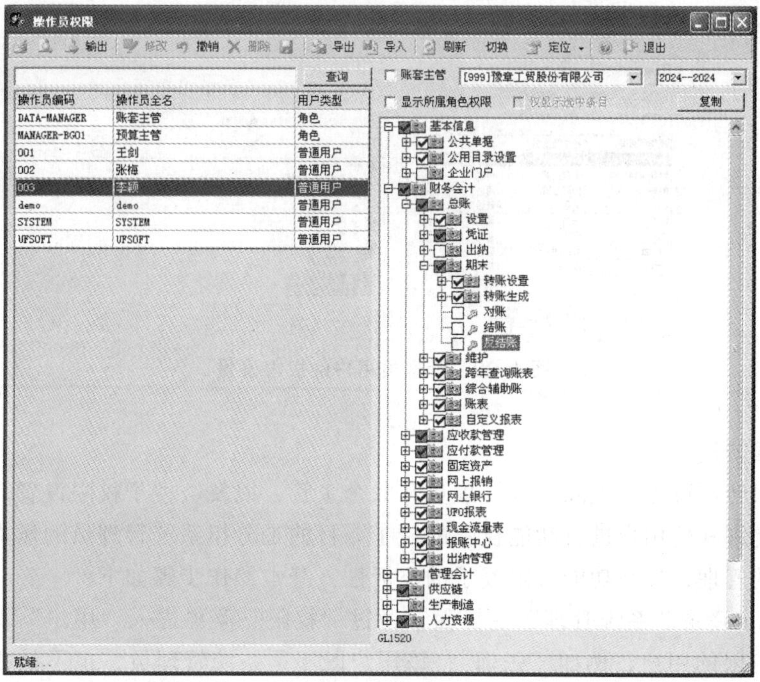

图 4-20 用户“李颖”的权限设置

授权操作时还可以通过菜单中的“切换”功能，将左右窗口对调，方便同时给多个用户授予相同的权限（如图4-21所示）。

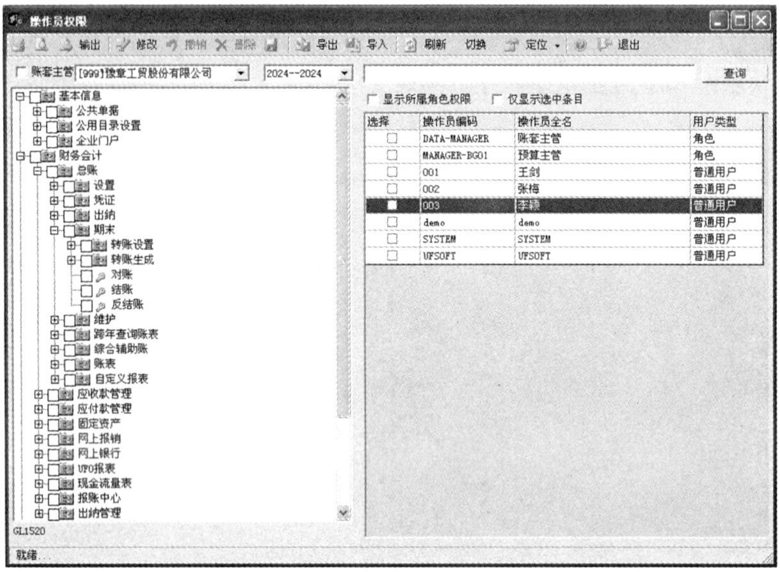

图4-21 授权窗口左右切换

4.管理员用户权限设置。前已述及，用户类型为“管理员用户”的操作员只能完成系统管理工作，不能进行业务处理。如果系统中有管理员用户，他们的操作权限也需要由系统管理员（admin）授予。例如，如果需要指定系统预置用户demo为管理员用户，授予系统管理相关权限，包括用户管理、清除任务、上机日志查看。需要先在“用户”管理中将用户demo设置为“管理员用户”，然后进入权限设置功能，授予系统管理相关权限（如图4-22所示）。

图4-22 管理员用户的权限设置

五、权限转授

通过权限转授可以实现除系统管理员和账套主管，以及被授予权限设置功能的管理员用户以外，允许其他用户进行功能权限的授予。目的是分担系统管理员的压力和责任，完善功能权限的管理，提高功能权限授予的灵活性。基本操作步骤如下：

1.以admin登录“系统管理”主界面，通过“权限”菜单进入“用户”功能界面，选中需要转授权限的用户，例如“张梅”，该用户既不是系统管理员，也不是账套主管，不是管理员用户（如图4-23所示）。

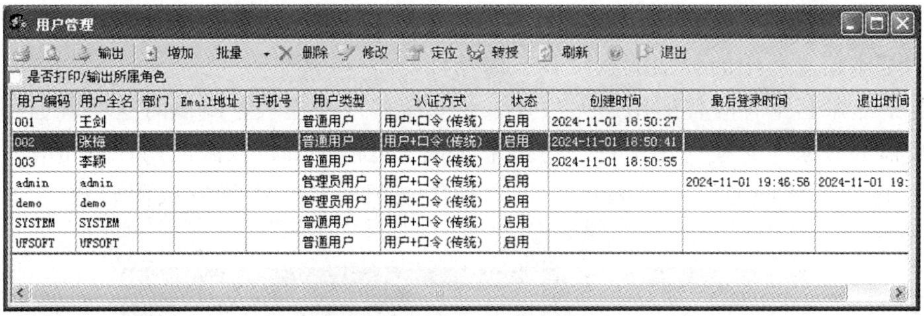

图 4-23 用户管理界面

2.执行菜单栏中的“转授”功能，设置该用户能够把权限转授给系统中哪些用户，例如设置“张梅”可以授权给“UFSOFT”（如图 4-24 所示）。

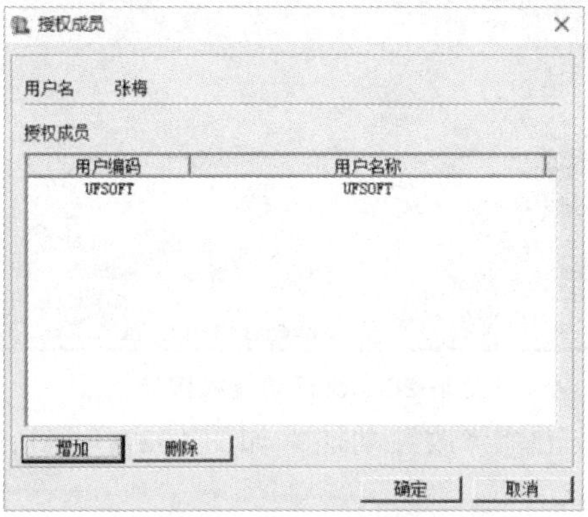

图 4-24 增加授权成员

3.在“系统管理”主界面，选择“权限”菜单中的“权限”功能，在原有功能的基础上，系统管理员再给“张梅”分配“基本信息”—“公用目录设置”—“权限”—“功能权限转授”的操作功能（如图 4-25 所示）。由此，张梅就拥有了功能权限转授的操作功能。

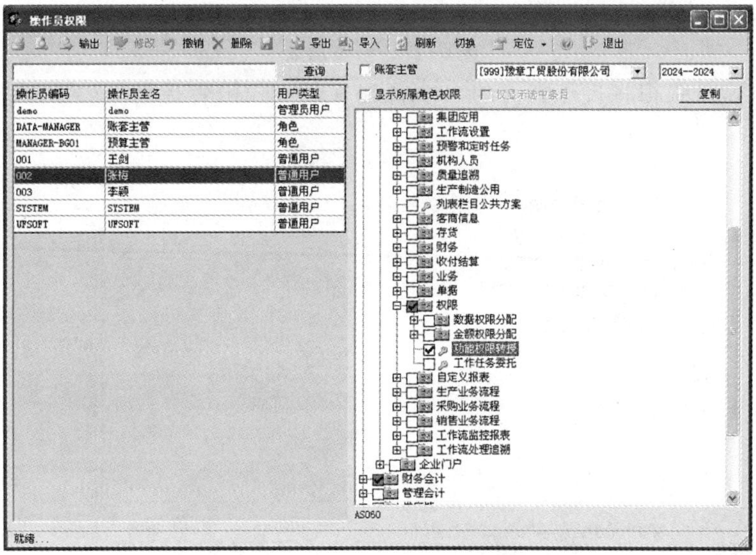

图 4-25 授予功能权限转授操作功能

由以上操作可知，一个用户要拥有权限转授功能，需要admin事先为其指定授权成员和分配“基本信息”中的“功能权限转授”功能。

4.由于非账套主管的普通用户无法登录“系统管理”模块，所以对这些普通用户进行权限转授需要登录“企业应用平台”模块来实现。以需要转授权限的用户身份登录企业应用平台，在“系统服务”—“权限”—“功能权限转授”中设置权限转授（如图4-26所示）。

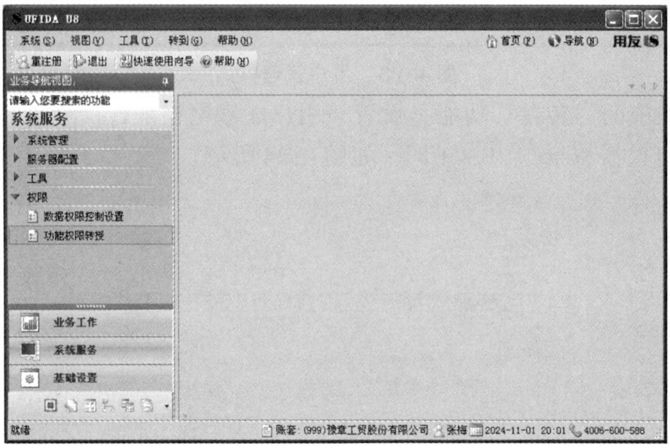

图4-26 执行功能权限转授

选择要转授的用户，点击“修改”功能（如图4-27所示），设置被转授用户相关的功能权限。

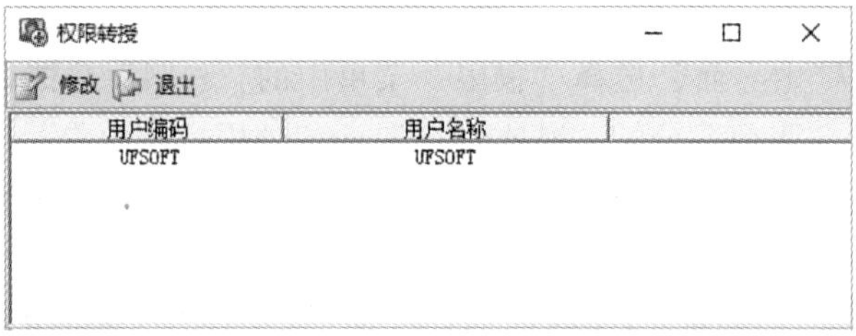

图4-27 修改功能

例如，操作员张梅将自己拥有的出纳管理（SC）权限转授给“UFSOFT”（如图4-28所示）。

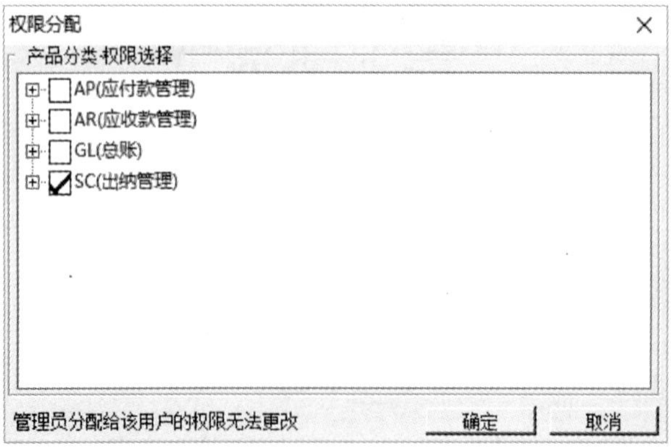

图4-28 权限转授

完成后查看用户UFSOFT权限，其拥有了张梅转授过来的“出纳管理”权限（如图4-29所示）。

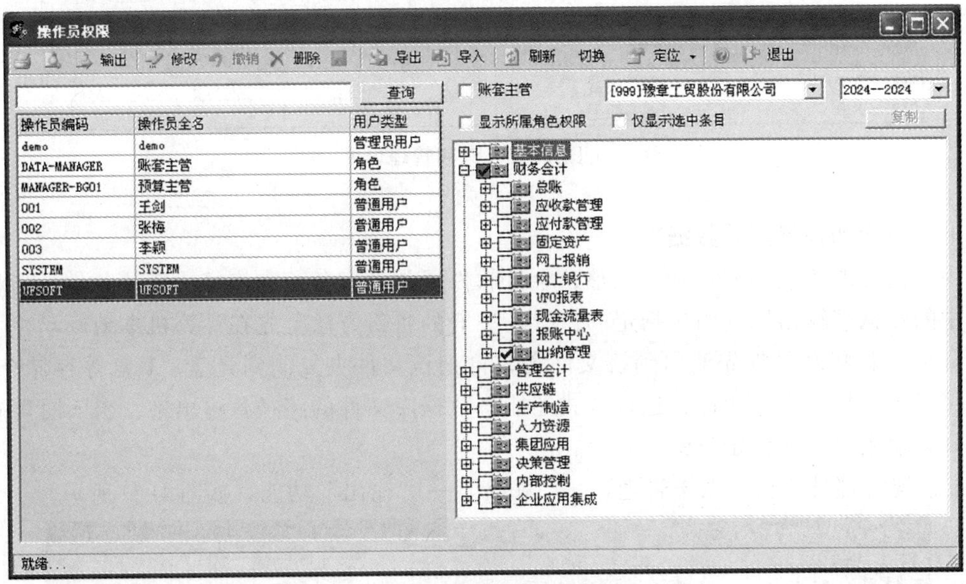

图4-29　查看转授后权限

转授用户如果想收回转授的权限，则在功能权限转授页面把已经转授的权限取消即可，被授权的用户则只拥有其原来本身的权限。当然，系统管理员可以直接将用户接受转授的权限取消。

六、角色管理

在企业经营管理活动中，如果操作员的岗位发生变动，需要重新为其分配操作权限，如果多数操作员具有相同操作权限，需要分别为其指定操作权限。前述的授权操作都很烦琐，角色管理功能可以有效地解决这类问题。

角色是指在企业管理中拥有某一类职能的组织，这个组织可以是实际的部门，可以是由拥有同一类职能的人构成的虚拟组织。例如，会计和出纳是实际工作中常见的两个角色。在设置角色后，可以定义角色的权限，最后将用户加入到该角色中。这样，在设置用户的时候，只要选择其归属于此角色，就自动拥有该角色的权限。此功能的好处是方便控制操作员权限，可以依据职能统一进行权限的划分，可以进行账套中角色的增加、删除、修改等维护工作。

用户和角色设置不分先后顺序，用户可以根据自己的需要设置。但对于自动传递权限来说，应该首先设定角色，然后分配权限，最后进行用户的设置。一个角色可以拥有多个用户，一个用户也可以分属于多个角色。若角色已经在用户设置中被选择过，系统则会将这些用户名称自动显示在角色设置中所属用户名称的列表中。系统管理员或有权限的管理员用户可以进行本功能的设置。如果需要对一个用户授予多个账套中相同的操作权限，或者对多个用户授予在一个账套中相同的操作权限，可以使用“角色”功能来快速完成。

角色管理的操作流程是：增加角色—对角色授权—把用户归属于某角色（如图4-30所示）。

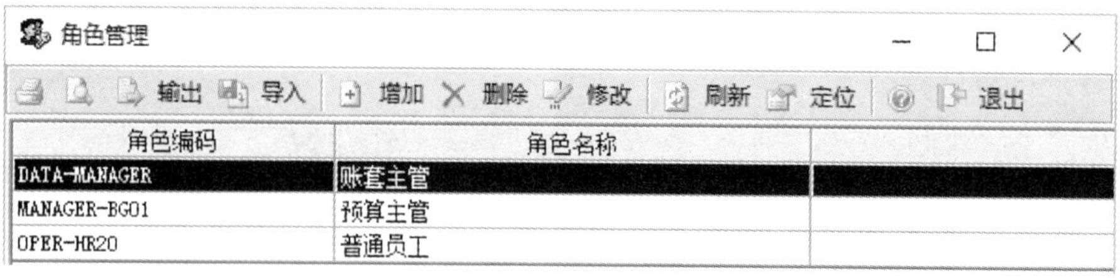

图 4-30 角色管理

七、备份和恢复账套数据

为了确保账套数据的安全和完整，会计软件通常具有备份和恢复功能。备份是指将数据库中的数据“输出”到用户指定的位置。一般的备份方法是先在计算机本地硬盘建立一个文件夹，将账套文件先输出到该文件夹，再把该文件夹复制到光盘、U盘等存储介质。与直接复制数据库文件相比，这种方式还能将数据库文件的路径备份出来，引入时可直接恢复到它输出之前的原始位置。

1.系统管理员执行“系统管理”—“账套”—“输出”功能（如图4-31所示）。

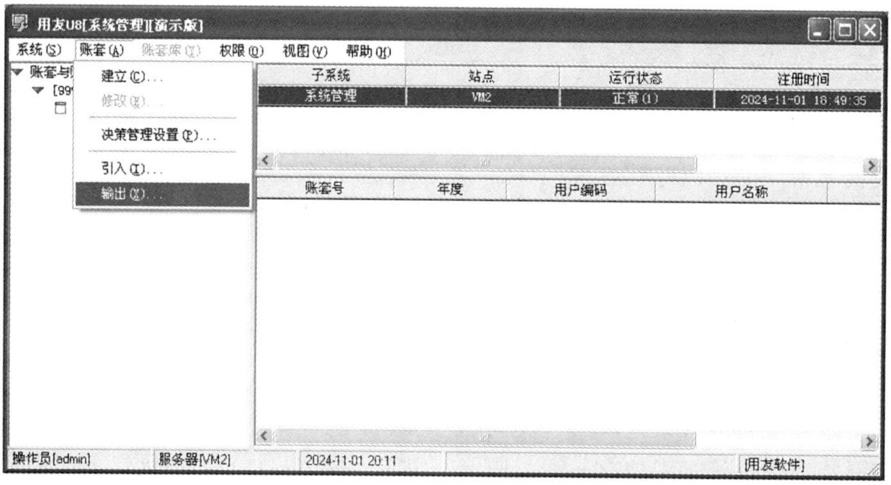

图 4-31 执行账套输出功能

2.选择需要输出的账套号以及备份目标（如图4-32所示）。由于系统不允许对输出的账套文件改名，为了方便对输出账套文件的管理，可以事先按操作日期或者其他标识建立文件夹，将账套文件输出到该文件夹中。如本例事先在C盘建立了一个名字为“01基础档案完成”的文件夹，将账套文件输出到该文件夹中。输出的账套文件有两个，名字分别为UfErpAct.Lst和UFDATA.BAK，这两个文件名及扩展名是不能修改的，否则无法被系统识别，导致无法被引入系统中。

在账套输出界面中有一个复选框“□ 删除当前输出账套（D）”，它的作用是：如果需要将系统中的账套数据删除，那么，选中该复选框，系统将会对选定账套强制备份以后，再从系统中将账套数据删除（如图4-33所示）。

3.引入账套。若需要将事先备份好的账套恢复到系统中，可以执行“系统管理”—“账套”—“引入”功能。引入前需要准备好UfErpAct.Lst和UFDATA.BAK两个文件，缺少一个都无法引入。引入时打开两个备份文件存盘的位置，选择UfErpAct.Lst文件即可完成引入过程（如图4-34所示）。

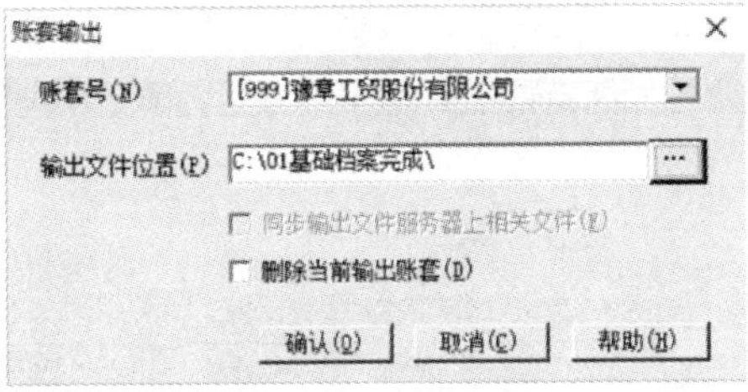

图4-32　账套输出

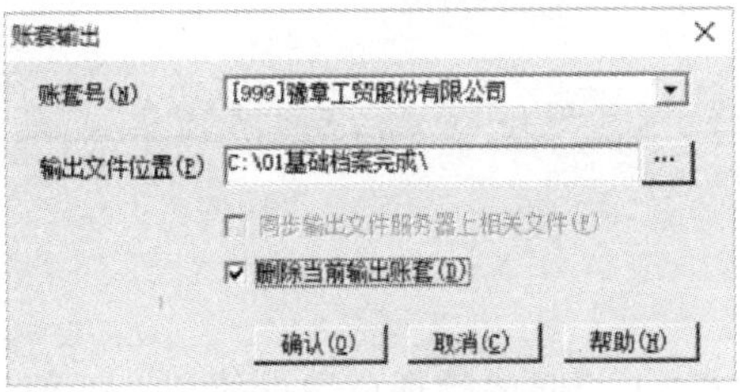

图4-33　删除账套数据

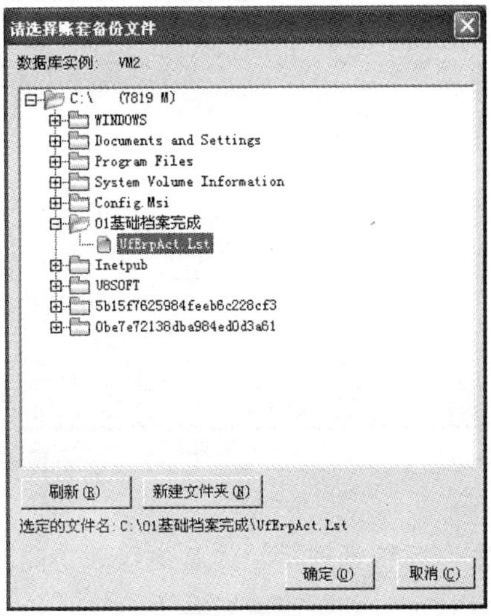

图4-34　引入账套

八、修改账套参数

由于账套主管需要对所负责的账套负全部责任，所以修改账套参数的操作权限只能属于“账套主管”，包括系统管理员在内的其他人员都不具备该操作权限。在未使用相关信息的基础上，如果需要对账套的某些信息进行调整，以使信息更真实准确地反映企业的相关内容时，可以进行账套参数的修改。

以账套主管的身份登录系统管理模块，在登录时应注意选择正确的账套号和年度，通过“修改”功能可以实现对账套名称、单位信息、基础信息等内容的修改。

1.以账套主管身份登录系统管理模块（如图4-35所示）。

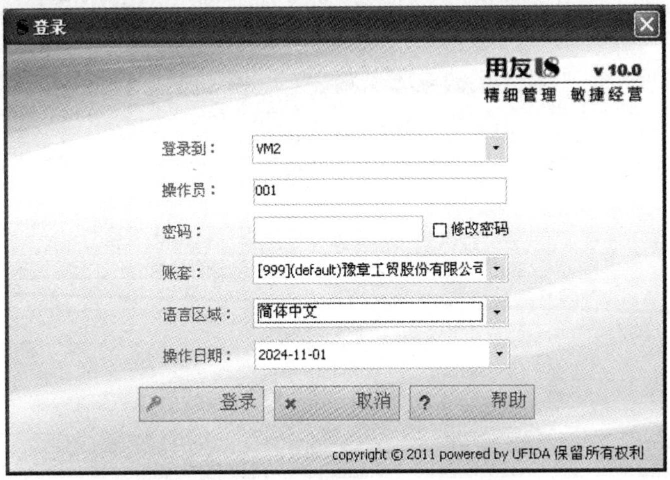

图4-35　账套主管登录系统管理模块

2.账套主管登录以后，系统将开放账套修改的操作权限（如图4-36所示），可以完成部分账套信息的修改，包括账套名称、启用会计期、单位信息、行业性质、基础信息、编码方案、数据精度等内容。

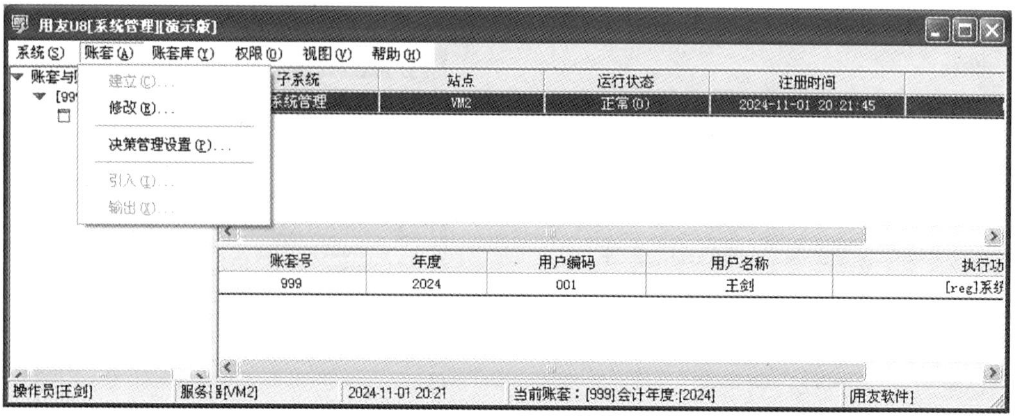

图 4-36 修改账套

九、系统管理模块的其他管理功能

以系统管理员或者账套主管、系统安全员、被授予权限的管理员用户的身份登录系统管理模块后，除以上介绍的功能外，还可以完成其他管理功能。系统管理模块登录后界面分为左、右上、右下三部分（如图 4-37 所示）。左侧显示账套与账套库列表；右上部分显示各操作员正登录使用的各子系统名称、运行状态和注册时间、登录客户端等信息；右下部分显示在这些子系统中正在执行的功能以及账套、操作员信息等。查看时，用户可在左侧选择账套或账套库，右上部分将相应显示该账套或该账套库中正在使用的产品情况，选中一个子系统，右下部分将自动列示出该子系统中正在执行的功能。这两部分的内容都是动态的，它们将根据系统的执行情况而自动更新变化。运行状态栏如果显示正常（0），表示系统运行正常；如果显示正常（1）至正常（5），表示客户端与数据库服务失去连接的时间。

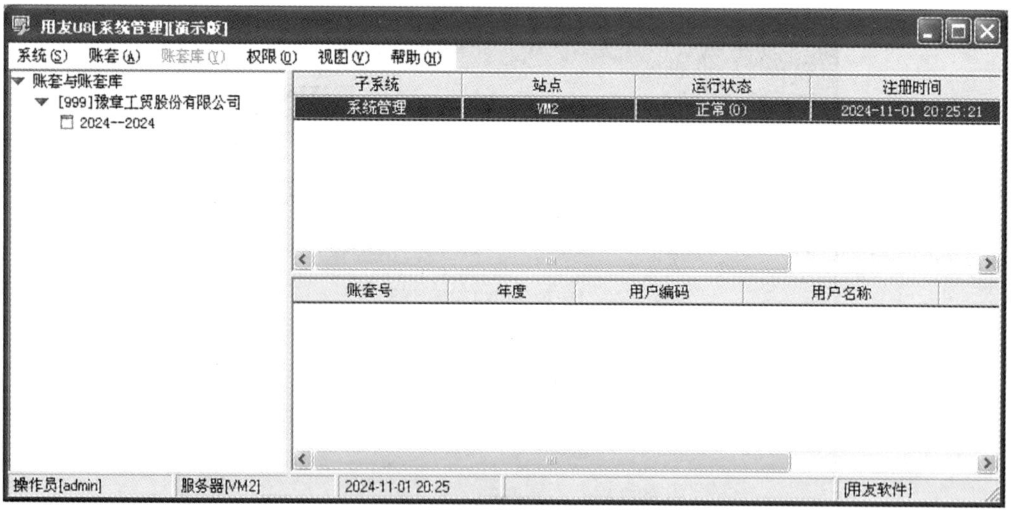

图 4-37 系统管理界面

1.清除单据锁定

单据在操作过程中由于不可预见的原因可能会被锁定，此时将不能对单据进行正常操作，执行视图菜单中的“清除单据锁定”功能，可以恢复正常的操作（如图 4-38 所示）。

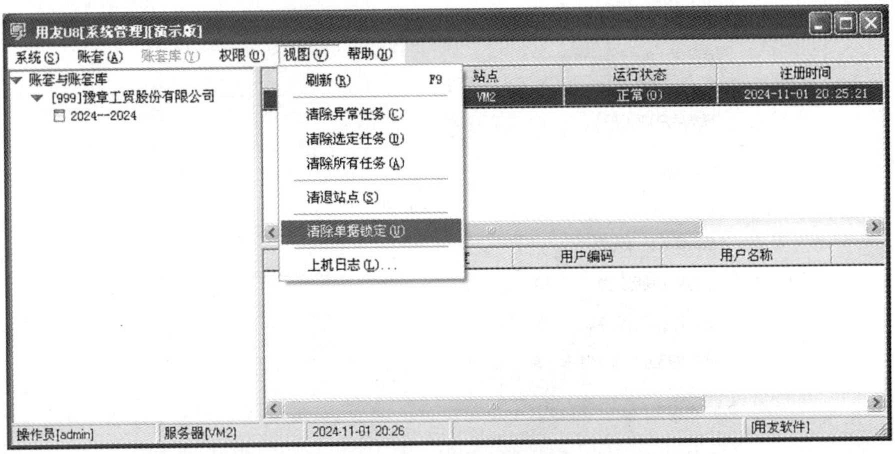

图 4-38　清除单据锁定

2.清除异常任务

在操作过程中，如果用户服务端超过异常限制时间未工作，或由于不可预见的原因非法退出某系统，则视为异常任务，在系统管理主界面显示"运行状态异常"。如果出现异常任务，可以手工进行异常任务的清除，也可以自动进行异常任务的清除。用户在使用过程中，可在U8服务管理器中设置服务端异常和服务端失效的时间，提高使用中的安全性和高效性。系统会在到达服务端失效时间时，自动清除异常任务。在等待时间内，用户也可选择"清除异常任务"功能，自行删除异常任务。

3.维护上机日志

通常情况下，为了保证系统的安全运行，以便使所有操作都有迹可循，系统会随时记录操作员执行各产品或模块的上下机时间、操作的具体功能等情况，形成上机日志。维护上机日志由系统中单独设置的系统安全员（SAdmin）来完成。

在系统管理模块中以系统安全员的身份登录以后，可以查看所有上机日志。如果需要管理日志，执行备份删除、恢复日志等操作，可以在"系统"功能菜单中的"数据清除"或"数据还原"中处理（如图4-39所示）。

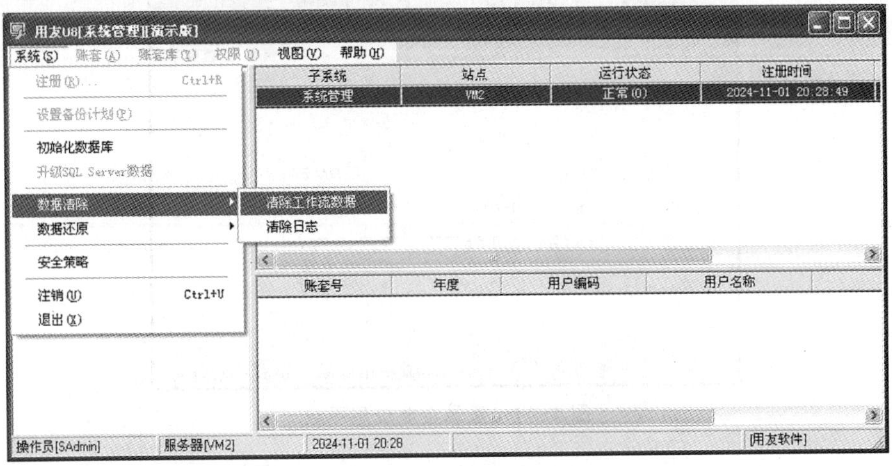

图 4-39　数据清除功能

除此之外，系统安全员（SAdmin）还能进行安全策略管理（如图4-40所示）。

各操作员权限明细表

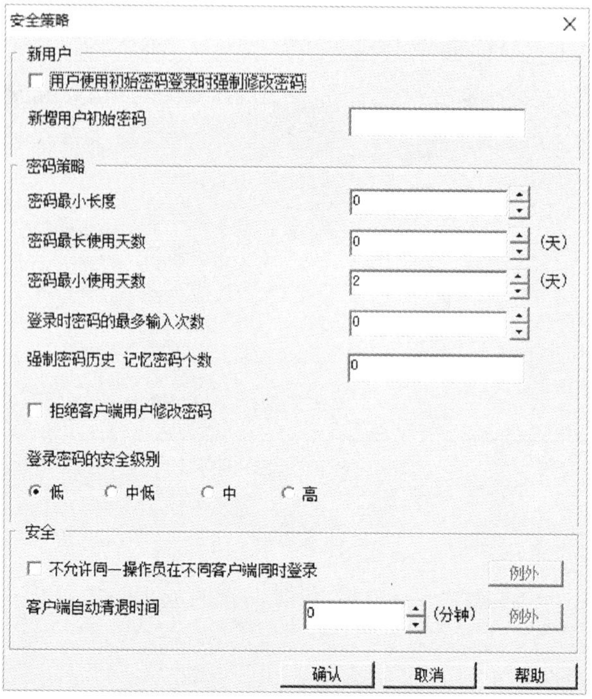

图4-40 安全策略管理

第二节 基本信息设置

建账完成以后，账套主管就可以在“企业应用平台”中进行基本信息设置。它的主要任务是完成会计期间调整、系统启用，也可以根据需要对建账时设置好的“编码方案”和“数据精度”进行修改。其中，系统启用工作只能由账套主管完成。本例以账套主管身份登录企业应用平台（如图4-41所示）。

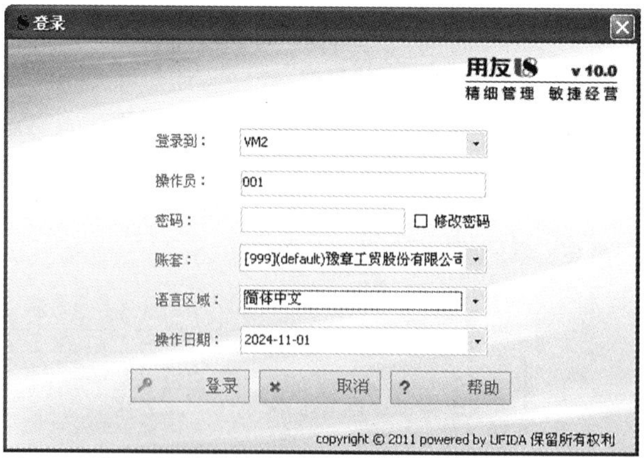

图4-41 登录企业应用平台

一、基本信息

展开“基础设置”中“基本信息”菜单，里面有四项操作内容，分别是会计期间、系统启用、编码方案、数据精度（如图4-42所示）。其中，编码方案、数据精度与建账时的内容一致，如有需要可以在此进行修改。

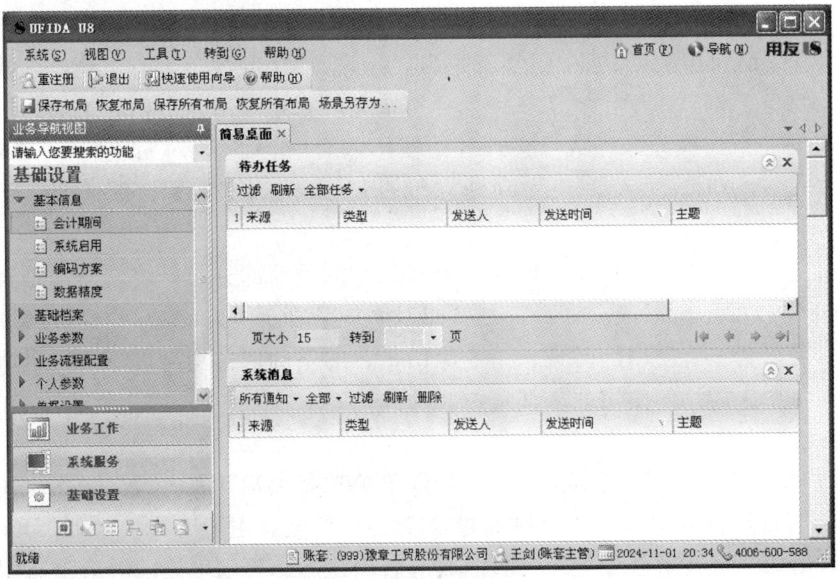

图4-42 基本信息

二、会计期间

实际业务中，企业选择的核算期间可能和正常的自然日期不一致。为支持不同年度定义各自的会计月历，系统提供了设置会计期间的功能，企业可以根据实际情况调整尚未发生业务的会计期间的起止日期。同时，为满足企业在一个账套库中存放连续多年的数据，便于查询利用的要求，可以通过该功能手工新增整年会计月历，或删除尚未发生业务的会计月历。

需要注意的是，账套启用月份以前的日期是不可以修改的；每月的结账日期可以不同，但其开始日期均为上一个截止日期的下一天；末月的截止日期随整个会计年度的起始日期而定，不可修改。会计期间调整如图4-43所示。

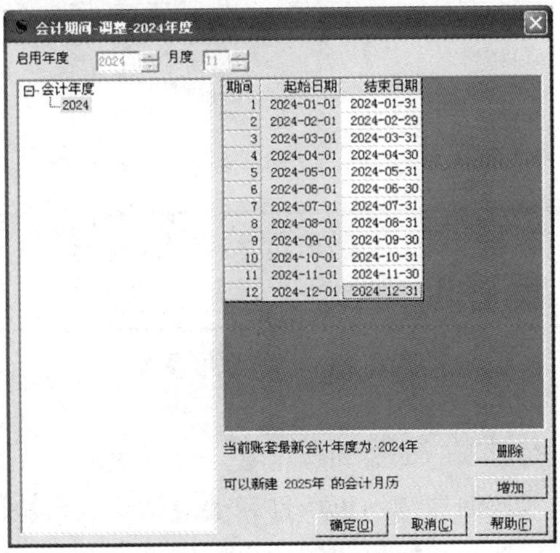

图4-43 会计期间调整

三、系统启用

用友U8是一个多模块集成的复杂系统，从管理的角度看，包括财务、供应链、决策支持三个部分。各部分之间均存在较多的数据传递，使之成为一个有机整体，共同完成企业的业务及财务工作。由于模块众多，且各模块之间存在联系，所以为了加强控制，协调各模块之间的关系，在建账完成后正式开始使用账套前，系统专门设置了一个启用操作。进入任何一个模块时，系统都要先判断它是否启用，未启用的模块不能登录进行业务处理。

模块启用有两种方式：一是在创建一个新账套的最后部分，系统会提示是否立即启用模块（如图4-15所示），若选择“是”，就能以系统管理员（admin）的身份启用需要使用的模块；二是账套主管可以随时进入企业应用平台的基础信息功能进行模块启用。无论以哪一种方式启用，后续的使用效果都是一样的。

1.模块启用方法

执行“基本信息”—“系统启用”，可以单独选择要启用的模块，在复选框内勾选，确认模块启用自然日期即可；也可以通过“全启”功能启用所有模块（如图4-44所示）。模块启用以后如果进行了业务处理将不能取消启用状态，否则可以随时取消启用状态。本例中各模块的启用日期均为2024-11-01。

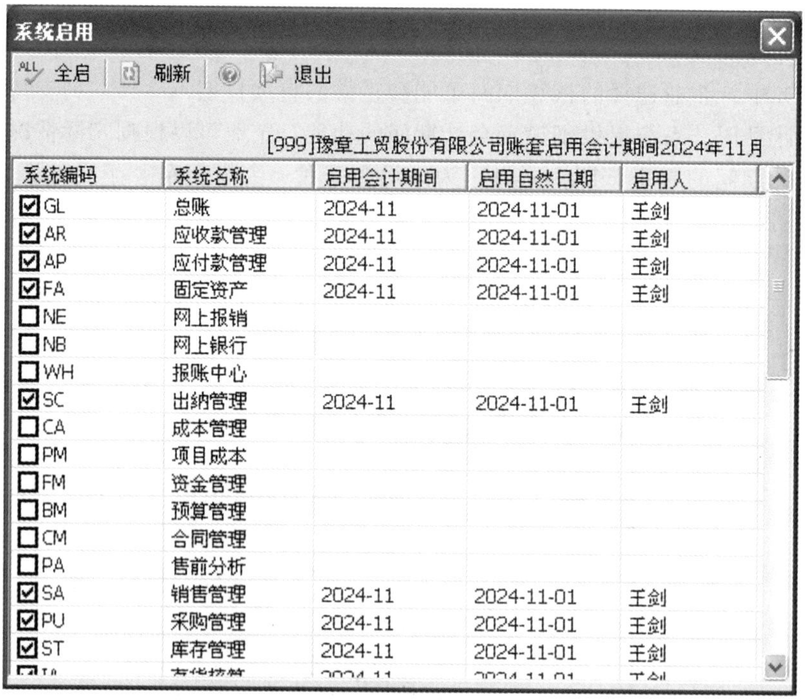

图4-44 系统启用界面

2.模块启用的约束条件

由于部分模块之间存在数据的传递和钩稽甚至互斥关系，在多模块启用时，需注意模块启用的约束条件。如果未遵循这些约束条件，会导致相关模块不能启用，也就无法实现业务和财务的一体化处理。部分模块启用的约束条件见表4-1。

表4-1 **模块启用的约束条件**

启用模块和顺序	启用约束条件
采购、销售、存货、库存	如果四个模块不是同时启用的，则最后启用的模块启用月必须大于或等于其他已启用模块的最大未结账月
采购先启用，库存后启用	如果库存启用月已有根据采购订单生成的采购入库单，则库存不能启用
应付先启用，采购后启用	采购的启用月必须大于或等于应付的未结账月，并且应付款管理系统未录入当月发票，或者将录入的发票删除
应收先启用，销售后启用	销售的启用月必须大于或等于应收的未结账月
销售先启用，应收后启用	如果销售已有结账月，应收的启用月应大于或等于销售的未结账月；如果销售无结账月，应收的启用月应大于或等于销售的启用月。用户应将销售当月已审核的代垫费用单生成应收单（单据日期为当月）。在启用库存前，用户必须先审核库存启用日期之前的未审发货单
委外管理	必须将库存管理和存货核算两个模块都启用
质量管理	质量管理系统必须在库存管理系统启用后再启用，且质量管理系统的启用月必须大于或等于库存管理的未结账月
GSP质量管理	GSP质量管理系统必须在库存管理系统启用后再启用，且GSP质量管理系统和质量管理系统不能同时启用
人力资源管理	在人力资源各模块中，只有先启用HR基础设置，才能启用人事管理；启用人事管理以后，才能启用薪资管理、考勤管理、招聘管理、经理自助、员工自助等其他产品；计件工资启用前必须先启用薪资管理
集团账套	只有先启用集团账套，才允许启用集团财务系统，集团财务系统的启用月为会计月对应的自然月的第一天；必须先建立关联的数据库，才能启用专家财务评估、管理驾驶舱和数据分析产品；启用时判断是否为集团账套，如果是集团账套，则不允许启用总账产品
合并报表	只能在集团账套中启用
生产制造	只有先启用物料清单系统，才能启用生产订单、主生产计划、需求规划、工程变更系统；生产订单系统启用后，才能启用车间管理、产能管理系统；车间管理系统启用之后才能启用工序委外管理模块
总账	各系统的启用日期必须大于或等于账套的启用日期。要启用网上银行，必须先启用总账

3.模块启用与基础档案设置

除了模块之间存在启用约束条件以外，在基础档案的设置之前也需要启用相关的模块，否则部分基础档案将无法维护。在任何模块都没有启用时，只有供所有模块使用的公用档案才能维护，具体包括：机构人员（本单位信息、部门档案、人员档案、人员类别、职务档案、岗位档案）；客商信息（地区分类、行业分类、供应商分类、供应商档案、客户分类、客户级别、客户档案）；财务（会计科目、凭证类别、外币设置、项目目录、成本中心、成本中心对照、成本中心组）；业务（批次档案、原因码档案、需求分类）。当启用其他模块时，可维护的基础档案会相应发生变化，具体变化情况及原因见表4-2。

表4-2 **可维护基础档案变化表**

启用子系统情况	机构人员	客商信息	存货	财务	收付结算	业务	变化原因
不启用任何子系统	本单位信息、部门档案、人员档案、人员类别、职务档案、岗位档案	地区分类、行业分类、供应商分类、供应商档案、客户分类、客户级别、客户档案		会计科目、凭证类别、外币设置、项目目录、成本中心、成本中心对照、成本中心组		批次档案、原因码档案、需求分类	供所有模块使用的公用档案
仅启用总账			存货分类、计量单位、存货档案		结算方式		总账需要使用存货信息，会涉及结算方式
仅启用应收应付			存货分类、计量单位、存货档案		结算方式、付款条件、银行档案、本单位开户银行、收付款协议档案		应收应付会涉及存货内容、结算方式
仅启用固定资产管理							没有供固定资产专门使用的档案
仅启用成本管理			存货分类、计量单位、存货档案			仓库档案、收发类别、产品结构、成套件	成本管理会涉及存货内容、仓库内容
仅启用薪资管理			存货分类、计量单位、存货档案		银行档案	产品结构	计件工资部分会涉及存货内容，银行代发会涉及银行档案

续表

启用子系统情况	机构人员	客商信息	存货	财务	收付结算	业务	变化原因
仅启用采购管理			存货分类、计量单位、存货档案		结算方式、付款条件、银行档案、本单位开户银行、收付款协议档案	仓库档案、收发类别、采购类型、产品结构、成套件、发运方式、非合理损耗类型、批号规则	采购管理会涉及存货内容，存货入库会涉及仓库档案、结算内容等
仅启用销售管理			存货分类、计量单位、存货档案		结算方式、付款条件、银行档案、本单位开户银行、收付款协议档案	仓库档案、收发类别、销售类型、费用项目分类、费用项目、发运方式	销售管理会涉及存货内容，存货出库会涉及仓库档案、结算内容等
仅启用库存管理			存货分类、计量单位、存货档案		收付款协议档案	仓库档案、货位档案、收发类别、采购类型、销售类型、产品结构、成套件、批号规则	库存管理会涉及存货内容、仓库档案等
仅启用存货核算			存货分类、计量单位、存货档案			仓库档案、收发类别、采购类型、销售类型、产品结构、成套件、非合理损耗类型	存货核算会涉及存货内容、仓库档案等

4.模块操作顺序

按照业务驱动财务、业务财务一体化管理的要求，本例的操作步骤为：先准备好业务和财务核算的基本环境，然后按照先业务模块再财务模块的顺序完成各模块的详细操作，最后进行包含各模块的综合操作，模块操作顺序见表4-3。注意在各阶段及时备份账套，以便于下一阶段的使用。

表4-3 模块操作顺序

序号	引入账套	功能模块	主要操作内容		备份账套
1	—	系统管理	增加用户、建立账套、用户授权		账套1
2	账套1	企业应用平台	启用需要使用的子系统	建立基础档案	账套2
3	账套2	供应链管理、应收/应付、薪资管理、固定资产、出纳管理、总账	供应链管理系统初始化	应收/应付系统初始化	账套3
			薪资管理系统初始化	固定资产系统初始化	
			出纳管理系统初始化	总账初始化	
4	账套3	供应链管理	采购管理、销售管理、库存管理、存货核算日常业务		账套4
5	账套4	应收/应付	应收/应付系统日常业务		账套5
6	账套5	薪资管理	薪资管理系统日常业务		账套6
7	账套6	固定资产	固定资产系统日常业务		账套7
8	账套7	出纳管理	出纳管理系统日常业务		账套8
9	账套8	总账	总账日常业务	总账期末处理	账套9
10	账套9	UFO报表	报表格式设计、报表数据生成		
11	账套3	综合应用	业务财务一体化		

第三节　基础档案设置

基础档案设置的任务是通过手工输入或其他方式，把事先分类整理好的基础数据录入数据库，完成手工会计处理与计算机会计处理的交接，为后续会计核算做好准备。由于涉及的档案较多，这部分操作工作量比较大，可以由账套主管完成，也可以由具备“公用目录设置”权限的其他操作人员完成，本例由账套主管完成。

在计算机中，对实体对象的标识通常采用编码，这样不会产生二义性，也可以提高处理速度。基础档案设置中有很多内容是建立起实体对象名称和编码之间的对应关系，包括机构人员、客商信息、存货、财务、收付结算、业务等。如前所述，模块启用状况会影响基础档案设置。要输入基础档案，需要先启用相关的模块。

展开“基础设置”—“基础档案”菜单，按照编码方案进行各类档案的输入（如图4-45所示）。

一、本单位信息

对核算单位的详细信息进行完善（如图4-46所示）。其中的税号在“三证合一”后就是企业的统一社会信用代码。

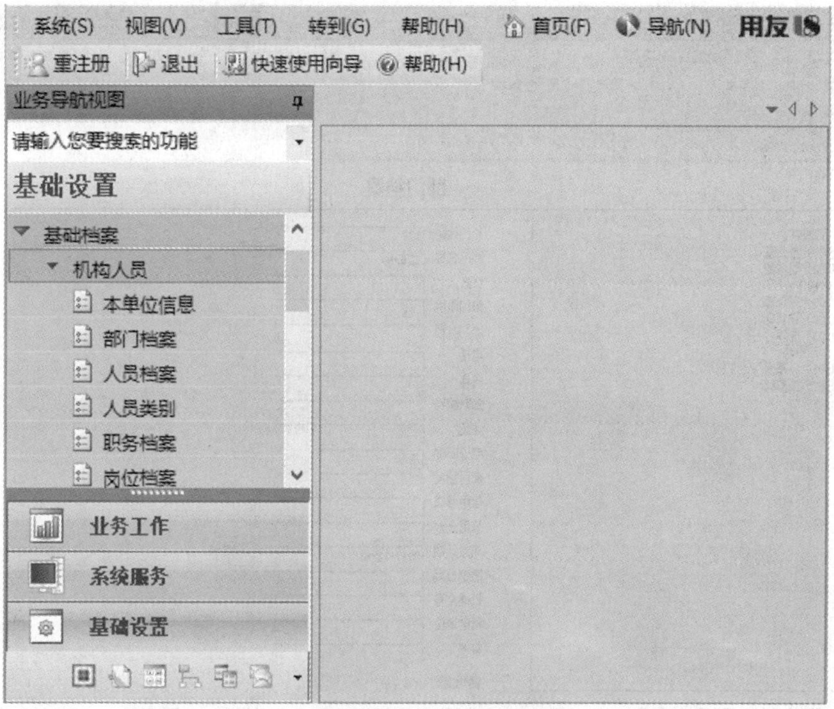

图4-45　基础档案菜单

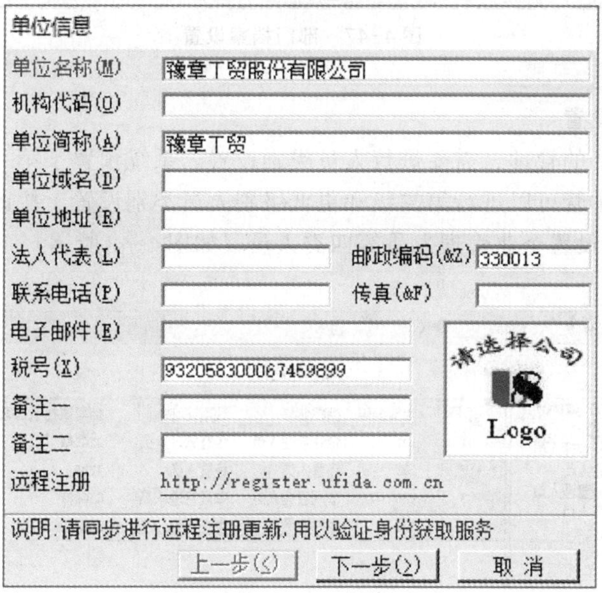

图4-46　单位信息设置

二、部门档案

将部门编码和对应的部门名称输入数据库相关表中，形成部门档案（如图4-47所示）。部门编码需要符合基本信息中事先已经确定的编码规则要求，否则需要先调整编码规则才能进行档案设置。如果某一级已经输入部门档案，则在这些档案被删除之前无法调整编码规则。此外，部门档案的设置需要从上级到下级逐级进行，不允许跳跃。

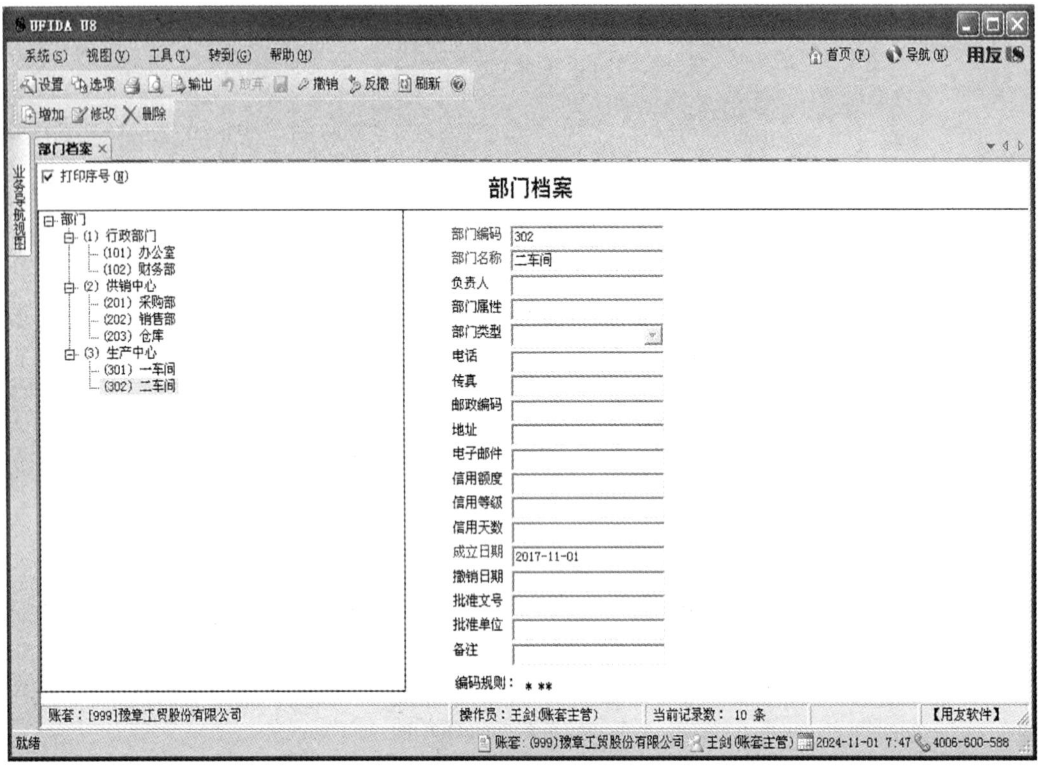

图 4-47　部门档案设置

三、人员类别设置

为了方便对人员的管理，需要进行人员类别设置。系统预置了第一级人员类别，不能增加和修改，账套主管可以进行第二级和更低级别人员类别设置。按此账套核算要求，在“在职人员”类别下设置企业管理人员等四类人员（如图 4-48 所示）。

图 4-48　人员类别设置

四、人员档案设置

在设置完成部门档案和人员类别档案以后，才能设置人员档案，即在企业各职能部门中进行核算和业务管理的人员信息。在所有信息中，蓝色字体提示的项目是必须输入的信息，其他信息可省略（如图 4-49 所示）。

图 4-49　人员档案信息输入

本账套所有的人员信息情况如图 4-50 所示。

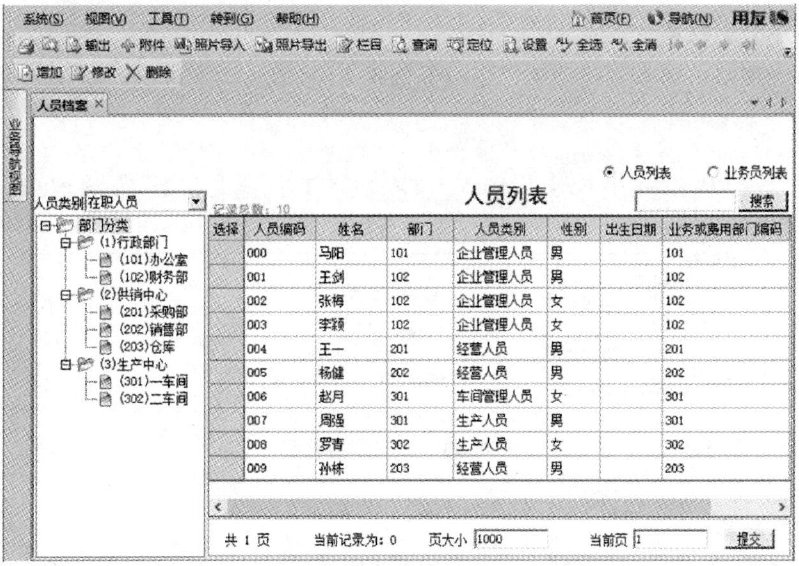

图 4-50　人员列表

五、供应商分类档案

根据供应商分类编码方案，将供应商分类档案输入表中（如图 4-51 所示）。

图 4-51 供应商分类档案

六、供应商档案

确定供应商分类档案以后，输入各类供应商的具体档案（如图 4-52 所示）。

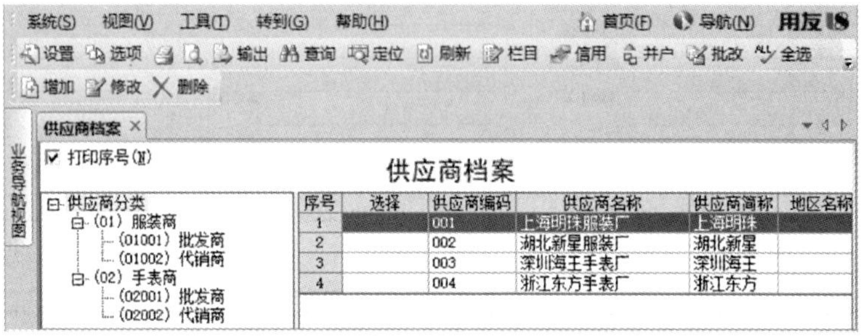

图 4-52 供应商档案

七、客户分类档案

根据编码规则，输入客户分类档案（如图 4-53 所示）。

图 4-53 客户分类档案

八、客户档案

客户档案包括“基本”“联系”“信用”“其他”“出口”五个方面的信息，另外还有涉及客户的“银行”“地址”“联系”“开票”等信息需要单独通过菜单中的功能键输入。

1. 在“基本”页框输入客户常规信息，其他信息从对应的页框输入（如图 4-54 所示）。

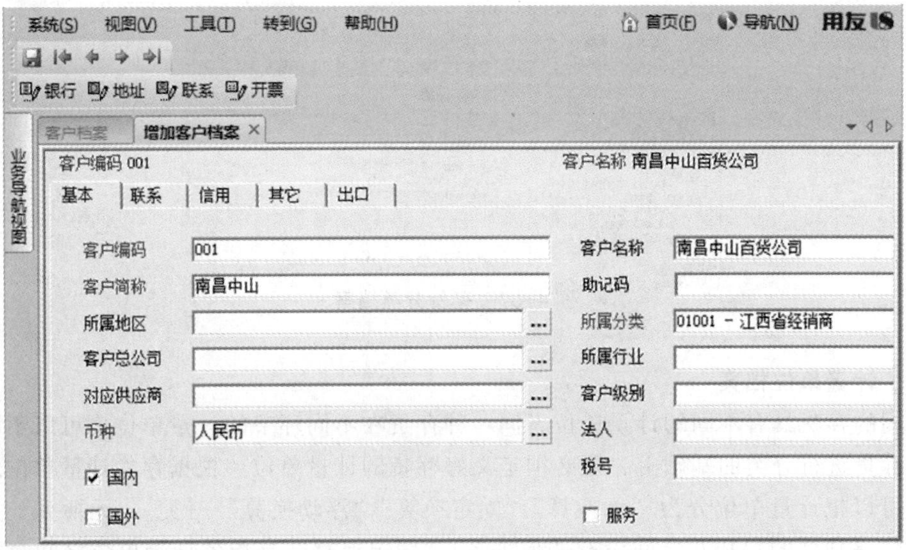

图 4-54 客户档案设置

2.选择菜单中的“银行”功能，输入客户的开户银行信息（如图4-55所示）。使用U8产品的用户，大多数还需要使用金税系统，由U8系统传入金税系统的发票不允许修改客户的银行信息，因此需要在U8系统中正确录入发票上的客户银行信息。通常情况下，客户有多个开户银行，为保证U8系统与金税系统的正常使用，可以增加多个客户银行档案，按用户的要求将适当的客户银行档案带入发票，并传入金税系统。

图 4-55 客户银行档案设置

3.所有客户档案如图4-56所示。

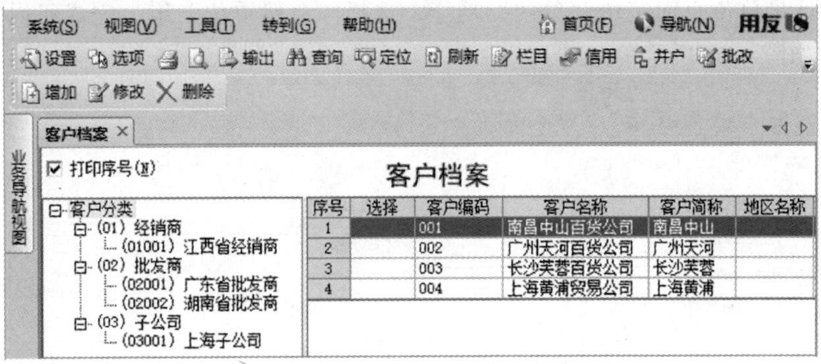

图 4-56 客户档案

九、存货分类档案

存货是供应链管理系统处理的主要对象，流转程序涉及供应链管理的各个方面，种类和数量较多，科学分类是管理好存货的前提。存货分类情况如图4-57所示。

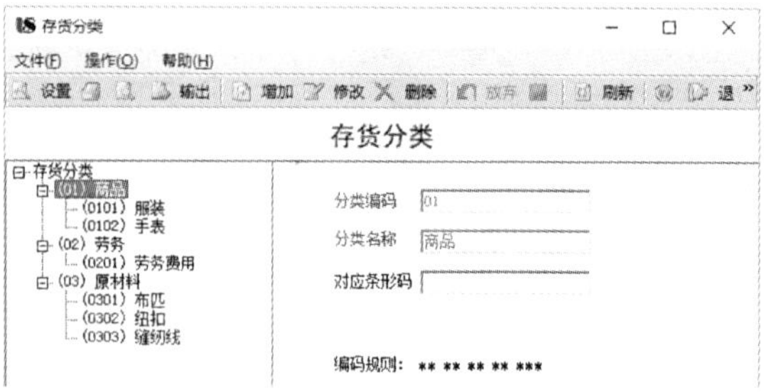

图 4-57 存货分类档案

十、计量单位档案

不同的存货具有不同的计量单位，同一种存货在不同环节的计量单位也可以不同，因此在对存货进行分类的基础上，还必须定义好存货的计量单位。根据存货计量单位之间的关系，可以把计量单位分为“无换算”“固定换算”“浮动换算”三类。“无换算”是指各计量单位是独立的，相互之间没有任何关系；“固定换算”是指各计量单位之间存在着不变的换算比率；“浮动换算”是指各计量单位之间存在浮动换算关系。这些关系都需要在计量单位定义时设定好，以便后续存货核算时使用。

计量单位的设置分两步完成，首先定义计量单位组，其次在每组中设置具体的计量单位及其关系。

1.选择计量单位页面菜单“分组”功能，完成计量单位分组设置（如图 4-58 所示）。

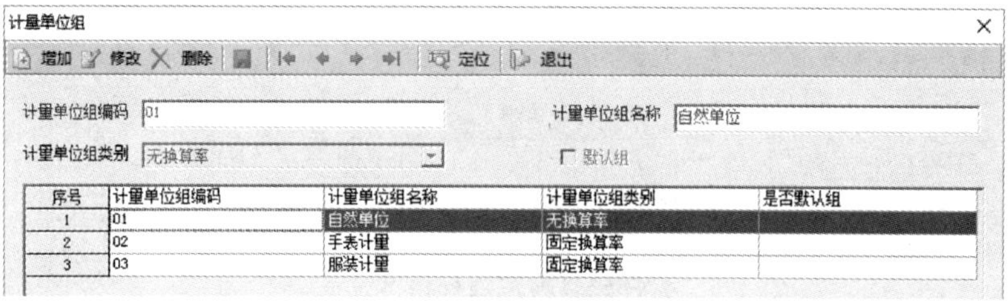

图 4-58 计量单位分组设置

2.选择计量单位页面菜单“单位”功能，选择“自然单位”组，完成组内无换算计量单位设置（如图 4-59 所示）。

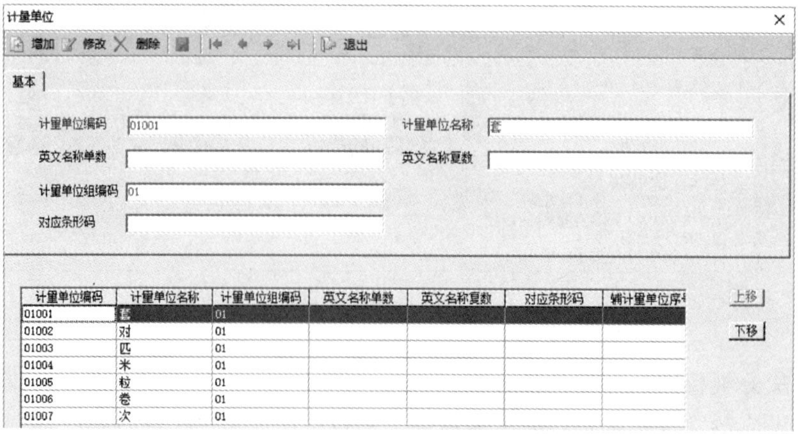

图 4-59 组内无换算计量单位设置

3.选择计量单位页面菜单“单位”功能，选择“手表计量”组，完成该组主计量单位设置（如图4-60所示）。

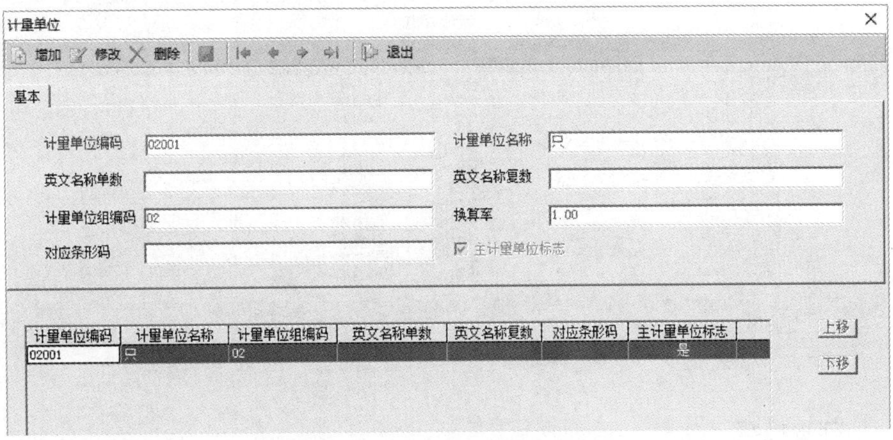

图4-60　组内主计量单位设置

4.选择计量单位页面菜单“单位”功能，选择“手表计量”组，完成该组组内其他计量单位设置（如图4-61、图4-62所示）。

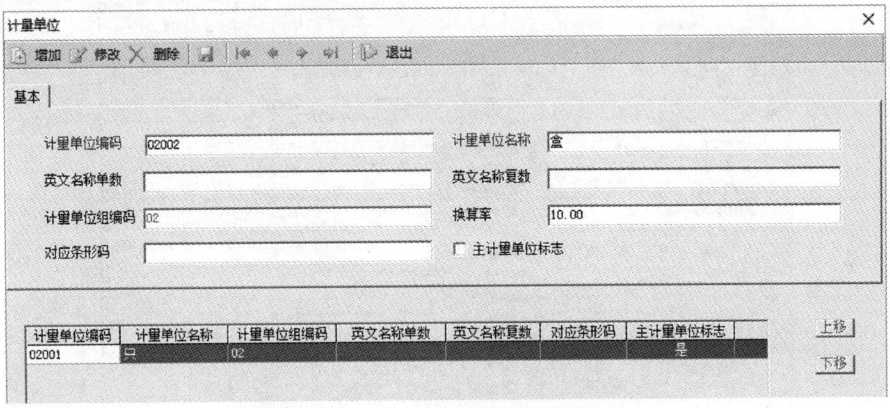

图4-61　组内其他计量单位设置（盒）

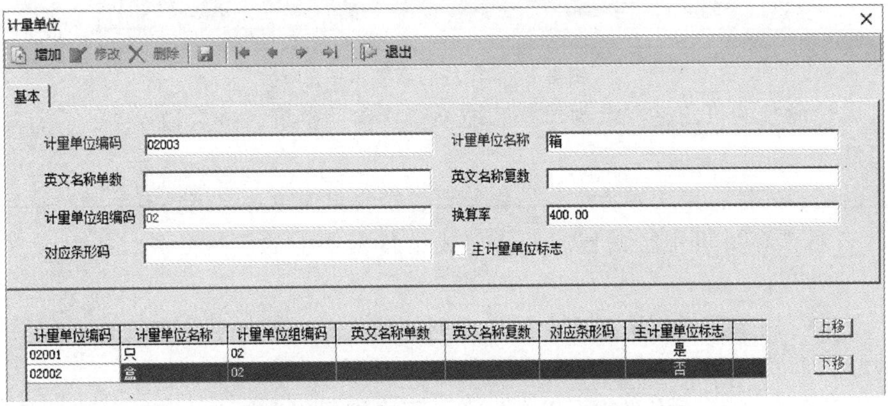

图4-62　组内其他计量单位设置（箱）

按照同样的方法完成服装计量组的计量单位设置。

5.设置完成的计量单位列表如图4-63所示。

序号	计量单位编码	计量单位名称	计量单位组编码	计量单位组名称	计量单位组类别	文名称单	文名称复	应条形码	主计量单位标志	换算率
1	01001	套	01	自然单位	无换算率					
2	01002	对	01	自然单位	无换算率					
3	01003	匹	01	自然单位	无换算率					
4	01004	米	01	自然单位	无换算率					
5	01005	粒	01	自然单位	无换算率					
6	01006	卷	01	自然单位	无换算率					
7	01007	次	01	自然单位	无换算率					
8	02001	只	02	手表计量	固定换算率				是	1.00
9	02002	盒	02	手表计量	固定换算率				否	10.00
10	02003	箱	02	手表计量	固定换算率				否	400.00
11	03001	件	03	服装计量	固定换算率				是	1.00
12	03002	袋	03	服装计量	固定换算率				否	20.00
13	03003	包	03	服装计量	固定换算率				否	200.00

图 4-63 计量单位列表

十一、存货档案

1.输入存货档案基本信息（如图4-64所示）

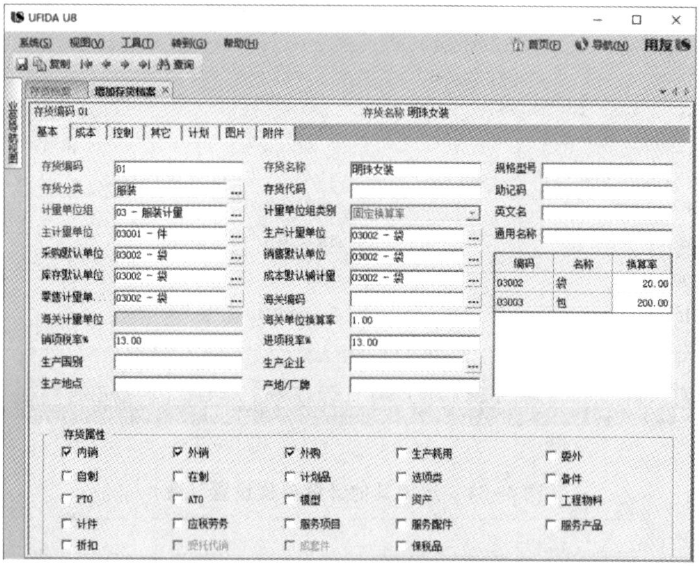

图 4-64 存货档案基本信息

存货属性设置的目的是在填制单据时缩小存货参照范围，减少输入差错。存货属性中的重要属性含义如下：

（1）内销、外销：用于发货单、销售发票、销售出库单等与销售有关的单据参照存货时使用，表示该存货可用于销售。发货单或销售发票上的应税劳务，也要设置为销售属性。

（2）外购：用于购货所填制的采购入库单、采购发票等与采购有关的单据参照使用，在采购发票、运费发票上一起开具的采购费用，也要设置为外购属性。

（3）生产耗用：表示该存货可以在生产过程中被领用消耗。生产产品耗用的原材料、辅助材料等在开具材料领料单、材料出库单时参照使用。

（4）自制：由企业自制的存货，如产成品、半成品等，主要用于开具产成品入库单时参照。

（5）应税劳务：在采购发票上开具的运输费、包装费等采购费用及开具在销售发票或发货单上的应税劳务、非应税劳务等。与自制、在制、生产耗用属性互斥。

（6）委外：表示该存货可用于委外管理。在开具委外订单、委外到货单、委外发票、委外入库单等与委外有关的单据时参照使用。

（7）存货基本属性中部分内容需要等待供应链系统初始化中的相关设置完成以后才能选择，比如“受托代销”“成套件”等。

2.输入存货档案成本信息

存货档案成本信息主要记录与存货计价相关的计价方式、参考成本、参考售价等信息（如图4-65所示）。若在存货核算系统中选择“按存货核算”，则必须对每一种存货设置计价方式，使用后不能修改。若在存货核算系统中针对零出库成本、入库单成本、红字出库单成本选择按“参考成本”生成，则此处必须设置每一种存货的参考成本。

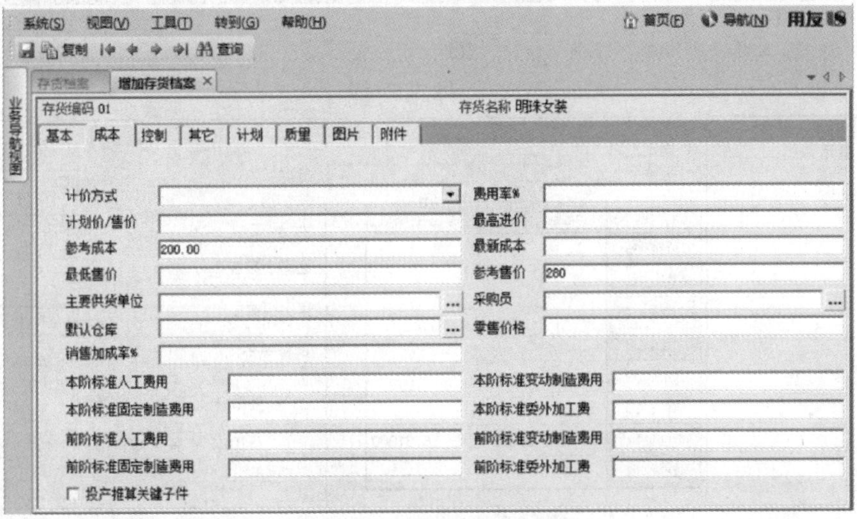

图4-65 存货档案成本信息

3.完成的存货档案列表（如图4-66所示）

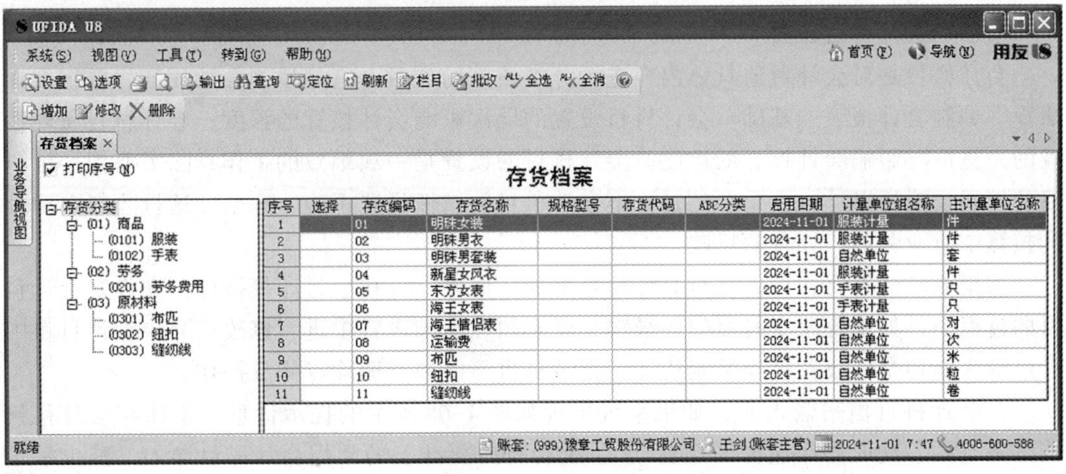

图4-66 存货档案

十二、外币及汇率设置

外币及汇率设置是为外币核算服务的，可以对账套所使用的外币进行定义（如图4-67所示）。在填制凭证时使用的汇率应预先在此进行定义，以便制单时调用，从而减少录入汇率的次数和可能出现的录入差错。当汇率变化时，也应预先在此进行定义，否则制单时将无法正确录入汇率。对于使用固定汇率（即使用月初或年初汇率）作为记账汇率的用户，在填制每月的凭证前，应预先在此录入该月的记账汇率，否则在填制该月外币凭证时，将会出现汇率为零的错误；对于使用变动汇率（即使用当日汇率）作为记账汇率的用户，在填制当天的凭证前，应预先在此录入当天的记账汇率。此处仅供用户录入固定汇率与浮动汇率，并不决定在制单时使用固定汇率还是浮动汇率，总账模块的“选项”中“汇率方式”的设置决定制单时使用固定汇率还是浮动汇率。

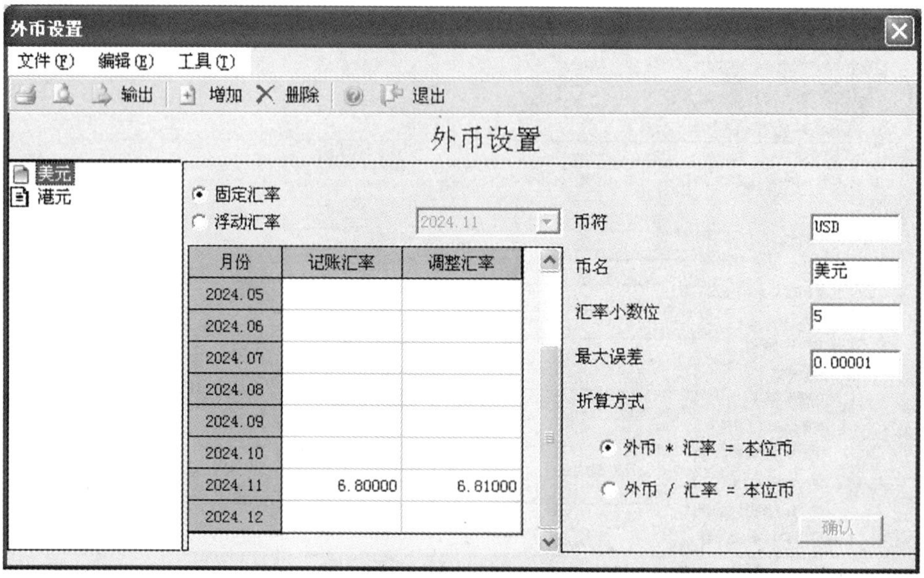

图4-67 外币及汇率设置

十三、会计科目设置

会计科目是对会计对象具体内容进行分类核算的项目，它是填制会计凭证、登记会计账簿、编制会计报表的基础。会计科目设置的层次影响会计核算的深度，会计科目属性设置的完整情况影响会计核算的广度。会计科目的设置是一项细致的工作，除了要把会计科目的编码设置好以外，更重要的是要把会计科目的属性设置正确、完整，这样才能在后续的核算中对业务进行充分的反映。

根据业务的需要，可以进行会计科目增加、修改、查找、打印等操作。在设置会计科目的过程中，如果要改变科目编码级次，就必须在基础设置中进行修改；如果会计科目中已经输入期初余额或者已经填制凭证，则该科目不能进行删除或修改操作。

在会计科目档案输入前，如果系统出现如图4-68所示的提示信息，意味着会计科目档案是空的。此时如果选择“预置”，系统会将内部准备的常用会计科目导入，减少手工输入会计科目档案的工作量。为了完整进行会计科目档案设置，本例选择“不预置”，这样出现的就是一个空白会计科目表，需要使用的会计科目全部通过手工方式录入。

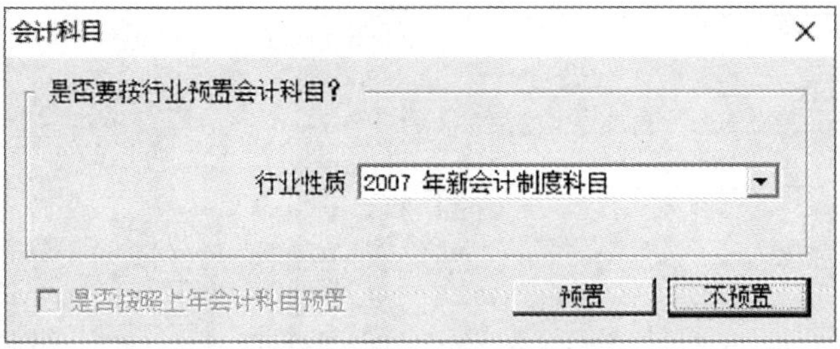

图 4-68 是否预置会计科目选择

1.“库存现金”科目需要登记日记账，因此选中“日记账”属性（如图 4-69 所示）。

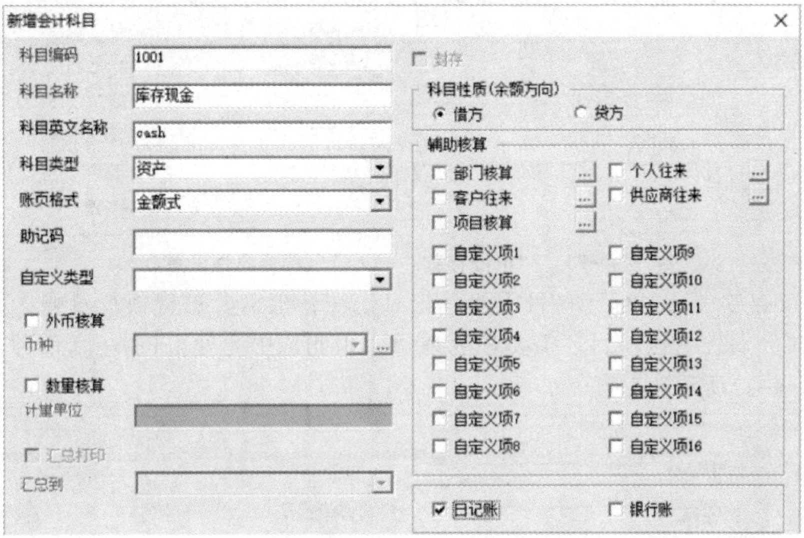

图 4-69 “库存现金”科目属性设置

2.“银行存款”一级科目以及下属的“工行”二级科目需要登记日记账，也需要进行银行对账，选择“日记账”和“银行账”属性（如图 4-70、图 4-71 所示）。

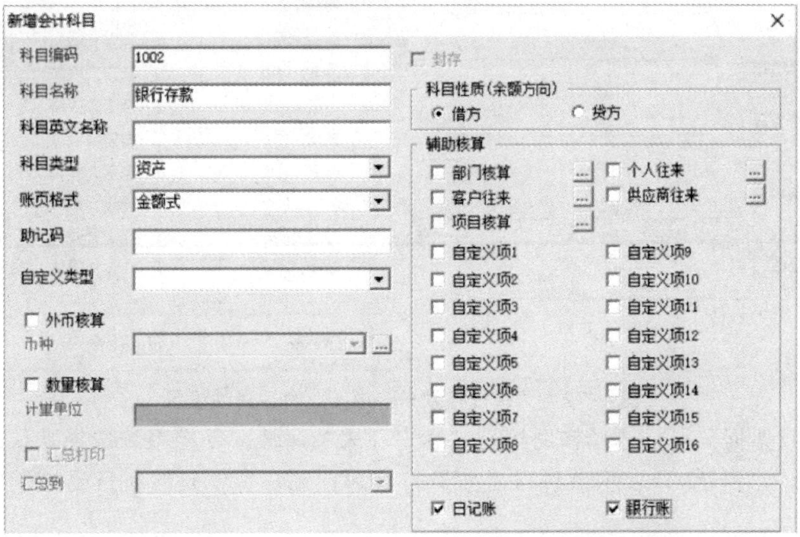

图 4-70 “银行存款”科目属性设置

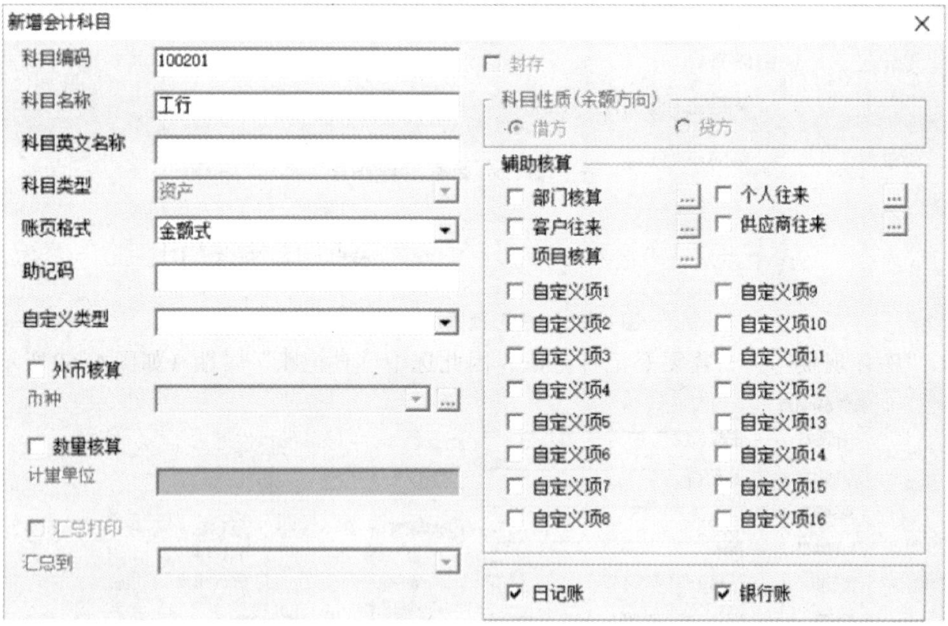

图 4-71 “银行存款——工行”科目属性设置

3. “银行存款——中行”科目需要登记日记账，也需要进行银行对账，选择“日记账”“银行账”属性。该科目还需要核算外币，因此选中“外币核算”，币种选择“美元 USD”（如图 4-72 所示）。

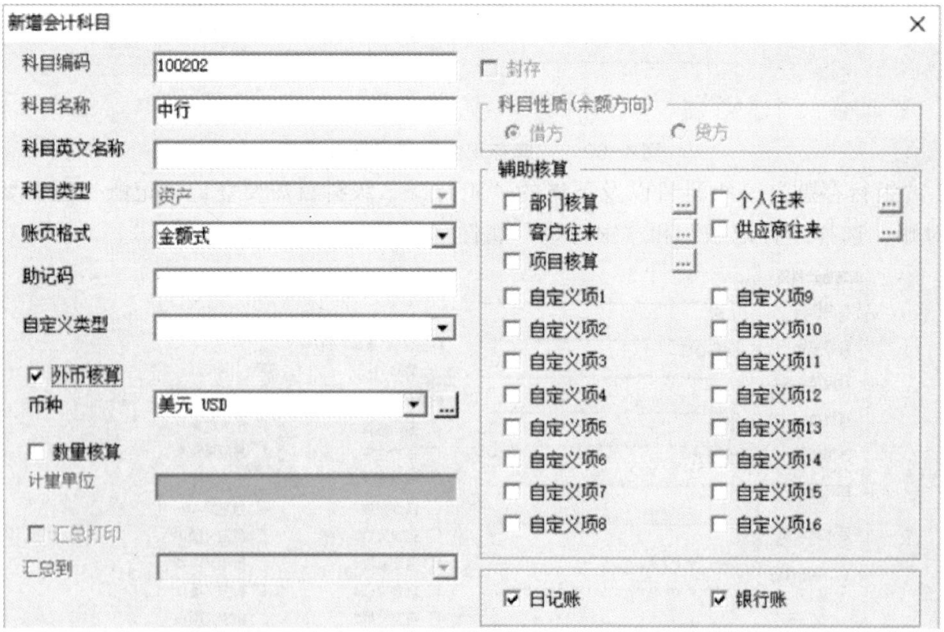

图 4-72 “银行存款——中行”科目属性设置

4. “应收票据”科目选择辅助核算“客户往来”属性，受控系统选择默认的“应收系统”（如图 4-73 所示），表示该科目需要进行客户往来核算，且该科目受控于应收款管理系统。

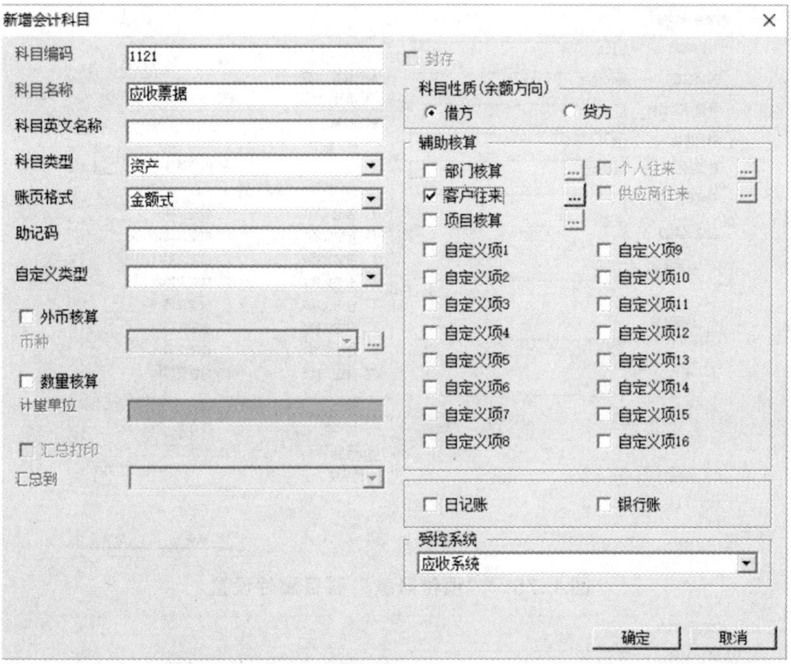

图4-73 “应收票据”科目属性设置

5.“应收账款”科目选择辅助核算“客户往来”属性，受控系统选择默认的“应收系统”(如图4-74所示)，表示该科目需要进行客户往来核算，且该科目受控于应收款管理系统。

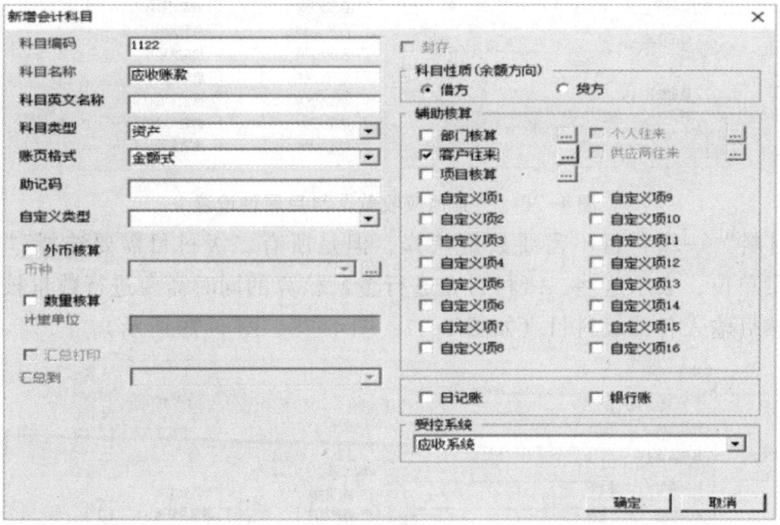

图4-74 “应收账款”科目属性设置

6.“预付账款”科目选择辅助核算“供应商往来”属性，受控系统选择默认的“应付系统”(如图4-75所示)，表示该科目需要进行供应商往来核算，且该科目受控于应付款管理系统。

7.“其他应收款”科目选择辅助核算的“个人往来”(如图4-76所示)，表示该科目需要进行个人往来核算，反映与个人往来相关的详细信息。

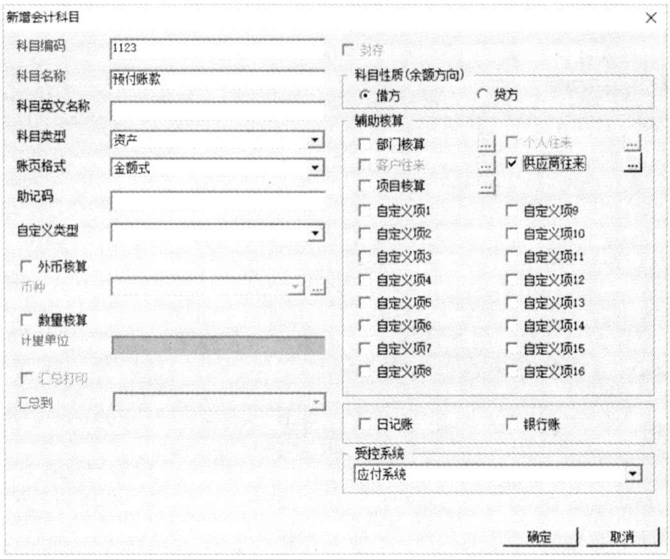

图 4-75 “预付账款”科目属性设置

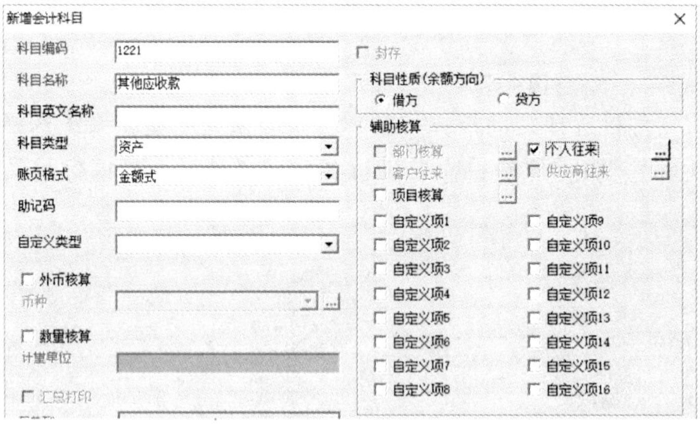

图 4-76 “其他应收款”科目属性设置

8.“原材料”一级科目不需要数量核算，但是所有二级科目需要选择“数量核算”，同时输入计量单位，表示这些二级科目在进行金额核算的同时需要进行数量核算。先输入一级科目，然后输入各二级科目（如图 4-77、图 4-78、图 4-79 所示）。

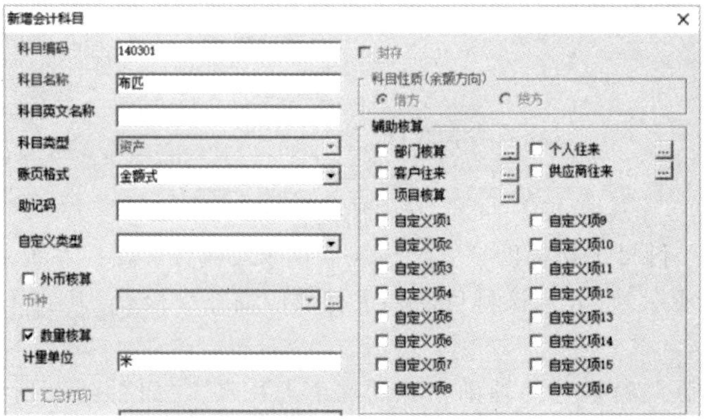

图 4-77 “原材料——布匹”科目属性设置

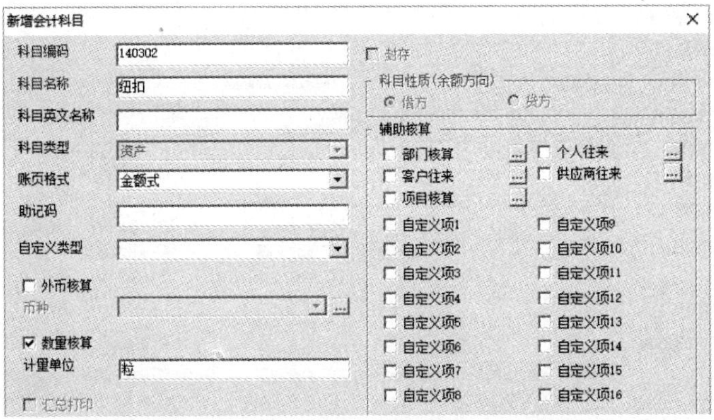

图 4-78 “原材料——纽扣”科目属性设置

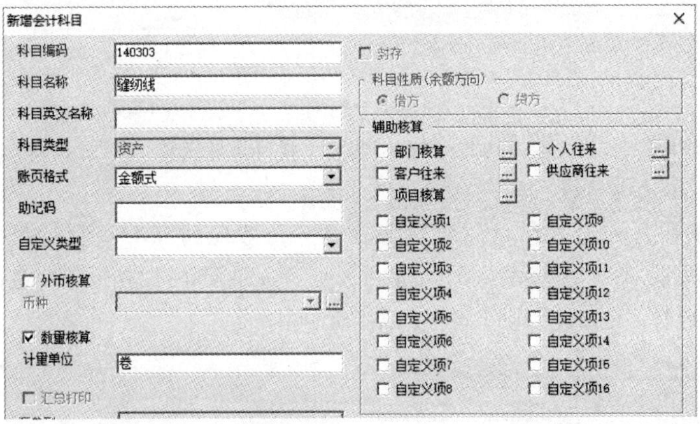

图 4-79 “原材料——缝纫线”科目属性设置

9.“库存商品”科目需要进行数量核算，选择“数量核算”，输入计量单位“件”（如图 4-80 所示），该科目还有自定义项，设置“保管人”“出厂日期”，由于这两个不是常规属性，设置方法见后面的专门说明。

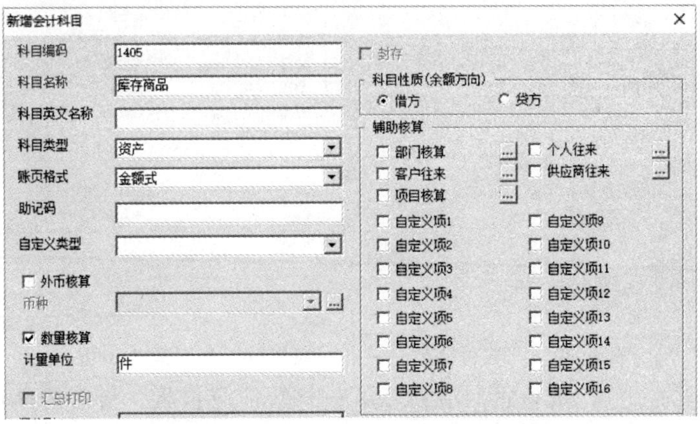

图 4-80 “库存商品”科目属性设置

10.“应付票据”科目选择辅助核算“供应商往来”属性，受控系统选择默认的“应付系统”（如图 4-81 所示），表示该科目需要进行供应商往来核算，且该科目受控于应付款管理系统。

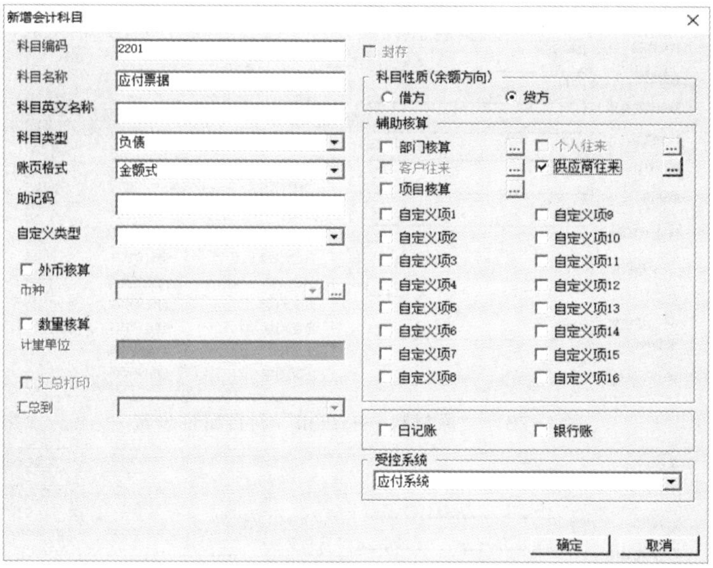

图 4-81　“应付票据”科目属性设置

11.“应付账款”科目设置。

（1）“应付账款”的二级科目“应付账款——一般应付款”科目选择辅助核算“供应商往来”属性，受控系统选择默认的“应付系统”（如图 4-82 所示），意味着该科目需要进行供应商往来核算，同时受应付款管理系统控制。

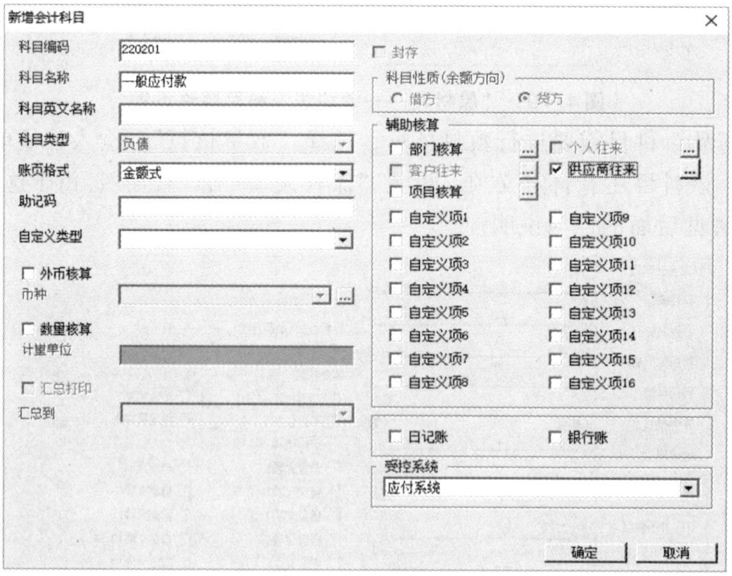

图 4-82　“应付账款——一般应付款”科目属性设置

（2）“应付账款”的二级科目“应付账款——暂估应付款”科目选择辅助核算“供应商往来”属性，不选受控系统（如图 4-83 所示），意味着该科目需要进行供应商往来核算，但不受其他系统控制。

12.“预收账款”科目选择辅助核算“客户往来”属性，受控系统选择默认的“应收系统”（如图 4-84 所示）。

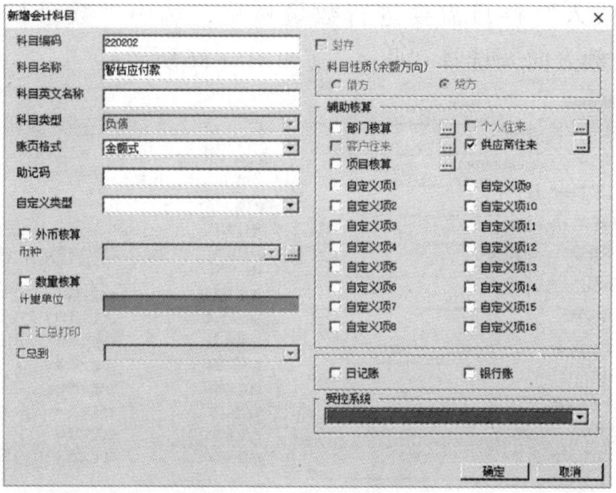

图4-83　“应付账款——暂估应付款”科目属性设置

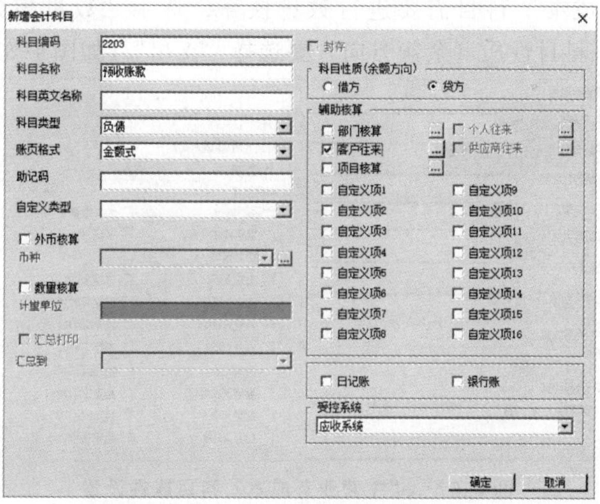

图4-84　“预收账款”科目属性设置

13.“生产成本”一级和二级科目不需要进行辅助核算，但是三级科目“生产成本——基本生产成本——服装生产”科目需要选择辅助核算“项目核算”属性，以便能够按照具体项目归集生产成本（如图4-85所示）。

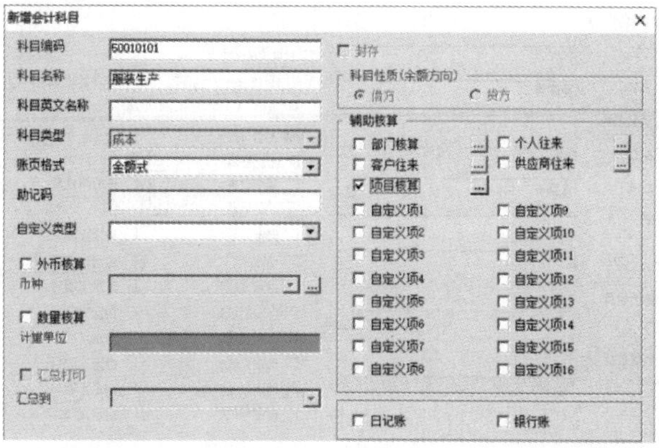

图4-85　“生产成本——基本生产成本——服装生产”科目属性设置

14.“主营业务收入”科目需要进行数量核算，选中“数量核算”，输入计量单位“件”，科目性质（余额方向）选择“收入”（如图4-86所示）。

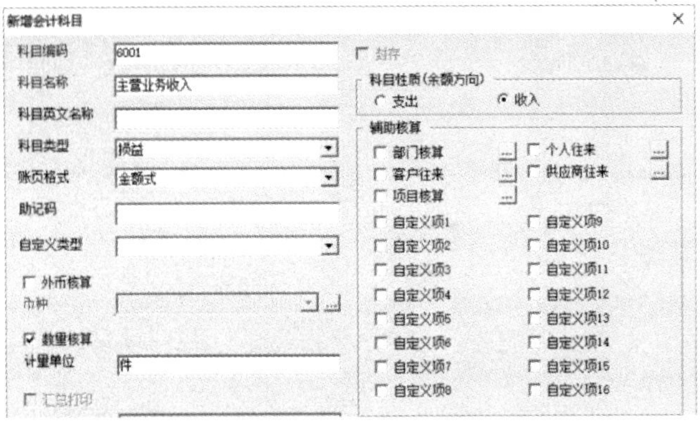

图4-86　“主营业务收入”科目属性设置

15.“主营业务成本”科目需要进行数量核算，选中“数量核算”，输入计量单位“件”。需要注意，该科目性质（余额方向）要选择“支出”（如图4-87所示）。

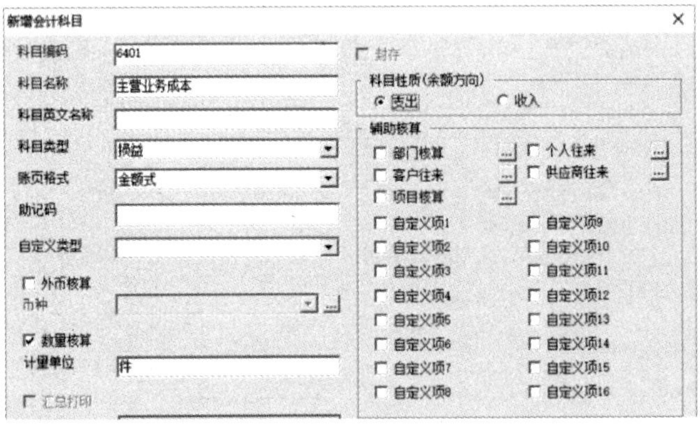

图4-87　“主营业务成本”科目属性设置

16.“管理费用”一级科目和“管理费用——差旅费”以外的二级科目不需要选择任何辅助核算，“管理费用——差旅费”二级科目按要求分部门归集差旅费，以便进行部门考核，所以在辅助核算选项中选中“部门核算”，该科目性质（余额方向）要选择“支出”（如图4-88所示）。

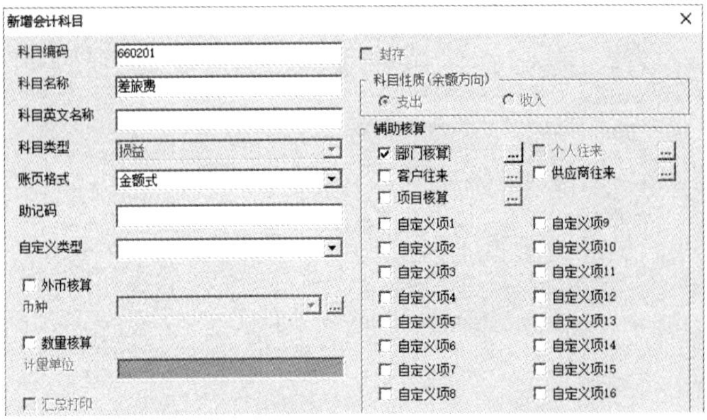

图4-88　“管理费用——差旅费”科目属性设置

十四、会计科目自定义项设置（以“库存商品”科目为例）

会计科目除了上述常规的属性设置以外，若有特殊的属性设置要求，可以进行自定义设置。基本操作步骤为：

1.执行“基础档案”—“其他”—“自定义项”—“自定义分类”—“单据头”功能（如图4-89所示）。

图4-89 自定义项设置界面

2.选择一个文本类型项目，输入项目名称“保管人”，长度“8”，其余按默认值（如图4-90所示）。

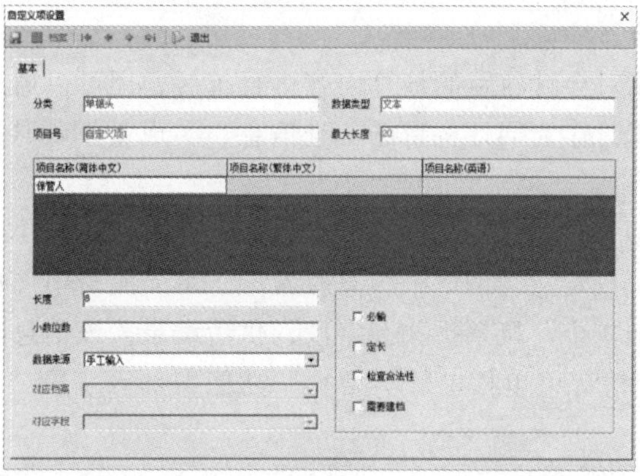

图4-90 库存商品“保管人”自定义项设置

3.选择一个日期类型项目，输入项目名称“出厂日期”（如图4-91所示）。

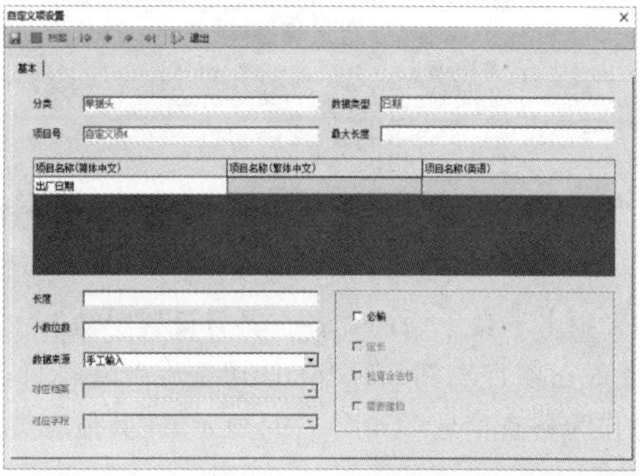

图4-91 库存商品“出厂日期”自定义项设置

4.在“库存商品”会计科目的修改窗口，在辅助核算中勾选需要的自定义项即可（如图4-92所示）。

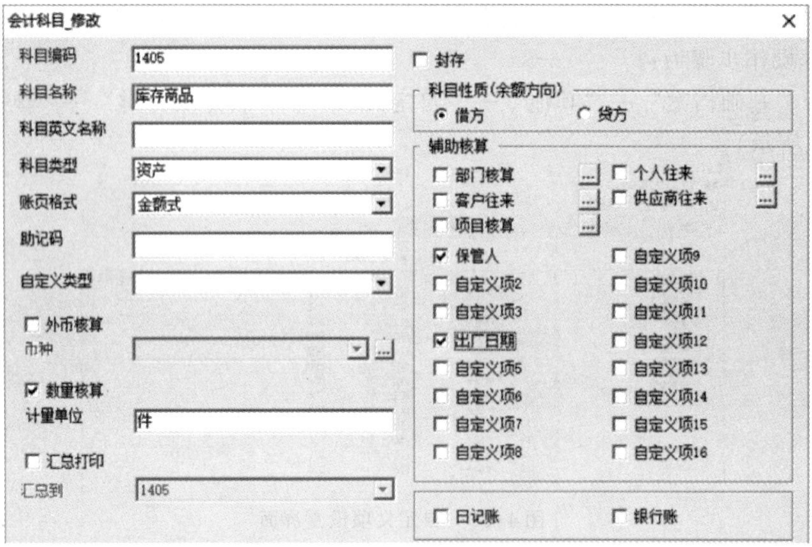

图4-92　勾选会计科目的自定义项

十五、备查科目设置

除了通过自定义项对会计科目的核算内容进行扩展，还可以通过备查科目设置功能采集业务过程的更多细节，作为会计科目的备查信息，实现业务和财务的有机融合，满足企业的决策要求。

进行备查科目设置，首先需要应用基础档案“其他”菜单中的“自定义表结构”功能，进行科目的备查项目定义。例如，核算时希望了解差旅费中飞机票的折扣信息，可以在科目备查项表中增加一个“机票折扣”字段，供后续录入该信息时使用。选择左边的表信息“科目备查项”，执行菜单栏中的“增行”功能，加入字段“机票折扣”（如图4-93所示）。

图4-93　自定义表结构

然后执行基础档案“财务”菜单中的“备查科目设置”功能，选择需要进行备查信息录入的会计科目，选择备查项目。例如，“660201差旅费”科目需要在出行工具为飞机时，输入机票折扣信息作为备查信息（如图4-94所示）。其他有类似需求的科目也可以选择该项目。

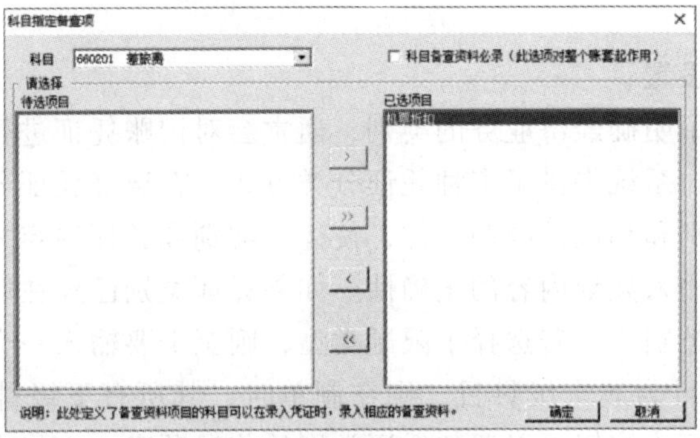

图4-94　科目指定备查项

十六、指定出纳科目

为了进行后续的出纳签字、库存现金日记账、银行存款日记账的查询工作，在会计科目基本维护完成以后必须进行指定科目操作，也就是指定出纳科目。由于系统不会默认指定出纳科目，并且如果该部分未完成，系统也不会提示或强制要求完成，因此实际操作中很容易遗漏，需要特别注意。在“会计科目”中的“编辑”菜单中执行“指定科目”功能，分别指定现金科目和银行科目（如图4-95、图4-96所示）。

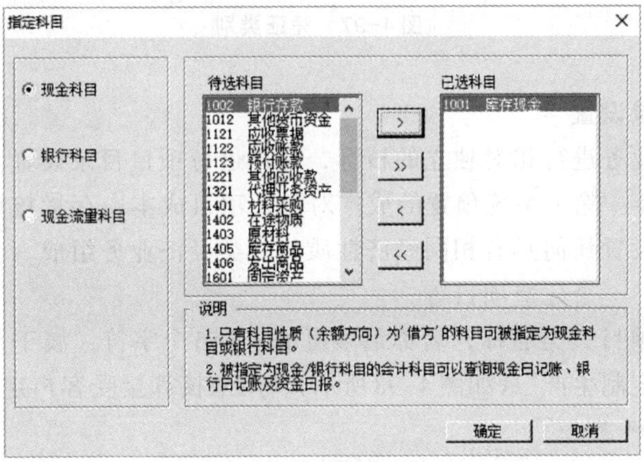

图4-95　指定现金科目

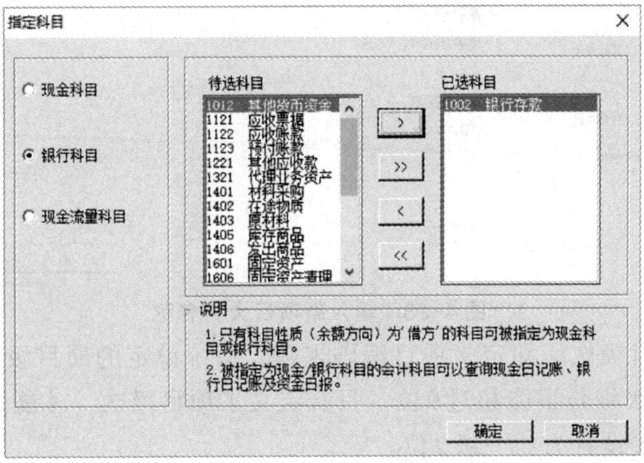

图4-96　指定银行科目

十七、凭证类别设置

会计核算时，为了明确经济业务的类别，通常会对记账凭证进行分类编制。为了满足单位不同的应用要求，系统提供了多种凭证分类方式。在选好凭证分类方式的基础上，通过进一步设置凭证类别和相应的限制条件，使凭证类别和凭证内容之间建立起一种对应关系，可以更好地保证输入凭证内容的正确性。如果凭证类别已经在后续操作中使用，则不能删除，也不能修改类别字。若选择了限制类型，则至少要输入一个限制科目，可以是非末级科目。若限制科目为非末级科目，则在制单时，其所有下级科目都将受到同样的限制。表格右侧的上下箭头按钮可以调整凭证类别的前后顺序，它将决定明细账中凭证的排列顺序。“凭证类别”界面如图4-97所示。

图4-97 凭证类别

十八、项目目录设置

如果要对经济业务进行相对独立的核算，可以进行项目目录设置。具体步骤如下：

1.增加项目大类。除了系统预置的成本对象、项目成本、存货核算和现金流量项目大类之外，可以自由设置任何具有相同经济性质的一类经济业务组成一个项目大类，例如一份合同、一张订单、一个建造项目等。

首先，输入新项目大类名称，名称最多可输入255个字符，属于普通项目。本例中新项目大类名称为“定制生产”（如图4-98所示），用来核算接受客户定制的各种生产任务。

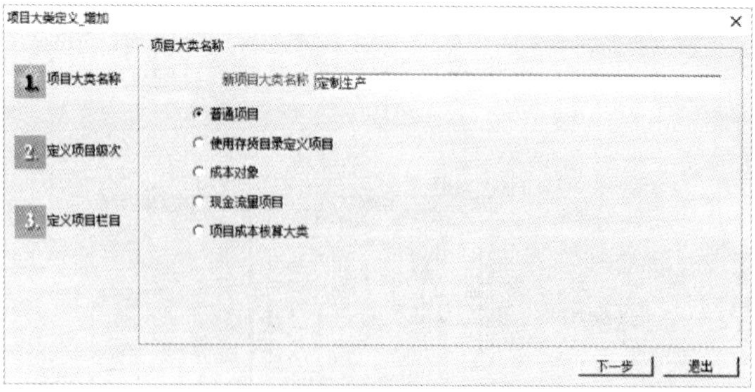

图4-98 输入新项目大类名称

然后，定义项目级次，即定义项目编码规则，系统设定的项目级次最多8级，总长度不能超过22位，单级级长不能超过9位。只有定义了项目级次，才能进行后续项目分类定义。本例中项目级次设置为：一级2位。

最后，定义项目栏目。本例中项目栏目按系统设置内容，包括：项目编号、项目名称、是否结算、所属分类码。

2.进行项目分类定义。一个项目大类中可能有多个性质相似的项目，需要按照前面定义的项目级次确定每一个项目的分类编码和分类名称，选择项目大类为“定制生产”，进入“项目分类定义”页框，使用增加功能加入定制生产大类中的第一个项目“01服装生产”(如图4-99所示)。

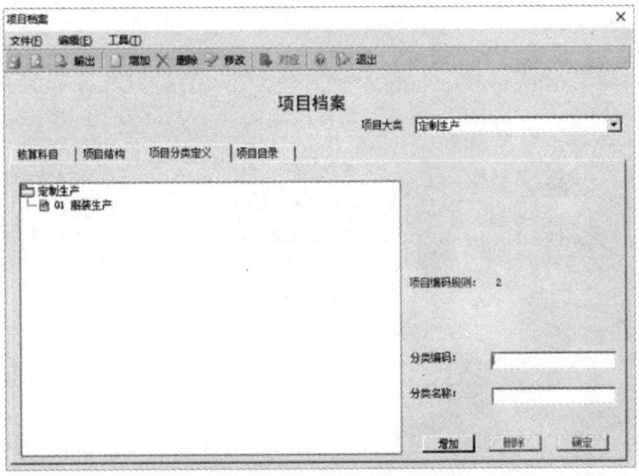

图4-99　项目分类定义

3.进行项目目录维护。完成归属于不同项目分类的具体项目档案设置（如图4-100所示）。

图4-100　项目目录维护

4.选择项目大类的核算科目，每个核算科目只能归属于一个项目大类（如图4-101所示）。

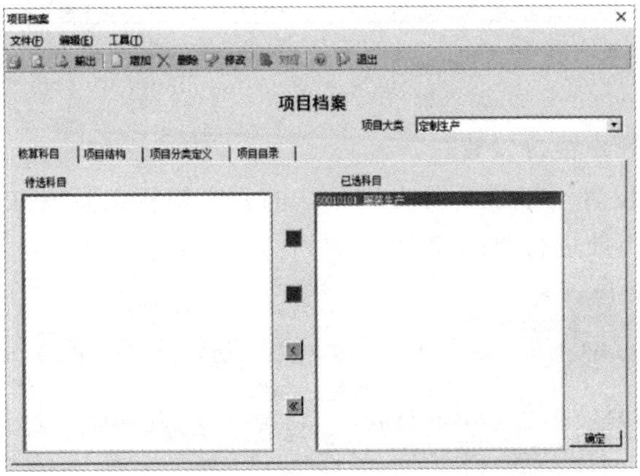

图4-101　选择核算科目

十九、结算方式设置

在结算方式界面，建立和管理企业在经营活动中所涉及的结算方式。与手工结算方式一致，电算化结算方式同样主要用于银行对账。结算方式最多可以分为2级，一旦被引用，便不能进行修改和删除的操作。结算方式界面如图4-102所示。

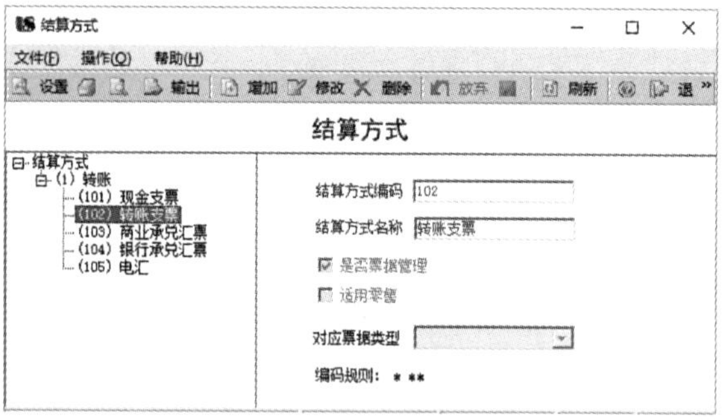

图4-102 结算方式

二十、付款条件设置

付款条件也叫现金折扣，是指企业为了鼓励客户尽早偿还货款而允诺在一定期限内给予的折扣。这种折扣条件通常可表示为例如“2/20，1/40，n/60”这种形式，意思是客户在20天内偿还货款，可得到2%的折扣，只需支付原价的98%的货款；在40天内偿还货款，可得到1%的折扣，只需支付原价的99%的货款；在60天内偿还货款，则须按照全额支付；在60天以后偿还货款，则不仅要全额支付，还可能要支付延期付款利息或违约金。

付款条件将主要在采购订单、销售订单、采购结算、销售结算、客户目录、供应商目录中引用。系统最多同时支持4个时间段的折扣。付款条件界面如图4-103所示。

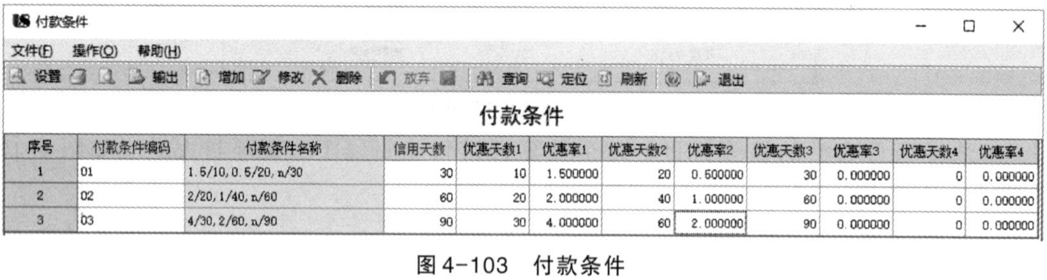

序号	付款条件编码	付款条件名称	信用天数	优惠天数1	优惠率1	优惠天数2	优惠率2	优惠天数3	优惠率3	优惠天数4	优惠率4
1	01	1.5/10,0.5/20,n/30	30	10	1.500000	20	0.500000	30	0.000000	0	0.000000
2	02	2/20,1/40,n/60	60	20	2.000000	40	1.000000	60	0.000000	0	0.000000
3	03	4/30,2/60,n/90	90	30	4.000000	60	2.000000	90	0.000000	0	0.000000

图4-103 付款条件

二十一、本单位开户银行设置

本单位开户银行设置用于维护及查询单位的开户银行信息（如图4-104所示）。开户银行一旦被引用，便不能进行修改和删除的操作。

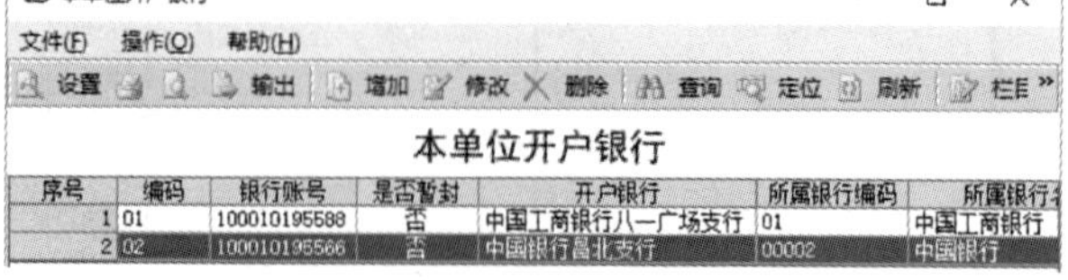

序号	编码	银行账号	是否暂封	开户银行	所属银行编码	所属银行名
1	01	100010195588	否	中国工商银行八一广场支行	01	中国工商银行
2	02	100010195566	否	中国银行昌北支行	00002	中国银行

图4-104 本单位开户银行设置

二十二、仓库档案设置

仓库档案界面如图4-105所示。

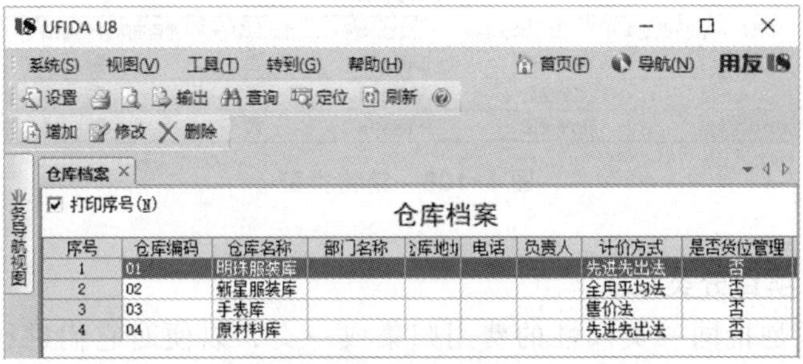

图4-105 仓库档案

二十三、收发类别设置

收发类别是为了便于用户对存货的出入库情况进行分类汇总统计而设置的，表示出入库类型。入库收发标志为“收”，出库收发标志为“发”（如图4-106所示）。

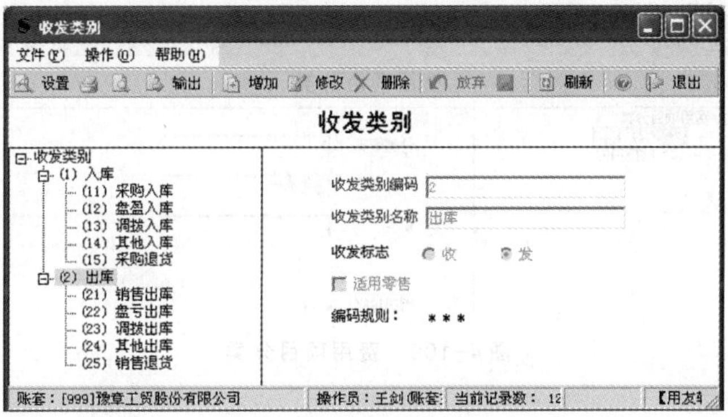

图4-106 收发类别

二十四、采购类型设置

采购类型界面如图4-107所示。

图4-107 采购类型

二十五、销售类型设置

用户在处理销售业务时，可以根据自身的实际情况自定义销售类型，以便按销售类型对销售业务数据进行统计和分析（如图4-108所示）。

图4-108 销售类型

二十六、费用项目分类设置

费用项目分类是把同一类属性的费用归集成一类，以便对它们进行统计分析（如图4-109所示）。根据出口和销售等系统要求，增加费用项目分类档案，在业务数据中进行分析汇总。先对本公司用到的费用进行划分，在编码方案中设置费用项目分类的编码方案，然后设置相应的费用项目分类，最后在各费用项目分类中录入其所包含的费用项目。

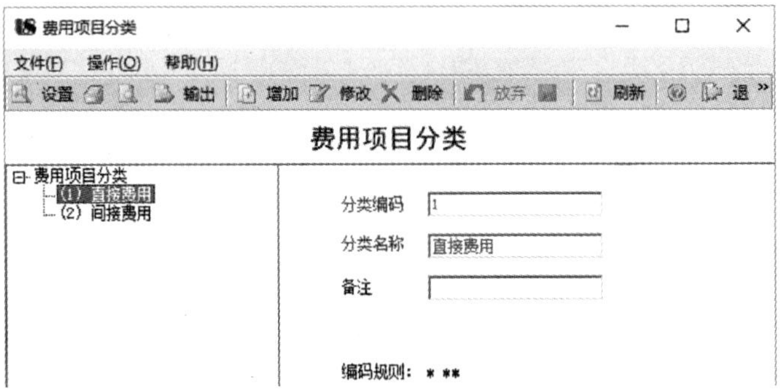

图4-109 费用项目分类

二十七、费用项目设置

按照费用项目分类，设置好具体费用项目，以便处理业务中的相关费用（如图4-110所示）。

图4-110 费用项目

账套库的相关表

账套的其他操作

思考题：

1.系统安全员SAdmin的主要职责有哪些？

2.凭证类别设置中的限制类型有什么作用？

3.权限转授功能有什么作用？应如何操作？

4.会计科目的自定义属性应如何设置？

5.用户和角色有什么不同？

6.账套主管可以修改账套的哪些参数？

7.如何进行项目目录设置？

8.不指定出纳科目会对后续操作产生什么影响？

9.结算方式档案中的“是否票据管理”选项有什么作用？

10.模块启用有哪些约束条件？

11.账套、账套库、年度账是什么关系？

12.如何修改一个账套的账套号？

13.什么是开账操作？什么时候会用到这个功能？

14.美国的会计年度起止日期是怎样规定的？

15.数据卸出有什么作用？应该如何操作？

16.请到SQL Server数据库中找到存放账套参数的数据库表。

17.简述会计年度归属账套库的基本原则。

18.总账工具的作用是什么？

19.字段级权限控制和记录级权限控制有什么不同？

20.完成如下操作：

（1）建立新用户004（会计黎雨婷）；

（2）给予004总账中填制凭证权限、公用目录设置权限（AS）；

（3）给予004只能访问供销中心相关部门的权限；

（4）给予004只能使用1001科目、100201科目制单权限；

（5）给予004只能填制付款凭证的制单权限；

（6）给予004审核凭证的权限，且只能审核李颖（003）填制的凭证；

（7）给予004只能使用1001科目不超过500元的金额权限、100201科目不超过1 500元的金额权限。

第五章　子系统初始化

系统初始化是指系统首次使用时，根据企业实际情况和管理要求进行参数设置，并录入初始数据的过程。系统初始化是会计软件运行的基础，它将通用的软件转变为满足特定企业需要的专用软件，使手工环境下的会计核算和数据处理工作得以在计算机环境下延续。通常情况下，系统初始化需要分模块（子系统）分别进行，但是有些模块（子系统）之间存在的钩稽关系也需要在初始化时体现出来。系统初始化通常在系统初次运行时一次性完成，但部分设置也可以在系统使用后进行修改。系统初始化将对系统的后续运行产生重要影响，因此该项工作必须非常仔细。

第一节　供应链管理初始化

供应链管理初始化包括系统选项设置、期初数据录入、供应链系统期初记账三部分内容。由于供应链管理系统的相关模块联系非常紧密，因此在进行初始化时需要统筹考虑、分别进行。

一、系统选项设置

供应链管理系统的选项设置包括采购管理、库存管理、存货核算、销售管理等部分的设置。

（一）采购管理选项设置

采购管理模块的选项设置是在处理日常采购业务之前，确定采购业务的范围、类型以及对各种采购业务的核算要求，将决定用户使用系统的业务流程、业务模式、数据流向（如图5-1所示）。

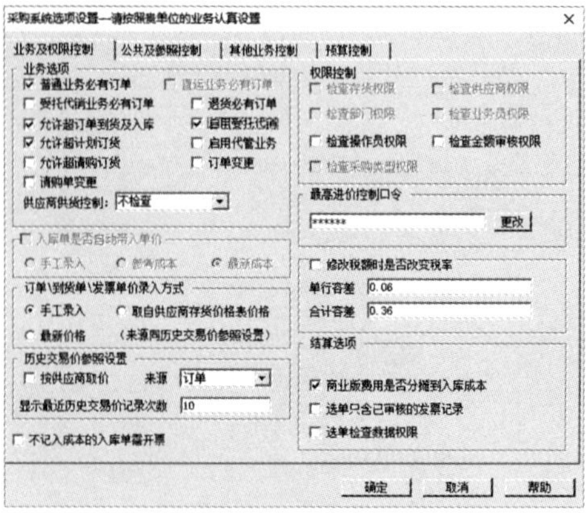

图5-1　采购管理选项设置

业务及权限控制页框中主要选项的含义如下：

1.普通业务必有订单：除请购单、采购订单外，到货单、入库单、采购发票（普通、专用）不可手工新增，只能参照来源单据生成。

2.启用受托代销：选择该项表示企业可以处理受托代销业务。只有在建立账套时企业类型为“商业”或“医药流通”的账套，该选项才可选择。选择该项以后，采购管理系统菜单中会出现有关受托代销的单据、受托代销结算、受托代销统计账表等功能。并且，存货档案中的“受托代销属性”可以选择。该选项既可以在采购管理设置，也可以在库存管理设置。

根据本案例的核算要求，存货“东方女表”具有受托代销属性，进入基础档案中修改该存货的属性（如图5-2所示）。

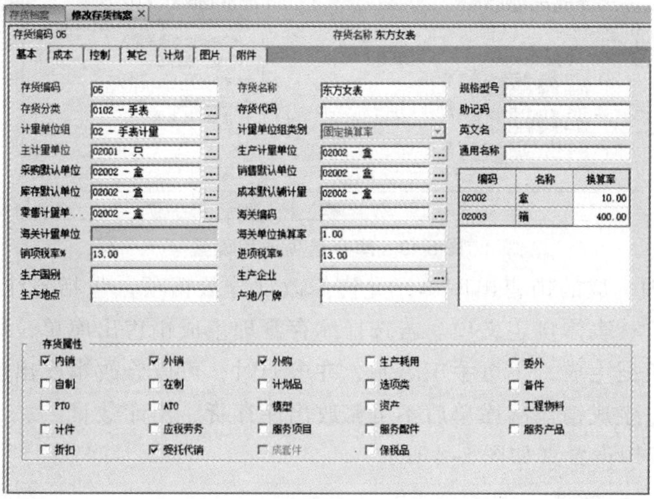

图5-2 修改存货受托代销属性

3.商业版费用是否分摊到入库成本：确定商品流通企业的采购费用是否需要分摊到存货成本中。选择该项时，可以进行费用折扣分摊；不选择该项时，则不能使用分摊功能，手工结算时费用记录不能分摊到入库单记录，费用折扣结算时运费发票记录不能与采购入库单记录、存货结算。

4.选单只含已审核的发票记录：选择该项表示采购结算时只包含已审核的发票记录。

5.不记入成本的入库单需开票：选择该项时，不记入成本的入库单可以生成采购发票，但不参与采购结算，适用于办公用品采购业务的处理，采购发票直接转费用，不进行存货核算；不选择该项时，不记入成本的入库单不能生成采购发票，对应入库单也不参与采购结算，适用于赠品业务的处理，不需要生成采购发票，也不需要进行存货核算。

（二）库存管理选项设置

库存管理模块的选项设置是在处理日常库存业务之前，确定库存业务的范围、类型以及对各种库存业务的核算要求。

1.库存选项通用设置（如图5-3所示）

库存生成销售出库单：在库存管理与销售管理集成使用的情况下，若选择销售管理生成销售出库单，则销售管理的发货单、销售发票、零售日报、销售调拨单在审核/复核时，自动生成销售出库单，在库存管理中不可修改出库存货、出库数量，即一次发货一次全部

图5-3　库存选项通用设置

出库。由销售管理生成的销售出库单，允许修改部分数据项，包括备注、表头自定义项、单价、金额、货位、表体自定义项。若选择库存管理生成销售出库单，则销售出库单由库存管理参照上述单据生成，不可手工填制，在参照时，可以修改本次出库数量，即可以一次发货多次出库，生成销售出库单后不可修改出库存货、出库数量。

2.库存选项专用设置（如图5-4所示）

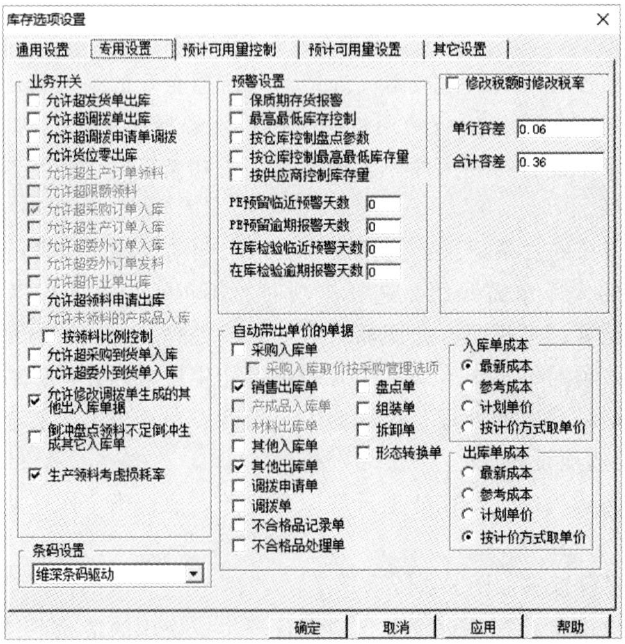

图5-4　库存选项专用设置

允许超发货单出库：确定参照发货单时销售出库单的数量是否可以超过发货单数量。

允许货位零出库：货位零出库指该货位在出库后，结存小于零，即负库存。

3.库存选项预计可用量控制设置（如图5-5所示）

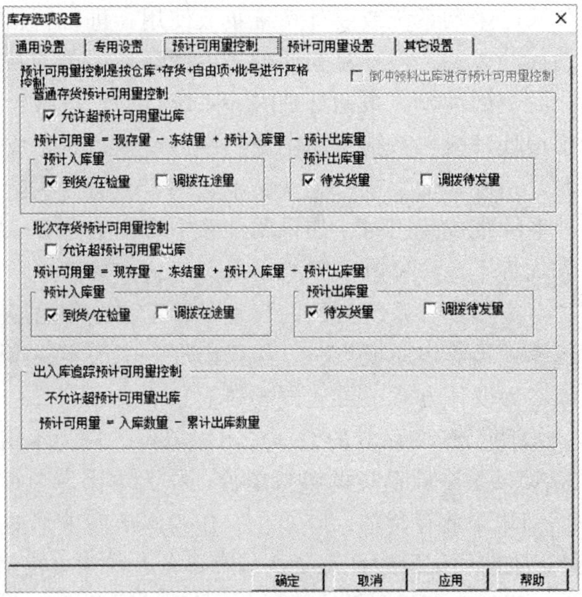

图5-5　库存选项预计可用量控制

允许超预计可用量出库：确定是否可以超可用量出库。出库时“零出库控制”正常审核需要选择此选项。

（三）存货核算选项设置

存货核算模块的选项设置是在处理日常业务之前，确定存货的核算要求和核算方式。

1.存货核算方式设置（如图5-6所示）

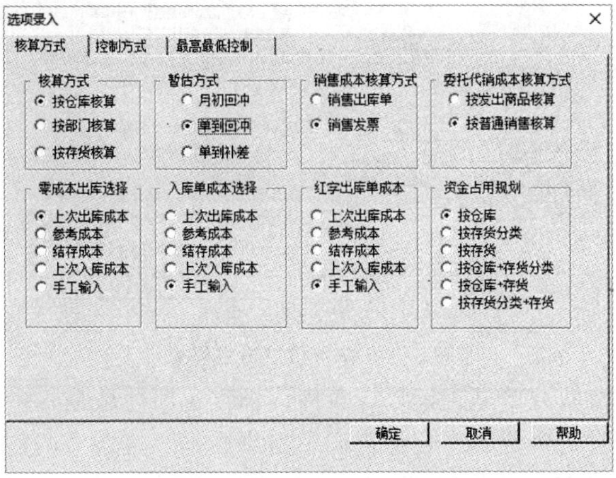

图5-6　存货核算方式设置

（1）核算方式：可以选择按仓库核算、按部门核算、按存货核算。如选择按仓库核算，则按仓库在仓库档案中设置计价方式，每个仓库单独核算出库成本；如选择按部门核算，则在仓库档案中按部门设置计价方式，相同所属部门的各仓库统一核算出库成本；如选择按存货核算，则需要用户事先在存货档案的“成本”页框中设置好存货的计价方式。总之，无论选择哪一种核算方式，都需要知道存货的计价方式，否则不能使用存货核算子系统中“业务核算”的“正常单据记账”功能。此外，只有在期初记账前，才能将按存货设置计价方式改为按仓库或部门设置，或由按仓库或部门设置计价方式改为按存货设置。

（2）暂估方式：如果与采购系统或委外系统集成使用，进行暂估业务处理时，需要选择暂估入库存货成本的回冲方式，包括月初回冲、单到回冲、单到补差三种。月初回冲是指月初时系统自动生成红字回冲单，报销处理时，系统自动根据报销金额生成采购报销入库单；单到回冲是指报销处理时，系统自动生成红字回冲单，并生成采购报销入库单；单到补差是指报销处理时，系统自动生成一笔调整单，调整金额为实际金额与暂估金额的差额。与采购系统或委外系统集成使用时，如果明细账中有暂估业务未报销或本期未进行期末处理，那么，暂估方式将不允许修改。如果出现“暂估方式”选项不可设置，则应当检查登录日期是不是在“存货核算”系统启用的当月或者系统是否已经做了期初记账。

（3）零成本出库选择：核算出库成本时，如果出现账中为零成本或负成本，造成出库成本不可计算时出库成本的取值方式。可选方式如下：

① 上次出库成本：取明细账中存货的上一次出库单价，作为本出库单据的出库单价。

② 参考成本：取存货目录中此存货的参考单价，作为本出库单据的出库单价。

③ 结存成本：取明细账中此存货的结存单价，作为本出库单据的出库单价。当批量记账时，结存成本取批量记账前明细账中此存货的结存单价，作为本出库单据的出库单价。

④ 上次入库成本：取明细账中此存货的上一次入库单价，作为本出库单据的出库单价。

⑤ 手工输入：提示用户输入单价，作为本出库单据的出库单价，计算出库成本。

2.存货控制方式设置（如图5-7所示）

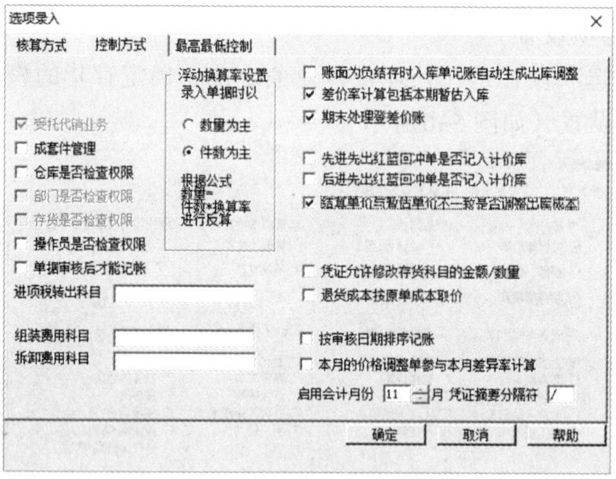

图5-7 存货控制方式设置

（1）先进先出红蓝回冲单是否记入计价库，即红蓝回冲单是否参与成本计算。

（2）结算单价与暂估单价不一致是否调整出库成本。若选择调整，则在结算成本处理时系统将自动生成出库调整单来调整差异。此方法只针对先进先出和个别计价两种方法，因为只有这两种计价方式可通过出库单跟踪到入库单。此选项与红蓝回冲单记入计价库互斥，必须在红蓝回冲单不记入计价库的情况下才能选择此选项。

此外，存货核算初始设置工作还包括科目设置。由于存货核算系统是供应链管理与财务系统联系的桥梁，存货采购、商品销售、各类出入库业务，均在存货核算系统中生成记账凭证，传递到总账。为了方便记账凭证的填制，在系统生成凭证时自动带出科目，可以事先进行科目设置，包括存货科目、对方科目、税金科目、运费科目、结算科目、应付科目、非合理损耗科目等。

（四）销售管理选项设置

销售管理模块的选项设置是在处理日常销售业务之前，确定销售业务的范围、类型以及对各种销售业务的核算要求，决定用户使用系统的业务流程、业务模式、数据流向。

1.销售管理业务控制设置（如图5-8所示）

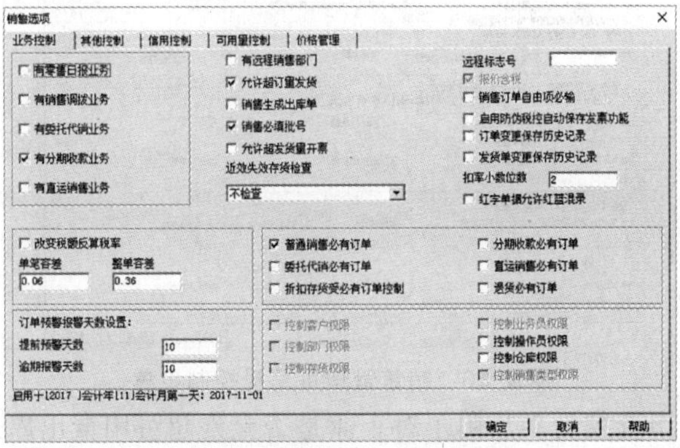

图5-8　销售管理业务控制设置

普通销售必有订单：必有订单时，普通销售发货单、普通销售类型的发票不可手工填制，必须参照上游单据生成。也就是说，先发货后开票模式下，参照订单生成发货单、参照发货单生成发票；开票直接发货模式下，参照订单生成发票。

委托代销必有订单：委托发货单必须参照订单生成。

分期收款必有订单：分期收款发货单必须参照订单生成。

直运销售必有订单：直运采购订单必须参照直运销售订单，直运采购发票必须参照直运采购订单，直运销售发票必须参照直运销售订单。

折扣存货受必有订单控制：折扣型存货在填制发货单、发票时需要控制必有订单，不能手工录入（业务规则同非必有订单时的控制）。

退货必有订单：退货单、红字发票必须参照订单生成，不可手工新增。

销售生成出库单：选择出库单是由销售管理生成还是由库存管理生成。

2.销售管理其他控制设置（如图5-9所示）

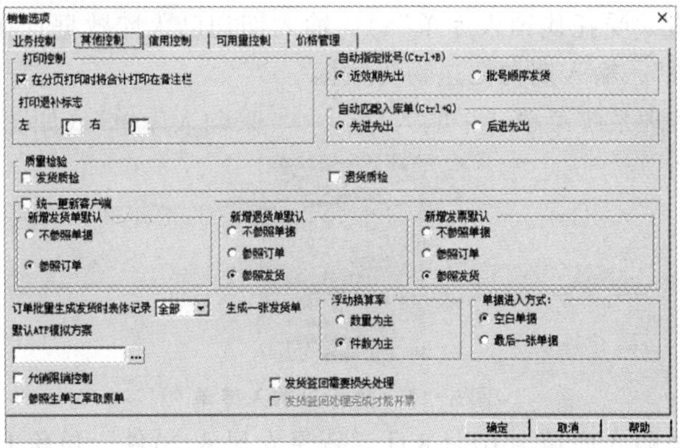

图5-9　销售管理其他控制设置

新增发货单默认：设置新增发货单时是否首先弹出销售订单的参照界面。设置参数后，用户也可取消弹出界面，直接使用工具栏上的“订单”按钮弹出参照界面。

新增退货单默认：设置新增退货单时是否首先弹出销售订单、销售发货单的参照界面。

新增发票默认：设置新增发票时是否首先弹出销售订单、销售发货单的参照界面。

3.销售管理可用量控制设置（如图5-10所示）

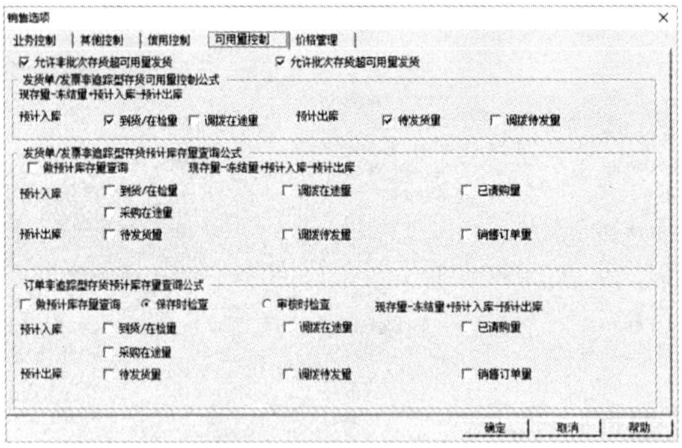

图5-10　销售管理可用量控制设置

可用量控制：可用量控制参数用于对企业是否允许超可用量出库进行控制。在实际业务中，有些企业允许超当前仓库中的可用量出库，但有些企业不允许。销售系统的可用量控制可以按仓库进行设置，在仓库档案中，可以设置某仓库是否允许超可用量出库，当设置为取销售系统选项时，由此可用量控制选项来决定是否允许超可用量出库。若设置不允许超可用量出库，则系统进行严格控制，按“仓库＋存货＋自由项＋批号”进行控制；当超可用量时，单据不能保存。

二、期初数据录入

（一）采购管理系统期初数据录入

采购管理系统的期初数据包括如下几种：一是在启用系统之前已经收到存货，但尚未收到对方开具的发票；二是已经收到受托代销单位的代销存货，尚未销售；三是已经收到发票，但存货尚未运达企业，即在途物资。

对于这些已经办理入库手续的存货或者在途物资，必须录入期初入库信息或者期初采购发票，以便后续结算。具体操作分别为：在采购管理系统菜单下，执行“采购入库”—“采购入库单”（或者“受托代销入库单”），输入期初已入库数据；在采购管理系统菜单下，执行“采购发票”，输入期初在途物资数据。

（1）执行采购管理系统菜单“采购入库”—“采购入库单”（如图5-11所示）。

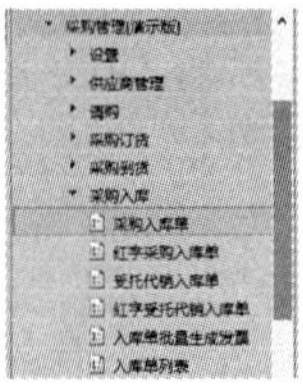

图5-11　执行采购入库单

（2）输入期初采购入库单。10月8日，新星女风衣20件，单价120元/件，入新星服装库，购自湖北新星服装厂。期初普通采购入库单如图5-12所示。

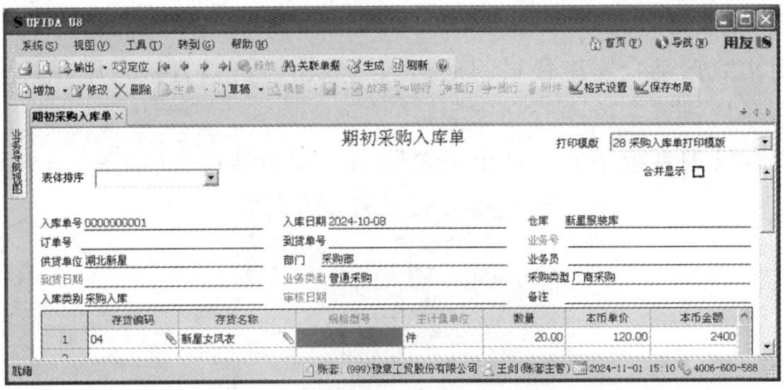

图5-12 期初普通采购入库单（新星女风衣）

业务单据通常有显示模板和打印模板两种格式，业务单据未存盘时使用显示模板，业务单据存盘后使用打印模板，满足不同的显示需求。

（3）执行采购管理系统菜单“采购入库”—“受托代销入库单”，输入期初采购入库单。10月10日，东方女表20只，单价800元/只，入手表库，浙江东方手表厂委托代销。受托代销期初采购入库单如图5-13所示。

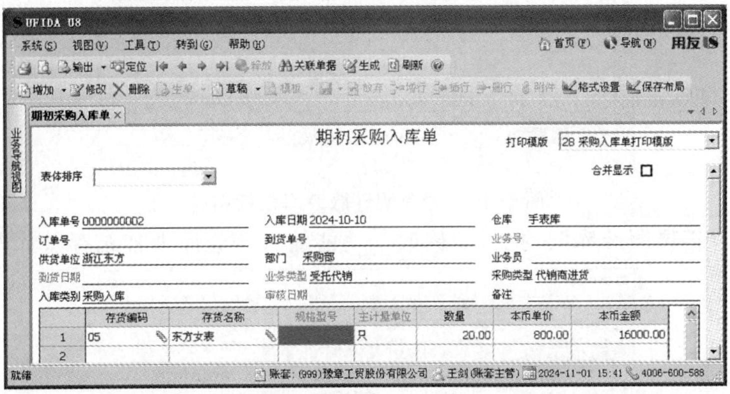

图5-13 受托代销期初采购入库单（东方女表）

（4）输入期初采购入库单。10月18日，明珠男套装10套，单价800元/套，入明珠服装库，购自上海明珠服装厂。期初普通采购入库单如图5-14所示。

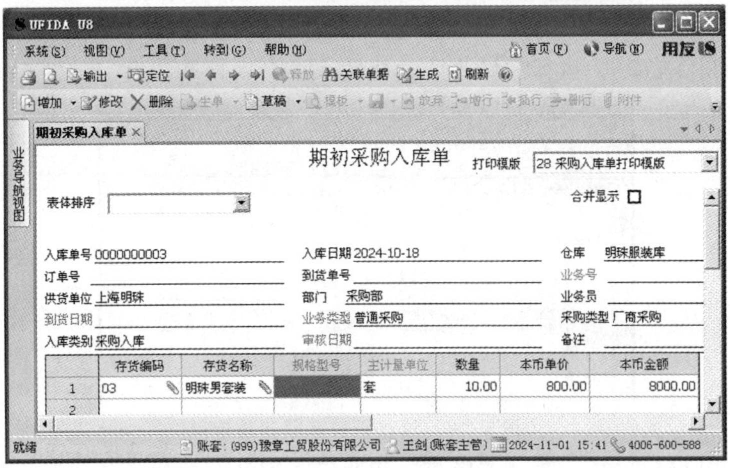

图5-14 期初普通采购入库单（明珠男套装）

（二）库存管理期初数据录入

库存管理期初数据是仓库中存货的期初入账数据，可以直接在库存管理系统中分仓库录入，也可以从存货核算系统中分仓库取数。

（1）执行库存管理系统菜单“初始设置”—“期初结存”（如图5-15所示）。

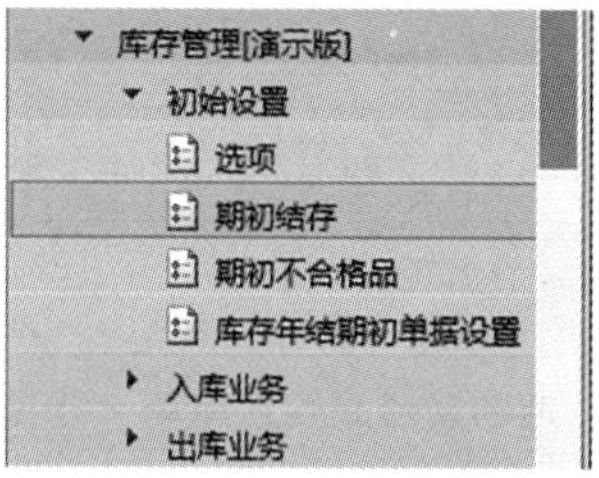

图5-15　执行期初结存

（2）选择“明珠服装库”，执行“修改”功能输入该仓库期初结存（如图5-16所示）。

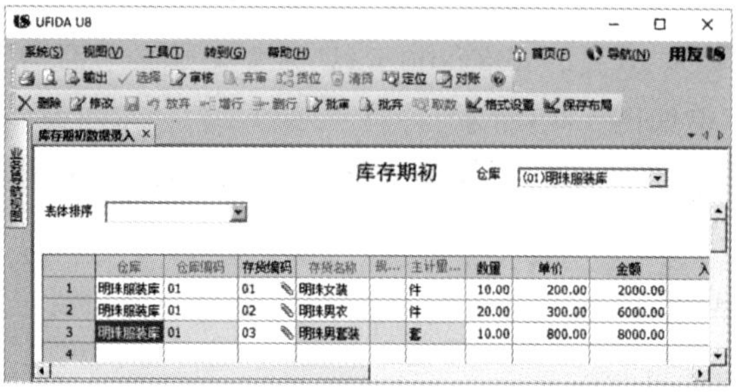

图5-16　修改明珠服装库期初结存

（3）选择“新星服装库”，执行“修改”功能输入该仓库期初结存（如图5-17所示）。

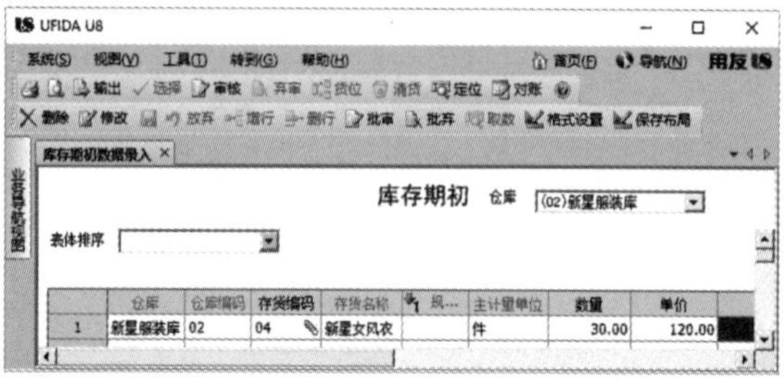

图5-17　修改新星服装库期初结存

（4）选择“手表库”，执行“修改”功能输入该仓库期初结存（如图5-18所示）。

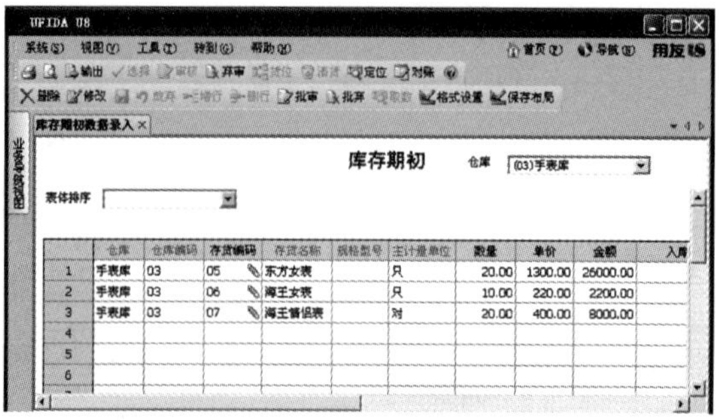

图5-18　修改手表库期初结存

（5）选择“原材料库”，执行“修改”功能输入该仓库期初结存（如图5-19所示）。

	仓库编码	存货编码	存货名称	规...	主计量单位	数量	单价	金额
1	04	09	布匹		米	500.00	10.00	5000.00
2	04	10	纽扣		粒	1000.00	1.00	1000.00
3	04	11	缝纫线		卷	100.00	5.00	500.00

图 5-19　修改原材料库期初结存

（三）存货核算期初数据录入

存货核算期初数据是指存货核算系统期初入账数据，可以在存货核算系统中直接录入，也可以从库存管理系统中取数。需要注意的是，存货核算系统期初数据中的期初分期收款发出商品数据只能从销售管理系统中取数，而且必须是销售管理系统期初录入并审核以后才能取数。按计划价或者售价核算出库成本的存货，需要在期初差异中录入这些存货的期初差异余额。

（1）执行存货核算系统菜单“初始设置”—“期初数据”—“期初余额”（如图 5-20 所示）。

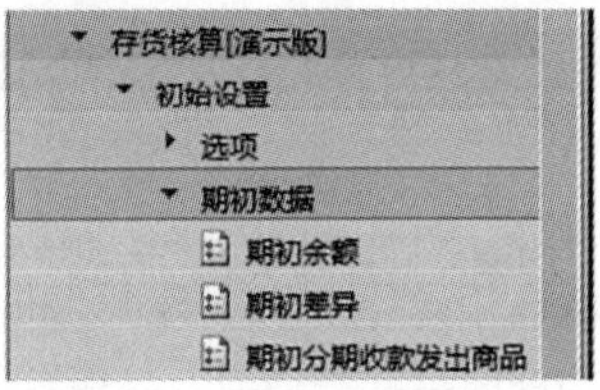

图 5-20　执行期初余额

（2）选择“明珠服装库”，执行菜单中的“取数”功能，实现从库存管理系统取出存货核算系统的期初数。其他仓库数据按类似的方法分别处理（如图 5-21 至图 5-24 所示）。需要注意的是，由于手表存货是采用售价法核算的，因此在期初余额中会出现“售价”及“售价金额”内容，而其他存货没有这些内容。

存货编码	存货名称	规格型号	计量单位	数量	单价	金额	售价	售价金额	存货科...	存货科目
01	明珠女装		件	10.00	200.00	2,000.00			1405	库存商品
02	明珠男衣		件	20.00	300.00	6,000.00			1405	库存商品
03	明珠男套装		套	10.00	800.00	8,000.00			1405	库存商品
合计：				40.00		16,000.00				

图 5-21　明珠服装库取数

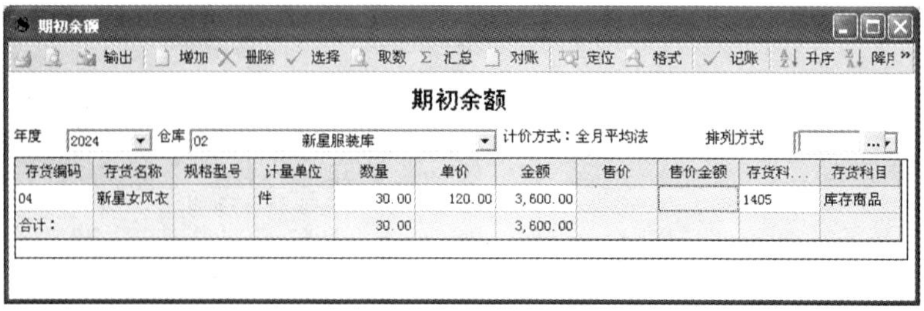

图 5-22　新星服装库取数

图 5-23　手表库取数

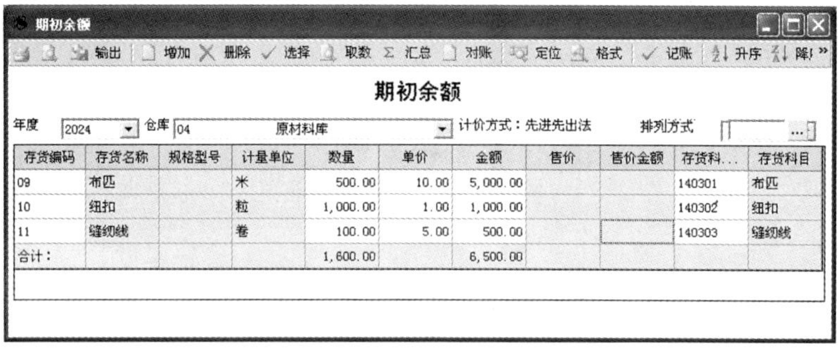

图 5-24　原材料库取数

（3）执行存货核算系统菜单“初始设置”—“期初数据”—“期初差异”，选择“手表库”，输入05、06、07三个存货的差价以及差价科目。务必注意，差价数据录入完成后，需要点击菜单中的存盘图标，将输入结果存盘（如图5-25所示）。

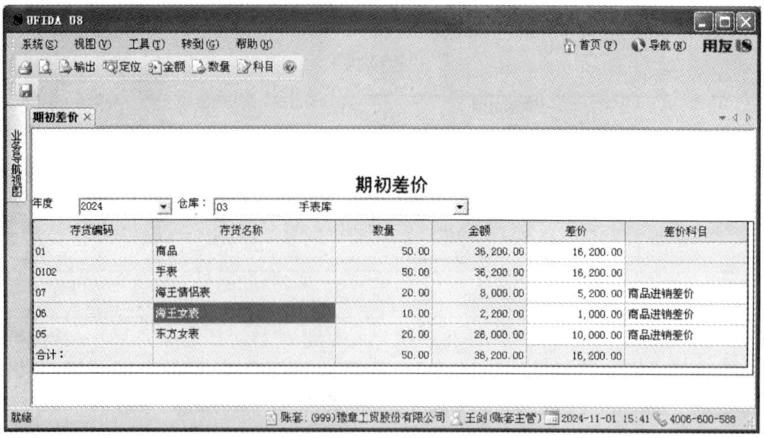

图 5-25　输入期初差价及差价科目

输入期初差价并保存后，系统会自动调整存货核算系统期初余额中按售价法计价的手表存货的期初余额数据，具体调整项目为单价及金额（如图5-26所示）。

存货编码	存货名称	规格型号	计量单位	数量	单价	金额	售价	售价金额	存货科...	存货科目
05	东方女表		只	20.00	800.00	16,000.00	1,300.00	26,000.00	1405	库存商品
06	海王女表		只	10.00	120.00	1,200.00	220.00	2,200.00	1405	库存商品
07	海王情侣表		对	20.00	140.00	2,800.00	400.00	8,000.00	1405	库存商品
合计：				50.00		20,000.00		36,200.00		

图5-26　按差价调整后的手表存货期初余额

（4）存货核算系统中期初数据的期初分期收款发出商品数据来源于销售管理系统，需要待销售管理系统录入并审核以后，在存货核算系统期初记账前，通过“取数”功能自动获得（如图5-27所示）。若提前执行了“取数”操作，会导致销售管理系统中无法录入期初分期收款发出商品，此时只有执行“清空”功能，才能在销售管理系统中正常录入期初分期收款发出商品数据。此外，存货核算系统期初记账后，则无法取数。

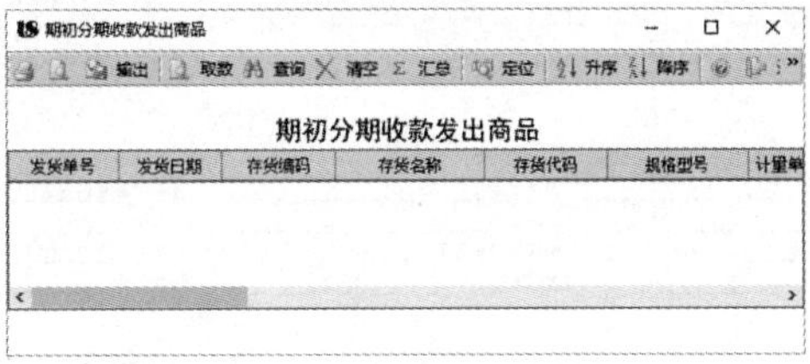

图5-27　期初分期收款发出商品

（四）销售管理系统期初数据录入

对于已经发货但尚未开具销售发票的货物，作为期初发货单录入，后续开具发票时进行销售处理，具体分为期初发货单录入和期初分期收款发货单录入。

（1）执行销售管理系统菜单“设置”—“期初录入”—“期初发货单”（如图5-28所示）。

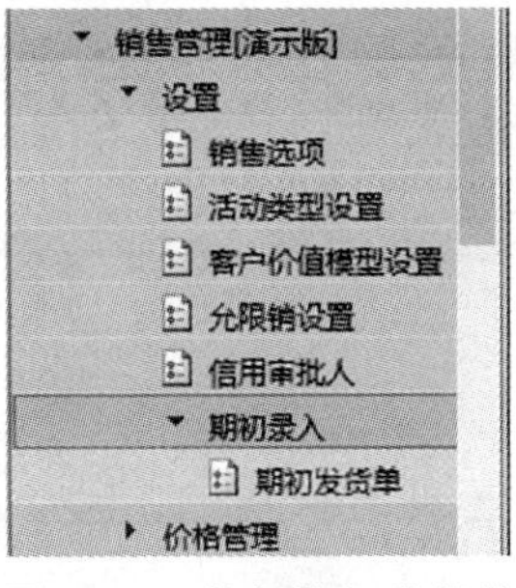

图5-28　执行期初发货单

（2）输入期初发货单。10月8日，明珠男套装50套，含税单价1 000元/套，属于明珠服装库，销往广州天河百货公司，销售部门为销售部，销售类型为批发销售。期初发货单（明珠男套装）如图5-29所示。

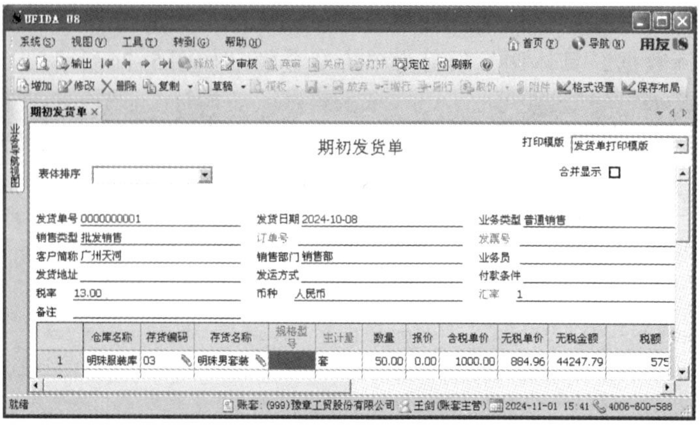

图 5-29　期初发货单（明珠男套装）

（3）输入期初发货单。10月10日，海王女表10只，含税单价220元/只，属于手表库，销往长沙芙蓉百货公司，销售部门为销售部，销售类型为批发销售。期初发货单（海王女表）如图5-30所示。

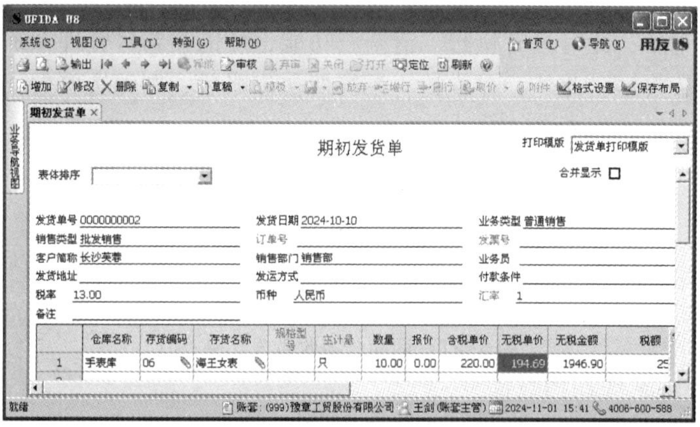

图 5-30　期初发货单（海王女表）

（4）输入期初分期收款发货单。10月15日，给上海黄浦贸易公司发出分期收款的明珠男套装40套，含税单价1 000元/套，属于明珠服装库，销售部门为销售部。期初发货单（明珠男套装）如图5-31所示。

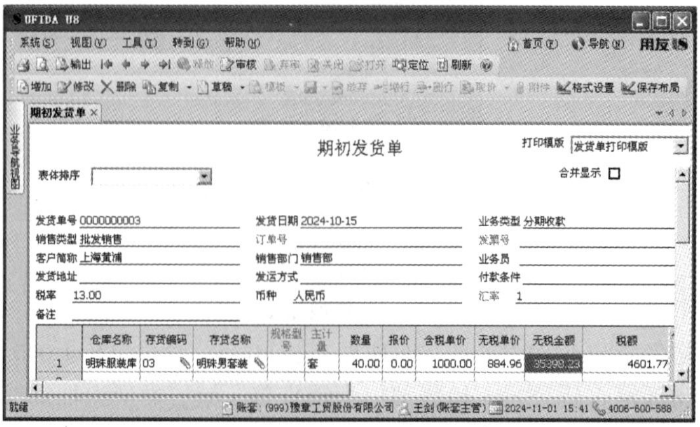

图 5-31　期初发货单（明珠男套装）

三、供应链系统期初记账

供应链系统各子系统选项设置和期初数据录入完成以后，就可以进行期初记账，标志着供应链系统初始化工作全部结束，相关参数和期初数据不能修改或者删除。

基本操作流程是：采购管理期初记账、库存管理期初数据审核、存货核算期初记账、销售管理期初数据审核。

1.采购管理期初记账

执行采购管理中的“设置”—“采购期初记账”功能，点击“记账”完成采购管理系统的期初记账（如图5-32所示）。

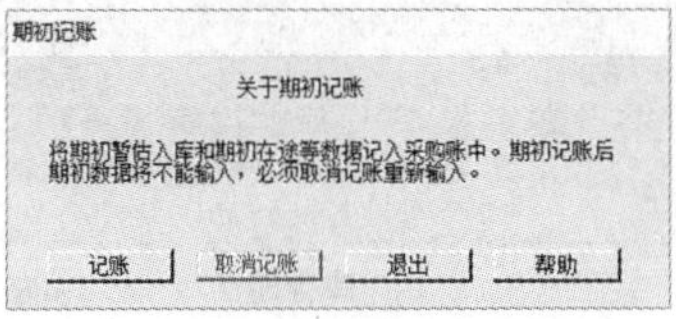

图5-32 采购管理期初记账

2.库存管理期初数据审核

库存管理期初数据审核需要分仓库来进行，最好采用批审的方式，这样可以对某个选定仓库内的所有存货进行审核（如图5-33至图5-36所示）。

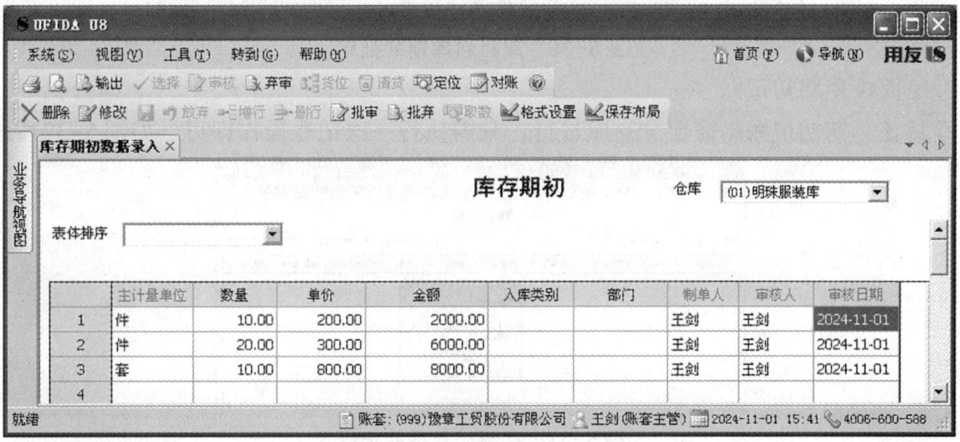

图5-33 明珠服装库期初批审

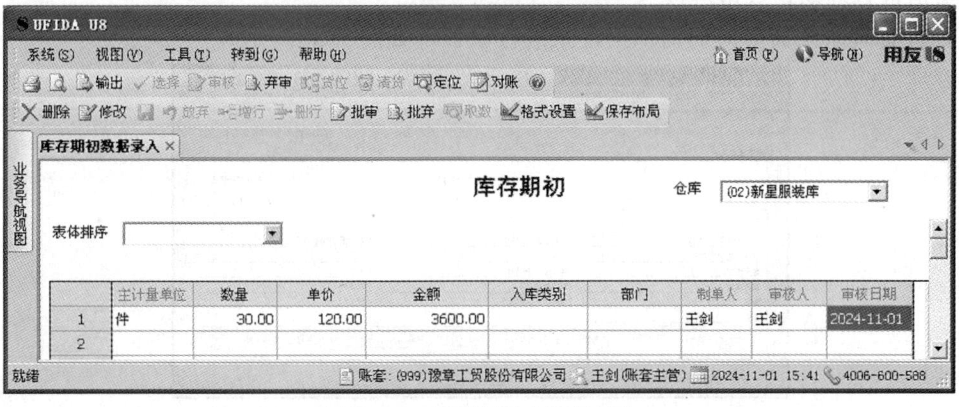

图5-34 新星服装库期初批审

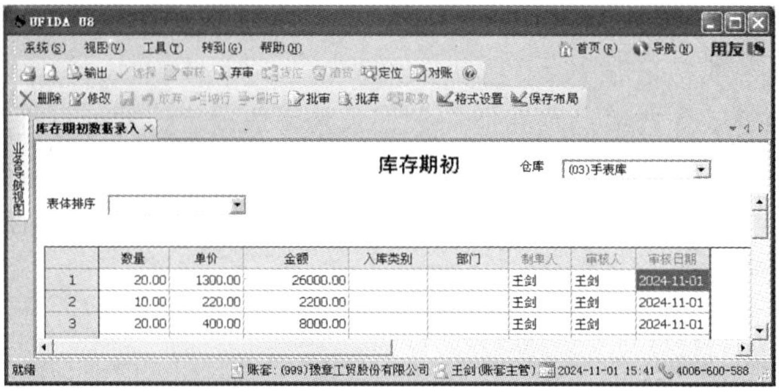

图 5-35　手表库期初批审

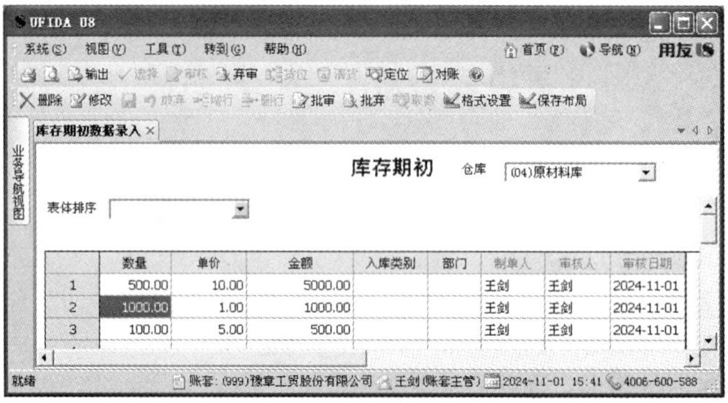

图 5-36　原材料库期初批审

3.存货核算期初记账

存货核算期初记账不需要分仓库进行，只需执行一次记账操作即可（如图 5-37 所示）。

图 5-37　存货核算期初记账

4.销售管理期初数据审核

销售管理系统需要对期初单据逐张进行审核（如图 5-38 所示）。

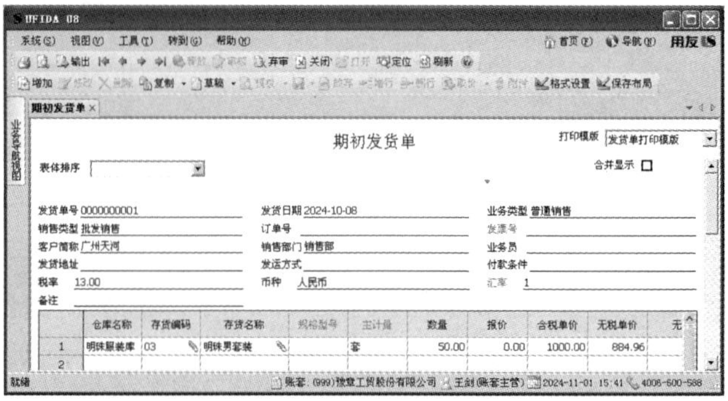

图 5-38　销售管理期初数据审核

第二节 应收款/应付款管理初始化

一、应收款管理初始化

(一)系统选项设置

设置应收款管理运行所需要的账套参数，以便系统根据所设定的选项进行相应的处理。

1.设置常规参数（如图5-39所示）

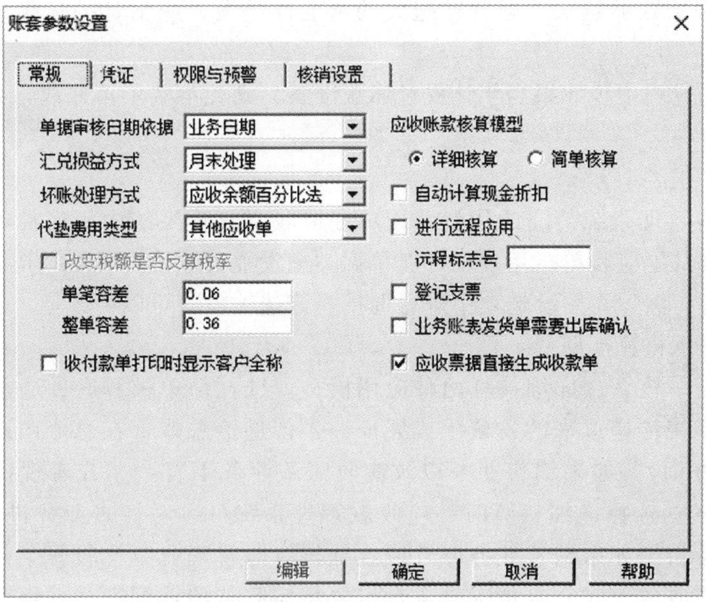

图5-39 常规参数设置

(1)单据审核日期依据

经济业务发生时，需要及时获取原始单据。原始单据中的业务发生日期又被称为开票日期、单据日期。记账时需要对原始单据中的数据进行审核，之后才能反映到账簿中。单据审核日期有两种选择：一是单据日期；二是业务日期。

如果选择按单据日期，则系统以该单据的单据日期（开票日期）为审核日期。由于下月无法以当月单据日期为审核日期，因此，月末结账时单据必须全部审核，即当月单据不能下月审核。如果选择按业务日期，则在进行单据审核时，审核日期记为当前业务日期(即登录日期)，月末结账时不要求单据全部审核。

在账套使用过程中，可以随时把按单据日期改成按业务日期。若需要将按业务日期改成按单据日期，则需要检查当前未审核单据中有无单据日期在已经结账的月份，若有，则不允许修改，否则允许修改。

(2)汇兑损益方式

外币余额结清时处理是指仅当某种外币余额结清时才计算汇兑损益，在计算汇兑损益时，界面中仅显示外币余额为零且本币余额不为零的外币单据；月末处理是指月末计算汇兑损益，在计算汇兑损益时，界面中显示所有外币余额不为零或者本币余额不为零的外币单据。在账套使用过程中可以修改该参数。

（3）坏账处理方式

坏账处理方式包括直接转销法和备抵法。如果选择直接转销法，则在坏账发生时，直接将坏账转为费用即可。如果选择备抵法，则需要在初始设置中录入坏账准备期初余额和计提比例或输入账龄区间等，并在坏账处理中进行后续处理。系统提供的三种备抵法分别是销售收入百分比法、应收余额百分比法、账龄分析法。销售收入百分比法是根据历史数据确定的坏账占全部销售额的一定比例估计坏账损失；应收余额百分比法是以应收账款余额为基础，估计可能发生的坏账损失；账龄分析法是根据应收账款账龄的长短估计坏账损失。账龄越长，账款被拖欠的可能性越大，应估计的坏账准备金额相应也越大。

在账套使用过程中，如果当年计提过坏账准备，则此参数不可修改，只能在下一年度修改。

（4）代垫费用类型

确定从销售管理系统传递的代垫费用单在应收款管理系统中用何种单据类型进行接收。系统默认为其他应收单，用户也可在单据类型设置（“设置”—“初始设置”）中自行定义单据类型，然后在系统选项中进行选择。该选项随时可以更改。

（5）应收账款核算模型

系统提供简单核算、详细核算两种应用模型。选择简单核算时，应收款管理系统只是将销售管理系统传递过来的发票生成凭证，再传递给总账（在总账中以凭证为依据进行往来业务的查询）。如果销售业务以及应收账款业务不复杂，或者现销业务很多，则可以选择此方案。选择详细核算时，应收款管理系统可以对往来业务进行详细的核算、控制、查询、分析。如果销售业务以及应收款核算与管理业务比较复杂，或者需要追踪每一笔业务的应收款、收款等情况，或者需要将应收款核算到产品一级，则可以选择详细核算。

在系统启用后尚未进行任何业务（包括期初数据录入）时才允许从简单核算改为详细核算，而从详细核算改为简单核算随时可以进行。

（6）自动计算现金折扣

为了鼓励客户在信用期间内提前付款而采用现金折扣政策，可以在系统中选择是否自动计算现金折扣。若选择自动计算，则需要在发票或应收单中输入付款条件，系统将在核销处理界面中依据付款条件自动计算该发票或应收单可享受折扣，可输入本次折扣进行结算，则“原币余额=原币金额-本次结算金额-本次折扣”；如果选择不自动计算，则系统不会自动计算现金折扣。

在账套使用过程中可以修改该参数。若选择自动计算现金折扣，则需要通过单据核销界面中的栏目设置，将可享受折扣和本次折扣栏目予以显示。

（7）登记支票

系统提供自动登记支票登记簿的功能。若选择登记支票登记簿，则系统自动将结算方式为票据管理的付款单登记到支票登记簿；若不选择登记支票登记簿，则用户可以通过付款单的登记按钮，手工填制支票登记簿。该选项可以随时修改。

（8）应收票据直接生成收款单

如果勾选，则表示在应收票据保存的同时生成收款单；如果不勾选，则表示应收票据保存后不生成收款单，要在票据界面手工点击生成按钮才生成收款单。

2.设置凭证参数（如图5-40所示）

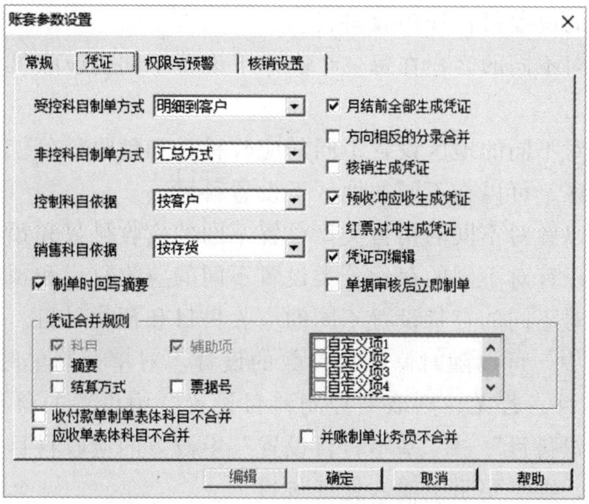

图5-40 凭证参数设置

（1）受控科目制单方式

明细到客户是指在将一名客户的多笔业务合并生成一张凭证时，如果核算这些业务的控制科目相同，系统自动将其合并成一条分录。这种方式的目的是在总账系统中能够根据客户来查询其详细信息。

明细到单据是指在将一个客户的多笔业务合并生成一张凭证时，系统会将每一笔业务形成一条分录。这种方式的目的是在总账系统中也能查看到每个客户的每笔业务的详细情况。

在账套使用过程中，可以随时修改该参数的设置。受控科目在合并分录时若自动取出的科目相同，辅助项为空，则不予合并成一条分录。

（2）非控科目制单方式

明细到客户是指在将一个客户的多笔业务合并生成一张凭证时，如果核算这些业务的非受控制科目相同且其所带辅助核算项目也相同，系统自动将其合并成一条分录。这种方式的目的是在总账系统中能够根据客户来查询其详细信息。

明细到单据是指在将一个客户的多笔业务合并生成一张凭证时，系统会将每一笔业务形成一条分录。这种方式的目的是在总账系统中也能查看到每个客户的每笔业务的详细情况。

汇总方式是指在将多个客户的多笔业务合并生成一张凭证时，如果核算这些业务的非受控制科目相同且其所带辅助核算项目也相同，系统自动将其合并成一条分录。这种方式的目的是精简总账中的数据，在总账系统中只能查看到该科目的一个总的发生额。

在账套使用过程中，可以随时修改该参数的设置。非受控制科目在合并分录时若自动取出的科目相同，辅助项为空，则不予合并成一条分录。

（3）控制科目依据

应收控制科目指所有带有客户往来辅助核算并受控于应收款管理系统的科目，在会计科目中进行设置。系统提供了六种设置控制科目的依据，即按客户分类、按客户、按地区、按销售类型、按存货分类、按存货。

按客户分类：客户分类是指根据一定的属性将往来客户分为若干大类，例如可以将客户根据业务合作时间分为长期客户、中期客户和短期客户，也可以根据客户的信用将客户分为优质客户、良性客户、一般客户和信用较差的客户等。在这种方式下，可以针对不同的客户分类设置不同的应收科目和预收科目。

按客户：可以针对不同的客户在每一个客户下设置不同的应收科目和预收科目。这种设置适用于特殊客户。

按地区：可以针对不同的地区设置不同的应收科目和预收科目。例如，将客户分为华东、华南、东北等地区，可以在不同的地区下设置科目。

按销售类型：可以针对不同的销售类型设置不同的应收科目和预收科目。

按存货分类：可以针对不同的存货分类设置不同的应收科目和预收科目。

按存货：可以针对不同的存货设置不同的应收科目和预收科目。

在账套使用过程中，可以随时修改该参数的设置。对单据制单时，若单据上有科目，则直接取单据上的科目，若无，则取“控制科目设置”中设置的科目。若未设置控制科目，则系统将取“设置科目”—“基本科目设置”中设置的应收科目。若在“基本科目设置”中也未设置科目，则需要手工输入凭证科目。

（4）销售科目依据

在此设置的销售科目，是系统自动制单科目取值的依据。

按存货分类：存货分类是指根据存货的属性对存货所划分的大类，例如可以将存货分为原材料、燃料及动力、在产品及产成品等大类。可以针对这些存货分类设置不同的科目。

按存货：如果存货种类不多，可以直接针对不同的存货设置不同的科目。

按客户：如果客户不多，可以直接针对不同的客户设置不同的科目。

按客户分类：客户分类是指根据客户的属性对客户所划分的大类，可以针对这些客户分类设置不同的科目。

按销售类型：可以针对不同的销售类型设置不同的科目。

账套使用过程中，可以随时修改该参数的设置。设置销售科目依据是为了在“产品科目设置”中针对不同的存货（或存货分类、客户、客户分类、销售类型）设置不同的产品销售收入科目和应交增值税科目。

若单据上未带科目，则取“产品科目设置”中设置的产品科目，若未设置产品科目，则系统将取“设置科目”—“基本科目设置”中设置的销售科目及税金科目。若在“基本科目设置”中也未设置科目，则需要手工输入凭证科目。

（5）月结前全部生成凭证

如果选择了在月末结账前需要将全部的单据和业务处理生成凭证，则在进行月末结账时系统将检查截止到结账月是否有未制单的单据和业务处理。若有，系统将提示不能进行本次月结处理，但可以详细查看这些记录；若没有，才可以继续进行本次月结处理。如果选择了在月末结账前不需要将全部单据和业务处理生成凭证，则在月结时只允许查询截止到结账月的未制单的单据和业务处理，不进行强制限制。在账套使用过程中可以修改该参数的设置。

（6）方向相反的分录合并

确定科目相同、辅助项相同、方向相反的凭证分录是否合并。若选择合并，则在制单时遇到满足合并分录的要求且分录的情况如前所述的，那么系统自动将这些分录合并成一条分录，根据分录金额显示为正数的原则来显示当前合并后分录的借贷方向。若选择不合并，则在制单时遇到满足合并分录的要求且分录的情况如前所述的，那么系统不会合并这些分录，还是根据原样显示在凭证中。该选项可以随时修改。需要注意的是，即使选择合并分录，在坏账收回制单时也不合并应收账款科目，即该选项对坏账收回制单无效。

（7）核销生成凭证

该参数用于确定核销是否需要生成凭证。如果不勾选，则不管核销双方单据的入账科目是否相同，均不需要对这些记录进行制单；如果勾选，则需要判断核销双方的单据其当时的入账科目是否相同，不相同时需要生成一张调整凭证。该参数可以随时修改。

（8）预收冲应收生成凭证

该参数用于确定预收冲应收是否需要生成凭证。如果勾选，则对于预收冲应收业务，当预收、应收科目不相同时需要生成一张转账凭证，月末结账时需要对预收冲应收分别检查有无没有制单的记录；如果不勾选，则对于预收冲应收业务，不管预收、应收科目是否相同，均不需要生成凭证，月末结账时不需要检查预收冲应收有无没有制单的记录。该参数可以随时修改。

（9）红票对冲生成凭证

该参数用于确定红票对冲是否需要生成凭证。如果勾选，则对冲单据所对应的受控科目不相同时需要生成一张转账凭证，月末结账时需要对红票对冲处理分别检查有无需要制单的记录；如果不勾选，则不管对冲单据所对应的受控科目是否相同，均不需要生成凭证，月末结账时不需要检查红票对冲处理制单情况。该参数可以随时修改。

（10）凭证可编辑

如果勾选，意味着生成的凭证可以修改；如果不勾选，意味着生成的凭证不可修改。不可修改意味着凭证上的各个项目均不可修改，包括科目、金额、辅助项（项目、部门）、日期等。

（11）单据审核后立即制单

如果勾选，表示所有单据或业务处理后需要提示是否立即生成凭证；如果不勾选，表示所有单据或业务处理后不再提示是否立即生成凭证。

（12）凭证合并规则

系统选项“凭证”页签中增加“凭证合并规则”，细分为科目、辅助项、摘要、结算方式、票据号、表头自定义项。科目、辅助项默认为置灰必选，不可修改，其他几项可多选。选择后，单据制单时，系统判断选择项是否一致。如果一致，则表头科目合并；如果不一致，则表头科目不合并。当凭证的合并规则和表体科目不合并规则相冲突时，优先按表体科目不合并规则进行控制。

（13）收付款单制单表体科目不合并

如果不勾选，表示收付款单制单时要依据制单的业务规则进行合并；如果勾选，表示收付款单制单时表体科目无论科目是否相同、辅助项是否相同，制单时均不合并。该参数可以随时修改。

（14）应收单表体科目不合并

如果不勾选，表示应收单制单时要依据制单的业务规则进行合并；如果勾选，表示应收单制单时表体科目无论科目是否相同、辅助项是否相同，制单时均不合并。该参数可以随时修改。

（15）并账制单业务员不合并

该参数在应收冲应收的时候按业务员进行并账处理时使用。如果勾选，表示在应收冲应收的时候按业务员进行并账处理时不能按业务员进行合并制单；如果不勾选，表示在应收冲应收的时候按业务员进行并账处理时可以按业务员进行合并制单。

3.权限与预警参数（如图5-41所示）

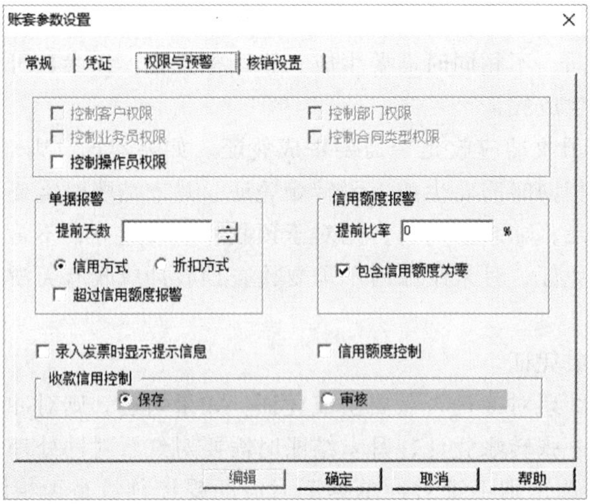

图5-41　权限与预警参数设置

（1）控制客户权限

只有在企业应用“系统服务”—“权限”—“数据权限控制设置”中对“客户档案”进行记录级数据权限控制时，该参数才可设置（如图5-42所示）。

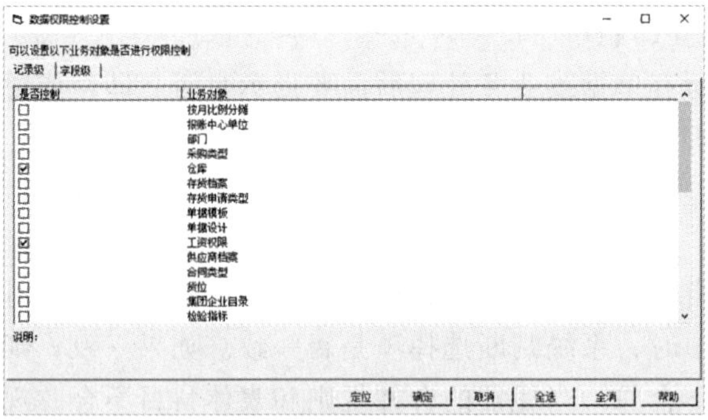

图5-42　数据权限控制设置

选择启用，则在所有的处理、查询中均需要根据该用户的相关客户数据权限进行限制，通过该功能，企业可加强客户管理的力度，提高数据的安全性；选择不启用，则在所有的处理、查询中均不需要根据该用户的相关客户数据权限进行限制。

系统缺省不需要进行数据权限控制，该参数可以随时修改。若启用客户数据权限，那么在应收款管理系统中查询包含其对应供应商数据时不考虑该用户是否对其对应供应商有权限，即只要该用户对客户有权限，就可以查询包含其对应供应商的数据。

（2）控制部门权限

只有在企业应用“系统服务”—“权限”—“数据权限控制设置”中对“部门”进行记录级数据权限控制时，该参数才可设置。

在账套参数中对部门的记录级权限不进行控制时，应收款管理系统不对部门进行数据权限控制。该参数可以随时修改。

选择启用，则在所有的处理、查询中均需要根据该用户的相关部门数据权限进行限制，通过该功能，企业可加强部门管理的力度，提高数据的安全性；选择不启用，则在所有的处理、查询中均不需要根据该用户的相关部门数据权限进行限制。

（3）控制业务员权限

只有在企业应用“系统服务”—“权限”—“数据权限控制设置”中“业务员”进行记录级数据权限控制时，该选项才可设置。

账套参数中对业务员的记录级权限不进行控制时，应收款管理系统中不对业务员进行数据权限控制。该参数可以随时修改。

选择启用，则在所有的处理、查询中均需要根据该用户的相关业务员数据权限进行限制，通过该功能，企业可加强业务员管理的力度，提高数据的安全性；选择不启用，则在所有的处理、查询中均不需要根据该用户的相关业务员数据权限进行限制。

（4）控制合同类型权限

只有在企业应用“系统服务”—“权限”—“数据权限控制设置”中对“合同类型”进行记录级数据权限控制时，该参数才可设置。

在账套参数中对合同类型的记录级权限不进行控制时，应收款管理系统不对合同类型进行数据权限控制。该参数可以随时修改。

选择启用，则在所有的处理、查询中均需要根据该用户的相关合同类型数据权限进行限制，通过该功能，企业可加强合同管理的力度，提高数据的安全性；选择不启用，则在所有的处理、查询中均不需要根据该用户的相关合同类型数据权限进行限制。

（5）控制操作员权限

只有在企业应用“系统服务”—“权限”—“数据权限控制设置”中对“用户”进行记录级数据权限控制时，该参数才可设置。

在账套参数中对操作员的记录级权限不进行控制时，应收款管理系统不对操作员进行数据权限控制。该参数可以随时修改。

选择启用，则在所有的处理、查询中均需要根据该用户的操作员数据权限进行限制，通过该功能，企业可加强操作员管理的力度，提高数据的安全性；选择不启用，则在所有的处理、查询中均不需要根据该用户的操作员数据权限进行限制。

若操作过程中出现“对不起，您没权审核此张单据”的提示信息，可将“控制操作员权限”复选框清除，使操作员获得操作权限。

（6）录入发票时显示提示信息

如果选择了显示提示信息，则在录入发票时，系统会显示该客户的信用额度余额以及最后的交易情况。如果想提高录入的速度，在录入发票时，可以选择不提示任何信息。在账套使用过程中可以修改该参数。

（7）单据报警

按信用方式自动报警，其单据到期日根据客户档案中信用期限而定；按折扣方式自动报警，则根据单据中的付款条件最大折扣日期计算。

如果选择了按信用方式自动报警，则还需要设置报警的提前天数。用户在使用预警平台时会依据这个设置自动将“单据到期日-提前天数<=当前注册日期”的已经审核的单据显示出来，以提醒用户及时通知客户哪些业务应该回款。

如果选择了按折扣方式自动报警，则还需要设置报警的提前天数。用户在使用预警平台时会依据这个设置自动将“单据最大折扣日期-提前天数<=当前注册日期”的已经审核的单据显示出来，以提醒用户及时通知客户哪些业务将不能享受现金折扣待遇。

如果选择了超过信用额度报警，则在满足上述设置的单据报警条件的同时，还需满足该客户已超过其设置的信用额度这个条件才可报警。在账套使用过程中，该参数可以随时修改。

（8）信用额度控制

如果选择了进行信用额度控制，则在应收款管理系统保存录入的发票和应收单时，若“票面金额+应收借方余额-应收贷方余额>信用额度”，系统会提示本张单据不予保存处理；如果选择了不进行信用额度控制，则在保存发票和应收单时不会出现控制信息。在账套使用过程中，该参数可以随时修改。该参数的作用范围仅限于在本系统中增加发票和应收单时。信用额度控制值选自客户档案的信用额度。此参数不影响销售系统，也就是说，应收款管理系统和销售系统可以分别启用或关闭信用额度控制。

（9）信用额度报警

信用比率=信用余额/信用额度

信用余额=信用额度-应收账款余额

信用额度预警时，需要输入预警的提前比率，且可以选择是否包含“信用额度=0”的客户。当用户使用预警平台预警时，系统根据设置的预警标准显示满足条件的客户记录。也就是说，只要该客户的信用比率小于等于于设置的提前比率时，就对该客户进行报警处理。若选择“信用额度=0”的客户也预警，则当该客户的“应收账款>0”时即进行预警。预警的其他条件如下：客户为全部；已经审核过的所有单据截止日期为登录日期；币种为全部。该参数的作用范围仅限于在本系统中增加发票和应收单时。信用额度控制值选自客户档案的信用额度。

4.核销设置（如图5-43所示）

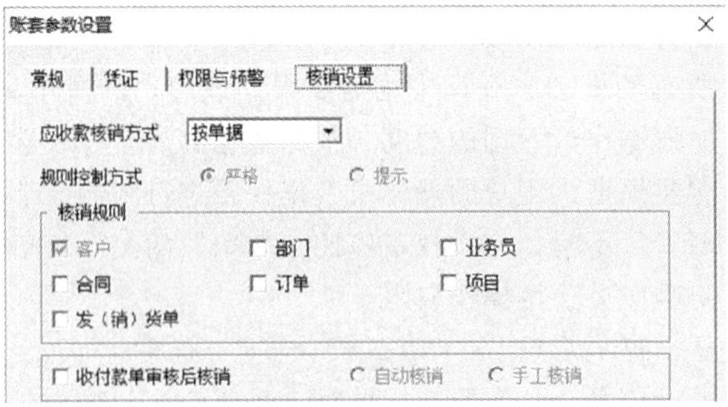

图5-43　核销设置

（1）应收款核销方式

按单据核销是指系统将满足条件的未结算单据全部列出，选择要结算的单据，根据所选择的单据进行核销；按产品核销是指系统将满足条件的未结算单据按存货列出，选择要结算的存货，根据所选择的存货进行核销。

如果企业付款时，没有指定具体支付的是某个存货的款项，则可以采用按单据核销的方式。对于单位价值较高的存货，企业可以采用按产品核销的方式，即付款指定到具体存货。一般企业选择按单据核销即可。在账套使用过程中，该参数可以随时修改。

（2）规则控制方式

如果选择严格的控制方式，则核销时严格按照选择的核销规则进行核销。如不符合，则不能完成核销。

（3）核销规则

核销规则默认为按“客户”，也可按“客户+其他项”进行组合选择。如选择“客户+部门”，则表示核销时，需要客户相同且部门相同。其他以此类推。可组合的选项有：客户、部门、业务员、合同、订单、项目、发（销）货单。

（4）收付款单审核后核销

收付款单审核后核销默认为不选择，表示收付款单审核后不立即进行核销操作。该参数可修改为选择，并默认为自动核销，表示收付款单审核后立即自动进行核销操作。如选择手工核销，则表示收付款单审核后，立即进入手工核销界面，由用户手工完成核销。

（二）初始设置

初始设置的作用是建立应收款管理的基础数据，使应收业务管理更符合用户的需要。具体功能如下：

1.设置科目

生成凭证时可以自动带出定义的科目，提高凭证填制的效率，减少错误。

（1）基本科目设置（如图5-44所示）

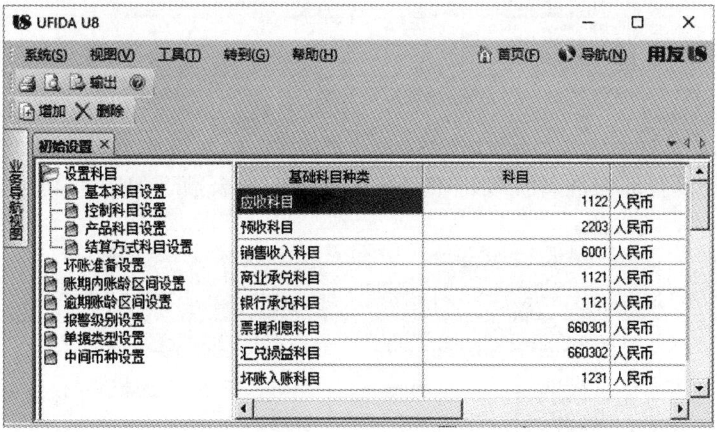

图5-44　基本科目设置

（2）控制科目设置（如图5-45所示）

图5-45　控制科目设置

（3）产品科目设置（如图5-46所示）

图5-46　产品科目设置

（4）结算方式科目设置（如图5-47所示）

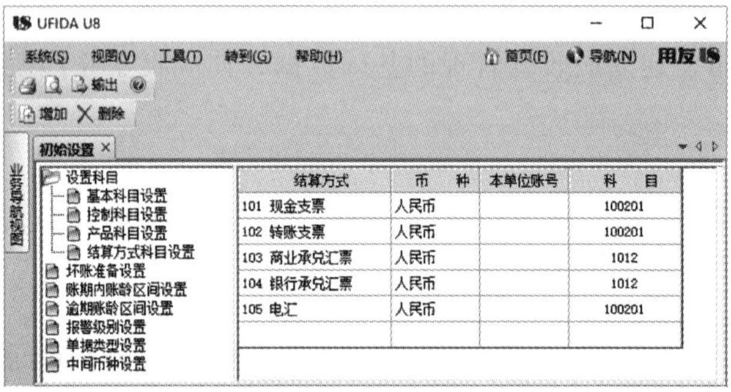

图5-47　结算方式科目设置

2.坏账准备设置

该界面用于设置坏账准备提取比率和坏账准备期初余额（如图5-48所示）。

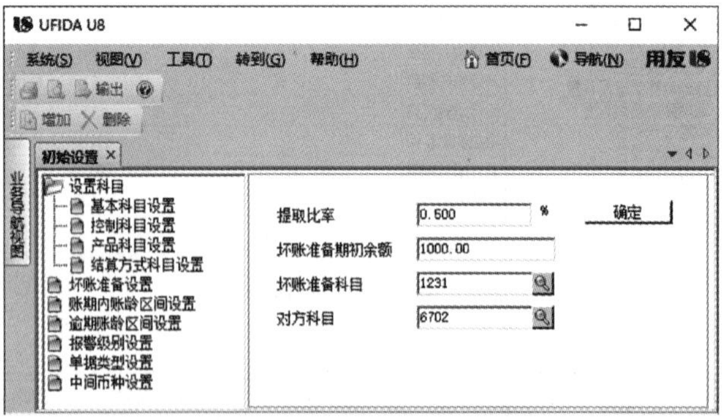

图5-48　坏账准备设置

3.设置账龄区间

为了对应收款进行账龄分析，评估客户信誉，也为提取坏账准备提供依据，必要时设置账龄区间，具体可分为两部分，即账期内账龄区间设置、逾期账龄区间设置（如图5-49所示）。

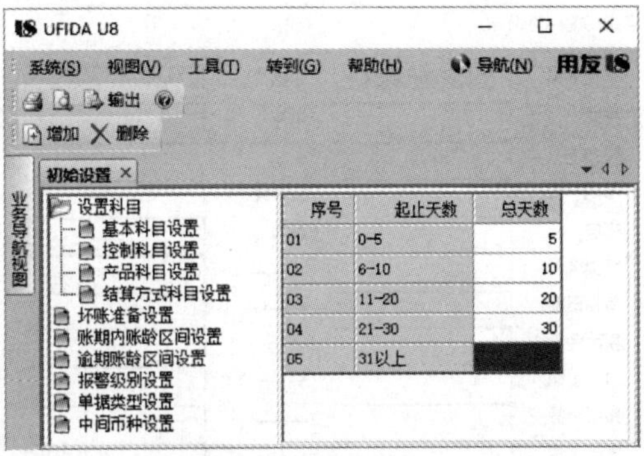

图5-49 设置账龄区间

4.单据类型设置

将往来业务与单据类型建立对应关系，达到快速处理业务以及进行分类汇总、查询、分析的效果。

如果与销售系统集成使用，则发票的类型包括增值税专用发票、增值税普通发票、销售调拨单、销售零售日报。如果单独使用应收款管理系统，则发票的类型不包括销售调拨单和销售零售日报。发票的类型是固定的，不能增加、修改和删除。

应收单是反映和记录销售业务以外的应收款情况，例如代垫运费、利息、罚款等。应收单中的“其他应收单”是系统默认类型，不能删除、修改，只能增加应收单类型。

例如，增加一张“应收单”，单据名称为“整理费单”（如图5-50所示）。

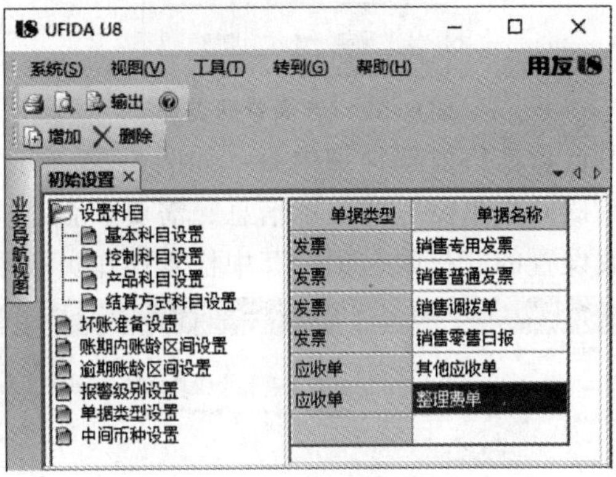

图5-50 增加应收单

（三）期初余额录入

通过期初余额功能，用户可将正式启用账套前的所有应收业务数据录入系统，作为期初建账的数据，系统即可对其进行管理，这样既保证了数据的连续性，又保证了数据的完整性。初次使用本系统时，要将上期未处理完的单据都录入本系统，以便于以后的处理。进入第二年度处理时，系统自动将上年度未处理完的单据转为下一年度的期初余额。在下一年度的第一个会计期间里，根据需要可以进行期初余额的调整。

1.期初余额查询。在期初余额主界面，列出的是所有客户、所有科目、所有合同结算单的期初余额，可以通过过滤功能，查看某个客户、某份合同或者某个科目的期初余额（如图5-51所示）。

图5-51　期初余额查询

2.增加期初单据，选择单据类别（如图5-52所示）。

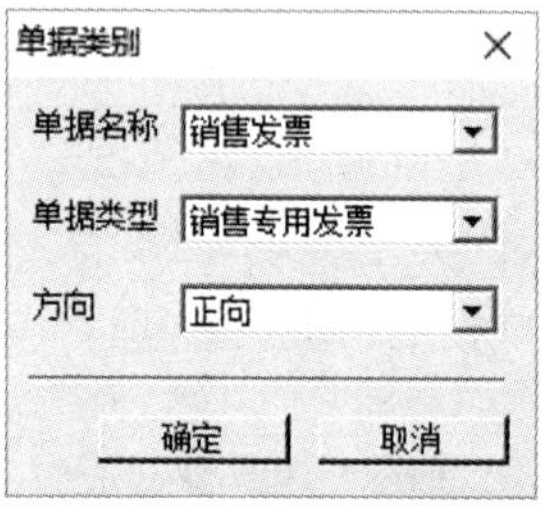

图5-52　选择单据类别

3.输入期初南昌中山百货销售发票详细内容（如图5-53所示）。在进行单据处理时若出现“对不起，您没权审核此张单据”的提示信息，需要在企业应用平台的数据权限控制以及应收款选项账套参数设置的“权限与预警”中检查操作员权限控制情况。

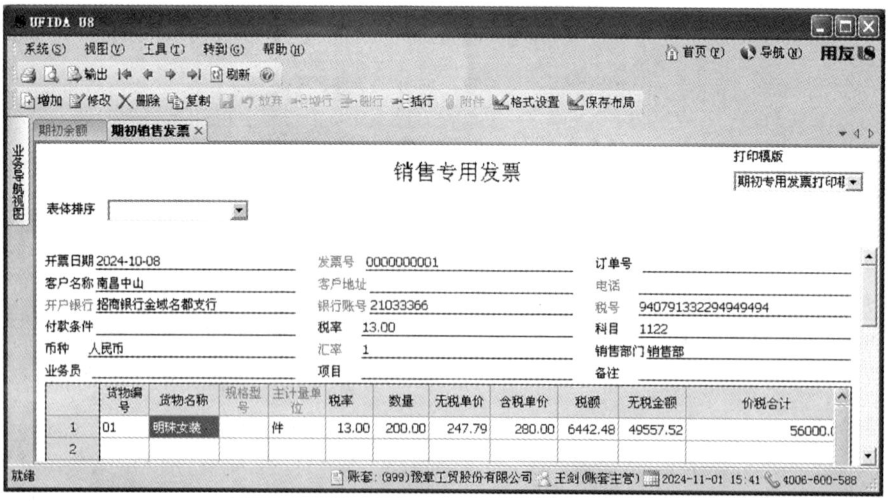

图5-53　期初南昌中山销售发票

业务单据模板通常有两种：处于编辑状态的是“显示模板”，存盘后是“打印模板”。

4.输入期初广州天河销售发票详细内容（如图5-54所示）。

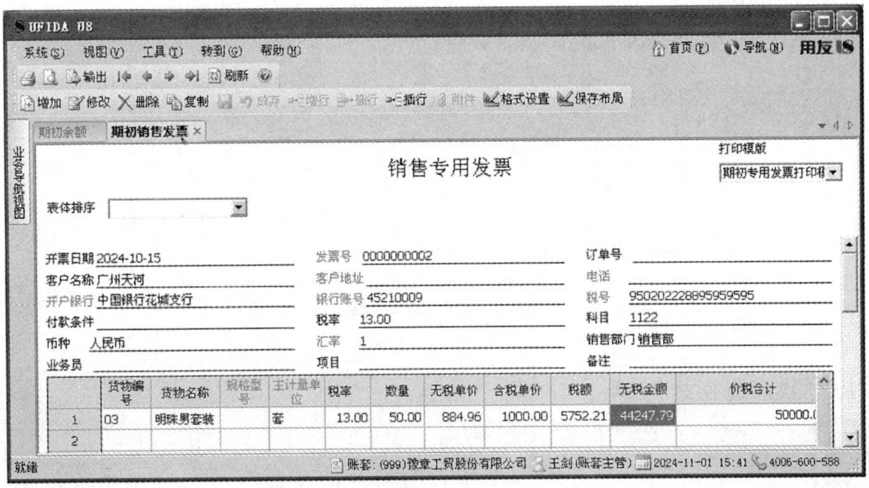

图 5-54　期初广州天河销售发票

5.输入期初广州天河应收单详细内容（如图5-55所示）。

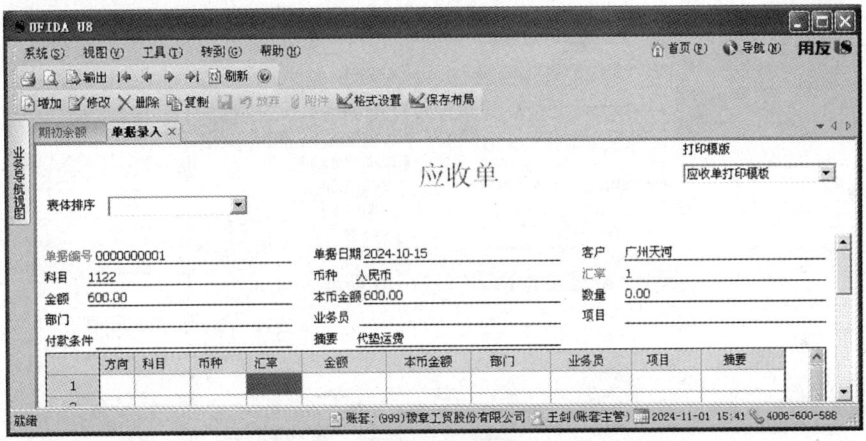

图 5-55　广州天河应收单

6.显示期初余额明细表（如图5-56所示）。

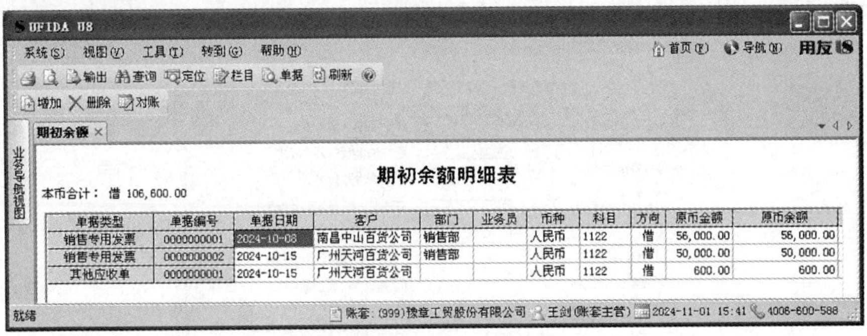

图 5-56　期初余额明细表

7.与总账系统对账。应收款管理系统与总账系统中的应收期初数据应该是一致的，可以通过菜单中的“对账”功能来完成核对。如果核对不相符，需要检查总账系统是否已输入应收数据的期初余额。图5-57是完成后续总账期初余额输入后的核对结果。需要注意的是，如果应收款管理系统与总账系统的启用月份不一样，则无法进行期初对账。

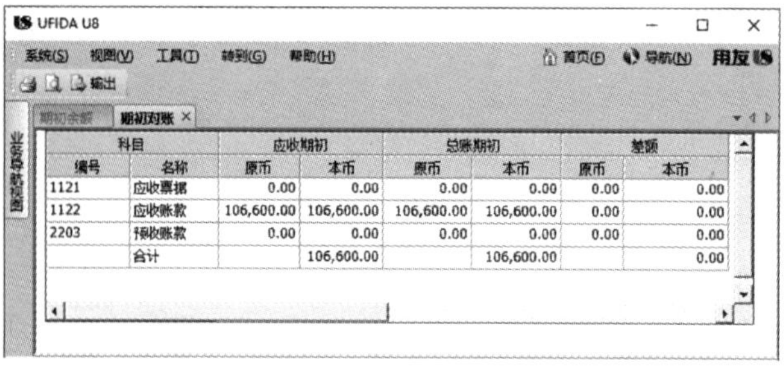

图 5-57　期初对账

二、应付款管理初始化

（一）选项设置

确定应付款管理系统运行所需要的账套参数，以便系统根据这些参数进行相应的处理。

应付款选项参数含义

1.常规设置（如图 5-58 所示）。

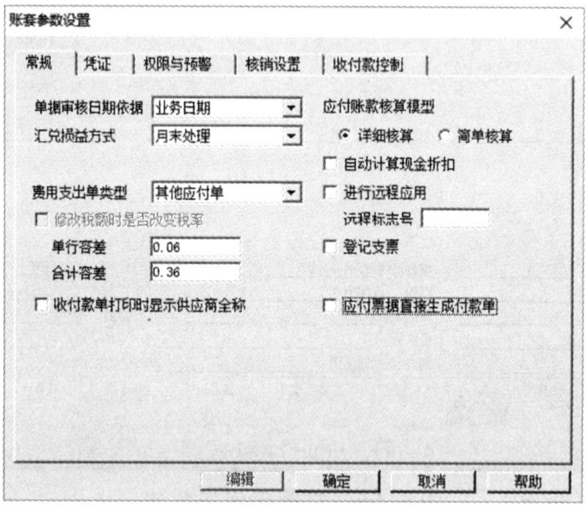

图 5-58　常规设置

2.凭证设置（如图 5-59 所示）。

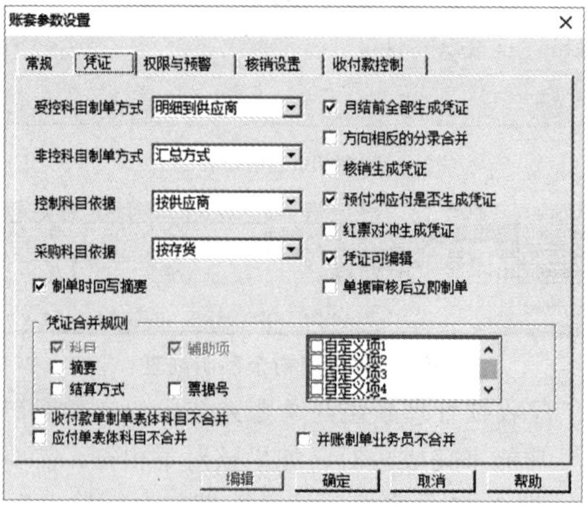

图 5-59　凭证设置

3.权限与预警设置（如图5-60所示）。

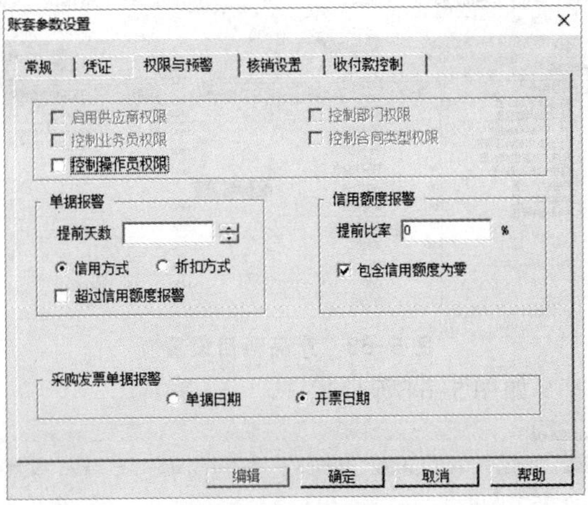

图5-60 权限与预警设置

4.核销设置

应付款核销方式选择“按单据”即可。

（二）初始设置

初始设置是建立应付管理的基础数据，确定使用哪些单据（单据模板）处理应付业务，确定需要进行账龄管理的账龄区间，确定凭证科目。有了这些功能，用户可以选择使用自己定义的单据类型，进行业务的处理、统计、分析、制单，使应付业务管理更符合需要。

1.基本科目设置（如图5-61所示）。

图5-61 基本科目设置

2.控制科目设置（如图5-62所示）。

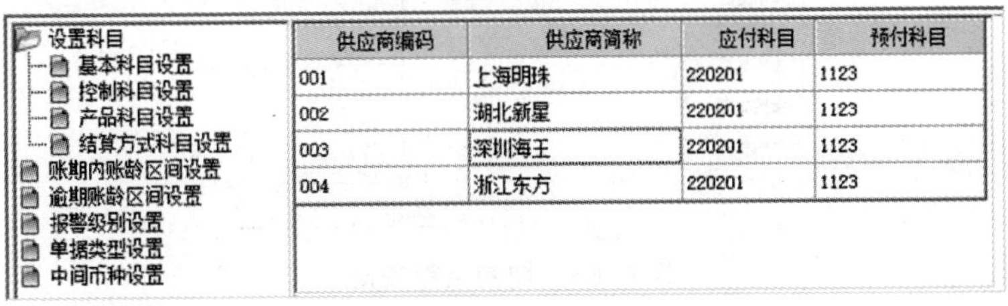

图5-62 控制科目设置

3.产品科目设置（如图5-63所示）。

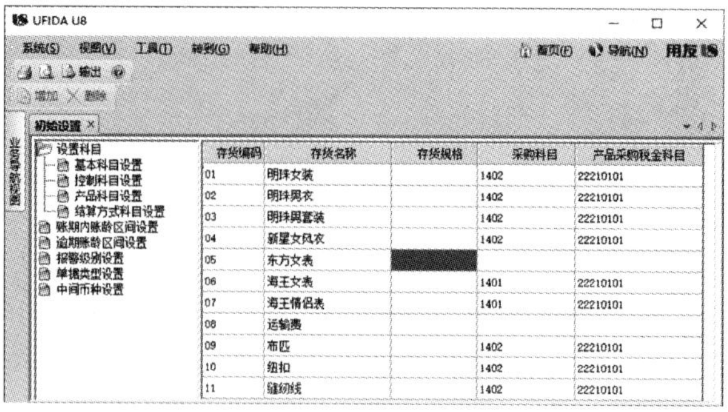

图 5-63　产品科目设置

4.结算方式科目设置（如图5-64所示）。

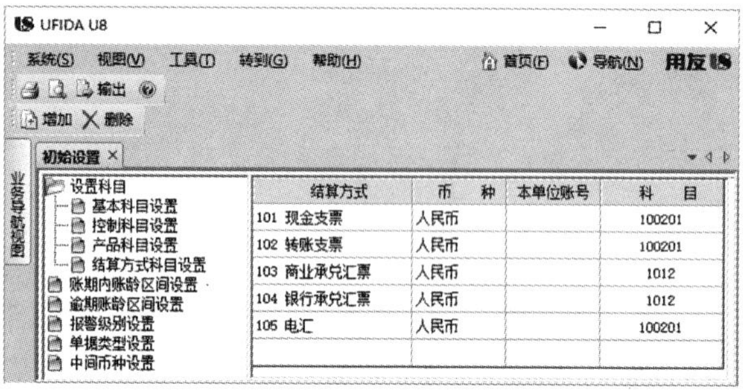

图 5-64　结算方式科目设置

（三）输入期初余额

通过期初余额功能，用户可将正式启用账套前的所有应付业务数据录入系统，作为期初建账的数据，系统即可对其进行管理，这样既保证了数据的连续性，又保证了数据的完整性。初次使用本系统时，要将上期未处理完的单据都录入本系统，以便于以后的处理。进入第二年度处理时，系统自动将上年度未处理完的单据转为下一年度的期初余额。在下一年度的第一个会计期间里，根据需要可以进行期初余额的调整。

1.期初余额查询（如图5-65所示）。

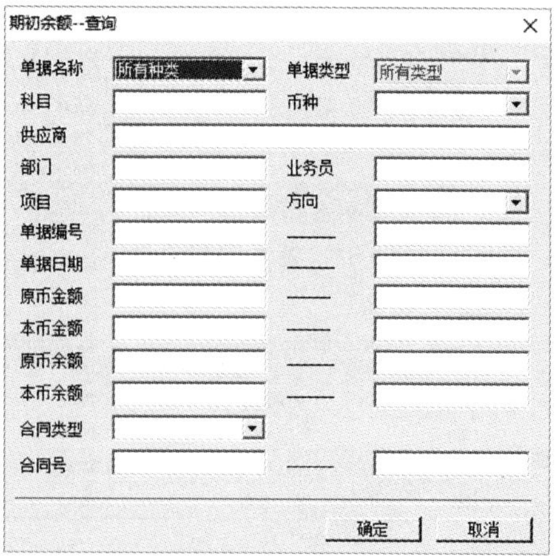

图 5-65　期初余额查询

2.选择单据类别（如图5-66所示）。

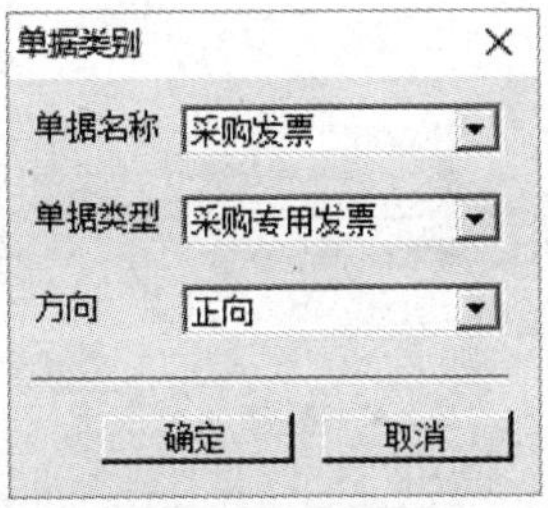

图 5-66　选择单据类别

3. 输入采购专用发票具体内容（如图 5-67 所示）。

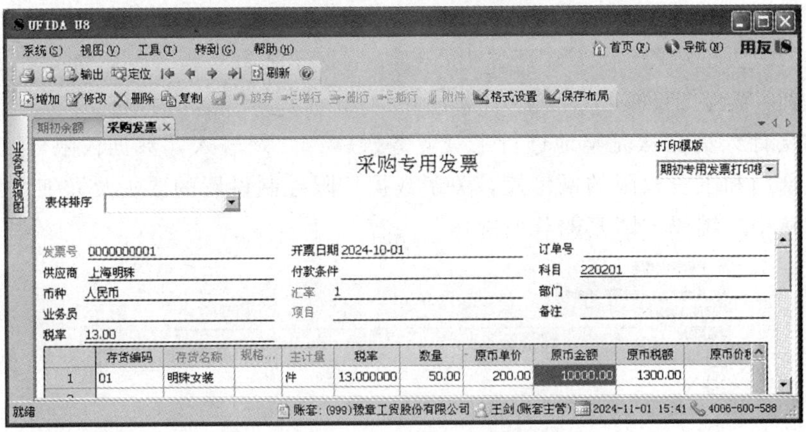

图 5-67　采购专用发票

4. 应付款管理系统与总账期初对账。

在总账系统中输入应付款期初余额以后，两者应该核对相符。图 5-68 是后续总账系统输入期初余额后的对账结果。需要注意的是，如果应付款管理系统与总账系统的启用月不一样，则无法进行期初对账。

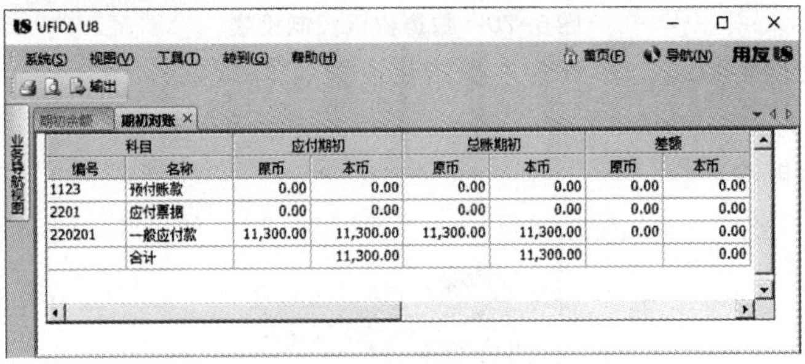

科目		应付期初		总账期初		差额	
编号	名称	原币	本币	原币	本币	原币	本币
1123	预付账款	0.00	0.00	0.00	0.00	0.00	0.00
2201	应付票据	0.00	0.00	0.00	0.00	0.00	0.00
220201	一般应付款	11,300.00	11,300.00	11,300.00	11,300.00	0.00	0.00
	合计		11,300.00		11,300.00		0.00

图 5-68　期初对账

第三节　薪资管理初始化

由于薪资管理的操作受到功能权限以及“部门”和“工资权限”两个业务对象数据权限控制设置的影响，因此，薪资管理初始化操作之前需要检查并设置权限。具体步骤如下：

1. 以账套主管的身份登录企业应用平台，选择“系统服务”—“权限”，执行“数据权限控制设置”(如图5-69所示)。

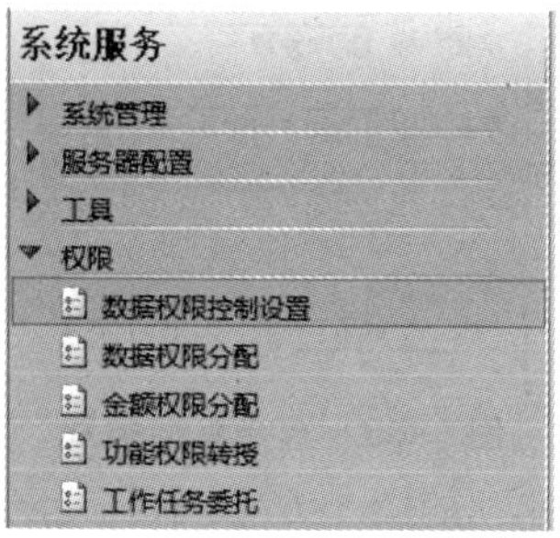

图5-69 执行数据权限控制设置

2.在记录级页框中检查“部门”“工资权限”业务对象是否控制。如果是,有两种处理办法:一是将选项前的“√”去除(如图5-70所示),使之成为不受控,使不具备账套主管权限的会计人员能够完整地进行工资业务操作;二是进入“数据权限分配”,对操作员授予相应部门和工资权限的操作权。关于数据权限控制设置的要求及详细操作步骤,可以参见第四章中二维码“账套的其他操作”内容。

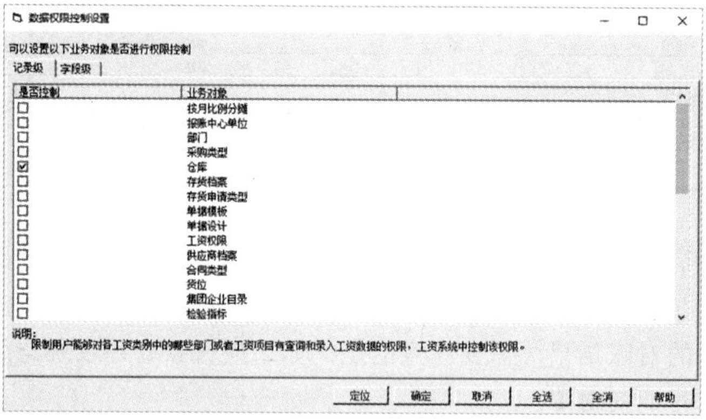

图5-70 数据权限控制设置

以上操作完成后可以进行薪资管理初始化设置。

一、建立工资账套

1.选择“业务工作”—“人力资源”—“薪资管理”(如图5-71所示)。

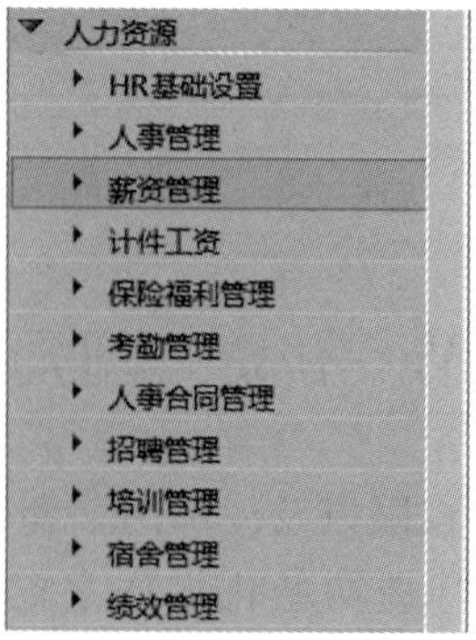

图5-71 登录薪资管理模块

2.参数设置。在第一次使用时,必须建立工资账套,也就是对薪资管理系统进行初始化，使它能够满足单位的特殊核算要求，这些操作是在系统引导下的人机对话过程。在“参数设置”中选择工资类别个数（也称工资核算方案），通常选择“多个”。即使目前企业只有一种工资核算方案，也建议选择“多个”而不是“单个”，这样便于将来进行扩展。由于本账套中有计件工资核算内容，因此勾选“是否核算计件工资”选项（如图5-72所示）。

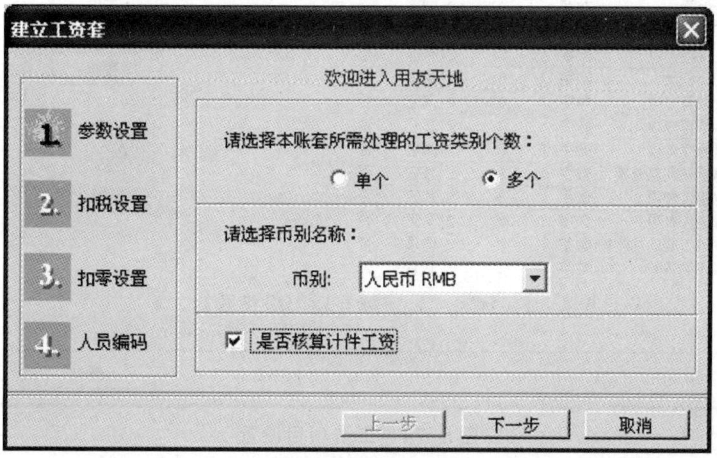

图5-72 参数设置

3.在“扣税设置”中，根据单位实际情况，决定是否勾选“是否从工资中代扣个人所得税”选项。本账套核算要求勾选该选项（如图5-73所示）。

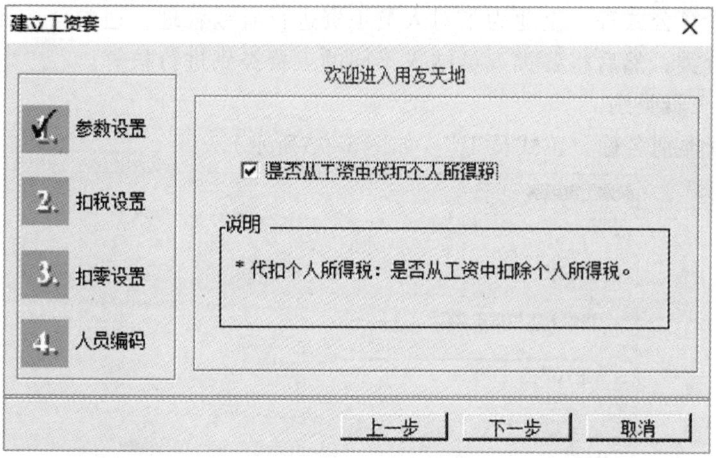

图5-73 扣税设置

4.在“扣零设置”中，如果采取银行代发工资形式通常不做选择，如果采取现金发放工资形式通常需要选择扣零设置，这样便于工资的发放，本账套不选择。

5.在“人员编码”中，要求编码与公共平台的人员编码保持一致。

二、工资项目定义

执行“薪资管理”—“设置”—“工资项目设置”功能，定义好后续各工资类别中所有可能用到的工资项目，包括名称、类型、长度、小数、增减项等参数（如图5-74所示）。工资项目名称可以参照选择，也可以自行输入。

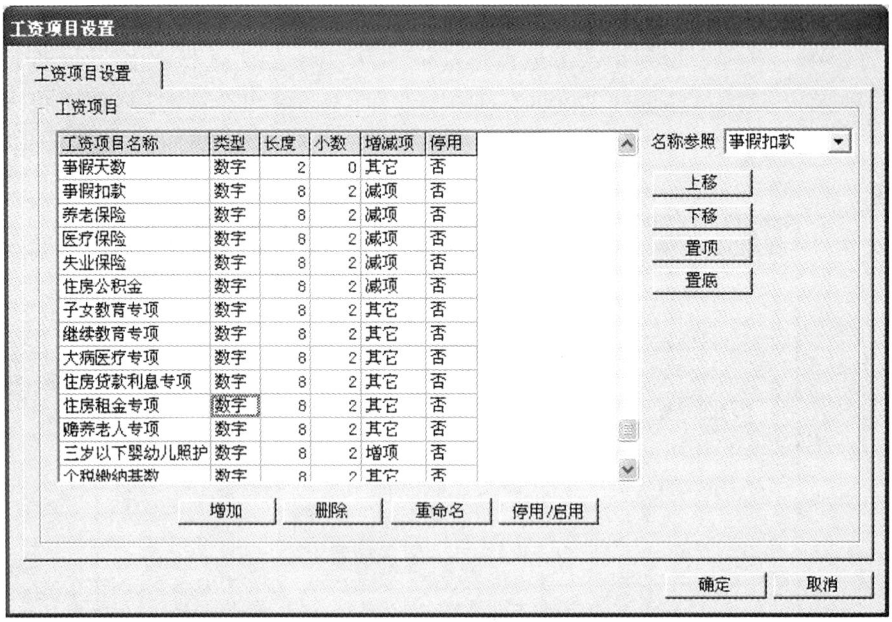

图 5-74 工资项目设置

三、正式员工工资类别建立

工资类别是指具体的工资核算方案，包括类别名称、工资项目、人员档案、发放次数、工资项目计算公式等。企业为了对人员工资进行有效管理，通常会按照一个特定的标准对人员进行分类，然后将各类人员纳入不同的工资类别进行核算。

（一）建立工资类别

1.输入工资类别名称“正式员工”（如图 5-75 所示）。

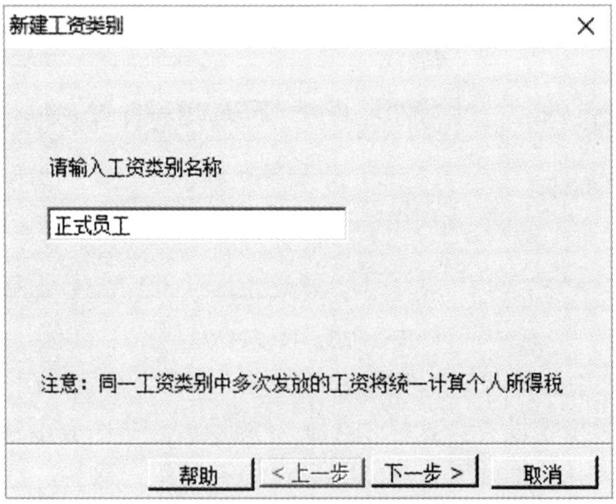

图 5-75 输入工资类别名称

2.选择纳入“正式员工”工资类别核算的人员分布的部门（如图 5-76 所示）。注意除了“选定全部部门”操作以外，在执行其他操作时选择了上级部门，系统并不会自动选择该部门的下级单位，该部门的下级单位还得再次选择。

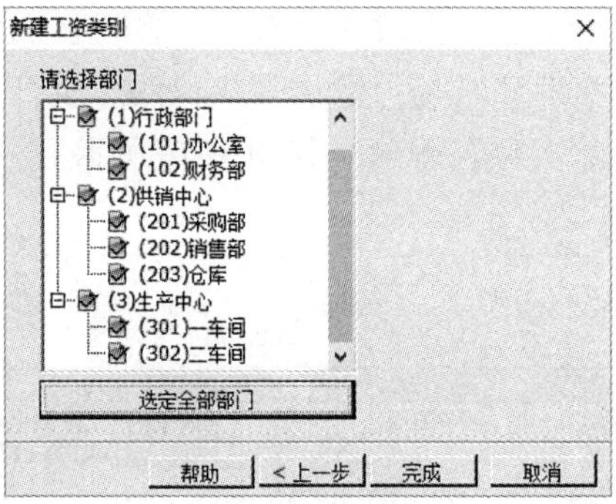

图5-76 选择部门

3.确定该工资类别的启用日期（如图5-77所示）。该日期与系统登录日期一致，若要修改工资类别的启用日期，必须以需要的启用日期重新登录系统。

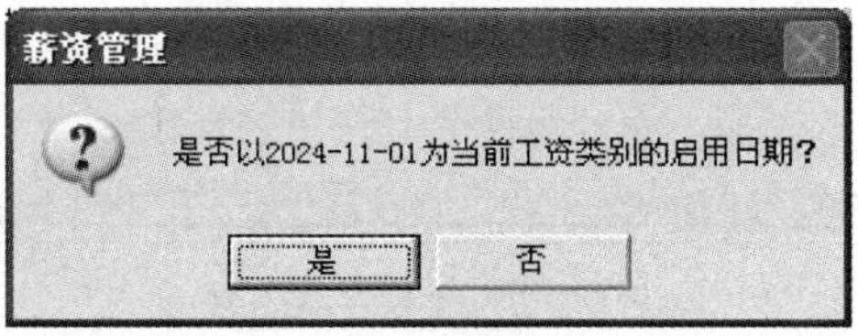

图5-77 确定启用日期

新的工资类别建立时，系统会自动打开该工资类别，打开工资类别的相关信息会在状态栏上显示，以后进入该工资类别则需要手工打开。针对一个特定工资类别的操作一定要在打开该工资类别的情况下才能进行，比如工资类别的具体设置等。工资类别不使用时可以关闭，不需要的工资类别可以删除。

（二）正式员工工资类别的具体设置

工资类别的具体设置是指确定工资类别的核算要求和基础数据，相当于工资类别的初始化操作。主要内容包括：发放次数管理、人员附加信息设置、人员档案建立、工资项目选择和计算公式设置、选项设置。

1.发放次数管理

如果企业存在每个月多次发放工资的情况，比如周薪、补发以前期间工资、年终奖等，则在建立工资类别以后，需要针对该工资类别进行发放次数管理。该功能可以对发放次数进行增加、修改、删除以及停用等操作（如图5-78所示）。工资类别的发放次数管理要在退出工资类别的情况下才能进行。

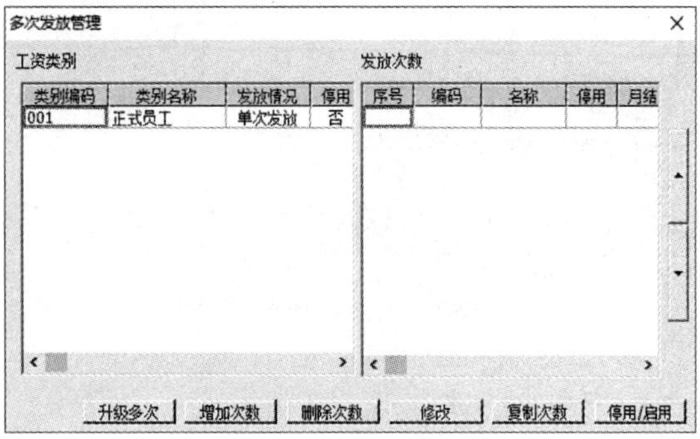

图5-78 多次发放管理

例如，如果需要对正式员工进行发放次数管理，在“多次发放管理”对话框，首先执行“升级多次”功能，将单次发放转变为多次发放；然后执行“增加次数”功能加入发放次数，不需要的则通过“删除次数”删除（如图5-79所示）。系统将每一个发放次数当作一个工资类别来处理。

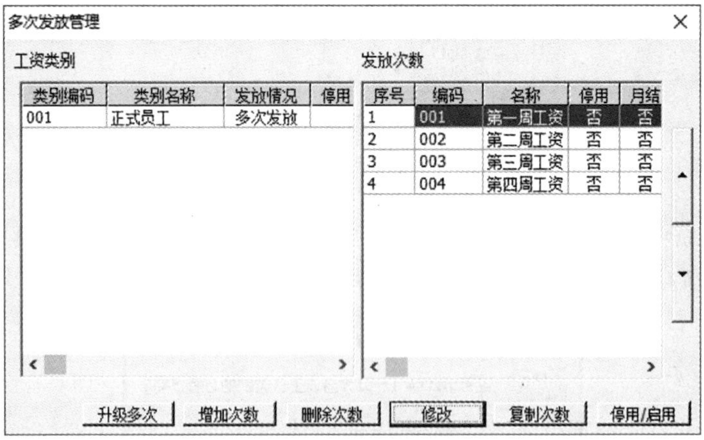

图5-79　增加发放次数

工资类别升级为多次发放以后，就不能降级为单次发放。如要回到单次发放，需要先删除该工资类别再重新建立。

根据本例账套核算要求，工资类别不需要设置多次发放。

2.人员附加信息设置

如果要在工资核算的同时了解其他信息，可以选择附加信息。例如，要了解正式员工的身份证号、民族、技术职称等，可在此进行选择（如图5-80所示）。

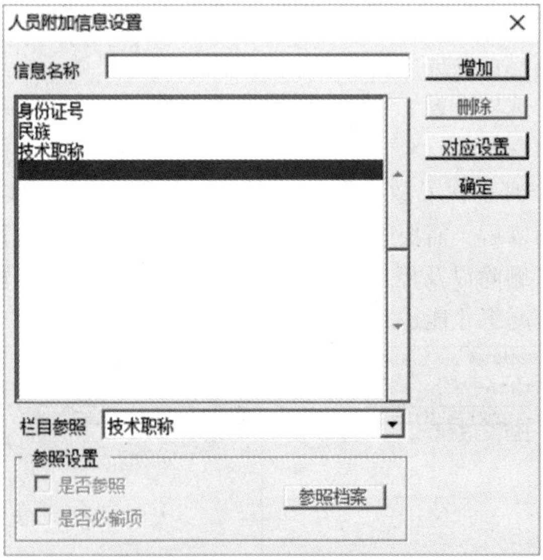

图5-80　人员附加信息设置

3.人员档案建立

建立纳入“正式员工”工资类别核算的人员档案。

（1）进入人员档案设置界面，执行“批增”功能（如图5-81所示）。

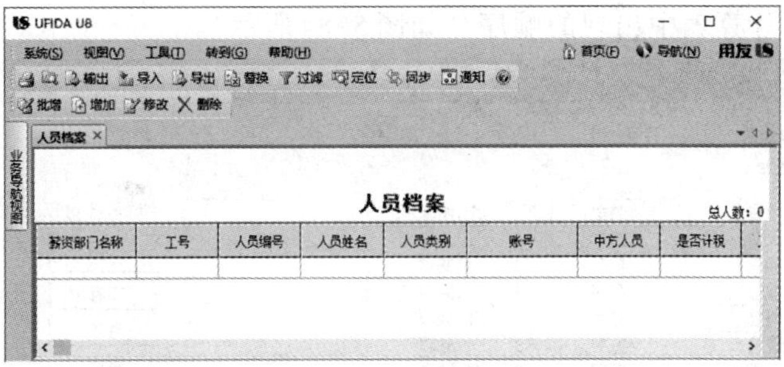

图5-81 输入人员档案基本信息

(2) 点击“查询”按钮可以筛选出所有人员档案，从中选择属于该工资类别的人员(如图5-82所示)。

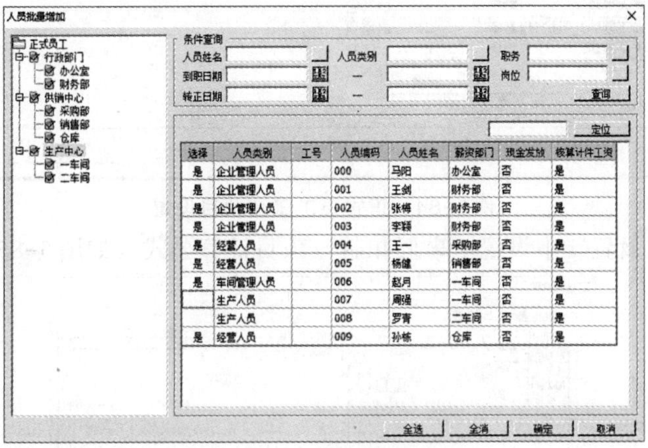

图5-82 人员批量增加

(3) 从基础档案中批量引入工资类别人员档案信息以后，如果是银行代发工资，还需要手工输入员工的银行代发工资账号，这样才能开展后续的银行代发工作（如图5-83所示）。

图5-83 人员档案信息

4.工资项目选择和计算公式设置

选择正式员工工资类别需要使用的已经事先定义好的工资项目，并设置工资项目的计算公式。

(1) 选择该工资类别需要使用的工资项目。这些工资项目只能从“名称参照”下拉列表框中选择，它们是在建立工资类别之前定义好的，可以根据需要调整工资项目的上下顺序，这将影响工资计算表中出现的顺序（如图5-84所示）。

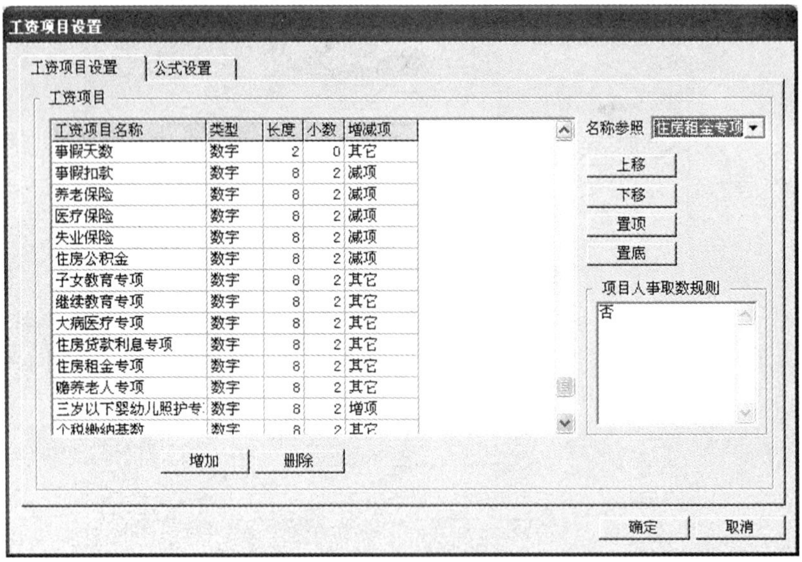

图5-84 正式员工工资项目设置

（2）在“公式设置”中设置“事假扣款”项目计算公式（如图5-85所示）。

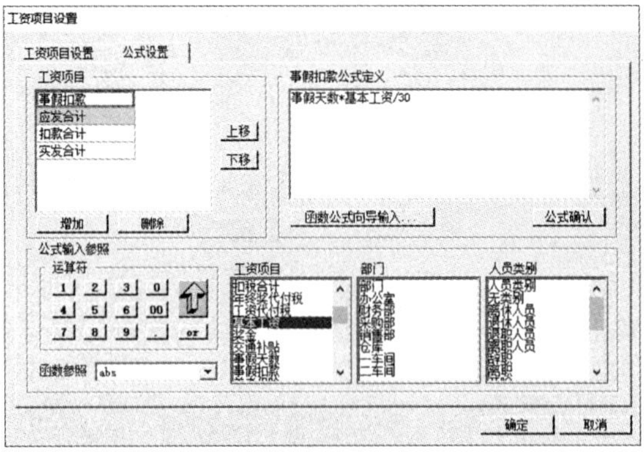

图5-85 事假扣款公式设置

（3）设置“交通补贴”项目计算公式（如图5-86所示）。

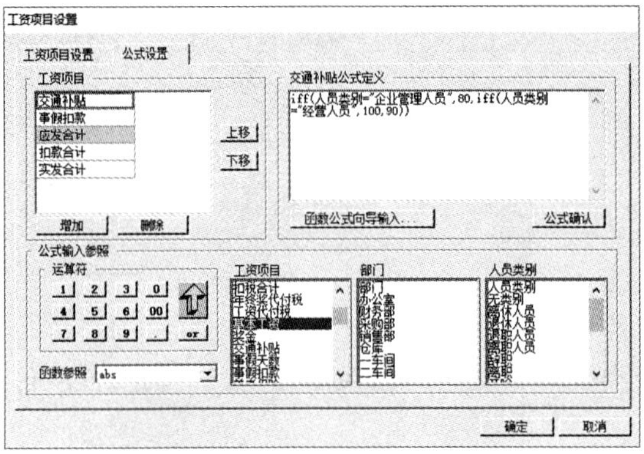

图5-86 交通补贴公式设置

（4）设置“养老保险”项目计算公式（如图5-87所示）。

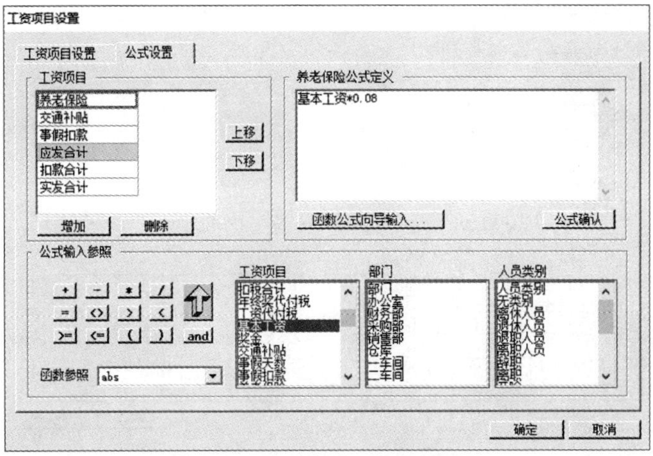

图 5-87　养老保险公式设置

（5）设置“医疗保险”项目计算公式（如图 5-88 所示）。

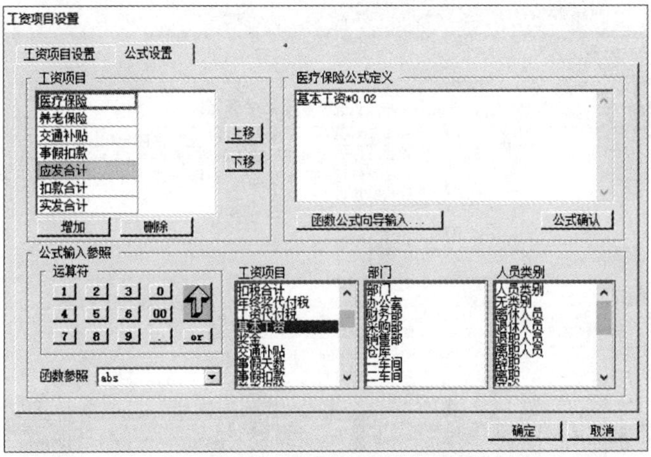

图 5-88　医疗保险公式设置

（6）设置“失业保险”项目计算公式（如图 5-89 所示）。

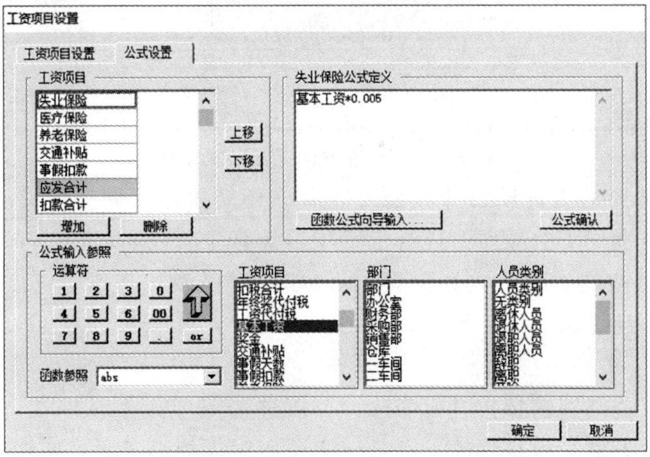

图 5-89　失业保险公式设置

（7）设置“住房公积金”项目计算公式（如图 5-90 所示）。

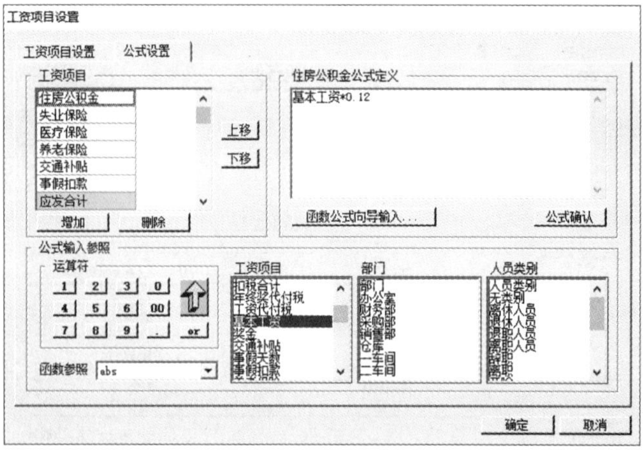

图5-90 住房公积金公式设置

（8）设置“个税缴纳基数”项目计算公式（如图5-91所示）。

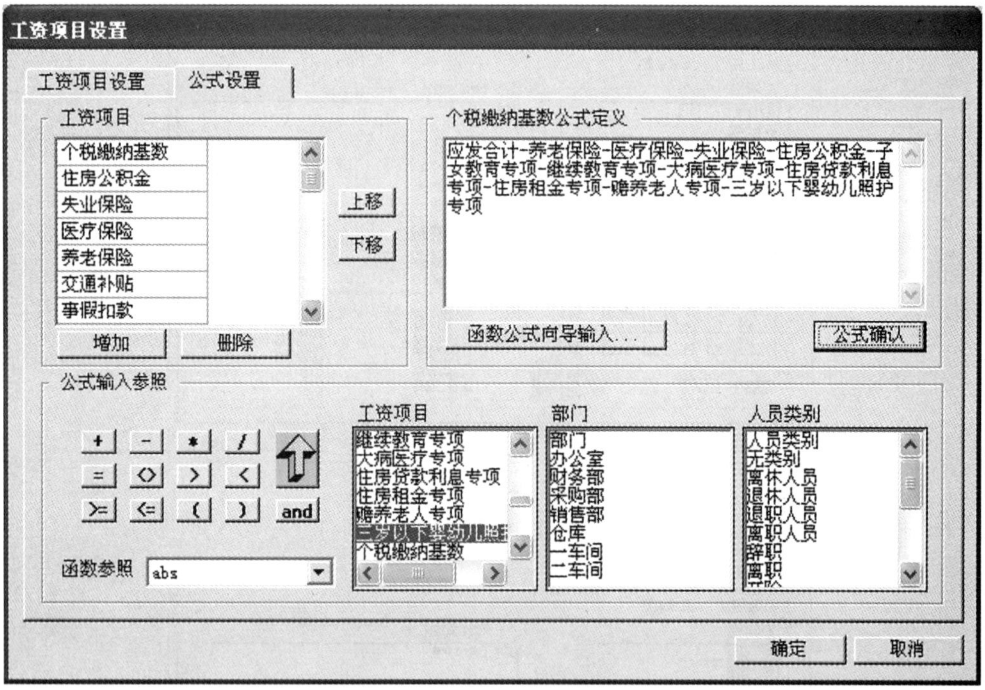

图5-91 个税缴纳基数公式设置

定义了所有需要的工资项目计算公式以后，还需要注意调整定义的工资项目排列顺序，系统会按照自上而下的顺序，进行工资项目计算，所以要求工资项目“先得数据的项目放到上面，后得数据的项目放到下面”。例如“个税缴纳基数”应该放到“应发合计”项目的下面才能得到正确的计算结果，否则该项目计算出来可能为负数。

5.选项设置

如果需要对工资类别的参数进行修改，可以进入“选项”完成。

（1）进行扣税设置。检查“收入额合计”项所对应的工资项目，将其修改为“个税缴纳基数”（如图5-92所示）。

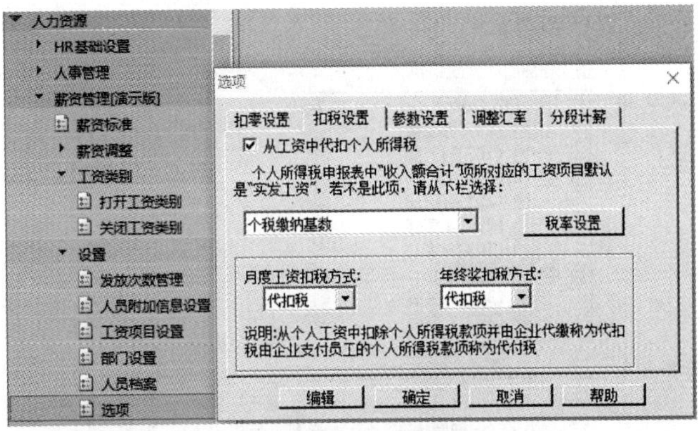

图 5-92　扣税设置

（2）进行“税率设置”，按最新的个人所得税法设置个人所得税税率表（如图 5-93 所示）。

级次	应纳税所得额下限	应纳税所得额上限	税率(%)	速算扣除数
1	0.00	3000.00	3.00	0.00
2	3000.00	12000.00	10.00	210.00
3	12000.00	25000.00	20.00	1410.00
4	25000.00	35000.00	25.00	2660.00
5	35000.00	55000.00	30.00	4410.00
6	55000.00	80000.00	35.00	7160.00
7	80000.00		45.00	15160.00

图 5-93　个人所得税税率表

四、临时员工工资类别建立

（一）建立工资类别

1.输入工资类别名称“临时员工”（如图 5-94 所示）。

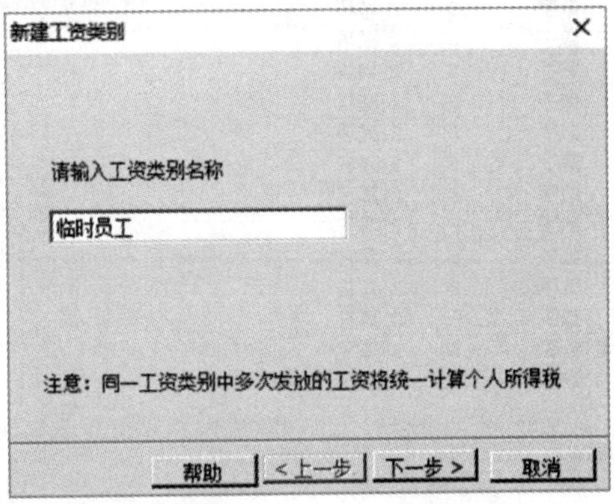

图 5-94　输入工资类别名称

2.选择临时员工所在部门，由于只有生产中心聘请了临时员工，因此只需要选择“生产中心”，并选择下属的“一车间”和“二车间”（如图 5-95 所示）。

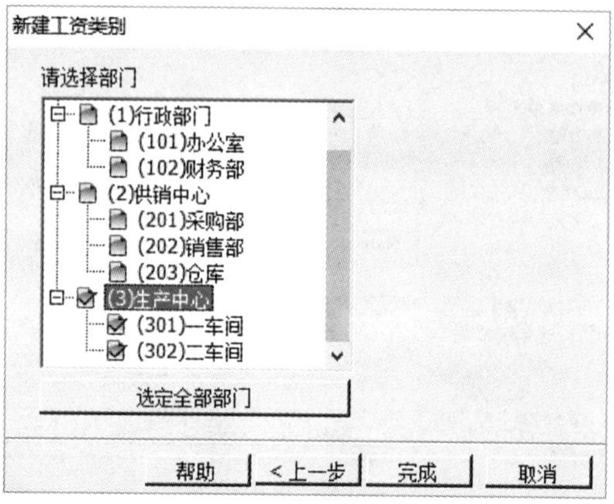

图5-95 选择部门

（二）临时员工工资类别的具体设置

1.建立临时员工人员档案（如图5-96所示）。

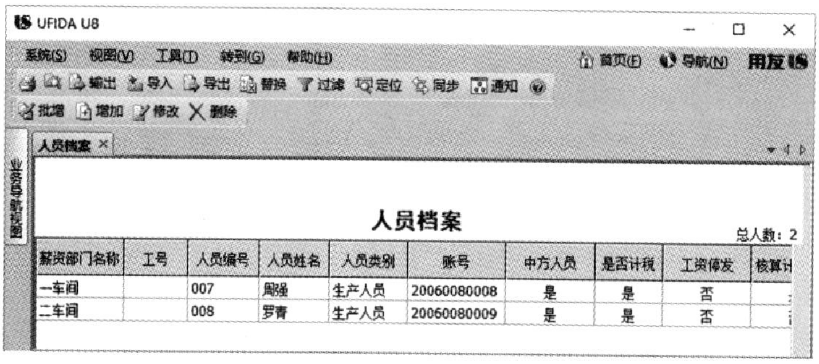

图5-96 建立临时员工人员档案

2.选择临时员工工资类别需要使用的工资项目（如图5-97所示）。

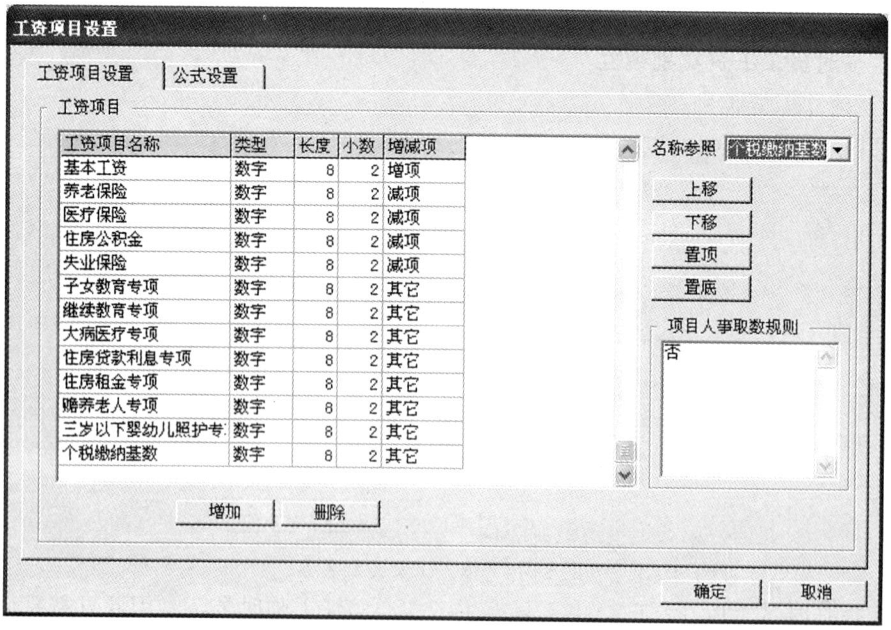

图5-97 临时员工工资项目设置

3.设置“养老保险”项目计算公式（如图5-98所示）。

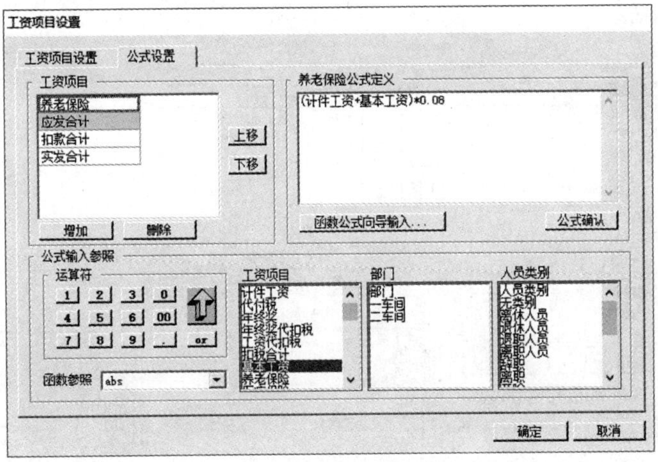

图5-98　养老保险公式设置

4.设置“医疗保险”项目计算公式（如图5-99所示）。

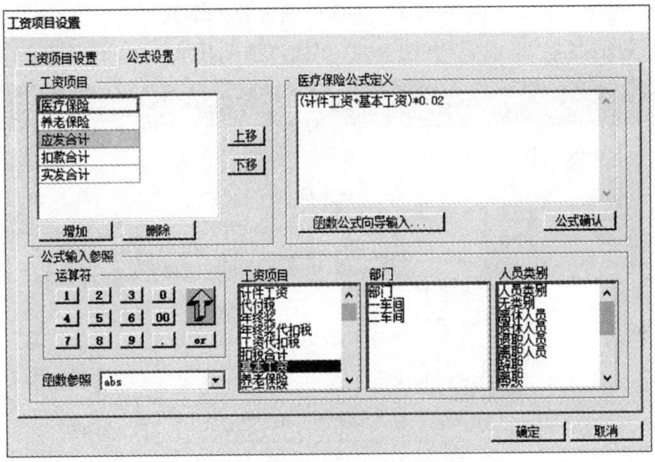

图5-99　医疗保险公式设置

5.设置“失业保险”项目计算公式（如图5-100所示）。

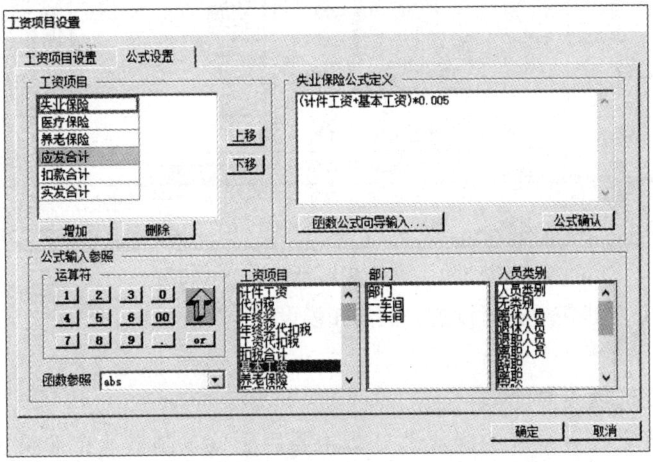

图5-100　失业保险公式设置

6.设置“住房公积金”项目计算公式（如图5-101所示）。

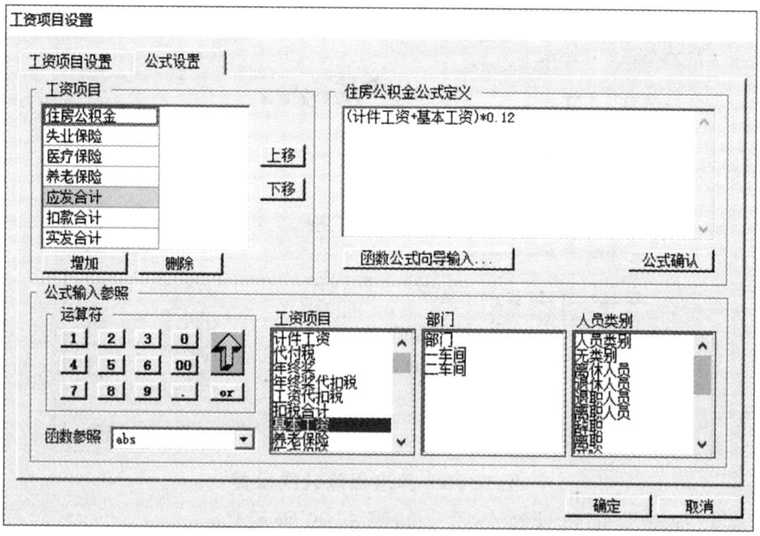

图5-101 住房公积金公式设置

7.设置“个税缴纳基数”项目计算公式（如图5-102所示）。

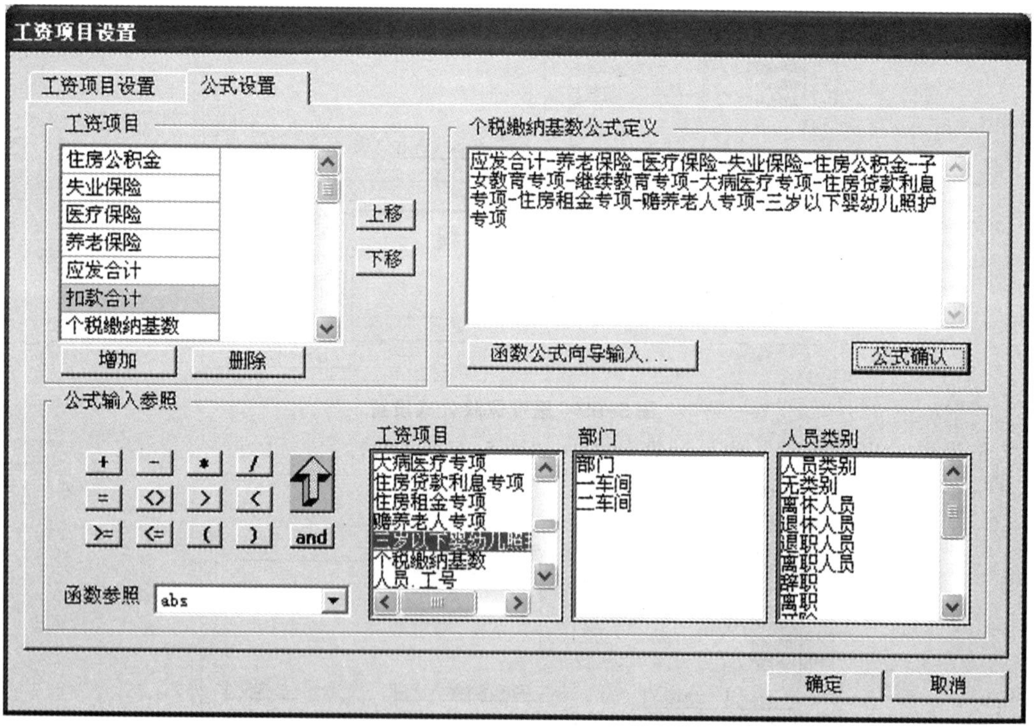

图5-102 个税缴纳基数公式设置

该工资类别的选项也需要进行设置，例如扣税设置等，设置内容与正式员工工资类别一致。

五、计件工资选项设置

计件工资是薪资核算系统的组成部分，主要用于核算制造业企业员工的计件工资，并将计件工资数据传递到薪资系统。计件工资划分为个人计件和班组计件两类。

1.选择计件工资选项（如图5-103所示）。

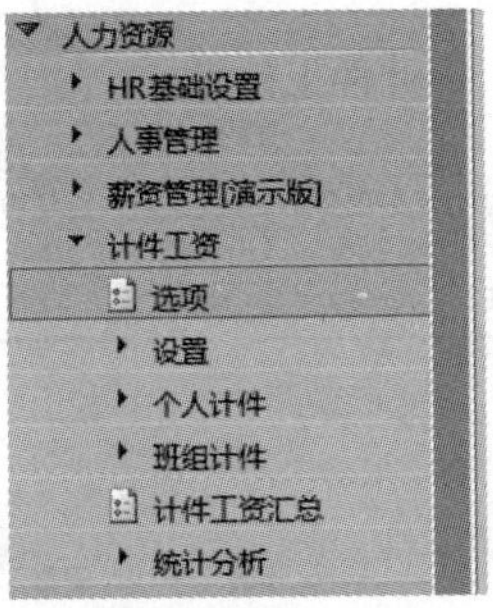

图5-103　计件工资选项

2.进行计件工资选项设置（如图5-104所示）。

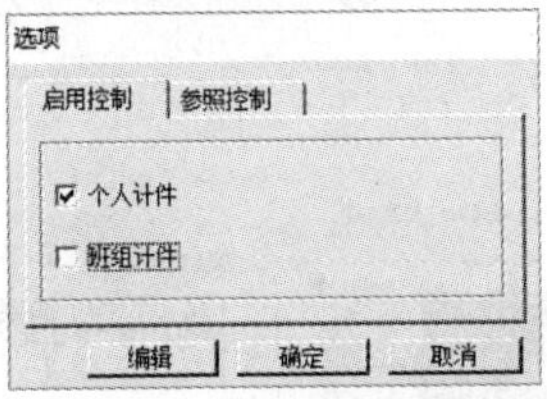

图5-104　启用控制

3.进行计件工资设置（如图5-105所示）。

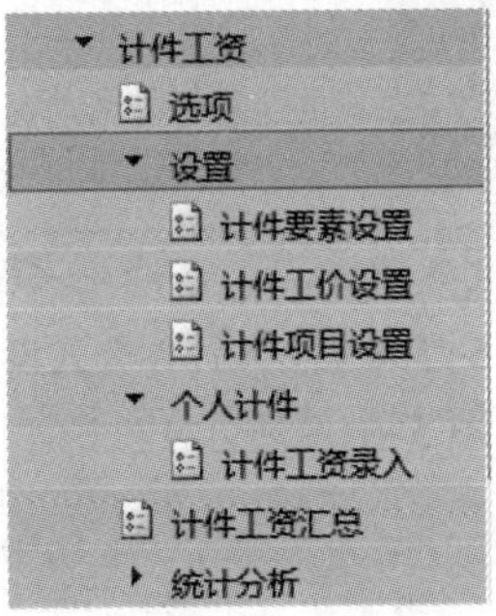

图5-105　计件工资设置

4.进行计件工资计件要素设置，“标准”“数量”“单价”类型要素至少需要设置各一个（如图5-106所示）。

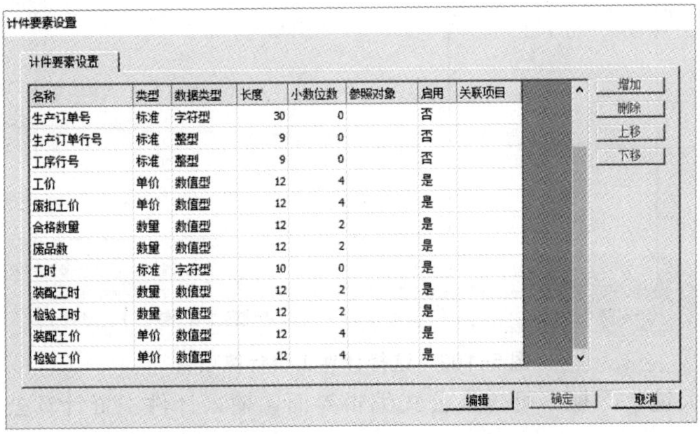

名称	类型	数据类型	长度	小数位数	参照对象	启用	关联项目
生产订单号	标准	字符型	30	0		否	
生产订单行号	标准	整型	9	0		否	
工序行号	标准	整型	9	0		否	
工价	单价	数值型	12	4		是	
废扣工价	单价	数值型	12	4		是	
合格数量	数量	数值型	12	2		是	
废品数	数量	数值型	12	2		是	
工时	标准	字符型	10	0		是	
装配工时	数量	数值型	12	2		是	
检验工时	数量	数值型	12	2		是	
装配工价	单价	数值型	12	4		是	
检验工价	单价	数值型	12	4		是	

图5-106　计件要素设置

5.进行计件工资各类工时计件工价设置（如图5-107所示）。

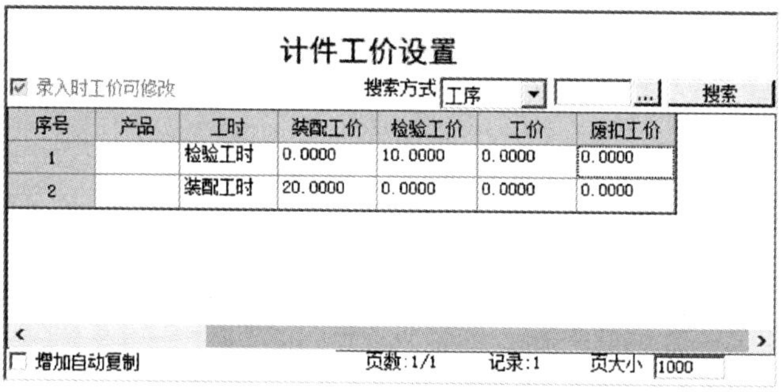

图5-107 计件工价设置

6.进入个人计件公式设置界面（如图5-108所示），点击“编辑”，再点击“公式定义”，进行计件项目设置。

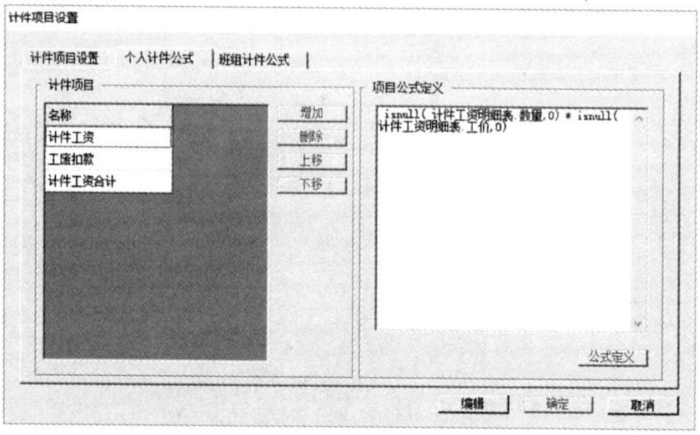

图5-108 个人计件公式设置

7.进入查询定义操作界面（如图5-109所示）。

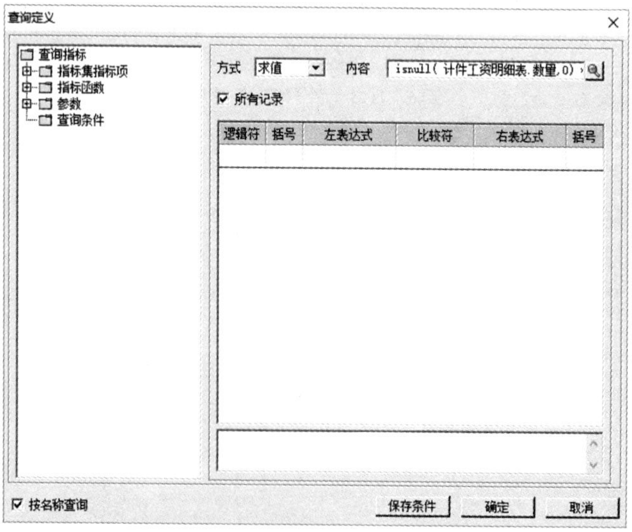

图5-109 选择计件工资计算项目

8.点击“放大镜”图标，可进入公式编辑界面，输入计件工资计算公式具体内容（如图5-110所示）。

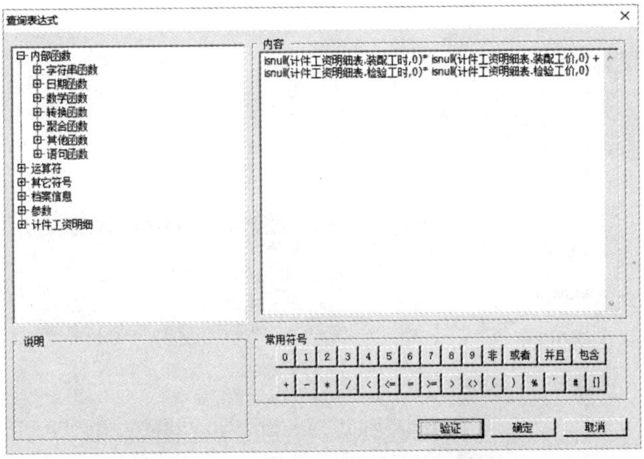

图 5-110 输入计件工资计算公式

第四节 固定资产管理初始化

一、固定资产初始化账套

第一次使用固定资产系统时，需要进行固定资产初始化账套操作，完成固定资产管理相关参数设置。固定资产初始化账套操作步骤及内容如下：

1.约定及说明

了解固定资产核算的基本规则和要求。

（1）系统资产管理采用严格的序时管理，序时到日。以某一日期登录系统进行过编辑操作后，再次编辑操作时只能以该日期或比该日期更晚的日期登录，如果早于该日期，则只能查询而无法编辑。对任何资产的操作也是序时的，要无痕迹删除一张卡片，必须按与制作时相反的顺序，删除该卡片所做的所有变动单和评估单。

（2）系统发生与折旧计算有关的变动（即除部门转移、类别调整外的由变动单引起的变动）后，加速折旧法在变动生效的当期以净值作为计提原值，以剩余使用年限为计提年限计算折旧；直线法因为在公式中已经考虑了价值变动和年限调整，仍然以原公式计算。

（3）原值调整、累计折旧调整、净残值（率）调整的生效期间，根据系统选项设置以及变动单中的变动单生效期选项确定。折旧方法调整、使用年限调整，当月生效；使用状况调整，下月生效。

（4）部门转移和类别调整后，当月计提的折旧，分配到变动后部门和类别。

（5）各种变动后计算折旧采用未来适用法，不自动调整以前的累计折旧，采用追溯调整法的企业只能手工调整累计折旧。

（6）如果选择“当月初使用月份=使用年限*12-1时是否将折旧提足（工作量法除外）”，则除工作量法外，该月折旧额=净值-净残值，并且不能手工修改；否则，该月不提足折旧，并且可手工修改，但如果以后各月按照公式计算的月折旧率或折旧额是负数，则认为公式无效，令月折旧率=0，该月折旧额=净值-净残值。

2.账套启用月份

该界面显示固定资产模块的启用日期，只能浏览。

3.折旧信息选择

该界面用于设置账套是否需要计提折旧、主要折旧方法及折旧汇总分配周期等参数（如图5-111所示）。

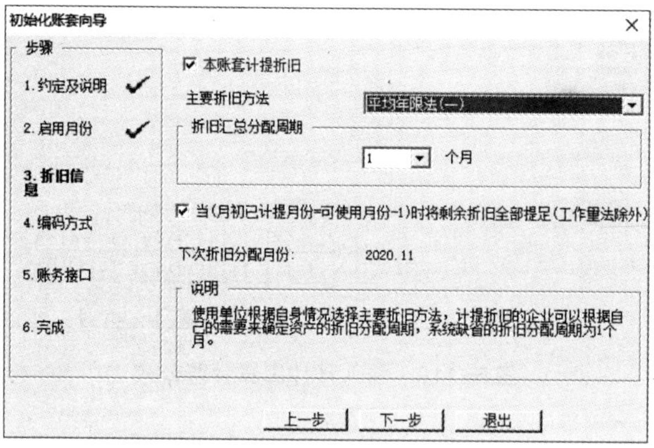

图5-111　折旧信息选择

4.编码方式选择

该界面用于设置资产类别编码方式及固定资产编码方式（如图5-112所示）。

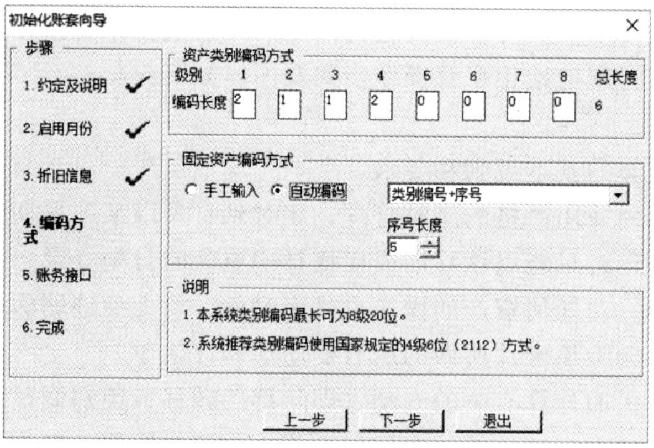

图5-112　编码方式选择

5.账务接口设置

该界面用于设置与账务系统进行对账时需要使用的对账科目（如图5-113所示）。

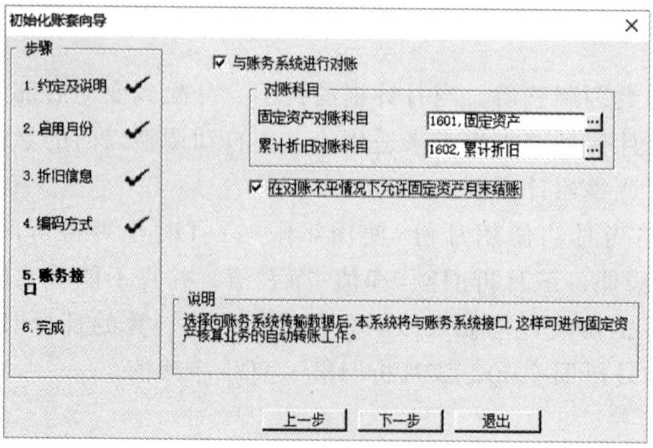

图5-113　账务接口设置

考虑到在固定资产系统刚启用的月份，录入固定资产原始卡片的工作量很大，可能当月无法录入完成，为了不影响下个月的固定资产日常业务处理，选择“在对账不平情况下允许固定资产月末结账”。在原始卡片录入完成的以后月份，则不选择该选项，确保以后每个月总账和固定资产只有对账平衡才能结账。

6.账套参数汇总（如图5-114所示）

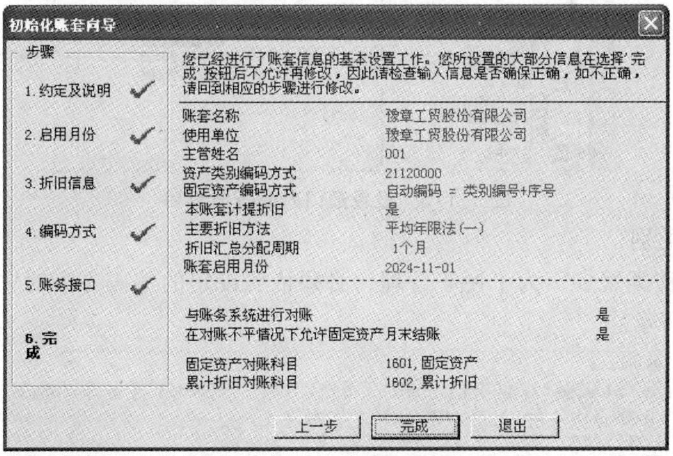

图5-114 账套参数汇总

二、固定资产选项设置

在选项对话框中进行补充参数设置（如图5-115所示）。

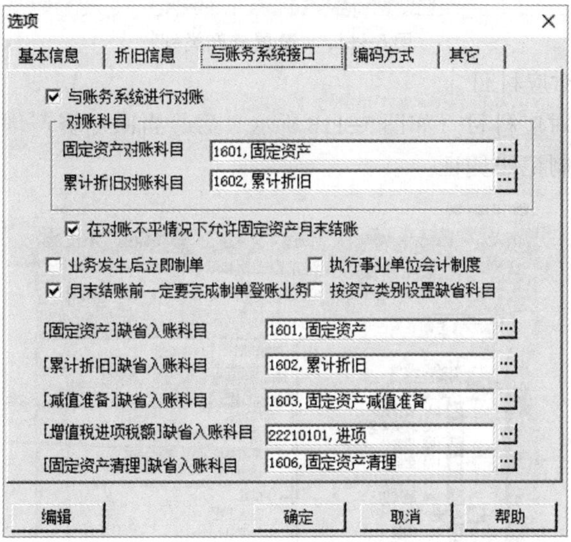

图5-115 补充参数设置

三、基础设置

通过以下操作完成固定资产的基础设置。

1.设置部门对应折旧科目

在设置部门对应折旧科目（如图5-116所示）后，当计提固定资产折旧时，系统将自动提取对应科目到凭证中，减少输入工作量。

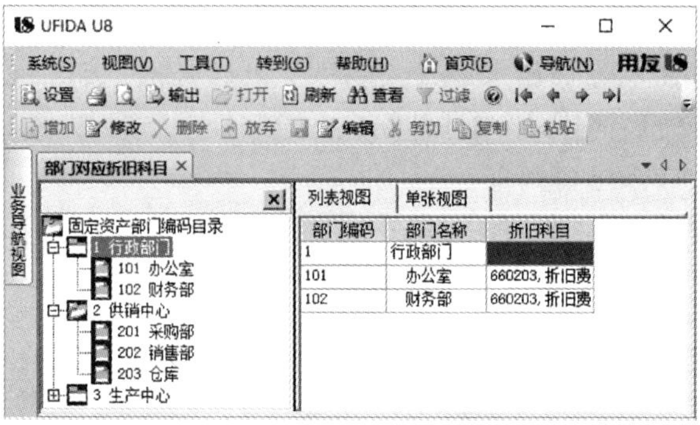

图5-116　设置部门对应折旧科目

2.设置资产类别

固定资产的种类繁多，为了便于管理，必须依照设定的编码方案对它们进行科学的分类（如图5-117所示）。

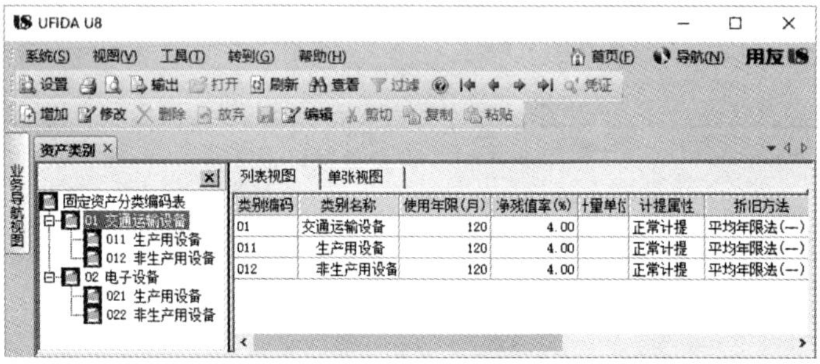

图5-117　设置资产类别

3.设置增减方式对应科目

在设置增减方式对应科目（如图5-118所示）后，当固定资产增加或减少时，系统将自动提取对应科目填制记账凭证。

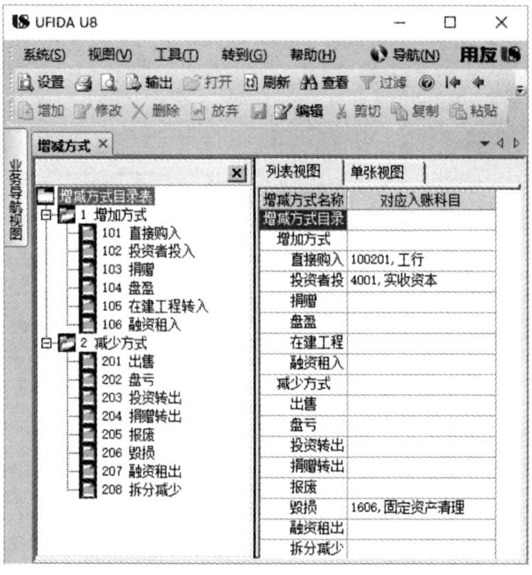

图5-118　设置增减方式对应科目

4.使用状况

从固定资产核算和管理的角度，需要明确资产的使用状况，一方面可以正确地计算和计提折旧，另一方面便于统计固定资产的使用情况，提高资产的利用效率（如图5-119所示）。

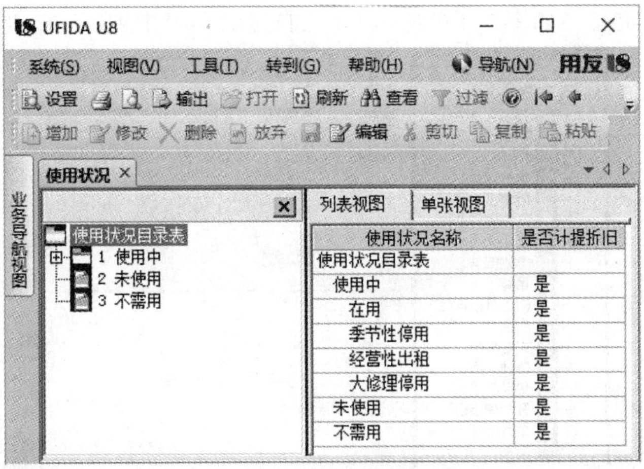

图5-119　使用状况设置

系统预置的使用状况有：使用中（在用、季节性停用、经营性出租、大修理停用）；未使用；不需用。一级使用状况只能有三种，不能增加、删除，可以在一级使用状况下增加二级使用状况。“使用中”使用状况不能修改，“未使用”“不需用”这两种使用状况可修改，修改某一使用状况名称后，卡片中该使用状况变为修改后的名称。修改某一使用状况的“是否计提折旧”的判断后，对折旧计算的影响从当期开始，不调整以前的折旧计算。

5.折旧方法定义

折旧方法定义是系统自动计算折旧的基础。系统预置了常用的四种方法：平均年限法、工作量法、年数总和法、双倍余额递减法。这几种方法只能被选用，不能删除或修改。

系统中预置的折旧方法定义公式

如果以上几种方法不能满足企业的使用需要，可以进行自定义操作。进行自定义操作时需要单击“增加”按钮或选择右键菜单中的“新增”，显示折旧方法定义窗口，输入自定义折旧方法名称；定义“月折旧率”和“月折旧额”：可双击选择折旧项目，点击“（+ - * /）”和数字键，编辑月折旧率和月折旧额公式。定义月折旧额和月折旧率公式时必须有单向包含关系，即月折旧额公式中包含月折旧率项目，或者月折旧率公式中包含月折旧额项目，但不能同时互相包含。计提折旧时，如果自定义折旧方法的月折旧额或月折旧率出现负数，自动终止折旧计提。

自定义的公式有误时，可以使用修改功能。修改卡片已使用的折旧方法的公式，将使所有使用该方法的资产折旧的计提按修改过的公式计算折旧，但以前期间已经计提的折旧不变。如果自定义的折旧方法中包含了与工作量相关的项目，修改后不允许与其无关。如果一个自定义折旧方法已没有作用，且在役资产也没有使用该方法计提折旧，则可以删除。正在使用的折旧方法（包括类别设置中已选用或录入的卡片已选用）不允许删除。

6.固定资产卡片项目定义和卡片样式定义

除了系统预置的固定资产卡片项目，如果有特殊核算要求，可以自定义所需项目，然后将此项目在卡片样式定义时加入通用样式，得到自己定制的卡片样式，以满足核算要求。

（1）卡片项目定义（如图5-120所示）。在自定义项目中加入“产地”。

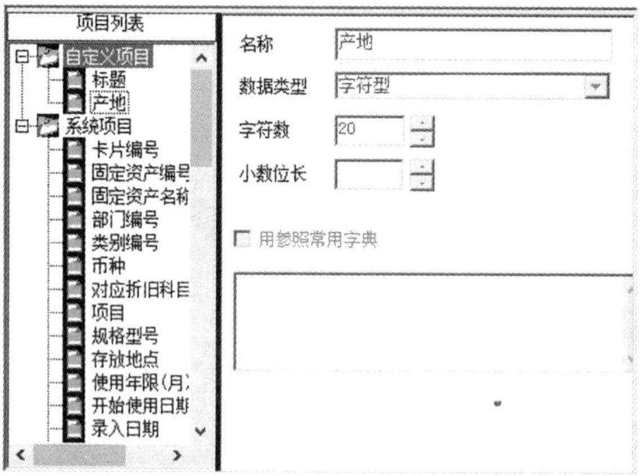

图5-120　卡片项目定义

（2）卡片样式定义时选择以通用样式为基础建立新样式（如图5-121所示）。

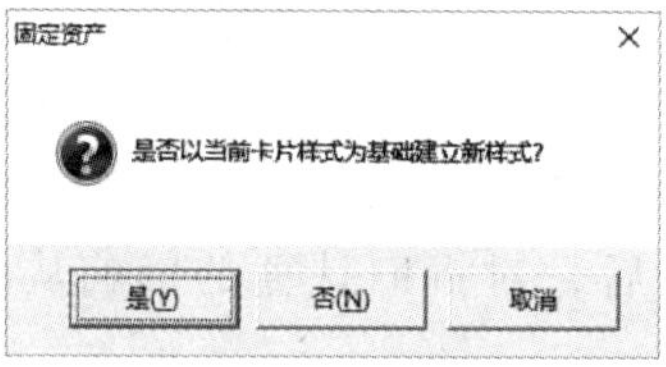

图5-121　选择以通用样式为基础建立新样式

（3）将“产地”项目加入卡片样式中，完成卡片样式定义（如图5-122所示）。

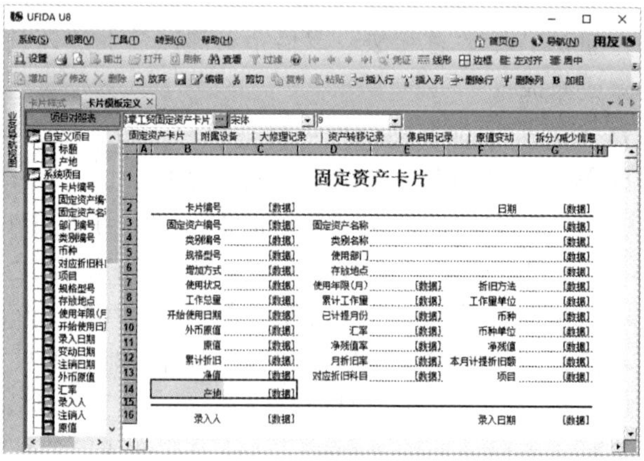

图5-122　卡片样式定义

四、原始卡片录入

固定资产卡片是固定资产核算和管理的基础，为了保持核算的连续性，必须将固定资产账套启用日期以前就存在的固定资产数据录入系统中，这些称为固定资产原始卡片。对于原始卡片的录入时间，不要求必须在第一个期间结账前完成，任何时候都可以录入原始卡片。录入固定资产卡片时默认的卡片样式是系统自带的通用样式。如果固定资产卡片需要用到自定义的卡片样式，则需要在资产类别设置中更改资产类别默认的卡片样式。

1.修改资产类别默认的卡片样式（如图5-123所示）。

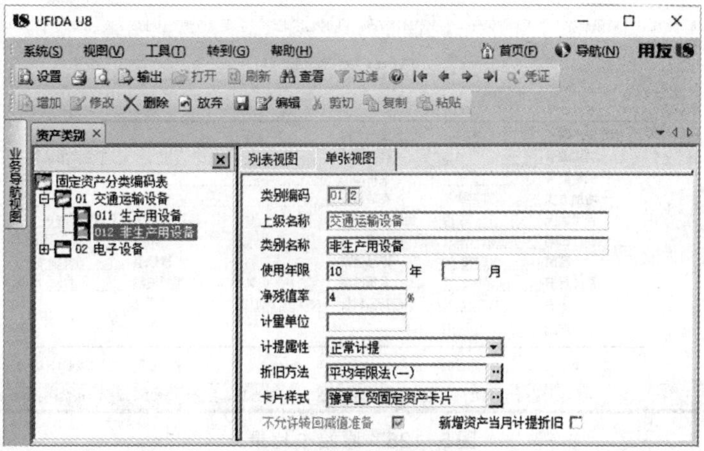

图5-123 修改卡片样式

2.选择“卡片”—“录入原始卡片”功能（如图5-124所示）。

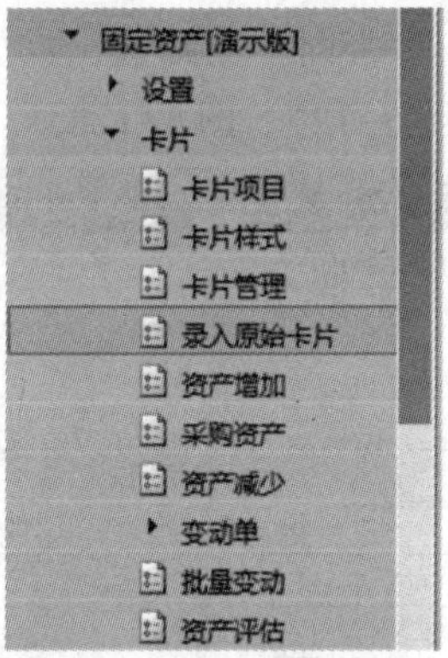

图5-124 录入原始卡片功能

选择资产所属类别，输入固定资产卡片具体内容（如图5-125、图5-126所示）。

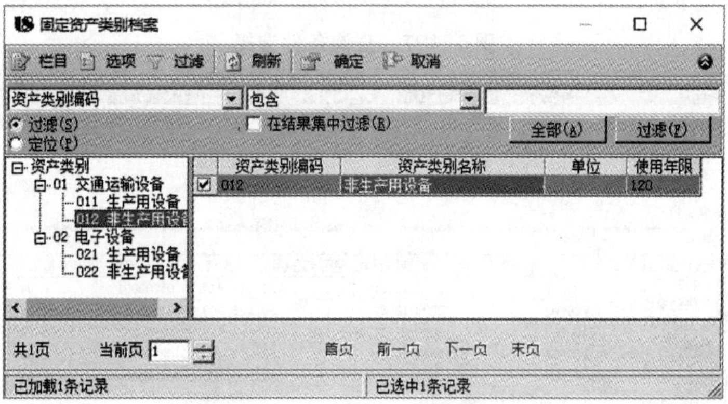

图5-125 选择资产所属类别

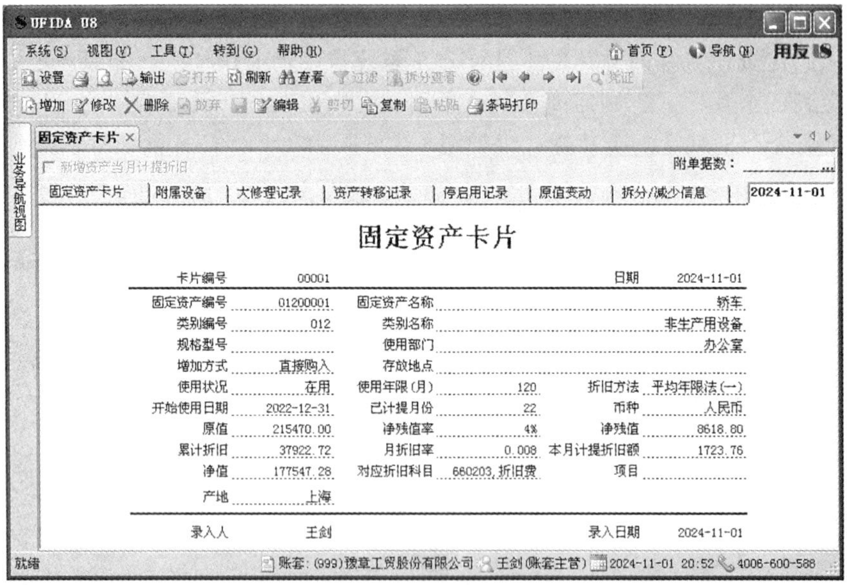

图 5-126 原始卡片录入

3.依照相同的方法录入其他原始卡片。如果需要对已录入的固定资产卡片进行维护，可以通过“卡片”—“卡片管理”功能进行。在筛选固定资产卡片时需要注意，常用条件页面“开始使用日期”要设置正确，否则不能筛选出需要的卡片。如果需要查看所有卡片可以不设置“开始使用日期”（如图 5-127、图 5-128 所示）。

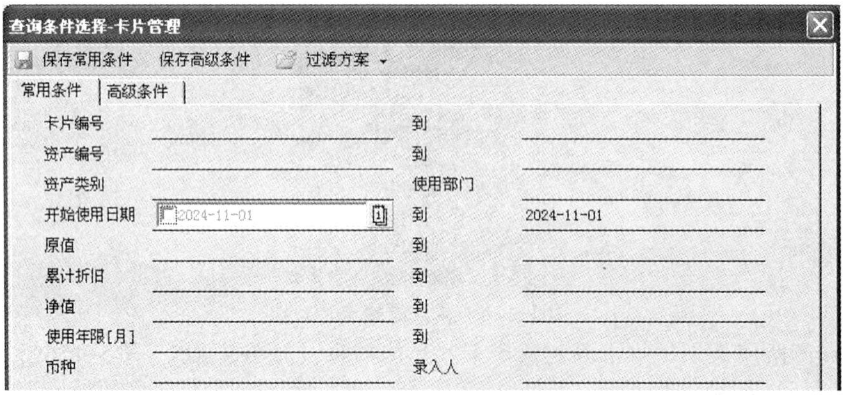

图 5-127 查询条件选择

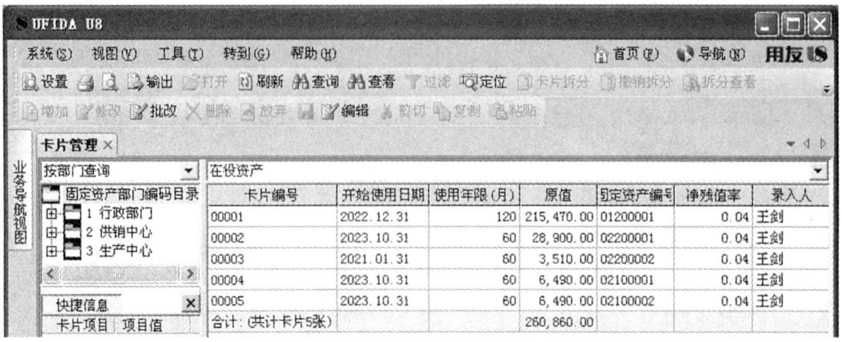

图 5-128 卡片管理

第五节　出纳管理初始化

出纳管理初始化包括系统设置、出纳基础档案设置两部分内容，为开展出纳管理日常工作准备必要的条件。

一、系统设置

系统设置包括账套参数设置、用户权限管理、账户管理等。

1.账套参数设置

账套参数设置是用来设置账套操作规则的，其中几个主要的参数含义如下：

（1）银行对账单余额方向。在使用银行对账功能前，需要设置银行对账单余额方向。银行对账单通常有两种余额方向，默认的方向在借方。如果需要将日记账的借方与银行对账单的借方对账，那么需要选择余额在借方；如果需要将日记账的借方与银行对账单的贷方对账，那么需要选择余额在贷方。

（2）出纳签字功能在GL-总账或者SC-出纳管理（如图5-129所示）。在启用出纳管理系统的情况下，出纳签字操作可以在本系统进行，也可以在总账进行。建议在本系统进行，以更好体现出纳管理系统的日记账记录与凭证记录的对应关系。若未启用出纳管理系统，则出纳签字只能在总账进行。

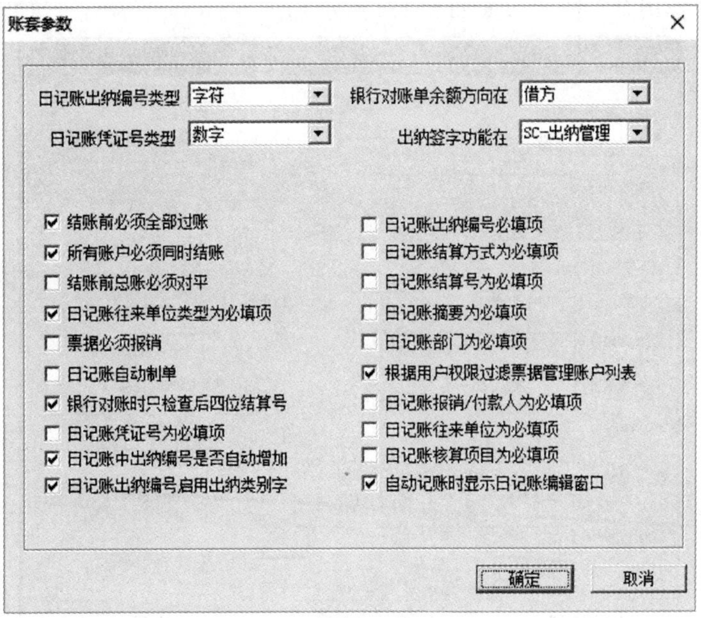

图5-129　账套参数设置

2.用户权限管理

用户权限管理是定义用户的操作权限，包括“账务处理”“票据权限”“票据管理权限”“基础数据权限”“系统设置权限”等模块的所有操作权限。进入用户权限管理界面后，可以看到系统中除账套主管以外的所有用户，通过“权限设置”设置用户的具体权限（如图5-130所示）。

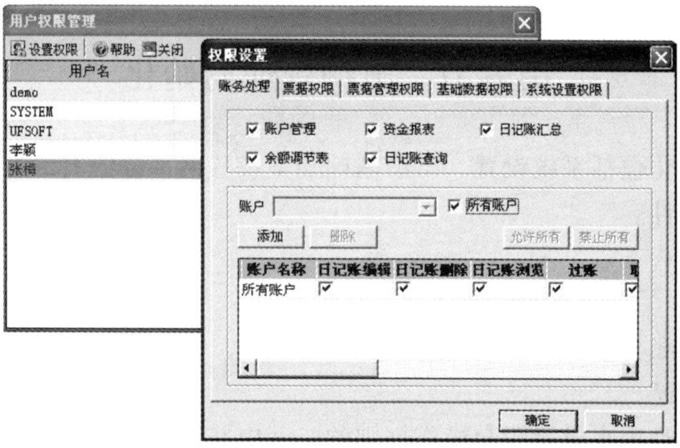

图 5-130　用户权限管理

3.账户管理

在启用出纳管理系统的情况下，必须设置相关的资金账户，否则将无法进行正常的资金收付业务处理。企业通常至少需要设置库存现金和银行存款两个账户，还可以根据实际需要增设多个账户以反映相关资金账户的详细收付情况。新增的账户状态为“暂停”，只有启用后才能使用该账户。如果暂时不使用也可冻结，账户冻结后不能对该账户的日记账做任何操作。对于启用与暂停状态的账户，都可以进行冻结与反冻结的操作。账户管理具体操作如下：

（1）增加“备用金”账户（如图5-131所示）。

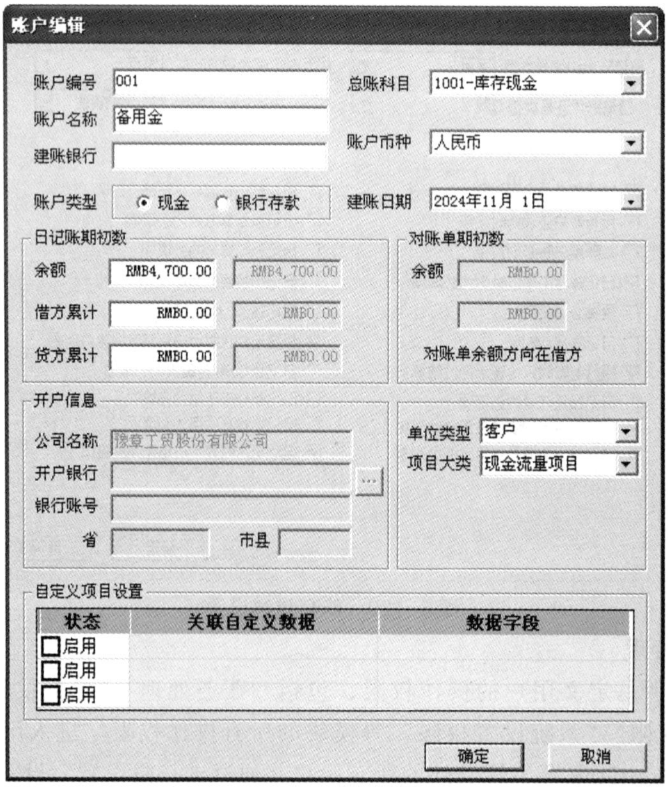

图 5-131　增加“备用金”账户

(2) 启用“备用金”账户（如图5-132所示）。

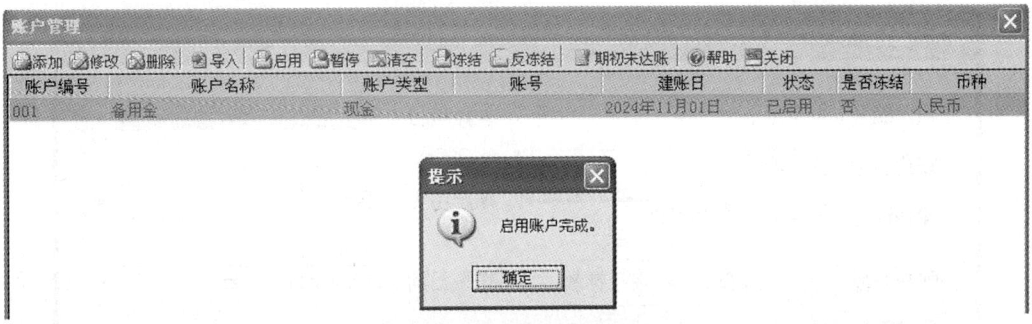

图5-132　启用“备用金”账户

(3) 增加“中国工商银行八一广场支行”账户（如图5-133所示）。

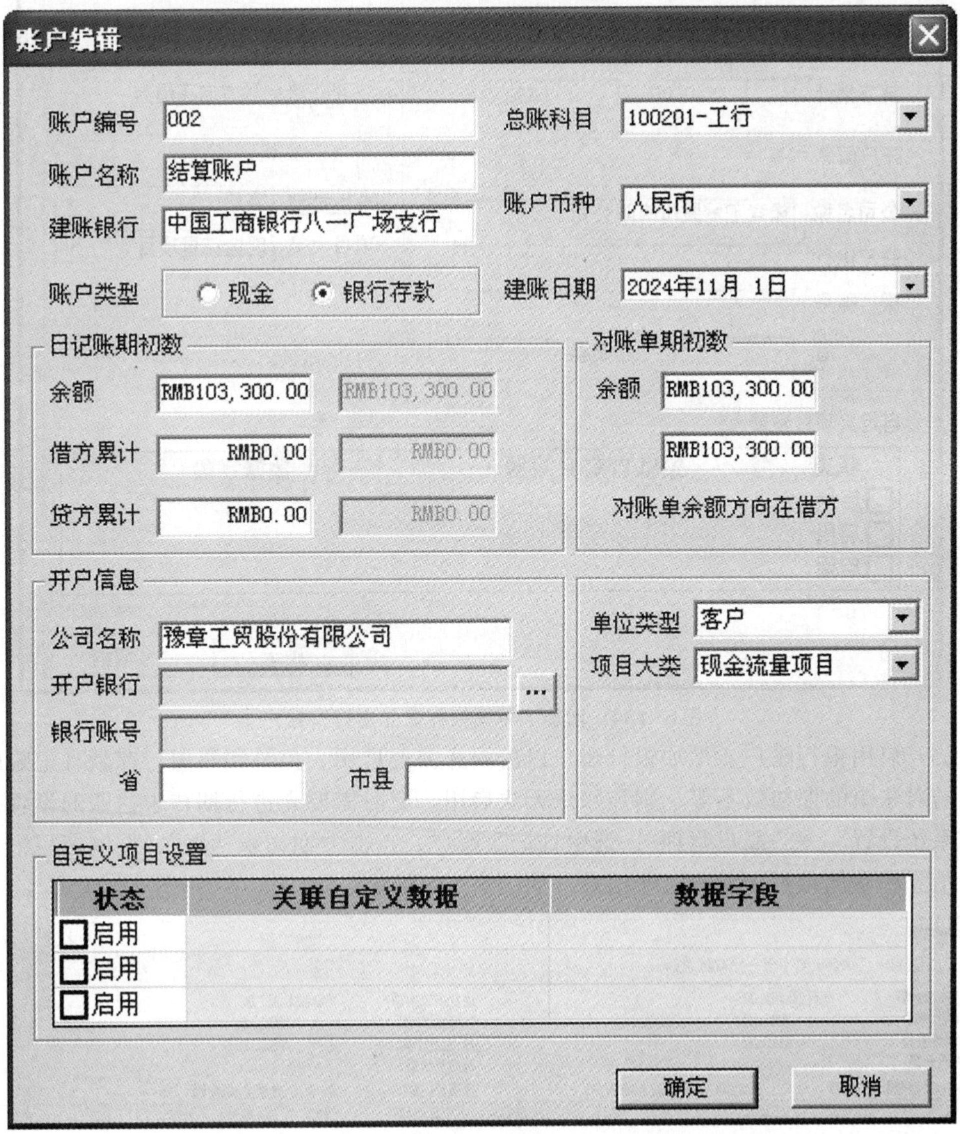

图5-133　增加“中国工商银行八一广场支行”账户

（4）增加“中国银行昌北支行”账户（如图5-134所示）。

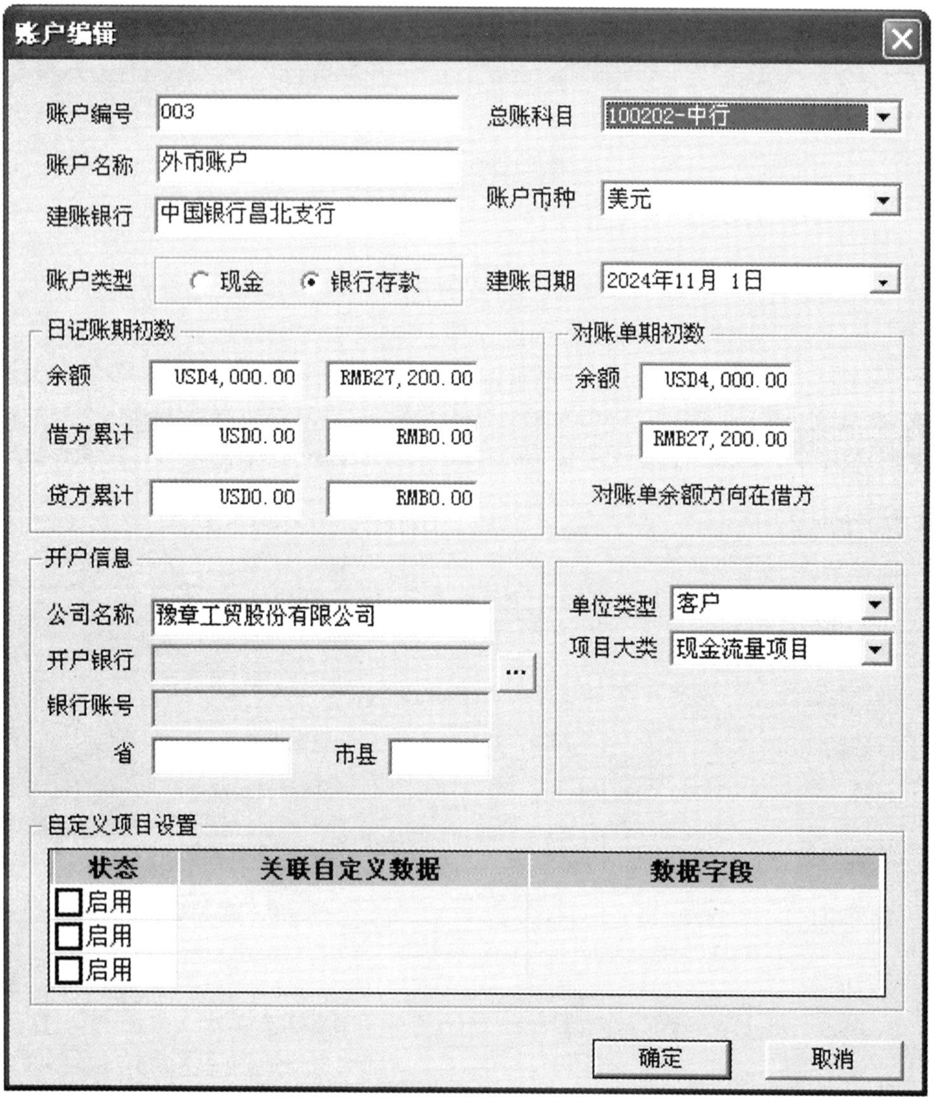

图5-134 增加“中国银行昌北支行”账户

（5）启用银行账户。增加银行账户以后同样需要启用，但是如果银行存款日记账的期初数与对账单的期初数不等，则该账户无法启用。此时需要先进行期初未达账的设置，选择“系统设置”—“账户管理”，选中日记账账户，点击“期初未达账”，左侧填写银行未达账信息，右侧填写企业未达账信息（如图5-135所示）。

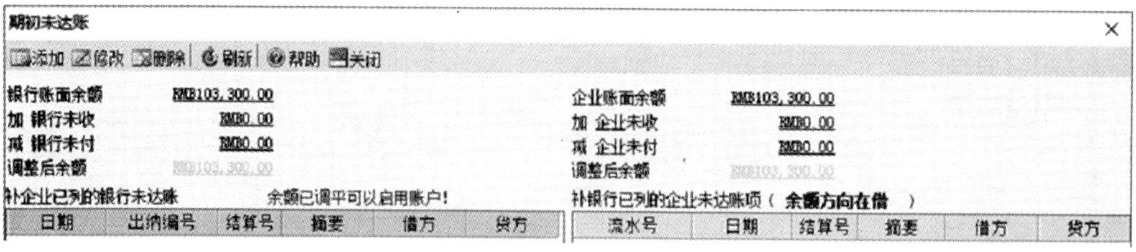

图5-135 期初未达账

二、出纳基础档案设置

出纳基础档案设置包括券别信息、自定义数据、参数设置、出纳类别字、票据用途等内容。

1.出纳类别字

出纳类别字是出纳管理系统必须设置的基础档案，主要供收付款单录入时引用。可以建立出纳类别和凭证类别的对应关系，制单时凭证类别自动显示为与所选日记账出纳类别对应的凭证类别，而从总账导入凭证生成的日记账出纳类别，自动显示为与凭证类别对应的出纳类别（如图5-136、图5-137所示）。

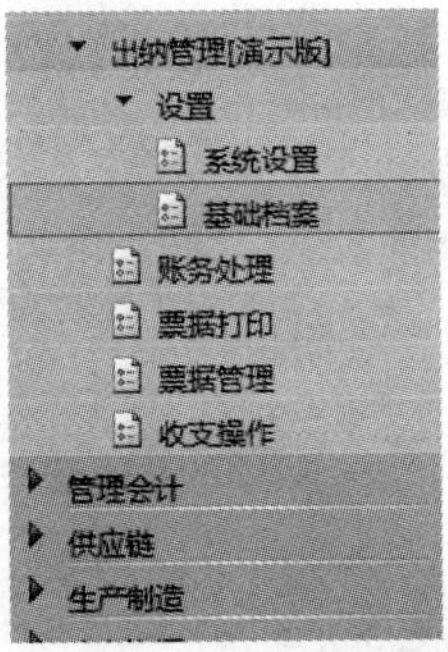

图5-136　选择出纳管理基础档案

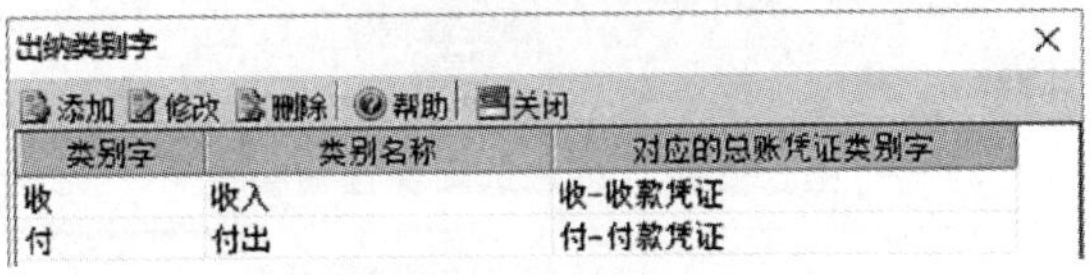

图5-137　出纳类别字列表

2.票据用途

可以通过票据用途对票据的使用途径进行设置（如图5-138所示）。

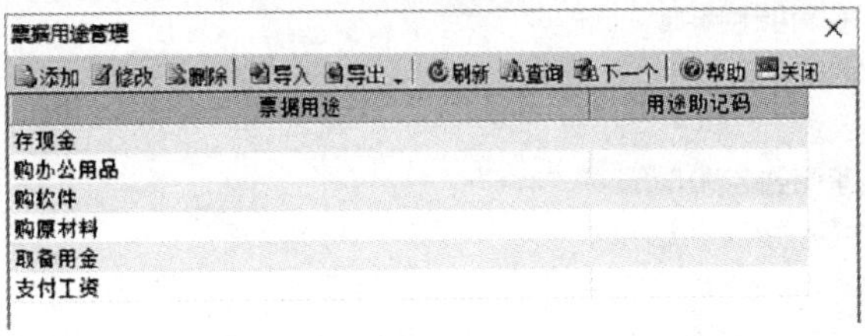

图5-138　票据用途

第六节　总账初始化

一、总账业务参数设置

一般来说，各个企业对总账核算的总体要求是一致的，但是也存在个性化的需求。为了在系统中反映出这种个性化的需求，需要对首次启用一个新建账套的总账系统控制功能做进一步的设置，这部分工作也称为总账初始化。通过初始化，建立适合用户自身特点的应用环境。总账业务参数的设置是通过“基础设置”—“业务参数”—“财务会计”—“总账”—“选项”功能来完成的（如图5-139、图5-140所示）。

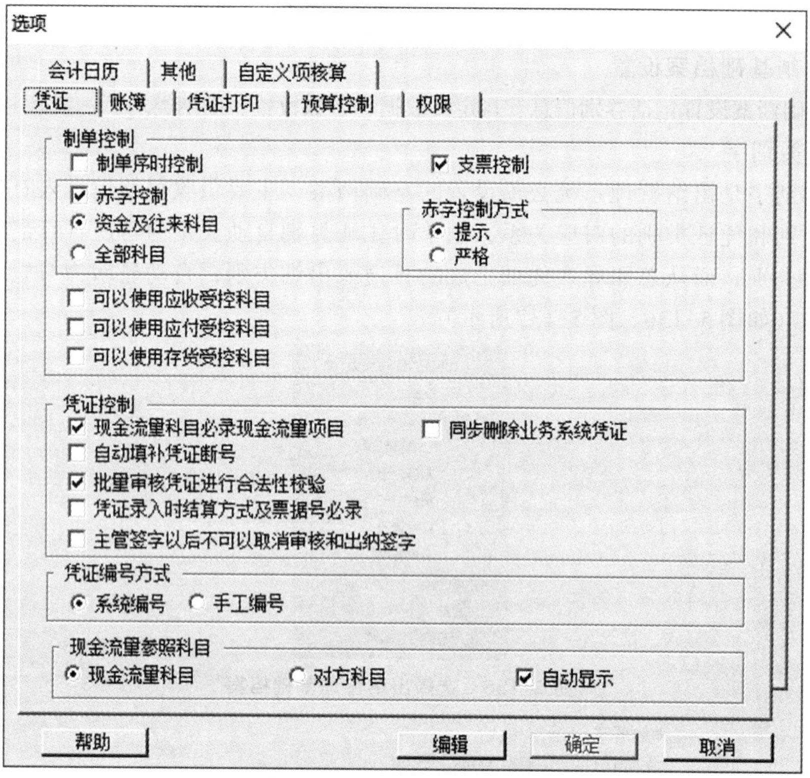

图 5-139 总账选项凭证设置

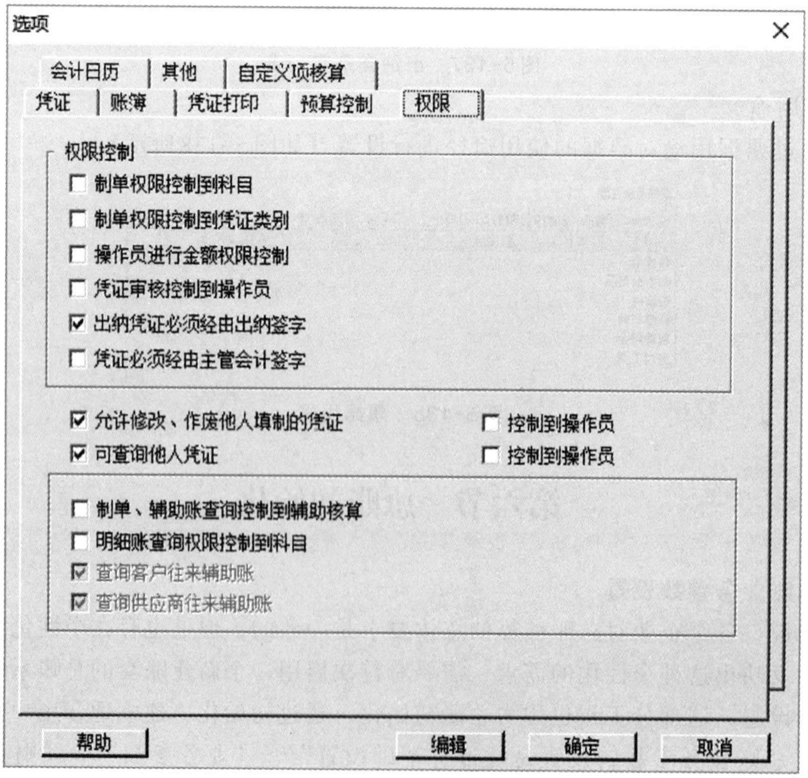

图 5-140 总账选项权限设置

1.制单控制

（1）制单序时控制：此项与“系统编号”选项联用。若选择此项，制单时凭证编号必须按日期顺序排列，即制单序时。如果有特殊需要，可以将其改为不序时制单。

（2）支票控制：若选择此项，在制单时，当使用银行存款科目编制凭证时，系统针对需要进行票据管理的结算方式加以登记。如果录入的支票号在支票登记簿中已存在，系统提供登记支票报销的功能；否则，系统提供支票登记功能。如果不选择此项，则没有上述功能。

（3）赤字控制：若选择此项，在制单时，当“资金及往来科目”或“全部科目”的最新余额出现负数时，系统将予以报告。报告的方式有提示、严格两种，可根据需要进行选择。

（4）可以使用应收受控科目：若科目为应收款管理系统的受控科目，为了防止重复制单，只允许应收款管理系统使用此科目进行制单，总账系统和其他系统是不能使用此科目进行制单的。所以，如果希望在总账系统和其他系统中也能使用这些科目填制凭证，则选择此项。需要注意的是，如果总账系统和其他系统使用了受控科目，可能会引起应收款管理系统与总账系统对账不平。

“可以使用应付受控科目”“可以使用存货受控科目”选项含义与上述相似。

2.凭证控制和权限控制

（1）管理流程设置：如要求库存现金、银行存款科目凭证只有经出纳人员核对签字后才能记账，则选择“出纳凭证必须经由出纳签字”；如要求所有凭证只有经主管签字后才能记账，则选择“凭证必须经由主管会计签字”；如要求出纳签字、审核后才可对凭证执行主管签字，则选择“主管签字以后不可以取消审核和出纳签字”。

（2）现金流量科目必录现金流量项目：选择此项后，在录入凭证时如果使用现金流量科目，则必须输入现金流量项目及金额。

（3）自动填补凭证断号：如果选择凭证编号方式为“系统编号”，则在新增凭证时，系统按凭证类别自动查询本月的第一个断号，作为本次新增凭证的凭证号。

（4）批量审核凭证进行合法性校验：批量审核凭证时针对凭证进行二次审核，提高凭证输入的正确率，其合法性校验与保存凭证时的合法性校验相同。

（5）凭证录入时结算方式及票据号必录：选中此项后，对于银行存款科目，则强制要求输入结算方式及票据号。

（6）同步删除业务系统凭证：选中此项后，业务系统删除凭证时相应地将总账凭证同步删除；否则，只将总账凭证作废，而不予删除。

3.凭证编号方式

系统在“填制凭证”功能中一般按照凭证类别按月自动编制凭证编号，即“系统编号”；也可在制单时手工录入凭证编号，即“手工编号”。

4.现金流量参照科目

现金流量参照科目用来设置现金流量录入界面的参照内容和方式。选中“现金流量科目”选项时，系统只参照凭证中的现金流量科目；选中“对方科目”选项时，系统只显示凭证中的非现金流量科目；选中“自动显示”选项时，系统依据前两个选项将现金流量科目或对方科目自动显示在指定的现金流量项目界面中，否则需要手工参照选择。

二、总账期初余额录入

在开始使用总账系统时，应将整理好的手工账目期初余额录入计算机，该步骤也是手工会计与计算机会计的一个交接点。该操作通常只进行一次，以后每月以及每年的余额都可以由计算机自动结转。进入“业务工作”—“财务会计”—“总账”—“设置”—“期初余额”界面（如图5-141所示）。

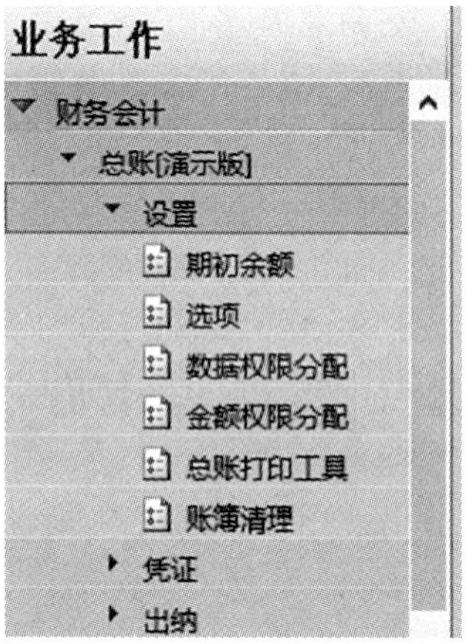

图5-141 进入期初余额界面

在期初余额表中，需要输入的内容包括累计借方、累计贷方、期初余额（如图5-142所示）。假如企业在年初建账，期初余额就是年初余额；假如企业在年中启用总账，则应先将各账户此时的余额和年初到此时的借贷方累计发生额计算清楚并填入余额表。

如果某科目为外币核算，应注意先录入本币余额，再录入外币余额。科目如果有数量核算要求，则应先录入金额，再录入数量。

如果科目的属性涉及辅助核算，比如客户往来、供应商往来、个人往来、项目核算、部门核算，则不能直接输入总账期初数，必须双击该栏，调出辅助核算账，输入辅助期初余额和往来明细。

总账期初余额的具体输入方式如下：

1.输入“应收账款”科目的期初余额时，需要先输入该科目的期初往来明细，然后输入辅助期初余额（如图5-143、图5-144所示）。

应收账款期初往来明细的具体内容可以通过手工方式逐笔输入；如果在输入总账期初余额前，应收款管理系统中已经输入了期初余额，则可以使用期初往来明细操作界面的“引入”功能，直接引入应收款管理系统中的期初余额，自动填入期初往来明细。该操作方式也适用于应付账款。

应收账款辅助期初余额的具体内容可以通过手工方式逐笔输入；如果在输入总账期初余额前，应收款管理系统中已经输入了期初余额，并且期初往来明细是通过“引入”功能生成的，则系统会自动汇总形成辅助期初余额。该操作方式也适用于应付账款。

2.输入其他应收款期初余额时，先输入该科目的期初往来明细，然后输入辅助期初余额（如图5-145、图5-146所示）。

期初余额

期初：2024年11月

科目名称	方向	币别/计量	年初余额	累计借方	累计贷方	期初余额
库存现金	借		4,700.00			4,700.00
银行存款	借		130,500.00			130,500.00
工行	借		103,300.00			103,300.00
中行	借		27,200.00			27,200.00
	借	美元	4,000.00			4,000.00
其他货币资金	借					
应收票据	借					
应收账款	借		106,600.00			106,600.00
预付账款	借					
其他应收款	借		2,000.00			2,000.00
坏账准备	贷		1,000.00			1,000.00
代理业务资产	借		41,500.00			41,500.00
材料采购	借					
在途物资	借					
原材料	借		6,500.00			6,500.00
布匹	借		5,000.00			5,000.00
	借	米	500.00000			500.00000
纽扣	借		1,000.00			1,000.00
	借	粒	1,000.00000			1,000.00000
缝纫线	借		500.00			500.00
	借	卷	100.00000			100.00000
库存商品	借		55,800.00			55,800.00
	借	件				
发出商品	借		73,200.00			73,200.00
商品进销差价	贷		16,200.00			16,200.00
固定资产	借		260,860.00			260,860.00
累计折旧	贷		48,490.88			48,490.88
固定资产减值准备	贷					
固定资产清理	借					
无形资产	借					
累计摊销	贷					
应付票据	贷					
应付账款	贷		11,300.00			11,300.00
一般应付款	贷		11,300.00			11,300.00

图 5-142　期初余额录入

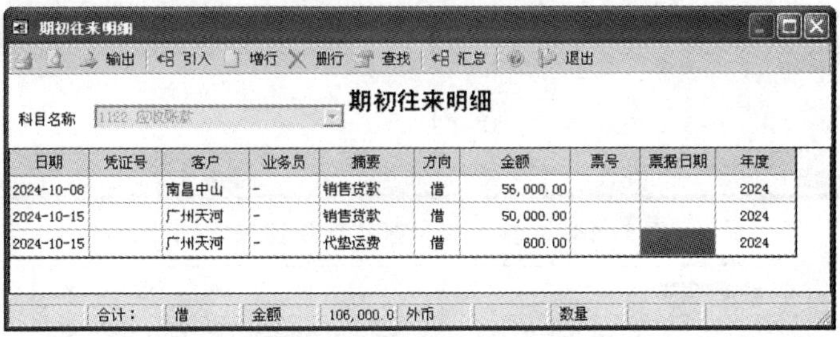
期初往来明细

科目名称　1122 应收账款

日期	凭证号	客户	业务员	摘要	方向	金额	票号	票据日期	年度
2024-10-08		南昌中山	-	销售货款	借	56,000.00			2024
2024-10-15		广州天河	-	销售货款	借	50,000.00			2024
2024-10-15		广州天河	-	代垫运费	借	600.00			2024

合计：借　金额 106,000.0　外币　数量

图 5-143　输入应收账款期初往来明细

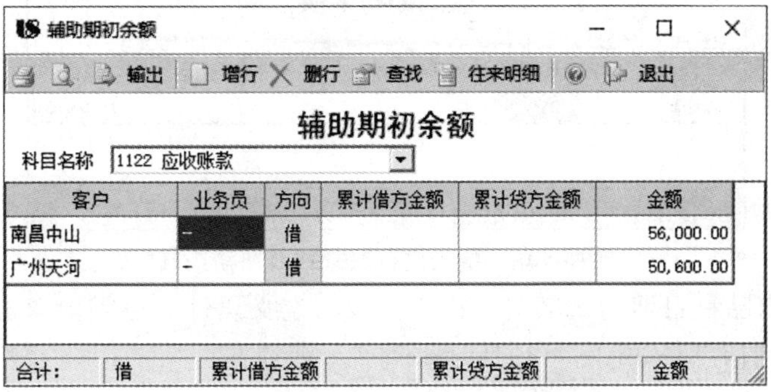
辅助期初余额

科目名称　1122 应收账款

客户	业务员	方向	累计借方金额	累计贷方金额	金额
南昌中山	-	借			56,000.00
广州天河	-	借			50,600.00

合计：借　累计借方金额　累计贷方金额　金额

图 5-144　输入应收账款辅助期初余额

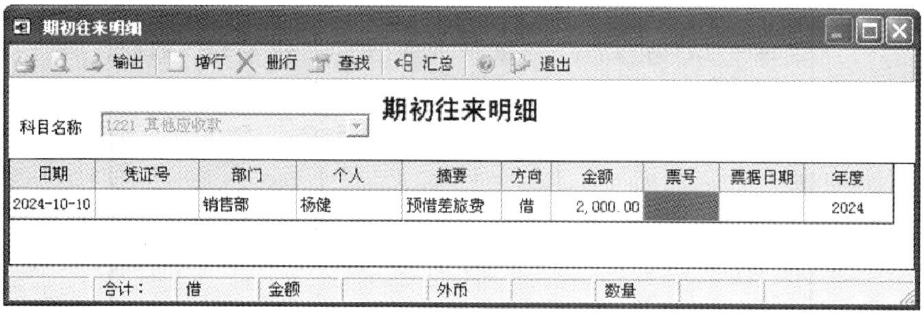

图 5-145 输入其他应收款期初往来明细

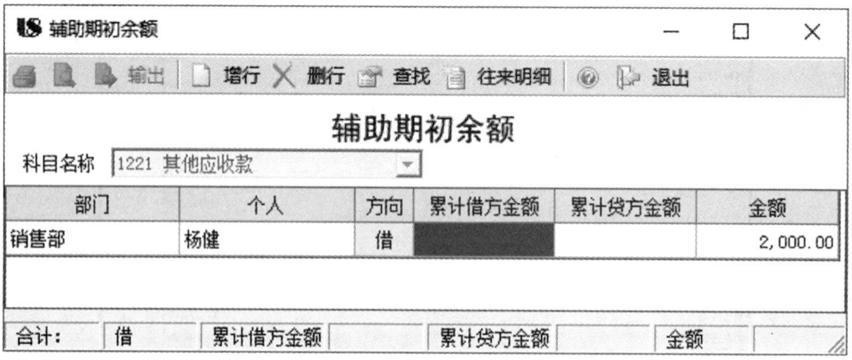

图 5-146 输入其他应收款辅助期初余额

3.应付账款期初余额也是采用类似的方式输入（如图 5-147、图 5-148 所示）。

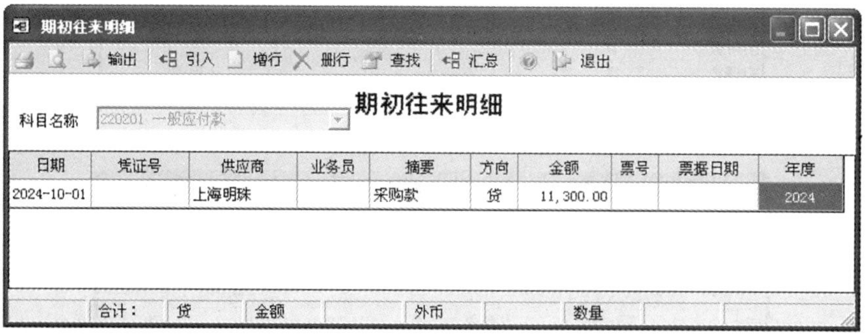

图 5-147 输入应付账款期初往来明细

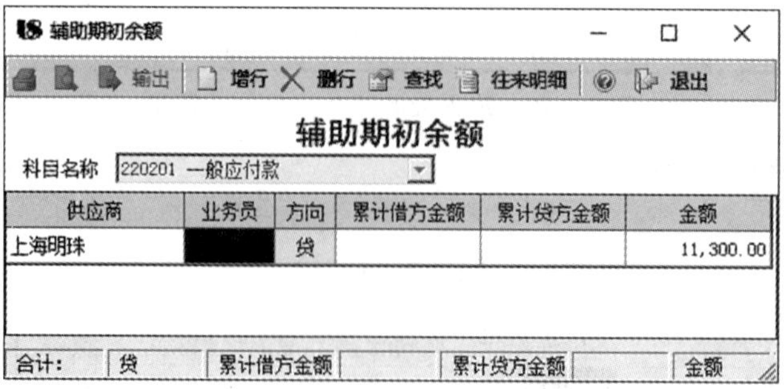

图 5-148 输入应付账款辅助期初余额

4.输入库存商品科目期初余额时，由于涉及自定义属性，也需要双击打开辅助期初余额界面，输入详细信息（如图 5-149 所示）。

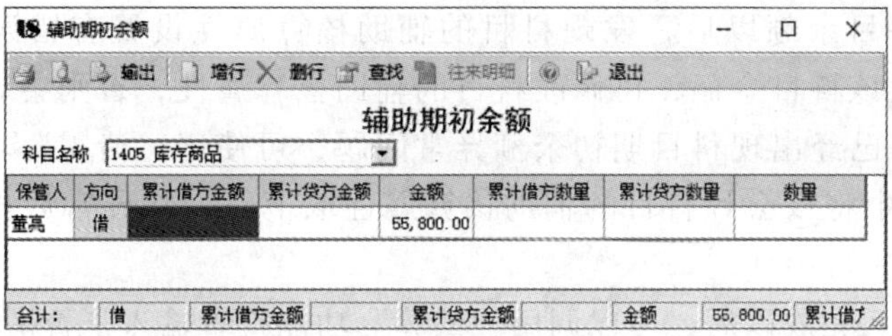

图 5-149 输入库存商品辅助期初余额

5. 如果一级会计科目余额方向与该科目默认方向不一致，在输入该科目余额之前可以先通过菜单栏中的“方向”功能调整该科目的余额方向，再输入余额。例如，调整固定资产减值准备科目的余额方向，如图 5-150 所示。需要注意的是，该操作只能针对尚未输入余额数据的一级科目。

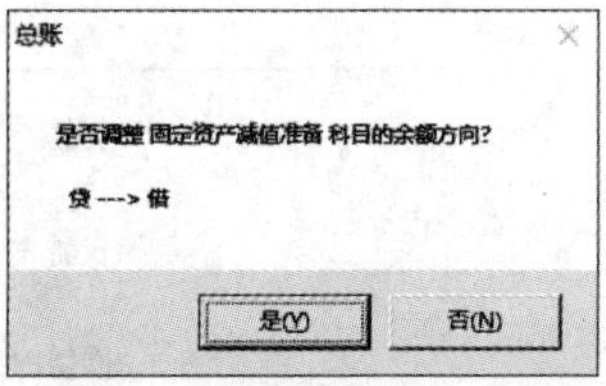

图 5-150 调整总账科目余额方向

6. 如果会计科目余额方向与该科目默认方向不一致，并且该科目不是一级科目，则余额必须以负数形式输入，例如“应交税费——应交增值税（进项）”（如图 5-151 所示）。

科目名称	方向	币别/计量	年初余额	累计借方	累计贷方	期初余额
固定资产减值准备	贷					
固定资产清理	借					
无形资产	借					
累计摊销	贷					
应付票据	贷					
应付账款	贷		11,300.00			11,300.00
一般应付款	贷		11,300.00			11,300.00
暂估应付款	贷					
预收账款	贷					
应付职工薪酬	贷					
应交税费	贷		77,800.00			77,800.00
应交增值税	贷		-1,000.00			-1,000.00
进项	贷		-1,000.00			-1,000.00
销项	贷					
应交消费税	贷		78,800.00			78,800.00
代理业务负债	贷		41,500.00			41,500.00
实收资本	贷		410,000.00			410,000.00
资本公积	贷		33,669.12			33,669.12
本年利润	贷					
利润分配	贷		41,700.00			41,700.00
未分配利润	贷		41,700.00			41,700.00
生产成本	借					
基本生产成本	借					

图 5-151 输入“应交税费——应交增值税（进项）”科目余额

7.若在输入科目余额以后，发现科目的辅助核算属性设置有错误，要修改这个错误，就需要先删除该科目余额，再修改科目的辅助核算属性，否则会导致该科目期初余额出现异常。如果已经出现科目期初余额异常问题，可使用“清零”功能解决或者先在“会计科目”档案中将该会计科目的辅助核算属性取消，消除异常后再将该辅助核算属性选回。

8.期初余额输入完成以后，可以调用“试算”功能检查输入是否平衡（如图5-152所示），但这种检查只能查出借贷不平的错误，无法查出其他错误。如果试算不平衡，除了要检查会计科目的数字本身是否正确以外，还需要检查会计科目的余额方向是否正确。值得注意的是，若期初试算不平衡，将不能进行记账处理；若已经记过账，则期初数据将不允许被修改。

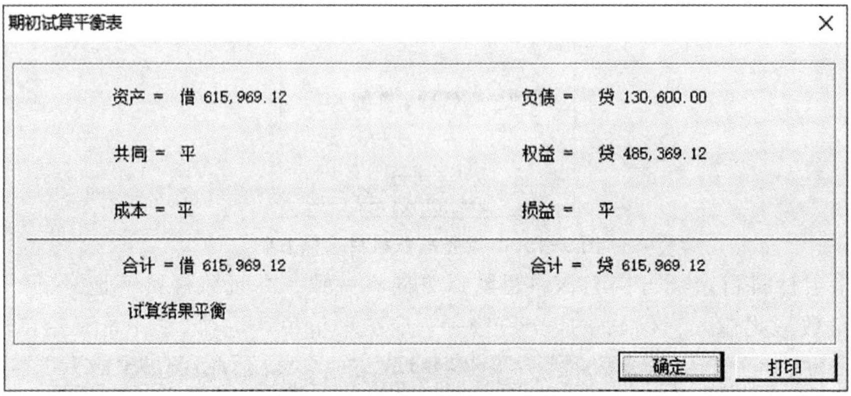

图5-152 期初试算平衡表

9.调用“对账”功能，检查总账上下级、总账与辅助账、辅助账与明细账是否平衡（如图5-153所示）。

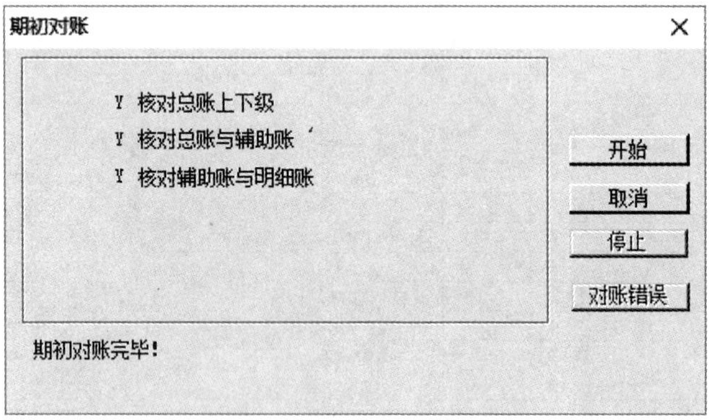

图5-153 期初对账

三、在支票登记簿中录入领用的空白支票

为了加强对支票的管理，由出纳人员事先将各部门领用的支票在支票登记簿中进行登记，在后续过程中出纳人员可随时对支票的报销情况进行掌控。使用该功能时需要事先检查在“基础设置”中总账选项（支票控制）和结算方式（票据管理）相关选项是否选中。执行总账的出纳菜单中的支票登记簿功能。登记支票簿步骤如下：

1.选择需要登记的银行科目（如图5-154所示）。

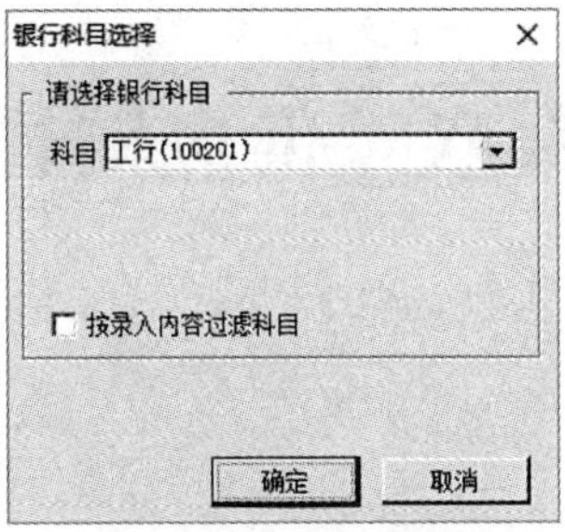

图5-154 选择银行科目

2.输入领用的空白支票（如图5-155所示）。

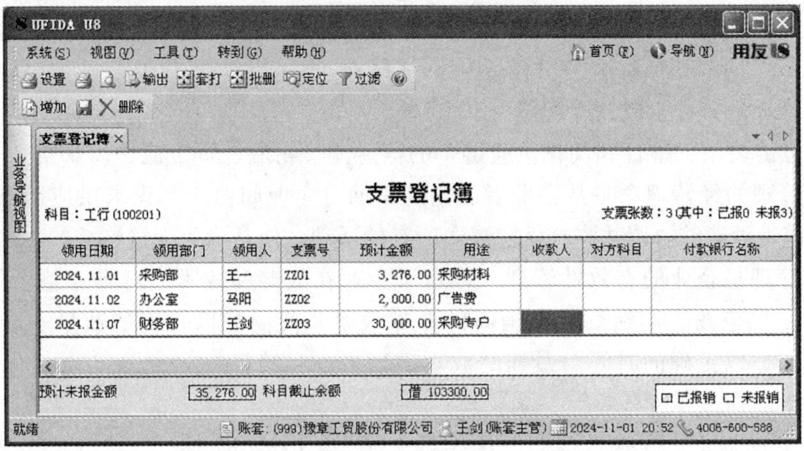

图5-155 输入领用的空白支票

思考题：

1.模块的初始化通常包括哪些内容？
2.各模块的初始化存在哪些钩稽关系？
3.供应链管理模块的初始化内容与其他模块有何不同？
4.往来核算中受控科目制单方式有哪些？
5.如何在一张固定资产卡片中添加一个自定义项目？
6.什么是工资类别？通常包括哪些内容？
7.什么是零出库成本？
8.制单序时控制有什么作用？
9.如何使用总账期初余额的清零功能？
10.如何设置工资项目的计算公式？

第六章　供应链管理

供应链是指商品到达消费者之前各相关者的连接或业务的衔接，即围绕核心企业，通过对信息流、物流、资金流的计划和控制，从采购原材料开始，制成中间产品以及最终产品，最后由销售网络把产品送到消费者手中的将供应商、制造商、分销商（零售商、批发商等）直到最终用户连成一个整体的功能网链结构。

供应链管理是一种集成的管理思想和方法。从单一的企业角度来看，它是指企业通过改善上下游供应链关系，整合和优化供应链中的信息流、物流、资金流，以获得企业的竞争优势。供应链管理的经营理念是从消费者的角度，通过企业间协作，谋求供应链整体最优化。成功的供应链管理能够协调并整合供应链中所有的活动，使其成为无缝连接的一体化过程。

供应链管理是企业的有效性管理，体现了企业在战略和战术上对企业整个作业流程的优化，整合了供应商、制造商、分销商的业务效率，使商品以正确的数量、合格的品质、在正确的地点、以正确的时间、最佳的成本进行生产和销售。

第一节　供应链管理业务概述

一、供应链管理业务

（一）采购业务

采购业务根据企业应用可分为普通采购、受托代销、直运采购三种业务模式，实务中还存在采购退货业务，下面分别进行说明。

1.普通采购

普通采购业务模式支持正常的采购业务，适用于一般工商企业的采购业务。

（1）普通采购业务流程

① 请购部门填制采购请购单。

② 采购部门根据采购请购单进行比价。

③ 采购部门填制采购订单。

④ 采购部门将采购订单发送给供应商，供应商进行送货。

⑤ 货物到达企业后，采购部门对收到的货物进行清点，填制采购到货单。

⑥ 经过仓库的质检和验收，填制采购入库单。

⑦ 取得供应商的发票后，采购部门填制采购发票。

⑧ 采购部门进行采购结算。

⑨ 将采购入库单报财务部门的成本会计进行存货核算，将采购发票等票据报应付账

款会计进行应付账款核算。

（2）普通采购业务各环节涉及的业务单据

① 请购单。可手工新增，也可参照MPS/MRP计划、ROP计划、生产订单生成，可通过齐套采购下达请购单，还可以根据PTO选配录入。

② 采购订单。可手工新增，也可参照采购合同、MPS/MRP计划、ROP计划、采购请购单、销售订单、出口订单生成，也可通过齐套采购、配额采购下达采购订单。

③ 采购到货单。可手工新增，也可参照订单生成，但只能参照订单未被入库单参照的记录。

④ 采购退货单。可以参照到货单、订单生成，也可以参照在库不良品处理单，还可以手工新增。

⑤ 采购拒收单。对于不需要质检的采购到货，可以直接拒收。对于需要质检的存货，检验后不合格退回的，可以参照到货单中的拒收数生成拒收单；对于不需要质检的存货，如果手工录入了拒收数，则参照到货单中的拒收数生成拒收单，如果未录入拒收数，则参照“到货量-累计入库量”生成拒收单。

⑥ 采购入库单。可手工新增，也可参照订单、到货单生成，但只能参照订单未被到货单参照的记录，即同一行采购订单记录要么生成到货单，要么生成入库单，不能重复参照。

⑦ 采购发票（专用、普通）。可手工新增，也可参照订单、入库单生成。同一业务建议只参照一种单据，避免重复参照。

⑧ 采购结算单。根据采购入库单、采购发票进行采购结算。

（3）普通采购业务应用分类

在普通采购业务中，根据货物实物及其采购发票到达的先后顺序可以分为如下业务应用，应用时需区别处理：

① 单货同行。当货物及其采购发票同时到达企业时，首先检验发票与货物是否一致。如果单货一致，可以先填制采购发票，再填制采购入库单，及时进行采购结算；也可以先填制采购入库单，再参照入库单生成发票，用户可选择自动进行采购结算。如果单货不一致，可以暂不入库或暂不报账结算；也可以区分损耗原因，报有关领导批准后做有损耗的采购结算。

② 货到单未到暂估入库。当货物先到，而采购发票未到达企业时，企业可根据实际入库数量填制采购入库单，做暂估入库；待取得发票后，再输入发票进行报账结算。

③ 单到货未到。当采购发票先到，而货物未到达企业时，可以不输入发票，做压单处理，等货到时再填制入库单、发票；也可以输入发票，做在途物资处理。如果想要及时掌握在途物资情况，那么就应及时输入发票。

2.受托代销

受托代销是一种先销售后结算的采购模式，是指其他企业委托本企业代销其商品，代销商品的所有权仍归委托方。代销商品销售后，本企业与委托方进行结算，开具正式的销售发票，商品所有权转移。受托代销的业务模式可以节省商家的库存资金，降低经营风险，适用于有受托代销业务的商品流通企业，如连锁超市、大型仓储超市等。只有在建立账套时企业类型选择为“商业”，系统才能处理受托代销业务。用户可以在采购管理模块设置受托代销业务，也可以在库存管理模块设置受托代销业务，在其中一个模块中进行设置，同时会改变另一个模块中的选项。

（1）受托代销业务流程

① 双方签订供销合同，受托方录入业务类型为受托代销的采购订单。

② 委托方发货、受托方收货，采购部门填制业务类型为受托代销的到货单。

③ 受托方仓库办理入库手续，填制业务类型为受托代销的采购入库单。

④ 受托方售出代销商品后，手工开具代销商品清单交委托方，委托方开具手工发票。

⑤ 受托方在采购结算中进行受托代销结算，系统自动生成受托代销发票和受托代销结算单。

（2）受托代销业务涉及的单据

① 订单。可手工新增，也可参照采购计划、采购请购单、销售订单生成，只能参照受托代销存货。

② 受托代销到货单。可手工新增，也可参照订单生成，但只能参照订单未被入库单参照的记录。订单没有业务类型的，只能参照受托代销存货。

③ 受托代销入库单。可手工新增，也可参照订单、受托代销到货单生成，但只能参照订单未被到货单参照的记录，即同一行采购订单记录或者生成到货单，或者生成入库单，不能重复参照入库。订单没有业务类型的，只能参照受托代销存货。

④ 受托代销结算。根据受托代销入库单进行受托结算，生成受托代销发票、受托代销结算单，即根据受托代销入库单生成受托代销发票，然后系统自动将入库单与发票结算，生成受托代销结算单。

⑤ 必有订单业务模式。除请购单、采购订单外，到货单、受托代销入库单不可手工新增，只能参照来源单据生成。拷贝单据的“执行所拷贝的记录”选项选中置灰不可修改。

3.直运采购

（1）直运业务定义

直运业务是指产品无须入库即可完成购销业务，由供应商直接将商品发给企业的客户。结算时由购销双方分别与企业结算。直运业务包括直运销售业务和直运采购业务，没有实物的出入库，货物流向是直接从供应商到客户，财务结算通过直运销售发票、直运采购发票解决。直运业务适用于大型电器、汽车、设备等产品的销售。销售管理模块的直运业务选项直接影响采购管理模块的直运业务。

（2）直运采购业务规则

① 直运采购发票和直运销售发票互相参照时，不可超量采购、超量销售，可以拆单拆记录。

② 直运销售发票不可录入仓库，不可录入受托代销属性的存货、“应税劳务”的存货。

③ 采购、销售和存货核算集成使用。订单模式下，如果先开销售订单，随后根据销售订单生成销售发票，再根据销售订单生成采购订单，存货核算对销售发票已记账，那么由于销售发票记账时取的是采购订单的单价，销售发票记账后请不要变更采购订单的单价。

④ 采购未完成的直运销售发票（已采购数量<销售数量）、销售未完成的直运采购发票（已销售数量<采购数量）结转下年。

⑤ 未复核、未记账的直运发票结转下年。

4.采购退货

（1）红字单据应用

在采购活动中，如发生退货或要求供货单位销售折让，则需要进行红字单据应用。

根据退货的不同阶段填制相应的红字单据，具体如下：

① 采购到货退回单。可手工新增，也可参照原采购订单或原到货单生成。同一笔业务，建议只参照一种单据，避免重复参照。若参照订单生成，则只能参照订单未被入库单参照的记录。

② 红字采购入库单。可手工新增，也可参照采购订单、到货退回单生成。

③ 红字采购发票。可手工新增，也可参照订单、红字入库单生成。同一笔业务，建议只参照一种单据，避免重复参照。

④ 采购结算单。红字入库单、红字采购发票进行采购结算，生成采购结算单。

在必有订单业务模式下，采购到货退回单、红字采购入库单、红字采购发票不可以手工新增，只能参照来源单据生成。

（2）企业没有到货环节情况下的退货业务

如果企业没有到货环节，则退货业务可分为以下情况进行处理：

① 如果该项业务的发票没有录入系统，不论货物是否办理入库手续，即不论是否已输入入库单，都可以不进行处理，不必要求供应商开具红字发票，只需将发票退给供货单位即可。

② 如果该项业务的发票已录入系统，那么若该发票还没有进行采购结算，则可以删除该发票，不必要求供应商开具红字发票。

③ 如果该发票已经结算，则必须要求供应商开具红字发票，并录入系统与相应的红字入库单进行结算。

④ 如果原入库单有错，用户重输一张红字入库单冲错，那么在进行采购结算时，选择原有错的蓝字入库单和冲错的红字入库单进行结算。

（3）企业有到货环节情况下的退货业务

如果企业有到货环节，则退货业务可用如下方式处理：

① 入库后退货。到货环节未发生拒收，货物入库后因某种原因需要退货，则由采购业务员填制退货通知单，仓库负责实物退库。此种业务的处理是：先参照原到货单或订单生成到货退回单，再根据到货退回单生成红字入库单。

② 入库前退货。根据采购不良品处理单的退货数量回写到货单，根据到货单生成到货退回单。

（4）退货结算

退货结算可以分为三种情况：

① 结算前全额退货（即已录入采购入库单，但未进行采购结算，并且全额退货）。业务流程：填制一张全部数量的红字采购入库单；把这张红字入库单与原入库单进行结算，冲抵原入库单数据。

② 结算前部分退货（即已录入采购入库单，但未进行采购结算，并且部分退货）。业务流程：填制一张部分数量的红字采购入库单，再填制一张相对应的采购发票，其中，发票上的数量=原入库单数量-红字入库单数量；把这张红字入库单与原入库单、采购发票

进行结算，冲抵原入库单数据。

③ 结算后退货（即已录入采购入库单、采购发票，并且已进行采购结算）。业务流程：填制一张红字采购入库单，再填制一张红字发票；把这张红字入库单与红字发票进行结算，冲抵原入库单数据。

（5）红字发票结算

当收到供货单位开具的红字（负数）发票，可分以下情况进行结算：

① 货物未入库的红字发票结算。没有对应的入库单，采用手工结算，不选入库单，直接选择原蓝字发票和红字发票进行结算。

② 货物已退回的红字发票结算。在取得供货单位的退货发票后进行结算。如果退货单与退货发票一致，可以自动结算，否则采用手工结算。

（二）销售业务

1.按发货与收款的形式分类

（1）普通销售

普通销售支持正常的销售业务，适用于大多数企业的日常销售业务。用户可以根据企业的实际业务应用，对销售流程进行配置。

普通销售业务根据发货与开票的实际业务流程不同，可以分为两种业务模式：一是先发货后开票模式，即先录入发货单；二是开票直接发货模式，即先录入发票。系统处理两种业务模式的流程不同，但允许两种流程并存。系统判断两种流程的最本质区别是先录入发货单还是先录入发票。

在销售流程中，销售报价单、销售订单为可选单据，用户可以使用，也可以不使用。用户在实际业务中可以不使用销售发货单，即开票直接发货，系统根据销售发票直接生成销售出库单。

（2）委托代销

委托代销是指企业将商品委托他人进行销售但商品所有权仍归本企业的销售方式。委托代销商品销售后，受托方与企业进行结算，并开具正式的销售发票，形成销售收入，商品所有权转移。只有库存管理与销售管理集成使用时，才能在库存管理中应用委托代销业务。委托代销业务只能先发货后开票，不能开票直接发货。业务流程如下：

① 销售部门制订销售计划，销售人员按照销售计划签订委托代销合同或协议。

② 销售部门根据委托代销协议填制委托代销发货单并审核。

③ 销售部门通知仓库备货，根据生成的销售出库单出库。

④ 客户（受托方）对货物进行接收。

⑤ 受托方售出代销商品后，开具售出清单。

⑥ 销售部门根据客户的售出清单开具委托代销结算单。

⑦ 结算单审核后，系统自动生成销售发票。

⑧ 销售发票传递到应收款管理系统，进行收款结算。

（3）直运销售

直运销售的具体单据流程如下：

① 必有订单直运业务的单据流程：用户首先在销售系统中录入直运销售订单并审核；然后，在采购系统中参照直运销售订单生成直运采购订单，参照时可以拆单但不能拆记

录，即每行销售订单记录只能被采购订单参照一次；最后，在采购系统中参照直运采购订单生成直运采购发票，在销售系统中参照直运销售订单生成直运销售发票。

② 在订单非必有模式下，可分为两种情况：一是有直运销售订单，则必须按照必有订单直运业务的单据流程进行操作；二是没有直运销售订单，直运采购发票和直运销售发票可互相参照。

（4）分期收款

分期收款发出商品业务类似于委托代销业务，货物提前发给客户，分期收回货款，收入与成本按照收款情况分期确认。分期收款销售的特点是：一次发货，当时不确认收入，分次确认收入，在确认收入的同时配比性地结转成本。分期收款单据流程如下：

① 购销双方签订分期收款销售合同。

② 销售部门发货，仓库部门出货。分期收款业务只能先发货后开票，不能开票直接发货。分期发货单审核后转存货核算记账。审核未记账的发货单，结转下年。

③ 客户交来部分销售款，部分确认收入，按该次收入占总收入的比例结转成本，部分核销应收款。

④ 直至全部收款，全部确认收入，全部结转成本，方可全部核销该笔分期收款销售业务。

（5）销售调拨

这是指集团企业内部有销售结算关系的部门或者分公司之间的销售业务。销售调拨单是一种原始销售票据，部门或者分公司通过销售调拨单取得货物的实物所有权。与销售开票相比，销售调拨业务只记销售收入并不涉及销售税金。调拨业务必须在税务机关许可的前提下才能使用，否则处理内部销售调拨业务必须开发票。

（6）零售业务

这是指商品流通企业将商品销售给零售客户的销售业务。如果用户有零售业务，应当将相应的销售票据按日汇总数据，然后通过零售日报进行处理，常见于商场、超市及企业的零售店。

2.按发货与发票的关系分类

（1）先发货后开票

先发货后开票是指根据销售订单或其他销售合同，向客户发出货物，发货之后根据发货单开票并结算。先发货后开票业务适用于普通销售、分期收款、委托代销业务。业务流程如下：

① 用户填制销售订单，并进行审核。

② 销售部门根据销售订单填制销售发货单，将发货单作为仓库出货及填制销售发票的依据，可以对应企业的专用票据，如销售小票、提货单、发送单等。

③ 用户根据销售发货单生成销售出库单，客户接收货物。

④ 销售部门参照发货单生成销售发票。

⑤ 将销售发票传递到应收款管理系统，进行收款结算。

（2）开票直接发货

开票直接发货是指根据销售订单或其他销售合同，向客户开具销售发票，客户根据发票到指定仓库提货。开票直接发货只适用于普通销售。业务流程如下：

① 销售部门根据销售订单生成销售发票，客户或送货人依据销售发票中的某一联到

仓库提货。

② 系统自动生成销售发货单，并根据参数设置生成销售出库单，或由库存管理系统参照已复核的销售发票生成销售出库单。在实际业务中，仓库将销售发票中的某一联作为出货依据。

③ 销售发票传递到应收款管理系统，进行收款结算。

（3）销售退货

销售退货是指客户因货物质量、品种、数量等不符合要求而将已购货物退回给本单位的业务。业务规则如下：

①销售退货与正常销售的流程基本相同。

②参照订单生成的退货单或直接填制的退货单可以生成发票。

③参照发货单生成退货单，退货单冲减发货单的发货数量，不能参照退货单生成发票。

默认退货数量=原发货单数量-开票数量-已退货数量

默认退货数量可修改，但不可超过原发货单数量；默认退货数量≤0时，不可参照。

④参照发货单生成红字发票。

默认红字开票数量=原发货单数量-开票数量-已退货数量

默认红字开票数量可修改，修改数量没有限制；默认红字开票数量≤0时，不可参照。

（4）具体业务应用

① 换货：货物发出后客户要求换货，需要先按照客户要求退货的货物开具退货单，然后按照客户所换的货物开具发货单。

② 销售退货时未开票：直接修改或作废发货单。

③ 销售退货时已开票：先填写退货单，参照退货单生成红字销售出库单，凭此单到库房办理入库手续，根据退货单开具红字销售发票。

二、供应链管理操作流程

供应链管理业务操作流程如图6-1所示。

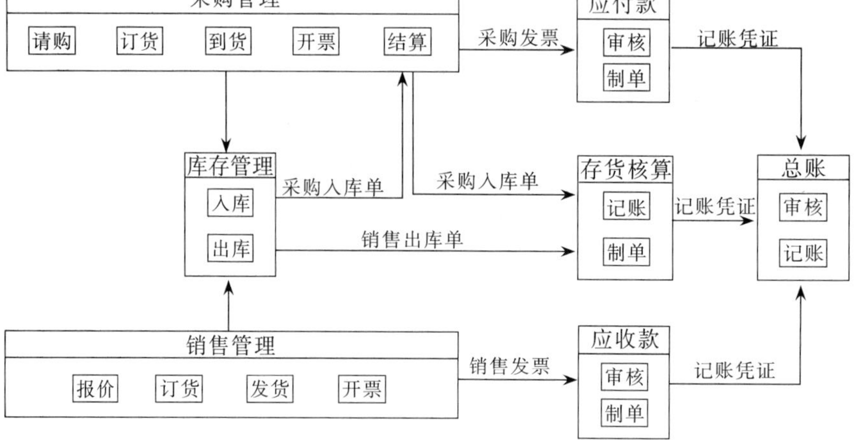

图6-1 供应链业务流程图

供应链管理单据流程如图6-2所示。

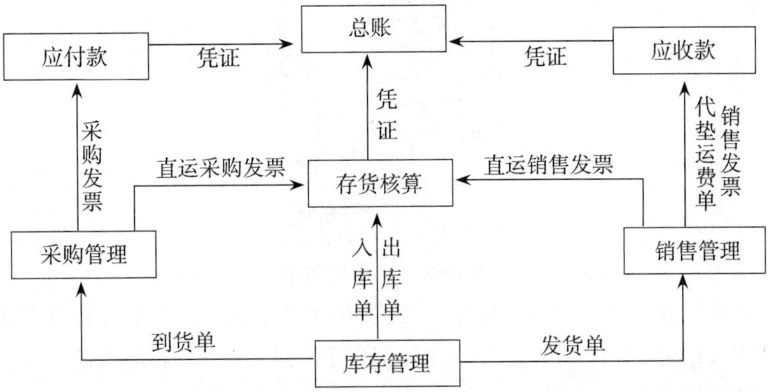

图6-2 供应链单据流程

第二节 采购管理日常业务及月末处理

采购是企业采购部门按已确定的采购计划或者业务部门提出的采购申请，通过市场采购、加工定制等各种渠道，取得企业生产经营活动所需的各种物资的经济活动。

普通采购业务流程如下：当企业需要采购存货时，请购部门提交购买存货的请购单，送到采购部门；采购业务人员在与供货单位签订采购合同或协议后，用计算机建立采购订单档案，向供应商发出采购订单；供应商把所订货物送达企业后，用户对收到的货物进行清点，填制采购到货单，或直接根据采购订单生成到货单；经过仓库的质检和验收，在库存管理模块填写采购入库单；将收到的供应商的发票交给采购会计，由采购会计进行采购发票的输入和采购结算工作；将采购入库单报财务部门的成本会计进行存货采购成本核算，将采购发票等票据报应付账会计进行应付账款核算。

一、采购管理业务1

11月8日，一车间根据生产计划填制请购单向采购部提出采购请求，请求采购明珠男衣100件，明珠男套装42套，采购部审核同意。同日，采购部向供应商上海明珠服装厂提出采购请求，双方协商后签订了供货合同，明珠男衣不含税单价300元/件，明珠男套装不含税单价850元/套，要求本月10日到货。

1.请购部门进行请购单处理

采购请购是指企业内部的业务部门向采购部门提出采购申请，或采购部门汇总企业内部采购需求提出采购清单。

请购是采购业务处理的起点，也是MPS/MRP计划与采购订单的中间过渡环节，用于描述和生成采购的需求，如采购什么货物、采购多少、何时使用、由谁使用等内容，也可为采购订单提供建议内容，如建议供应商、建议订货日期等。

（1）执行采购管理系统菜单“请购”—“请购单”功能（如图6-3所示）。

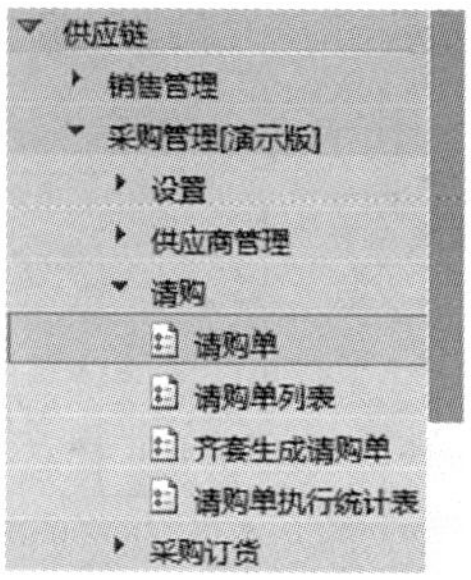

图6-3　执行请购单

（2）录入“采购请购单”具体内容（如图6-4所示）。请购单可以手工增加，也可以参照MPS/MRP计划、ROP计划、生产订单，还可以拷贝已经存在的请购单，减少录入的工作量。请购单可以修改、删除、审核、弃审、关闭、打开、锁定、解锁、复制、变更。采购请购单存盘以后只有进行审核，才能进入下一阶段处理。

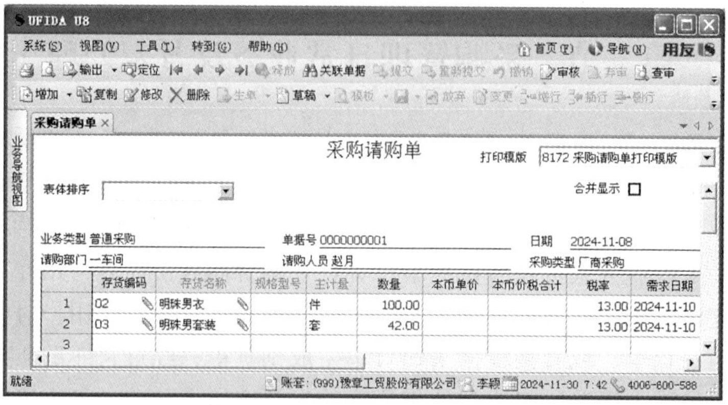

图6-4　采购请购单录入

需要注意的是，由于请购单权限位于“基本信息”—“公共单据”中，并不是在采购管理模块中，因此，操作时如果发现操作员菜单项中没有请购单相关功能，可以进入系统管理模块检查是否给操作员授予了请购单等公共单据处理权限，若没有，需要补授权限并重新注册企业应用平台。

2.采购部门进行采购订单处理

采购订单是企业与供应商之间签订的采购合同、购销协议等，主要内容包括采购什么货物、采购多少、由谁供货、什么时间到货、到货地点、运输方式、价格、运费等。采购订单可以是企业采购合同中关于货物的明细内容，也可以是订货的口头协议。通过采购订单的管理，企业可以实现采购业务的事前预测、事中控制、事后统计。

（1）执行采购管理系统菜单“采购订货”—“采购订单”功能（如图6-5所示）。

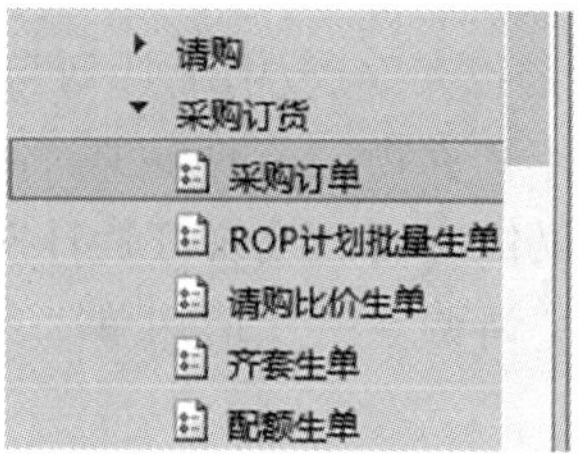

图6-5　执行采购订单

（2）执行采购订单中的“增加”功能，进入采购订单的增加界面。在此，可以手工输入采购订单内容，也可以执行“生单”功能参照生成。“生单”是自动生成单据的简称，该功能通过拷贝已审核的前续阶段单据生成新的单据，可以提高单据输入效率。本例采用生单方式，执行菜单中的“生单”—“请购单”（如图6-6所示）。

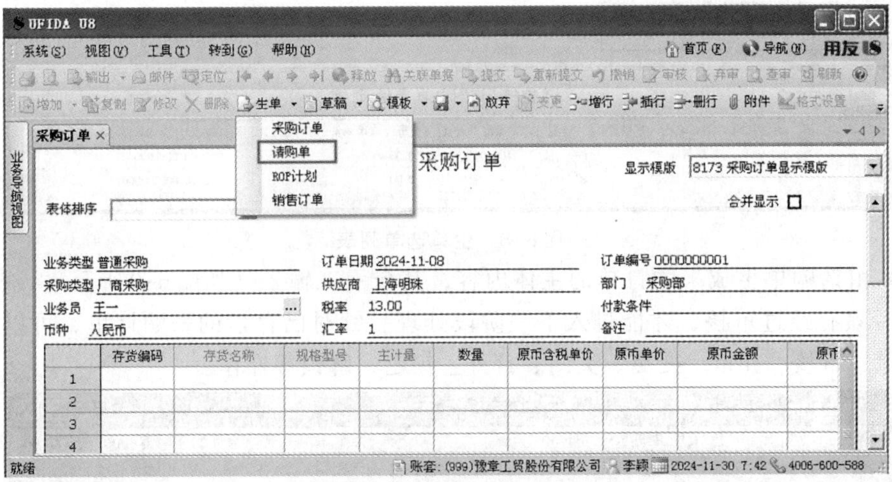

图6-6 采购订单录入

（3）系统提供对已审核请购单过滤功能（如图6-7所示）。

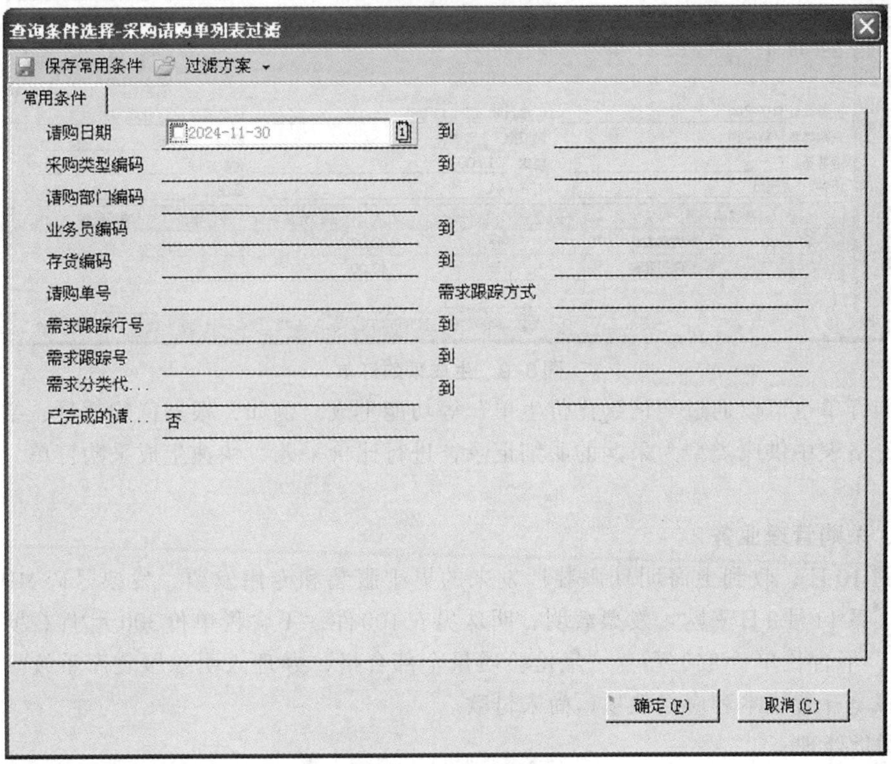

图6-7 采购请购单过滤

找到了需要用到的对象以后，需要在表头列表的“选择”栏进行勾选，只有这样才能在下面的表体列表中显示该单据表体内容（如图6-8所示）。

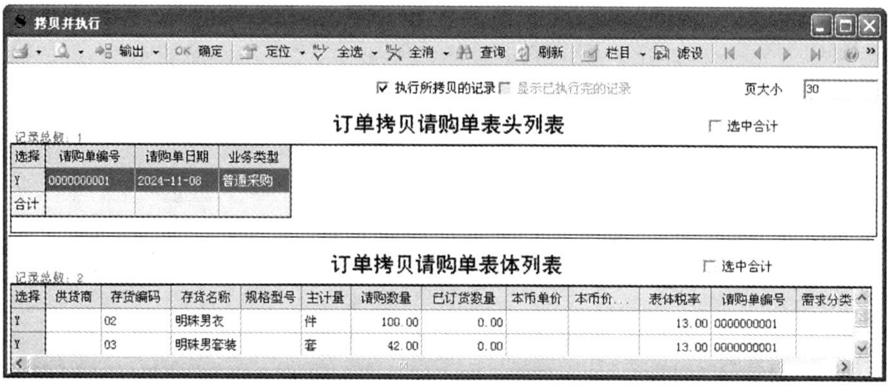

图6-8 生单选单列表

（4）由请购单生成采购订单的主体内容，其余手工输入（如图6-9所示）。该采购订单存盘后只有经过审核，才能进入下一阶段处理。针对已存盘的采购订单，可以进行修改、删除、审核、弃审、变更、关闭、打开、锁定、解锁等操作。

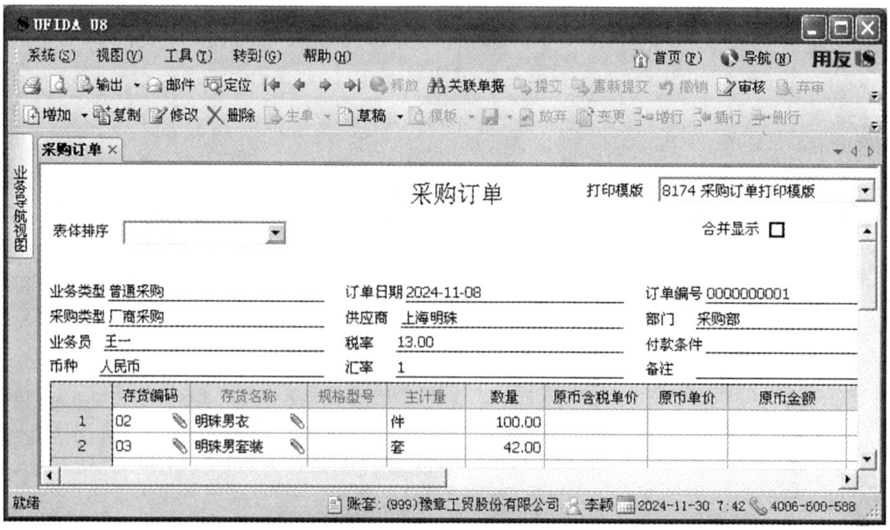

图6-9 生成采购订单

采购订单也可以通过“请购比价生单”等功能生成。例如，根据待购数量，结合供应商存货价格表中供应类型为采购的明细记录，进行比价采购，快速生成采购订单。

二、采购管理业务2

11月10日，收到上海明珠服装厂发来的男士服装和专用发票，发票号码MD10098，该批服装系11月8日采购。发票载明，明珠男衣100件，不含税单价300元/件；明珠男套装42套，不含税单价850元/套。经检验质量全部合格，办理入明珠服装库手续。财务部门确认该笔存货成本和应付款项，尚未付款。

1.到货处理

采购到货是采购订货和采购入库的中间环节，一般由采购业务员根据供方通知或送货单填写，确认对方所送货物、数量、价格等信息，以入库通知单的形式传递到仓库作为保管员收货的依据。

（1）执行采购管理系统菜单“采购到货”—“到货单”（如图6-10所示）。

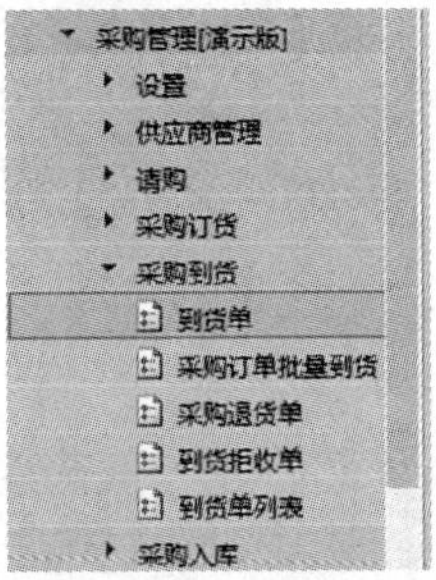

图6-10　到货单功能

（2）通过“生单”功能，参照采购订单取得单据内容（如图6-11所示）。到货单存盘以后只有经过审核，才能进入下一阶段处理。

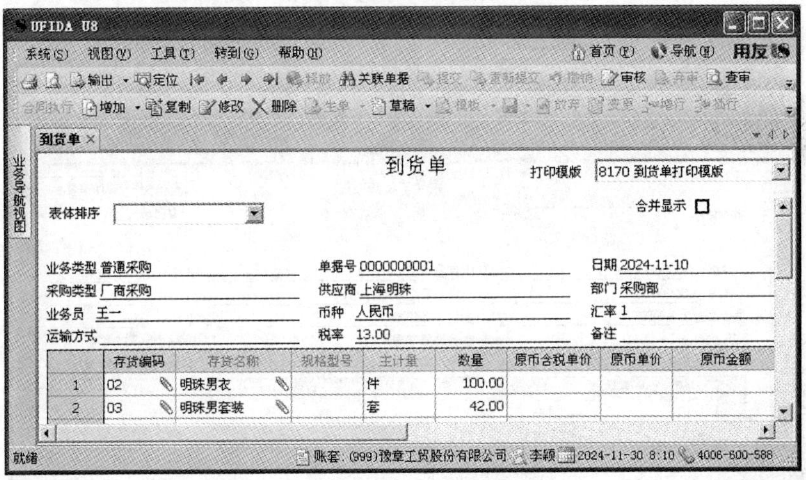

图6-11　填制到货单

2. 入库处理

采购入库是指仓库管理员通过采购到货、质量检验环节，对存货进行入库验收。在采购管理和库存管理集成使用的情况下，入库业务必须在库存管理中进行处理。

（1）执行库存管理系统菜单“入库业务”—“采购入库单”功能（如图6-12所示）。

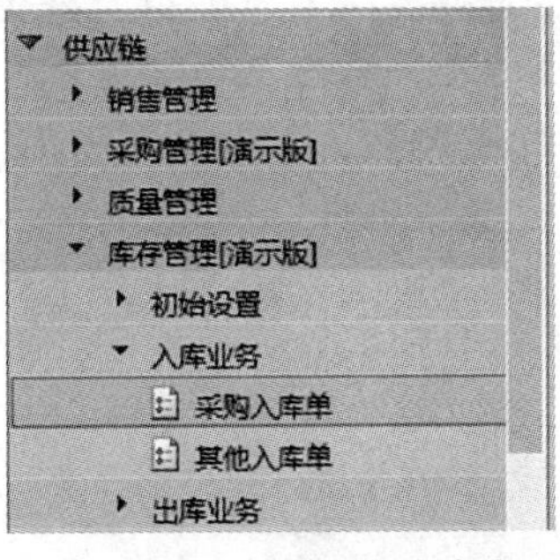

图6-12　采购入库单功能

（2）通过采购入库单的“生单”功能，参照采购到货单（蓝字）生成采购入库单（如图6-13、图6-14所示）。需要注意的是，采购入库单的“增加”和“生单”功能是互斥的。采购入库单只有经过审核，才能进入下一阶段处理。

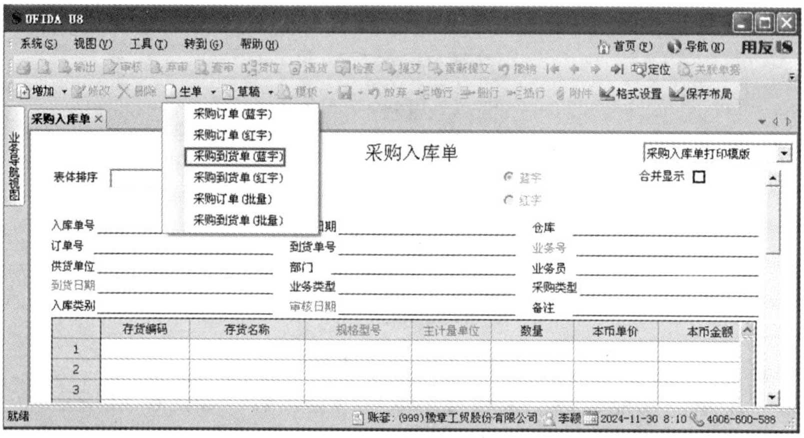

图6-13　采购入库单的“生单”功能

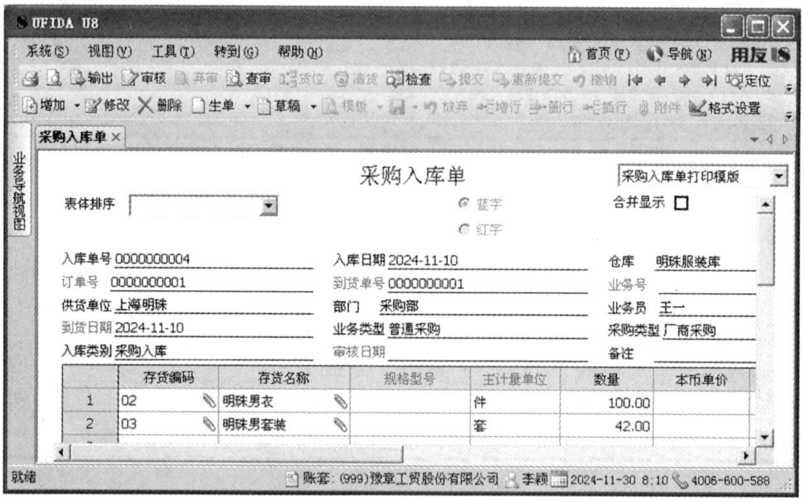

图6-14　生成采购入库单

3.填制采购专用发票

采购发票是供应商开出的销售货物的凭证，系统将根据采购发票确认采购成本，并据以确认应付账款。企业在收到供货单位的发票后，如果没有收到供货单位的货物，可以对发票做压单处理，待货物到达后，再输入系统做报账结算处理；也可以先将发票输入系统，以便实时统计在途物资。

由于采购发票中的编号默认由系统自动生成，而本例需要手工输入，所以需要先到基础设置中对单据编号进行设置（如图6-15、图6-16所示）。

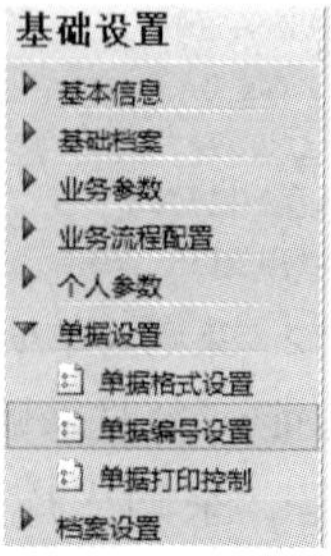

图6-15　单据编号设置功能

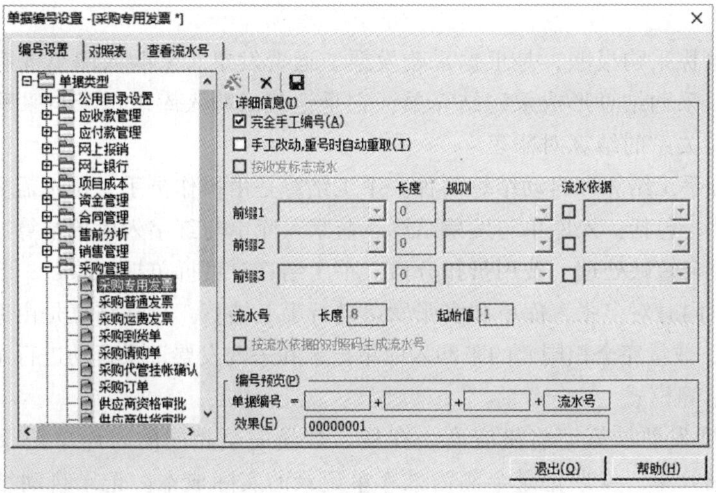

图 6-16 采购专用发票编号设置

(1) 执行采购管理系统菜单“采购发票”—“专用采购发票”功能(如图 6-17 所示)。

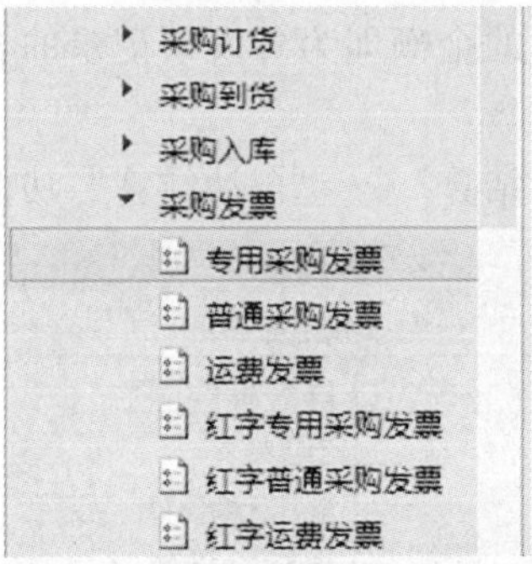

图 6-17 专用采购发票功能

(2) 利用生单功能,参照采购入库单完成发票内容的填制(如图 6-18 所示)。

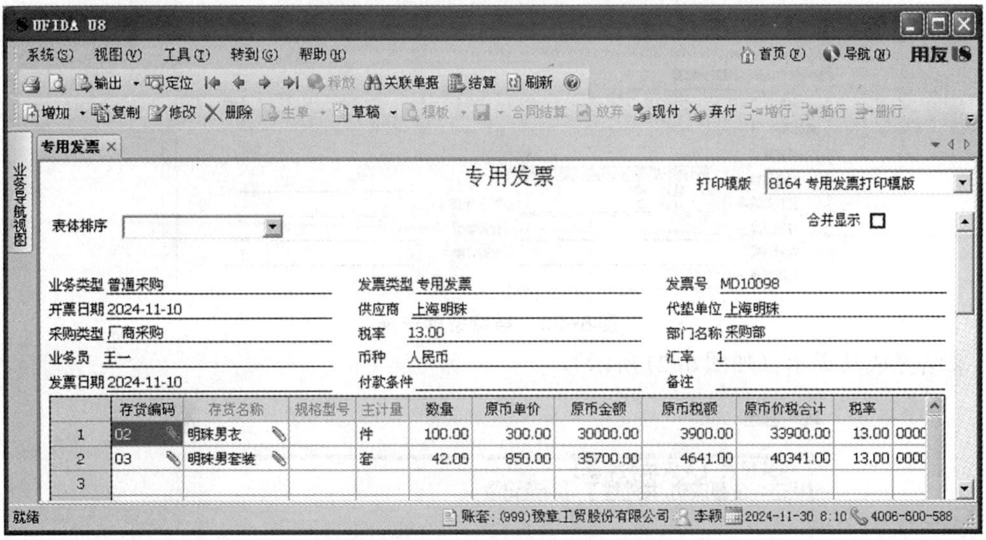

图 6-18 录入采购专用发票

4.采购结算

采购结算也称采购报账，是根据采购发票、运费发票、采购入库单等确定成本对象的采购入库成本。采购结算形成采购结算单，它是记载采购入库单记录与采购发票以及运费发票等记录对应关系的结算对账表。

采购结算分手工结算和自动结算两种。手工结算是由操作员手工挑选需要进行结算的采购入库单和发票，包括：入库单与发票结算、蓝字入库单与红字入库单结算、蓝字发票与红字发票结算、溢余短缺处理、费用折扣分摊。手工结算时可拆单拆记录，一行入库记录可以分次结算；可以同时对多张入库单和多张发票进行手工结算。自动结算是由系统对符合条件（供应商、存货、数量完全相同）的采购入库单记录和采购发票记录自动进行结算。

（1）自动结算模式

① 入库单和发票结算。将供应商、存货、数量完全相同的入库单记录和发票记录进行结算，生成结算单。发票记录金额为入库单记录的实际成本。记录自动结算到行。

② 红蓝入库单结算。将供应商和存货相同、数量绝对值相等但符号相异的红蓝入库单记录对应结算，生成结算单。入库单记录可以没有金额，只有数量。记录自动结算到行。

③ 红蓝发票结算。将供应商和存货相同、金额绝对值相等但符号相异的采购发票记录对应结算，生成结算单。结算的金额即为各发票记录的合计金额。记录自动结算到行。

（2）自动结算操作

执行“采购管理”—“采购结算”—“自动结算”功能（如图6-19所示）。

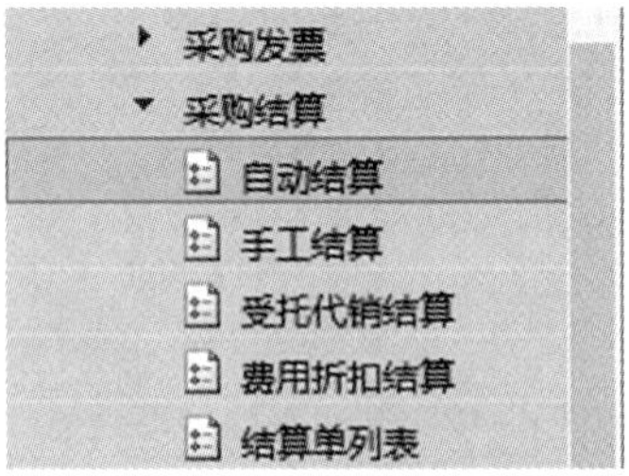

图6-19 自动结算功能

①结算条件选择（如图6-20所示）。

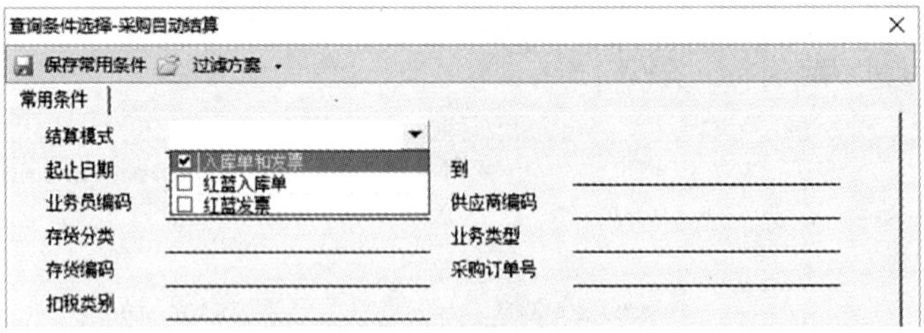

图6-20 结算条件选择

②结算成功提示（如图6-21所示）。

图6-21 结算成功提示

③查看采购结算单列表（如图6-22所示）。

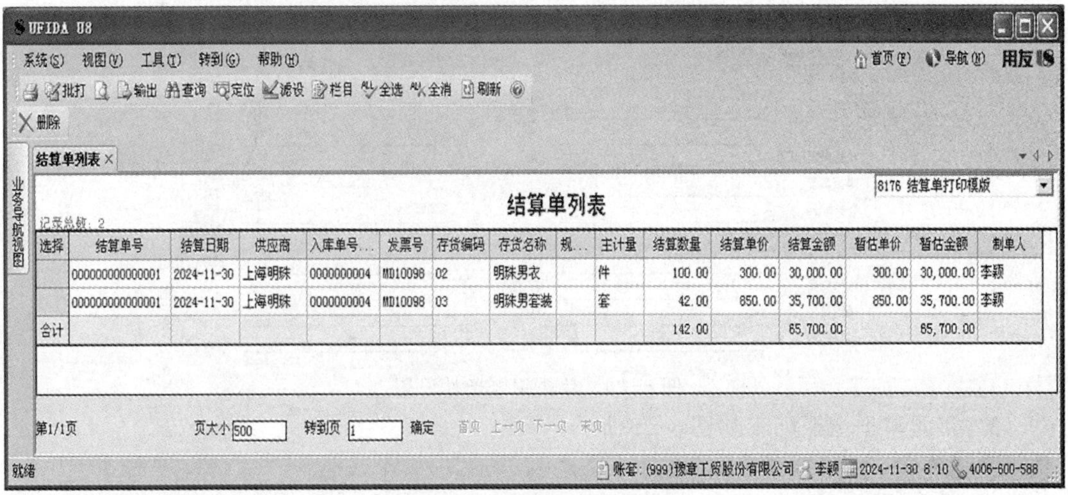

选择	结算单号	结算日期	供应商	入库单号...	发票号	存货编码	存货名称	规...	主计量	结算数量	结算单价	结算金额	暂估单价	暂估金额	制单人
	0000000000000001	2024-11-30	上海明珠	0000000004	MD10098	02	明珠男衣		件	100.00	300.00	30,000.00	300.00	30,000.00	李颖
	0000000000000001	2024-11-30	上海明珠	0000000004	MD10098	03	明珠男套装		套	42.00	850.00	35,700.00	850.00	35,700.00	李颖
合计										142.00		65,700.00		65,700.00	

图6-22 采购结算单列表

需要注意的是，进行采购结算之前需要检查操作日期，操作日期不能早于采购发票日期和采购入库单日期，否则无法进行结算。如果结算后发现前面单据有误需要取消结算，可在结算单列表中选择结算单，执行“删除”功能。

5.存货核算系统进行采购记账及填制凭证

通过采购结算确定了采购入库单上的存货入库成本后，用户还需要在存货核算系统中进行正常单据记账，并填制采购入库记账凭证。

（1）执行存货核算系统菜单“业务核算”—“正常单据记账”功能（如图6-23所示）。

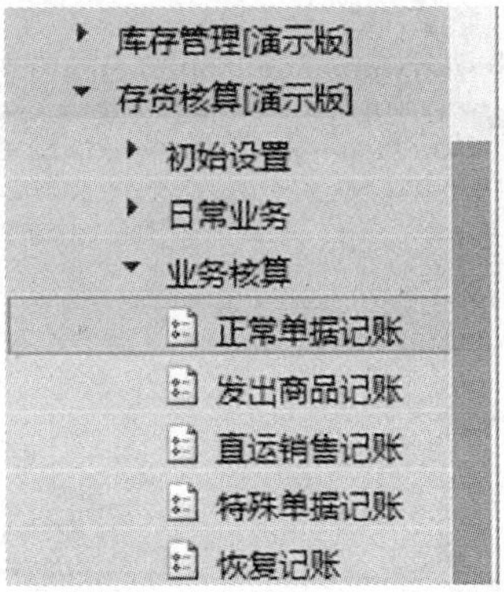

图6-23 正常单据记账功能

正常单据记账是根据采购入库单等单据上的成本（以计划价/售价法核算的存货取其计划价、售价）登记存货明细账、差异明细账/差价明细账、受托代销商品明细账、受托代销商品差价账等。需要注意的是，若采购入库单上无成本，则取系统选项“入库单成本选择”中的选项成本记账；当调拨入库单、组装入库单取不到对应出库成本时，取系统选项成本即入库单成本，否则需要手工输入。

采用个别计价法核算的红字入库单在单据记账时指定入库批次。只有红字入库单全部未结算或全部结算，才允许记账。

（2）单据记账条件设置（如图6-24所示）。

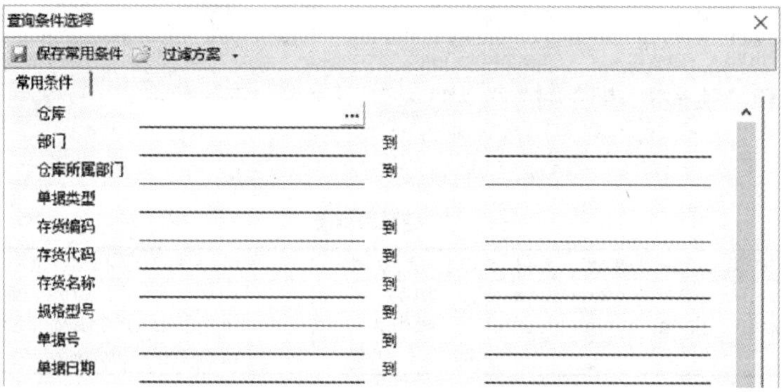

图6-24　单据记账条件设置

（3）正常单据记账列表如图6-25所示。

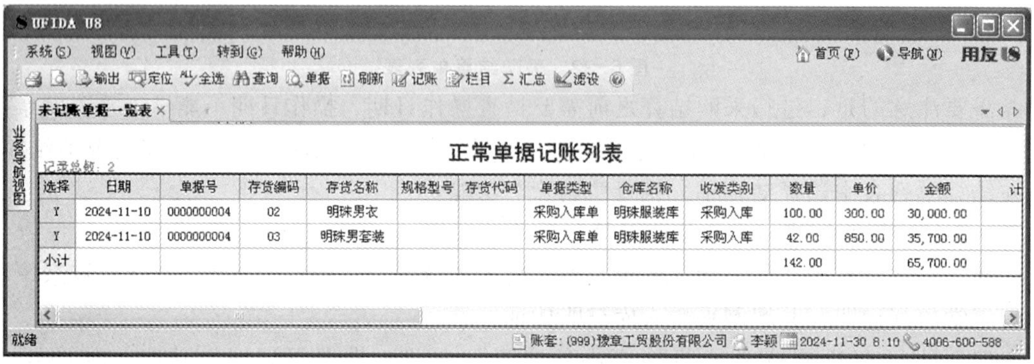

选择	日期	单据号	存货编码	存货名称	规格型号	存货代码	单据类型	仓库名称	收发类别	数量	单价	金额
Y	2024-11-10	0000000004	02	明珠男衣			采购入库单	明珠服装库	采购入库	100.00	300.00	30,000.00
Y	2024-11-10	0000000004	03	明珠男套装			采购入库单	明珠服装库	采购入库	42.00	850.00	35,700.00
小计										142.00		65,700.00

图6-25　正常单据记账列表

执行单据记账后，可在存货核算系统的“账表”—“账簿”—“明细账”中查看各类存货明细账记账结果，如图6-26所示。

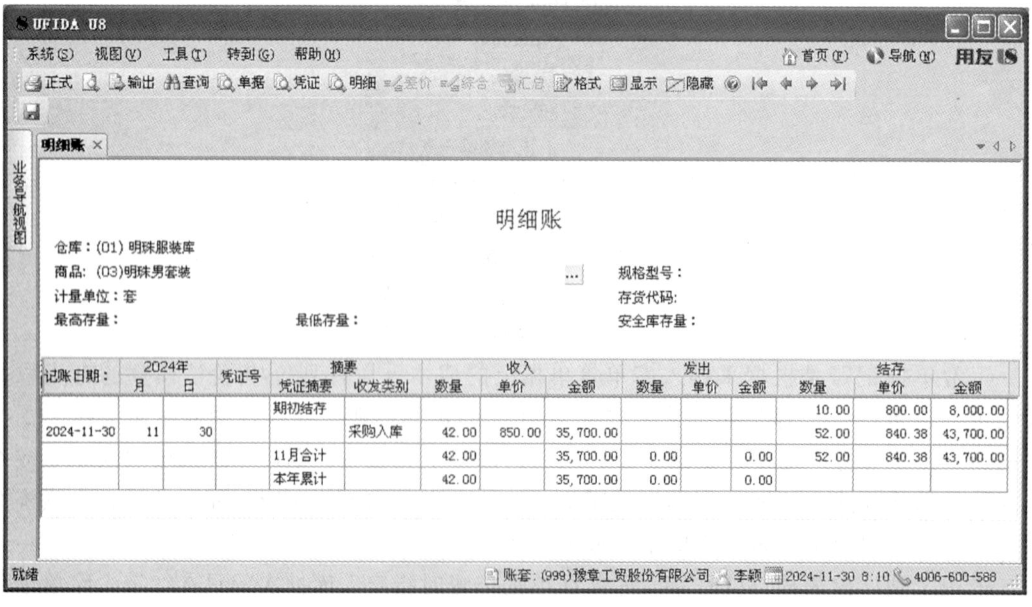

记账日期：	2024年		凭证号	摘要		收入			发出			结存		
	月	日		凭证摘要	收发类别	数量	单价	金额	数量	单价	金额	数量	单价	金额
				期初结存								10.00	800.00	8,000.00
2024-11-30	11	30			采购入库	42.00	850.00	35,700.00				52.00	840.38	43,700.00
				11月合计		42.00		35,700.00	0.00		0.00	52.00	840.38	43,700.00
				本年累计		42.00		35,700.00	0.00		0.00			

图6-26　存货明细账

采购入库单正常单据记账以后，需要时可以执行业务核算中的“恢复记账”功能取消记账。如果无法恢复记账，可能的原因是采购入库单记账后已经制单，或者采购入库单未制单，但是它的后续单据已记账制单。要恢复记账，通常需要先将后续单据制单删除。需要特别注意的是，针对采用先进先出法计价的存货，由于特殊的流转方式，业务发生的日期会直接影响存货采购入库单的恢复记账操作。如果要恢复采用先进先出法计价存货的任意日期的单据记账，需要先将该日期之前的单据全部恢复记账以后才能进行操作。

（4）记账完成以后，执行存货核算系统菜单“财务核算”—“生成凭证”，出现生成凭证界面（如图6-27所示）。

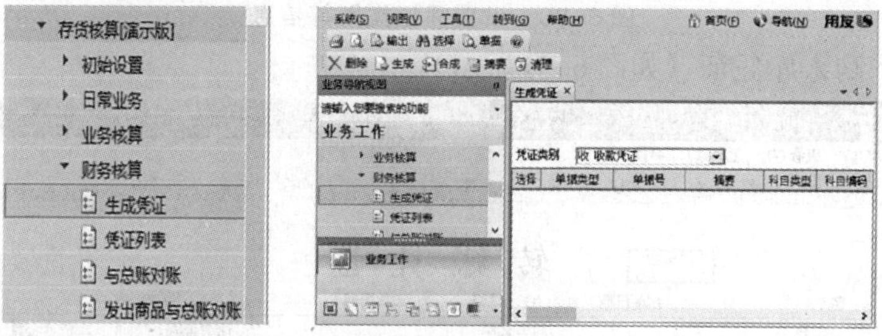

图6-27 生成凭证

（5）点击“选择”功能按钮，输入查询条件，确定需要生成凭证的单据（如图6-28、图6-29所示）。

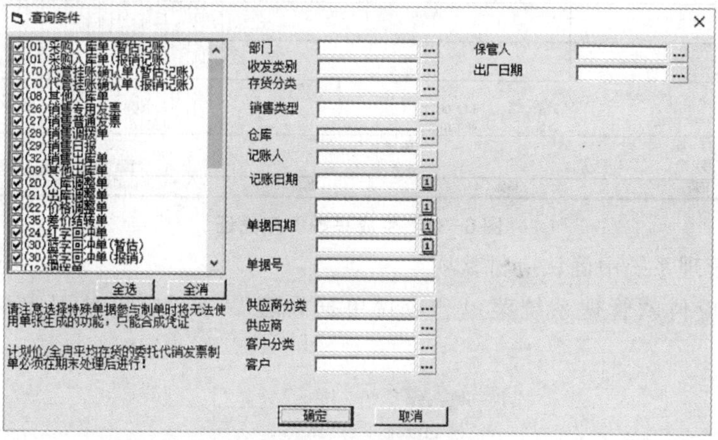

图6-28 查询条件

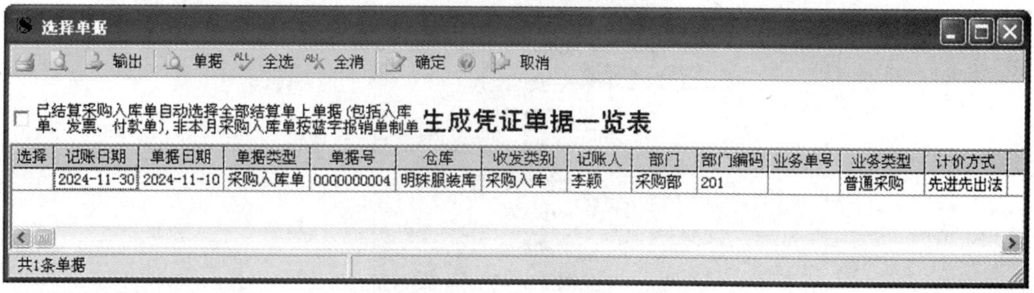

图6-29 选择单据

（6）设置凭证类别及相关会计科目，点击“生成”按钮（如图6-30所示）。

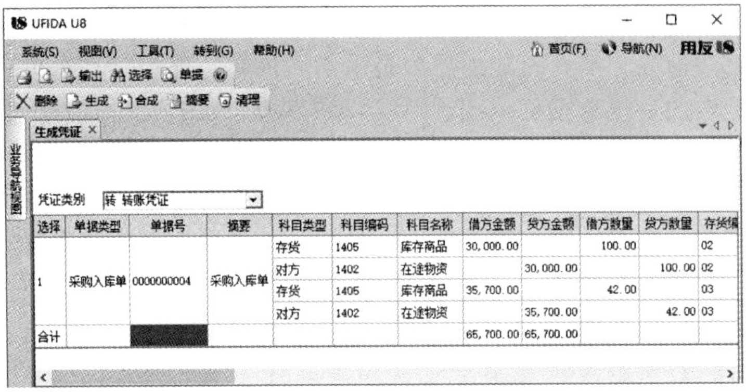

图6-30 设置凭证类别等信息

(7) 生成采购入库凭证（如图6-31所示）。

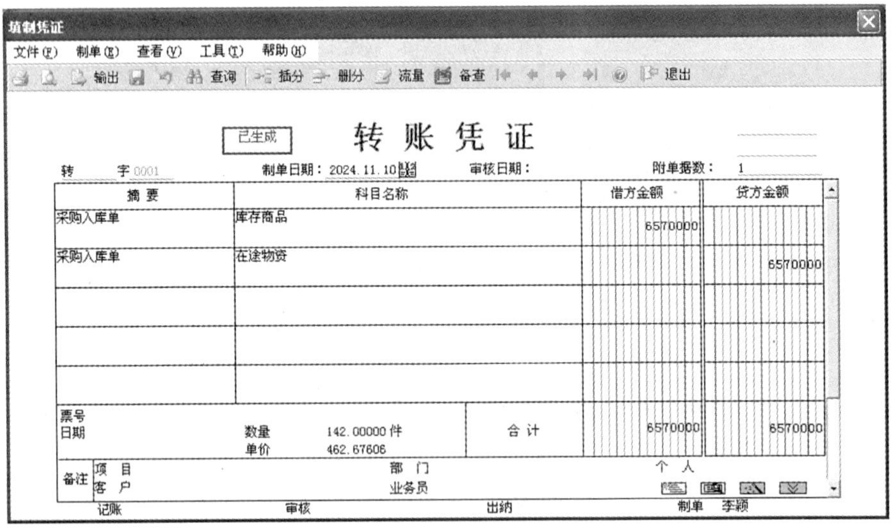

图6-31 生成采购入库凭证

6.应付款管理系统中确认应付款项

(1) 执行应付款管理系统菜单“应付单据处理”—“应付单据审核”（如图6-32所示）。

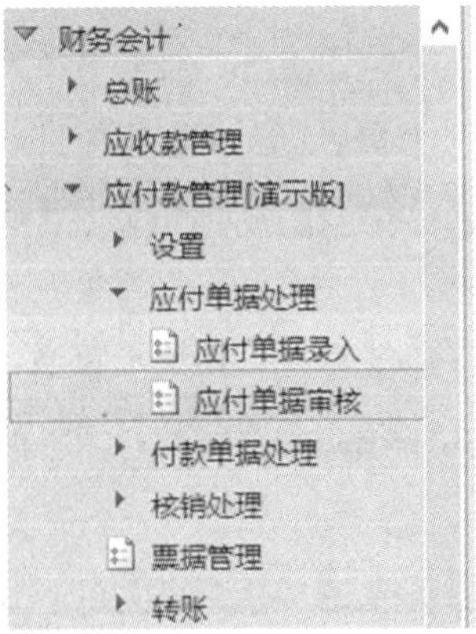

图6-32 应付单据审核功能

（2）进行单据过滤（如图6-33所示）。

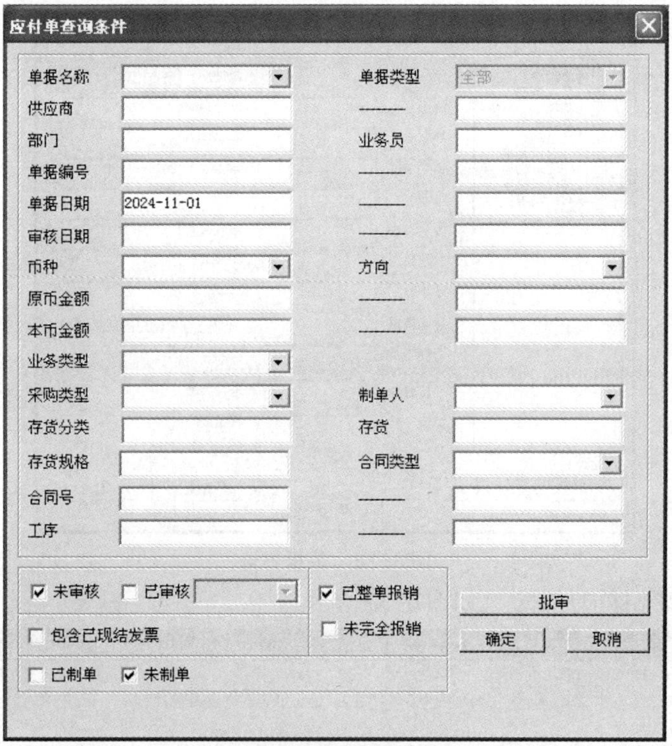

图6-33 单据过滤

（3）选择需要审核的应付单据，点击“审核”功能完成单据审核（如图6-34所示）。

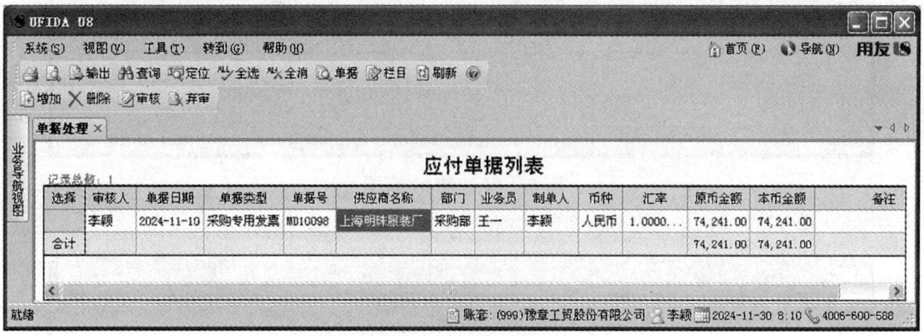

图6-34 应付单据列表

（4）执行应付款管理系统菜单“制单处理”功能（如图6-35所示）。

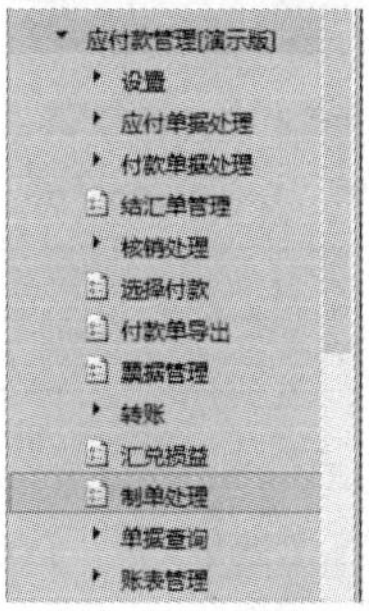

图6-35 制单处理功能

（5）单据筛选（如图6-36所示）。

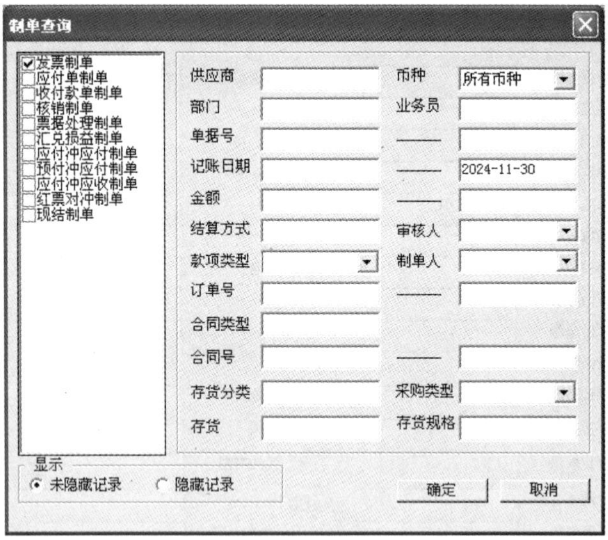

图6-36　单据筛选

（6）选择需要制单的单据（如图6-37所示）。

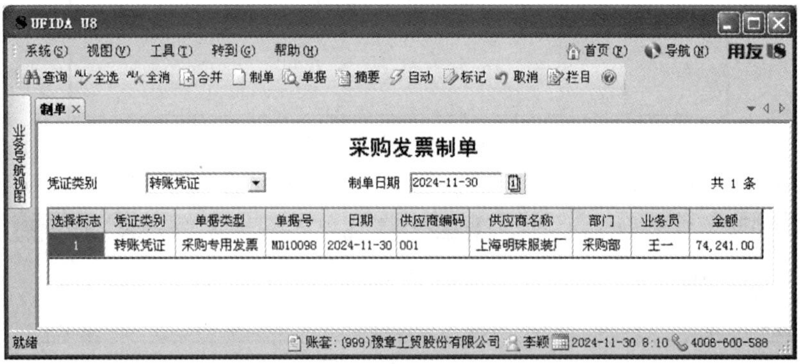

图6-37　选择单据

（7）点击“制单”按钮，生成采购应付凭证（如图6-38所示）。

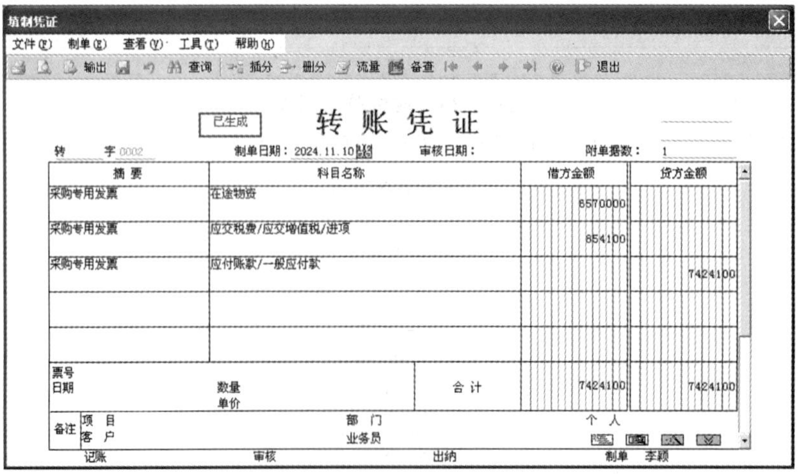

图6-38　生成采购应付凭证

三、采购管理业务3

11月12日，与深圳海王手表厂签订购货合同。订购海王情侣表4对，不含税单价140元/对，要求19日到货；海王女表6只，不含税单价120元/只，要求次月9日到货。

该业务没有经过请购环节，而是直接与供应商签订采购合同，因此，在采购管理系统中直接填制采购订单并进行审核（如图6-39所示）。

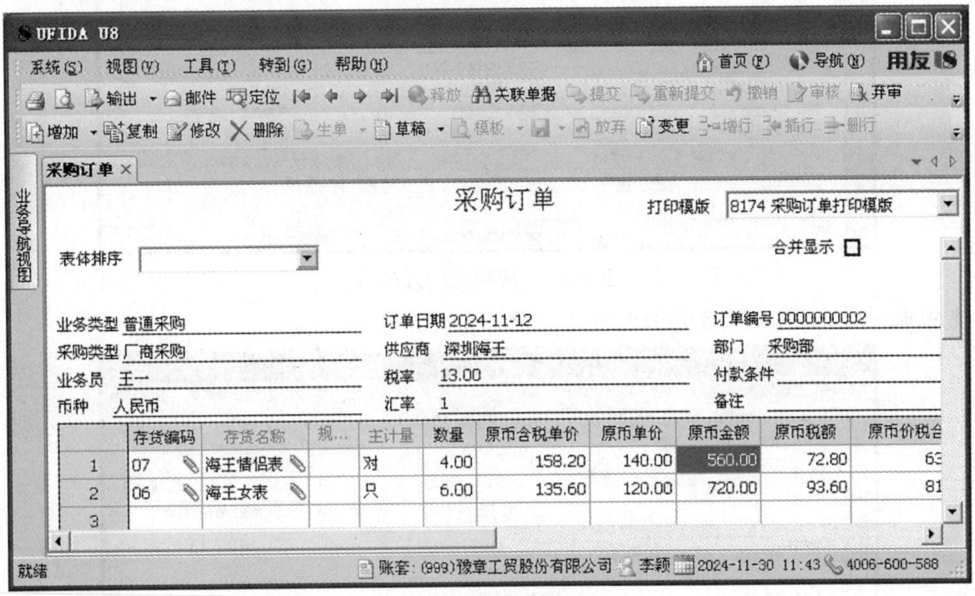

图6-39 填制采购订单

四、采购管理业务4

11月19日，收到深圳海王手表厂发来的海王情侣表和专用发票，是11月12日订购的手表，发票号码MD10501。发票载明海王情侣表4对，不含税单价140元/对。经检验，手表质量合格，入手表库，财务部门确认采购成本和应付款项。

1.填制并审核到货单（如图6-40所示）

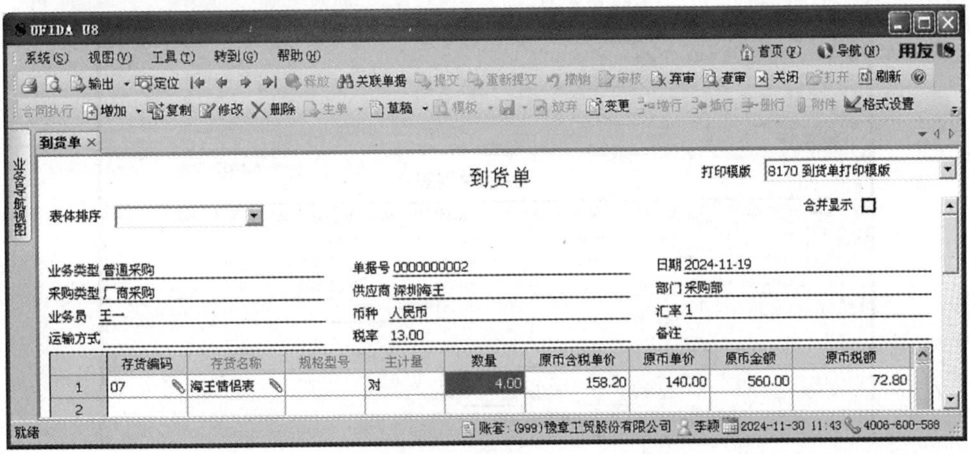

图6-40 填制到货单

2.填制并审核采购入库单（如图6-41所示）

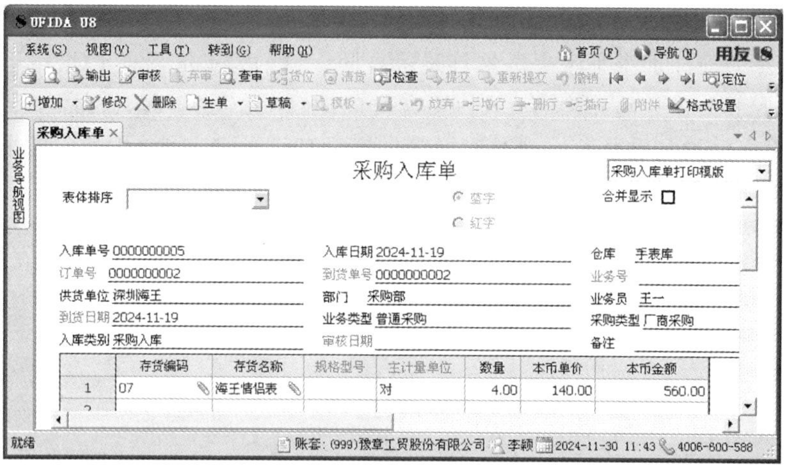

图6-41　填制采购入库单

3.填制采购发票（如图6-42所示）

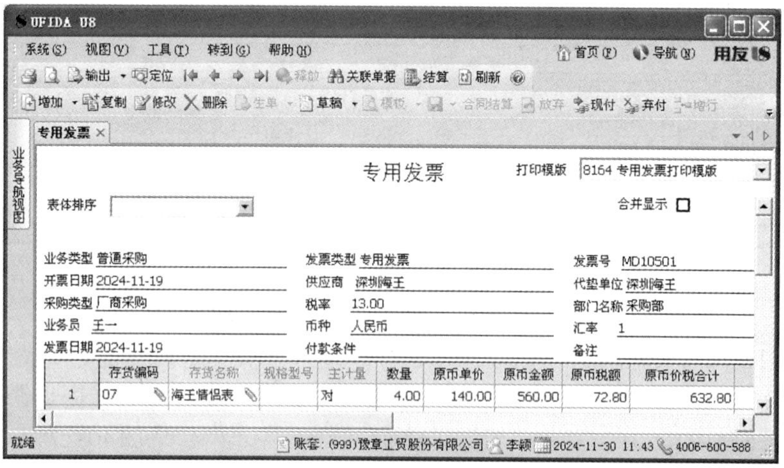

图6-42　填制采购发票

4.完成采购结算（如图6-43所示）

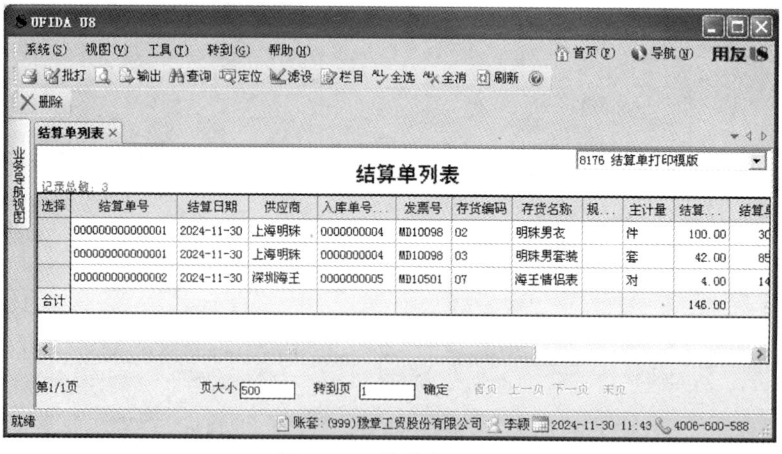

图6-43　结算单列表

5.在存货核算系统进行正常单据记账（如图6-44所示）

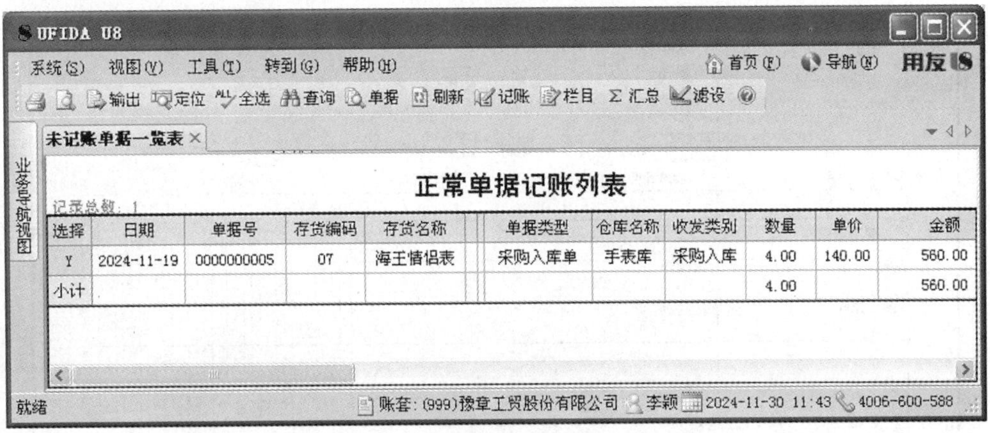

图6-44 正常单据记账列表

6.选择生成凭证单据（如图6-45所示）

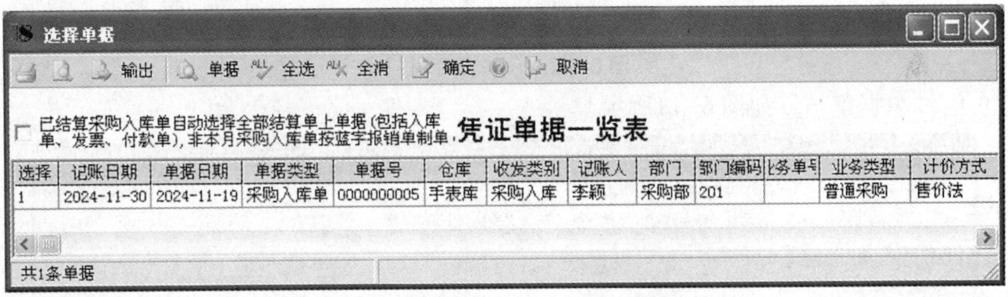

图6-45 未生成凭证单据一览表

7.定义采购入库凭证类别及会计科目

由于手表库采用售价法核算，因此，存货按售价入库，售价与进价差额记入商品进销差价科目（如图6-46所示）。

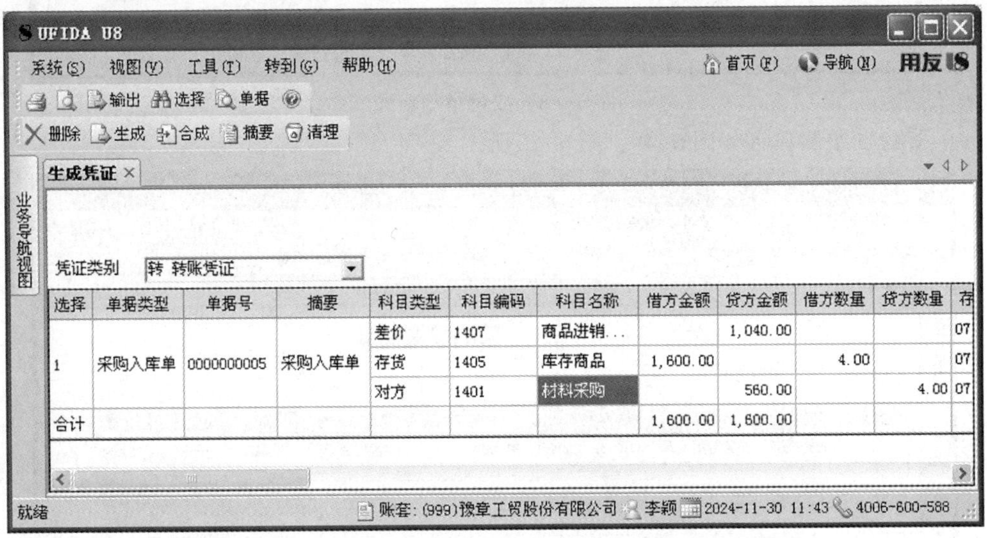

图6-46 定义凭证

8.生成记账凭证（如图6-47所示）

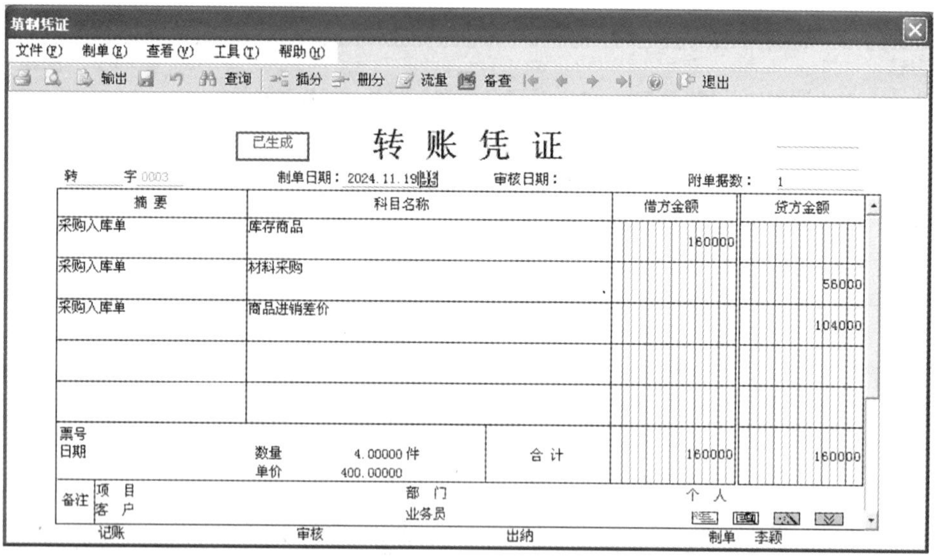

图6-47 生成记账凭证

9.应付单据审核（如图6-48所示）

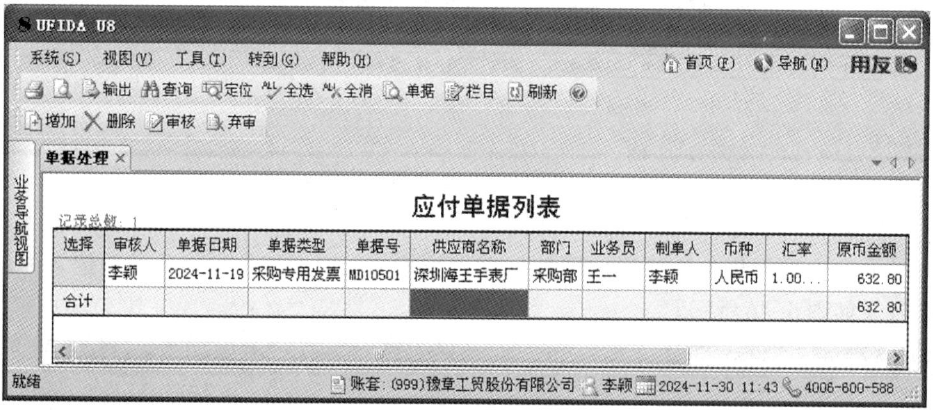

图6-48 应付单据审核

10.采购发票制单（如图6-49、图6-50所示）

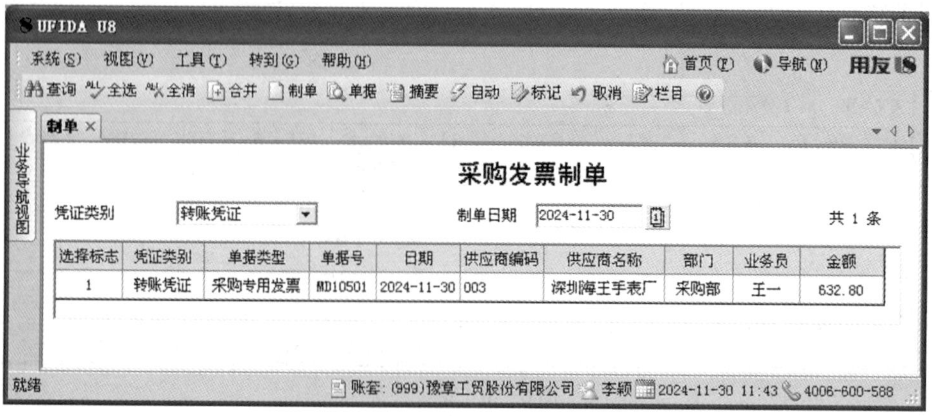

图6-49 采购发票制单选择

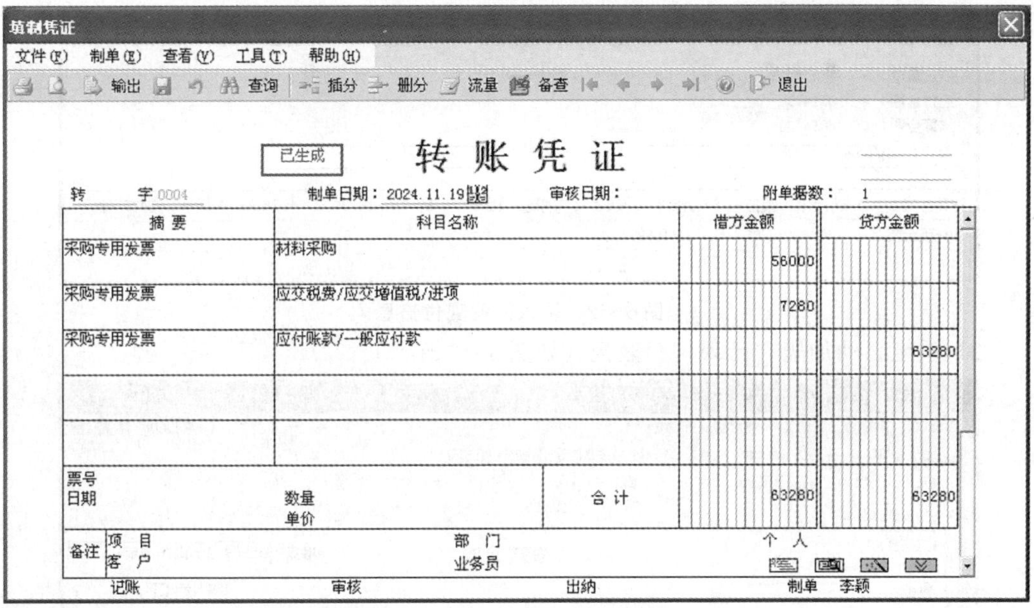

图 6-50 生成采购凭证

五、采购管理业务5

11月20日，收到上海明珠服装厂开具的10月18日入库的明珠男套装的专用发票，发票号码MD10088。发票记录明珠男套装10套，不含税单价780元/套。公司核实后立即支付货款和税款（现金支票xj03）。

1. 参照期初入库单开具采购专用发票（如图6-51所示）

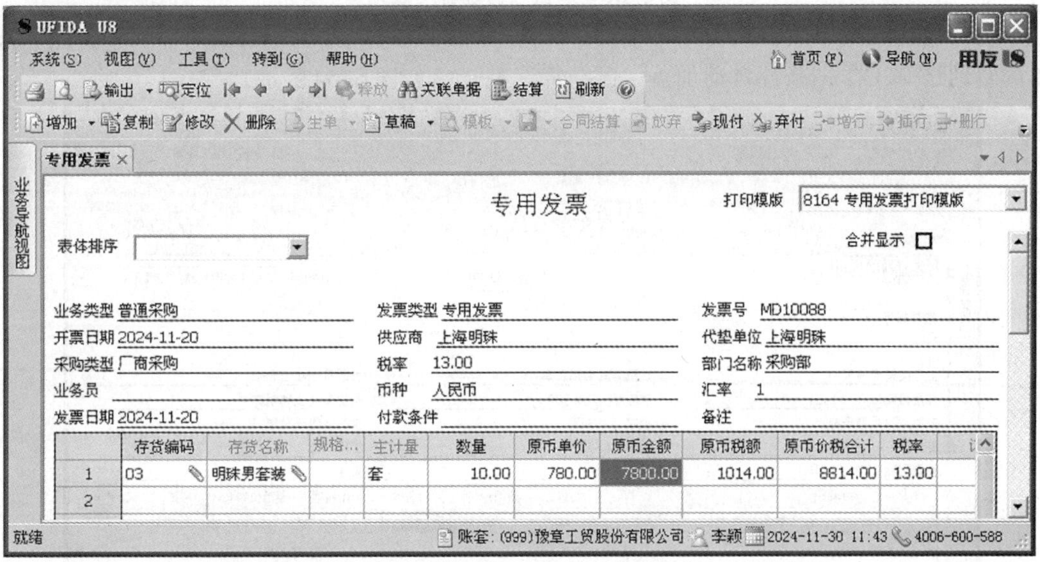

图 6-51 填制采购专用发票

2. 现付并结算

（1）采购专用发票存盘后点击菜单中的“现付”功能，输入采购现付相关信息（如图6-52所示）。

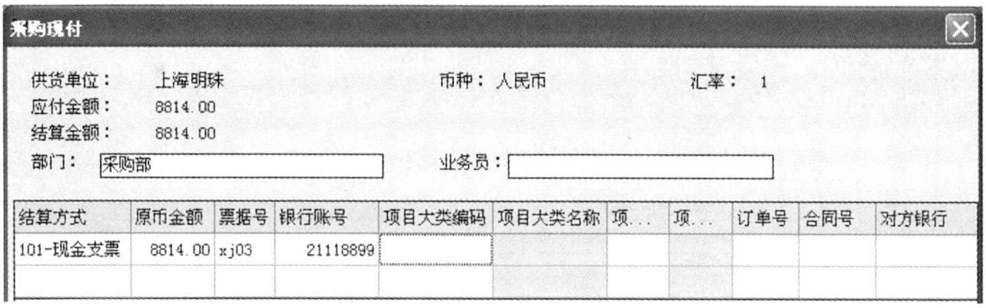

图 6-52　输入采购现付信息

（2）系统自动加盖“已现付”戳记（如图 6-53 所示）。

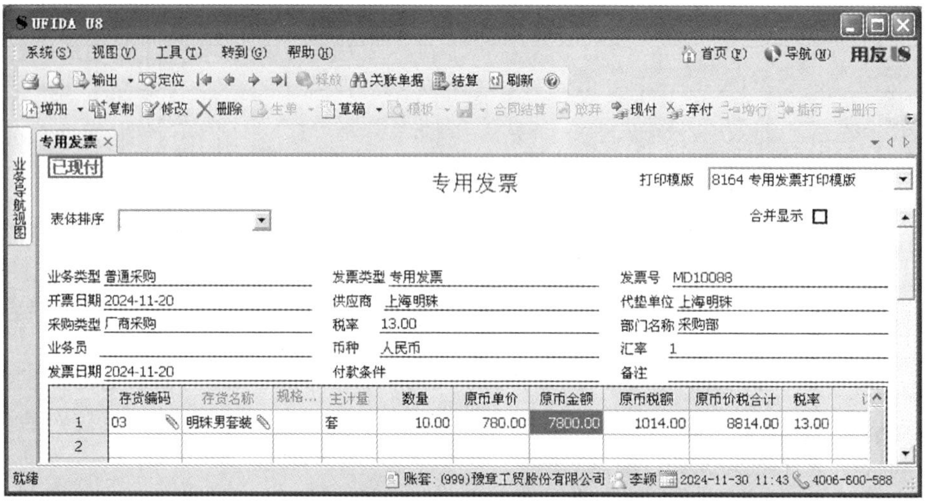

图 6-53　加盖“已现付”戳记

（3）现付完成以后，执行菜单中的“结算”功能，可以完成采购发票和期初采购入库单的自动结算工作，系统自动加盖“已结算”戳记（如图 6-54 所示）。

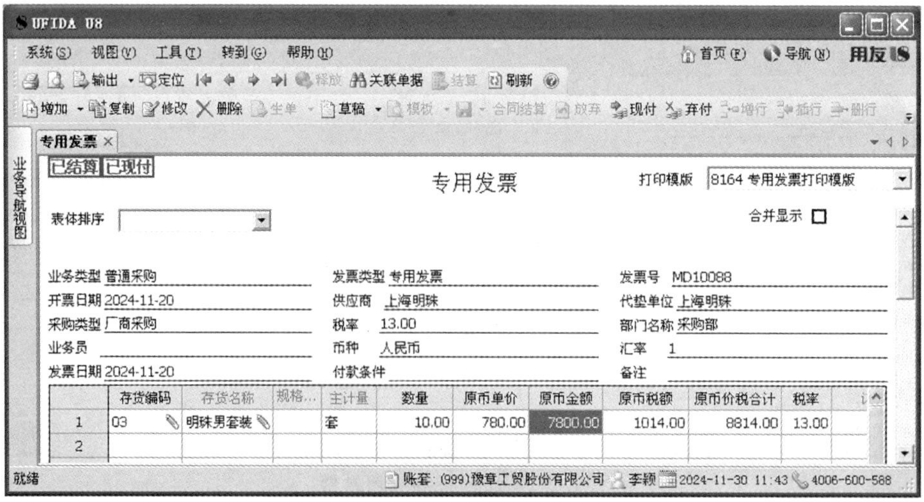

图 6-54　加盖“已结算”戳记

当然，该结算工作也可以在采购结算中通过自动或者手工结算方式完成。如果在采购结算中采用自动结算方式，则需要指定起止日期的起点日期。

3.在应付款管理系统中核算现付款项

（1）执行应付款管理系统菜单“应付单据处理”—“应付单据审核”。注意单据过滤时需要选中“包含已现结发票”（如图6-55所示）。

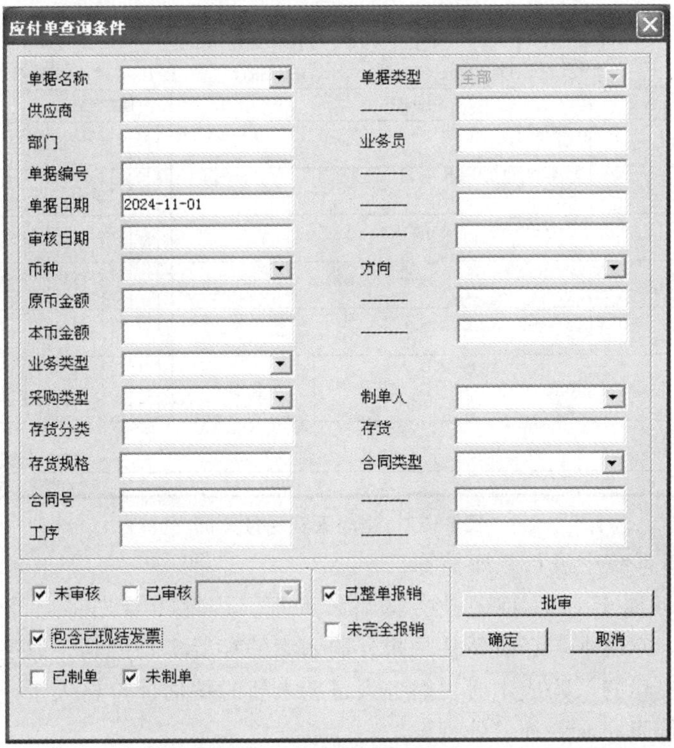

图6-55 执行应付单据审核

（2）在制单处理时，由于是现结业务，需要选择现结制单（如图6-56所示）。

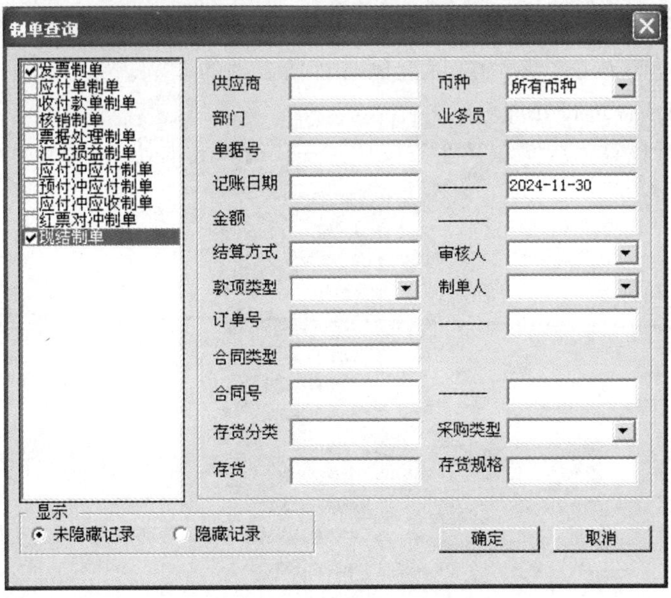

图6-56 现结制单

（3）生成采购现付凭证（如图6-57所示）。

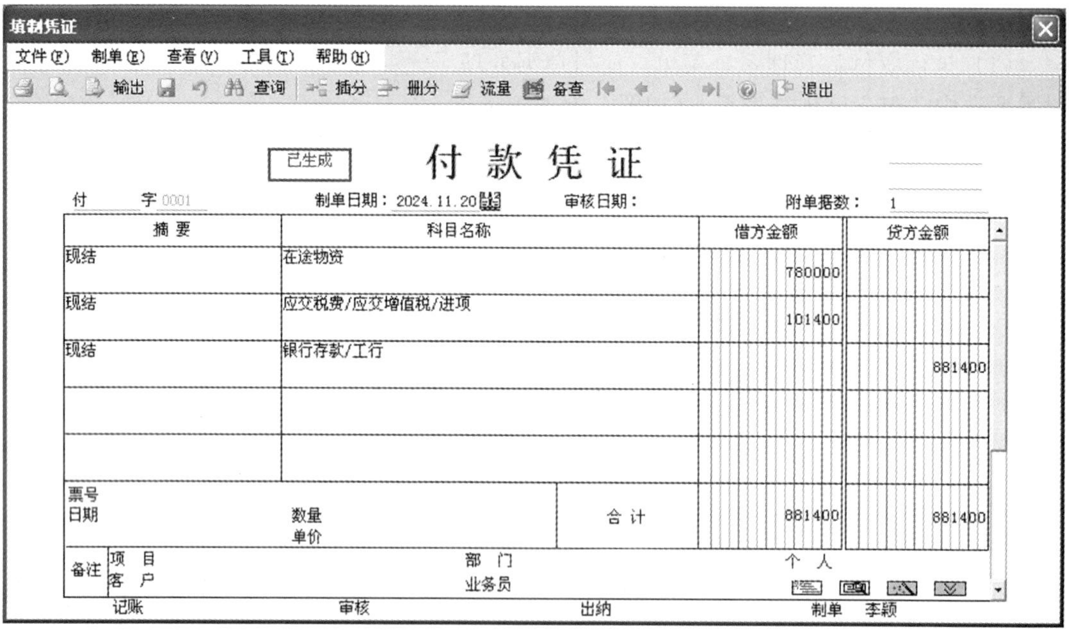

图6-57 生成采购现付凭证

4.在存货核算系统中进行入库核算

由于该笔业务属于10月18日业务的后续处理，因此需要先将上月暂估入库成本冲销，再核算实际入库成本。存货暂估是指外购入库的存货实物已到，但是到月末时发票未到，在无法确定实际的采购成本时，财务人员期末暂时按估计价格入账，后续按照选择的暂估处理方式进行回冲或者补差处理。

系统对暂估结算处理有多种方式：月初回冲，是指月初时系统自动生成红字回冲单，报销处理时，系统自动根据报销金额生成采购报销入库单；单到回冲，是指报销处理时，系统自动生成红字回冲单，并生成采购报销入库单；单到补差，是指报销处理时，系统自动生成一笔调整单，调整金额为实际金额与暂估金额的差额。系统依据用户在系统选项"暂估方式"中的选择进行处理。

（1）执行存货核算系统菜单"业务核算"—"结算成本处理"（如图6-58所示）。

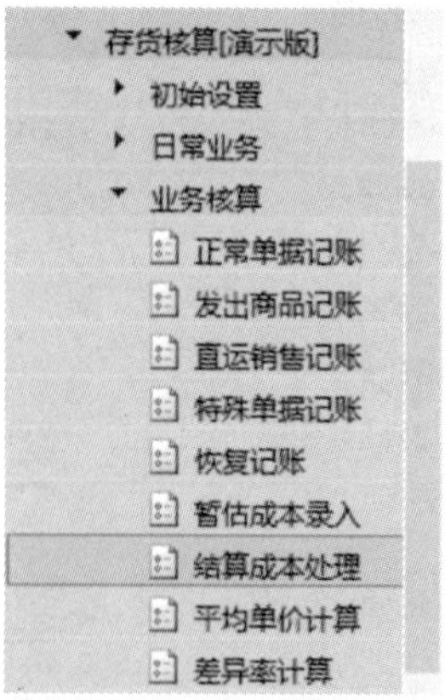

图6-58 执行结算成本处理

（2）选择仓库（如图6-59所示）。

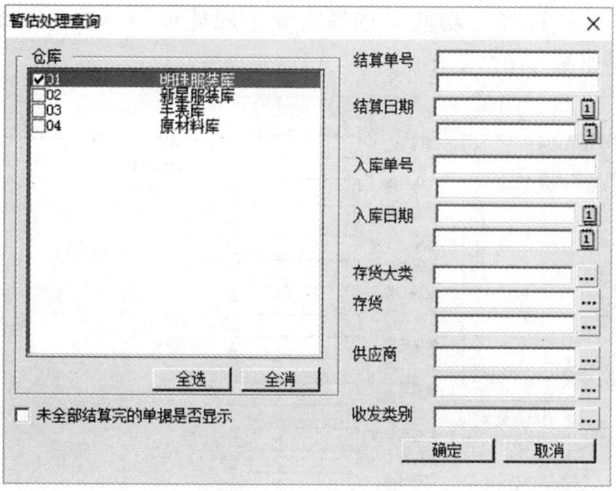

图6-59 选择仓库

（3）选择需要暂估处理的单据，执行菜单栏中的“暂估”功能，完成结算成本处理（如图6-60所示）。如果结算成本处理列表中没有相应记录，就需要检查该存货所在仓库是否已进行期末处理，否则需要先取消仓库期末处理。

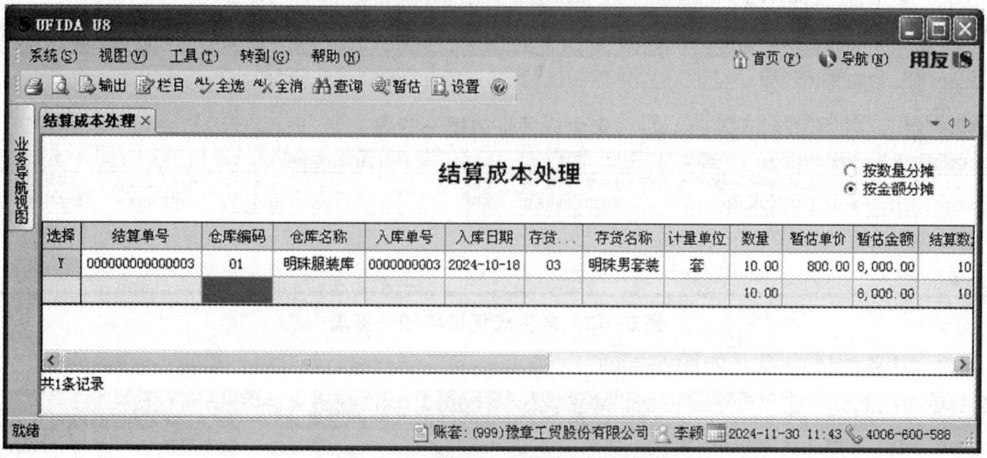

图6-60 选择需要暂估处理的单据

“暂估”本质上是一种记账行为，如果要取消“暂估”操作，可以利用“恢复记账”功能。

（4）执行“财务核算”中的“生成凭证”功能（如图6-61所示）。

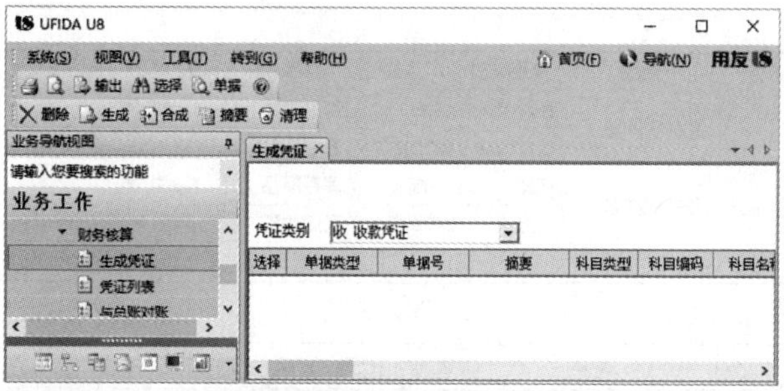

图6-61 生成凭证

（5）执行菜单中的“选择”功能，选择需要生成凭证的单据，系统默认选择除了调拨单以外的所有单据（如图6-62所示）。

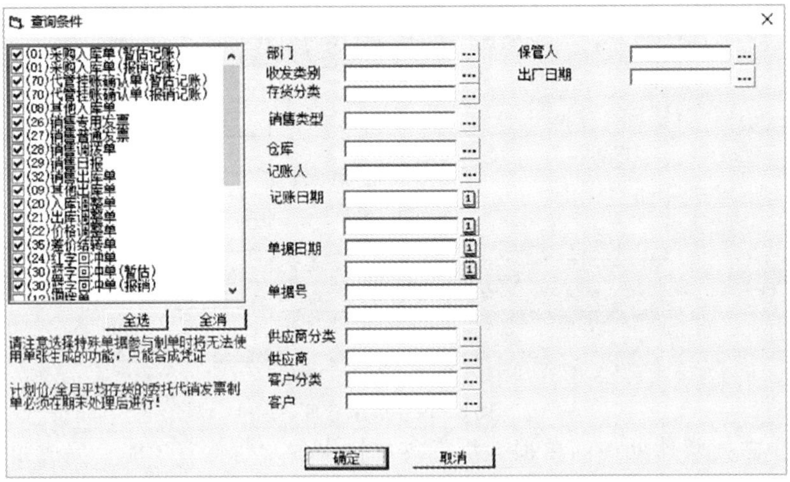

图6-62　查询条件

（6）在生成凭证功能中选择未生成凭证单据（如图6-63所示）。

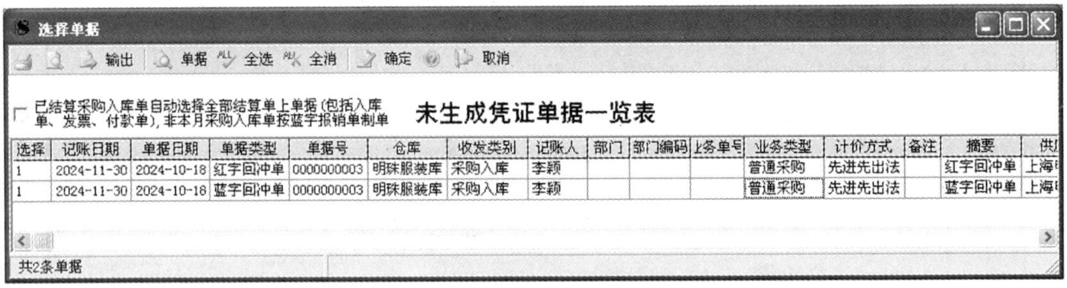

图6-63　未生成凭证单据一览表

（7）定义凭证内容（如图6-64所示）。

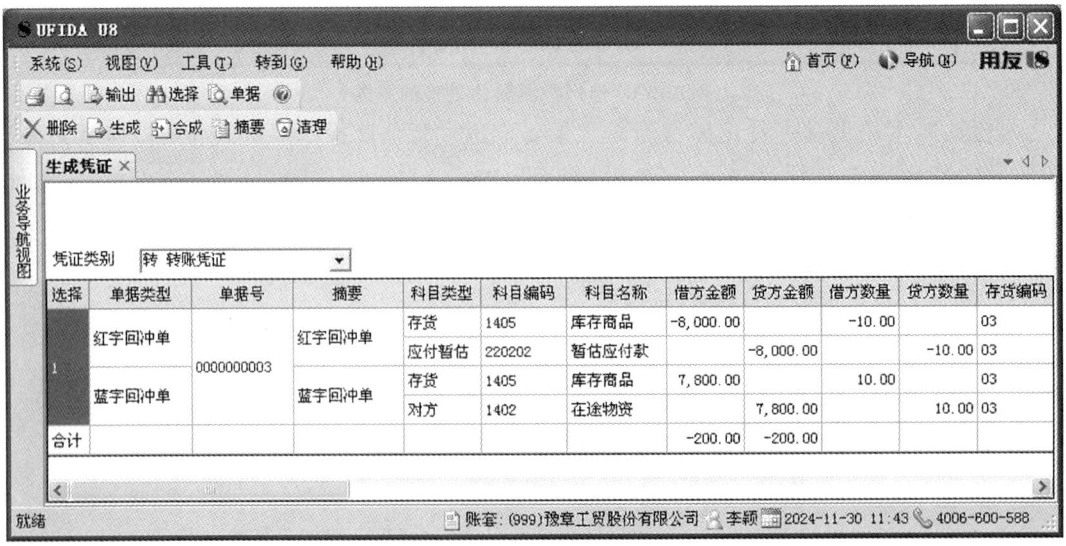

图6-64　定义凭证内容

（8）执行菜单中的"生成"功能，系统自动生成红字冲销凭证，该凭证中的金额为红字（本书中用方框表示）（如图6-65所示）。

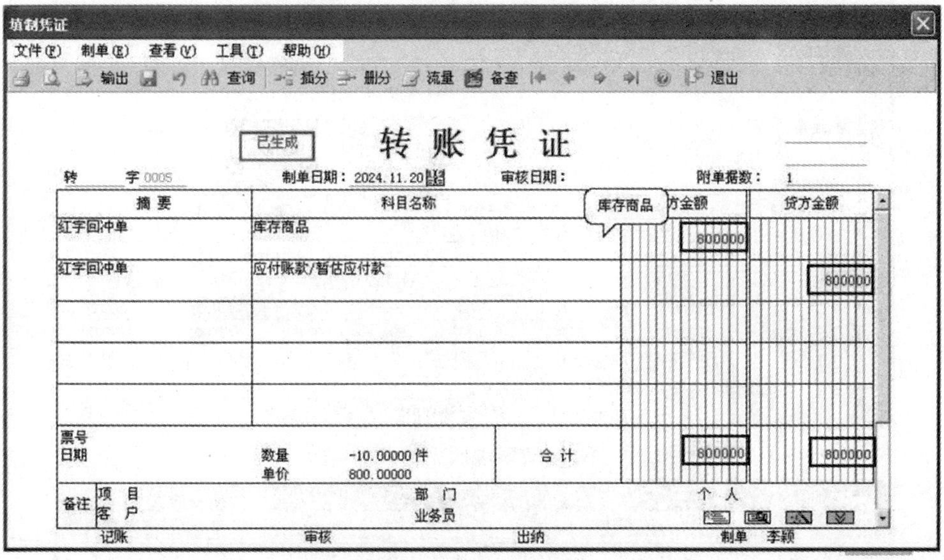

图6-65　生成红字冲销凭证

（9）系统自动生成蓝字采购入库凭证（如图6-66所示）。

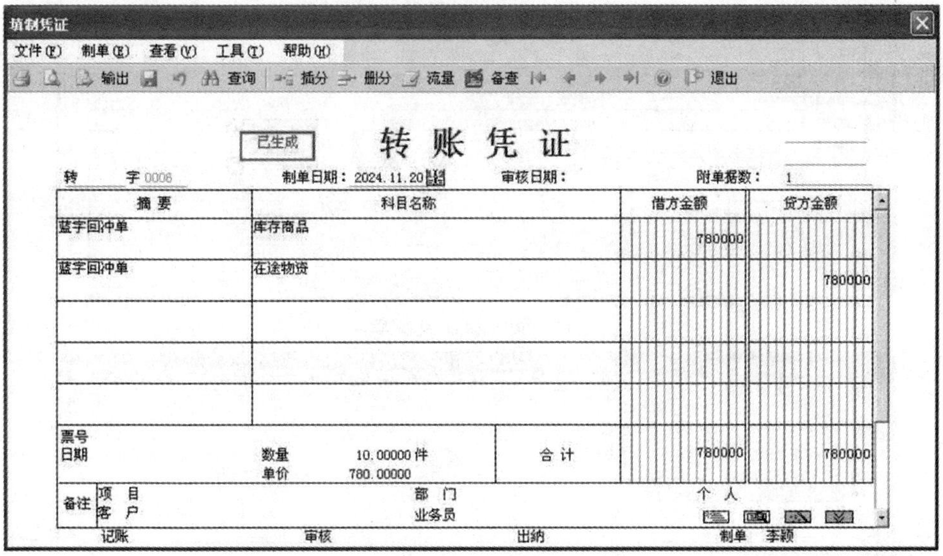

图6-66　生成蓝字采购入库凭证

六、采购管理业务6

11月21日，与上海明珠服装厂签订购货合同，采购明珠女装8件，不含税单价200元/件，明珠男衣10件，不含税单价300元/件，明珠男套装5套，不含税单价800元/套。同日收到明珠女装8件，明珠男衣9件，明珠男套装4套，检验合格验收入库。

根据业务进展情况，填制采购订单（如图6-67所示）和到货单（如图6-68所示）。为便于后续结算，还要分别填制采购入库单（如图6-69至图6-71所示）。

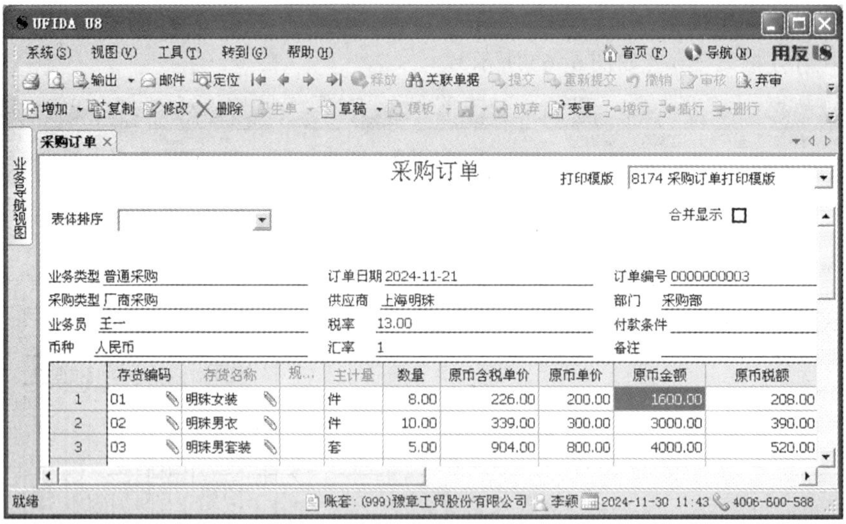

图 6-67 填制采购订单

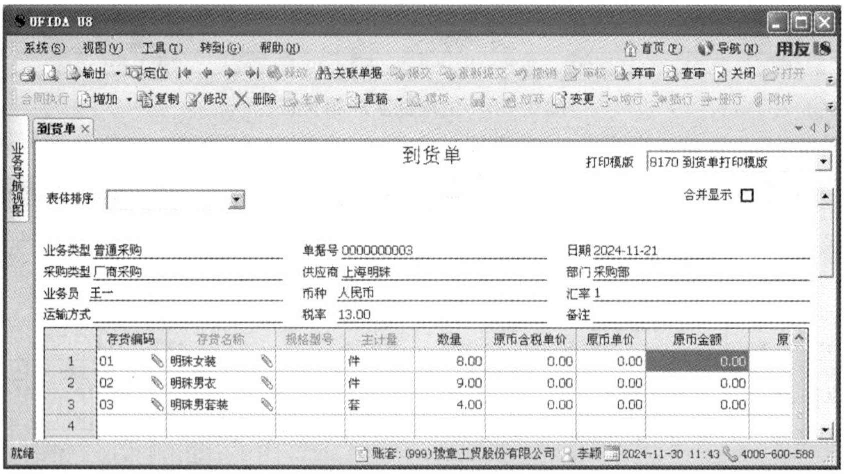

图 6-68 填制到货单

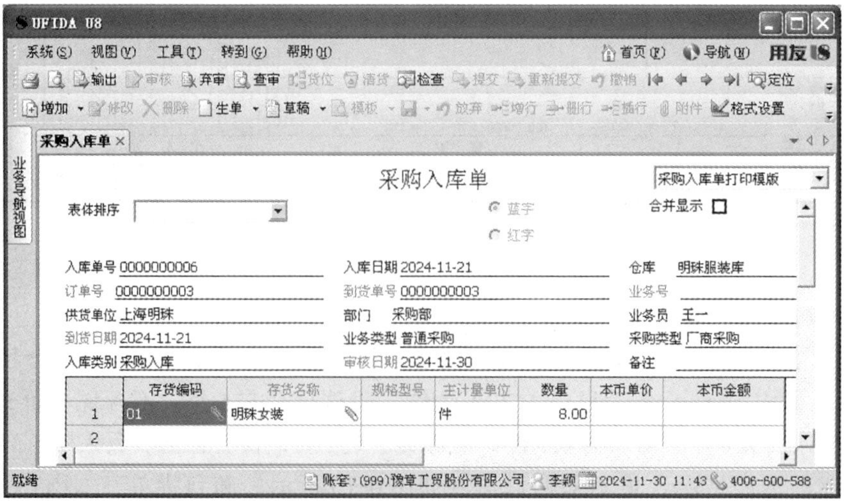

图 6-69 填制明珠女装采购入库单

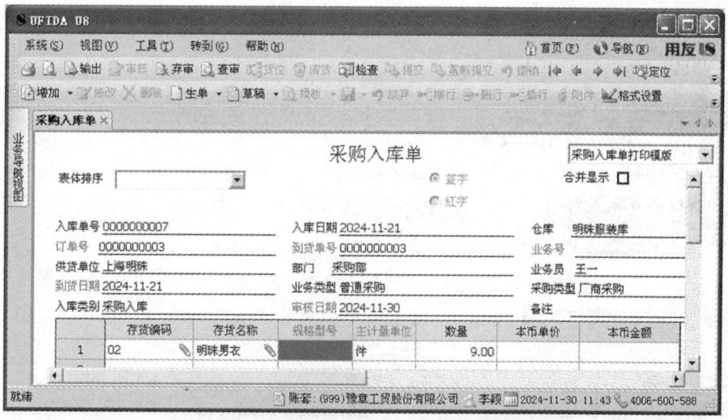

图 6-70 填制明珠男衣采购入库单

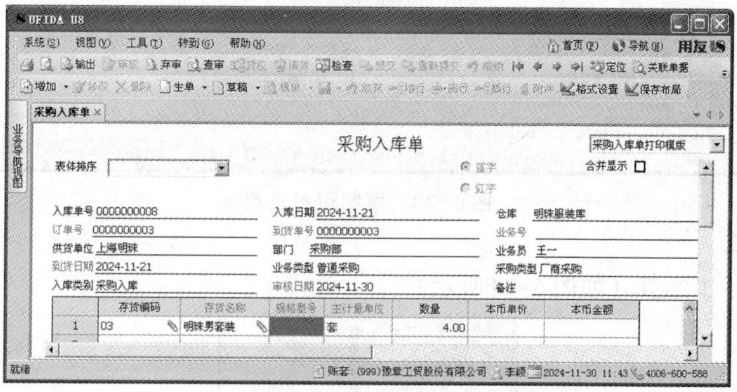

图 6-71 填制明珠男套装采购入库单

七、采购管理业务 7

11 月 22 日，收到 11 月 21 日采购明珠女装的专用发票，发票号码为 MD11023，记录内容与合同相同。按合同约定，本次采购运费 160 元由采购方负担，已收到运费发票，货款及运费均未支付。为简化处理，运费全部由明珠女装分摊。

1. 填制发票

（1）填制采购发票（如图 6-72 所示）。

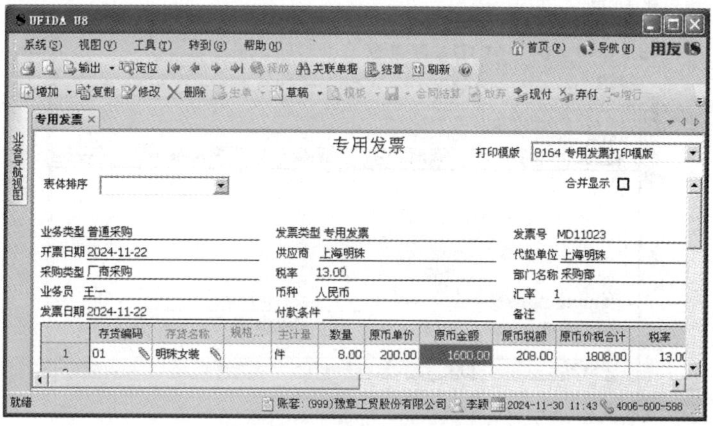

图 6-72 填制采购发票

（2）执行“采购管理”—“采购发票”中的“运费发票”功能，填制采购运费发票（不考虑税金）（如图6-73所示）。

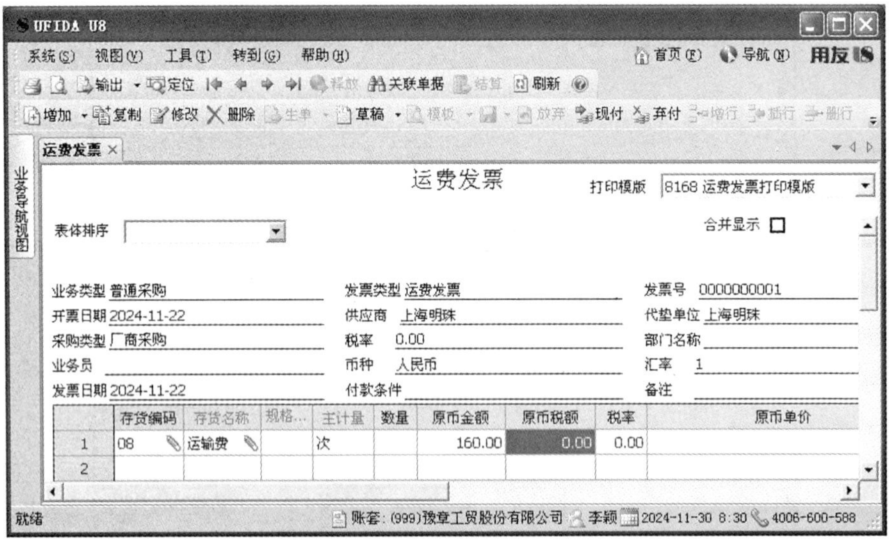

图6-73　填制运费发票

2.采购结算

（1）选择手工结算（如图6-74所示）。

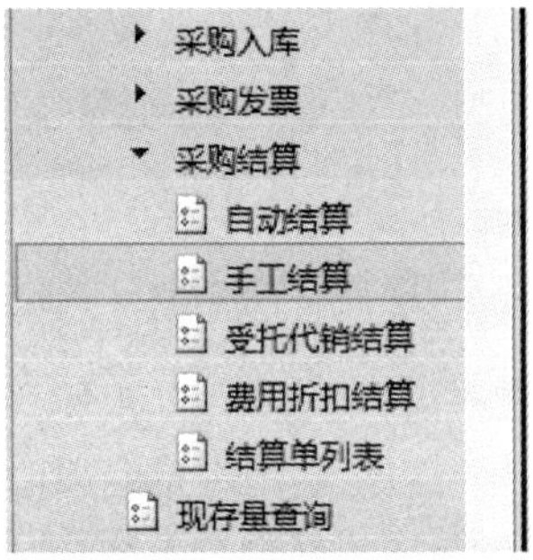

图6-74　手工结算

（2）进入手工结算操作界面（如图6-75所示）。

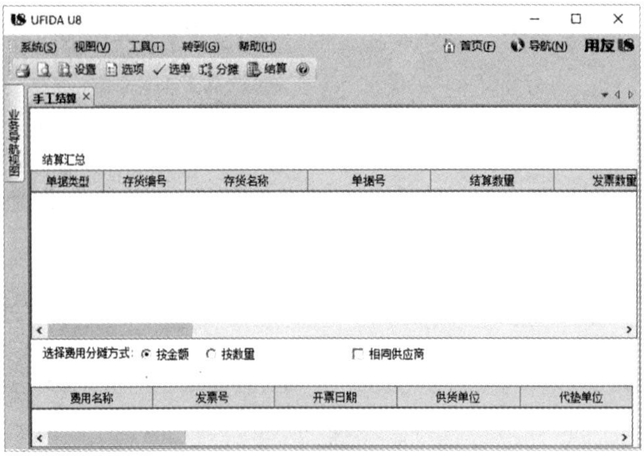

图6-75　手工结算操作界面

（3）执行“选单”功能（如图6-76所示）。

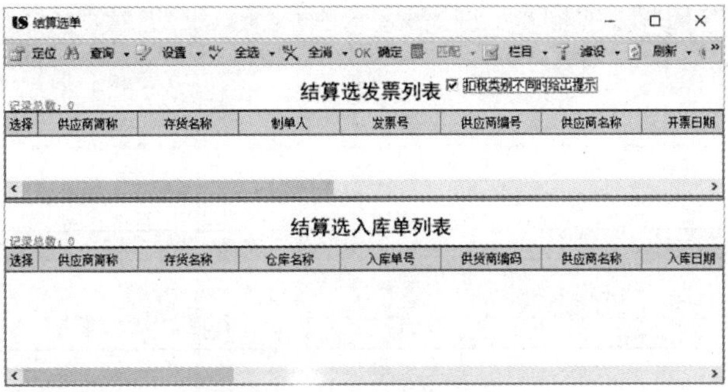

图6-76　选单功能界面

（4）执行“查询”功能（如图6-77所示）。

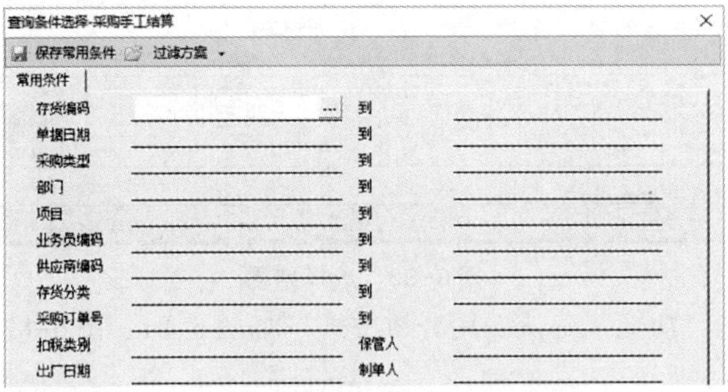

图6-77　查询界面

（5）从发票列表和入库单列表中分别选择对应的待结算单据（如图6-78所示）。

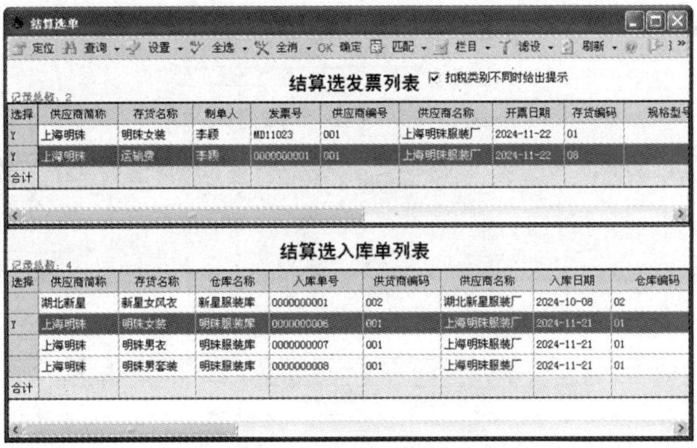

图6-78　选择待结算单据

点击“确定”后系统提示“所选单据扣税类别不同，是否继续?”，选择“是”即可（如图6-79所示）。

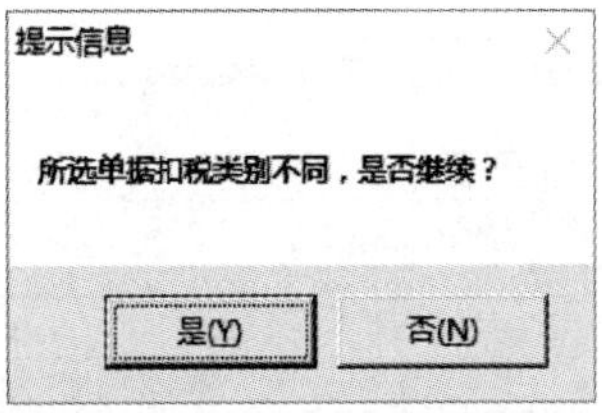

图6-79　提示信息

选单结果如图6-80所示。

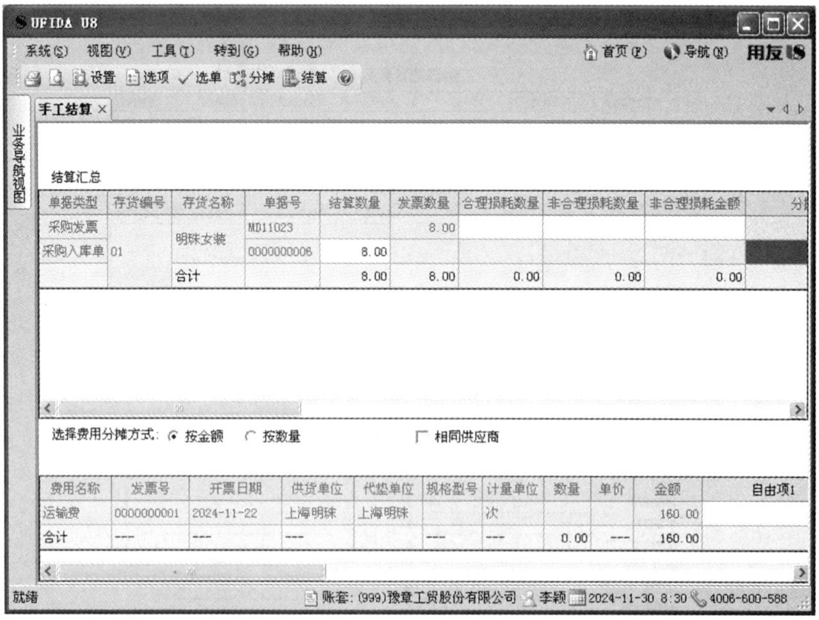

图6-80 选择结果

（6）执行“分摊”功能，确认费用分摊方式（如图6-81、图6-82所示）。

图6-81 确定分摊方式

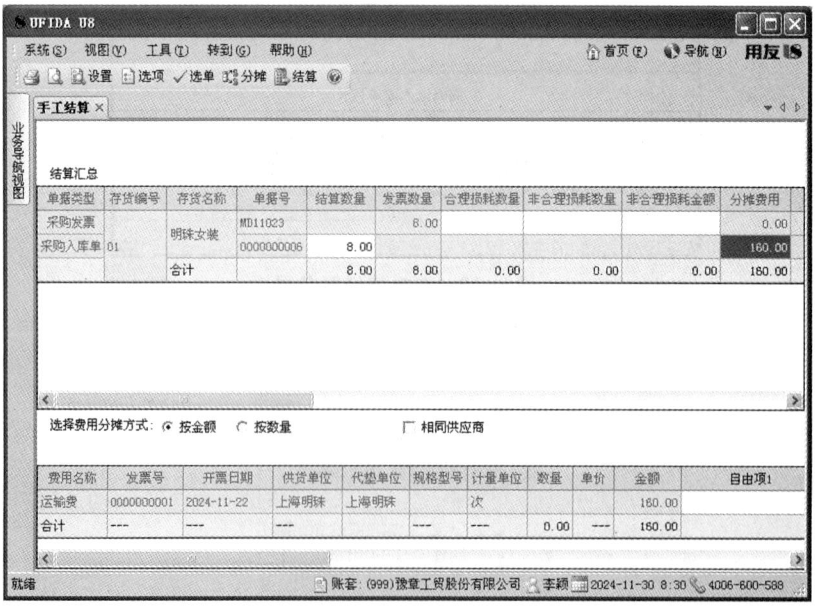

图6-82 分摊费用完成

（7）最后执行“结算”功能，系统提示折扣或者费用是否进行了分摊，如果确认已经分摊，选择继续结算（如图6-83所示）。

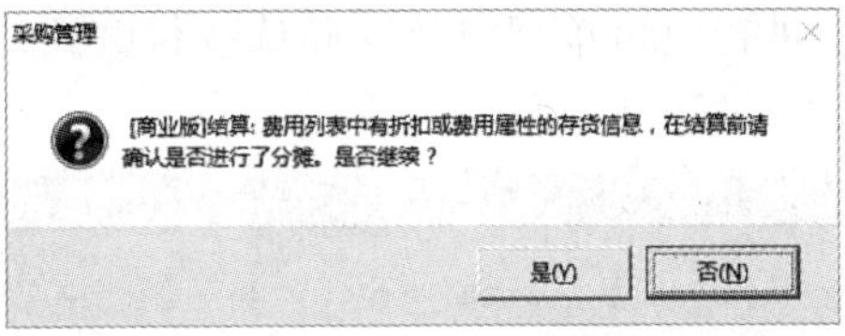

图6-83 提示信息

（8）查看结算单（如图6-84所示）。

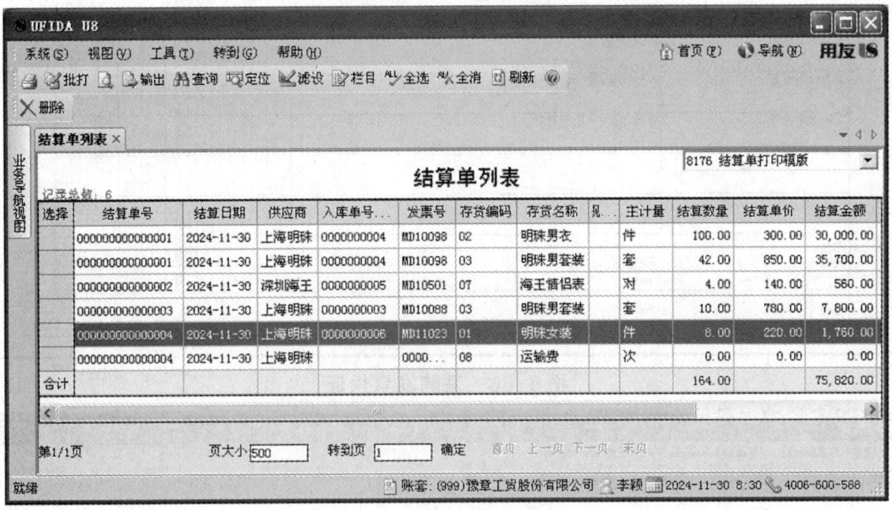

选择	结算单号	结算日期	供应商	入库单号...	发票号	存货编码	存货名称	规...	主计量	结算数量	结算单价	结算金额
	000000000000001	2024-11-30	上海明珠	0000000004	MD10098	02	明珠男衣		件	100.00	300.00	30,000.00
	000000000000001	2024-11-30	上海明珠	0000000004	MD10098	03	明珠男套装		套	42.00	850.00	35,700.00
	000000000000002	2024-11-30	深圳海王	0000000005	MD10501	07	海王情侣表		对	4.00	140.00	560.00
	000000000000003	2024-11-30	上海明珠	0000000003	MD10088	03	明珠男套装		套	10.00	780.00	7,800.00
	000000000000004	2024-11-30	上海明珠	0000000006	MD11023	01	明珠女装		件	8.00	220.00	1,760.00
	000000000000004	2024-11-30	上海明珠		0000...	08	运输费		次	0.00	0.00	0.00
合计										164.00		75,820.00

图6-84 结算单列表

3.在存货核算系统中进行正常单据记账，确认采购成本，然后填制记账凭证（如图6-85所示）

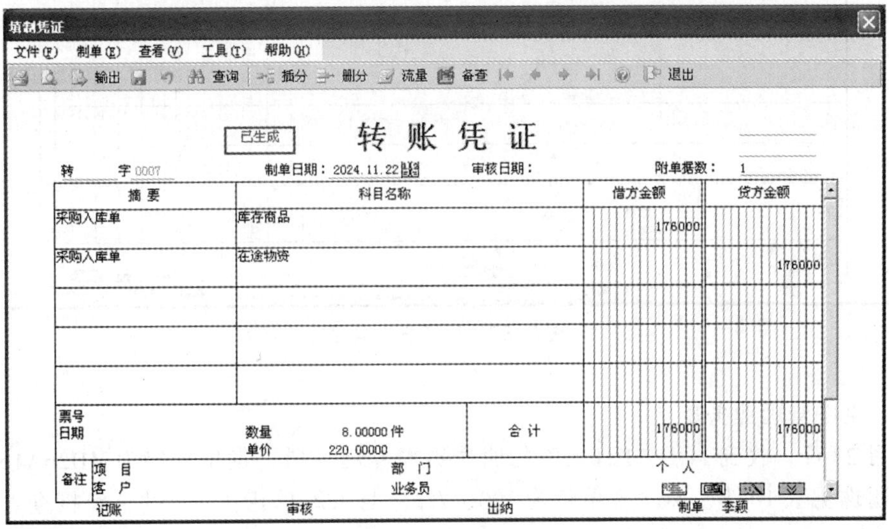

图6-85 生成凭证

需要注意的是，若一张采购入库单只有一部分进行了正常单据记账，则该采购入库单无法生成采购成本记账凭证。若一张采购入库单上有多种存货，且每种存货是分别进行结算和正常单据记账的，则结算过的存货正常单据记账后可以生成采购成本记账凭证。未结算过的存货也可以正常单据记账，但只能生成暂估采购凭证。

4.在应付款管理系统中进行应付单据审核，确认应付账款，然后生成采购发票和运费发票的记账凭证（如图6-86、图6-87所示）

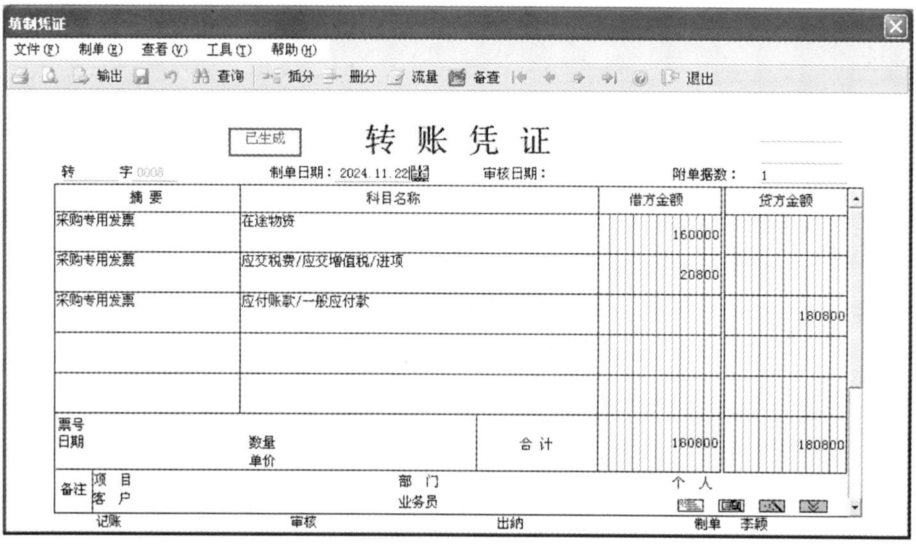

填制凭证

文件(F) 制单(E) 查看(V) 工具(T) 帮助(H)

输出 查询 插分 删分 流量 备查 退出

已生成 转账凭证

转 字 0008 制单日期：2024.11.22 审核日期： 附单据数：1

摘要	科目名称	借方金额	贷方金额
采购专用发票	在途物资	160000	
采购专用发票	应交税费/应交增值税/进项	20800	
采购专用发票	应付账款/一般应付款		180800
票号 日期	数量 单价 合计	180800	180800

备注 项目 部门 个人

客户 业务员

记账 审核 出纳 制单 李颖

图6-86 采购发票凭证

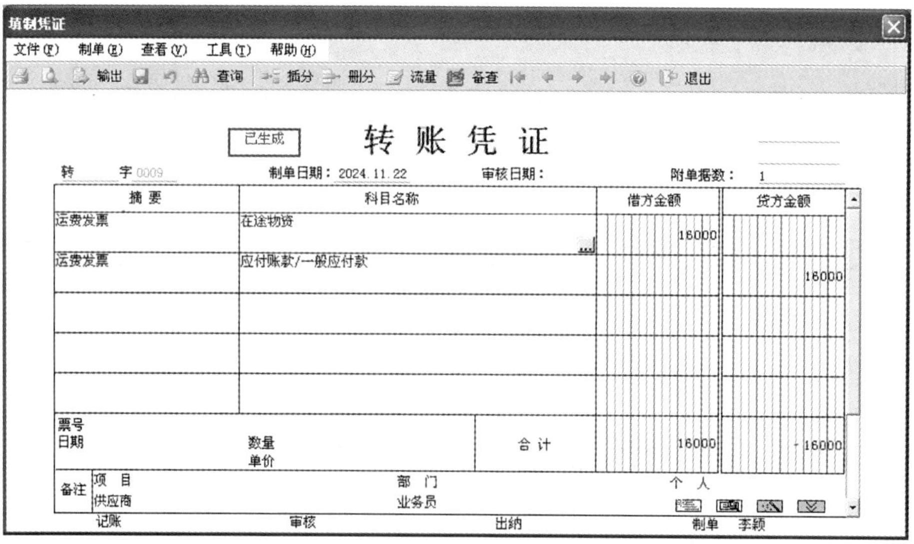

填制凭证

文件(F) 制单(E) 查看(V) 工具(T) 帮助(H)

输出 查询 插分 删分 流量 备查 退出

已生成 转账凭证

转 字 0009 制单日期：2024.11.22 审核日期： 附单据数：1

摘要	科目名称	借方金额	贷方金额
运费发票	在途物资	16000	
运费发票	应付账款/一般应付款		16000
票号 日期	数量 单价 合计	16000	16000

备注 项目 部门 个人

供应商 业务员

记账 审核 出纳 制单 李颖

图6-87 运费发票凭证

八、采购管理业务8

11月23日，收到11月21日入库的明珠男衣专用发票，发票号码为MD26A15，发票载明，明珠男衣10件，不含税单价为300元/件。与入库单相比多1件，经核查入库缺少的1件属于合理损耗，货款及运费均未支付。

1.填制专用发票。需要注意的是，由于该存货发票数量大于入库单数量，所以填制发票时不能参照入库单，应参照采购订单填制（如图6-88所示）。

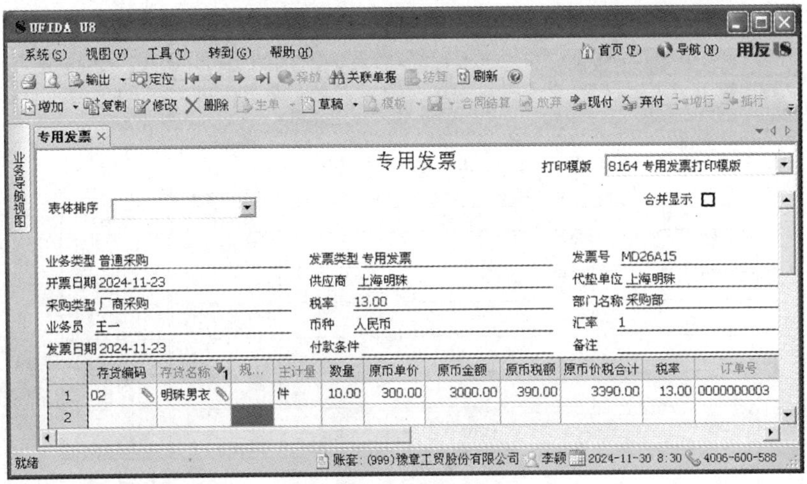

图6-88 填制专用发票

2.执行手工结算，在结算汇总的采购发票“合理损耗数量”栏输入“1”完成结算（如图6-89所示）。

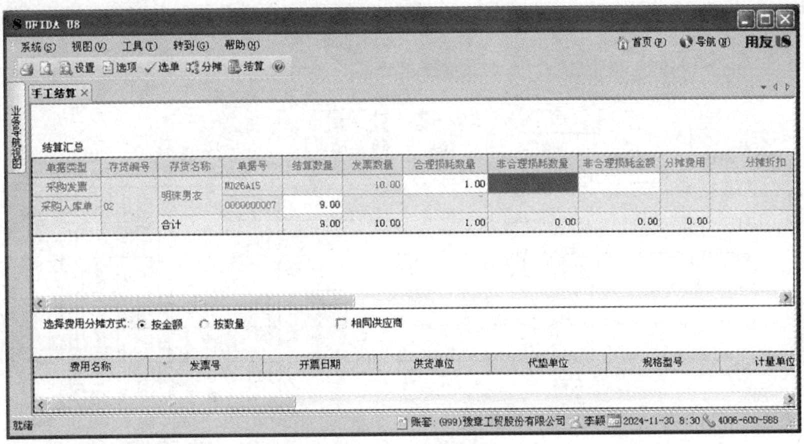

图6-89 手工结算

3.查看结算单列表（如图6-90所示）。

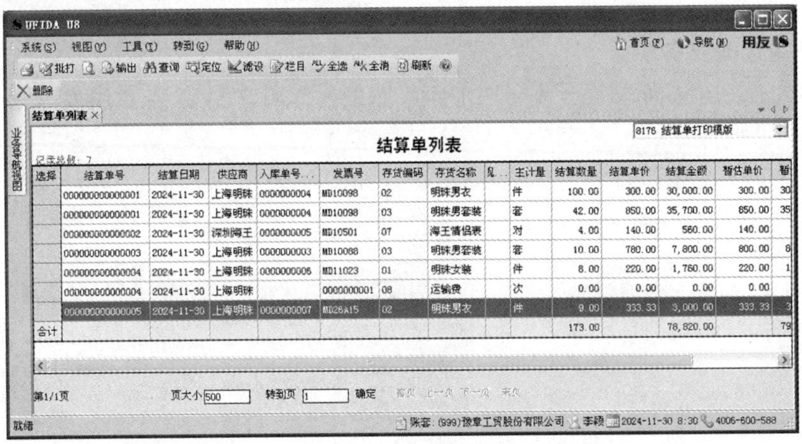

图6-90 结算单列表

4.在存货核算系统中确认采购成本，填制凭证（如图6-91所示）。

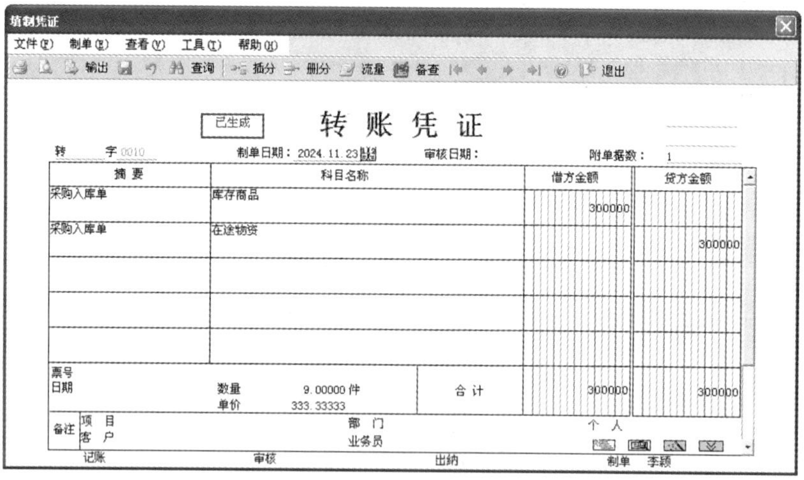

图6-91　填制凭证

5.在应付款管理系统中确定应付账款，生成凭证（如图6-92所示）。

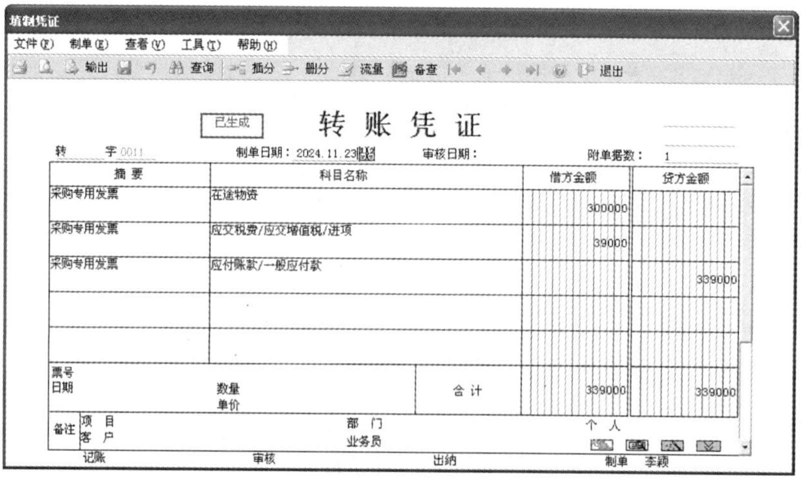

图6-92　生成凭证

九、采购管理业务9

11月30日，期末尚未收到11月21日入库的4套明珠男套装专用发票，按估价830元/套做暂估处理。

1.存货核算系统中执行“暂估成本录入”（如图6-93所示）。

图6-93　暂估成本录入功能

2.筛选暂估对象（如图6–94所示）。如果系统无法筛选出需要录入的对象，可以检查前面的采购入库单是否录入了单价，如果已经录入单价，则弃审后删除单价，再次审核，即可筛选出来。

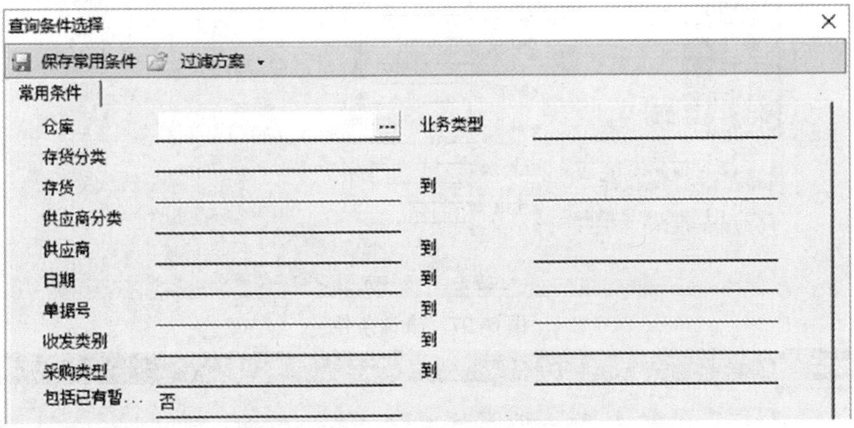

图6–94 筛选暂估对象

3.录入并保存暂估成本（如图6–95所示）。

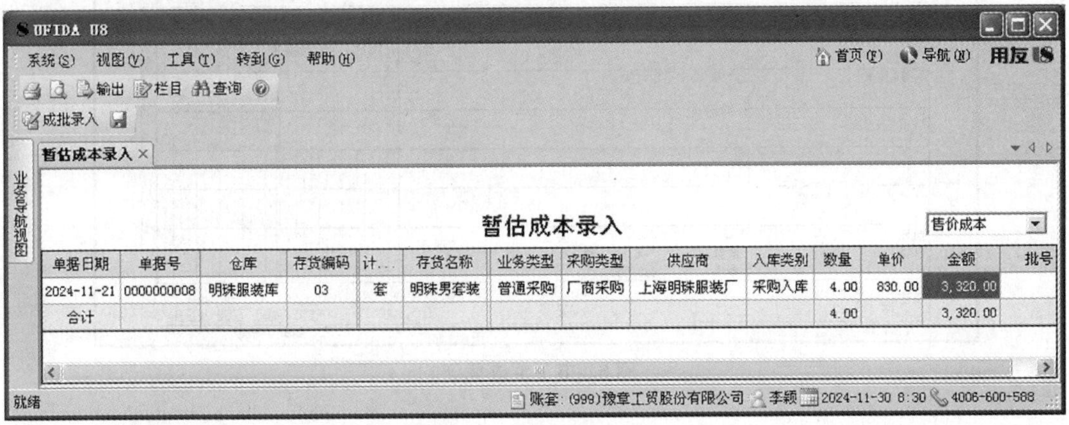

图6–95 录入暂估成本

4.正常单据记账（如图6–96所示）。

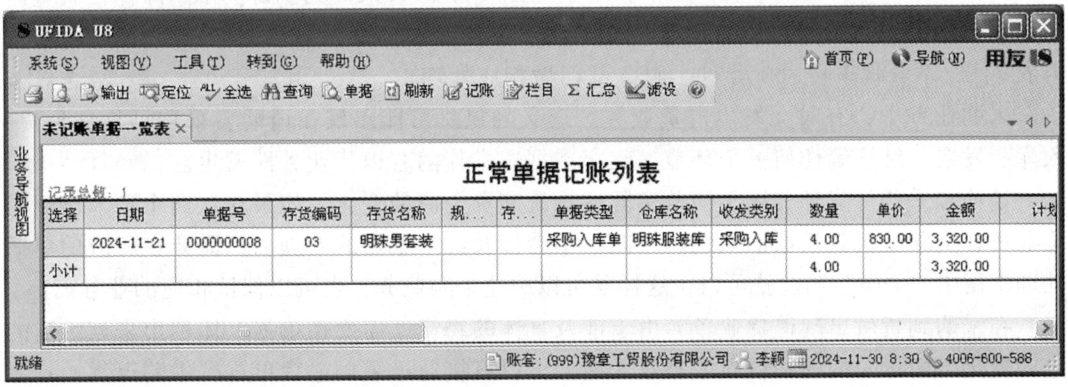

图6–96 正常单据记账

5.完成暂估记账凭证的填制（如图6–97、图6–98所示）。

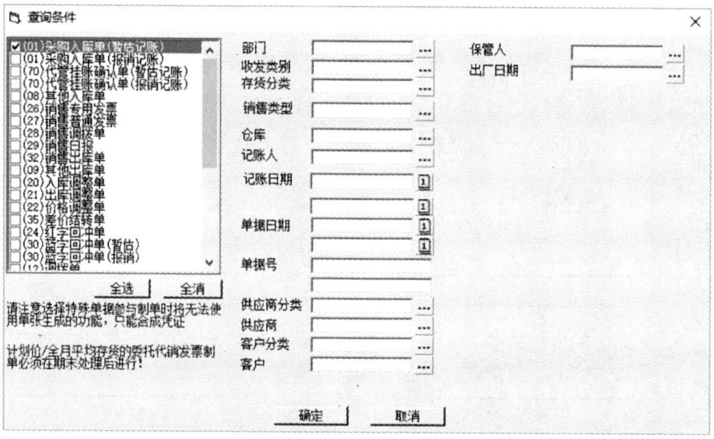

图6-97　查询条件

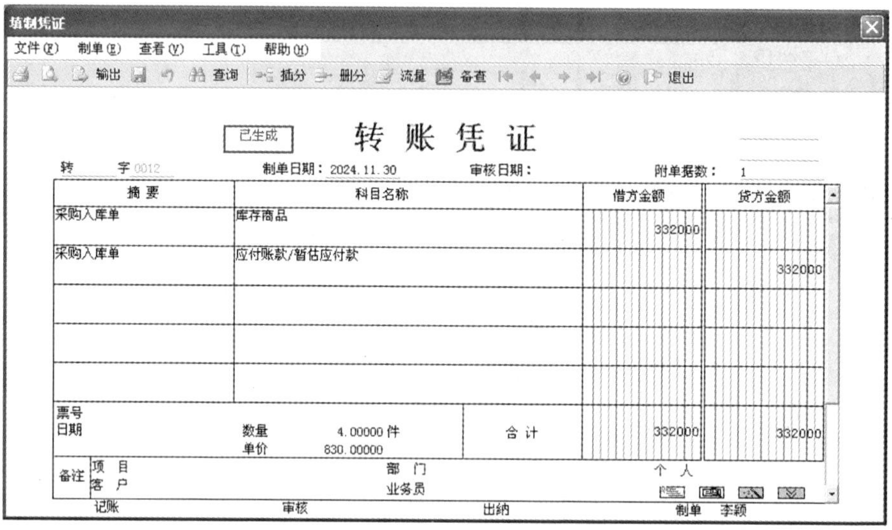

图6-98　生成凭证

十、采购管理业务10

11月30日，销售部从仓库领用存货时发现11月10日入库的明珠男衣7件存在质量问题，向供应商提出退货。对方同意并交来红字专用发票，发票号码为TH2155，载明明珠男衣7件，不含税单价300元/件。财务部门做相应处理。

采购业务中，有时会发生退货业务。广义的退货可能出现在请购、采购订货、到货、入库、发票、结算等任何一个环节，红字单据通常伴随着退货业务而发生。

请购和采购订货环节还不涉及实际的物流和资金流的变化，如果在这两个环节出现退货业务，实际上也就是取消采购的意向，不会涉及红字单据的处理。只需要在相应的单据处理中使用“关闭”功能就可以，这样既可以中止采购业务，也可以保留相应的业务痕迹。

在采购到货后出现退货业务，由于涉及具体的物流，需要在单据上体现出来该物流的逆向变化。由于采购的物料尚未验收入库，可以直接通过采购退货单进行采购退货。具体需要在采购到货环节填制采购退货单（数量需要使用负号填入，也就是会计上的红字概念），以反映采购物流的变化情况。在采购管理和库存管理集成使用的情况下，采购入库环节是在库存管理系统中完成的。若采购入库以后存在退货业务，就必须完成采购出库操作（或者叫作采购退库），以及采购退货操作。由于采购入库单来源于采购到货单，所以退货时也需要先在采购管理的到货环节填制采购退货单，然后在库存管理中参照该采购退货单填制红字采购入库单。最后在采购结算环节（可选择自动结算或者手工结算）进行红蓝采购入库单结算，以冲减退回的存货数量。

在填制采购发票以后出现退货业务，由于涉及采购管理中的物流和资金流变化，需要在单据上面反映出来，即首先填制采购退货单，在库存管理中填制红字采购入库单，在采购管理中填制红字发票，最后进行红蓝采购入库单、红蓝发票结算。

在采购结算以后出现退货，需要先填制采购退货单，据以填制红字采购入库单、红字发票，进行红蓝采购入库单、红蓝发票结算。

1.执行采购退货单功能（如图6-99所示）。

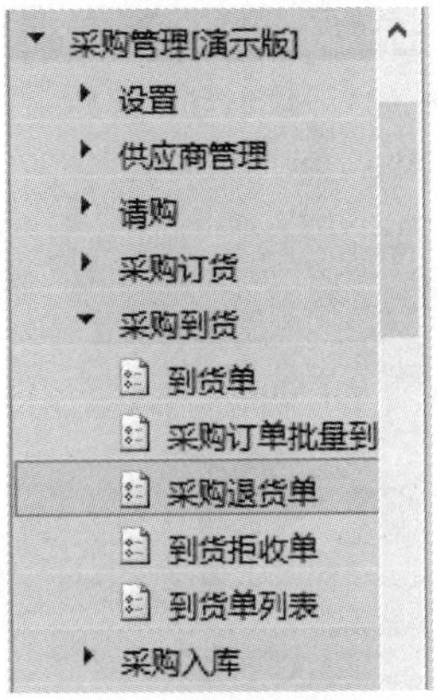

图6-99　采购退货单功能

2.填制采购退货单（如图6-100所示）。

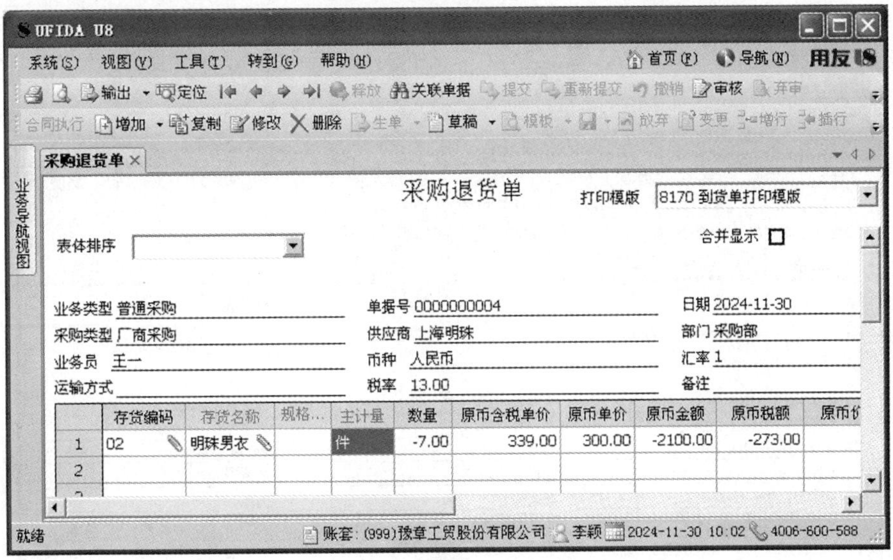

图6-100　填制采购退货单

3.填制红字采购入库单。在库存管理系统中，参照采购退货单（红字）填制红字采购入库单（如图6-101所示）。

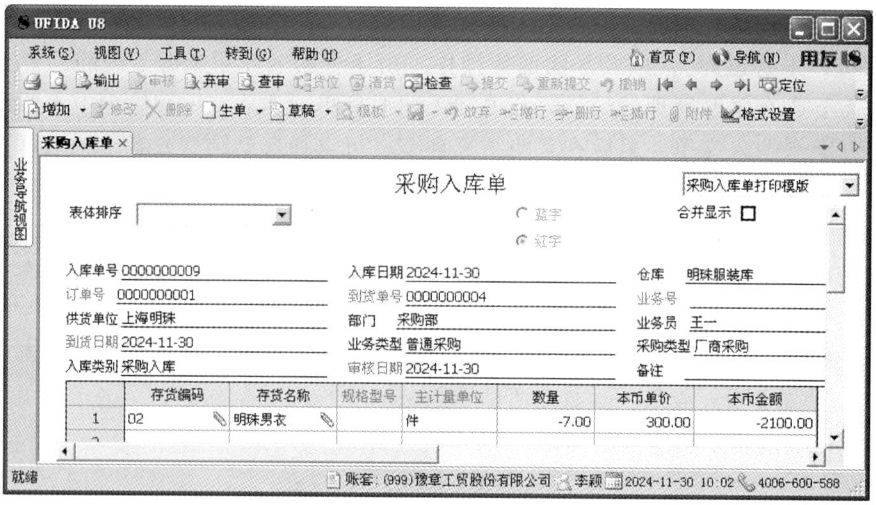

图6-101 填制红字采购入库单

4.填制红字专用采购发票（如图6-102所示）。

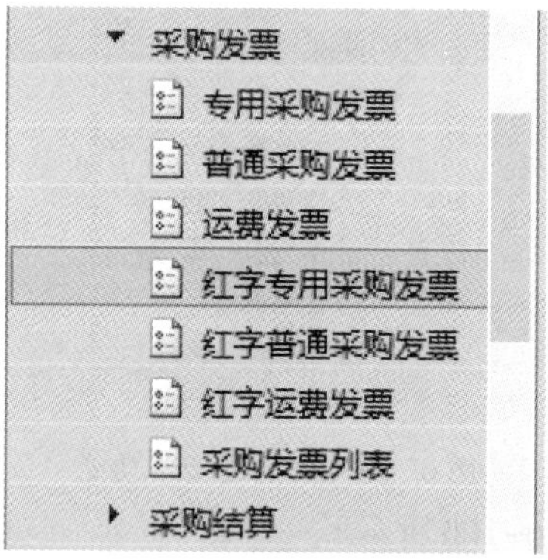

图6-102 红字专用采购发票功能

执行“红字专用采购发票”，参照红字入库单填写红字专用采购发票（如图6-103所示）。

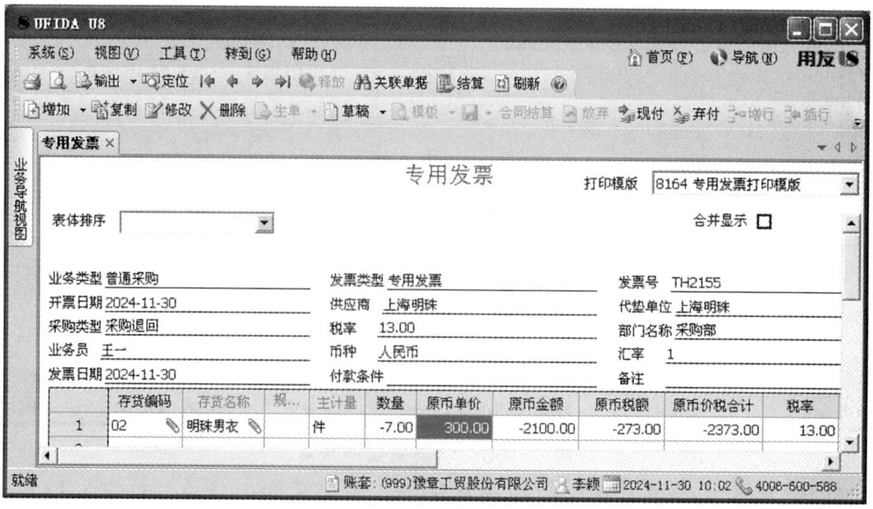

图6-103 填制红字专用采购发票

5.进行自动或者手工结算（如图6-104所示）。

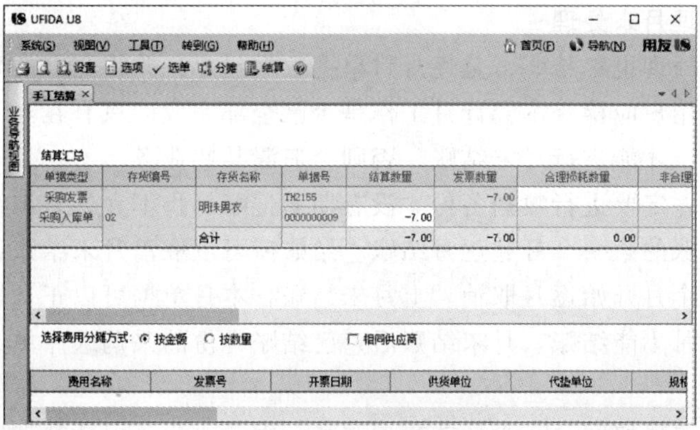

图6-104　手工结算

6.在存货核算系统中进行采购成本确认，生成记账凭证，该凭证中的金额为红字（如图6-105所示）。

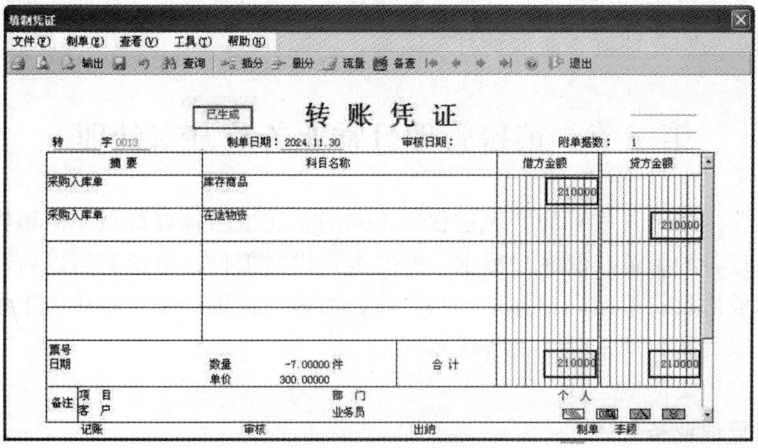

图6-105　生成凭证

7.在应付款管理系统中确认应付账款，生成记账凭证，该凭证中的金额为红字（如图6-106所示）。

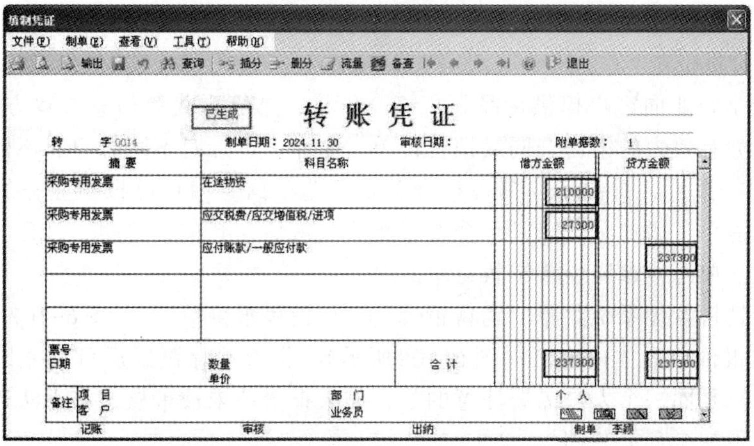

图6-106　生成凭证

十一、采购管理月末处理

采购管理月末处理也称结账，是逐月将单据数据封存，并将当月的采购数据记入有关账表中。结账前，用户应检查本会计月工作是否已全部完成。只有在当前会计月所有工作全部完成的前提下，才能进行月末结账，否则会遗漏某些业务。

月末结账之前一定要进行数据备份。没有期初记账，将不允许月末结账。不允许跳月结账，只能从未结账的第一个月起逐月结账。结账后可以取消月末结账，但不允许跳月进行，只能从最后一个月开始逐月取消。上月未结账，本月单据可以正常操作，不影响日常业务的处理，但本月不能结账。月末结账后，已结账月份的采购入库单、采购发票不可修改、删除。

由于供应链相关模块间存在密切的数据联系，因此，为了保持数据的一致性，只有在采购管理月末结账后，才能进行库存管理、存货核算、应付款管理的月末结账。如果采购管理要取消月末结账，必须先通知库存管理、存货核算、应付款管理的操作人员，要求这几个模块取消月末结账。如果库存管理、存货核算、应付款管理的任何一个模块不能取消月末结账，那么采购管理就不能取消月末结账。

第三节　销售管理日常业务及月末处理

销售是企业生产经营成果的实现过程。不同的企业虽然各有特点，但销售业务流程基本相似，即通过各种渠道获取客户需求，针对客户进行报价；洽谈妥当以后与客户以订单或合同形式达成协议；根据订单办理产品出库，为客户提供产品；确认由于销售活动形成的债权，并收取货款。期末确认销售成本。

一、销售管理业务1

11月10日，公司客户南昌中山百货公司打算订购新星女风衣4件，向公司征询报价。本公司报价为含税价200元/件。12日，公司与南昌中山百货公司协商，对方同意该报价，同时签订销售合同，订购数量为4件。公司于11月13日发货，同时开具销售专用发票（MD210122），货款尚未收到。

1.开出销售报价单

销售报价是企业向客户提供货品、规格、价格、结算方式等信息，双方达成协议后，销售报价单转为有效力的销售合同或销售订单。企业可以针对不同客户、不同存货、不同批量提出不同的报价、折扣率。销售报价单是可选单据，用户可根据业务的实际需要选用。报价单只能手工增加，可以进行修改、删除、审核、弃审、关闭、打开等操作，已审核未关闭的报价单可以参照生成销售订单。

（1）执行销售管理系统菜单“销售报价”—“销售报价单”（如图6-107所示）。

（2）输入报价单具体内容（如图6-108所示）。报价单存盘以后可以立即审核，审核人与制单人可以是同一个人。需要注意的是，如果报价单未被审核，将无法进入下一个环节处理或者被下一个环节利用。

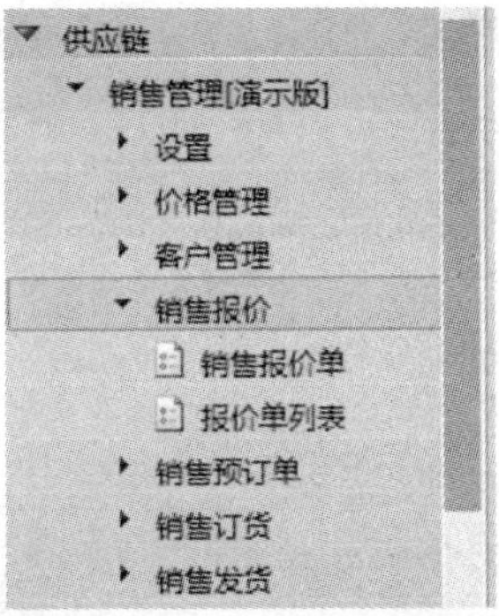

图6-107　执行销售报价单

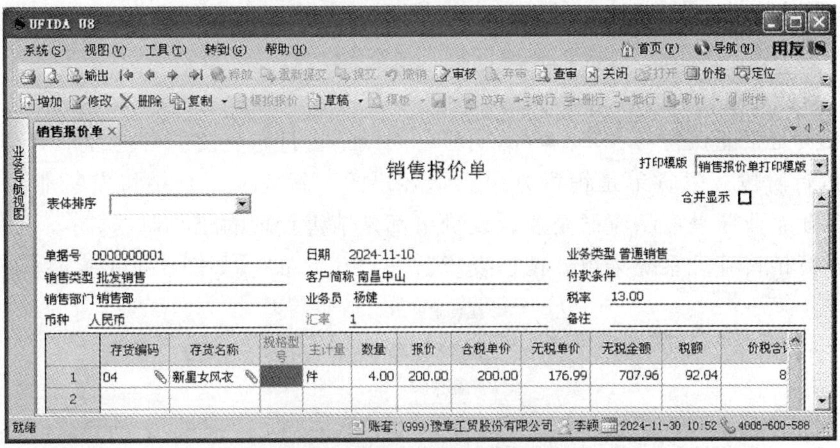

图6-108　录入销售报价单

2.填制销售订单

销售订货是指由购销双方确认的客户要货需求的过程，销售订单是反映由购销双方确认的客户要货需求的单据。它可以是企业销售合同中关于货物的明细内容，也可以是一种订货的口头协议。销售订单对应企业的销售合同中订货明细部分的内容，但不能完全代替销售合同，这是因为销售订单里没有关于合同中付款内容的表述。企业根据销售订单组织货源，并对订单的执行进行追踪、管理和控制。

（1）执行销售管理系统菜单“销售订货”—“销售订单”（如图6-109所示）。

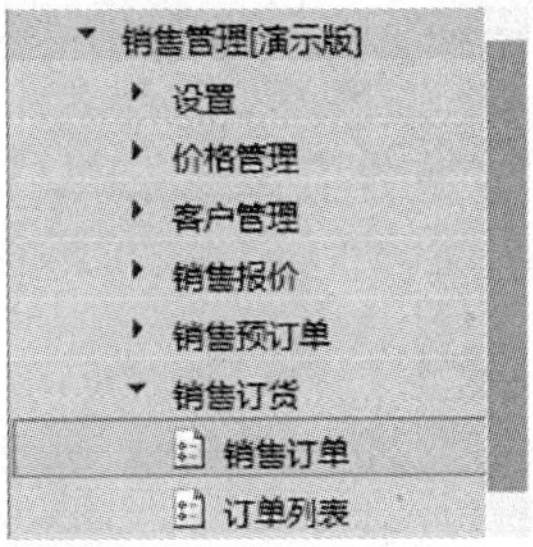

图6-109　销售订单功能

（2）由于该订单大部分内容与前面输入的报价单相似，因此可以根据报价单生成并审核销售订单。执行销售订单的“增加”功能，然后在“生单”功能中选择“报价”，完成销售订单填制（如图6-110所示）。

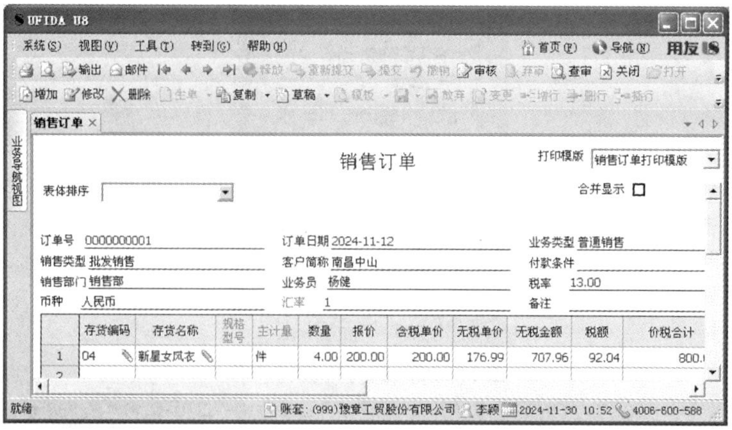

图6-110　生成销售订单

3.开具发货单

销售发货是企业执行与客户签订的销售合同或销售订单将货物发往客户的行为，是销售业务的执行阶段。发货单是销售方提供给客户的发货凭据，是销售发货业务的执行载体。无论工业企业还是商品流通企业，发货单都是销售管理的核心单据。

（1）执行销售管理系统菜单“销售发货”—“发货单”（如图6-111所示）。

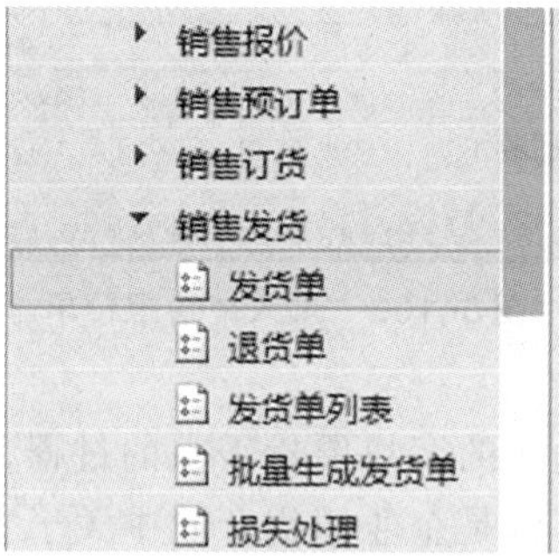

图6-111　发货单功能

（2）参照销售订单生成发货单（如图6-112所示）。该销售发货单只有经过审核才能进入下一阶段处理。

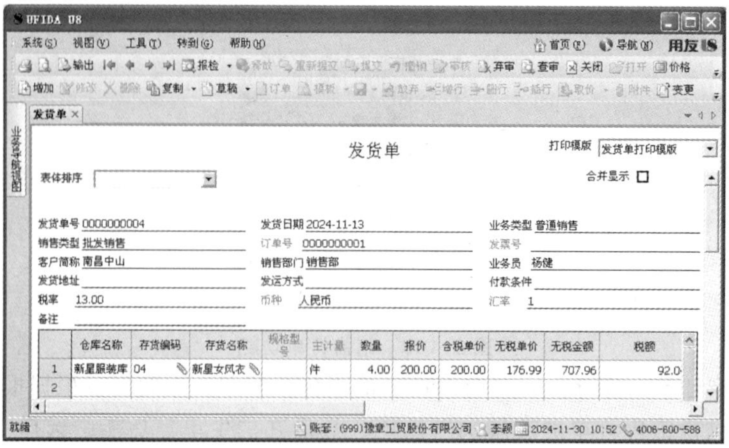

图6-112　生成发货单

4.在库存管理系统中生成销售出库单

销售出库单是销售出库业务的主要凭据，在库存管理系统中用于存货出库数量核算，在存货核算系统中用于存货出库成本核算（存货核算销售成本的核算选择依据销售出库单）。销售出库单有两种生成方式：一是由销售管理生成，在发货单审核以后，由销售管理系统自动生成销售出库单，直接传递到库存管理系统并审核；二是由库存管理生成，在发货单审核以后，不生成销售出库单，在库存管理中由操作员填制。具体采用哪种方式，由销售管理系统业务控制参数的“销售生成出库单”决定。本例是由库存管理生成销售出库单。

（1）执行库存管理系统菜单“出库业务”—“销售出库单”（如图6-113所示）。

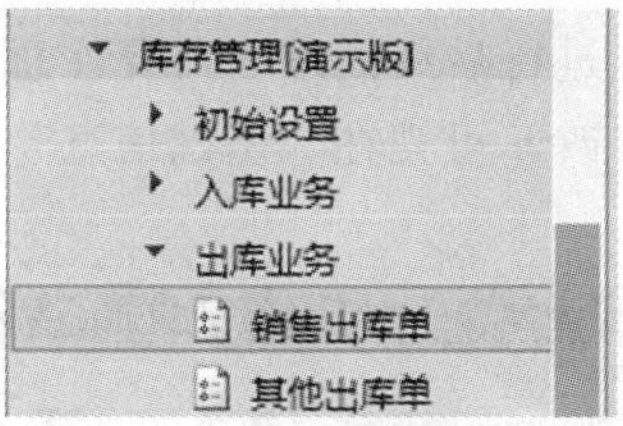

图6-113 执行销售出库单

（2）生成销售出库单（如图6-114所示）。采用生单方式参照发货单生成销售出库单，该销售出库单只有经过审核才能进入下一阶段处理。

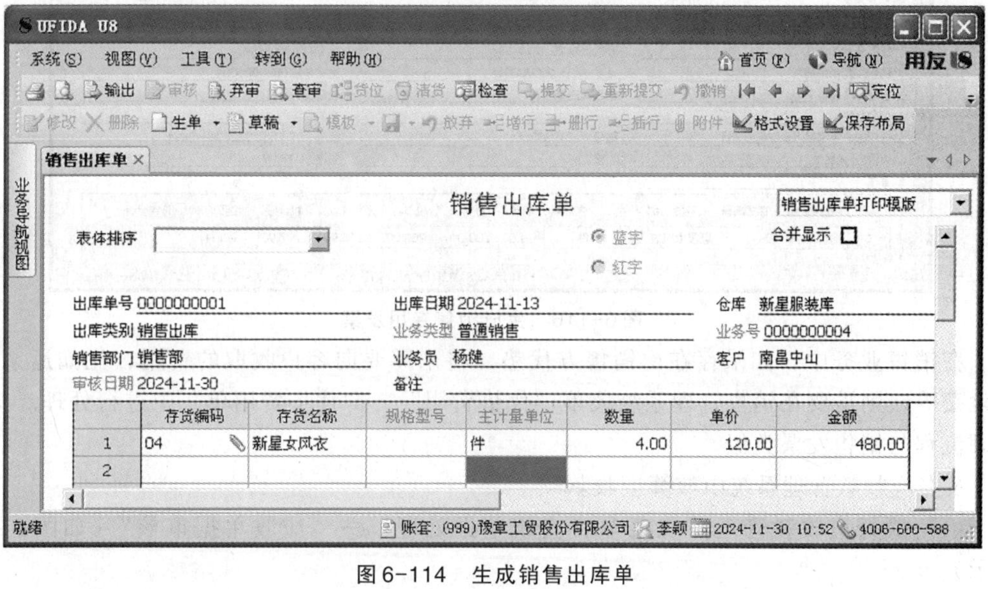

图6-114 生成销售出库单

5.在销售管理系统中开具销售专用发票

销售开票是在销售过程中企业给客户开具销售发票及其所附清单的过程。它是销售收入确认、销售成本计算、应交税费确认和应收账款确认的依据，是销售业务的重要环节。销售发票是在销售开票过程中用户所开具的原始销售单据，包括增值税专用发票、普通发票及其所附清单。销售发票复核后通知财务部门核算应收账款，在应收款管理系统审核并登记应收明细账，制单生成凭证。

（1）执行销售管理系统菜单“销售开票”—“销售专用发票”（如图6-115所示）。

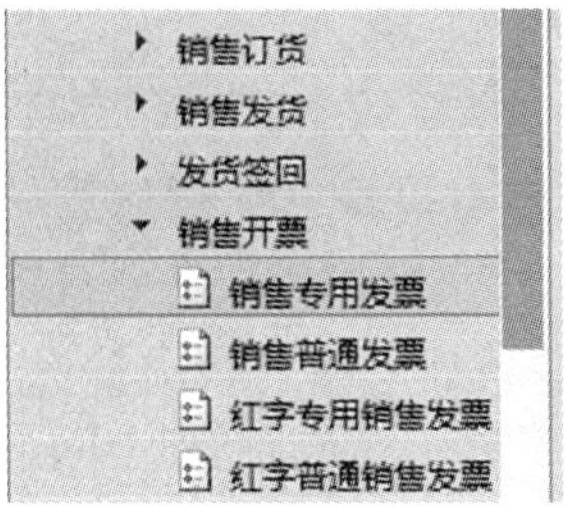

图6-115　执行销售专用发票

（2）生成销售专用发票并进行复核（如图6-116所示）。执行“增加”功能，系统弹出选择发货单（初始化时设定）对话框，选择需要开具发票的发货单，参照生成销售发票。销售发票只有经复核后才能进行后续处理。需要注意的是，发票号默认是由系统自动生成的，不能修改。如果需要修改，可先在“基础信息”—“单据设置”—“单据编号设置”中进行设定。

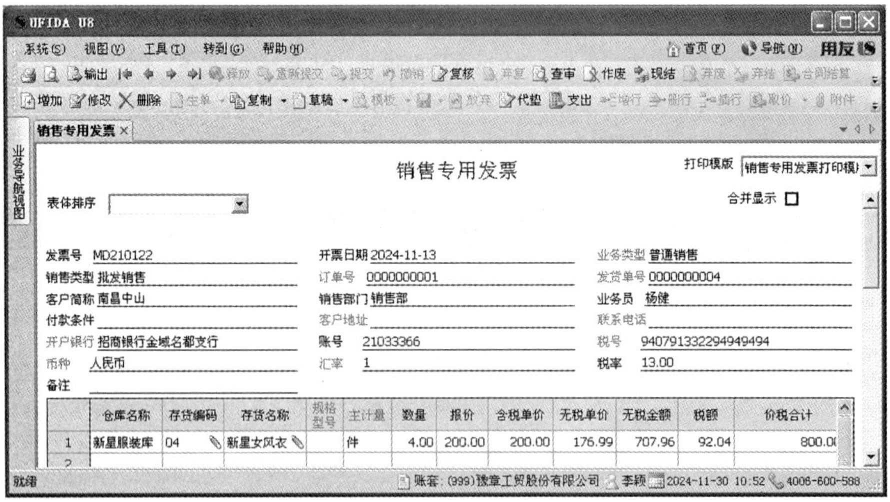

图6-116　生成销售专用发票

在销售业务中，如果存在由销售方代垫，将来需要向客户收取的费用，比如运杂费、保险费等，则需要在销售管理系统菜单“代垫费用”—“代垫费用单”中进行处理。基本处理流程与销售发票类似。

6.在应收款管理系统中核算应收款项

（1）执行应收款管理系统菜单“应收单据处理”—“应收单据审核”（如图6-117所示）。

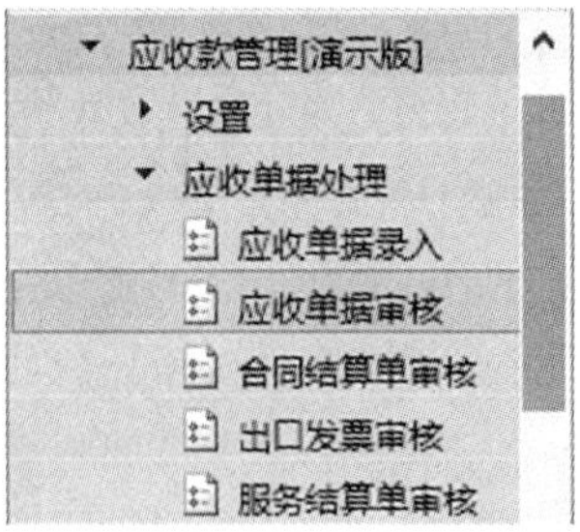

图6-117　执行应收单据审核

（2）筛选出需要处理的单据，完成应收单据审核（如图6-118所示）。

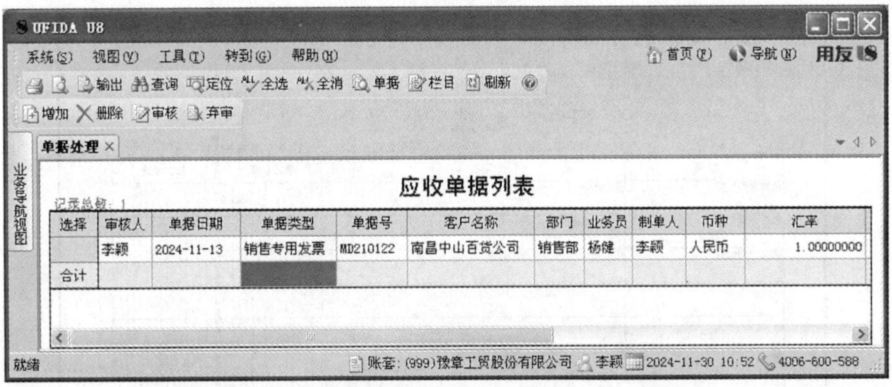

图6-118　应收单据审核

（3）执行应收款管理系统菜单中的“制单处理”功能，在制单查询对话框中选择制单依据（如图6-119所示）。

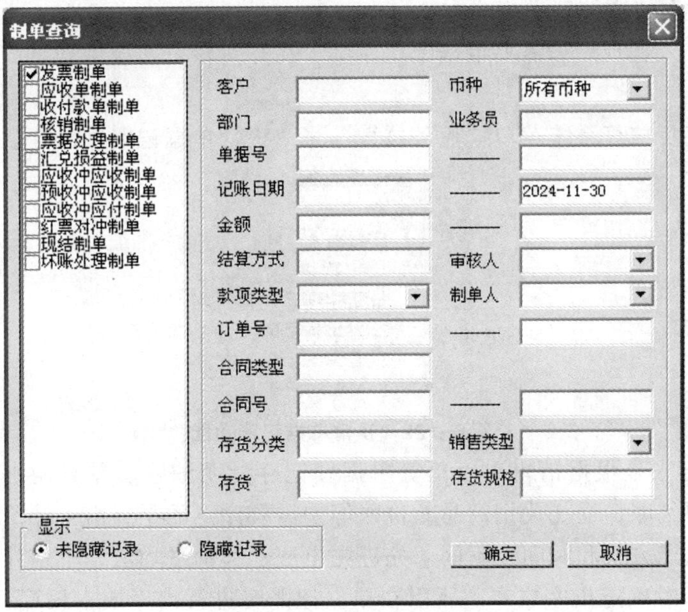

图6-119　选择制单依据

（4）在应收制单列表中选择需要填制凭证的单据，准备填制凭证（如图6-120所示）。

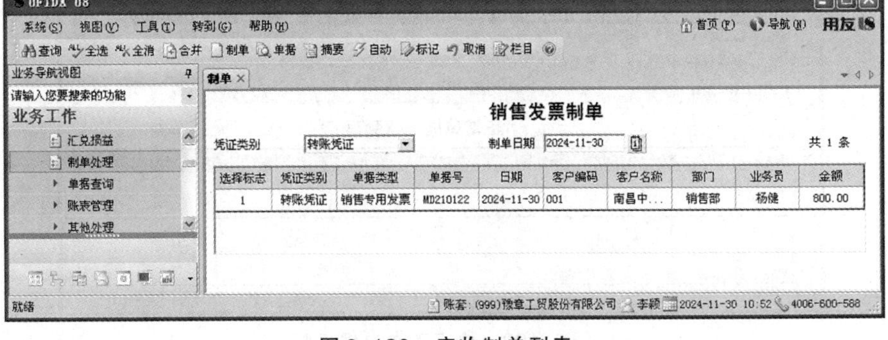

图6-120　应收制单列表

（5）系统自动生成应收单据凭证（如图6-121所示）。

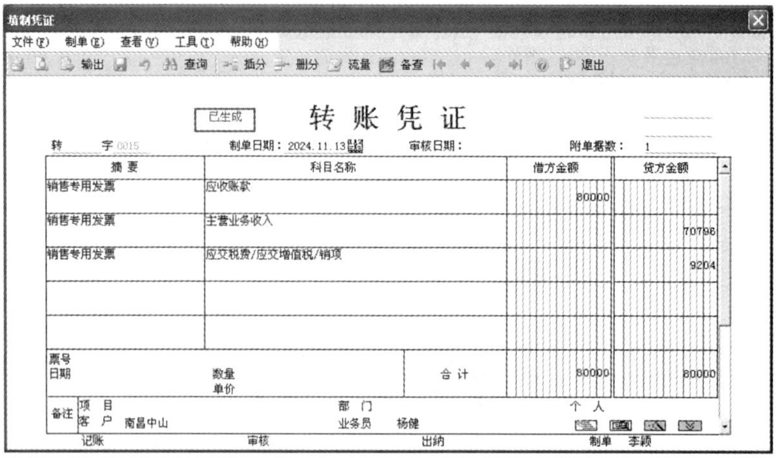

图6-121 生成应收单据凭证

7.存货核算系统中核算销售成本

商品销售收入实现后，需要根据配比原则，在存货核算系统中确定商品销售成本，并填制记账凭证。

（1）执行存货核算系统菜单“业务核算”—“正常单据记账”（如图6-122所示）。

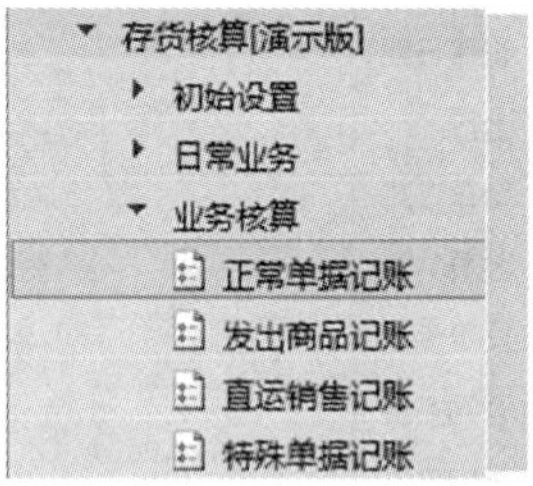

图6-122 正常单据记账功能

正常单据记账是根据销售出库单等单据登记存货明细账、差异明细账/差价明细账、受托代销商品明细账、受托代销商品差价账等。需要注意的是，由于计价方式不同，单据记账时成本的确定方式和时间也不同。先进先出法、移动平均法、个别计价法这三种计价方式的存货可即时确定出库成本，所以在单据记账时进行出库成本核算；而全月平均法、计划价/售价法计价的存货不能即时确定出库成本，所以在期末处理后进行出库成本核算。

（2）选择记账单据，完成记账（如图6-123所示）。

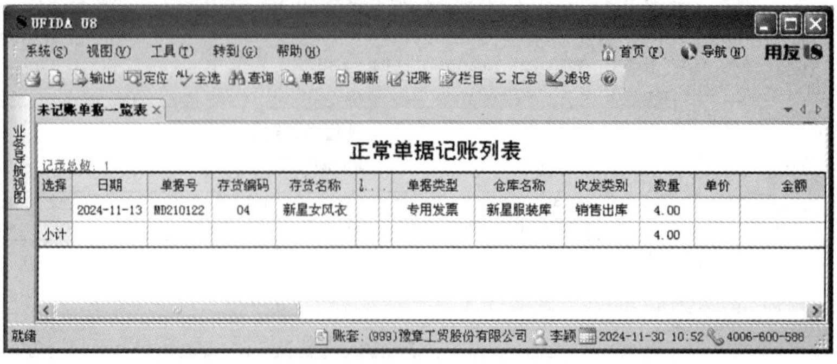

图6-123 执行正常单据记账

单据记账后，可以利用恢复记账功能将已登记明细账的单据恢复到未记账状态。根据发出存货的不同计价方式，恢复记账规则如下：

① 如采用全月平均法、计划价/售价法、个别计价法，可任意选择单据恢复记账。

② 如采用移动平均法、先进先出法，因为核算方式与记账行记录的先后顺序有关，当单独恢复其中某行记录时，会造成数据错误，所以系统不允许单独恢复中间的某行记录，应按记账顺序从后向前恢复。因此，过滤条件中只有存货编码、存货代码、存货名称、规格型号、存货自定义项（1–16）这几个条件有效。按存货核算时，可只对要恢复记账的“存货”按顺序恢复，不影响其他存货；按仓库核算时，可只对要恢复记账的“仓库+存货”按顺序恢复，不影响其他仓库的其他存货；按部门核算时，可只对要恢复记账的“所属部门+存货”按顺序恢复，不影响其他所属部门的其他存货。

（3）生成凭证。由于新星服装库是按全月平均法进行存货销售成本核算，所以，必须等到期末对该仓库进行期末处理以后才能确定销售成本，在此之前无法生成销售成本凭证（如图6–124所示）。

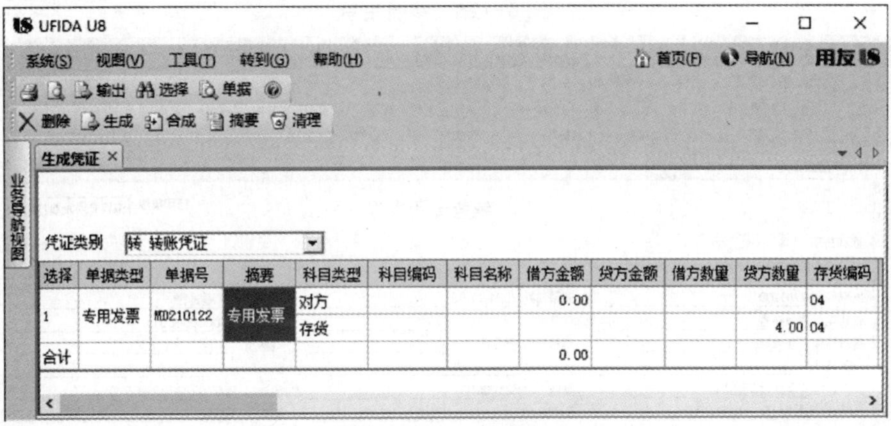

图6–124 生成凭证

本月已生成记账凭证的单据，不能恢复记账，在此之前的单据也不能恢复记账。如果想恢复记账，应先删除所生成的记账凭证。

二、销售管理业务2

11月18日，公司给客户广州天河百货公司开具10月8日购买明珠男套装的销售专用发票（MD10108），同时收到该客户价税款50 000元（电汇DH020118），确认出库成本。

1.开具销售专用发票

该业务期初已经发货但未开发票，只在销售管理系统“期初数据”中做了登记，后续处理从开具专用发票开始。

（1）在销售管理系统中开具销售专用发票，点击“增加”后系统弹出参照生单对话框，选择需要开具发票的发货单（如图6–125所示）。

（2）根据发货单生成销售专用发票（如图6–126所示）。需要注意的是，由于该业务开发票时收到了货款，因此发票存盘以后要先办理现金结算，结算完成以后再复核，否则无法进行现结。

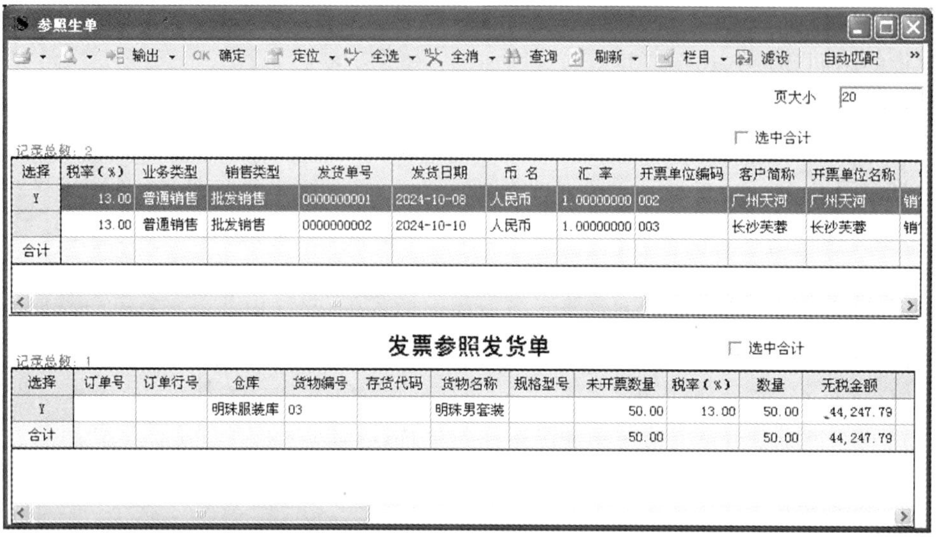

图6-125 参照生单

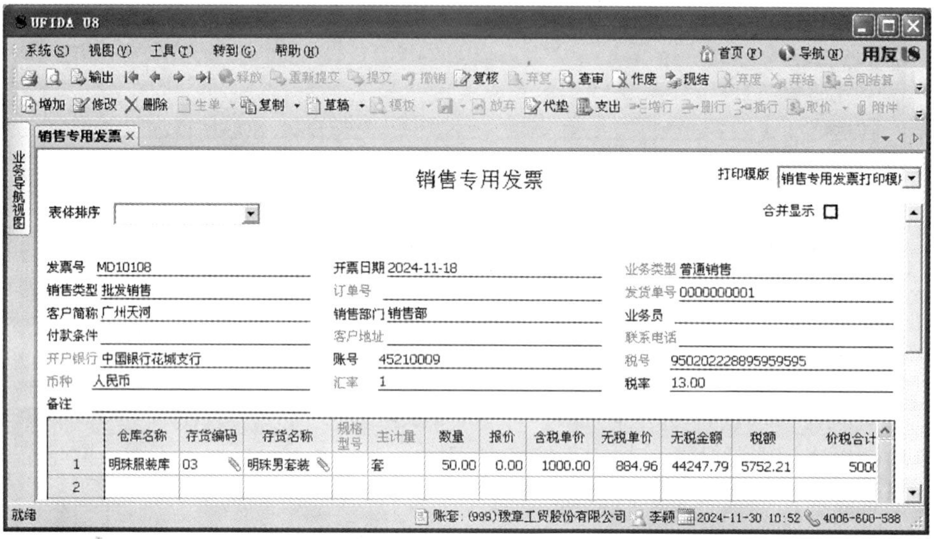

图6-126 生成销售专用发票

2.销售现结

执行销售专用发票上的“现结”功能，完成货款结算。

（1）输入结算信息（如图6-127所示）。

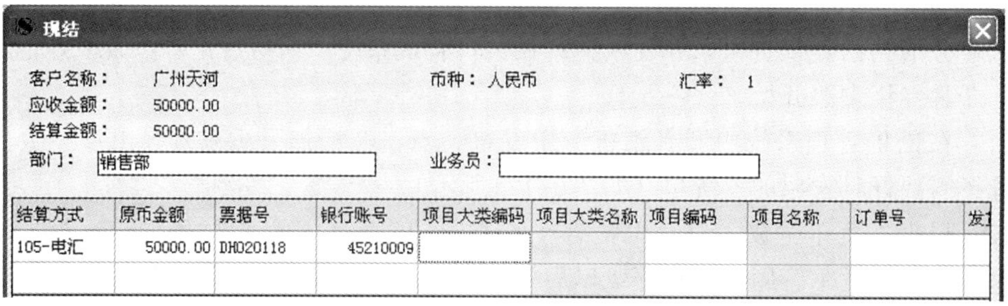

图6-127 输入现结信息

（2）完成现结以后系统自动盖章（如图6-128所示），然后进行发票复核。

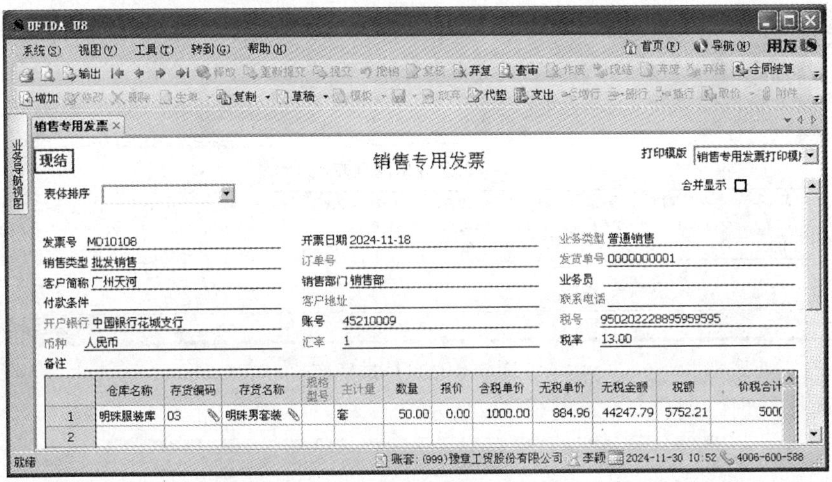

图6-128 销售专用发票加盖“现结”戳记

3.在应收款管理系统中核算现结款项

（1）执行应收款管理系统菜单“应收单据处理”—“应收单据审核”（如图6-129所示）。

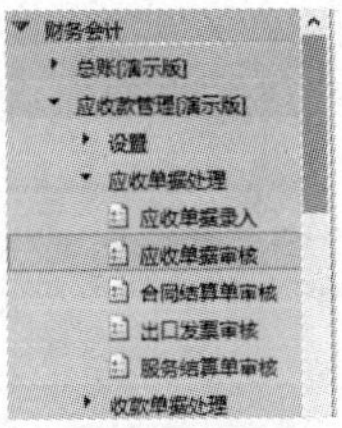

图6-129 执行应收单据审核

（2）选择“包含已现结发票”选项，完成单据过滤（如图6-130所示）。

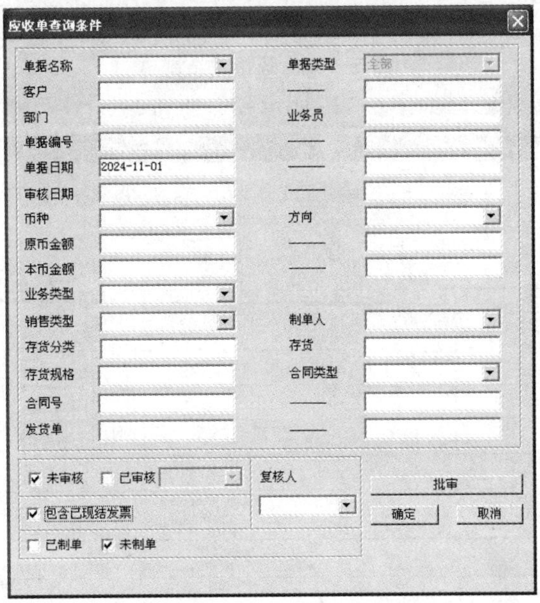

图6-130 单据过滤

（3）单据审核（如图6-131所示）。

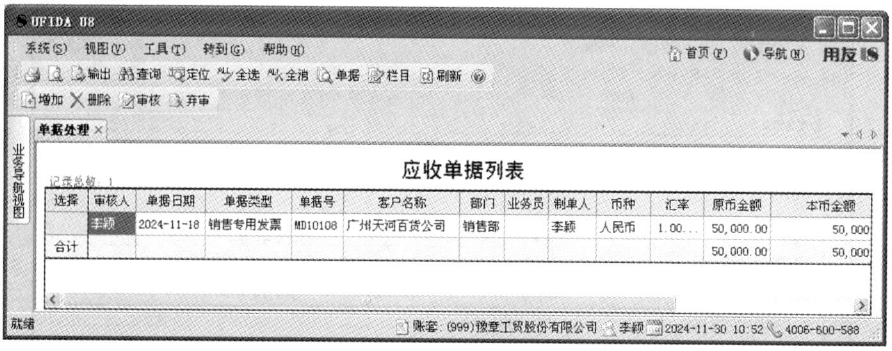

图6-131　单据审核

（4）选择“现结制单”（如图6-132所示）。

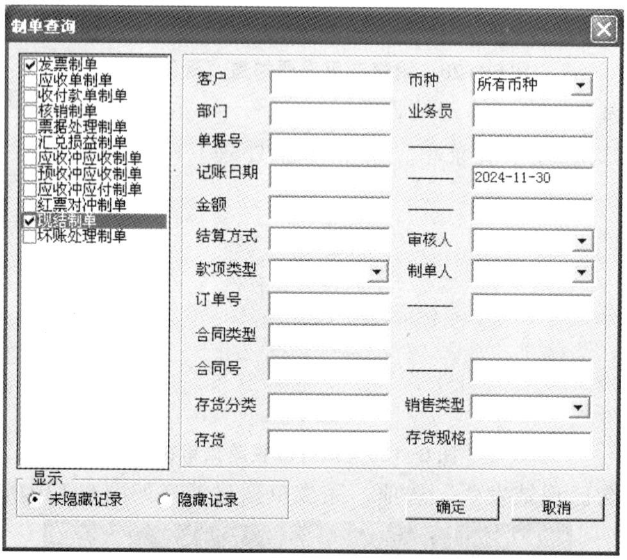

图6-132　选择现结制单

（5）系统生成收款凭证（如图6-133所示）。

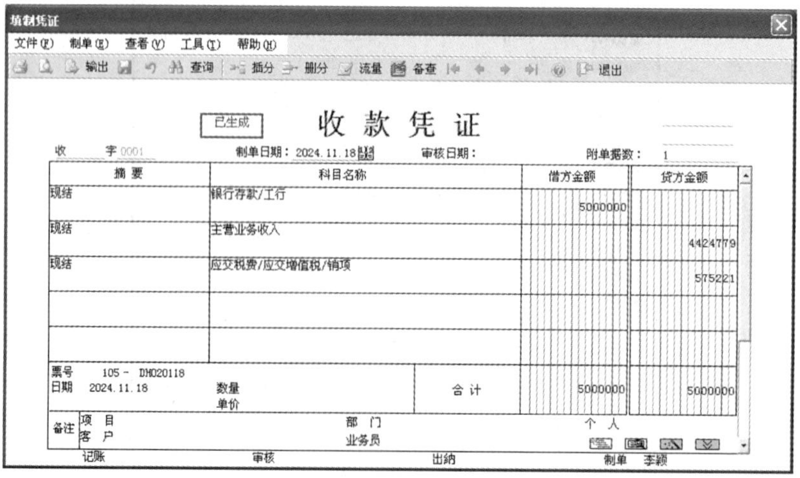

图6-133　生成收款凭证

4. 在存货核算系统中进行正常单据记账

（1）由于该存货所在仓库是按先进先出法进行销售成本核算的，所以可以随时计算销售成本，填制记账凭证（如图6-134所示）。

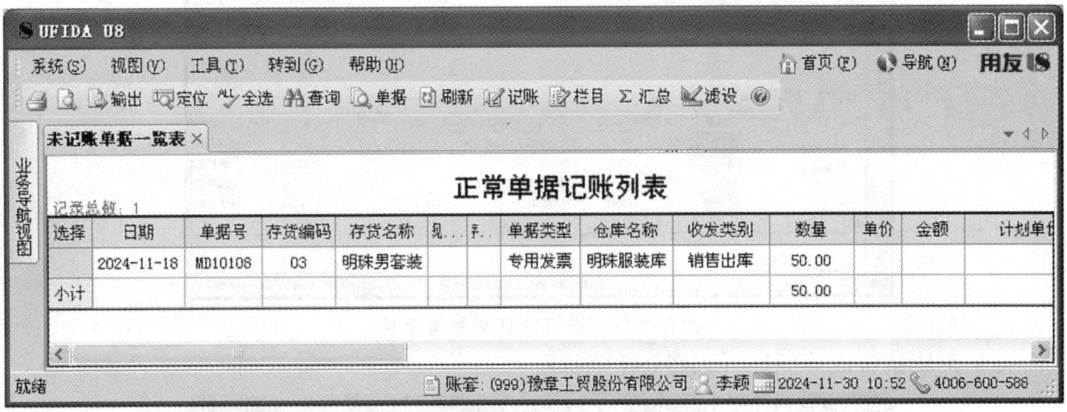

图6-134 正常单据记账

（2）执行“财务核算”—“生成凭证”—“选择”功能，查询需要填制凭证的单据（如图6-135所示）。

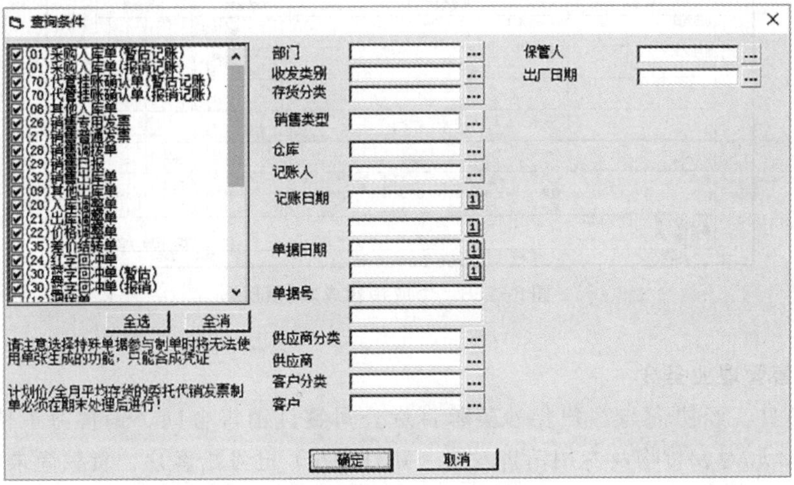

图6-135 查询单据

（3）选择未生成凭证单据（如图6-136所示）。

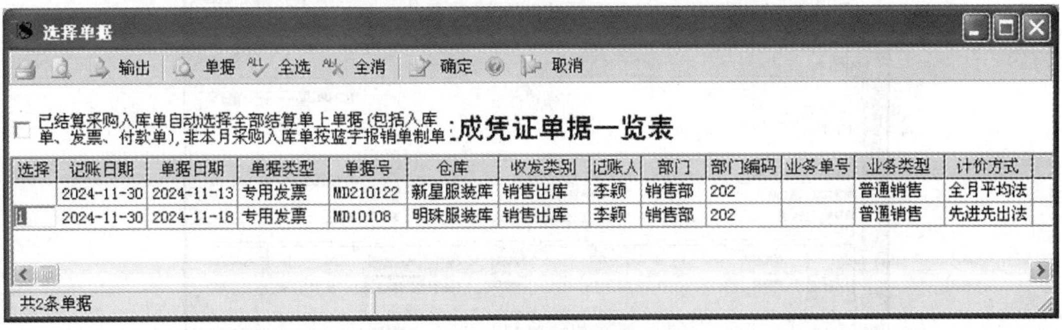

图6-136 选择未生成凭证单据

（4）设置凭证类别、存货以及销售成本科目编码（如图6-137所示）。

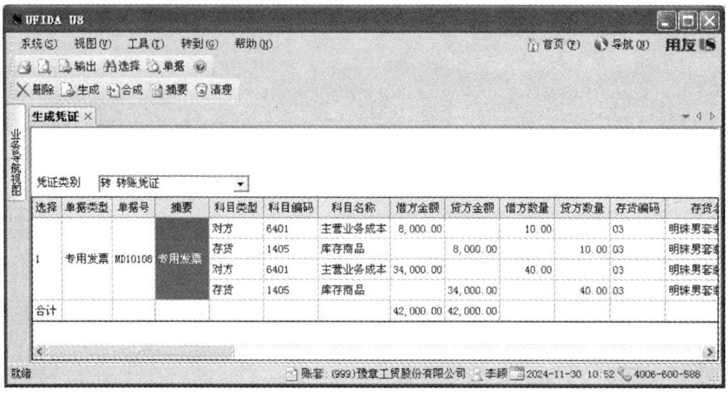

图6-137 设置凭证类别等条件

（5）生成销售成本凭证（如图6-138所示）。

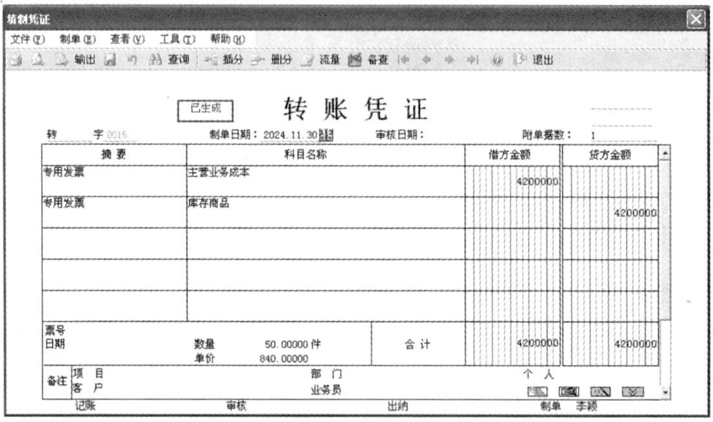

图6-138 生成销售成本凭证

三、销售管理业务3

11月20日，经协商与客户长沙芙蓉百货公司签订销售合同，销售海王情侣表2对，含税单价400元/对，货物及专用销售发票（MD12176）已发给客户，货款尚未收到。

1.填制并审核销售订单（如图6-139所示）。

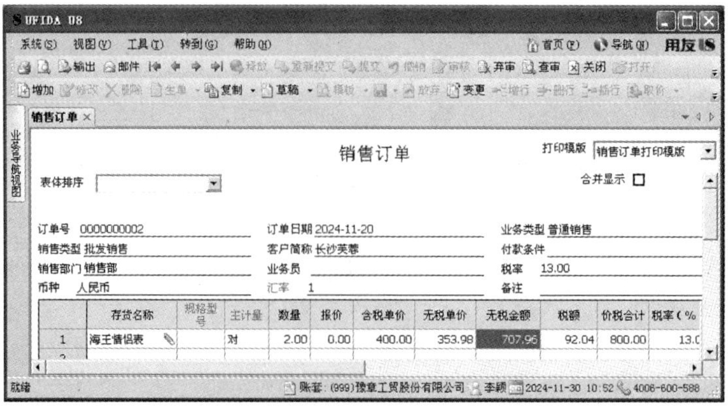

图6-139 填制销售订单

2.填制并审核发货单（如图6-140所示）。

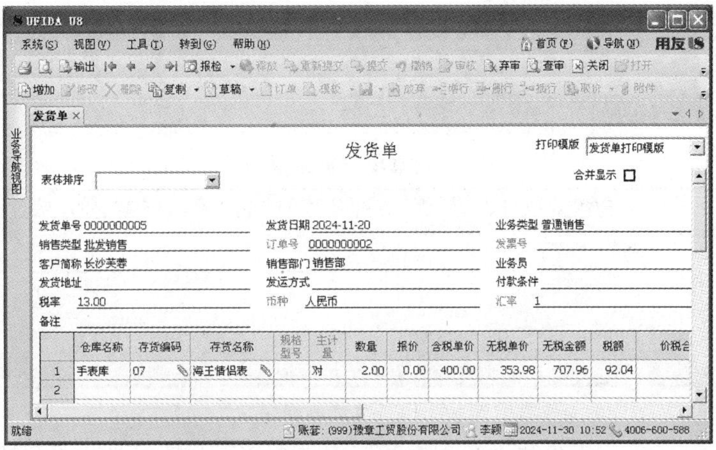

图6-140　填制发货单

3.在库存管理中填制并审核销售出库单（如图6-141所示）。

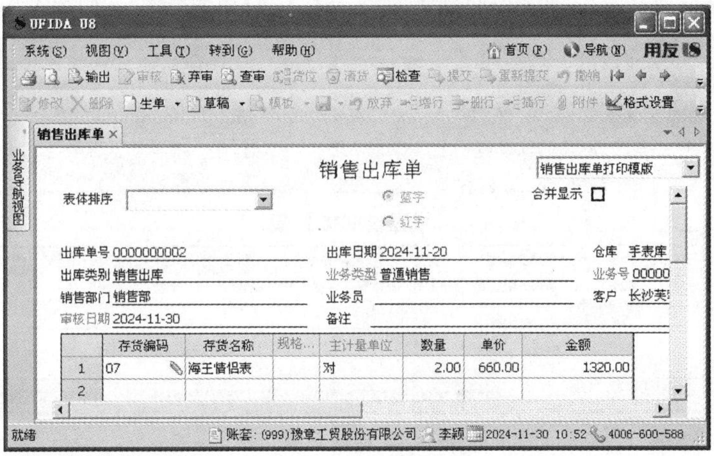

图6-141　填制销售出库单

4.填制并复核销售专用发票（如图6-142所示）。

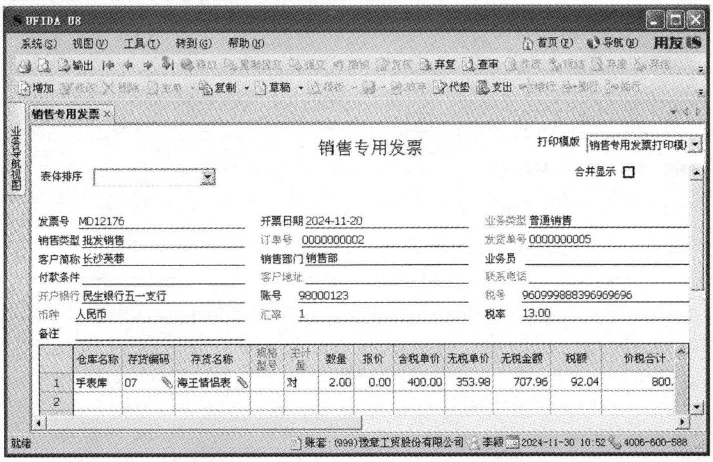

图6-142　填制销售专用发票

5.在存货核算系统中进行正常单据记账（如图6-143所示）。

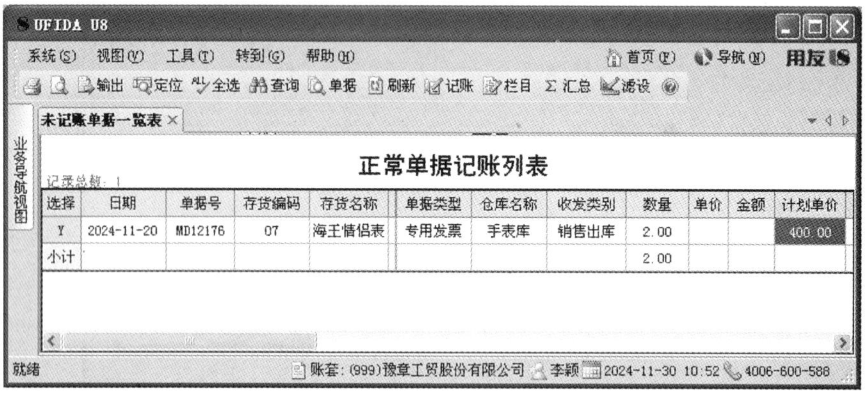

图6-143 正常单据记账

由于该仓库存货采用售价法进行入库和销售成本核算，所以必须等到期末进行仓库期末处理以后才能确定销售成本，此时不能填制销售成本凭证。

6.在应收款管理系统中确定应收货款，先完成应收单据审核（如图6-144所示）。

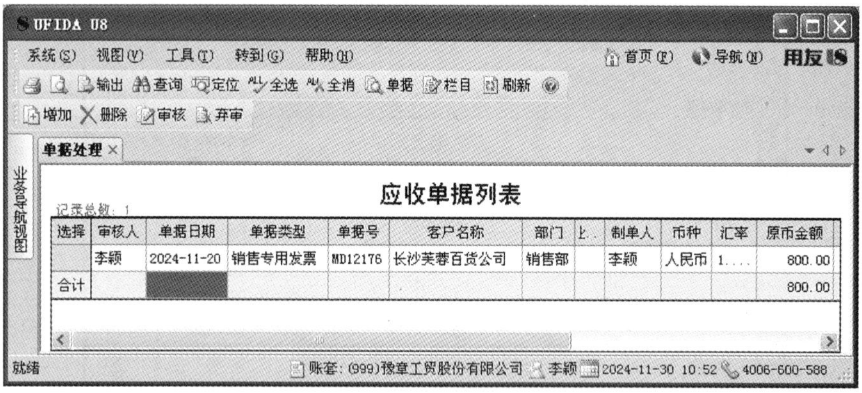

图6-144 应收单据审核

7.生成凭证（如图6-145所示）。

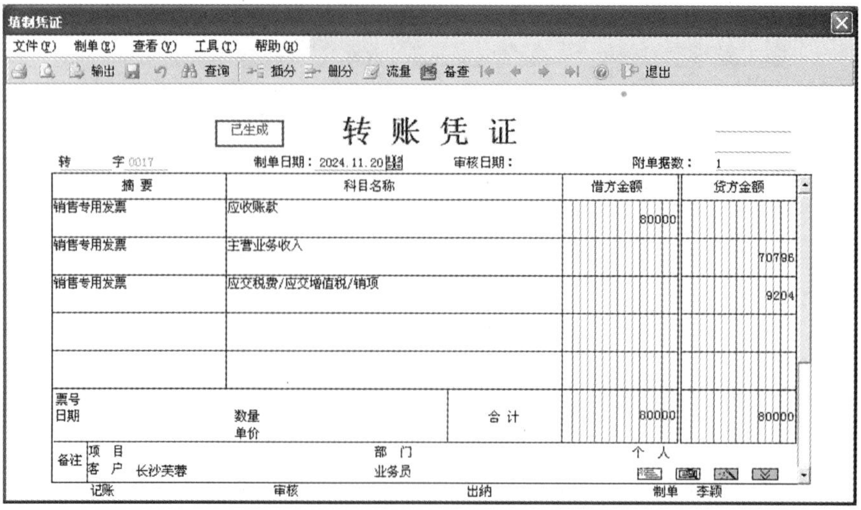

图6-145 生成凭证

四、销售管理业务4

11月30日，广州天河百货公司将存在质量问题的5套明珠男套装退还给公司，进行入库处理。公司开具红字销售发票XTH3290，载明5套明珠男套装，含税单位售价1 000元/套。

1.在“销售发货”菜单项中执行“退货单”功能，手工或者参照填制并审核退货单（如图6-146所示）。

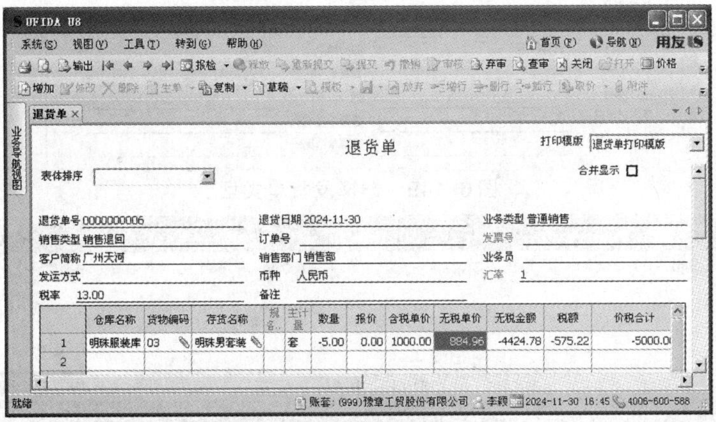

图6-146 填制退货单

2.在库存管理系统中，执行“出库业务”—“销售出库单”功能，填制并审核红字销售出库单（如图6-147所示），存货单价参见图6-26。

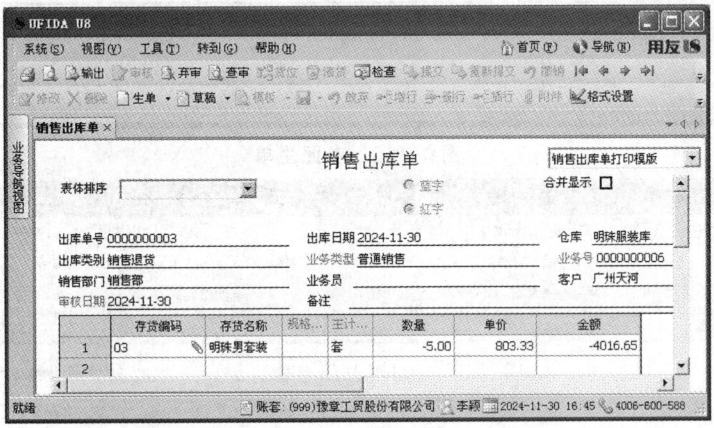

图6-147 填制红字销售出库单

3.执行销售管理中的“销售开票”—“红字专用销售发票”功能（如图6-148所示），填制红字专用销售发票。

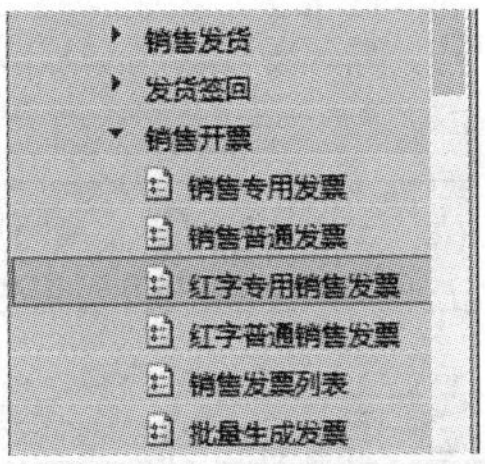

图6-148 红字专用销售发票功能

4.在查询条件选择界面中，发货单类型选择“红字记录”，参照生成红字专用销售发票并进行复核（如图6-149、图6-150、图6-151所示）。

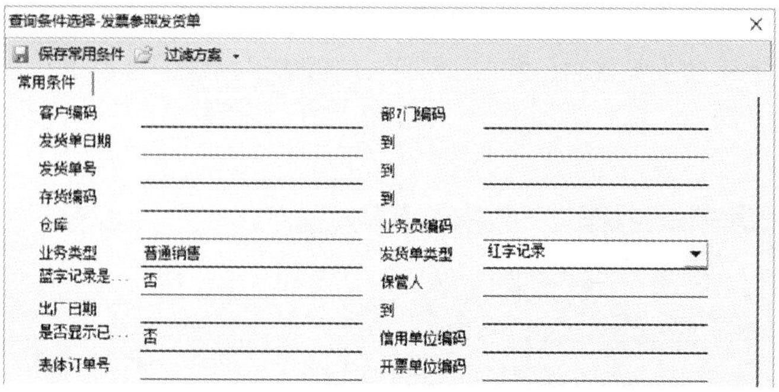

图6-149 选择发货单类型

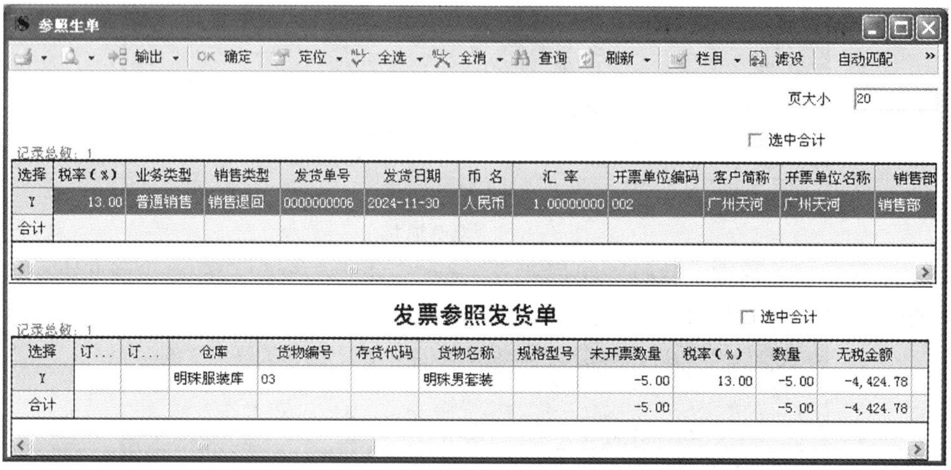

图6-150 参照生单

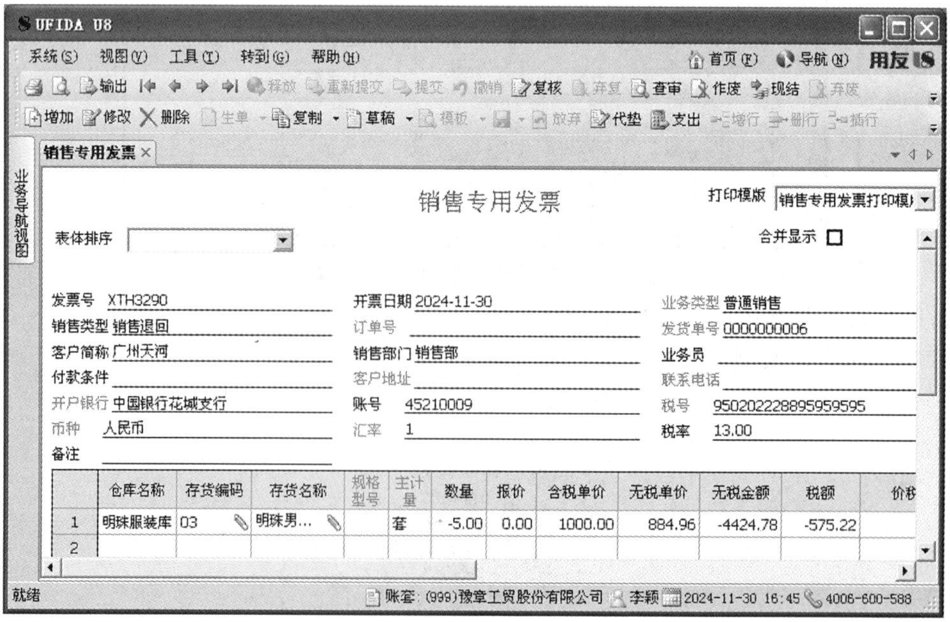

图6-151 生成红字销售专用发票

5.在存货核算系统中执行正常单据记账（如图6-152所示）。此时，系统会自动弹出“手工输入单价列表”，其中单价栏是空的，需要手工输入单价。

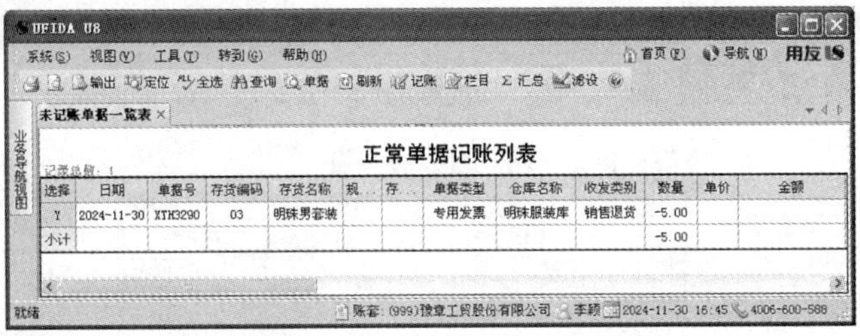

图6-152 正常单据记账

6.在手工输入单价列表中手工输入单价，点击“确定”后完成记账（如图6-153所示）。

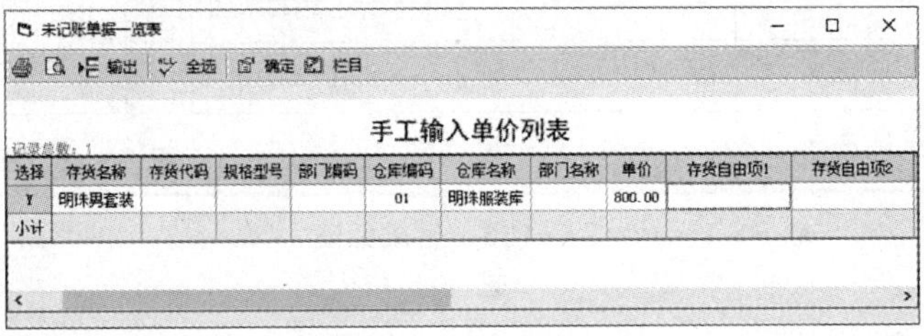

图6-153 手工输入单价

7.执行存货核算系统中的“财务核算”—“生成凭证”功能，定义并生成凭证，该凭证中的金额为红字（如图6-154、图6-155所示，本书中红字金额加框表示）。

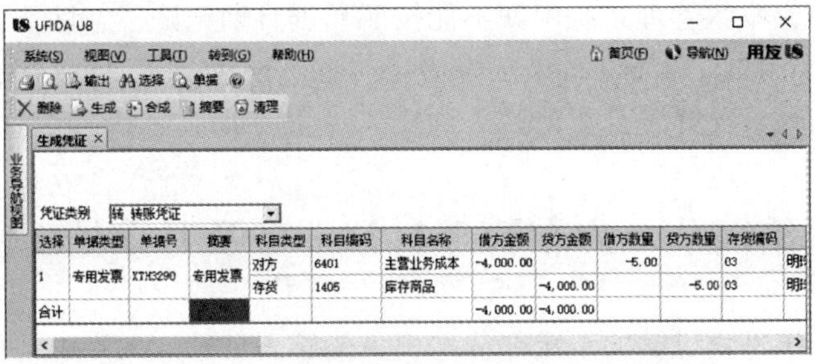

图6-154 定义凭证

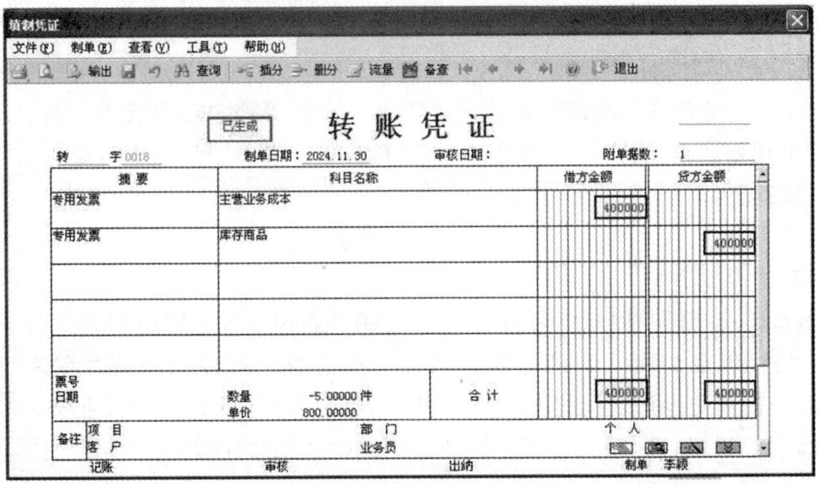

图6-155 生成凭证

8.在应收款管理系统中审核应收单据并生成凭证，该凭证中的金额为红字（如图6-156所示）。

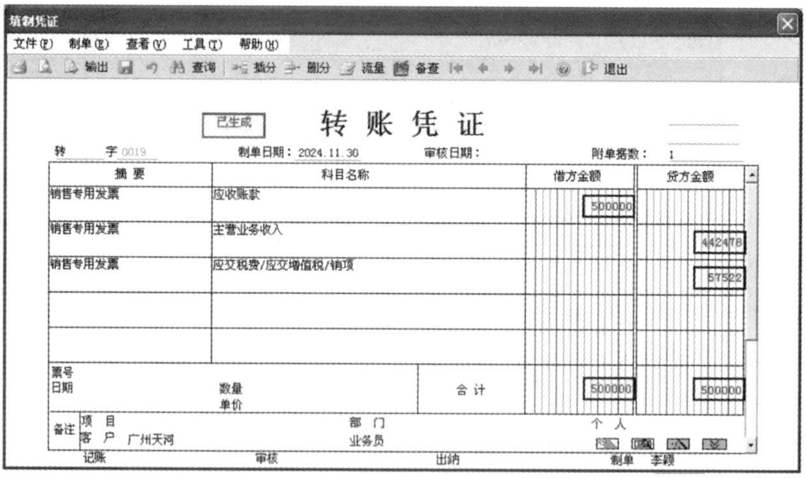

图6-156 生成凭证

五、销售管理月末结账

月末结账是逐月将每月的单据数据封存，并将当月的销售数据记入有关报表中的过程。如果应收款管理按照单据日期记账，销售管理本月有未复核的发票，月末结账后，这些未复核的发票在应收款管理系统中就不能按照单据日期记账了，除非在应收款管理系统中改成按业务日期记账。当某月结账发生错误时，可以执行“取消结账”恢复到结账前，正确处理后再结账。不允许跳月取消月末结账，只能从最后一个结账月开始逐月取消。

第四节 库存管理日常业务及月末处理

库存管理子系统是供应链的组成部分之一，能够满足采购入库、销售出库、产成品入库、材料出库、其他出入库、盘点管理等业务需要，提供仓库货位管理、批次管理、保质期管理、出库跟踪入库管理、可用量管理、序列号管理等全面的业务应用。库存管理可以单独使用，也可以与采购管理、进口管理、委外管理、销售管理、出口管理、质量管理、GSP质量管理、存货核算、售前分析、成本管理、预算管理、项目成本、商业智能、主生产计划、需求规划、车间管理、生产订单、物料清单、设备管理、售后服务、零售管理等集成使用，发挥更加强大的应用功能。

一、库存管理业务1

11月18日，由于新星服装库货位不足，将10件新星女风衣暂时转移到明珠服装库。

该业务是存货在仓库之间的变换，属于调拨业务，需要填制调拨单来反映这些变化。调拨单是指用于仓库之间存货的转库业务或部门之间的存货调拨业务的单据。同一张调拨单上，如果转出部门和转入部门不同，表示部门之间的调拨业务；如果转出部门和转入部门相同，但转出仓库和转入仓库不同，表示仓库之间的转库业务。

1.执行库存管理系统菜单“调拨业务”—“调拨单”(如图6-157所示)。

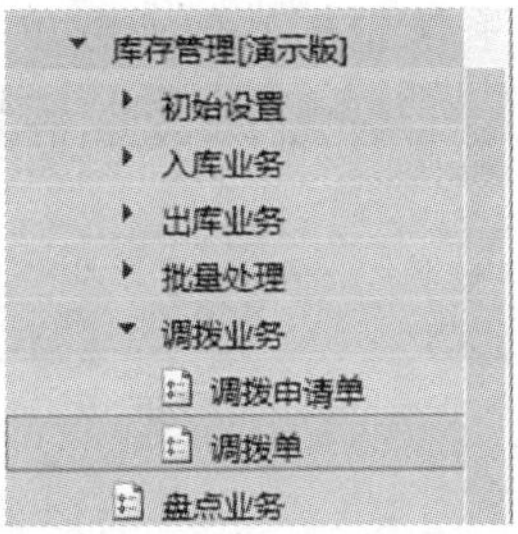

图6-157 执行调拨单

2.填制调拨单详细内容(如图6-158所示)。调拨单存盘之后需要进行审核,审核之后系统会自动生成一张业务类型为“调拨入库”的其他入库单,同时也会自动生成一张业务类型为“调拨出库”的其他出库单。

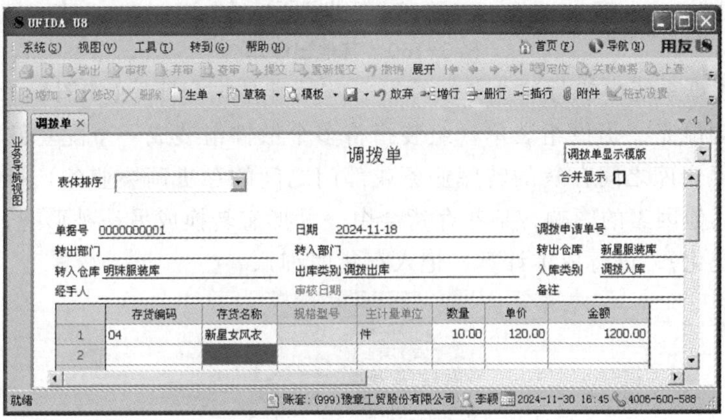

图6-158 调拨单

3.在库存管理系统的“入库业务”—“其他入库单”中找到调拨业务自动生成的其他入库单,进行审核(如图6-159所示)。其他入库单是指除采购入库、产成品入库之外的其他入库业务,如调拨入库、盘盈入库、组装拆卸入库、形态转换入库等业务形成的入库单。其他入库单一般由系统根据其他业务单据自动生成,也可手工填制。

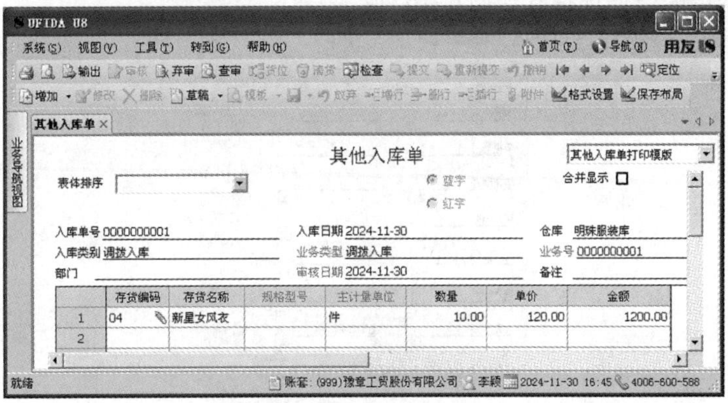

图6-159 其他入库单

4.在库存管理系统的“出库业务”—“其他出库单”中找到调拨业务自动生成的其他出库单,进行审核(如图6-160所示)。其他出库单指除销售出库、材料出库之外的其他出库业务，如调拨出库、盘亏出库、组装拆卸出库、形态转换出库、不合格品记录等业务形成的出库单。其他出库单一般由系统根据其他业务单据自动生成，也可手工填制。

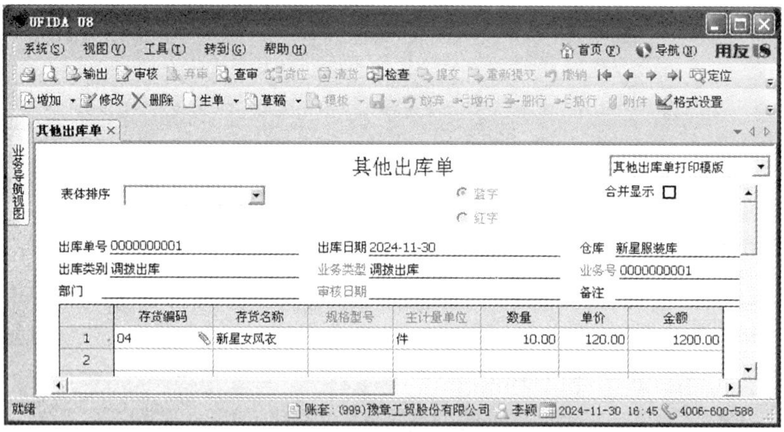

图6-160 其他出库单

5.在存货核算系统中执行“业务核算”—“特殊单据记账”（如图6-161所示）。特殊单据记账主要功能是，提供组装单（组装指将多个散件组装成一个配套件的过程）、调拨单（调拨单用于仓库之间存货的转库业务或部门之间的存货调拨业务）、形态转换单（由于自然条件或其他因素的影响，某些存货会由一种形态转换成另一种形态，从而引起存货规格和成本的变化），进行成本计算，记入存货明细账。

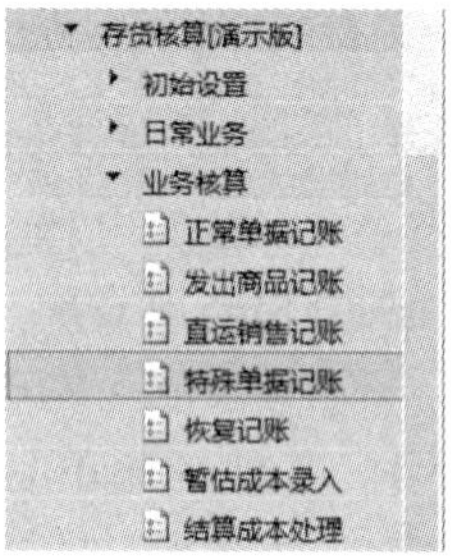

图6-161 执行特殊单据记账

6.特殊单据记账条件选择（如图6-162所示）。

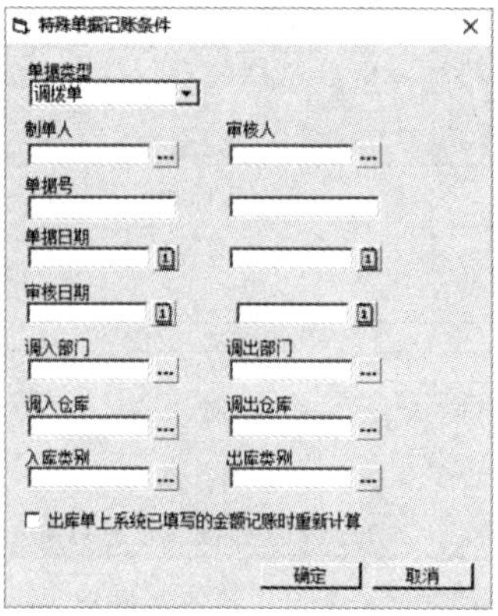

图6-162 特殊单据记账条件选择

7.完成特殊单据记账（如图6-163所示）。

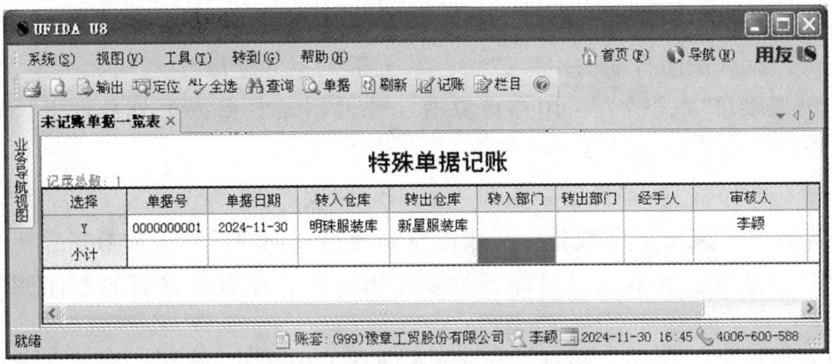

图6-163　完成特殊单据记账

如果存货按仓库进行详细核算，还需要填制凭证以反映调拨情况，否则可以不用进行后续处理。

二、库存管理业务2

11月30日，对原材料库中的存货进行盘点，实盘数量为布匹490米，纽扣1 050粒，缝纫线100卷。

1.执行库存管理系统菜单“盘点业务”功能（如图6-164所示）。盘点单是用来进行仓库存货的实物数量和账面数量核对工作的单据，可使用空盘点单进行实盘，然后将实盘数量录入系统，与账面数量进行比较。

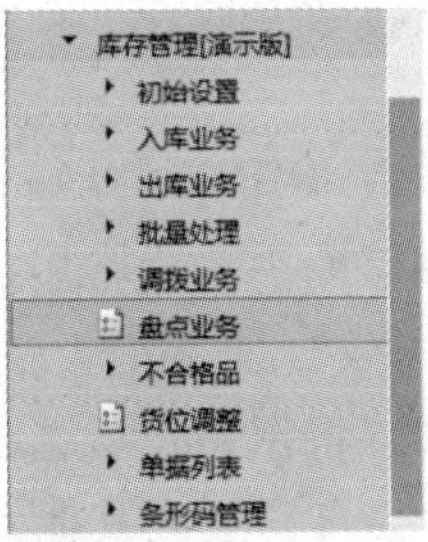

图6-164　执行盘点业务

2.可直接在盘点单中录入要盘点的存货详细内容，也可按“盘库”功能批量增加存货。系统将自动带出对应存货不同自由项、批次的账面数量、账面件数、账面金额等（如图6-165所示）。

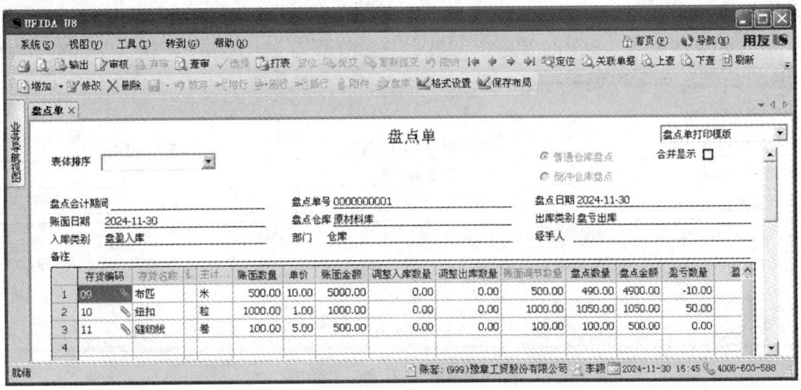

图6-165　盘点单

盘点单中相关栏目的含义和填写要求如下。

账面数量：盘点账面日期的库存数量，系统带入，不可修改。

单价：根据取价方式带入，用户可修改，修改后系统根据单价及数量计算相应的金额，如账面金额、盘点金额、盈亏金额等。

账面金额：账面数量×单价，系统带入，不可修改。

调整入库数量、调整出库数量：从账面日到盘点日期间的出入库数量，可修改。账面数量为账面日的结存，到盘点日可能还会发生出入库，盘点数量要与账面调节数量进行比较。

账面调节数量：账面调节数量＝账面数+调整入库数量-调整出库数量，系统自动计算，不可修改。

盘点数量/盘点件数：即实盘数量，必须输入，盘点数量不能为负数。多计量单位可选择盘点的计量单位，输入件数后，系统自动换算数量。账面件数、调整出入库件数和盈亏件数根据用户选择的盘点计量单位自动换算。

盘点金额：盘点金额=盘点数量×单价，系统自动计算。

盈亏数量：盈亏数量＝盘点数量－账面调节数量，系统自动计算，不可修改。正数表示盘盈；负数表示盘亏。

盈亏金额：盈亏金额=盈亏数量×单价，系统自动计算，不可修改。正数表示盘盈；负数表示盘亏。

合理损耗率：如按仓库控制盘点参数，取仓库存货对照表的合理损耗率；否则，取存货档案的合理损耗率。

实际损耗率：实际损耗率＝盘亏数÷账面调节数×100%，系统自动计算，不可修改。

原因：录入或参照，可为空，参照的内容为常用摘要。

失效日期：保质期管理的存货失效日期不得为空。如果用户盘点的批次没有账面数量，则失效日期由用户输入，否则系统根据用户所选批次的失效日期自动显示。

3.审核盘点单以后，盘盈的存货会自动生成其他入库单（如图6-166所示）。

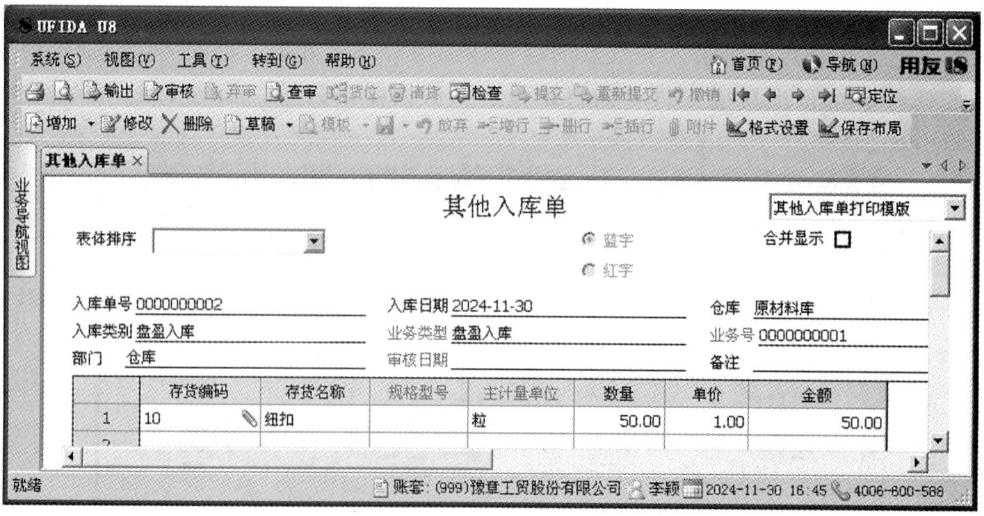

图6-166 其他入库单

4. 审核盘点单以后，盘亏的存货会自动生成其他出库单（如图6-167所示）。

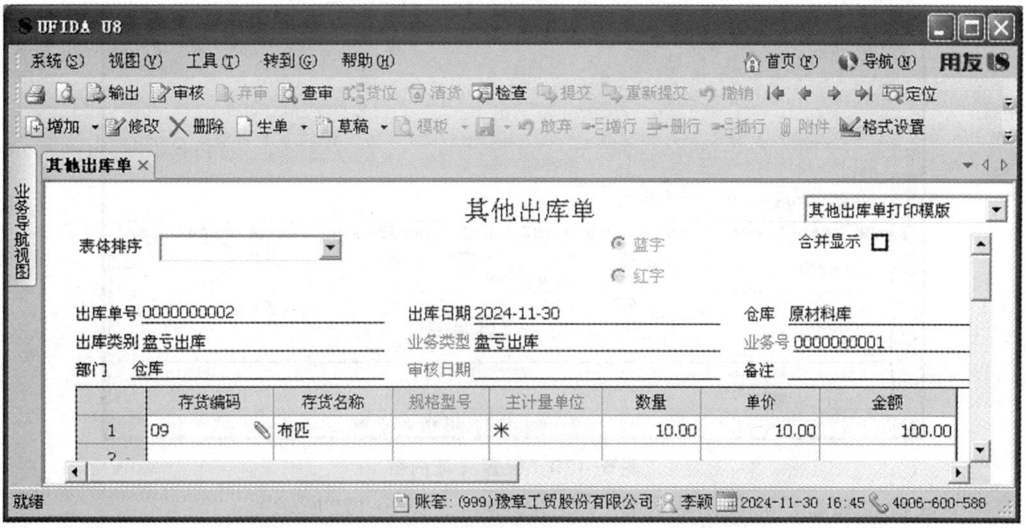

图6-167　其他出库单

5. 在存货核算系统“业务核算”中进行正常单据记账（如图6-168所示）。如果盘盈的存货无法进行正常单据记账，需要检查盘点单中该存货是否已输入单价。

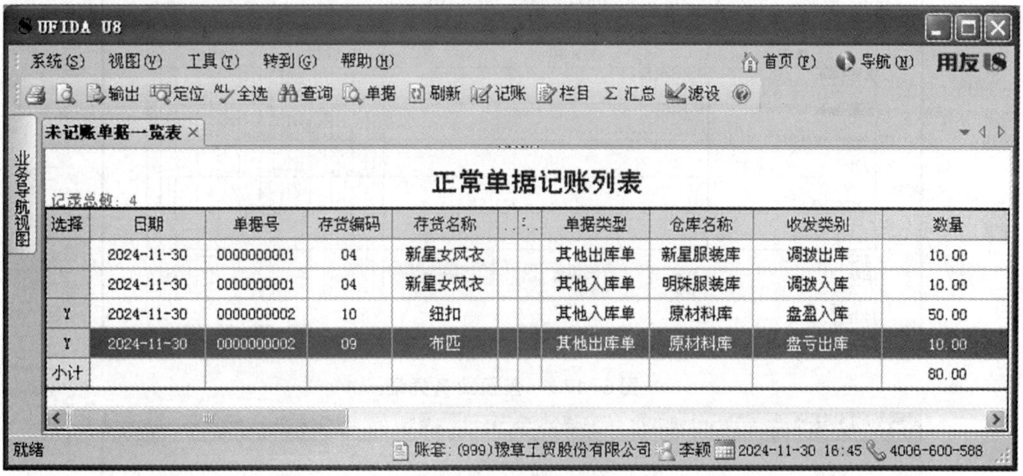

图6-168　正常单据记账

6. 在存货核算系统“财务核算”中选择需要生成凭证的单据（如图6-169所示）。

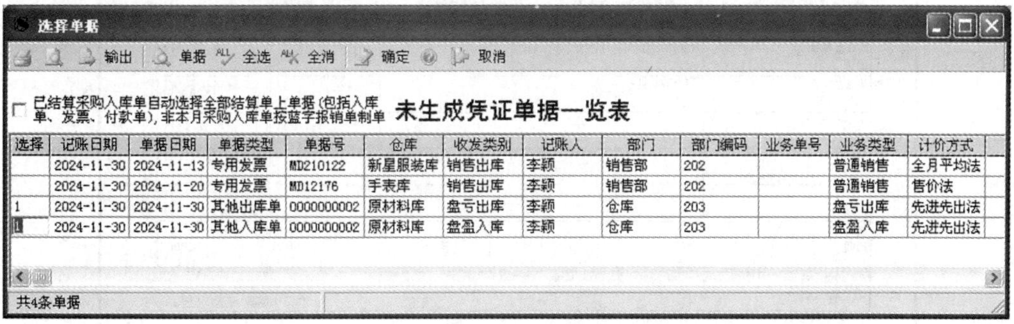

图6-169　未生成凭证单据一览表

7.设置凭证内容（如图6-170所示）。

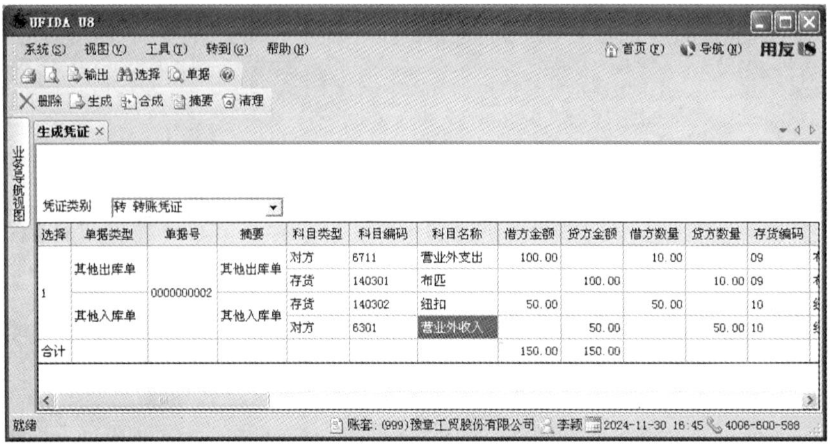

图6-170 设置凭证内容

8.生成盘盈和盘亏业务记账凭证（如图6-171、图6-172所示）。

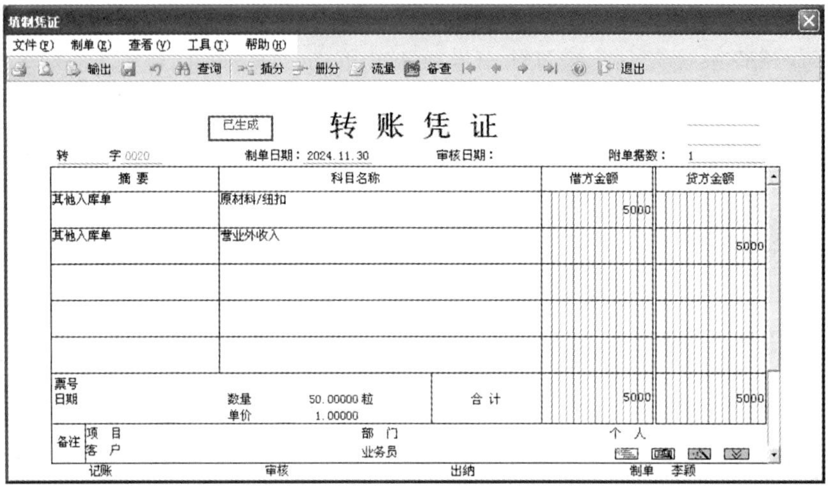

图6-171 盘盈业务凭证

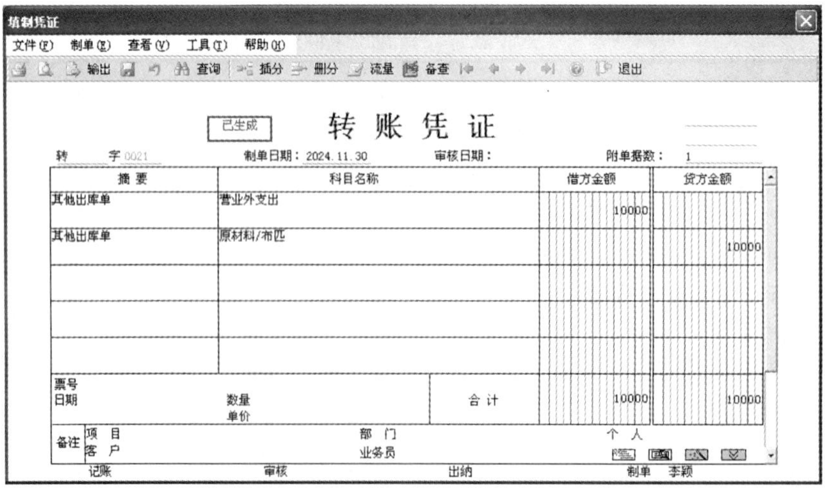

图6-172 盘亏业务凭证

三、库存管理业务3

11月30日，由于货位充足，将10件新星女风衣从明珠服装库转回新星服装库。

1.填制调拨单（如图6-173所示）。

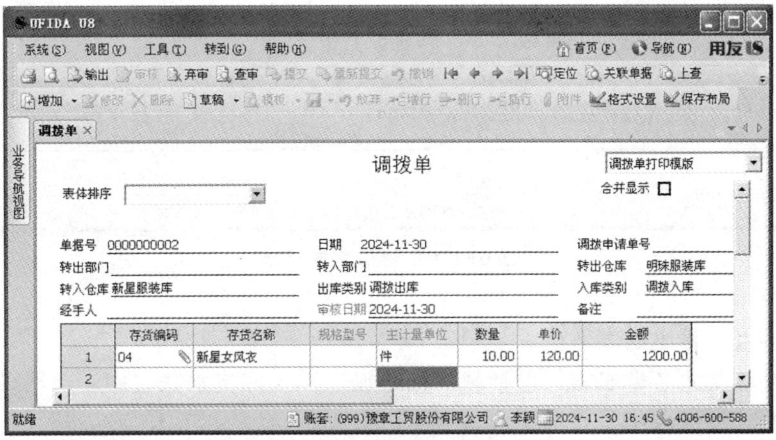

图6-173 填制调拨单

2.审核其他入库单、其他出库单（如图6-174、图6-175所示）。

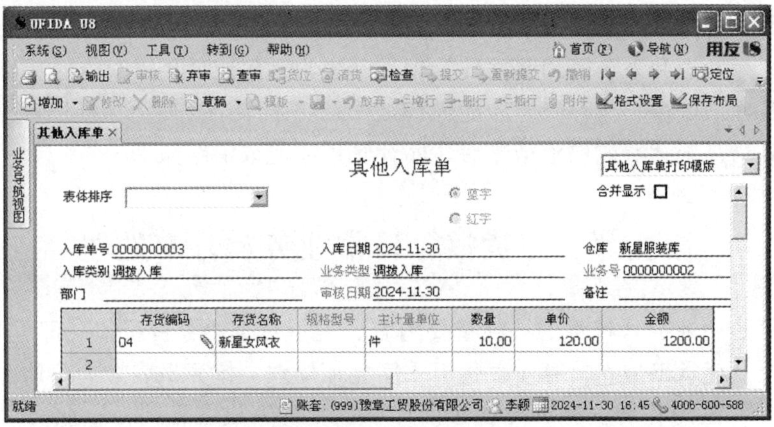

图6-174 审核其他入库单

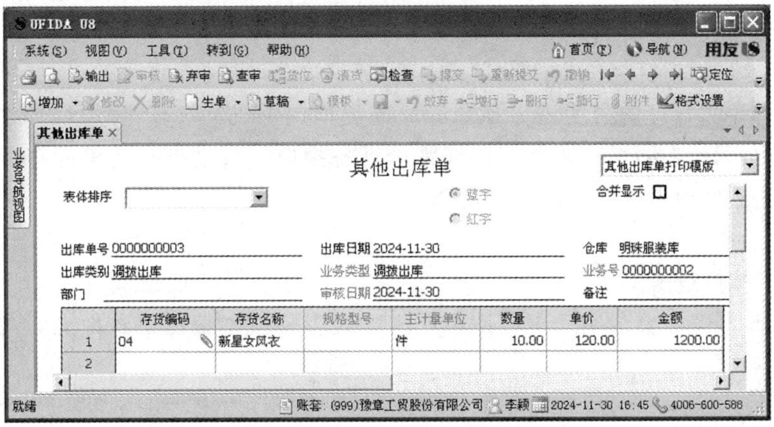

图6-175 审核其他出库单

3.在存货核算系统中进行特殊单据记账（如图6-176所示）。

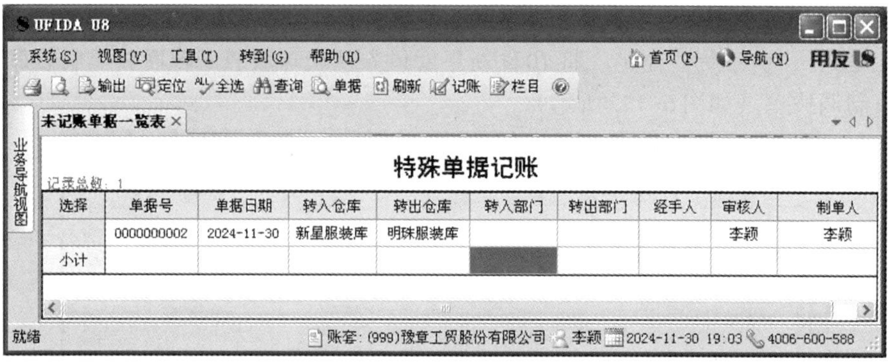

图6-176　特殊单据记账

四、库存管理输出账表

输出库存相关的各类账表，包括现存量查询、出入库流水账、库存台账、代管账、不合格品备查簿、呆滞积压备查簿、供货单位收发存汇总表、入库跟踪表。

五、库存管理月末结账

月末结账是将每月的出入库单据逐月封存，并将当月的出入库数据记入有关账表中的过程。如果库存管理和采购管理、委外管理、销售管理集成使用，只有在采购管理、委外管理、销售管理结账后，库存管理才能进行结账。如果库存管理和存货核算集成使用，必须在存货核算当月未结账或取消结账后，库存管理才能取消结账。

第五节　存货核算日常业务及月末处理

存货核算是企业会计核算的一项重要内容，是指对企业存货价值（即成本）的计量，用于工商业企业存货出入库核算、存货出入库凭证处理、核算报表查询、期初期末处理及相关资料维护。进行存货核算，可以正确计算存货购入成本，促使企业努力降低存货成本，也能反映和监督存货的收发、领退和保管情况，反映和监督存货资金的占用情况，促进企业提高资金的使用效果。

用友U8的存货核算提供以下功能：按部门、按仓库、按存货核算；提供六种计价方式，满足不同存货管理的需要；为不同的业务类型提供成本核算；进行出入库成本调整，处理各种异常；计划价/售价调整；存货跌价准备提取；自动形成完整的存货账簿；符合业务规则的凭证自动生成；查询统计功能。

一、存货核算业务1

11月30日，经核查，明珠服装库中明珠女装存货成本偏低，经批准对该类存货调增360元。

出入库单据记账后，发现单据金额错误。如果是录入错误，通常采用修改方式进行调整。但如果遇到由于暂估入库后发生零出库业务等原因所造成的出库成本不准确，或者库存数量为零而仍有库存金额的情况，就需要利用调整单进行调整。

调整单包括入库调整单和出库调整单，都只针对当月存货的出入库成本进行调整，并且只调整存货的金额，不调整存货的数量。

1.执行存货核算系统菜单“日常业务”—“入库调整单”（如图6-177所示）。

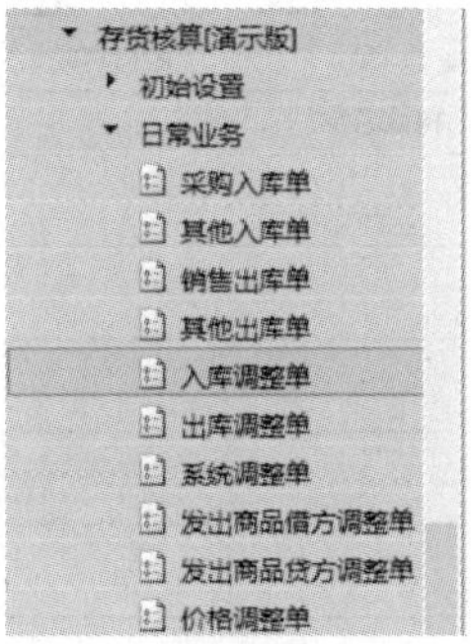

图6-177 入库调整单功能

2.输入入库调整单详细内容，执行正常单据记账（如图6-178所示）。

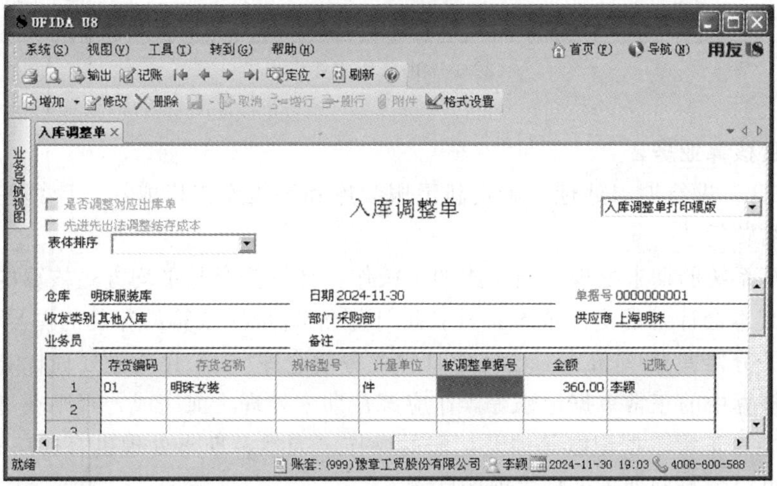

图6-178 入库调整单

3.在存货核算系统“财务核算”中定义并生成调整凭证（如图6-179、图6-180所示）。

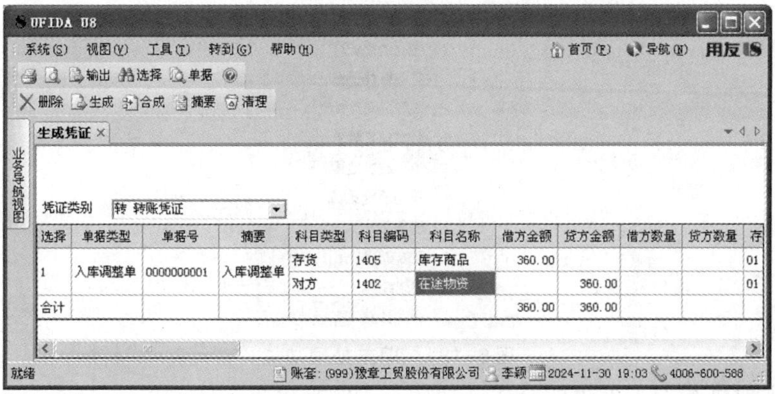

图6-179 定义凭证

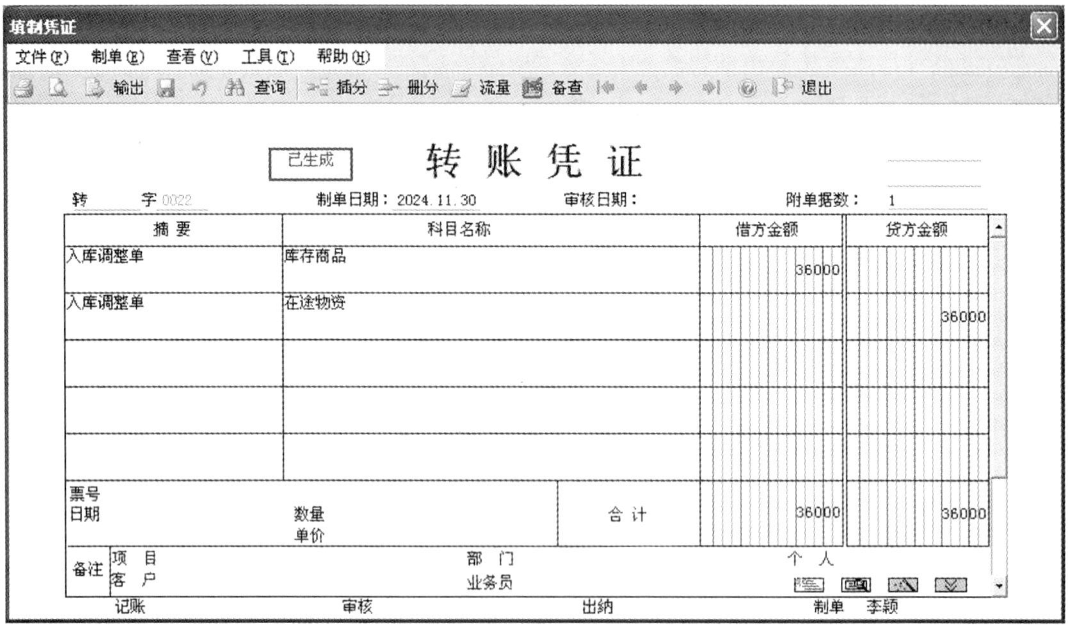

图6-180　生成凭证

二、存货核算业务2

11月30日，进行期末处理，确定新星服装库和手表库销售成本，计算差异率，并填制销售成本结转凭证。

存货核算系统的期末处理功能完成如下操作：计算按全月平均方式核算的存货的全月平均单价及其本会计月的出库成本；计算按计划价/售价法核算的存货的差异率/差价率及其本会计月的分摊差异/差价；对已完成日常业务的仓库/部门/存货做处理标志。需要注意的是，存货核算中的正常单据记账等操作应该在期末处理之前完成，否则在进行期末处理以后，将不能做正常单据记账等涉及记账的操作。当然，期末处理也有逆向的恢复操作，需要的时候可以恢复到期末处理之前的状态。

1.执行存货核算系统中业务核算的“期末处理”功能（如图6-181所示）。

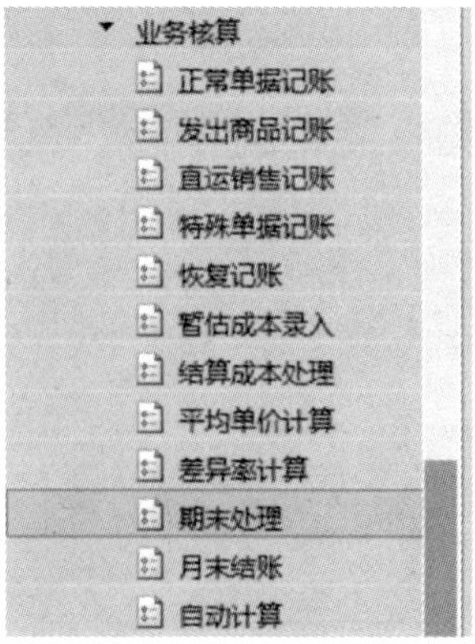

图6-181　期末处理功能

2.选择需要进行期末处理的仓库（如图6-182所示）。

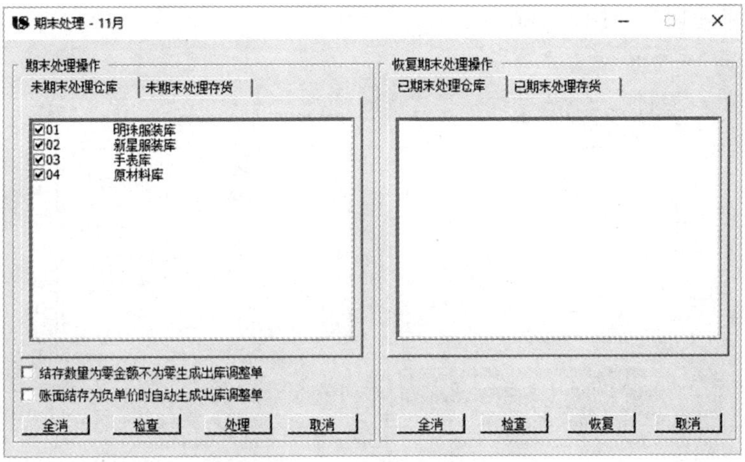

图6-182 选择需处理仓库

3.计算仓库的月平均单价，即采用全月加权成本核算仓库的全月平均成本（如图6-183所示）。

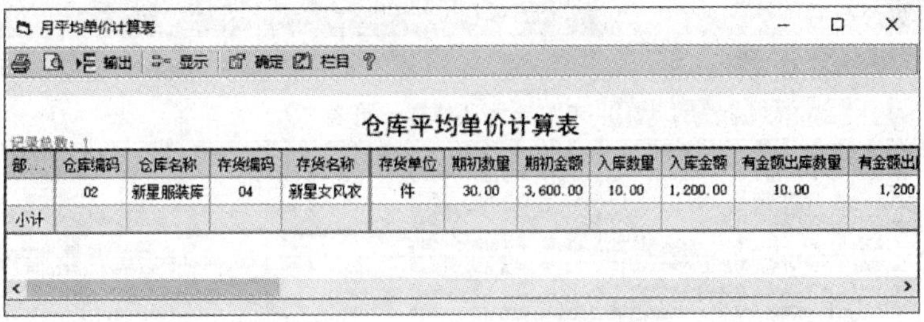

图6-183 仓库平均单价计算表

4.计算按计划价/售价法核算存货的差异率（如图6-184所示）。

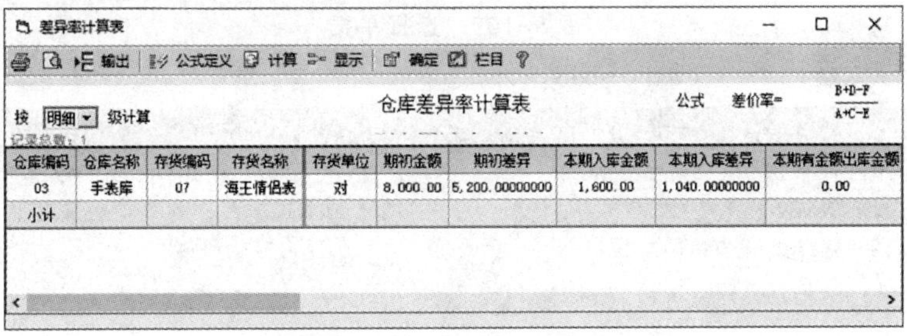

图6-184 仓库差异率计算表

5.进行差异结转（如图6-185所示）。

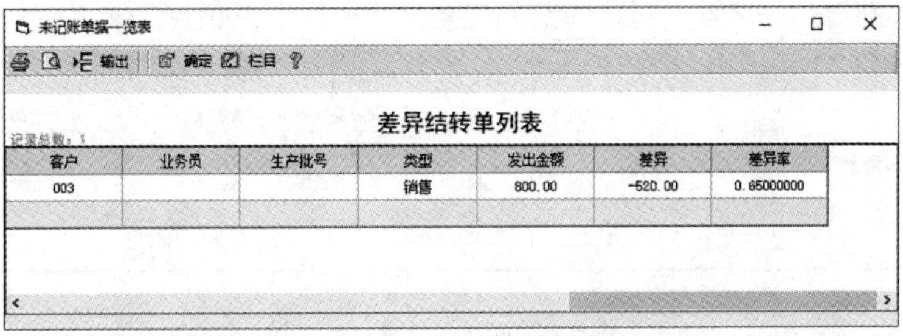

图6-185 差异结转单列表

6.完成仓库处理（如图6-186所示）。

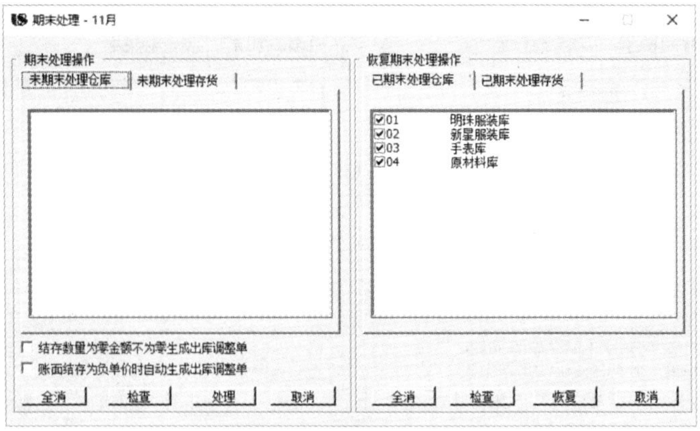

图6-186　完成仓库处理

7.确定新星服装库和手表库的销售成本。执行存货核算中的“财务核算”—“生成凭证”功能，先选择需要填制凭证的单据（如图6-187所示）。

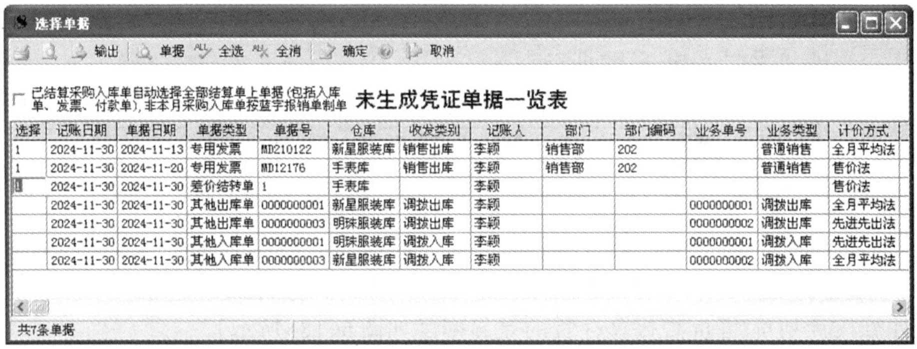

选择	记账日期	单据日期	单据类型	单据号	仓库	收发类别	记账人	部门	部门编码	业务单号	业务类型	计价方式
1	2024-11-30	2024-11-13	专用发票	MD210122	新星服装库	销售出库	李颖	销售部	202		普通销售	全月平均法
1	2024-11-30	2024-11-20	专用发票	MD12176	手表库	销售出库	李颖	销售部	202		普通销售	售价法
1	2024-11-30	2024-11-30	差价结转单	1	手表库		李颖					售价法
	2024-11-30	2024-11-30	其他出库单	0000000001	新星服装库	调拨出库	李颖			0000000001	调拨出库	全月平均法
	2024-11-30	2024-11-30	其他出库单	0000000003	明珠服装库	调拨出库	李颖			0000000002	调拨出库	先进先出法
	2024-11-30	2024-11-30	其他入库单	0000000001	明珠服装库	调拨入库	李颖			0000000001	调拨入库	先进先出法
	2024-11-30	2024-11-30	其他入库单	0000000003	新星服装库	调拨入库	李颖			0000000002	调拨入库	全月平均法

图6-187　选择单据

8.定义销售凭证内容（如图6-188所示）。

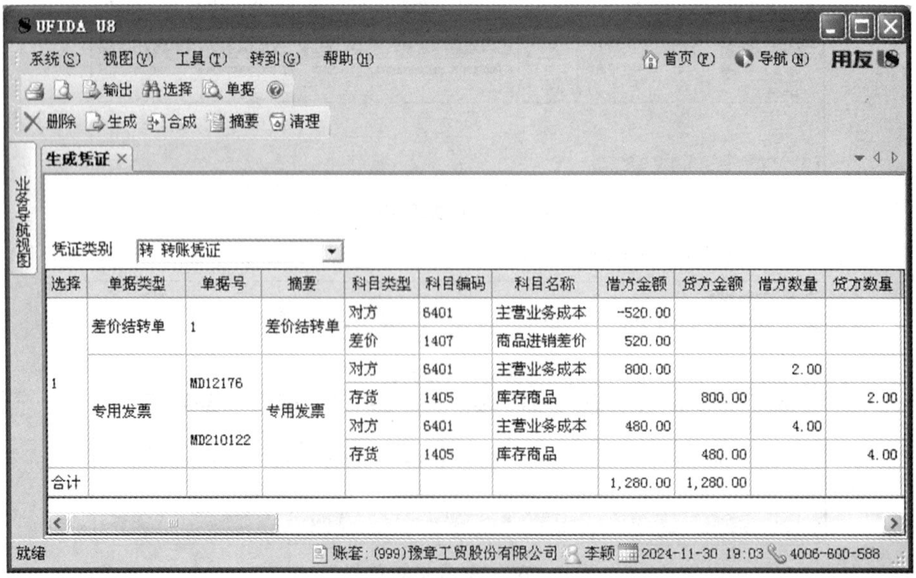

选择	单据类型	单据号	摘要	科目类型	科目编码	科目名称	借方金额	贷方金额	借方数量	贷方数量
1	差价结转单	1	差价结转单	对方	6401	主营业务成本	-520.00			
				差价	1407	商品进销差价	520.00			
	专用发票	MD12176	专用发票	对方	6401	主营业务成本	800.00		2.00	
				存货	1405	库存商品		800.00		2.00
		MD210122		对方	6401	主营业务成本	480.00		4.00	
				存货	1405	库存商品		480.00		4.00
合计							1,280.00	1,280.00		

图6-188　定义凭证

9.生成销售及差价结转凭证（如图6-189、图6-190、图6-191所示）。

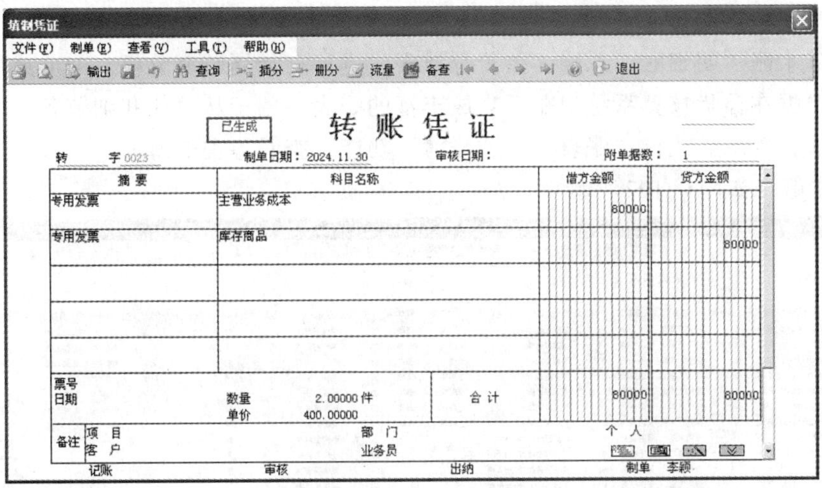

图6-189 销售凭证（1）

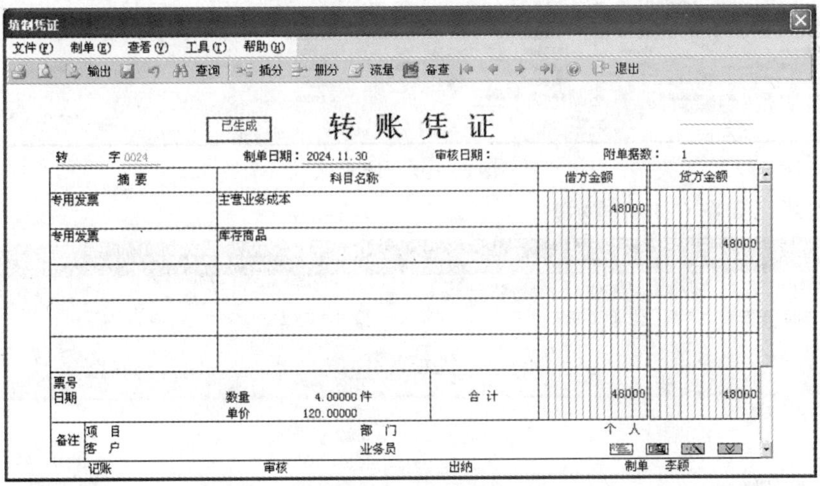

图6-190 销售凭证（2）

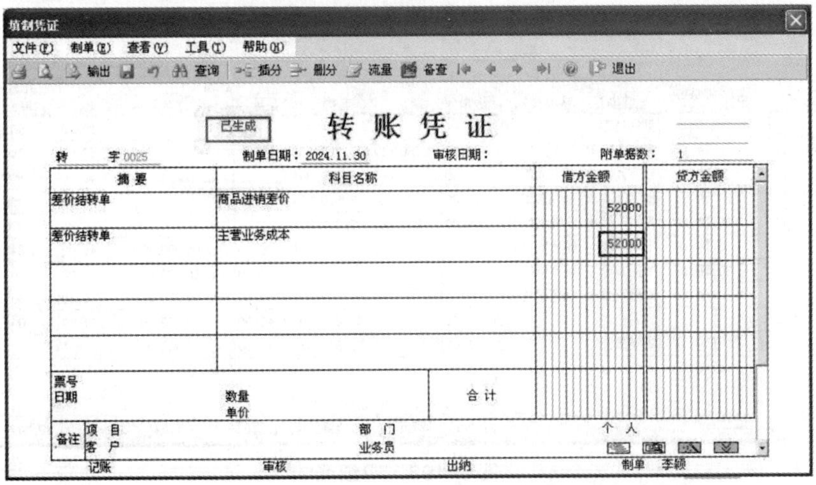

图6-191 差价结转凭证

三、存货核算业务3

查询流水账、明细账、总账、差价分摊表，进行存货周转率分析、ABC成本分析。

各类单据在存货核算系统记账后生成丰富的账表，用于从总体和细节各方面展示存货的流转及库存情况。执行“账表”—“账簿”功能，查看各类账簿。

1.流水账（如图6-192所示）

流水账

单据日期	单据号	记账日期	记账人	凭证号	凭证摘要	业务类型	仓库编码	仓库	客户	供应商	经手人	存货编码	存货名称	存货代码	规格型号	主计量单位	收入数量	收入单价	收入金额	发出数量	发出单价	发出金额
2024-11-10	0000000004	2024-11-30	李颖	1	采购入库单	普通采购	01	明珠服装库		上海明...	李颖	02	明珠男衣			件	100.00	300.00	30,000.00			
2024-11-10	0000000004	2024-11-30	李颖	1	采购入库单	普通采购	01	明珠服装库		上海明...	李颖	03	明珠男套装			套	42.00	850.00	35,700.00			
2024-11-19	0000000005	2024-11-30	李颖	3	采购入库单	普通采购	03	手表库		深圳海...	李颖	07	海王情侣表			对	4.00	400.00	1,600.00			
2024-11-21	0000000006	2024-11-30	李颖	7	采购入库单	普通采购	01	明珠服装库		上海明...	李颖	01	明珠女装			件	8.00	220.00	1,760.00			
2024-11-21	0000000007	2024-11-30	李颖	10	采购入库单	普通采购	01	明珠服装库		上海明...	李颖	02	明珠男衣			件	9.00	333.33	3,000.00			
2024-11-21	0000000008	2024-11-30	李颖	12	采购入库单	普通采购	01	明珠服装库		上海明...	李颖	03	明珠男套装			套	4.00	830.00	3,320.00			
2024-11-30	0000000009	2024-11-30	李颖	13	采购入库单	普通采购	01	明珠服装库		上海明...	李颖	02	明珠男衣			件	-7.00	300.00	-2,100.00			
2024-11-13	MD210122	2024-11-30	李颖	24	专用发票	普通销售	02	新星服装库	南昌中山...			04	新星女风衣			件				4.00	120.00	480.00
2024-11-18	MD10108	2024-11-30	李颖	16	专用发票	普通销售	01	明珠服装库	广州天河...			03	明珠男套装			套				10.00	800.00	8,000.00
2024-11-18	MD10108	2024-11-30	李颖	16	专用发票	普通销售	01	明珠服装库	广州天河...			03	明珠男套装			套				40.00	850.00	34,000.00
2024-11-20	MD12176	2024-11-30	李颖	23	专用发票	普通销售	03	手表库	长沙芙蓉...			07	海王情侣表			对				2.00	400.00	800.00
2024-11-30	XTH3290	2024-11-30	李颖	18	专用发票	普通销售	01	明珠服装库	广州天河...			03	明珠男套装			套				-5.00	800.00	-4,000.00
2024-11-30	0000000002	2024-11-30	李颖	20	其他入库单	盘盈入库	04	原材料库			李颖	10	纽扣			粒	50.00	1.00	50.00			
2024-11-30	0000000002	2024-11-30	李颖	21	其他出库单	盘亏出库	04	原材料库			李颖	09	布匹			米				10.00	10.00	100.00
2024-11-30	0000000001	2024-11-30	李颖			调拨出库	02	新星服装库			李颖	04	新星女风衣			件				10.00	120.00	1,200.00
2024-11-30	0000000001	2024-11-30	李颖			调拨入库	01	明珠服装库			李颖	04	新星女风衣			件	10.00	120.00	1,200.00			
2024-11-30	0000000003	2024-11-30	李颖			调拨出库	01	明珠服装库			李颖	04	新星女风衣			件				10.00	120.00	1,200.00
2024-11-30	0000000003	2024-11-30	李颖			调拨入库	02	新星服装库			李颖	04	新星女风衣			件	10.00	120.00	1,200.00			
2024-11-30	0000000001	2024-11-30	李颖	22	入库调整单		01	明珠服装库		上海明...		01	明珠女装			件			360.00			
2024-11-30	1	2024-11-30	李颖	25	差价结转单		03	手表库	长沙芙蓉...			07	海王情侣表			对						
合　计																	230.00		76,090.00	81.00		41,780.00

图6-192　流水账

2.明细账（如图6-193所示）

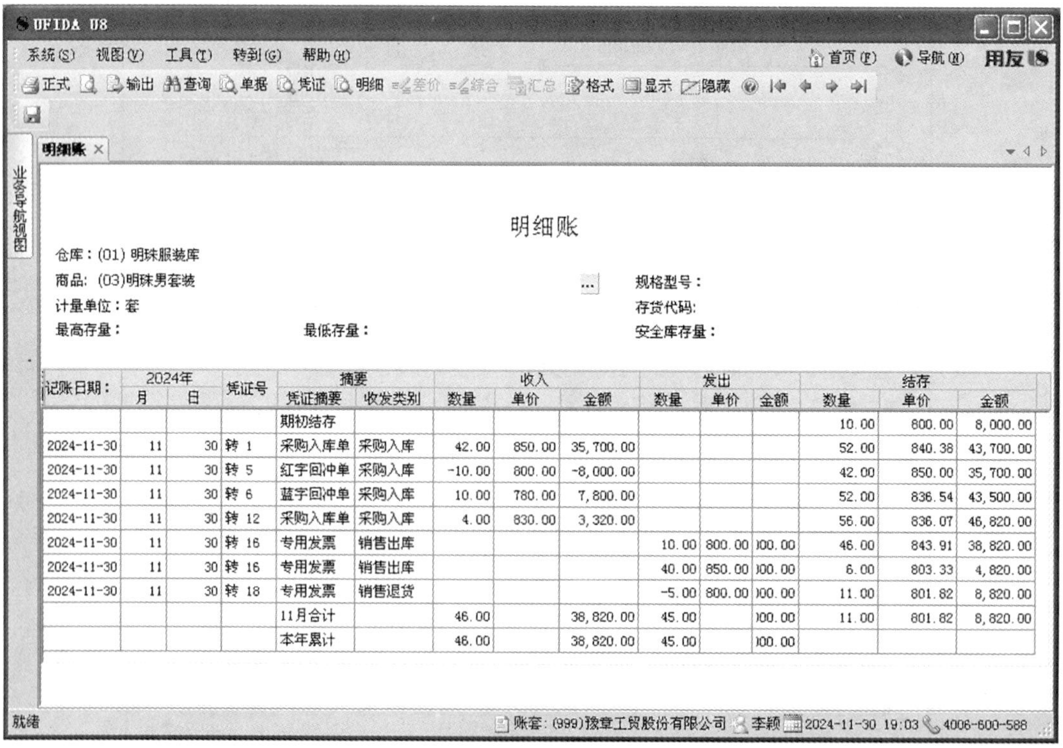

明细账

仓库：(01) 明珠服装库

商品：(03)明珠男套装　　规格型号：

计量单位：套　　存货代码:

最高存量：　　最低存量：　　安全库存量：

记账日期：	2024年		凭证号	摘要		收入			发出			结存		
	月	日		凭证摘要	收发类别	数量	单价	金额	数量	单价	金额	数量	单价	金额
				期初结存								10.00	800.00	8,000.00
2024-11-30	11	30	转 1	采购入库单	采购入库	42.00	850.00	35,700.00				52.00	840.38	43,700.00
2024-11-30	11	30	转 5	红字回冲单	采购入库	-10.00	800.00	-8,000.00				42.00	850.00	35,700.00
2024-11-30	11	30	转 6	蓝字回冲单	采购入库	10.00	780.00	7,800.00				52.00	836.54	43,500.00
2024-11-30	11	30	转 12	采购入库单	采购入库	4.00	830.00	3,320.00				56.00	836.07	46,820.00
2024-11-30	11	30	转 16	专用发票	销售出库				10.00	800.00	)00.00	46.00	843.91	38,820.00
2024-11-30	11	30	转 16	专用发票	销售出库				40.00	850.00	)00.00	6.00	803.33	4,820.00
2024-11-30	11	30	转 18	专用发票	销售退货				-5.00	800.00	)00.00	11.00	801.82	8,820.00
				11月合计		46.00		38,820.00	45.00		)00.00	11.00	801.82	8,820.00
				本年累计		46.00		38,820.00	45.00		)00.00			

就绪　账套：(999)豫章工贸股份有限公司　李颖　2024-11-30 19:03　4006-600-588

图6-193　明细账

3.总账（如图6-194所示）

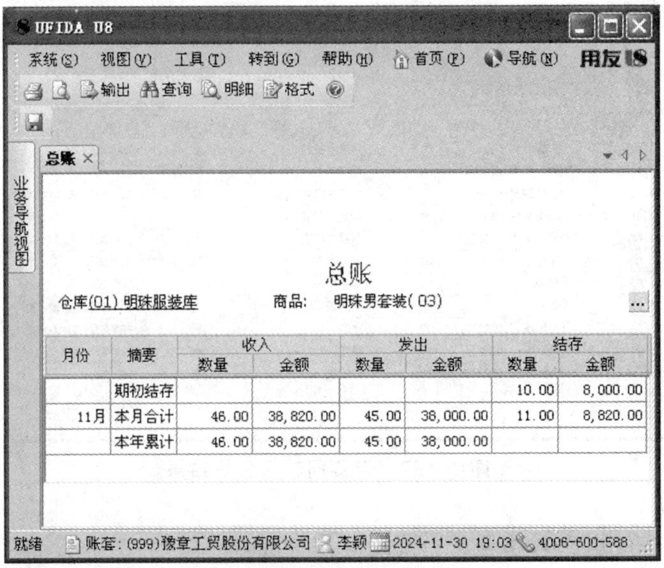

月份	摘要	收入		发出		结存	
		数量	金额	数量	金额	数量	金额
	期初结存					10.00	8,000.00
11月	本月合计	46.00	38,820.00	45.00	38,000.00	11.00	8,820.00
	本年累计	46.00	38,820.00	45.00	38,000.00		

图6-194　总账

4.差价分摊表（如图6-195所示）

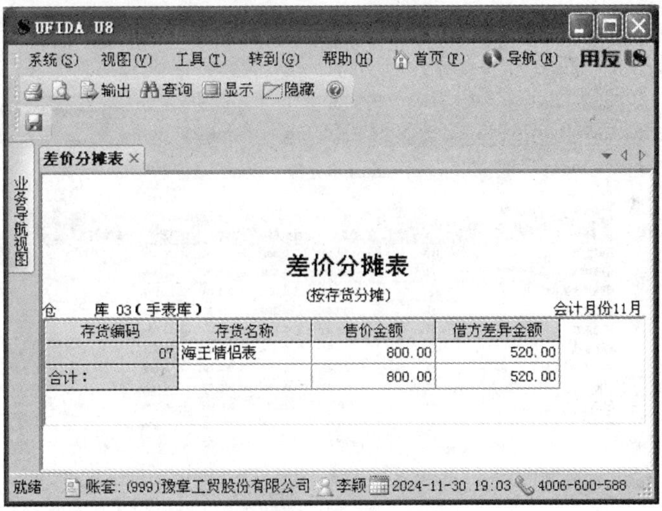

存货编码	存货名称	售价金额	借方差异金额
07	海王情侣表	800.00	520.00
合计：		800.00	520.00

图6-195　差价分摊表

5.存货周转率分析（如图6-196、图6-197所示）

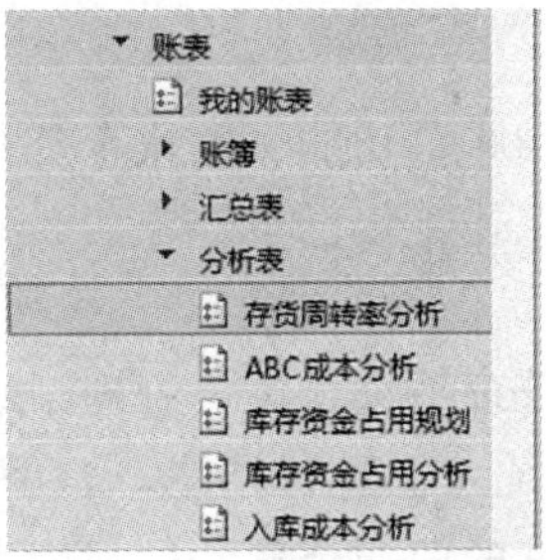

图6-196　存货周转率分析功能

存货周转率分析

起始日期	结束日期	仓库		存货						分析			
		编码	名称	分类	编码	名称	代码	规格	单位	平均库存	出库成本	周转率	周转天数
2024-11-01	2024-11-30	01	明珠服装库	0101	01	明珠女装			件	2,035.33			
2024-11-01	2024-11-30	01	明珠服装库	0101	02	明珠男衣			件	6,515.00			
2024-11-01	2024-11-30	01	明珠服装库	0101	03	明珠男套装			套	8,013.67	38,000.00	4.74	6.33
2024-11-01	2024-11-30	01	明珠服装库	0101	04	新星女风衣			件		1,200.00		
2024-11-01	2024-11-30	02	新星服装库	0101	04	新星女风衣			件	3,592.00	1,680.00	0.47	63.83
2024-11-01	2024-11-30	03	手表库	0102	05	东方女表			只	16,000.00			
2024-11-01	2024-11-30	03	手表库	0102	06	海王女表			只	1,200.00			
2024-11-01	2024-11-30	03	手表库	0102	07	海王情侣表			对	2,804.67	280.00	0.10	300.00
2024-11-01	2024-11-30	04	原材料库	0301	09	布匹			米	4,998.33	100.00	0.02	1,500.00
2024-11-01	2024-11-30	04	原材料库	0302	10	纽扣			粒	1,000.83			
2024-11-01	2024-11-30	04	原材料库	0303	11	缝纫线			卷	500.00			
合　计										46,659.83	41,260.00	5.33	1,870.16

图6-197　存货周转率分析结果

6.ABC分析法

ABC分析法又称帕累托分析法、ABC分类管理法、重点管理法等。它是根据事物在技术或经济方面的主要特征，进行分类、排队，分清重点和一般，以有区别地实施管理的一种分析方法。由于它把被分析的对象分成A、B、C三类，所以称为ABC分析法。ABC分析法的基本原理可概括为“区别主次，分类管理”。它将管理对象分为A、B、C三类，以A类作为重点管理对象（如图6-198所示）。

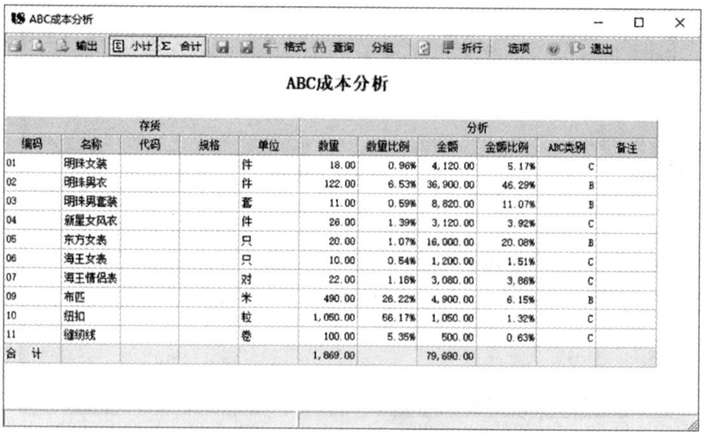

ABC成本分析

存货					分析					
编码	名称	代码	规格	单位	数量	数量比例	金额	金额比例	ABC类别	备注
01	明珠女装			件	18.00	0.96%	4,120.00	5.17%	C	
02	明珠男衣			件	122.00	6.53%	36,900.00	46.29%	B	
03	明珠男套装			套	11.00	0.59%	8,820.00	11.07%	B	
04	新星女风衣			件	26.00	1.39%	3,120.00	3.92%	C	
05	东方女表			只	20.00	1.07%	16,000.00	20.08%	B	
06	海王女表			只	10.00	0.54%	1,200.00	1.51%	C	
07	海王情侣表			对	22.00	1.18%	3,080.00	3.86%	C	
09	布匹			米	490.00	26.22%	4,900.00	6.15%	B	
10	纽扣			粒	1,050.00	56.17%	1,050.00	1.32%	C	
11	缝纫线			卷	100.00	5.35%	500.00	0.63%	C	
合　计					1,869.00		79,690.00			

图6-198　ABC成本分析结果

四、存货核算月末结账

执行“业务核算”的“月末结账”功能，完成存货核算的结账，结账后本月不能再填制单据。结账前应检查本会计月工作是否已全部完成，只有在当前会计月所有工作全部完成的前提下，才能进行月末结账。

如果与采购管理系统、库存管理系统、销售管理系统、委外管理系统集成使用，必须在以上系统结账后，存货核算系统才能进行结账。12月结账后，系统会结转本会计年度的期末结存余额，作为新会计年度的期初余额，包括库存商品、发出商品、委托代销发出商品、直运销售明细账。

思考题：

1.采购管理中，对于月末货已到但是发票未到的业务应该如何处理？

2.什么情况下需要使用采购管理的手工结算功能？

3.如何查询期末存货的现存量？

4.为什么库存管理与采购管理集成使用时，只有在采购管理结账后，库存管理才能结账？

5.存货核算模块的期末处理工作有哪些内容？

6.如何进行存货周转率指标的计算？

7.采购管理模块与哪些模块有数据传递关系？

8.如何进行销售管理模块的退货处理？

9.库存管理模块与存货核算模块的核算内容有何不同？

10.期初采购入库单与当期采购入库单的处理有何不同？

第七章　应收款管理

在企业日常业务中，与客户之间的业务往来，在销售产品、提供劳务之后形成债权关系。应收款管理系统就是一个通过对销售发票、其他应收单、收款单等单据的处理，对企业的应收往来账款进行综合管理，及时、准确地提供客户的往来账款余额资料，提供各种分析报表，如账龄分析表、周转分析表、欠款分析表、坏账分析表、回款情况分析表等。通过各种分析报表，帮助企业合理地进行资金的调配，提高资金的利用效率。

根据对客户往来款项核算和管理的详细程度不同，有“详细核算”和“简单核算”两种应收款核算应用方案，在应收款管理系统的“应收账款核算模型”选项中选择核算方案。通常情况下，如果企业的销售业务以及应收款核算与管理业务比较复杂，或者需要追踪每一笔业务的应收、收款情况等，或者需要将应收款核算到产品一级，则选择“详细核算”方案。它能够帮助企业了解每一名客户每笔业务详细的应收款、收款及余额情况，并进行账龄分析，加强客户及往来款项的管理，使企业管理人员能够依据每一位客户的具体情况，实施不同的收款策略。如果企业的销售业务以及应收账款业务比较简单，或者现销业务很多，则可以选择“简单核算”方案，该方案着重于对客户的往来款项进行查询和分析。

“详细核算”方案的操作内容和流程如图7-1所示。

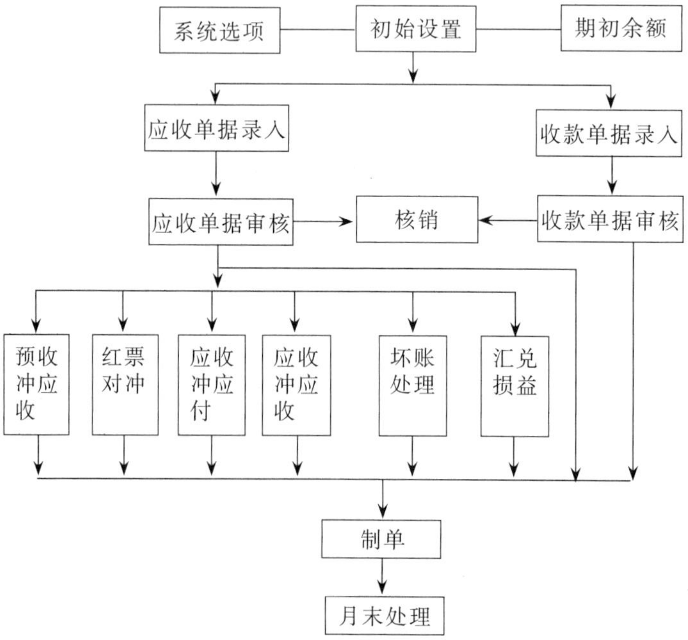

图7-1　应收款管理流程图

由于应收款管理系统与销售管理系统等存在业务单据传递，为确保数据一致性，在实际应用时，如果应收款管理系统和销售管理系统在同一会计期间均启用，则系统会强制当期发生的销售发票等单据在销售管理系统中进行生成处理，在应收款管理系统中不能输入当期的销售发票；如果只启用了应收款管理系统，销售管理系统没有启用，则可以在应收款管理系统中处理当期的销售发票等单据。至于期初的销售发票等单据，则不受销售管理系统是否启用的影响，均可以在应收款管理系统中进行期初处理。

第一节 应收款管理日常业务

应收款管理日常业务处理主要完成企业日常的应收/收款业务录入、应收/收款业务核销、应收并账、汇兑损益以及坏账的处理，及时记录应收、收款业务的发生，为查询和分析往来业务提供完整、正确的资料，加强对往来款项的监督管理，提高工作效率。其具体包括：①单据处理，即单据录入、单据管理，包括解决增删改单据和查询、审核单据；②单据核销，包括手工核销、自动核销；③应收转账，即进行预收冲应收、应收冲应付（往来对象既是客户又是供应商）、应收冲应收（一个客户为另一个客户代付款）、红票对冲（发生退货时）等操作；④汇兑损益，即外币业务核算时的汇兑损益处理工作；⑤坏账处理，即坏账计提、坏账发生、坏账收回以及坏账查询的处理；⑥制单处理，即对各个业务处理提供制单的功能，并传递给总账；⑦票据管理，即对银行承兑汇票和商业承兑汇票进行管理；⑧付款单导出，即完成付款单与网上银行的相互导入导出处理；⑨选择收款，即进行一次对多个客户多笔款项进行收款的业务处理，简化日常收款操作；⑩结汇单管理，即主要进行出口商在发出信用证后的押汇、结汇及其后续核销处理。

一、应收款业务1

11月8日，收到南昌中山百货公司交来转账支票1张，金额56 000元，支票号CCB05，用于偿还上月所欠货款。

该业务属于收款单据处理。收款单据处理主要是对结算单据进行管理，包括收款单、付款单（即红字收款单）的录入、审核。应收款管理系统的收款单用来记录企业所收到的客户款项，款项性质包括应收款、预收款、销售定金、现款结算、利息、手续费、其他费用等。其中，对于应收款、预收款性质的收款单，将与发票、应收单、付款单进行核销；对于利息、手续费及其他费用用途的款项，则不需要进行核销；对于现款结算的款项，系统控制一定要与对应的发票进行核销；对于销售定金的款项，只能在业务完成做转出处理后再进行核销。

应收款管理系统的付款单用来记录发生销售退货时，企业开具的退付给客户的款项，需要指明付款单是应收款退回、预收款退回还是其他费用退回。应收款、预收款性质的付款单可与应收款、预收款用途的收款单、红字应收单、红字发票进行核销。

1.选择“业务工作”—“财务会计”—“应收款管理”—“收款单据处理”—“收款单据录入”，在单据界面上，点击“增加”或者“增加”按钮下的“销售定金”，可以新增收款单。需要在单据的“款项类型”中指定款项是属于结算货款，还是属于提前支付的货款或者其他费用（如图7-2所示）。

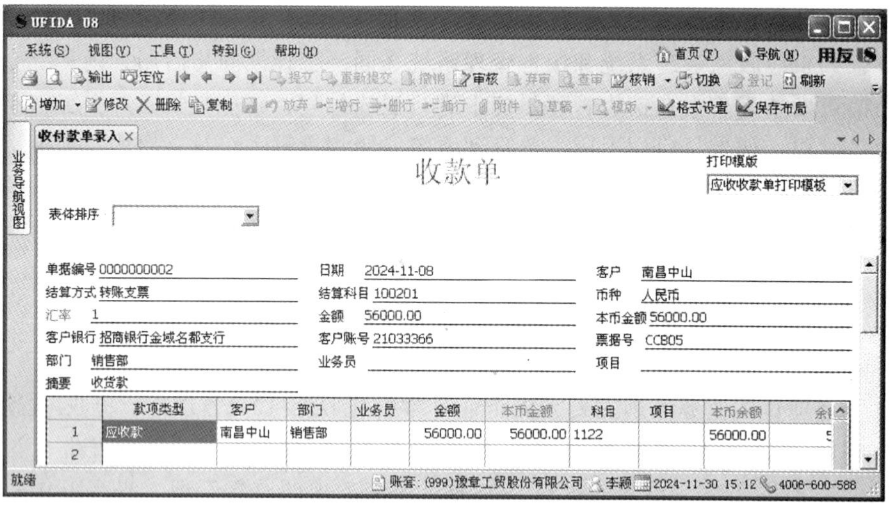

图7-2　收款单录入

在单据界面上，点击“切换”按钮可以输入付款单，同样在“款项类型”中要指明付款单是应收款退回、预收款退回，还是其他费用退回。

2.收款单据审核。

系统提供了两种确认单据审核日期的依据，即单据日期和业务日期。当选项中设置单据审核日期的依据为单据日期时，该单据的入账日期选用自己的单据日期。审核时若发现该单据日期所在会计月已经结账，则系统将提示不能审核该单据，除非修改审核方式为业务日期。如果选择单据日期，则在单据处理功能中进行单据审核时，自动将单据的审核日期（即入账日期）记为该单据的单据日期。如果选择业务日期，则在单据处理功能中进行单据审核时，自动将单据的审核日期（即入账日期）记为当前业务日期（即登录日期）。

当选项中设置单据审核日期的依据为业务日期时，该单据的入账日期选用当前的登录日期。

在销售系统中增加的发票也在应收款管理系统中审核入账。在销售系统中录入的发票若未经其复核，则不能在应收款管理系统中审核；不能在已结账月份中进行审核处理；不能在已结账月份中进行弃审处理。在这里，可以显示所有已审核、未审核的单据。已经审核过的单据不能进行重复审核；未经审核的单据不能进行弃审处理。已经做过后续处理（如核销、转账、坏账处理、汇兑损益等）的单据不能进行弃审处理（如图7-3所示）。

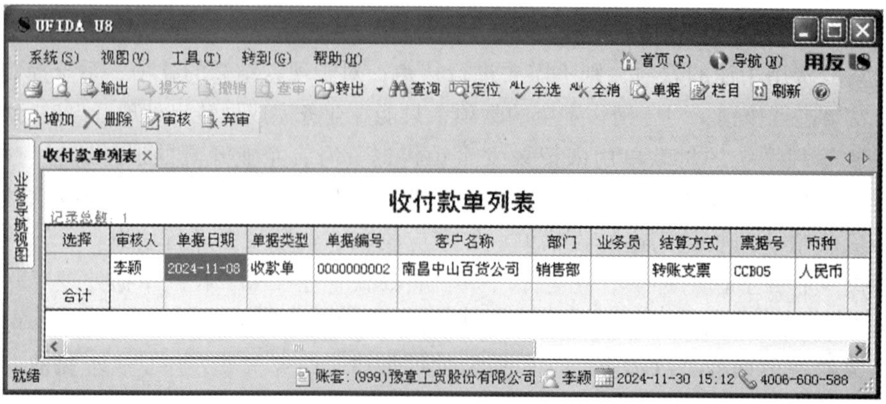

图7-3　收款单据审核

二、应收款业务2

11月17日，收到南昌中山百货公司交来商业承兑汇票1张，金额900元，用于偿还本月13日货款。票据编号sy01，出票日期为11月17日，到期日为11月30日。

收到银行承兑汇票或商业承兑汇票时，需要在应收款管理系统的“票据管理”功能中录入该票据的详细信息。

1.执行“票据管理”功能（如图7-4所示）。

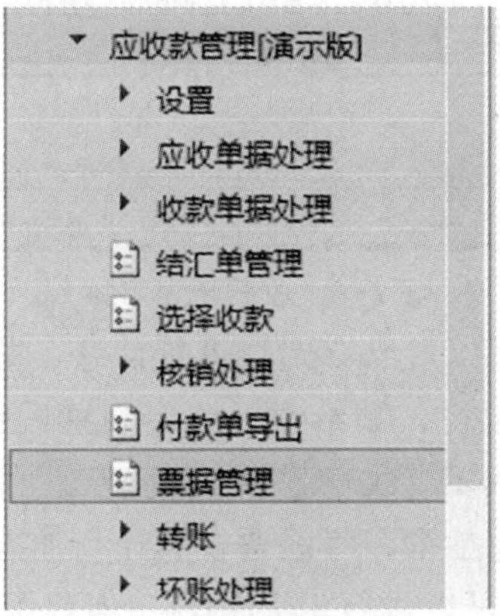

图7-4　票据管理功能

2.录入票据的详细信息并保存（如图7-5所示）。

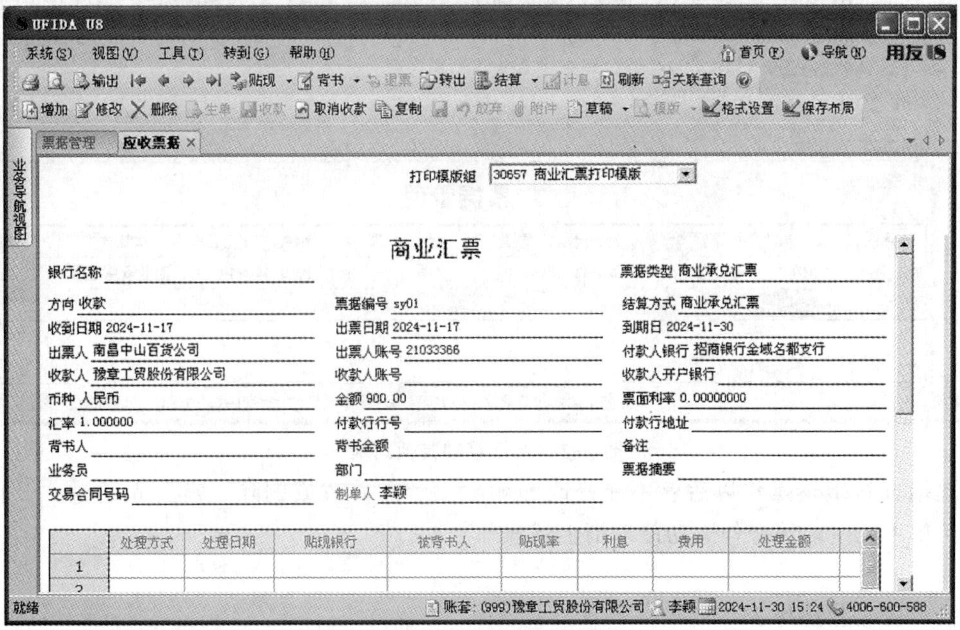

图7-5　录入商业汇票

如果选项中选择了“应收票据直接生成收款单”，则在保存当前票据的同时，系统会自动生成一张收款单；如果未选中该选项，则需要点“收款”功能才能生成收款单。生成的收款单后续需要通过“收款单据处理”菜单中的“收款单据审核”功能进行审核（如图7-6所示）。

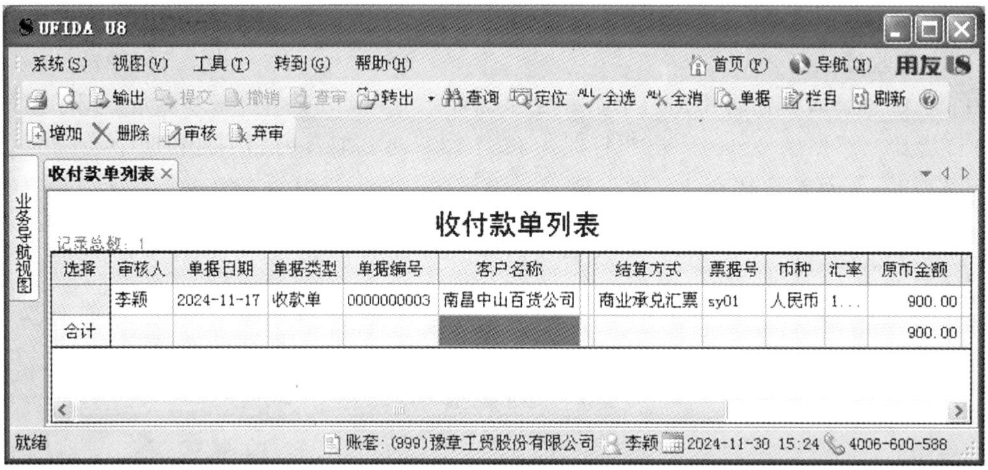

图7-6 收款单据审核

在票据管理中，根据需要可以对已有票据进行计息、贴现（持票人因急需资金，将未到期的承兑汇票背书后转让给银行，贴给银行一定利息后收取剩余票款的业务活动）、转出（票据没有结算，需要重新恢复应收账款）、结算（票据兑现）、背书（持票人在票据背面或者粘贴单上记载有关事项并签章，将汇票权利让与他人的一种票据行为）等处理（如图7-7所示）。对已背书的票据可以进行退票处理，但仅限于票据背书时选择冲销应付账款方式。

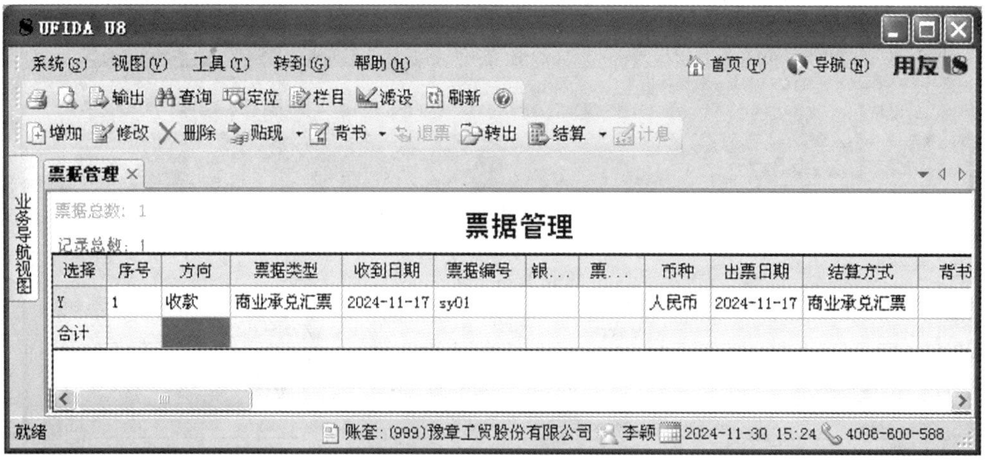

图7-7 票据管理其他功能

票据进行上述操作以后就不能修改和删除。若需修改或删除，需要先通过“其他处理”菜单中的“取消操作”功能取消上述操作。

三、应收款业务3

11月22日，收到长沙芙蓉百货公司交来转账支票，金额1 400元，支票号CCB13，用于偿还本月20日所欠海王情侣表货款800元，余款作为预收账款。

该业务需要填制收款单并进行审核，注意款项类型中要区分应收款和预收款（如图7-8所示）。

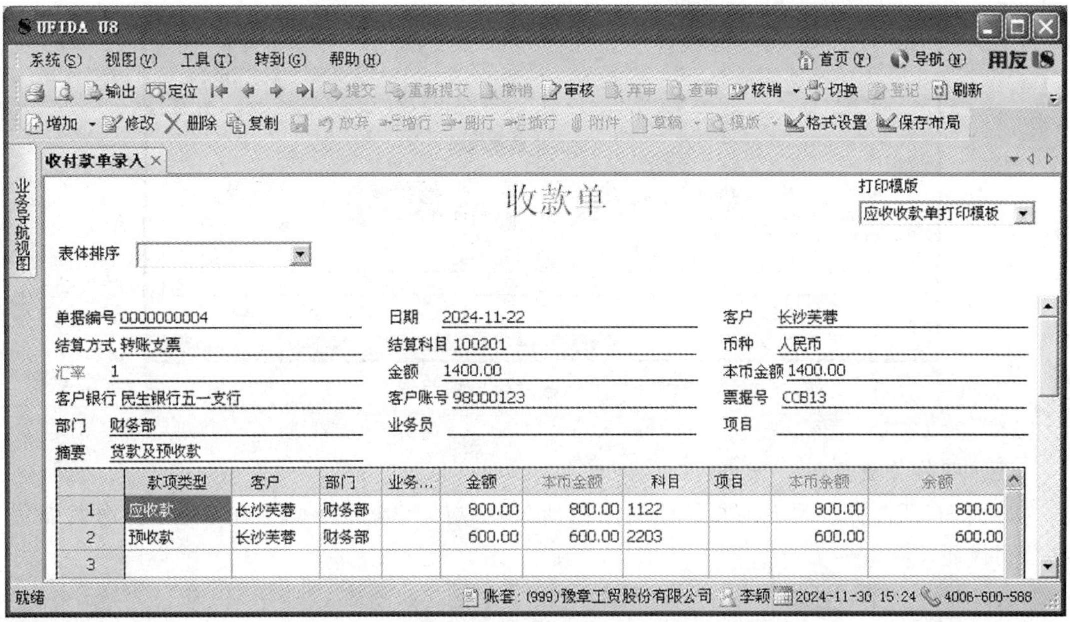

图7-8 填制收款单

四、应收款业务4

11月30日，确认上月广州天河百货公司所欠货款中500元作为坏账处理。

1.本业务属于坏账处理业务中的坏账发生，执行坏账发生功能（如图7-9所示）。

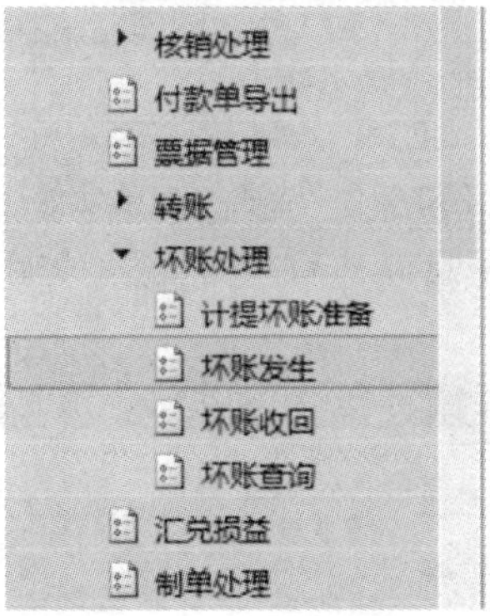

图7-9 坏账发生功能

2.录入坏账基本信息（如图7-10所示）。

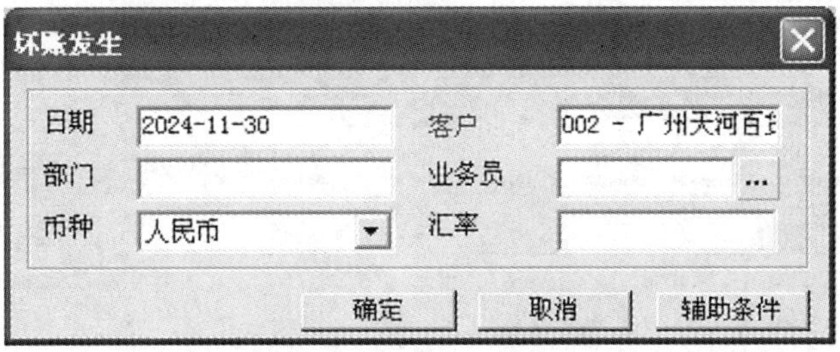

图7-10 录入坏账基本信息

3.在“本次发生坏账金额”栏手工填写坏账金额（如图7-11所示），并确认。

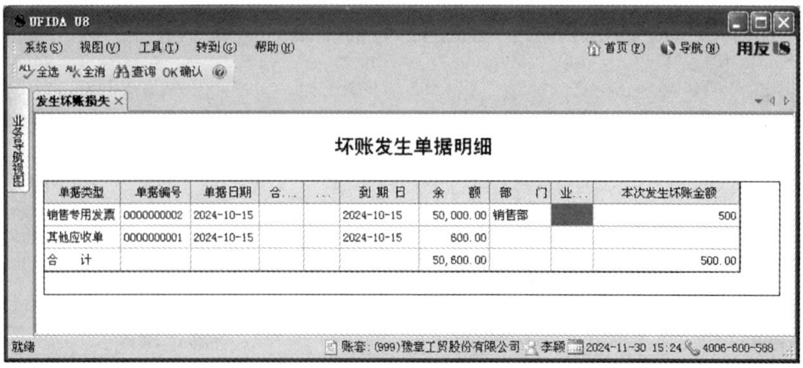

图7-11 坏账发生单据明细

五、应收款业务5

11月30日，将广州天河百货公司上月所欠货款的剩余部分45 100元转给上海黄浦贸易公司代还。

1.该业务属于转账功能中的“应收冲应收”业务（如图7-12所示）。

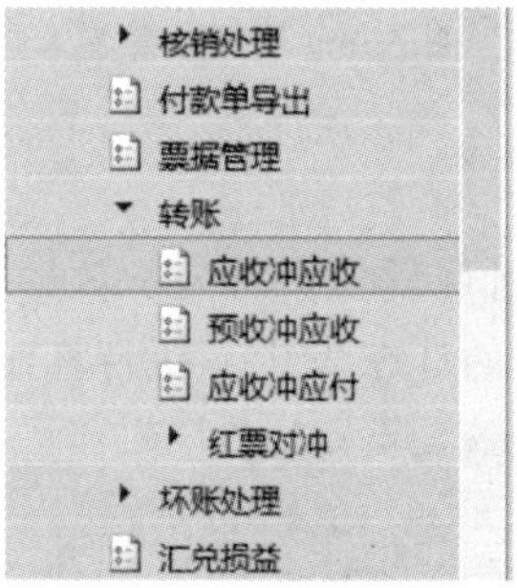

图7-12 应收冲应收功能

2.输入转出客户和转入客户信息，执行“过滤”功能，筛选出转出客户所有业务（如图7-13所示）。

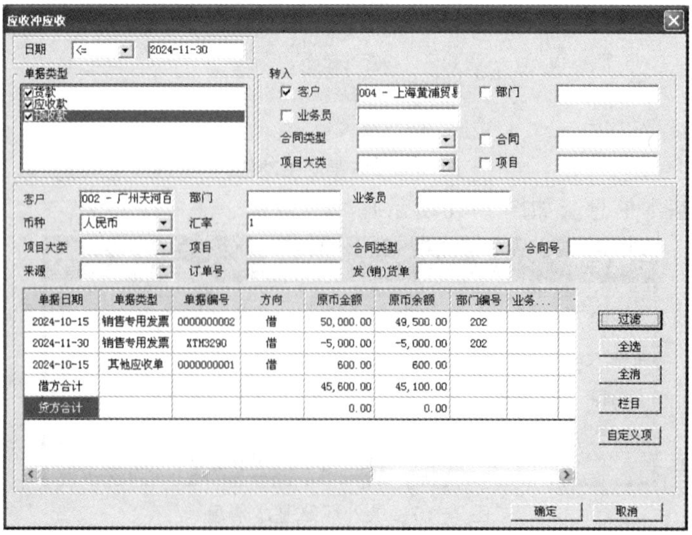

图7-13 应收冲应收过滤

3.在表内最右栏“并账金额”中输入需要转账的金额（如图7-14所示），或者点击“全选”按钮自动填入金额，确认后完成转账操作。

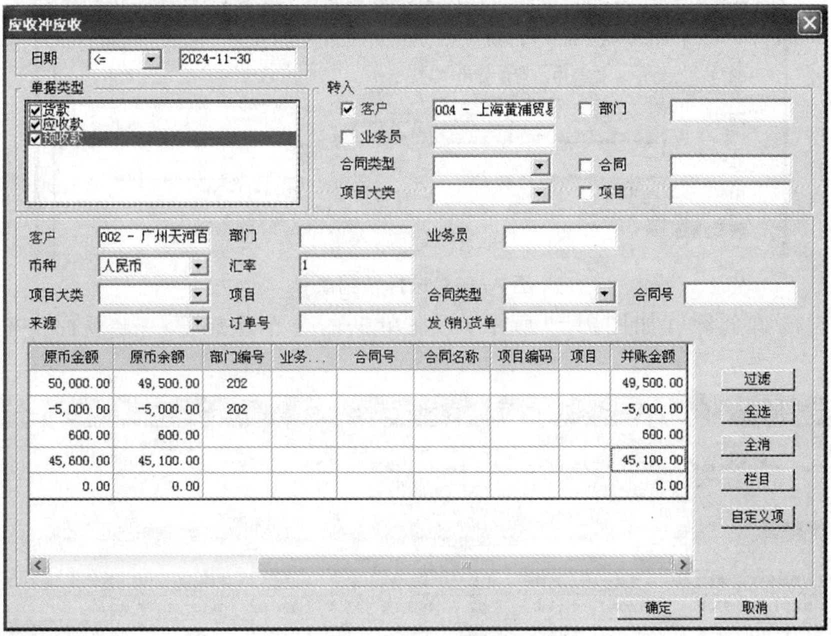

图7-14　应收冲应收

六、应收款业务6

11月30日，核销南昌中山百货公司已结应收账款56 000元。

该业务内容是单据核销。核销就是指确定收付款单与原始的发票、应收单之间的对应关系的操作。它的作用是解决收回客商款项后核销该客商应收款的处理，建立收款与应收款的核销记录，监督应收款及时核销，加强往来款项的管理。

在应收单据处理中，如果审核的发票已经做过现结处理，则系统在审核记账的同时，后台还将自动进行相应的核销处理。对于发票有剩余的部分，作应收账款处理。

在收付款单及原始的发票、应收单都已制单后，且核销双方的控制科目不同的时候，在选项中选择核销制单的前提下，可以在“制单处理”节点对核销处理进行制单。

1.选择手工核销功能（如图7-15所示）。

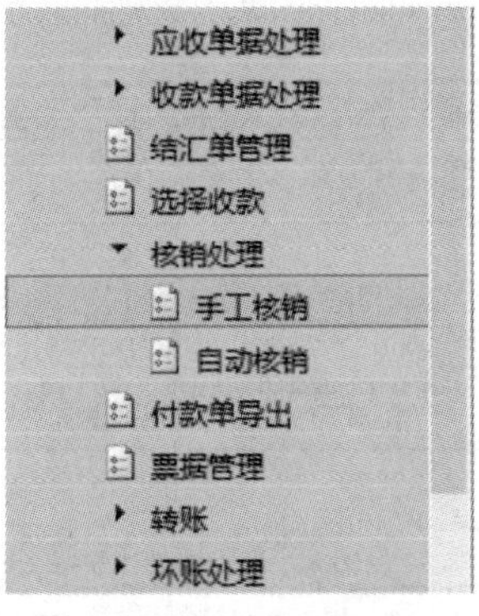

图7-15　手工核销功能

2.选择核销条件（如图7-16所示）。

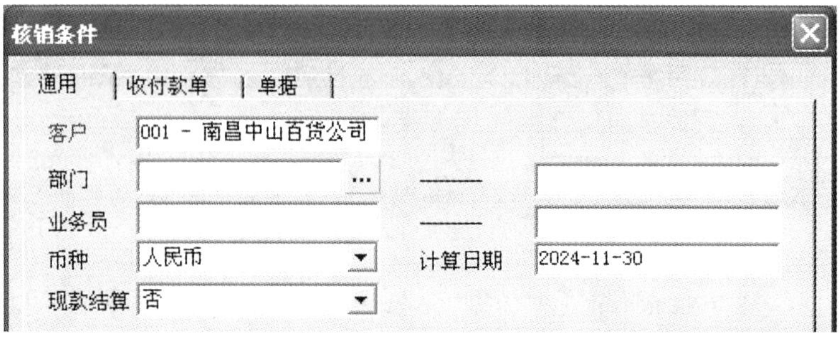

图7-16 选择核销条件

3.输入核销金额（如图7-17所示）。在单据的“本次结算”金额栏中输入核销的金额。

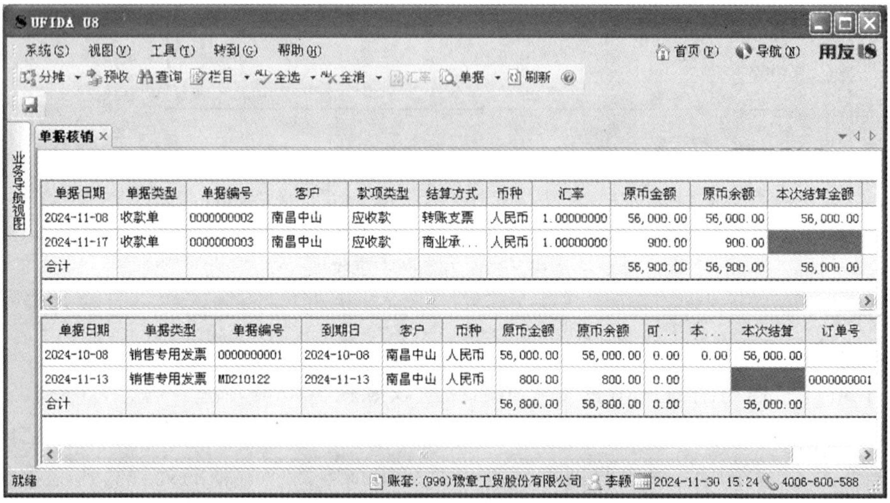

图7-17 输入核销金额

4.存盘以后，对应收单和收款单进行核销。系统会将已核销的单据信息从列表中清除（如图7-18所示）。

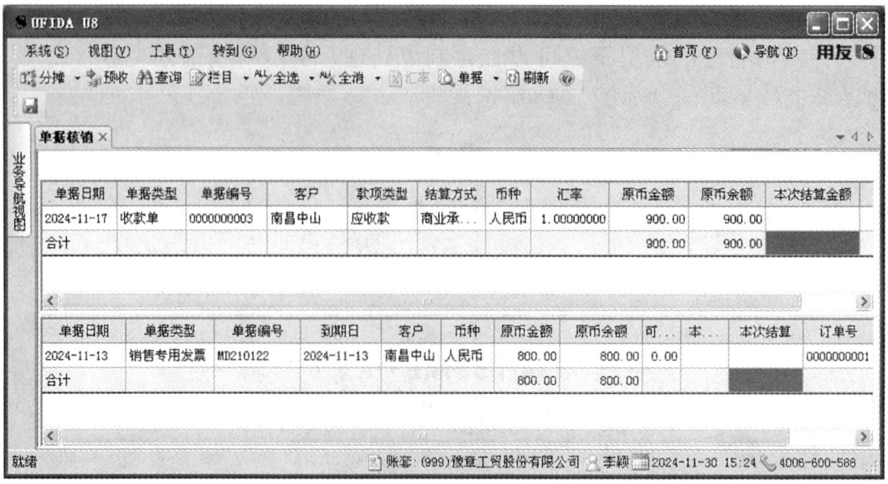

图7-18 单据核销

针对已经完成的核销、选择收款、定金处理、坏账处理、票据处理、转账处理等业务，若发现有错误，需要取消这些操作，可以通过“其他处理”菜单中的“取消操作”功能来完成（如图7-19所示）。

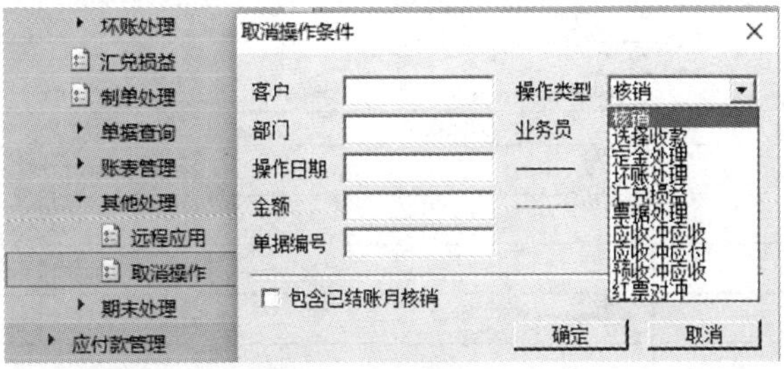

图7-19 取消操作

七、制单处理

1.制单查询（如图7-20所示）。

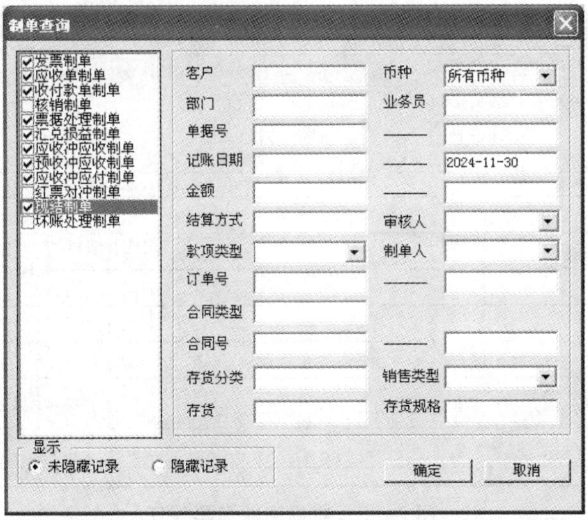

图7-20 制单查询

2.应收制单列表（如图7-21所示）。

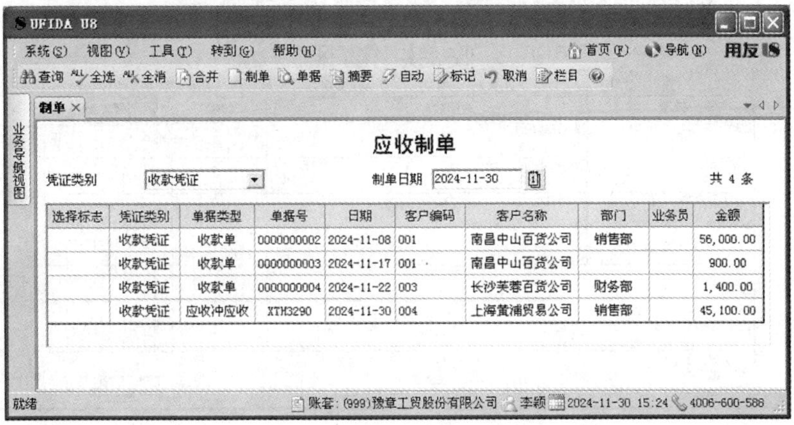

图7-21 应收制单列表

3.生成凭证（如图7-22至图7-25所示）。

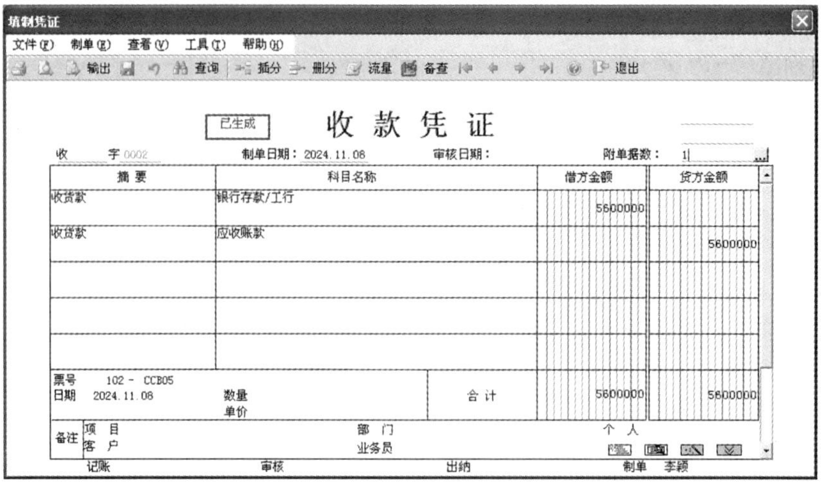

图7-22 收到转账支票凭证

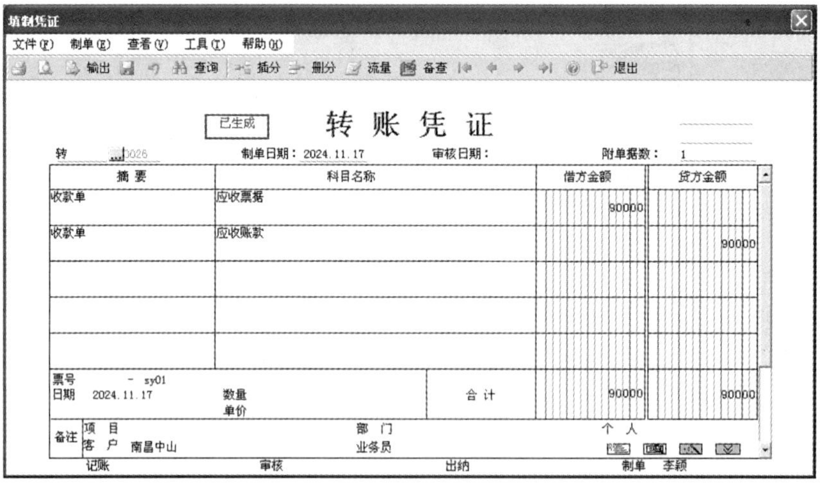

图7-23 收到商业汇票凭证

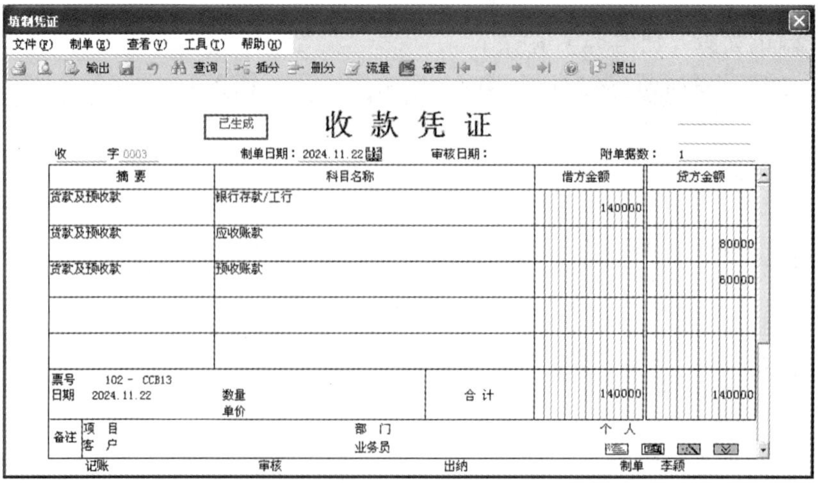

图7-24 收到转账支票作为预付款凭证

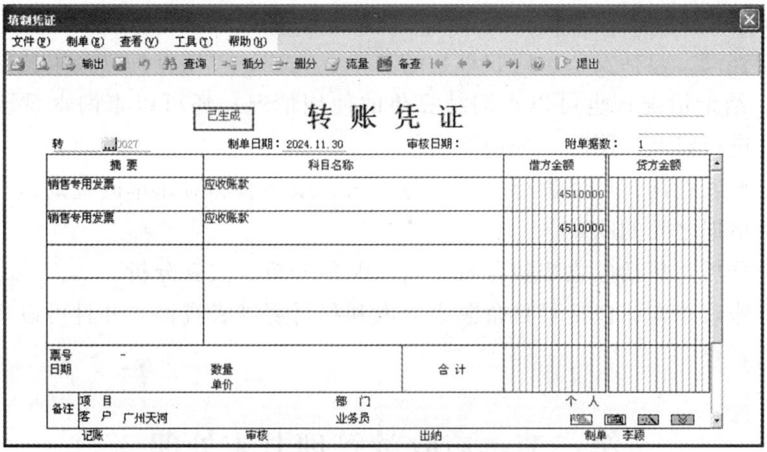

图 7-25　应收冲应收凭证

4.坏账处理制单（如图 7-26、图 7-27 所示）。

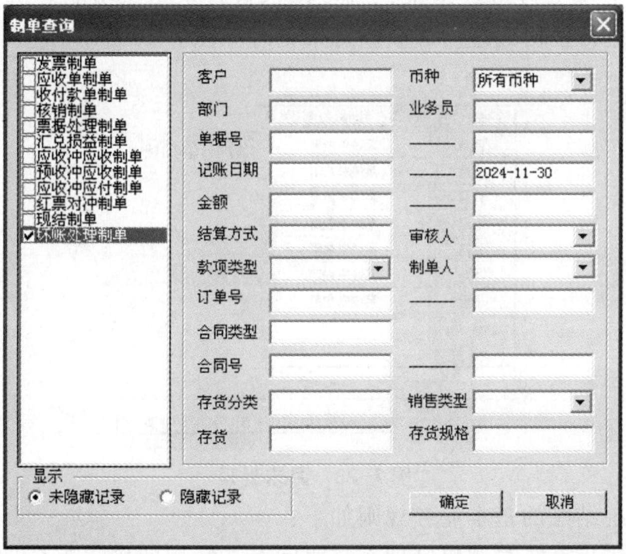

图 7-26　制单查询

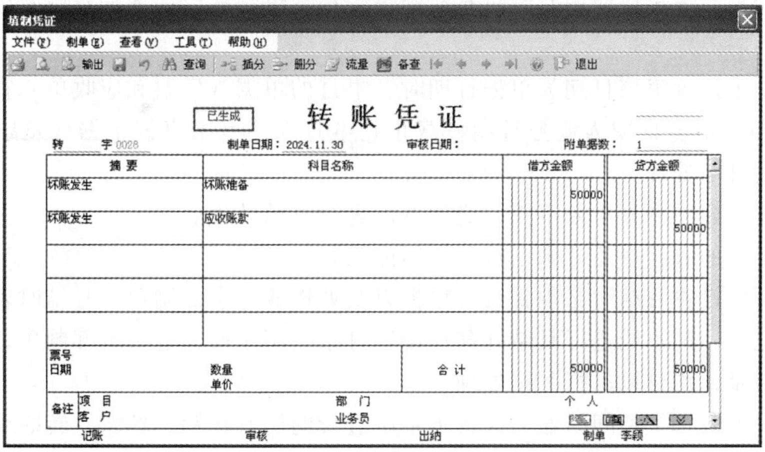

图 7-27　坏账发生凭证

5.查询统计。应收款管理系统的查询统计功能主要有以下几项：

（1）单据查询，包括发票、应收单、结算单、凭证，可以查询已经审核的各类型应收单据的收款、结余情况；也可以查询结算单的使用情况；还可以查询本系统所生成的凭证，并且对其进行修改、删除、冲销等操作。

（2）业务账表查询，可以进行总账、明细账、余额表和对账单的查询，并可以实现总账、明细账、单据之间的联查。

（3）业务分析，包括应收账龄分析、收款账龄分析、欠款分析。

（4）科目账表查询，包括科目余额表查询和科目明细表查询，并且可以实现总账、明细账、凭证的联查。

第二节　应收款管理月末处理

本月应收款的各项处理已经结束，就可以执行月末结账功能。执行了月末结账功能后，该月将不能再进行任何处理。应收款月末处理如图7-28所示。

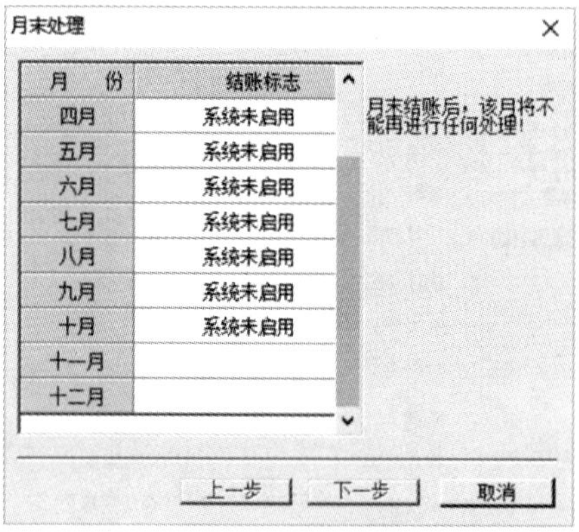

图7-28　月末处理

应收款管理系统结账的基本业务规则如下：

1. 由于应收款管理系统与销售管理系统之间存在数据的接收关系，所以，应收款管理系统与销售管理系统集成使用时，只有在销售管理系统结账后；才能对应收款管理系统进行结账处理。

2. 当选项中设置审核日期为单据日期时，本月的单据（发票和应收单）在结账前应该全部审核；如果审核日期为业务日期，截止到本月末还有未审核单据（发票和应收单），仍然可以进行月结处理。

3. 如果还有合同结算单未审核，仍然可以进行月结处理。

4. 如果本月的收款单还有未审核的，不能结账。

5. 当选项中设置月结时必须将当月单据以及处理业务全部制单，月结时若检查到当月有未制单的记录，则不能进行月结处理；设置月结时不用检查是否全部制单，无论当月有无未制单的记录，均可以进行月结处理。

6. 如果是最后一个期间结账，应将本年度进行的所有核销、坏账、转账等处理全部制单，应将本年度外币余额为0的单据的本币余额结转为0。

思考题：

1.在使用应收款管理系统时，如果同时启用销售管理系统会有什么影响？

2.什么是应收单据核销？

3.应收款管理转账业务有哪些？

4.如何在应收款管理系统中录入发生销售退货时支付给客户的款项（即付款单)？

5.应收款管理模块结账的基本条件是什么？

第八章　应付款管理

在与供应商的业务往来中，采购商品或者接受劳务以后会形成债务。应付款管理系统能够通过对采购发票、其他应付单、付款单等单据的处理，对企业的应付往来账款进行综合管理，及时、准确地提供供应商的往来账款余额资料，提供各种分析报表，帮助管理者合理地进行资金的调配，提高资金的利用效率。

根据对供应商往来款项核算和管理程度的不同，有"详细核算"和"简单核算"两种应付款应用方案，通过选项中的"应付账款核算模型"进行选择。若采购业务及应付账款业务繁多，或者需要追踪每一笔业务的应付款情况、付款情况等，甚至需要将应付款核算到产品一级，则通常选择详细核算方案。它能够帮助了解每笔业务详细的应付款情况、付款情况及余额情况，并进行账龄分析。如果使用单位采购业务及应付款核算业务并不十分复杂，或者现结业务较多，则可选择简单核算方案。

详细核算操作内容及流程如图8-1所示。

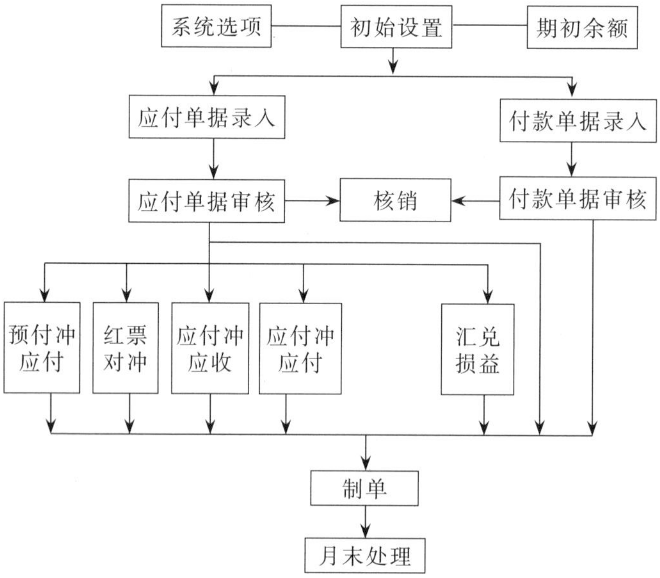

图8-1　应付款管理流程图

由于应付款管理系统与采购管理系统等存在业务单据传递，为确保数据一致性，实际应用时，如果应付款管理系统和采购管理系统在同一会计期间均启用，则系统会强制要求当期发生的采购发票等单据在采购管理系统中生成，在应付款管理系统中不能输入当期的采购发票；如果只启用了应付款管理系统，采购管理系统没有启用，则可以在应付款管理系统中处理当期的采购发票等单据。至于期初的采购发票等单据，则不受采购管理系统是否启用的影响，均可以在应付款管理系统中处理。

第一节 应付款管理日常业务

应付款管理日常业务主要完成企业日常的应付/付款业务录入、应付/付款业务核销、应付并账、汇兑损益等的处理，及时记录应付款、付款业务的发生，为查询和分析往来业务提供完整、正确的资料，加强对往来款项的监督管理，提高工作效率。具体功能包括：

1. 单据处理功能。该功能即单据录入、单据管理，解决增删改单据和查询、审核单据工作。应付单据处理主要是对应付单据（采购发票、应付单）进行管理，包括应付单据的录入、审核。根据业务模型的不同，可以处理的单据类型也不同：如果同时使用应付款管理系统和采购系统，则发票由采购系统录入，应付款管理系统对这些单据进行审核、弃审、查询、核销、制单等，此时在本系统需要录入的单据仅限于应付单；如果没有使用采购系统，则各类发票和应付单均应在本系统录入。付款单据的处理与应付单据的处理类似。付款申请单据处理主要是对付款申请业务进行管理，包括付款申请单据录入及审核。付款申请单据可来源于采购订单、采购发票、进口订单、进口发票、委外发票、工序委外的加工费发票、合同、合同结算单、其他应付单及无来源的付款申请。采购和进口管理可依据发票直接生成付款申请单，其他系统的付款申请可在付款申请单录入界面完成。当选项中启用付款申请业务为否时，则付款申请单录入及审核菜单不可见。

2. 单据核销工作。核销是指用户进行的付款核销应付款的工作。单据核销的作用是处理付款核销应付款，建立付款与应付款的核销记录，监督应付款及时核销，加强往来款项的管理。手工核销即用户手工确定系统内付款与应付款的对应关系，有选择地进行核销，通过本功能可以根据查询条件选择需要核销的单据，然后手工核销，增强了往来款项核销的灵活性；自动核销即系统自动确定系统内付款与应付款的对应关系，有选择地进行核销，通过本功能可以根据查询条件选择需要核销的单据，然后系统自动核销，增强了往来款项核销的效率性。

3. 应付转账功能。该功能用于进行应付冲应付、预付冲应付、应付冲应收、红票对冲等操作。应付冲应付是指将供应商、部门、业务员、项目和合同的应付款转到另一个中去，通过本功能将应付款业务在供应商、部门、业务员、项目和合同之间转入、转出，实现应付业务的调整，解决应付款业务在不同供应商、部门、业务员、项目和合同之间入错户或合并户的问题；预付冲应付可将预付供应商款项和所欠供应商的货款进行转账核销处理；应付冲应收是用对某供应商的应付账款，冲抵对某客户的应收账款；红票对冲是指将同一供应商的红字发票与其蓝字发票进行冲销。

4. 汇兑损益功能。该功能用于解决有外币业务核算时的汇兑损益处理工作。

5. 制单处理功能。制单即生成凭证，并将凭证传递至总账。系统对不同的单据类型或不同的业务处理提供实时制单的功能，除此之外，系统提供了一个统一制单的平台，可以在此快速、成批地生成凭证，并可依据规则进行合并制单等处理。

6. 票据管理功能。该功能即对银行承兑汇票和商业承兑汇票进行管理，包括记录票据详细信息和记录票据处理情况。当支付给供应商承兑汇票时，将该汇票录入应付款管理系统的票据管理。如果系统选项中启用了付款申请业务，则点击“生单”按钮，选择已审核且结算方式为空或结算方式中对应票据类型为“商业汇票”的付款申请单生成票据。如果系统选项“应付票据直接生成付款单”被选中，则点击“确认”按钮，系统保存当前票据，同时生成一张付款单；如果该选项未被选中，则需要点“付款”按钮才生成付款单。该功能可以在“付款单据录入”中进行查询，并可以与应付单据进行核销勾对。在票据管理中，可以对该票据进行计息、结算、转出等处理。如果要进行票据科目的管理，必须将应付票据科目设置为应付受控科目。如果启用付款申请业务，票据管理中不可直接录入票据，要依据付款申请单生成票据。参照付款申请单生成票据时，只有付款申请单上的结算方式为空或结算方式中其对应票据类型为“商业汇票”的单据，才允许被参照生成付款单。

7. 付款单导出，即付款单与网上银行的相互导入导出处理。

8. 选择付款，即一次支付多个供应商、多笔款项的业务处理，简化日常付款操作，同时便于掌握和控制资金的流出。具体操作如下：首先，点击“日常处理”菜单下的“选择付款”，出现“选择付款——条件”对话框，输入选择条件来缩小单据的范围。其次，选择供应商，选择“通用”页签，点击供应商的参照框，或输入供应商编码，点击“增加”按钮，即可将参照的供应商选中在下方的空白区域内，可以同时选择多个供应商，也可一个供应商一个供应商增加。如果要删除某个供应商，将光标放到该供应商所在行，点“删除”按钮即可，或者直接将该供应商前方小框里的“√”去掉即可。再次，选择时间。在“通用”页签中的“收款日期”中参照或输入收款的时间，默认为系统登录日期。最后，选择其他条件，单击“单据条件”页签，可以选择“选择付款”的其他条件。选择完所有的条件后，点击“确认”按钮，这时界面中所列出的全部是满足条件的单据，可以在“付款金额”一栏里输入本次支付的金额。

9. 信用证管理，即进口商在发出信用证后的付汇及后续核销处理。

一、应付款业务1

11月13日，开出转账支票ZZ05，支付上个月欠上海明珠服装厂货款11 300元。

该业务需要录入并审核付款单（如图8-2所示）。

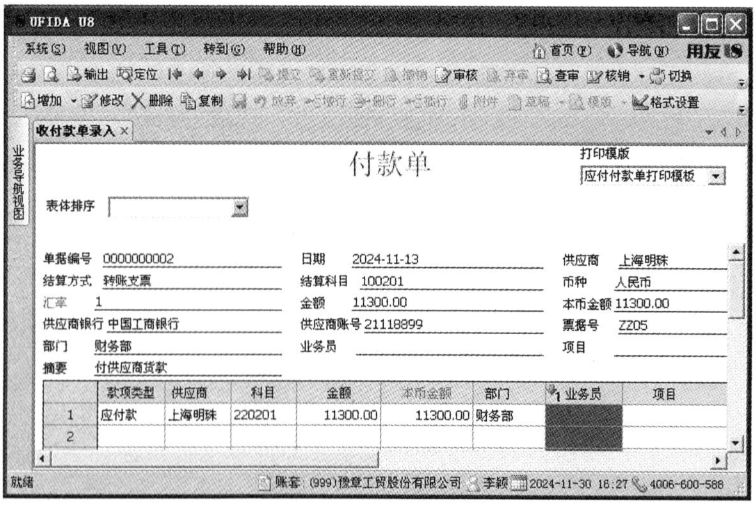

图8-2 付款单据录入

二、应付款业务2

11月21日，开出转账支票，票号ZZ09，金额80 000元，用于偿还11月10日采购上海明珠服装厂货款74 241元，余款作为下次采购预付账款。

该业务需要填制和审核付款单据，注意款项类型中要区分应付款和预付款（如图8-3所示）。

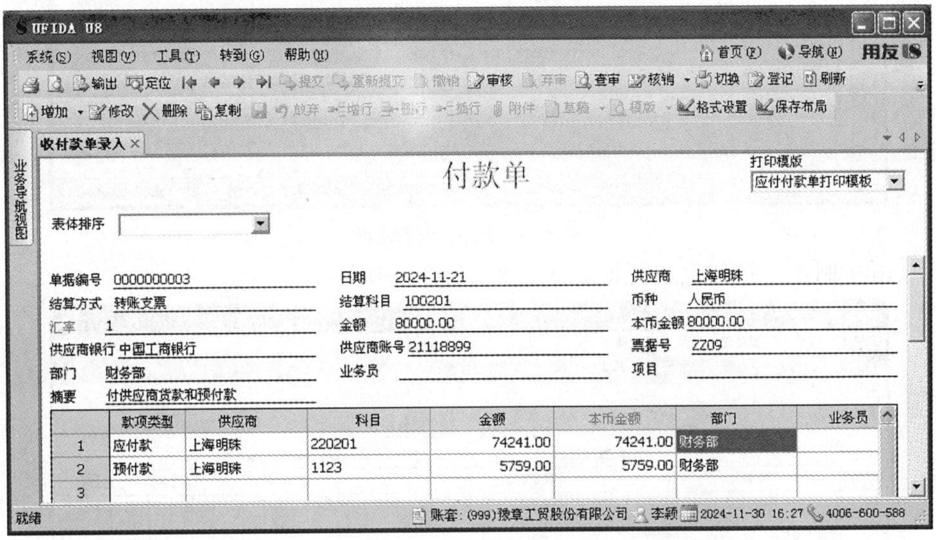

图8-3　填制付款单

三、制单处理

11月30日，进行制单处理。

1.选择制单业务类型（如图8-4所示）。

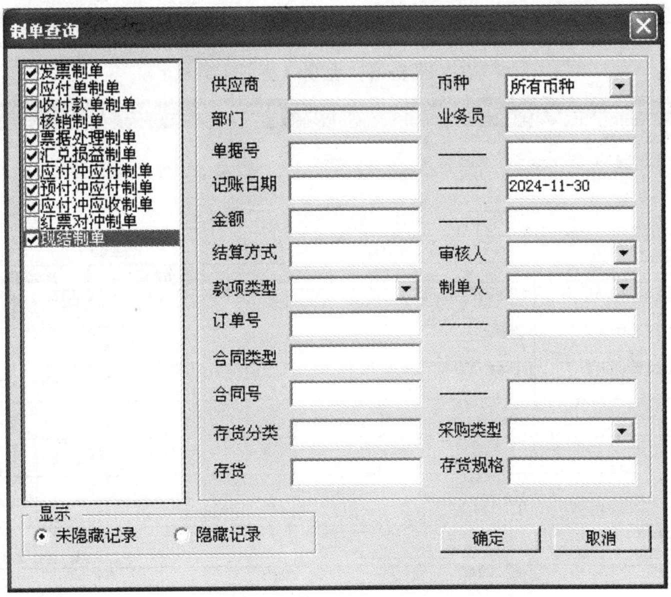

图8-4　制单业务类型

2.选择应付制单（如图 8-5 所示）。

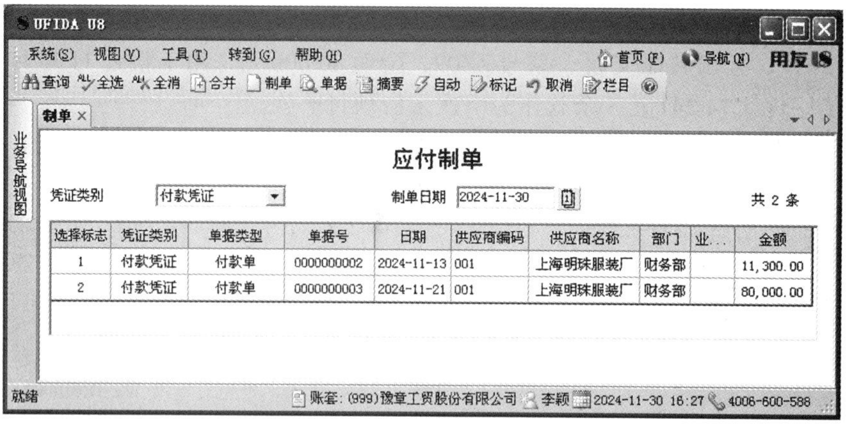

图 8-5　选择应付制单

3.点击“制单”按钮生成凭证（如图 8-6、图 8-7 所示）。

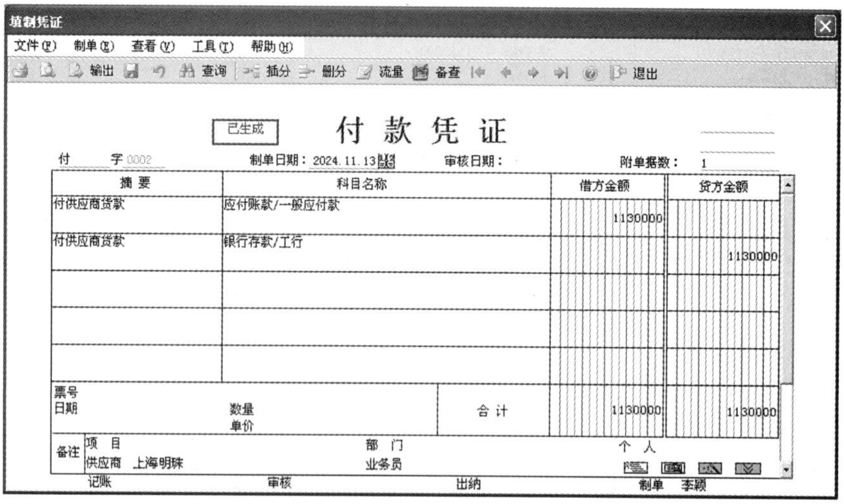

图 8-6　业务 1 凭证

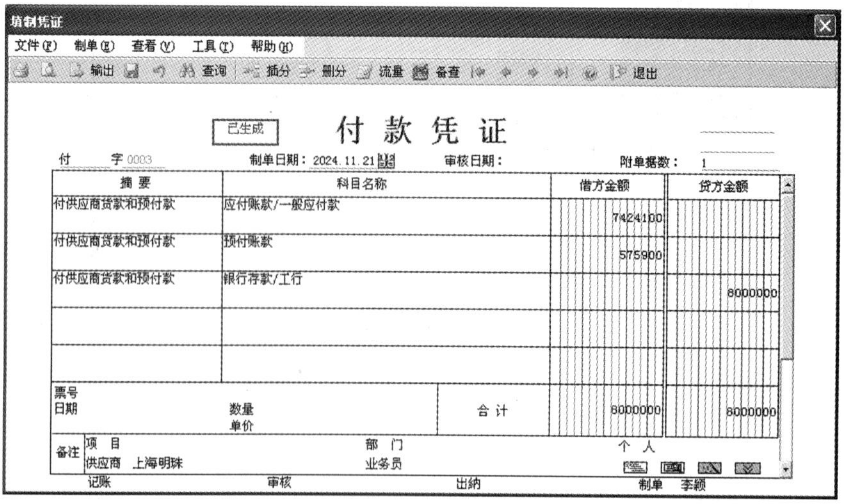

图 8-7　业务 2 凭证

四、单据查询

系统提供对应收单和结算单等各类单据、详细核销信息、报警信息、凭证等内容的查询。

在查询列表中，系统提供自定义显示栏目、排序等功能，可以通过单据列表操作来制作符合特定要求的单据的列表。用户在单据查询时，若启用客户、部门数据权限控制，则用户在查询单据时只能查询有权限的单据。

第二节 应付款管理月末处理

应付款管理日常业务完成以后，在月末需要进行月末处理，以便结束本月业务，为下个月的业务处理做好准备。详细操作如下：

1.进行月末结账，执行月末处理功能，选择结账月份（如图8-8所示）。

2.系统自动检查各种处理类型完成情况（如图8-9所示）。

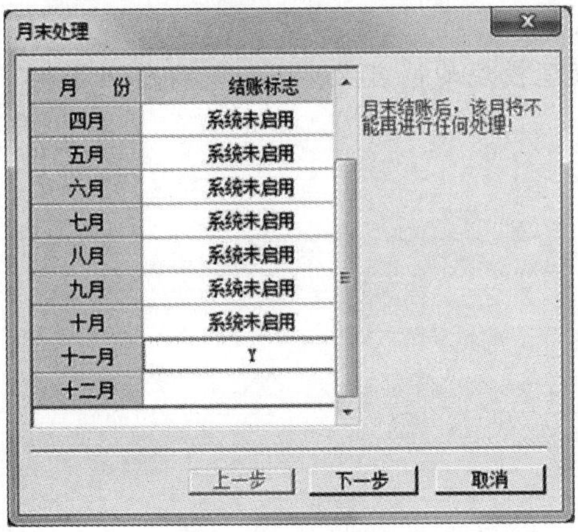

图8-8 选择结账月份

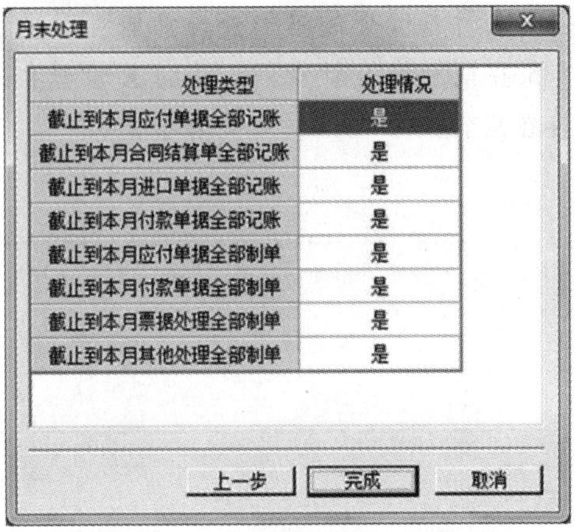

图8-9 检查处理类型完成情况

3.完成月末处理后会出现提示信息（如图8-10所示）。

4.如果结账以后发现问题，可以执行反结账功能，取消结账标志（如图8-11所示）。

图8-10 结账提示信息

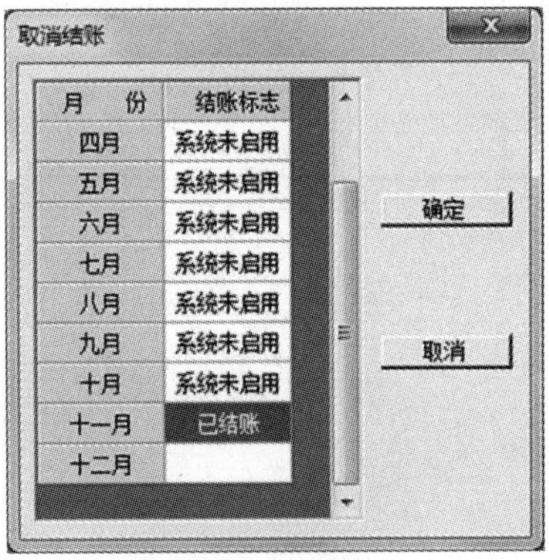

图8-11 选择反结账月份

5.取消结账提示信息（如图8-12所示）。

图8-12 取消结账提示信息

思考题：

1.应付款管理的详细核算与简单核算有什么不同？

2.取消应付款结账的条件是什么？

3.应付款管理与采购管理的数据传递关系是什么？

4.应付款管理的单据查询功能可以提供什么信息？

5.在同一个会计期间，应付款管理和采购管理模块均被启用，当期采购发票是否可以直接在应付款管理系统中处理？

第九章　薪资管理

薪资管理是指企业根据国家劳动法规和政策，对职工工资的发放实行计划、组织、协调、指导和监督。其范围包括发给职工个人的劳动报酬和按国家规定发放的津贴、补贴等。薪资管理是企业管理的重要组成部分，它影响到企业的发展，涉及每一位员工的切身利益，不同的工资决策会给企业带来不同的结果。符合市场规律、符合企业实际、具有激励机制的工资方案，可以极大地调动广大管理人员和普通员工的工作积极性，有效地降低工资成本，提高生产效率，这些都要建立在工资日常核算的基础之上。薪资管理操作流程如图9-1所示。

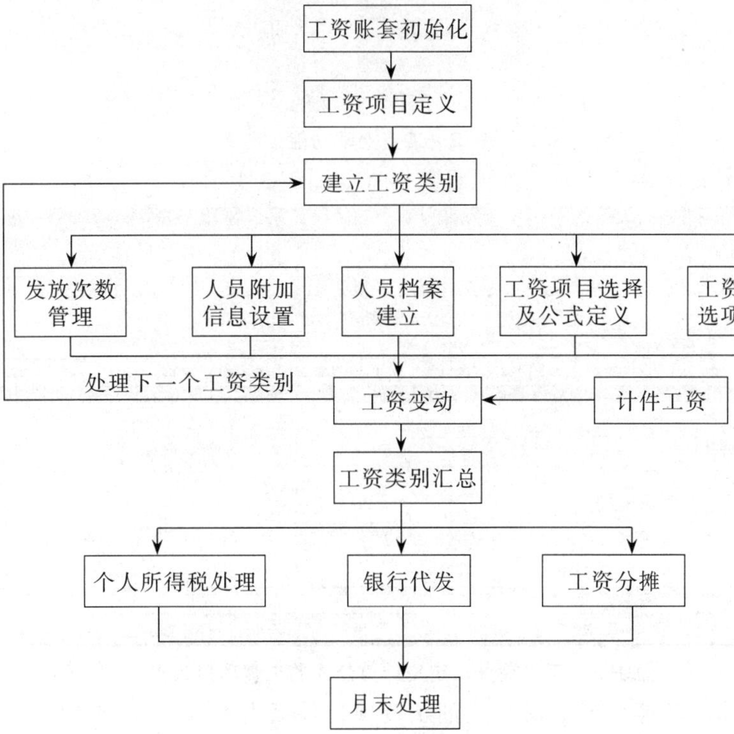

图9-1　薪资管理流程图

第一节　薪资管理日常业务

一、工资类别的工资变动

进行工资业务处理之前先要打开工资类别，然后完成本月工资数据的计算。未定义计算公式的工资项目数据需要手工填入，例如基本工资、奖金、事假天数；定义了公式的项目由系统自动计算，例如事假扣款、交通补贴等。

（一）“正式员工”工资变动

1.打开“正式员工”工资类别，执行“工资变动”功能（如图9-2所示）。工资项目在初始化时，如果定义了计算公式，则系统自动计算该工资项目的值；如果没有定义计算公式，则需要手工输入工资项目的值。

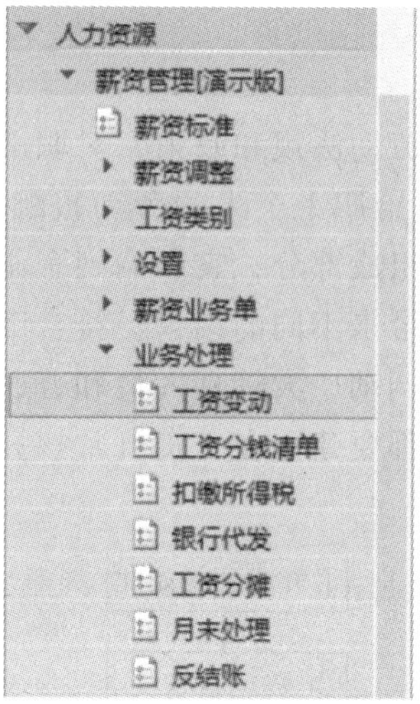

图9-2 工资变动功能

手工输入未定义计算公式的工资项目数据（如图9-3所示）。

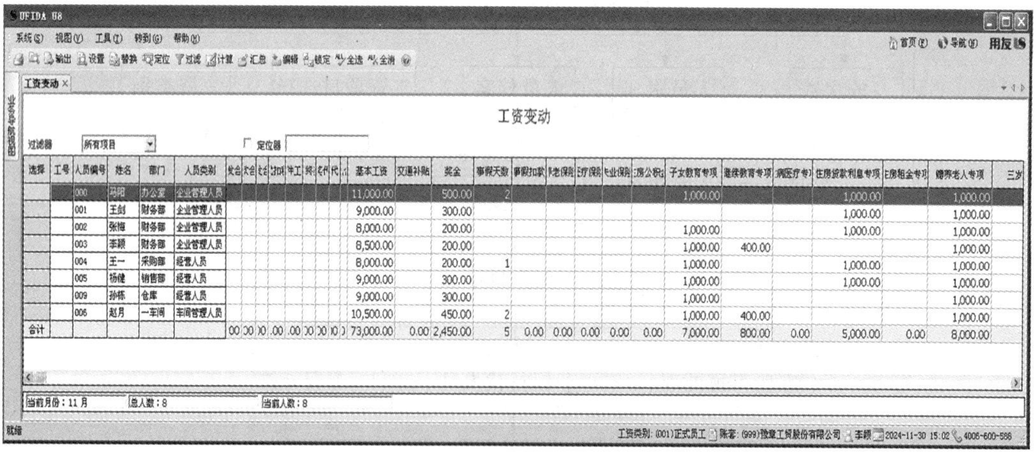

图9-3 手工输入未定义计算公式的工资项目数据

2.执行“计算”功能，已定义公式的工资项目数据由系统自动计算出来（如图9-4、图9-5所示）。

由于临时员工的工资项目中包含计件工资，所以进行工资变动前需要先进行计件工资处理，具体步骤如下：

1.打开计件工资录入界面，工资类别选择临时人员（如图9-6所示）。

2.执行“批增”—“人员录入”功能，输入计件工资统计工时（如图9-7、图9-8所示）。

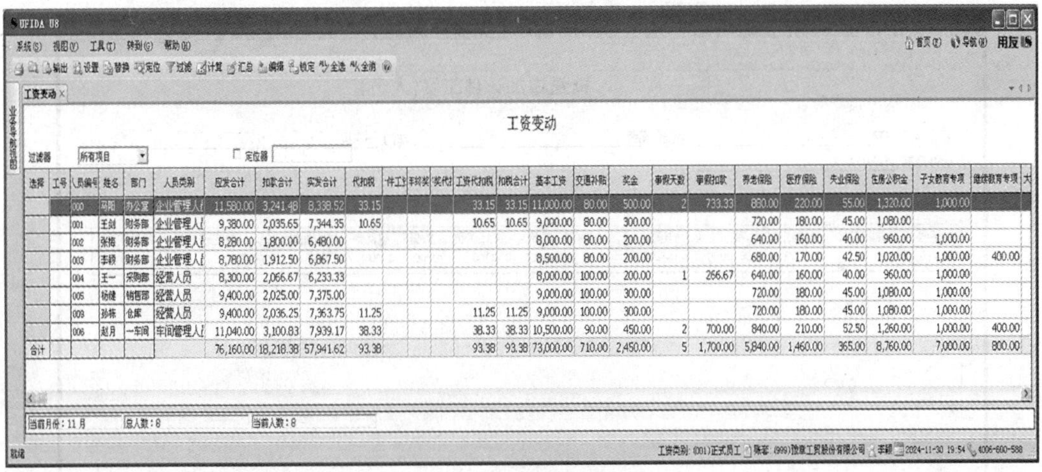

图 9-4　工资变动数据 1

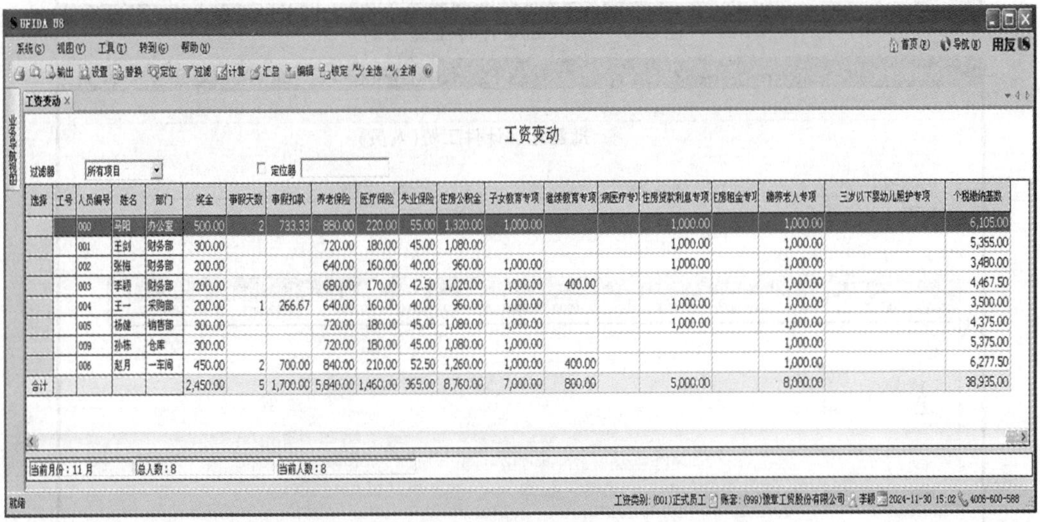

图 9-5　工资变动数据 2

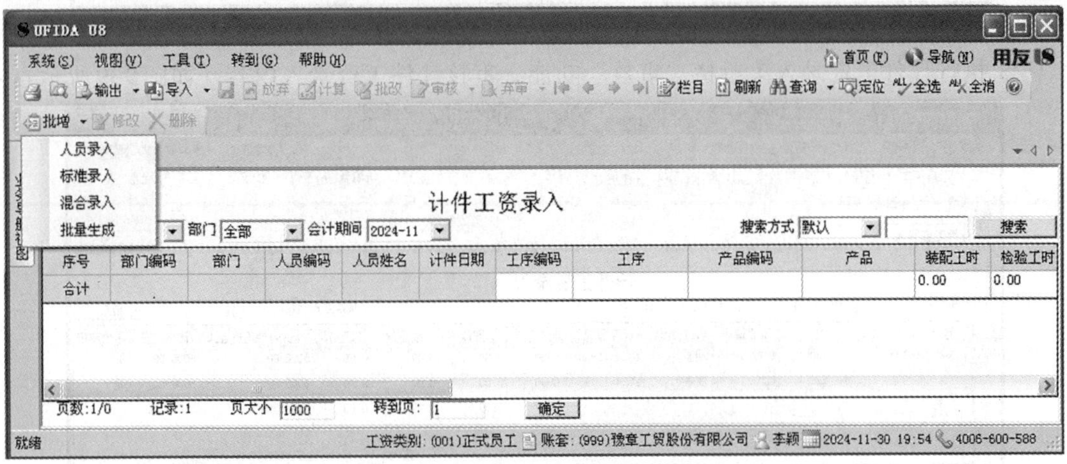

图 9-6　计件工资录入

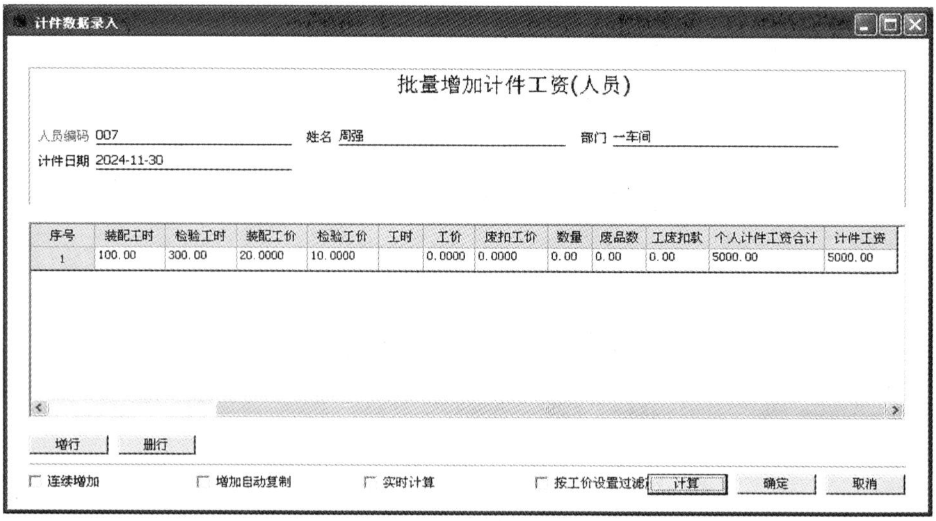

图 9-7　输入周强计件工资工时

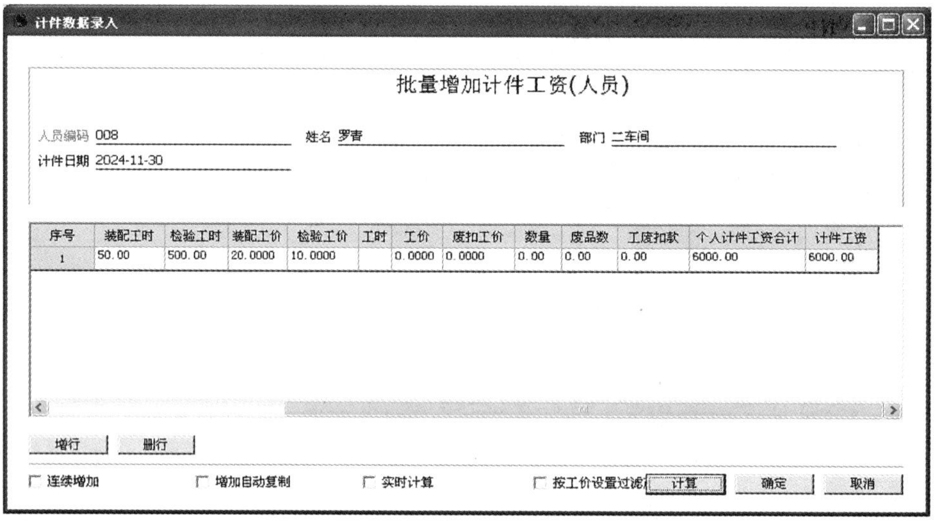

图 9-8　输入罗青计件工资工时

3.执行计件工资录入菜单栏“审核”功能，审核计件工资录入内容（如图9-9所示）。

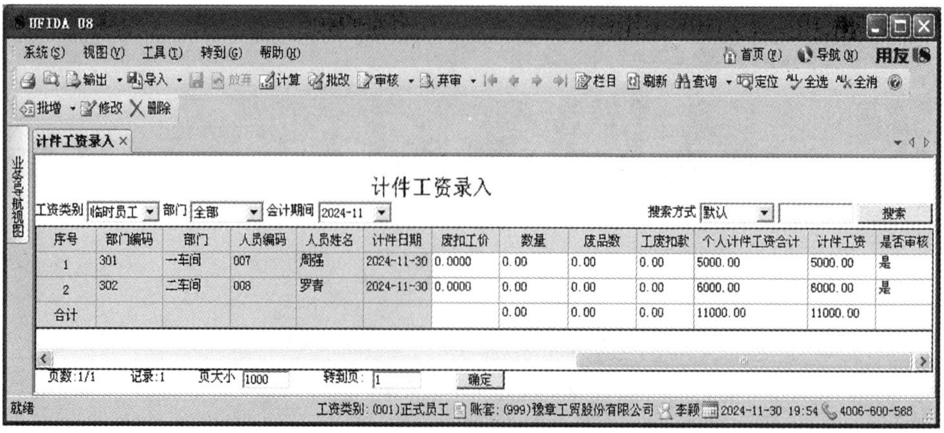

图 9-9　审核计件工资录入内容

4.执行计件工资模块中“计件工资汇总”功能，进行计件工资汇总（如图9-10所示）。

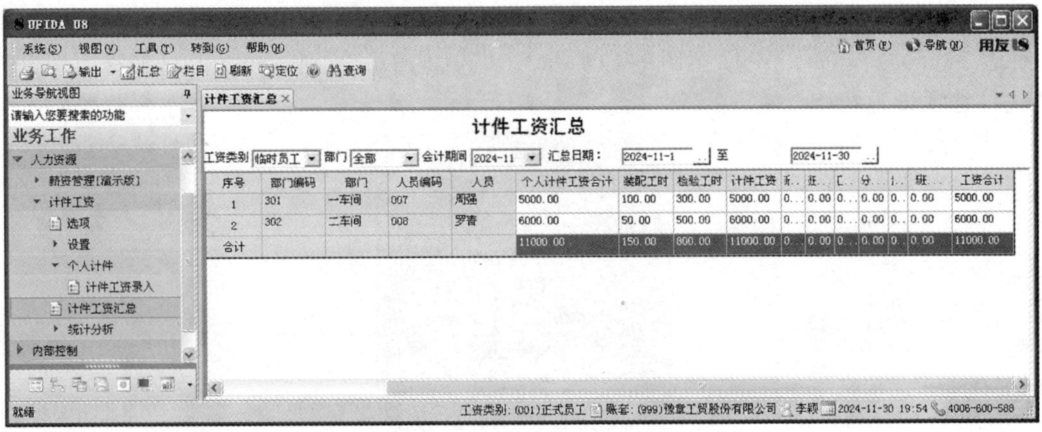

图9-10 计件工资汇总

（二）“临时员工”工资变动

打开“临时员工”工资类别，执行“工资变动”功能。输入未定义的工资项目数据，系统自动计算已定义的工资项目（如图9-11所示）

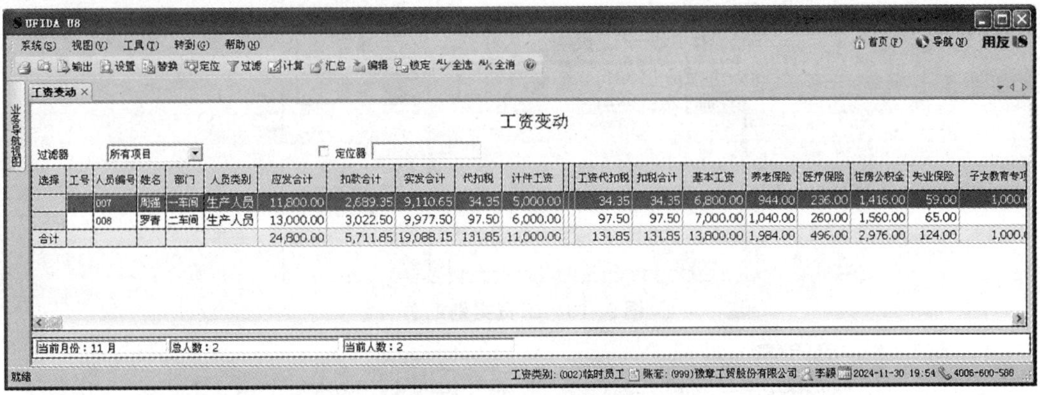

图9-11 工资变动

二、工资类别汇总

在多个工资类别中，系统可以按部门编号、人员编码、人员姓名为标准，将此三项内容相同人员的工资数据汇总合计。该功能用于统计所有工资类别本月发放工资的合计数，或某个工资类别所有发放次数的合计数，或某些工资类别中的人员工资都由一个银行代发，希望生成一套完整的工资数据传到银行。

汇总仅针对与登录期间一致的单所得期间工资类别或发放次数；涉及其他所得期间的，无法按所得期间计算应纳个人所得税。汇总工资类别可以按月存数，所选工资类别或发放次数中必须有汇总月份的工资数据。

第一次进行工资类别汇总时，需在被汇总工资类别中设置工资项目计算公式，若系统预置的个人所得税计算标准与现行的不一致，也需要进行调整。如每次汇总的工资类别一致，则公式不需重新设置；如与上一次所选择的工资类别不一致，则需重新设置计算公式。汇总工资类别不能进行月末结算和年末结算。

（一）建立汇总工资类别

在关闭所有工资类别的情况下，通过“维护”菜单中的“工资类别汇总”功能可以建立汇总工资类别（如图9-12至图9-14所示）。与其他工资类别一样，汇总工资类别也需要进行选项设置。

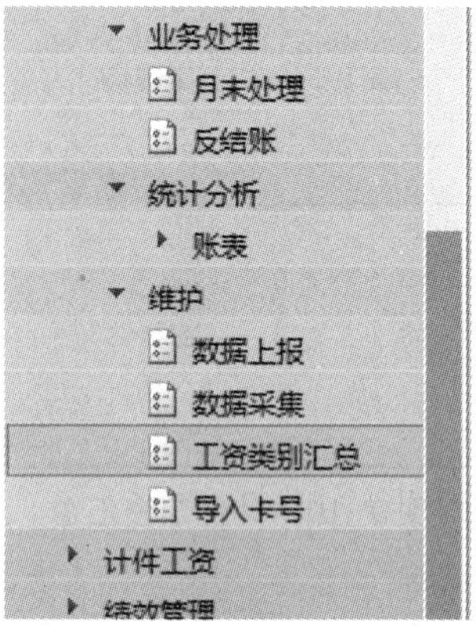

图9-12　工资类别汇总功能

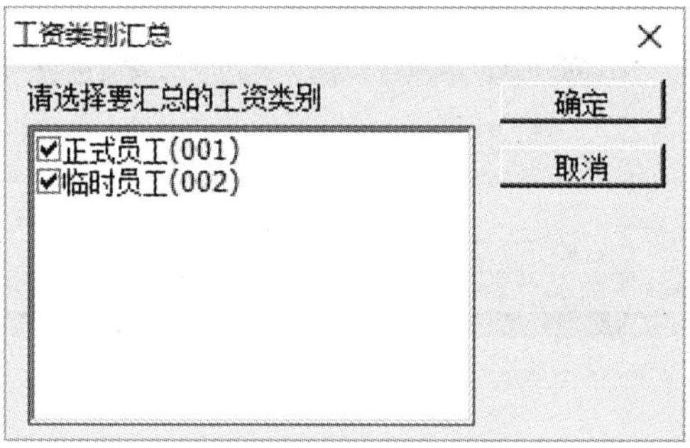

图9-13　工资类别汇总

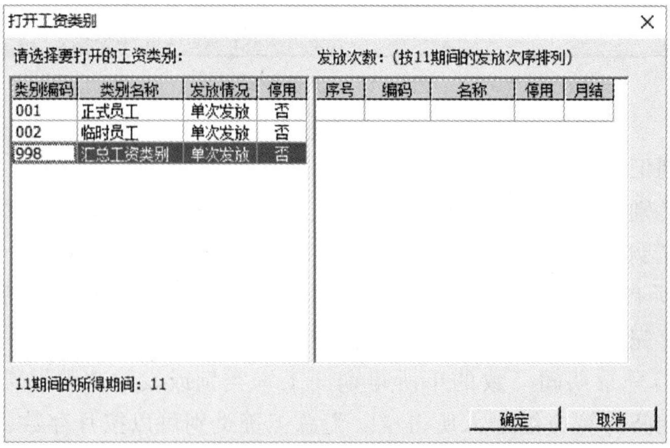

图9-14　汇总工资类别列表

（二）汇总工资类别中进行的操作

打开汇总工资类别，与其他工资类别一样，需要先进行工资类别的选项设置，例如进行扣税设置，然后进行工资变动和汇总，再根据需要进行其他操作。

1.执行薪资管理中的“业务处理”—“扣缴所得税”功能。

（1）选择个人所得税申报模板（如图9-15所示）。

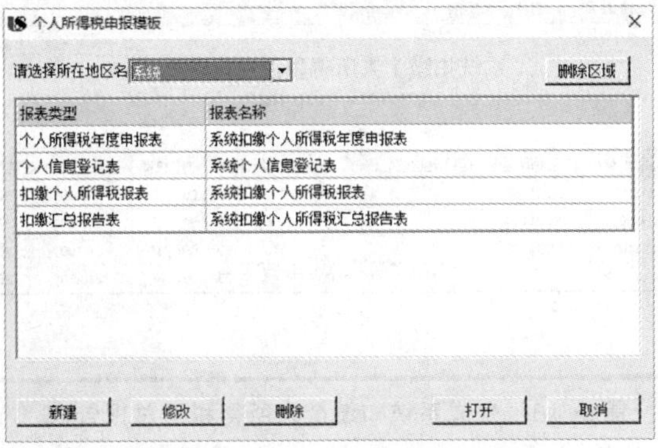

图9-15　选择个人所得税申报模板

（2）生成系统扣缴个人所得税年度申报表（如图9-16所示）。

所得税申报

输出　税率　栏目　内容　邮件　过滤　定位　退出

系统扣缴个人所得税年度申报表

2024年11月 -- 2024年11月

总人数：10

姓名	证件号码	所得项目	所属期间(起)	所属期间(止)	收入额	减费用额	应纳税所得额	税率	速算扣除数	应纳税额	已扣缴税款
马阳		工资	20240101	20241231			1105.00	3	0.00	33.15	33.15
王剑		工资	20240101	20241231			355.00	3	0.00	10.65	10.65
张梅		工资	20240101	20241231			0.00	0	0.00	0.00	0.00
李颖		工资	20240101	20241231			0.00	0	0.00	0.00	0.00
王一		工资	20240101	20241231			0.00	0	0.00	0.00	0.00
杨健		工资	20240101	20241231			0.00	0	0.00	0.00	0.00
赵月		工资	20240101	20241231			1277.50	3	0.00	38.33	38.33
周强		工资	20240101	20241231			1145.00	3	0.00	34.35	34.35
罗青		工资	20240101	20241231			3075.00	10	210.00	97.50	97.50
孙栋		工资	20240101	20241231			375.00	3	0.00	11.25	11.25
合计							7332.50		210.00	225.23	225.23

图9-16　生成系统扣缴个人所得税年度申报表

（3）生成系统扣缴个人所得税报表（如图9-17所示）。

所得税申报

输出　税率　栏目　内容　邮件　过滤　定位　退出

系统扣缴个人所得税报表

2024年11月 -- 2024年11月

总人数：10

序号	纳税义务人姓名	身份证照类型	身份证号码	国..	职..	所..	所得期间	收入额	免...	允...	费用扣除...	准予...	应纳税所...	税率	应扣税额	已扣税
1	马阳	身份证					11	11580.00			5000.00		1105.00	3	33.15	33.1
2	王剑	身份证					11	9380.00			5000.00		355.00	3	10.65	10.6
3	张梅	身份证					11	8280.00			5000.00		0.00	0	0.00	0.0
4	李颖	身份证					11	8780.00			5000.00		0.00	0	0.00	0.0
5	王一	身份证					11	8300.00			5000.00		0.00	0	0.00	0.0
6	杨健	身份证					11	9400.00			5000.00		0.00	0	0.00	0.0
7	赵月	身份证					11	11040.00			5000.00		1277.50	3	38.33	38.3
8	周强	身份证					11	11800.00			5000.00		1145.00	3	34.35	34.3
9	罗青	身份证					11	13000.00			5000.00		3075.00	10	97.50	97.5
10	孙栋	身份证					11	9400.00			5000.00		375.00	3	11.25	11.2
合计								100960.00			50000.00		7332.50		225.23	225.2

图9-17　生成系统扣缴个人所得税报表

（4）生成系统扣缴个人所得税汇总报告表（如图9-18所示）。

所得项目	所得子项目	所属期间(起)	所属期间(止)	国籍/地区	汇总人数	应纳税所得额(汇总)	税率	速算扣...	应纳税额	扣缴所得税额(汇总)
工资		20241101	20241130		4	0.00	0	0.00	0.00	0.00
工资		20241101	20241130		5	4257.50	3	0.00	127.73	127.73
工资		20241101	20241130		1	3075.00	10	210.00	97.50	97.50
合计					10.00	7332.50		210.00	225.23	225.23

图9-18　生成系统扣缴个人所得税汇总报告表

2.生成银行代发一览表

（1）选择银行模板为中国工商银行（如图9-19所示）。

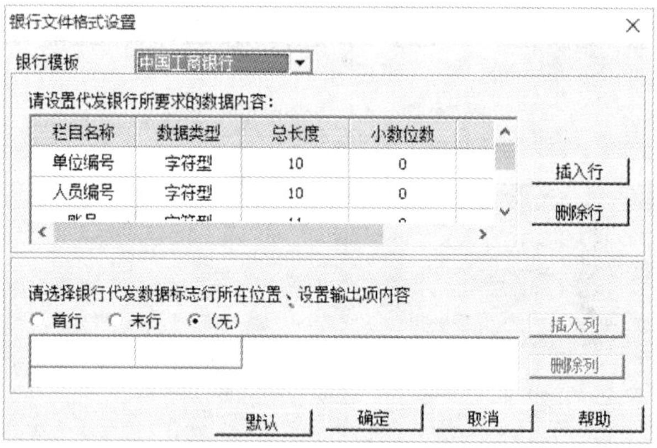

栏目名称	数据类型	总长度	小数位数
单位编号	字符型	10	0
人员编号	字符型	10	0

图9-19　银行模板选择

（2）生成银行代发一览表（如图9-20所示）。

单位编号	人员编号	账号	金额	录入日期
1234934325	000	20060080001	8338.52	20241130
1234934325	001	20060080002	7344.35	20241130
1234934325	002	20060080003	6480.00	20241130
1234934325	003	20060080004	6867.50	20241130
1234934325	004	20060080005	6233.33	20241130
1234934325	005	20060080006	7375.00	20241130
1234934325	006	20060080007	7939.17	20241130
1234934325	007	20060080008	9110.65	20241130
1234934325	008	20060080009	9977.50	20241130
1234934325	009	20060080010	7363.75	20241130
合计			77,029.77	

图9-20　生成银行代发一览表

3.定义工资分摊

（1）选择工资分摊功能（如图9-21所示）。

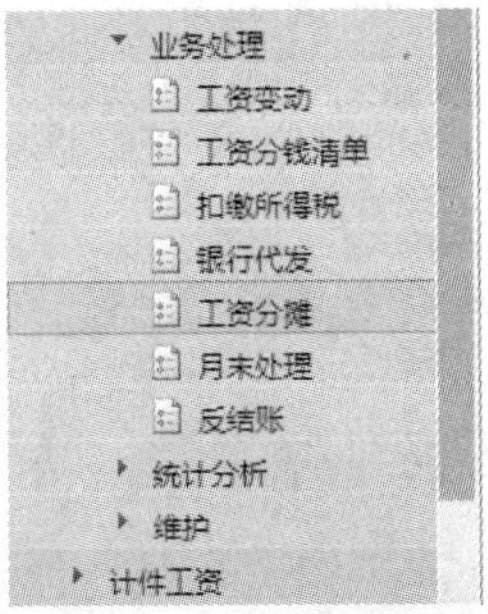

图9-21 工资分摊功能

（2）进入工资分摊界面（如图9-22所示）。

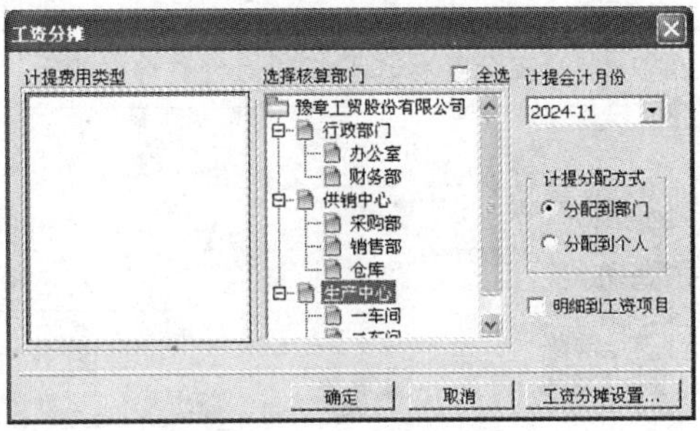

图9-22 工资分摊界面

（3）点击“工资分摊设置”，进行分摊计提比例设置（如图9-23所示）。

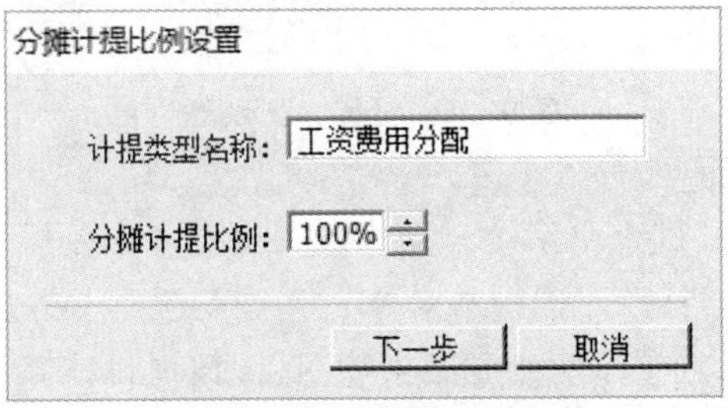

图9-23 分摊计提比例设置

（4）定义分摊构成设置（如图9-24所示）。

分摊构成设置

部门名称	人员类别	工资项目	借方科目	借方项目大类	借方项目	贷方科目	贷方项目大类
办公室,财务部	企业管理人员	应发合计	660202			2211	
销售部	经营人员	应发合计	660102			2211	
采购部,仓库	经营人员	应发合计	660202			2211	
一车间,二车间	车间管理人员	应发合计	510102			2211	
一车间,二车间	生产人员	应发合计	50010101	定制生产	明珠男衣	2211	

图9-24 工资费用分摊构成设置

采用同样的方式设置工会经费（按工资薪金总额的2%计提）、职工教育经费（按工资薪金总额的2.5%计提），如图9-25和图9-26所示。

图9-25　工会经费和职工教育经费分摊设置

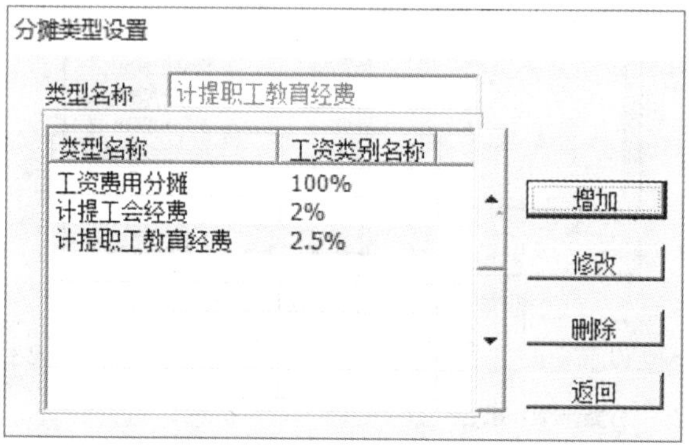

图9-26　分摊类型设置

4.生成工资业务相关凭证

在定义好相关参数的基础上由系统自动生成工资业务相关凭证。

（1）选择“计提费用类型”“选择核算部门”，确定“计提会计月份”，“计提分配方式”选择“分配到部门”，选中“明细到工资项目”“按项目核算”（如图9-27所示）。

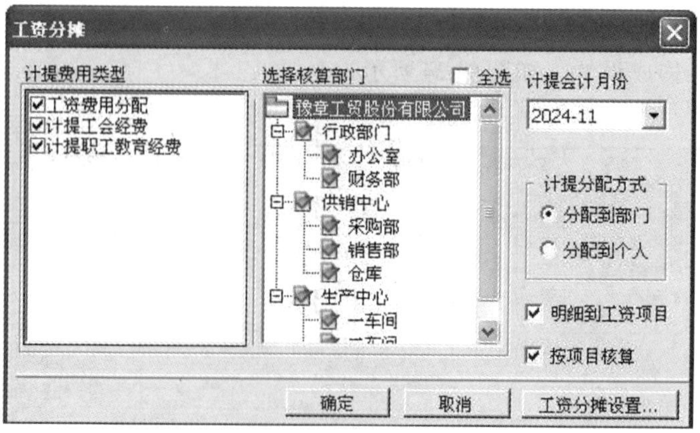

图9-27　工资分摊

（2）生成工资费用分配一览表（如图9-28所示）。

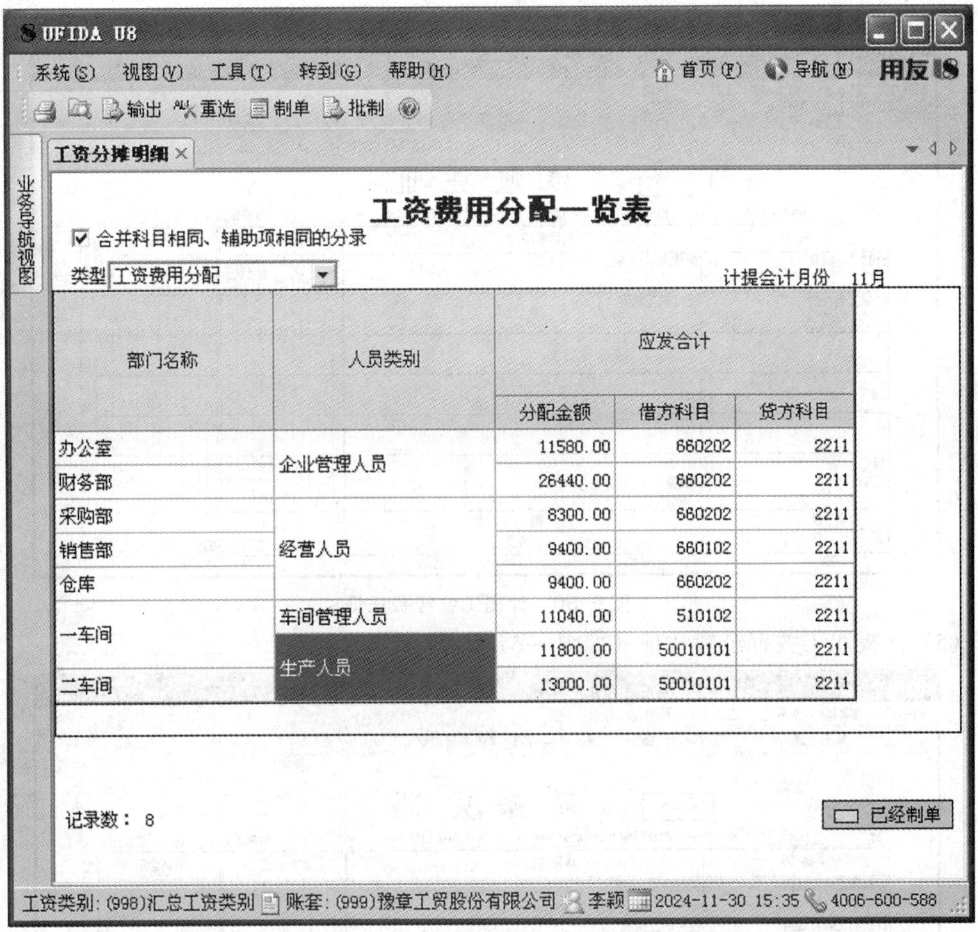

图 9-28 工资费用分配一览表

（3）执行“制单”功能，生成工资费用分配凭证（如图 9-29 所示）。

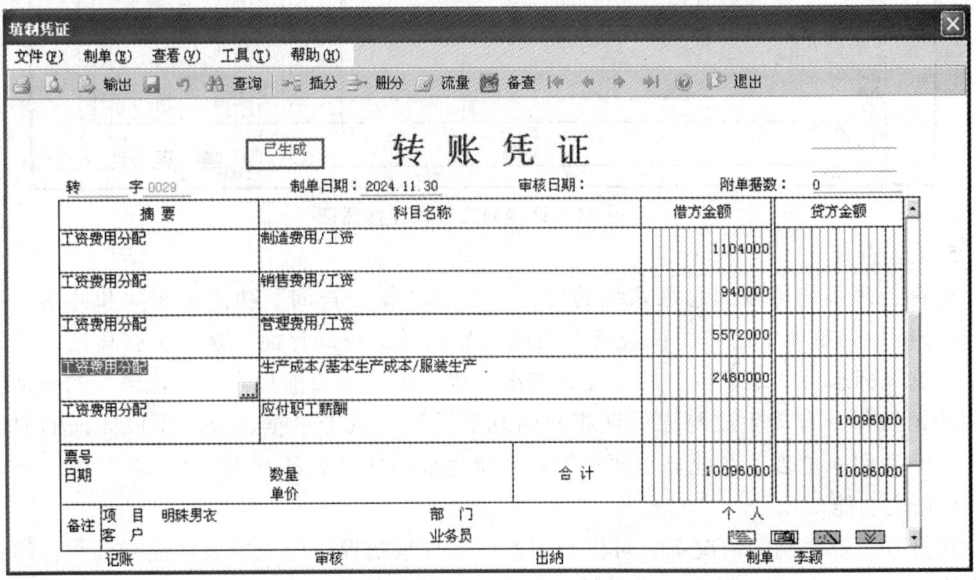

图 9-29 工资费用分配凭证

（4）计提工会经费凭证（如图9-30所示）。

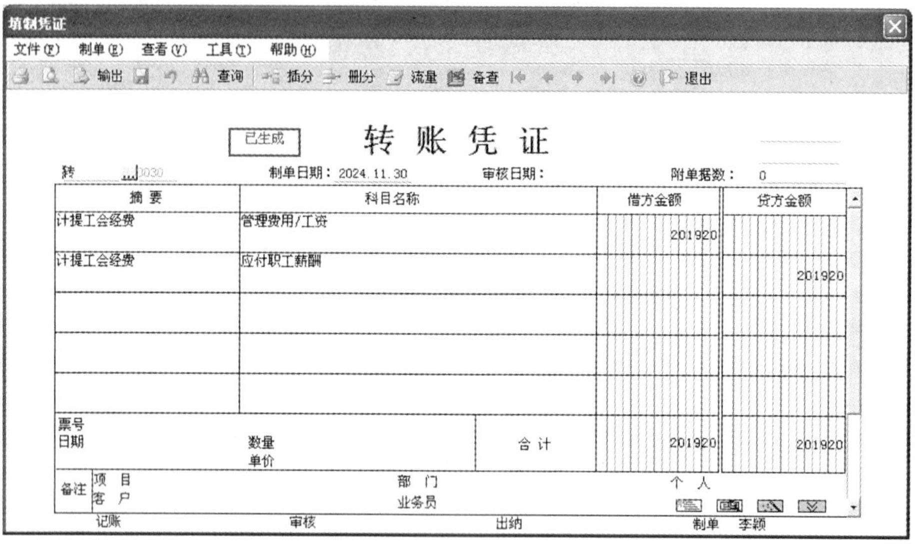

图9-30 计提工会经费凭证

（5）计提职工教育经费凭证（如图9-31所示）。

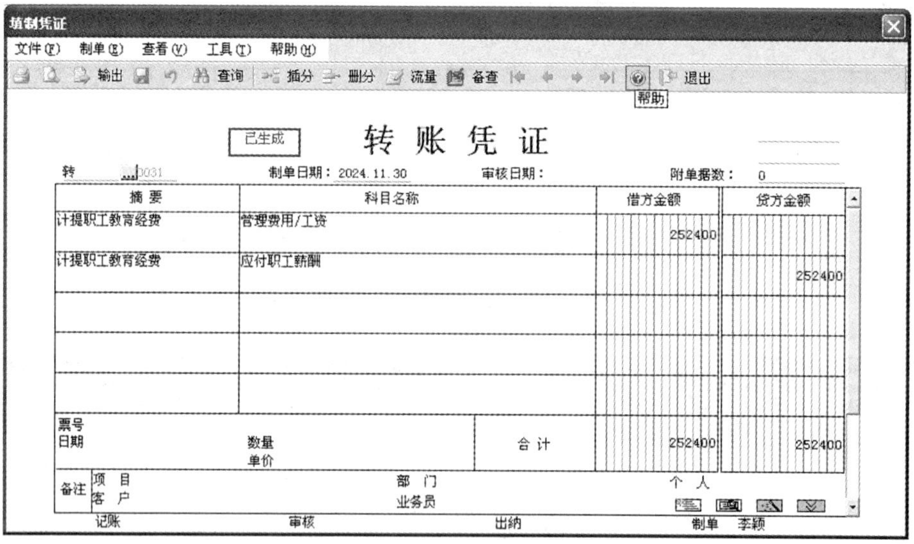

图9-31 计提职工教育经费凭证

5.凭证查询

薪资管理系统传输到总账系统的凭证，通过“凭证查询”功能来删除和冲销。选择“统计分析”菜单项中的“凭证查询”功能，显示凭证查询界面。选中一张凭证，点击删除，可删除标志为“未审核”的凭证；点击冲销，则可对当前标志为“记账”的凭证进行红字冲销操作，自动生成与原凭证相同的红字凭证。点击单据，显示生成凭证的原始凭证——××费用一览表，在此显示薪资管理系统生成的所有凭证列表。

6.账表功能

在打开工资类别的情况下，可以利用薪资管理系统提供的工资表功能查询和打印各种工资表。工资表包括以下由系统提供的原始表：工资卡；工资发放条；部门工资汇总表；

部门条件汇总表；工资发放签名表；人员类别汇总表；条件统计（明细）表；工资变动汇总（明细）表。多类别工资表也可以利用工资分析表进行简单的统计分析。

工资分析表是以工资数据为基础，对部门、人员类别的工资数据进行分析和比较，产生各种分析表，供决策人员使用。工资分析表具体包括：工资增长分析；按月分类统计表；部门分类统计表；工资项目分析表；员工工资汇总表；按项目分类统计表；员工工资项目统计表；分部门各月工资构成分析；部门工资项目构成分析表。

第二节 薪资管理数据维护及月末处理

一、数据维护

1.人员调动

当账套为多工资类别时，可以利用人员调动功能，实现人员在不同工资类别之间的转换。

操作之前，可以先将调出人员所在的工资类别打开，选择被调出人员的部门和人员类别，在左侧人员列表中显示符合条件的人员，选择人员（可多选）后放到右侧调出人员列表中；也可以通过快速定位选择数据项目，输入数据项目的具体值，系统将快速定位到符合条件的人员。

选择调入的工资类别和调入的部门，即可完成人员调动（如图9-32所示）。

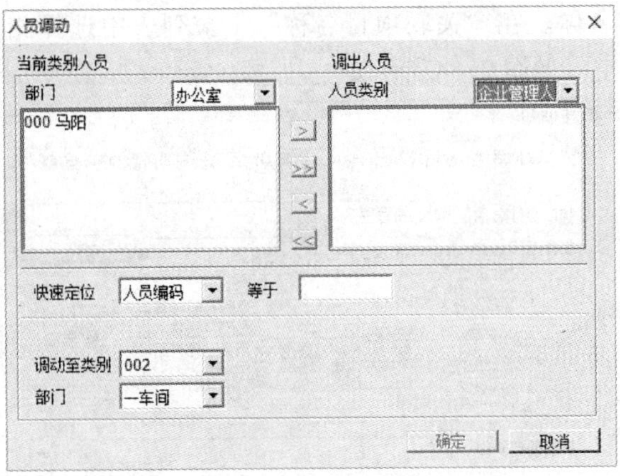

图9-32 人员调动

已做调出标志的人员，所有档案信息不可修改。调出人员调出当月即不再参与工资发放计算。调出人员在当月没有做月末结算前，可取消调出标志；做完月（年）结算处理后，调出标志不可取消。为保证数据的完整性和一致性，调出人员不可删除。

2.人员信息复制

人员信息复制用于管理两种或两种以上工资类别中人员结构相同的工资数据。当新建工资类别中的人员信息与已建工资类别中的人员信息相同时，可通过人员信息复制，将已建工资类别中的人员信息复制到新建工资类别中。

将需复制人员信息的工资类别打开，执行“人员信息复制”，即可进入此项功能，人员复制中系统将对人员进行重复性检测，如发现复制已存在的人员会有提示，如果已存在人员已有工资数据，则不出现上述提示（如图9-33所示）。

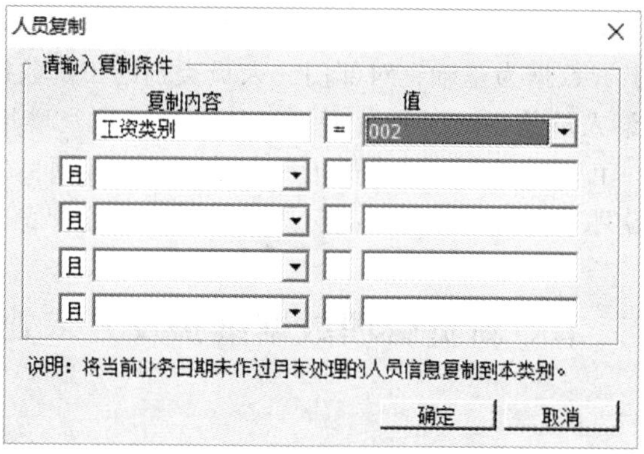

图9-33 人员复制

3.数据接口管理

使用数据接口管理工具可有效地将相关数据从外部系统导入薪资管理系统中，例如在水电、房租系统、考勤系统、人事系统以及其他与工资管理有关的系统中，将水电费扣缴、房租扣缴、考勤时数等数据导入工资系统的对应工资项目。

新建数据接口文件时，点击“新建”，进入“数据接口向导”，输入新建接口文件的名称，并选择文件存放路径。选择系统文件类型，所选文件类型必须与文件路径中的文件类型一致。若选择“DBASE文件”，请设置文件格式；若选择“ ACCESS文件”，则请在表名列表中选择数据表名称。在“关联项目名称”下拉列表中选择相关联的工资项目名称，关联项目名称不可为空（如图9-34所示）。

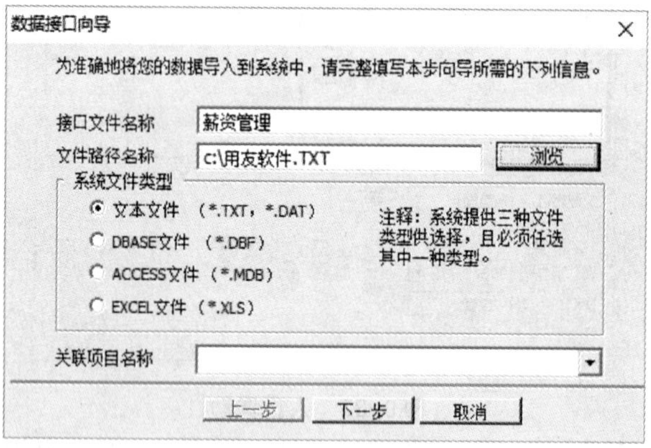

图9-34 数据接口向导

4.数据上报

数据上报主要是指本月与上月相比增加人员信息及减少人员信息的上报。本功能在基层单位账中使用，形成上报数据文件。多工资类别时需要在关闭所有工资类别后才可使用本功能。人员信息包括人员档案的所有字段信息，其中工资数据包含所有工资项目的信息。

5.数据采集

数据采集即人员信息采集，是指将人员上报盘中的信息读入系统。本功能用于人员的增加、减少以及工资数据的变更。数据采集功能需要在关闭所有工资类别后才可使用。

二、月末处理

期末应进行薪资管理系统的结账，结束本期薪资管理工作，为下期工作准备数据。

1.关闭工资类别后，执行月末处理功能（如图9-35所示）。

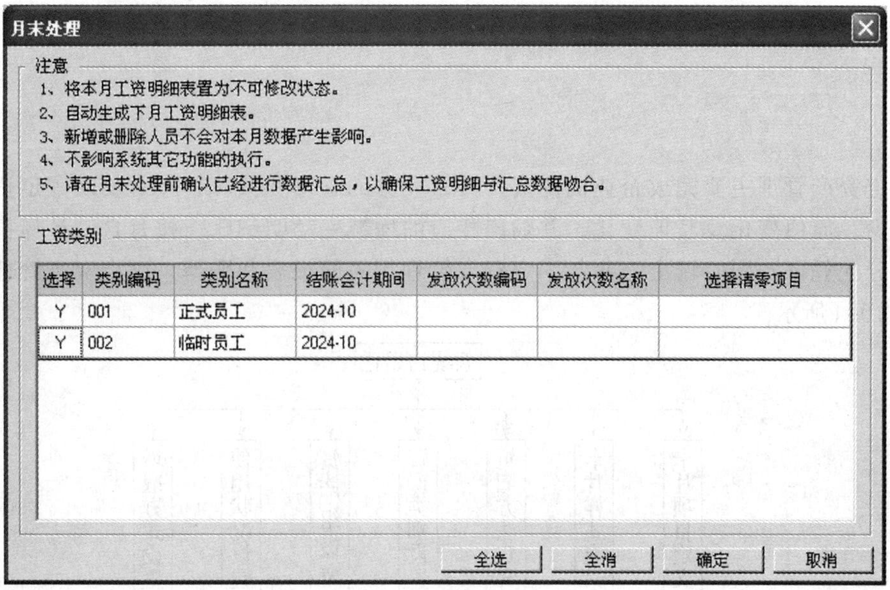

图9-35　月末处理

2.反结账。若结账以后发现存在问题，在进行年度数据结转之前可以进行反结账（如图9-36所示）。

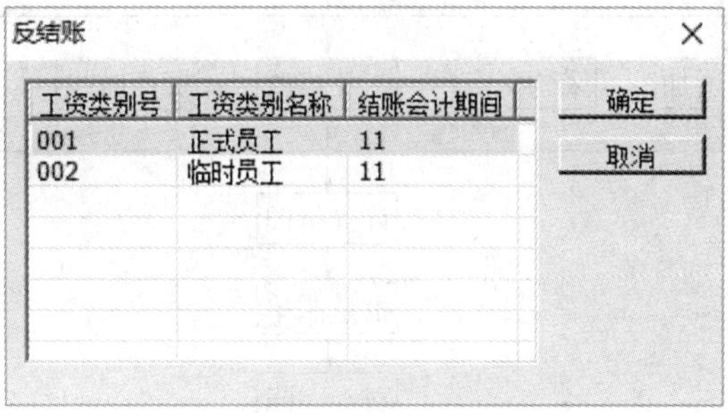

图9-36　选择反结账期间

思考题：

1.如果有新员工加入企业，应该如何进行操作？

2.如果需要给所有人增加100元奖金，应该如何操作？

3.如何设置个人所得税扣除基数？

4.单工资类别中是否可以进行人员调动操作？

5.薪资管理系统如何进行反结账？

第十章　固定资产管理

固定资产管理主要完成企业固定资产日常业务的管理和核算，按月反映固定资产的增加、减少、原值变化及其他变化，并输出相应的增减变动明细账，按月自动计提折旧，生成折旧分配凭证，同时输出一些与固定资产管理相关的报表和账簿。固定资产管理操作流程如图10-1所示。

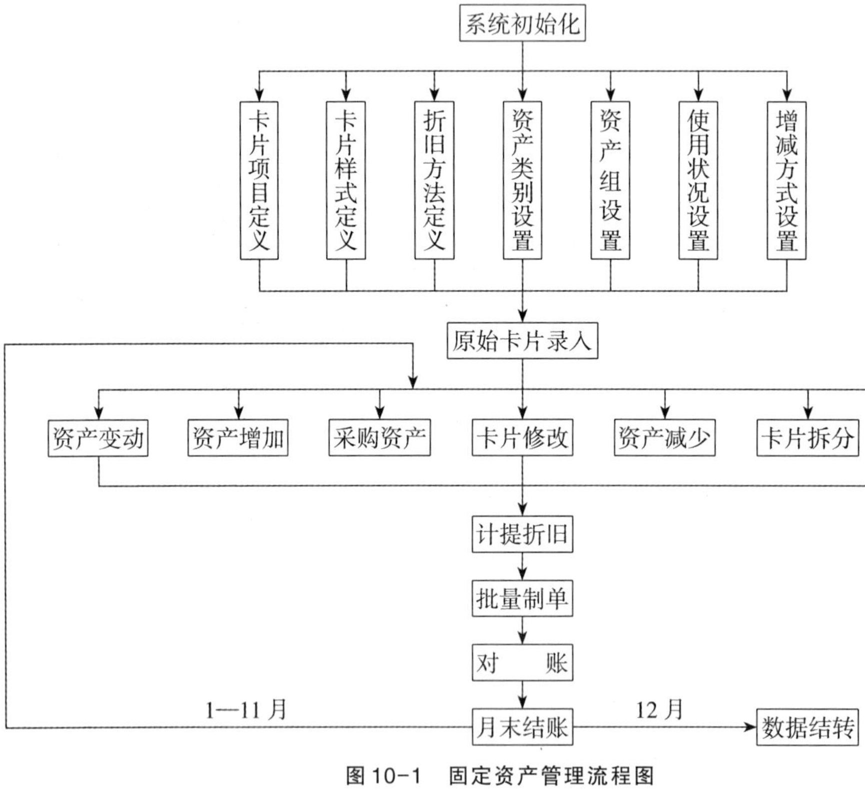

图10-1　固定资产管理流程图

第一节　固定资产管理日常业务

一、固定资产业务1

11月21日，财务部以现金支付购买磁带机1台，产地杭州，价值1 500元，净残值率4%，预计使用年限5年。

该业务属于资产增加。资产增加是指在固定资产账套启用以后购进或通过其他方式增加的企业固定资产。该业务需要输入一张新的固定资产卡片，整个处理过程与固定资产原始卡片录入的处理相似，不同的是两者的开始使用日期有区别。执行资产增加功能（如图10-2所示）。

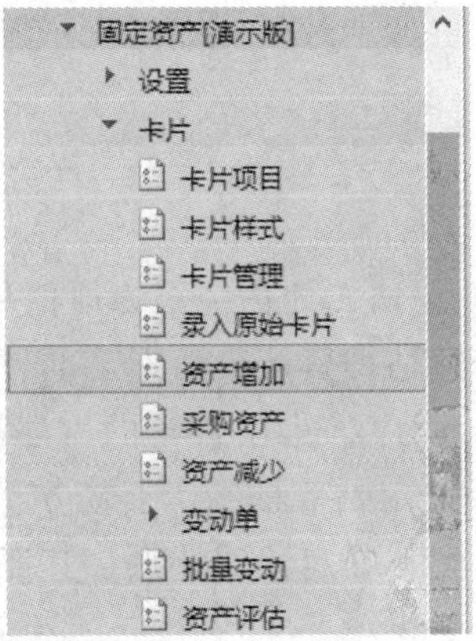

图10-2　资产增加功能

输入新增固定资产卡片内容（如图10-3所示）。

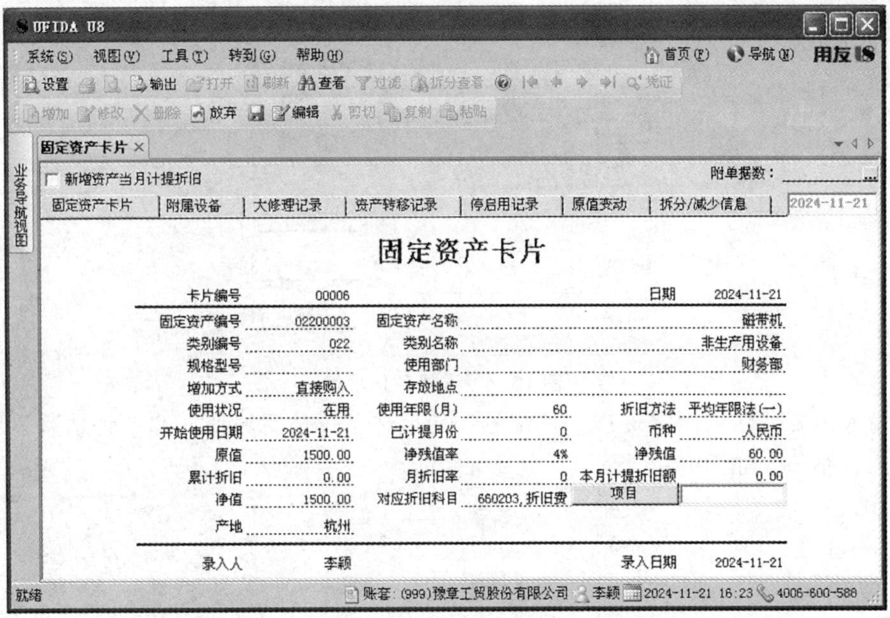

图10-3　新增资产

固定资产系统的“采购资产”功能是根据入库单中的存货结转生成固定资产卡片。当采购管理系统（详见供应链管理部分）中存在业务类型为固定资产采购的入库单时，其数据可以直接传递到固定资产系统的“采购资产”功能点，用户可以选择入库单结转生成卡片。具体操作步骤为：从“卡片”菜单中选择“采购资产”功能菜单，进入后分订单、入库单上下列表显示。选择一条订单记录，入库单列表自动显示与订单号、存货编号相对应的入库单记录。点击“增加”进入采购资产分配设置界面，设置资产类别、开始使用日期、存货数量、抵扣增值税、新增资产当月计提折旧。客户在采购资产分配设置中通过快捷键Ctrl+Alt+G激活修改状态就可以对采购订单的单价进行修改。点击“确定”进入资产卡片界面，补充资产信息并保存。

可结转生成固定资产卡片的入库单须满足以下条件：①业务类型为固定资产采购；②必有订单；③结转生成卡片的存货已经全部结算。与选中订单对应的入库单必须一次结转完毕，不允许分次结转。采购资产卡片不在固定资产管理系统制单，在应付款管理系统制单。

二、固定资产业务2

11月23日，对轿车进行资产评估，评估结果为原值200 000元，累计折旧45 000元。

该业务属于资产评估。资产评估即资产价值形态的评估，是指专门的机构或专门的评估人员遵循法定或公允的标准和程序，运用科学的方法，以货币作为计算权益的统一尺度，对在一定时点上的资产进行评定估算的行为。资产评估就是对资产重新估价的过程，是一种动态性、市场化活动，具有不确定性的特点，其评定价格也是一种模拟价格。固定资产评估增值部分通常计入资本公积。

1.选择“卡片”—“资产评估”功能，点击“增加”功能，选择可评估项目（如图10-4所示）。

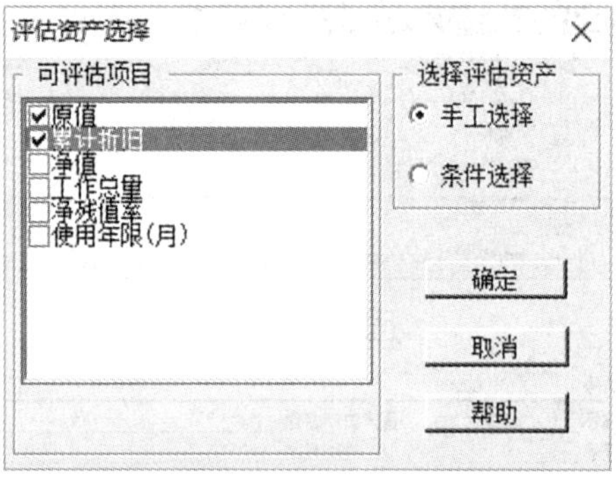

图10-4 选择评估项目

2.输入需要评估的固定资产卡片编号，然后在“评估后原值”和“评估后累计折旧”部分输入评估值（如图10-5所示）。

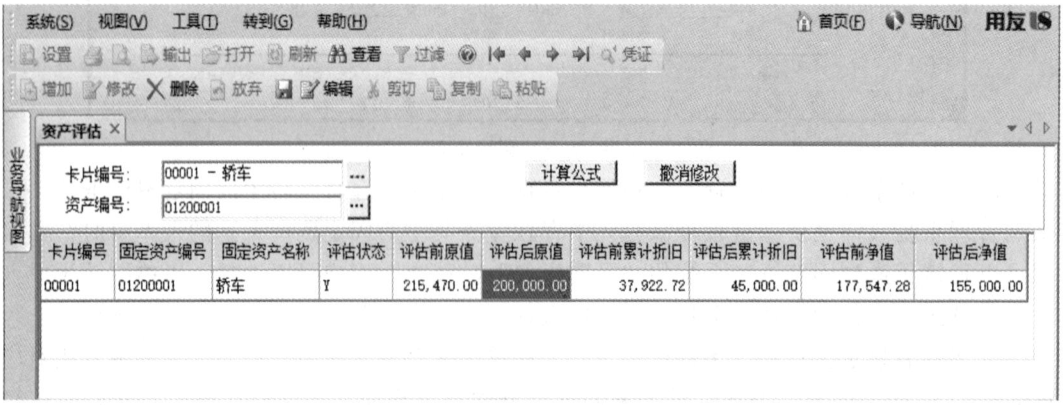

图10-5 输入评估后项目值

3.完成资产评估业务（如图10-6所示）。

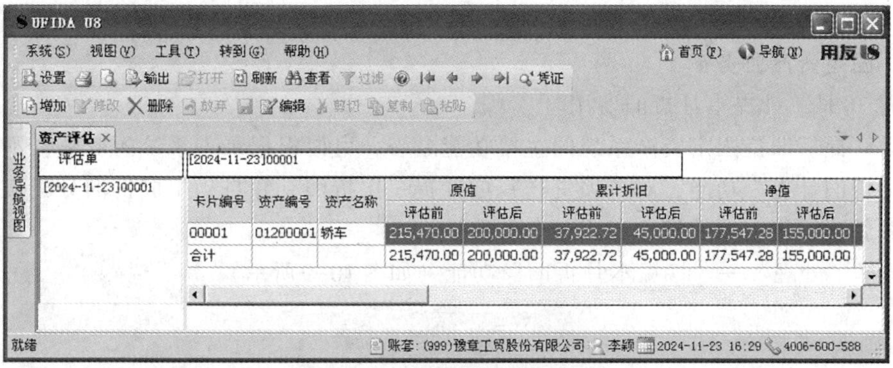

图10-6 完成资产评估业务

三、固定资产业务3

11月25日，办公室的轿车添置新配件，价值10 000元。

添置配件是在原固定资产基础上为了增强固定资产功能，增加一些配件的业务。这类业务不属于增加一个新固定资产业务，因此，在固定资产变动单中反映。

1.执行原值增加功能（如图10-7所示）。

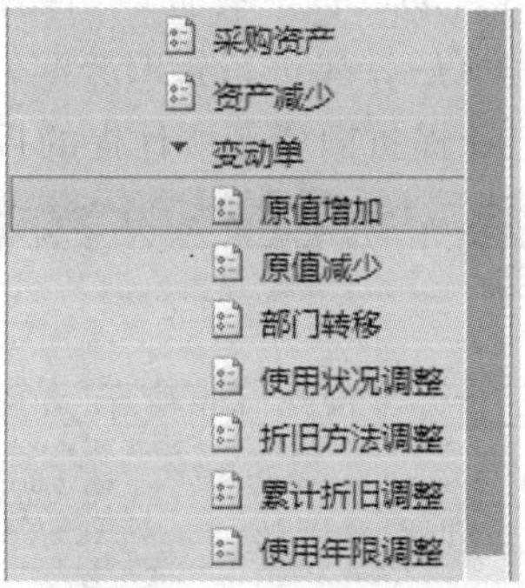

图10-7 原值增加功能

2.输入变动单详细内容（如图10-8所示）。

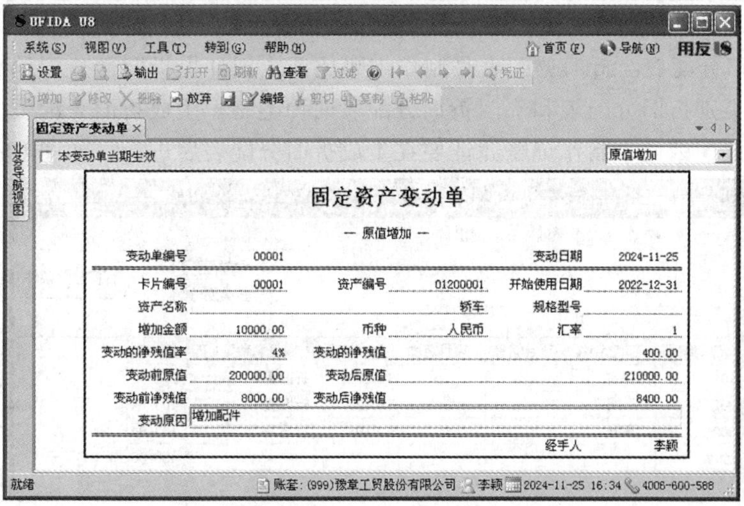

图10-8 输入变动单

四、固定资产业务4

11月30日，计提本月折旧费用。

自动计提折旧是固定资产系统的主要功能之一，可以根据录入系统的资料，利用系统提供的“折旧计提”功能，对各项资产每期计提一次折旧，并自动生成折旧分配表，然后制作记账凭证，将本期的折旧费用自动登账。

1.选择“处理”—“计提本月折旧”功能（如图10-9所示）。

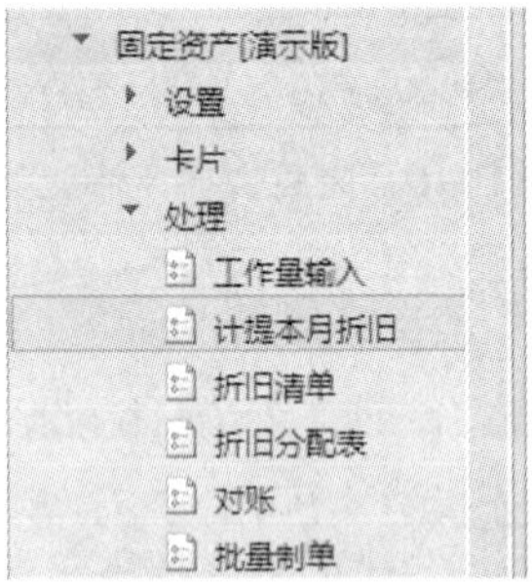

图10-9　计提本月折旧功能

2.当开始计提折旧时，系统将自动计提所有资产当期折旧额，并将当期折旧额自动累加到累计折旧项目中。计提工作完成后，要进行折旧分配，形成折旧费用，生成折旧清单，系统提供的折旧清单将显示所有应计提折旧资产所计提的折旧数额（如图10-10所示）。

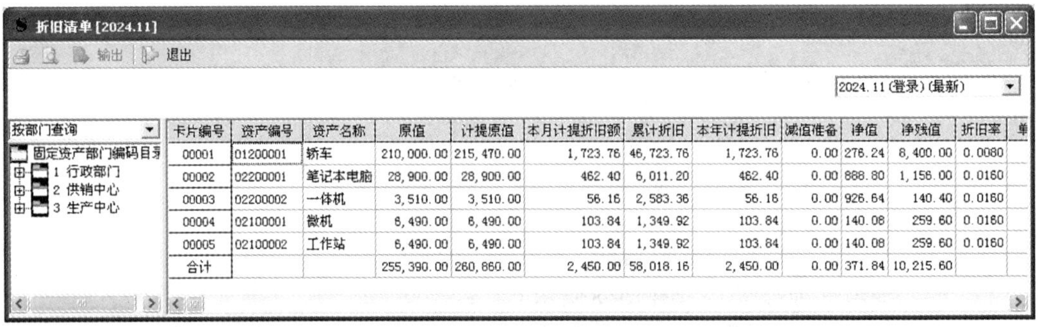

卡片编号	资产编号	资产名称	原值	计提原值	本月计提折旧额	累计折旧	本年计提折旧	减值准备	净值	净残值	折旧率
00001	01200001	轿车	210,000.00	215,470.00	1,723.76	46,723.76	1,723.76	0.00	276.24	8,400.00	0.0080
00002	02200001	笔记本电脑	28,900.00	28,900.00	462.40	6,011.20	462.40	0.00	888.80	1,156.00	0.0160
00003	02200002	一体机	3,510.00	3,510.00	56.16	2,583.36	56.16	0.00	926.64	140.40	0.0160
00004	02100001	微机	6,490.00	6,490.00	103.84	1,349.92	103.84	0.00	140.08	259.60	0.0160
00005	02100002	工作站	6,490.00	6,490.00	103.84	1,349.92	103.84	0.00	140.08	259.60	0.0160
合计			255,390.00	260,860.00	2,450.00	58,018.16	2,450.00	0.00	371.84	10,215.60	

图10-10　折旧清单

3.生成折旧分配表。折旧分配表是制作记账凭证、把计提折旧额分配到有关成本和费用的依据，有类别折旧分配表和部门折旧分配表两种类型。生成折旧分配表由“折旧汇总分配周期”决定，因此，制作记账凭证要在生成折旧分配表后进行（如图10-11所示）。

部门编号	部门名称	项目编号	项目名称	科目编号	科目名称	折旧额
101	办公室			660203	折旧费	2,242.32
301	一车间			510103	折旧费	103.84
302	二车间			510103	折旧费	103.84
合计						2,450.00

图10-11　折旧分配表

五、固定资产业务5

11月30日，二车间毁损工作站一台。

该业务属于资产减少。资产在使用过程中，由于各种原因退出企业，此时要做资产减少处理。只有当账套开始计提折旧后，才可以使用资产减少功能，否则，减少资产只能通过删除卡片页完成。只有当月减少的资产才可以恢复，如果资产减少操作已制作凭证，则必须删除凭证后才能恢复。只要卡片未被删除，就可以通过卡片管理中“已减少资产”来查看减少的资产。

1.选择“卡片”—“资产减少”功能（如图10-12所示）。

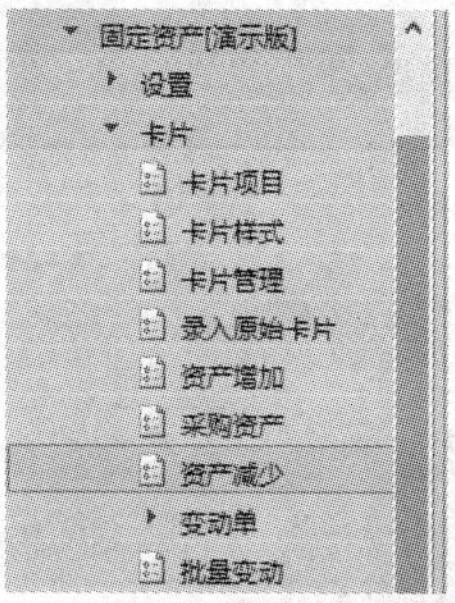

图10-12　资产减少功能

2.发生资产减少时需输入资产减少卡片并说明减少原因（如图10-13所示）。

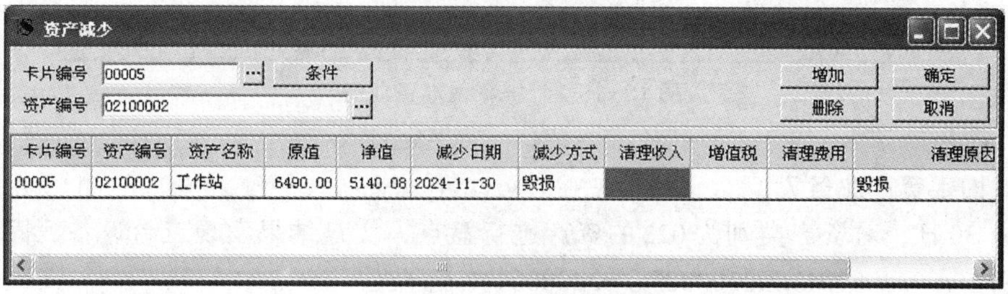

图10-13　发生资产减少

3.对于误减少的固定资产，可以通过卡片管理功能筛选出已减少资产，然后利用撤销减少功能来恢复（如图10-14所示）。

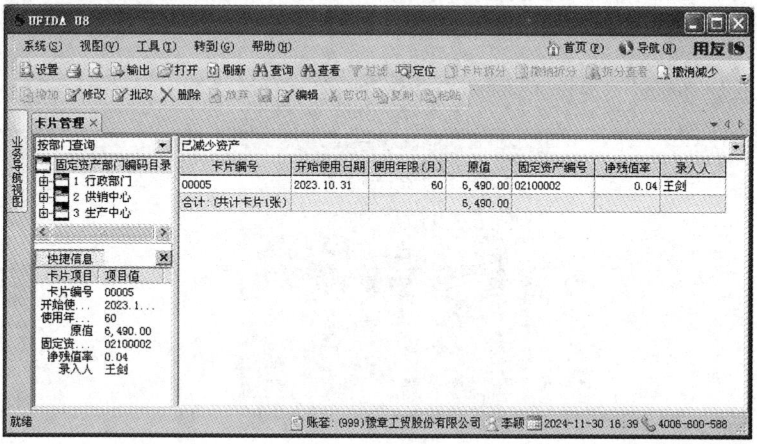

图10-14　撤销资产减少

六、固定资产业务6

11月30日，经核查对笔记本电脑计提1 000元的减值准备。

该业务属于减值准备。固定资产发生损坏、技术陈旧或者其他经济原因，导致可收回金额低于其账面价值，这种情况称为固定资产减值。如果固定资产的可收回金额低于其账面价值，应当按可收回金额低于账面价值的差额计提减值准备，并计入当期损益。

执行“卡片”—“变动单”—“计提减值准备”功能（如图10-15所示）。

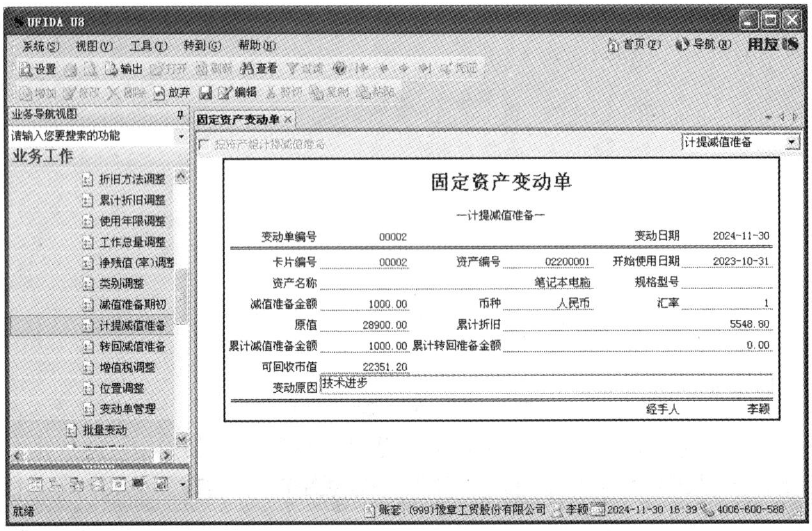

图10-15　计提减值准备业务

七、固定资产业务7

11月30日，对资产类别为022的资产进行盘点，实盘结果发现三台设备，固定资产编号分别为：02200001、02200003、02200004（兼容机）。

该业务属于资产清查。企业要定期对固定资产进行清查，至少每年清查一次，清查通过盘点实现，是在对固定资产进行实地清查后，将清查的实物数据录入固定资产系统与账面数据进行比对，由系统自动生成盘点结果清单，并对账实不符的情况进行处理。

1.执行资产盘点功能（如图10-16所示）。

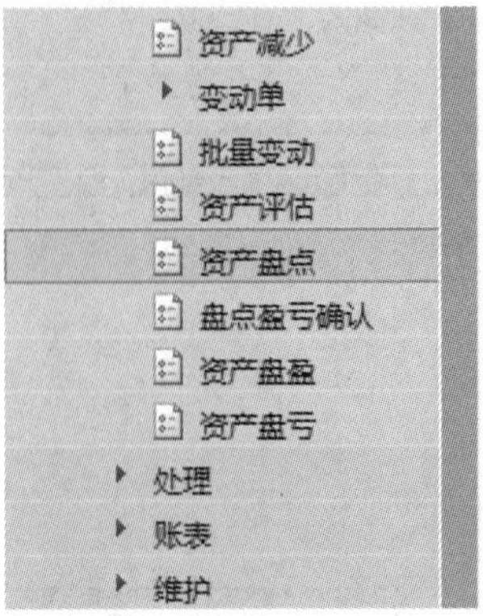

图10-16　资产盘点功能

2.新增盘点单。

执行“增加”功能，准备新增盘点单（如图10-17所示）。

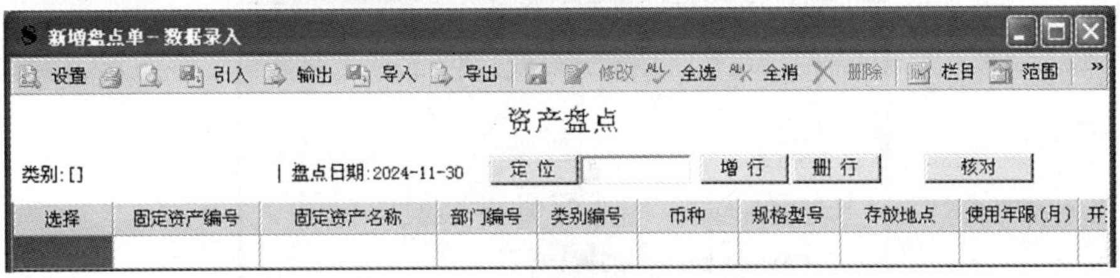

图10-17 新增盘点单

（1）选择核对项目

由于每次盘点的侧重点不同，要录入的盘点数据与要核对的数据也不一定相同，所以盘点前需要进行核对项目选择，包括核对项目和录入项目两类，系统提供相关卡片项目供选择。核对项目是指生成盘点结果清单时要与系统内卡片进行核对的项目；录入项目是指实际盘点数据需要录入的项目。核对项目与录入项目的备选项目完全一致，均为系统内相关卡片项目。若选中核对项目，则相应的录入项目自动选中；若单独选中录入项目，则相应的核对项目可以不选。卡片编号、对应折旧科目、项目、注销原因、注销日期、注销人、减少方式不作为盘点项目。

执行菜单栏中的“栏目”功能，设置核对项目（如图10-18所示）。

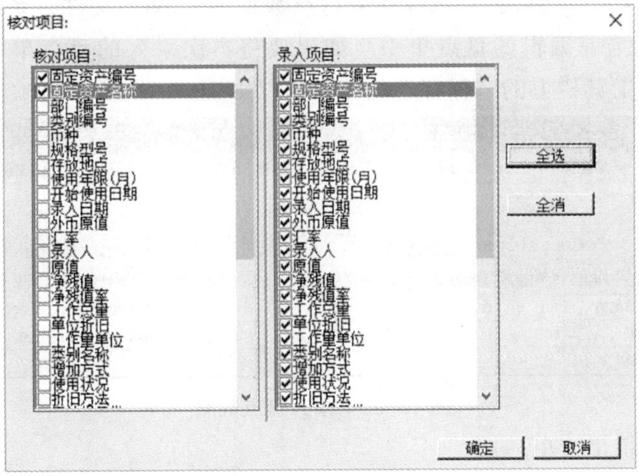

图10-18 核对项目

（2）选择盘点范围

进行资产盘点时，每次要进行盘点的范围可能不同，可以根据需要从系统给定的盘点范围中选择。

点击资产盘点界面菜单栏的“范围”功能，进入盘点范围设置界面，如图10-19所示。盘点日期为实际盘点的发生日期，最后生成的盘点结果清单是根据盘点日期系统数据与实际盘点数据的对比结果生成的。然后，选择要进行盘点的方式及对应该方式的明细分类。三种供选盘点方式为：按资产类别盘点、按使用部门盘点、按使用状态盘点。可以同时选择按资产类别盘点及按使用部门盘点，不能同时选择按使用状态盘点与其他盘点方式。选定盘点方式后，必须选择对应的明细分类。例如，选中“按资产类别盘点”后，必须选择按照哪一种资产类别进行盘点，但是不允许选择顶级类别。

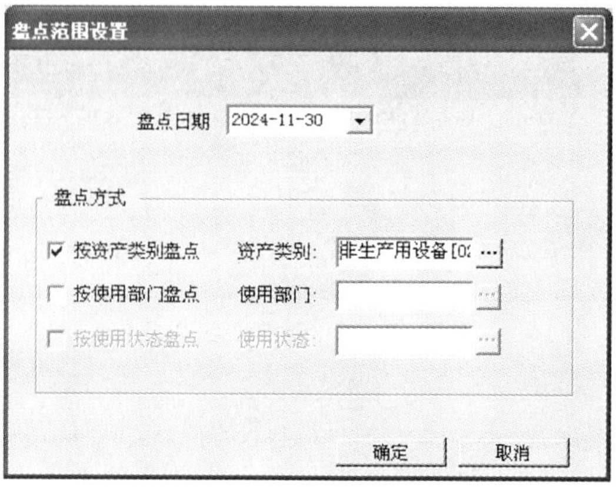

图10-19　盘点范围设置

（3）录入盘点数据

根据所选核对项目以及盘点范围，系统自动将符合条件的卡片加入盘点单。在此基础上，用户可以根据实际盘点情况，通过“增行”功能增加盘点单中的固定资产，通过“删行”功能删除盘点单中的固定资产，以生成盘点结果清单供后续核对。在进行“增行”操作时固定资产编码不能为空，否则系统将不对此条记录进行核对。用户也可以通过文本文件引入盘点数据，点击“引入”，选择存有盘点数据的“.txt”文件，系统可以将该文件中的盘点数据追加到当前编辑的盘点单中。如果要将本次录入的盘点单保存在系统内供查询，用户可以点击工具栏上的“保存”按钮即可（如图10-20所示）。

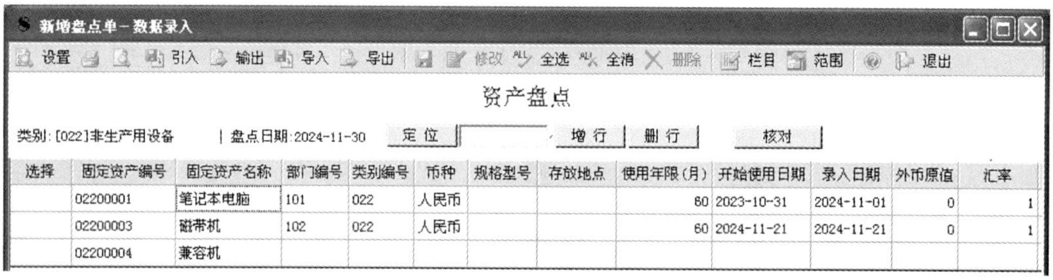

图10-20　录入盘点数据

（4）生成盘点结果清单

执行资产盘点的“核对”功能，系统将根据当前盘点单中的数据同系统内盘点日期的卡片数据相比较生成结果清单，可以查看固定资产是与实际相符还是出现了盘盈、盘亏，也可选中“过滤掉相符情况”单独查看盘盈及盘亏的资产清单（如图10-21所示）。

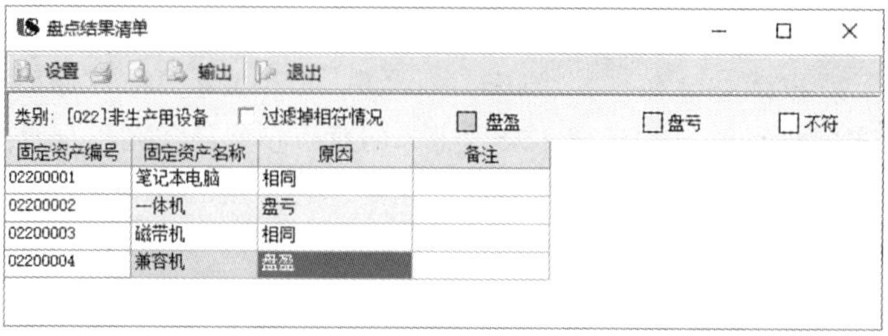

图10-21　盘点结果清单

3.盘盈盘亏确认

进行资产的盘点之后，要对盘盈、盘亏结果进行审核。先选择需要审核的盘点单；再对需要审核的盘盈或盘亏记录进行审核，选择“同意”或“不同意”录入处理意见。所有的审核同意记录都进行了盘盈或盘亏处理后，该盘点单自动关闭。不需要再进行盘盈或盘亏操作的盘点单，可以手工关闭。已关闭的盘点单不能进行后续盘盈或盘亏操作。未进行盘盈或盘亏资产操作的记录，系统自动标记为未处理。

执行“卡片”—“盘盈盈亏确认”功能，进行审核，最后点击存盘，保存结果（如图10-22所示）。

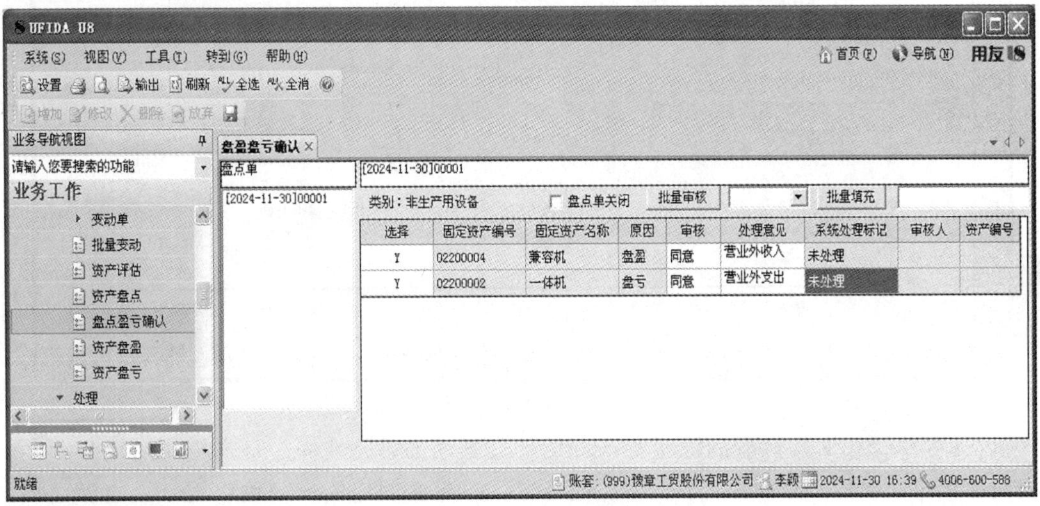

图10-22　盘盈盘亏确认

4.资产盘盈

对于盘盈的资产，进行资产盘盈处理。执行“卡片”—“资产盘盈”功能，进入资产盘盈操作界面。首先，录入盘盈资产的开始使用日期及资产类别（如图10-23所示）。然后，点击菜单栏中“盘盈处理”进入固定资产卡片操作界面，补充资产信息并保存（如图10-24所示）。

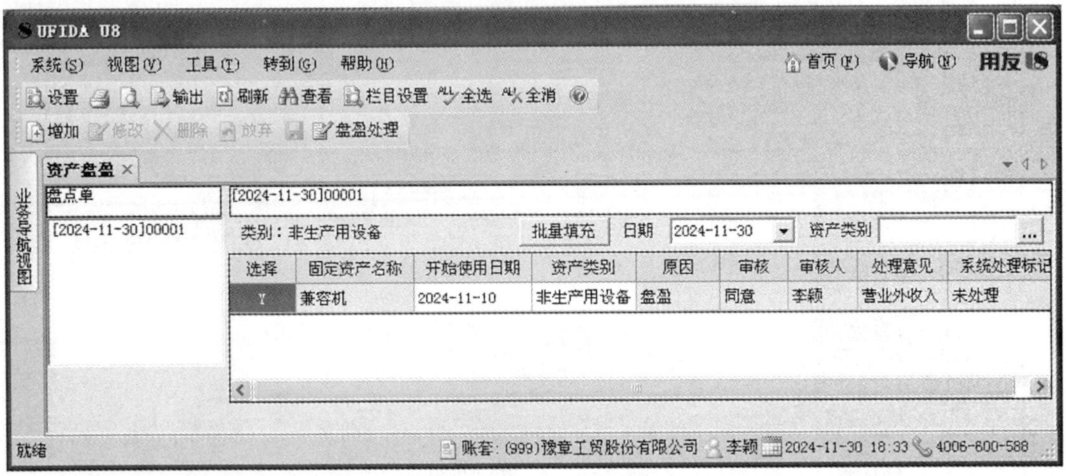

图10-23　资产盘盈

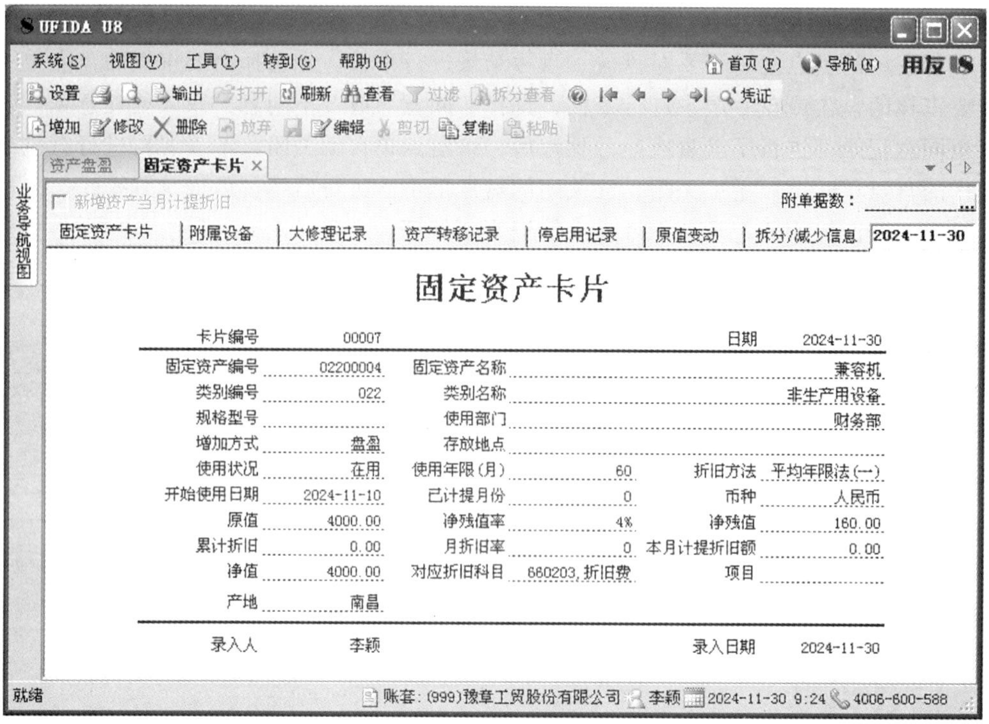

图 10-24 输入盘盈资产内容

后续制单操作时，盘盈的固定资产开始使用日期如果是在固定资产模块启用日期之前（视同原始卡片），则在总账中手工增加凭证；如果是在固定资产模块启用日期之后（视同资产增加），则在批量制单中生成凭证。

5.资产盘亏

对于盘亏的资产，进行资产盘亏处理。点击“资产盘亏”，进入资产盘亏操作界面。选择操作对象后执行菜单栏中的“盘亏处理”功能，进入资产减少操作界面，补充相关信息后点击确认，完成对所选资产的减少处理。盘亏资产将进行资产减少操作，需要先计提折旧才能进行（如图 10-25、图 10-26 所示）。

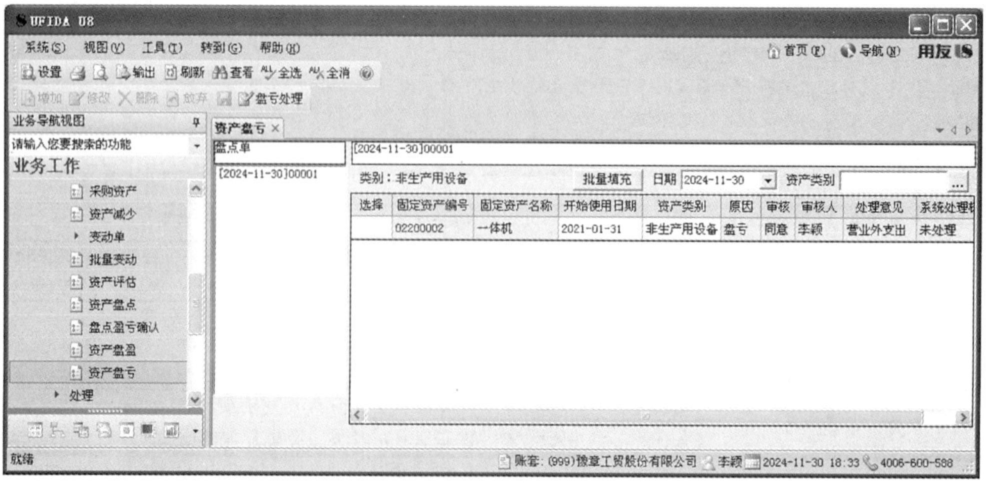

图 10-25 盘亏处理

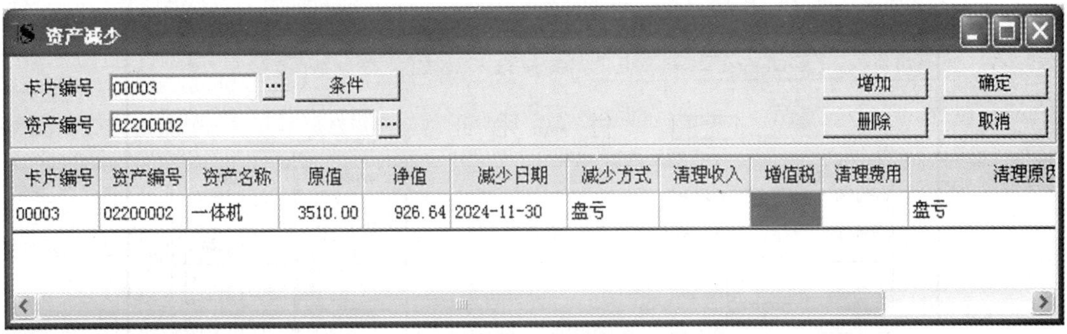

图 10-26 资产减少

八、生成凭证

固定资产系统和总账系统之间存在着数据的自动传输。这种传输是固定资产系统通过记账凭证向总账系统传递有关数据，如资产增加、减少、累计折旧调整以及折旧分配等记账凭证。制作记账凭证可以采取“立即制单”或“批量制单”的方法实现。

1.采用“批量制单”方式时，首先选择需要制单的业务（如图 10-27 所示）。

图 10-27 制单选择

2.分别对需要制单的业务进行制单设置（如图 10-28 所示）。

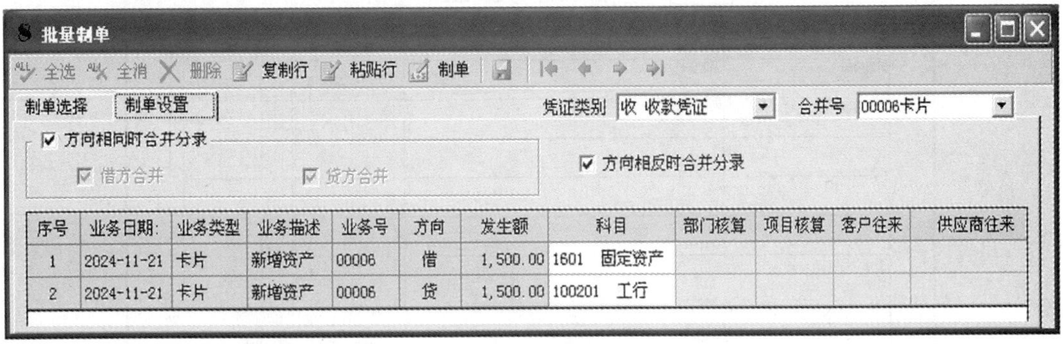

图 10-28 制单设置

3.生成固定资产业务的记账凭证（如图 10-29 至图 10-36 所示）。

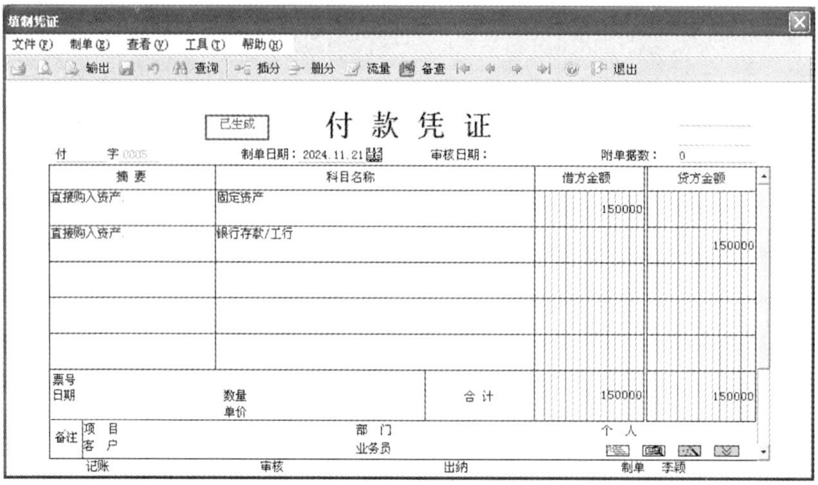

图 10-29　购买磁带机业务凭证

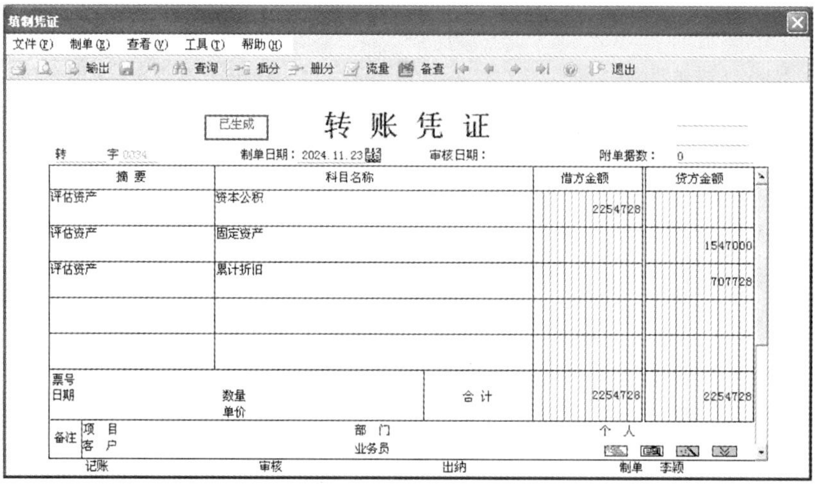

图 10-30　资产评估业务凭证

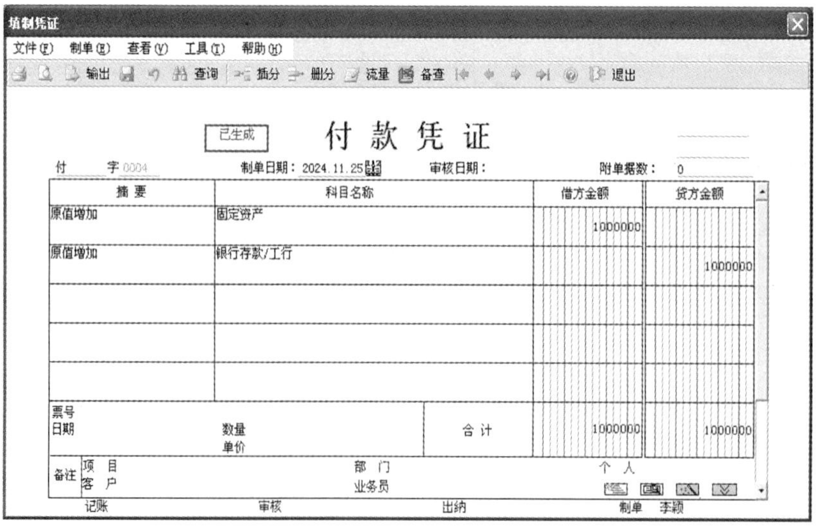

图 10-31　添置新配件业务生成凭证

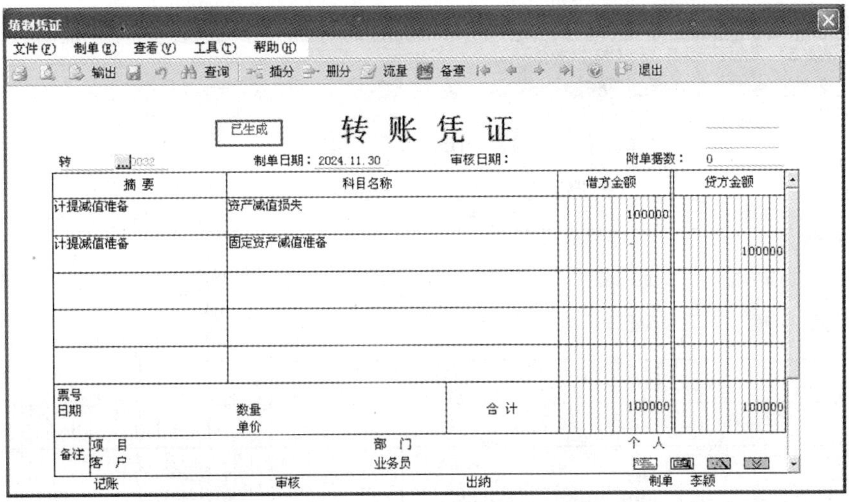

图 10-32 计提减值准备业务生成凭证

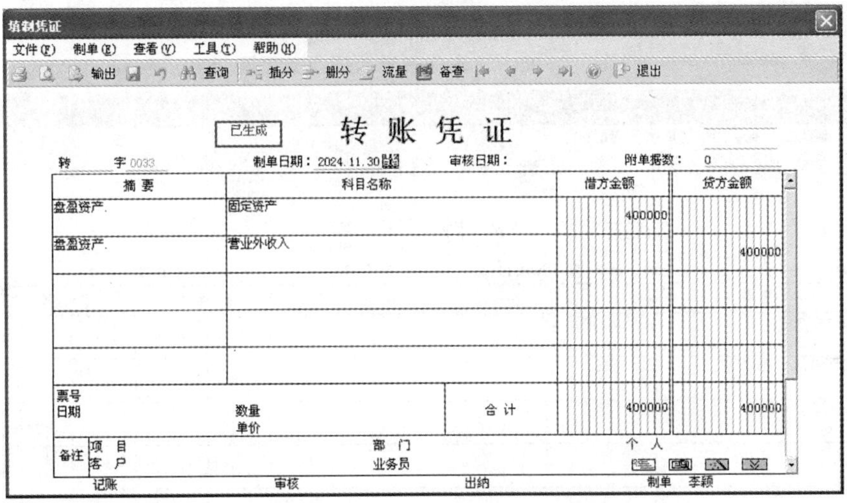

图 10-33 资产盘点盘盈业务凭证

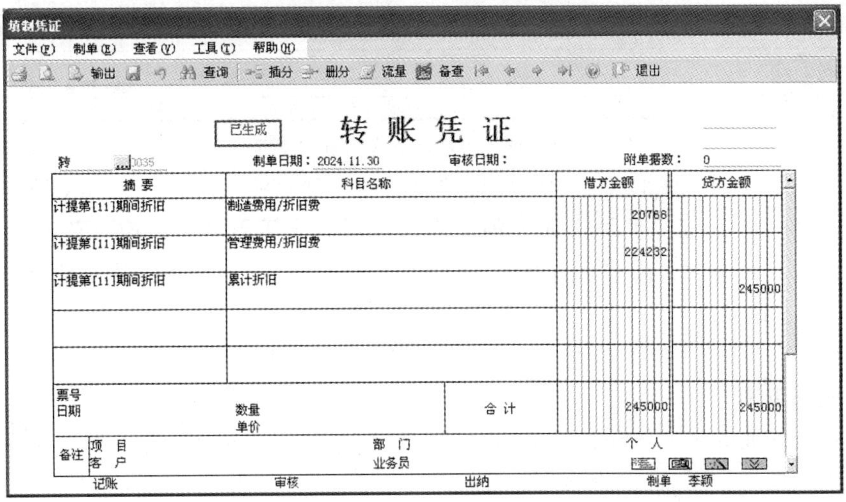

图 10-34 计提折旧凭证

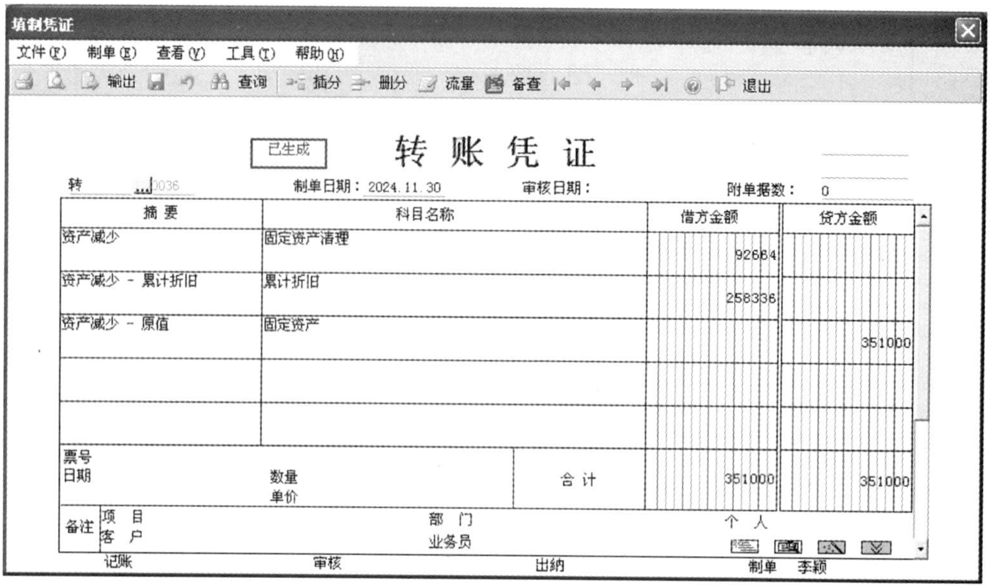

图10-35 二车间资产毁损业务凭证

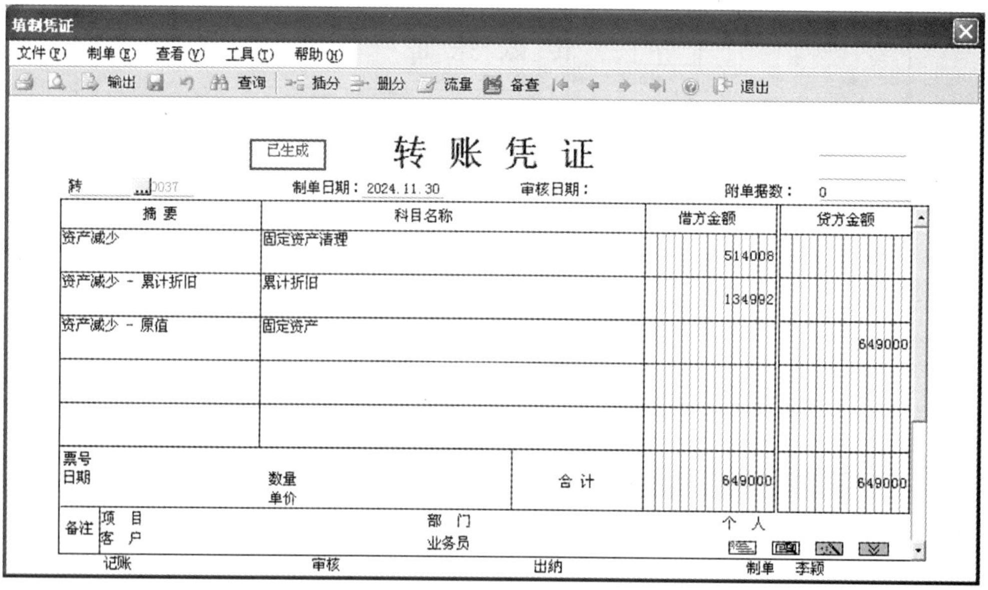

图10-36 资产盘点盘亏业务凭证

以上由系统自动生成的业务记账凭证被自动传递到总账系统，在总账系统中可以进行出纳签字、审核、记账等后续操作，但是在总账系统中不能进行修改、作废、冲销等操作。如果发现凭证有误，需要进行修改、作废、冲销等操作，可以通过固定资产系统中的“凭证查询”功能来完成。

九、凭证查询

各固定资产业务生成的凭证可以通过“凭证查询”功能进行统一管理，完成编辑、删除、冲销等操作（如图10-37所示）。

业务日期	业务类型	业务号	制单人	凭证日期	凭证号	标志
2024-11-21	卡片	00006	李颖	2024-11-21	付--5	
2024-11-23	评估资产	00001	李颖	2024-11-23	转--34	
2024-11-25	变动单	00001	李颖	2024-11-25	付--4	
2024-11-30	变动单	00002	李颖	2024-11-30	转--32	
2024-11-30	卡片	00007	李颖	2024-11-30	转--33	
2024-11-30	折旧计提	01	李颖	2024-11-30	转--35	
2024-11-30	资产减少	00003	李颖	2024-11-30	转--36	
2024-11-30	资产减少	00005	李颖	2024-11-30	转--37	

图 10-37 凭证查询

第二节 固定资产管理月末处理

一、对账

固定资产管理系统的月末处理工作主要包括对账和结账。初次启动固定资产的参数设置或选项中的参数设置选择了“与财务系统对账”参数后，才可使用本系统的对账功能。为保证固定资产系统的资产价值与总账系统中固定资产科目的数值相等，可随时使用对账功能对两个系统进行审查。系统在执行月末结账时自动对账一次，并给出对账结果。

二、结账

当固定资产系统完成了本月全部制单业务后，可以进行月末结账。月末结账每月进行一次，本期不结账，将不能处理下期的数据。结账前一定要进行数据备份，否则数据一旦丢失，将造成无法挽回的后果（如图 10-38 所示）。

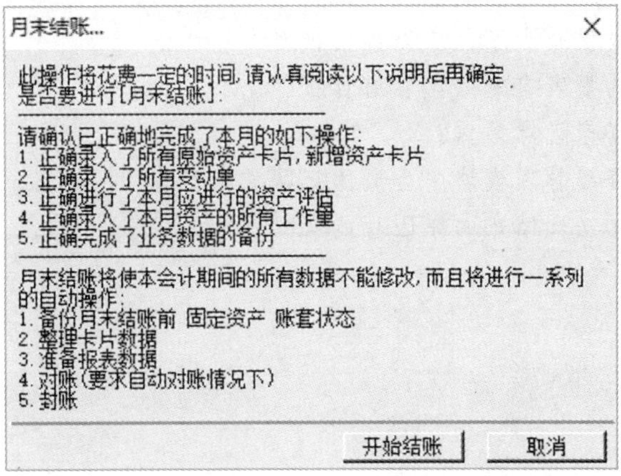

图 10-38 月末结账

结账后当期数据不能修改。如有错误，必须修改，可通过系统提供的“恢复月末结账前状态”功能反结账，再进行相应修改（如图 10-39 所示）。

图 10-39　固定资产反结账

如果12月份已经生成凭证，则11月份固定资产无法反结账，反结账时将出现错误提示“本账套业务已生成了账务凭证，不能进行此项操作”。若要对11月份反结账，必须先删除12月份已生成凭证。由于成本系统每月从本系统提取折旧费用数据，因此，一旦成本系统提取了某期的数据，则该期也不能反结账。

三、固定资产报表

固定资产管理过程中，需要及时掌握资产的统计、汇总和其他各方面的信息。系统根据用户对系统的日常操作，自动提供这些信息，以报表的形式提供给财务人员和资产管理人员。系统提供的报表分为五类：账簿、折旧表、汇总表、分析表、减值准备表。如果所提供的报表不能完全满足实际管理要求，系统提供自定义报表功能，可以根据需要定义要求的报表。

系统提供的具体报表包括：账簿类（固定资产总账、单个固定资产明细账、固定资产登记簿、部门类别明细账）；分析表（部门构成分析表、使用状况分析表、价值结构分析表、类别构成分析表）；统计表（评估汇总表、评估变动表、固定资产统计表、逾龄资产统计表、盘盈盘亏报告表、役龄资产统计表、固定资产原值一览表、固定资产变动情况表、固定资产到期提示表、采购资产统计表）；折旧表（部门折旧计提汇总表、固定资产折旧清单表、固定资产折旧计算明细表、固定资产及累计折旧表一、固定资产及累计折旧表二）；减值准备表（减值准备总账、减值准备余额表、减值准备明细账）。

思考题：

1. 固定资产卡片被误减少了，应该如何恢复？
2. 固定资产管理的报表有哪些？各有什么作用？
3. 如何进行固定资产盘点操作？
4. 如何修改固定资产管理模块中生成的记账凭证？
5. 固定资产模块无法反结账的原因可能有哪些？

第十一章　出纳管理

出纳管理是企业会计工作中最基本且最重要的工作之一，出纳岗位也是财务部门中必设的岗位之一。其主要工作内容是按照财务相关规定，办理库存现金收付、银行结算及有关账务，保管库存现金、有价证券、票据等。

出纳管理系统以库存现金日记账和银行存款日记账为核心，为出纳人员提供一套完整的账务与业务一体化解决方案。该系统主要完成与资金收支相关的业务处理及票据管理，其与应收款和应付款管理系统的单据交互很多，同时也通过记账凭证建立与总账的数据传递关系，便于出纳工作与会计工作的高效衔接。出纳管理系统操作流程如图11-1所示。

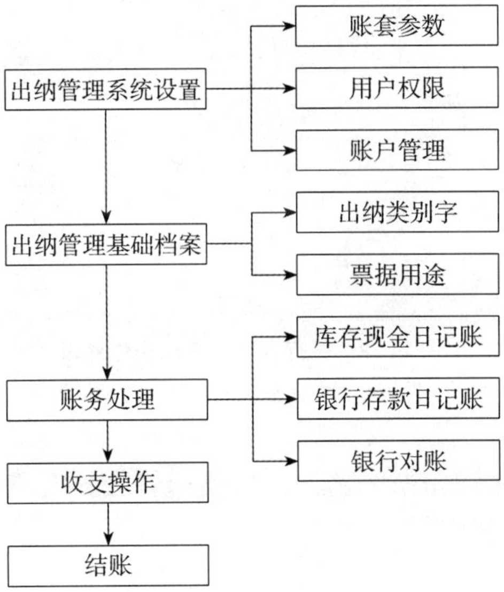

图11-1　出纳管理流程图

第一节　出纳管理日常业务

出纳管理日常业务是指每个会计期间都会发生的与资金相关的业务，主要包括资金收付业务登记、填制记账凭证、出纳签字、银行对账等。

一、资金收付业务登记

各会计期间企业发生的与资金收付相关的业务，都要记入出纳管理系统的资金账户中，以便对资金的流转情况进行监控。这些资金收付业务，可以在出纳管理的资金账户下通过增加方式直接加入；也可以通过出纳管理系统“收支操作”菜单中的“业务收款”或“业务付款”功能，将来自应收款管理系统的收款单、应付款管理系统的付款单，加入出纳管理的资金账户；还可以通过“收支操作”菜单中的“出纳收款”和“出纳付款”功能，将直接在资金账户中添加的资金收支业务生成收款单或付款单，自动传递至应收款或应付款管理系统，实现与往来系统的数据交换。

（一）直接登记资金收付业务

1.出纳管理业务1

11月5日，收到股东出资15 000元，存入工行账户，结算方式为转账支票，结算号CCB15。

（1）执行出纳管理模块的“账务处理”功能（如图11-2所示）。

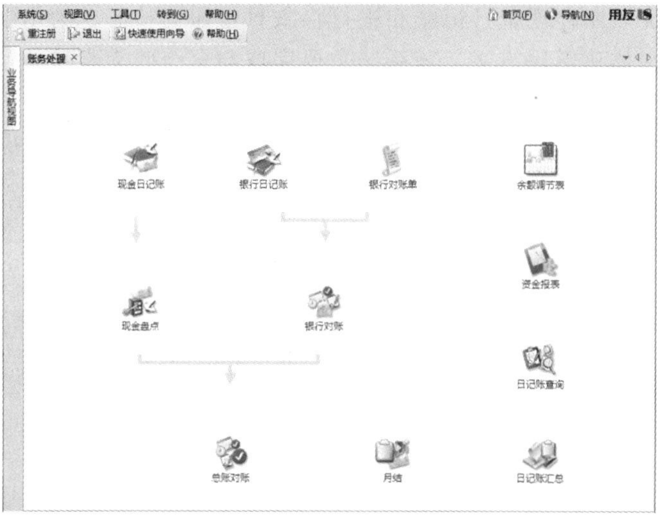

图11-2 银行存款日记账操作界面

（2）点击“银行日记账”图标，进入银行存款日记账操作界面，首先选择收款银行（如图11-3所示）。

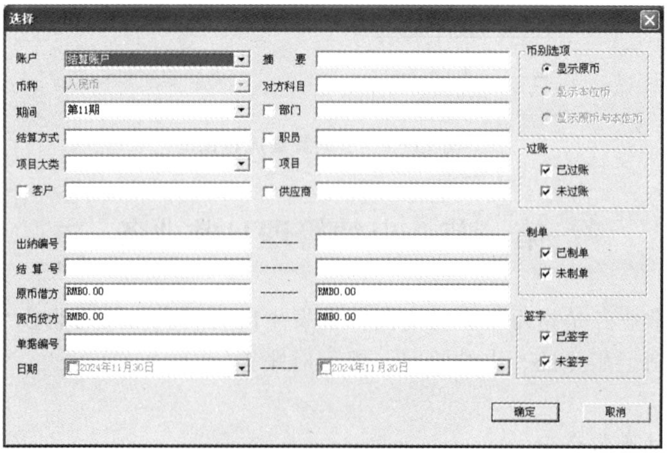

图11-3 选择收款银行

值得注意的是：日期栏内容通常不需要勾选，否则起始日期之前的业务发生额会被汇总作为期初余额处理，不会在日记账中显示详细内容。

（3）在银行存款日记账界面点击“添加”功能，输入收款详细内容（如图11-4所示）。

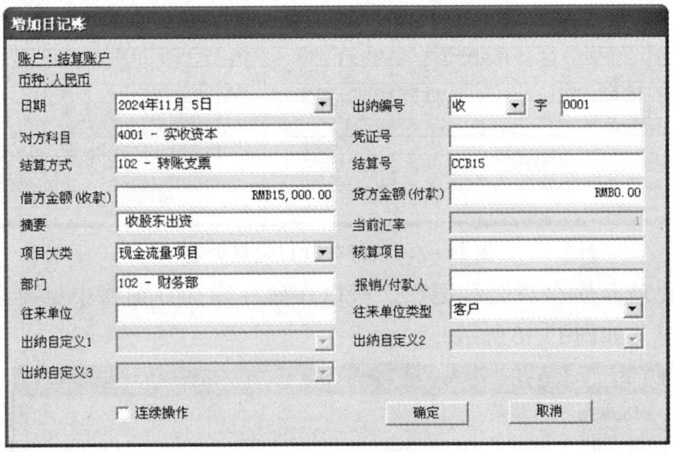

图11-4 输入收款详细内容

（4）收款信息被记录到银行存款日记账中（如图11-5所示）。

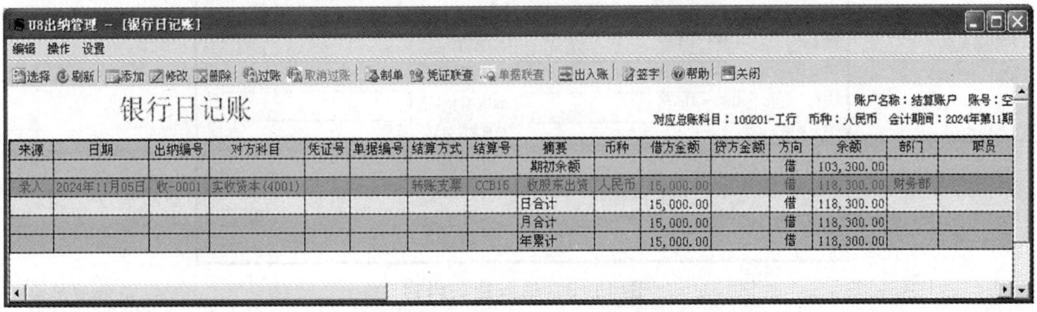

图11-5 银行存款日记账

2.出纳管理业务2

11月7日，开出现金支票从工行账户提取2 000元备用，票据号xj07。

（1）在银行存款日记账中选择“添加”功能，输入付款详细信息（如图11-6所示）。

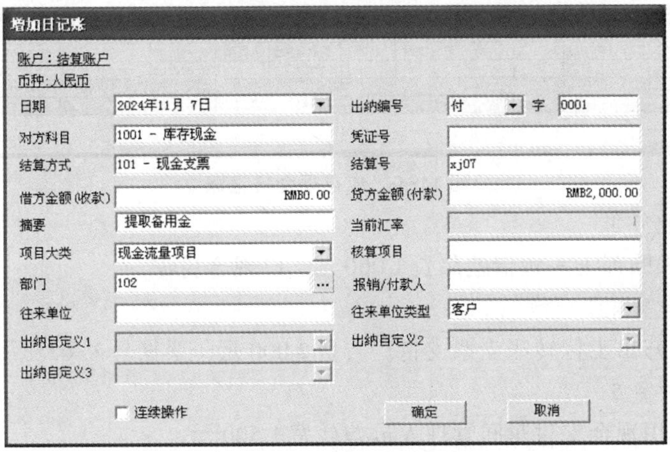

图11-6 付款详细信息

（2）银行存款日记账内容（如图11-7所示）。

来源	日期	出纳编号	对方科目	凭证号	单据编号	结算方式	结算号	摘要	币种	借方金额	贷方金额	方向	余额	部门	职员
								期初余额				借	103,300.00		
录入	2024年11月05日	收-0001	实收资本(4001)			转账支票	CCB15	收股东出资	人民币	15,000.00		借	118,300.00	财务部	
								日合计		15,000.00		借	118,300.00		
录入	2024年11月07日	付-0001	库存现金(1001)			现金支票	xj07	提取备用金	人民币		2,000.00	借	116,300.00	财务部	
								日合计			2,000.00	借	116,300.00		
								月合计		15,000.00	2,000.00	借	116,300.00		
								年累计		15,000.00	2,000.00	借	116,300.00		

图11-7　银行存款日记账内容

（3）该业务也涉及库存现金日记账，所以在库存现金日记账中也要进行相应的登记，输入业务详细内容（如图11-8所示）。

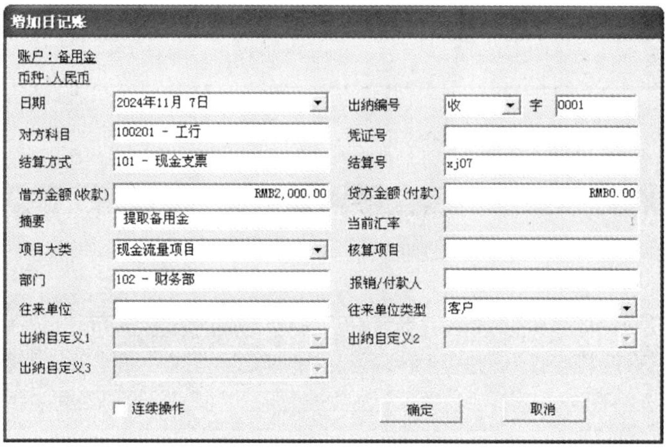

图11-8　输入业务内容

（4）将业务记入库存现金日记账（如图11-9所示）。

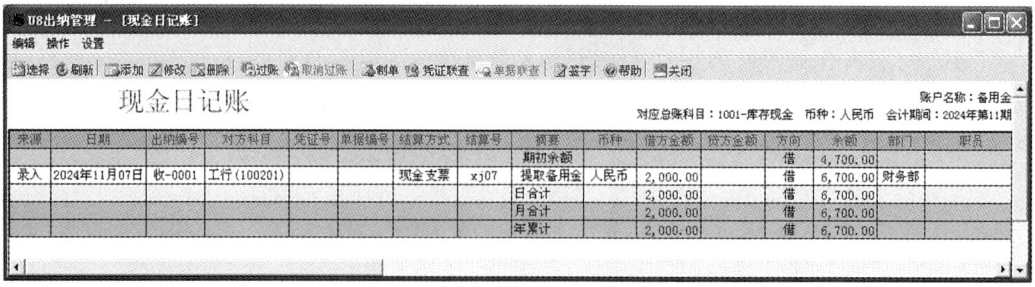

来源	日期	出纳编号	对方科目	凭证号	单据编号	结算方式	结算号	摘要	币种	借方金额	贷方金额	方向	余额	部门	职员
								期初余额				借	4,700.00		
录入	2024年11月07日	收-0001	工行(100201)			现金支票	xj07	提取备用金	人民币	2,000.00		借	6,700.00	财务部	
								日合计		2,000.00		借	6,700.00		
								月合计		2,000.00		借	6,700.00		
								年累计		2,000.00		借	6,700.00		

图11-9　库存现金日记账

3.出纳管理业务3

11月8日，采购部王一预借差旅费1 000元，以现金付讫。

4.出纳管理业务4

11月13日，开出工行转账支票支付广告费2 000元，票据号ZZ02。

5.出纳管理业务5

11月25日，用现金支付车间管理人员差旅费1 500元。

业务3至业务5的操作结果如图11-10、图11-11所示。

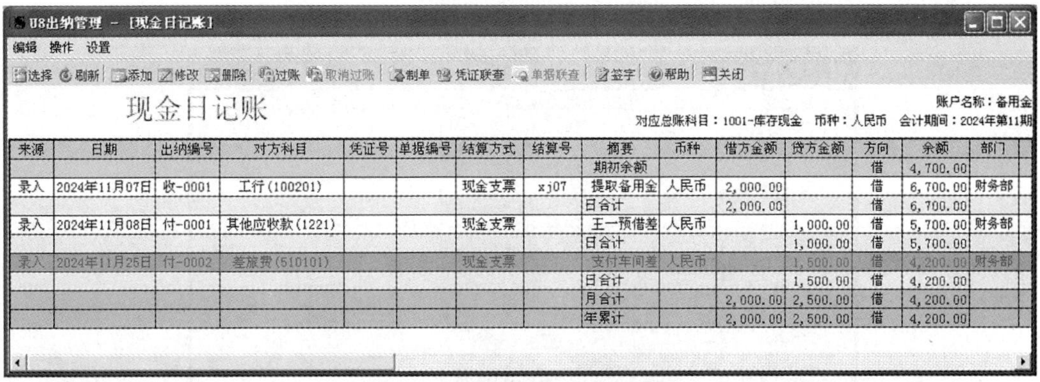

来源	日期	出纳编号	对方科目	凭证号	单据编号	结算方式	结算号	摘要	币种	借方金额	贷方金额	方向	余额	部门
								期初余额				借	4,700.00	
录入	2024年11月07日	收-0001	工行(100201)			现金支票	xj07	提取备用金	人民币	2,000.00		借	6,700.00	财务部
								日合计		2,000.00		借	6,700.00	
录入	2024年11月08日	付-0001	其他应收款(1221)			现金支票		王一预借差	人民币		1,000.00	借	5,700.00	财务部
								日合计			1,000.00	借	5,700.00	
录入	2024年11月25日	付-0002	差旅费(510101)			现金支票		支付车间差	人民币		1,500.00	借	4,200.00	财务部
								日合计			1,500.00	借	4,200.00	
								月合计		2,000.00	2,500.00	借	4,200.00	
								年累计		2,000.00	2,500.00	借	4,200.00	

图 11-10 库存现金日记账

来源	日期	出纳编号	对方科目	凭证号	单据编号	结算方式	结算号	摘要	币种	借方金额	贷方金额	方向	余额
								期初余额				借	103,300.00
录入	2024年11月05日	收-0001	实收资本(4001)			转账支票	CCB15	收股东出资	人民币	15,000.00		借	118,300.00
								日合计		15,000.00		借	118,300.00
录入	2024年11月07日	付-0001	库存现金(1001)			现金支票	xj07	提取备用金	人民币		2,000.00	借	116,300.00
								日合计			2,000.00	借	116,300.00
录入	2024年11月13日	付-0002	广告费(660101)			转账支票	ZZ02	支付广告费	人民币		2,000.00	借	114,300.00
								日合计			2,000.00	借	114,300.00
								月合计		15,000.00	4,000.00	借	114,300.00
								年累计		15,000.00	4,000.00	借	114,300.00

图 11-11 银行存款日记账

（二）提取往来系统中资金收付业务

在往来系统（应收款管理系统和应付款管理系统）中已经处理的资金收付业务，可以被直接提取到出纳管理的资金账户中。

1.业务收款

（1）执行“出纳管理”—“收支操作”，选择收款操作中客户收款的业务收款（如图11-12所示）。

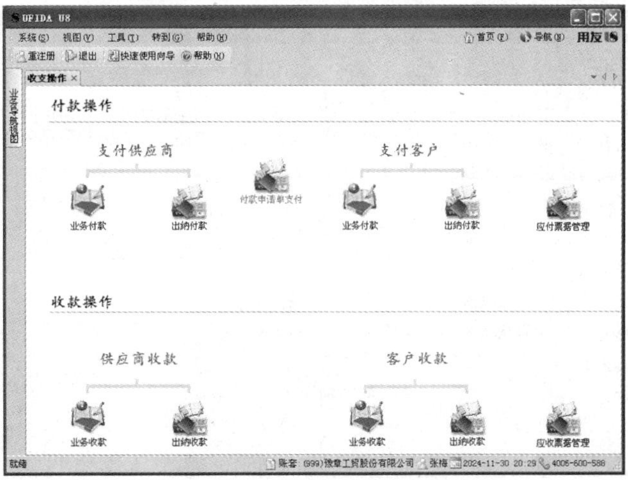

图 11-12 业务收款功能

（2）客户收款单查询过滤（如图11-13所示）。

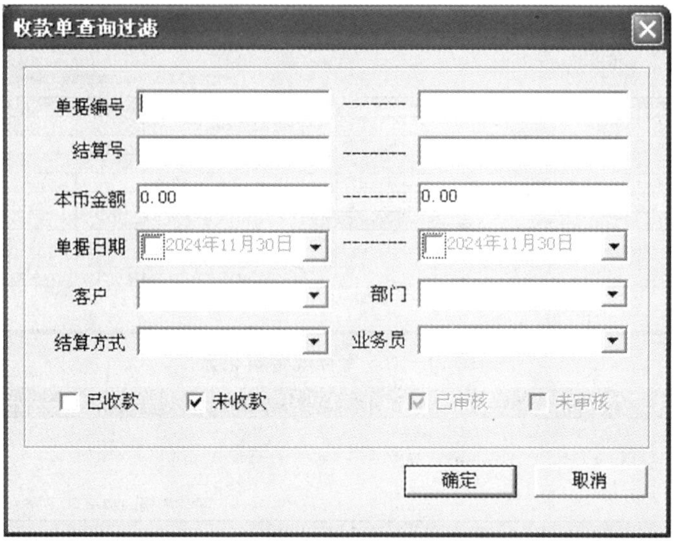

图11-13　客户收款单查询过滤

（3）出现客户收款列表（如图11-14所示）。

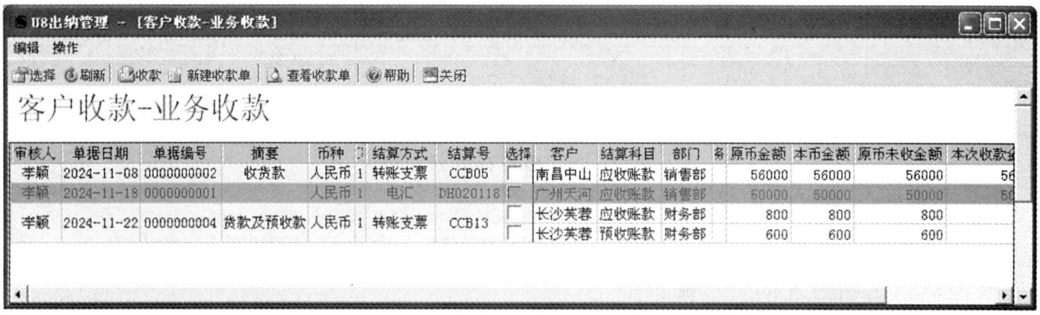

图11-14　客户收款列表

（4）选择一条或者多条收款记录，执行菜单项中“收款”功能，选择“收款账户”完成操作（如图11-15至图11-18所示）。

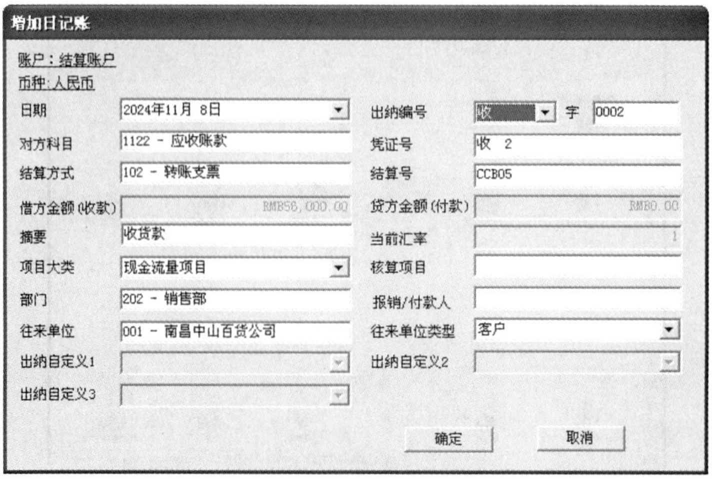

图11-15　执行收款功能1

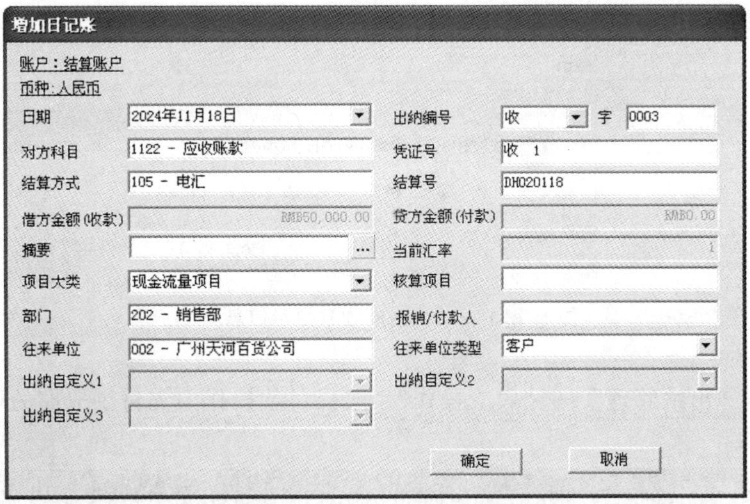

图11-16 执行收款功能2

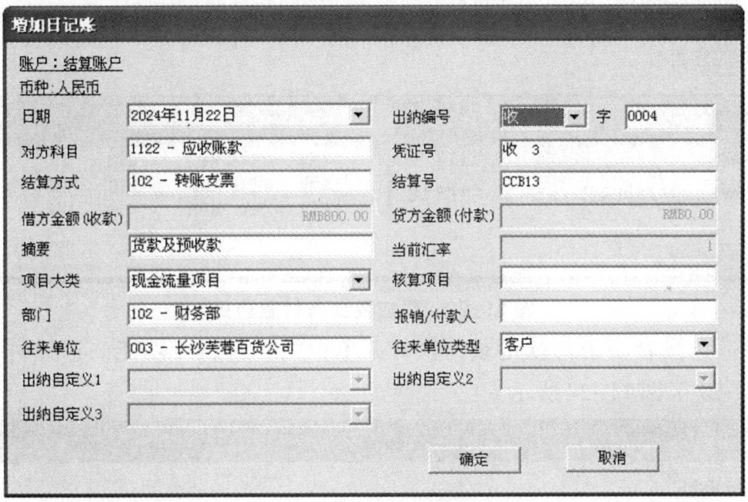

图11-17 执行收款功能3

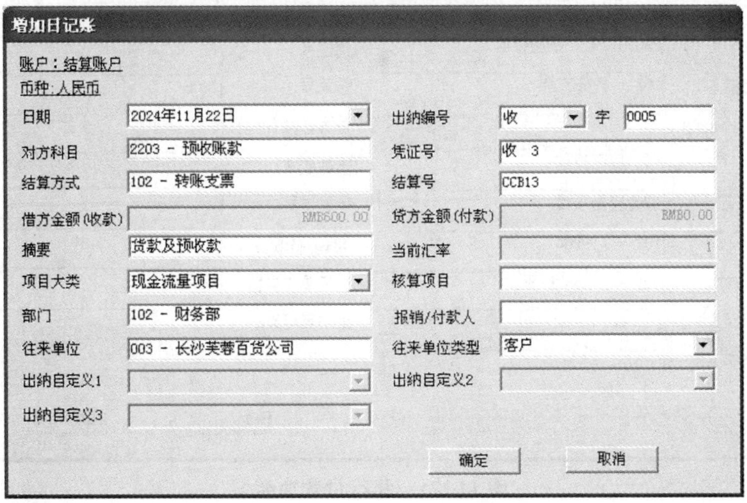

图11-18 执行收款功能4

（5）完成收款提示信息（如图 11-19 所示）。

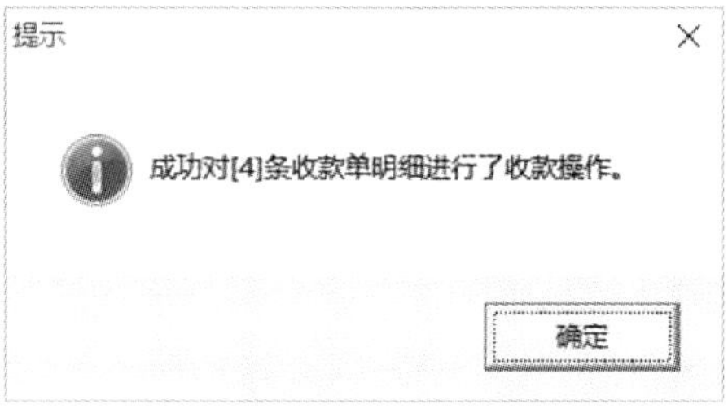

图 11-19　完成收款提示信息

2.业务付款

（1）执行“出纳管理”—“收支操作”，选择付款操作中支付供应商的业务付款（如图 11-20 所示）。

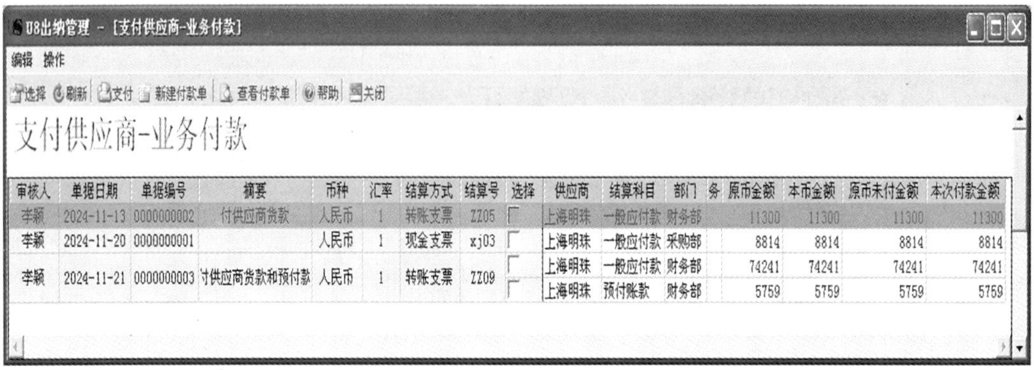

图 11-20　供应商业务付款选择

（2）选择一条或者多条付款记录，执行菜单中的“付款”功能，选择付款账户，完成操作（如图 11-21 至图 11-24 所示）。

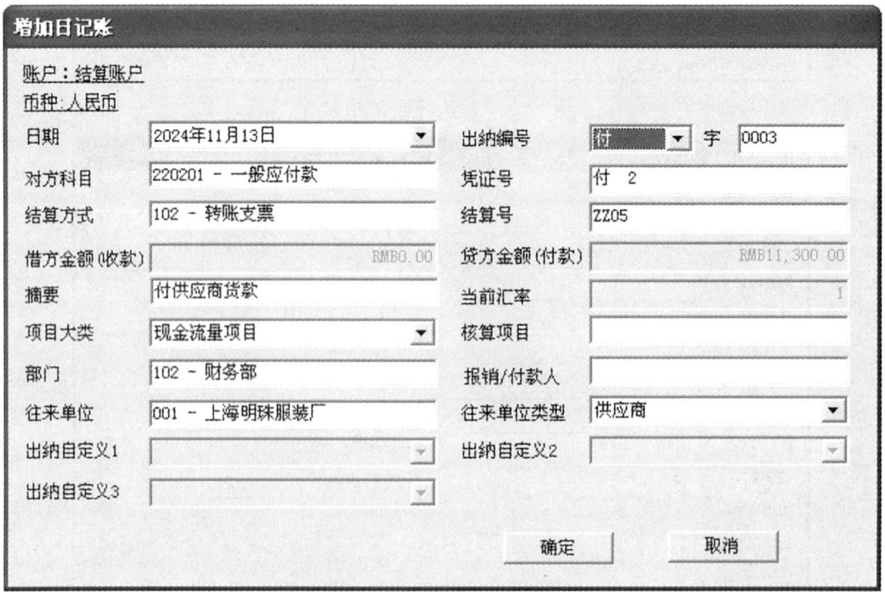

图 11-21　执行付款功能 1

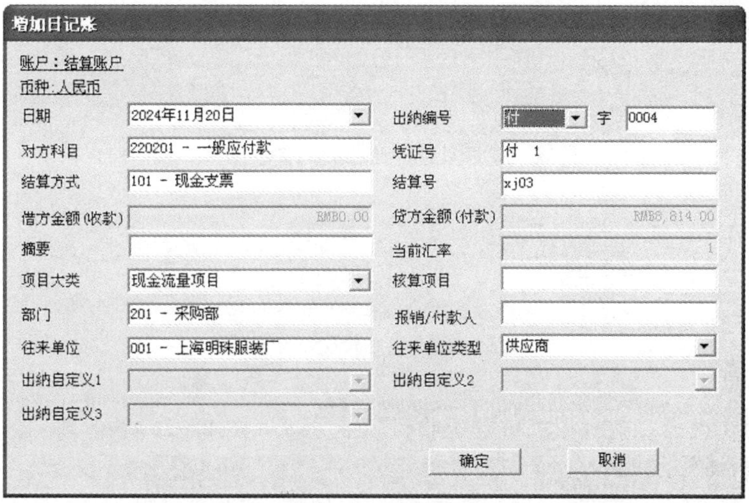

图 11-22　执行付款功能 2

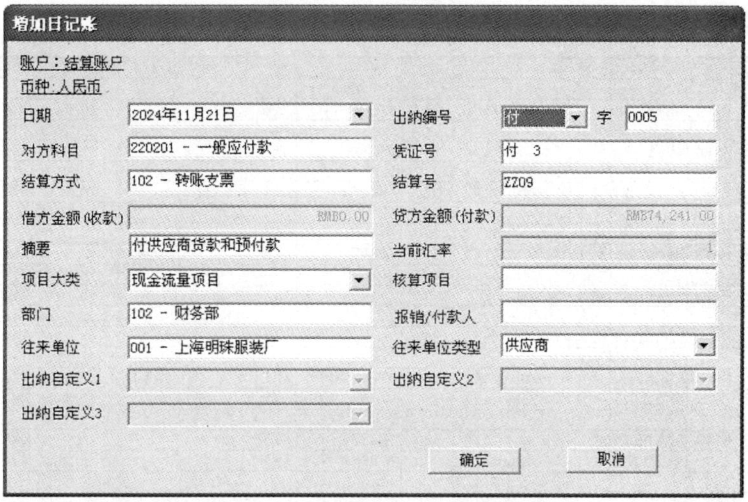

图 11-23　执行付款功能 3

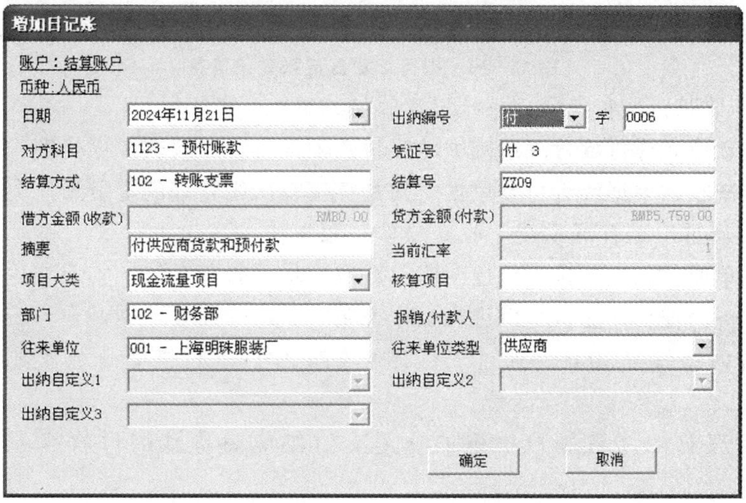

图 11-24　执行付款功能 4

（3）完成付款提示信息（如图11-25所示）。

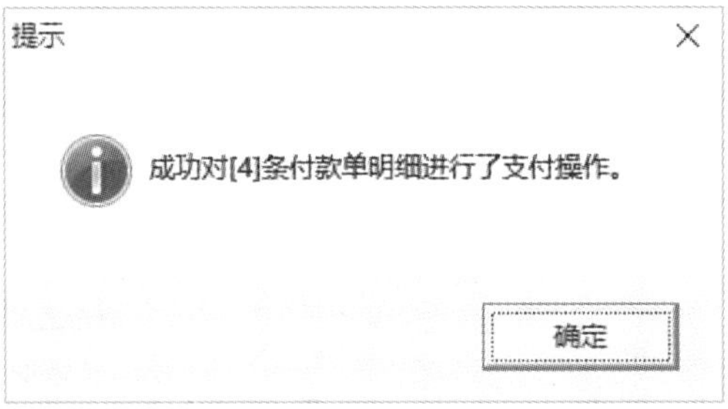

图11-25　完成付款提示信息

3. 提取结果

系统自动在银行存款日记账中登记收付款业务（如图11-26所示）。

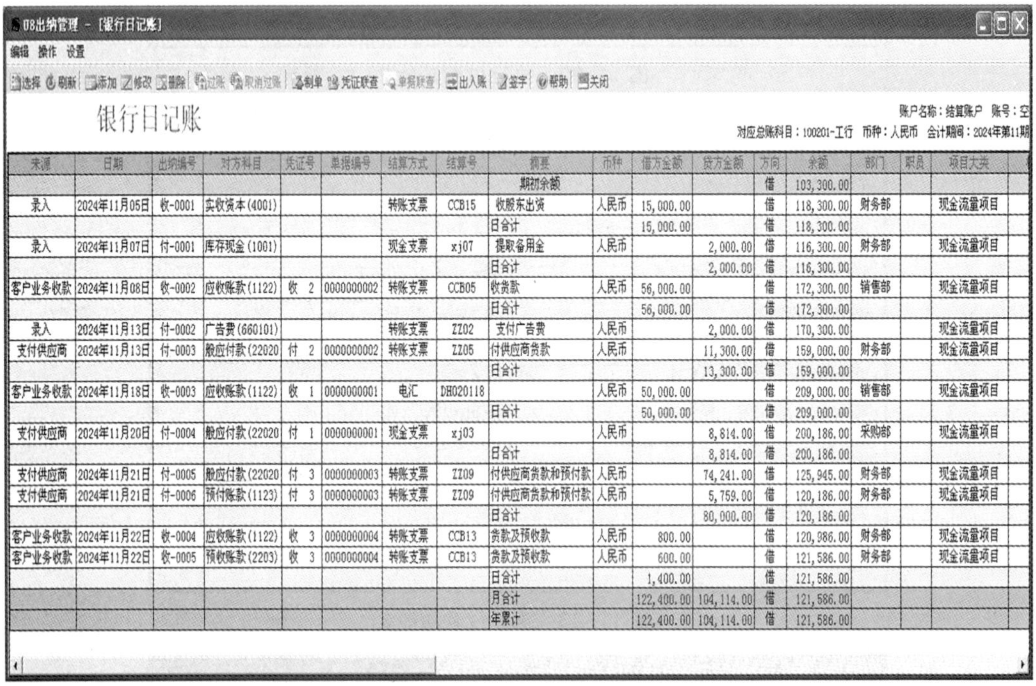

来源	日期	出纳编号	对方科目	凭证号	单据编号	结算方式	结算号	摘要	币种	借方金额	贷方金额	方向	余额	部门	职员	项目大类
								期初余额				借	103,300.00			
录入	2024年11月05日	收-0001	实收资本(4001)			转账支票	CCB15	收股东出资	人民币	15,000.00		借	118,300.00	财务部		现金流量项目
								日合计		15,000.00		借	118,300.00			
录入	2024年11月07日	付-0001	库存现金(1001)			现金支票	xj07	提取备用金	人民币		2,000.00	借	116,300.00	财务部		现金流量项目
								日合计			2,000.00	借	116,300.00			
客户业务收款	2024年11月08日	收-0002	应收账款(1122)	收 2	0000000002	转账支票	CCB05	收货款	人民币	56,000.00		借	172,300.00	销售部		现金流量项目
								日合计		56,000.00		借	172,300.00			
录入	2024年11月13日	付-0002	广告费(660101)			转账支票	ZZ02	支付广告费	人民币		2,000.00	借	170,300.00			现金流量项目
支付供应商	2024年11月13日	付-0003	般应付款(22020	付 2	0000000002	转账支票	ZZ05	付供应商货款	人民币		11,300.00	借	159,000.00	财务部		现金流量项目
								日合计			13,300.00	借	159,000.00			
客户业务收款	2024年11月18日	收-0003	应收账款(1122)	收 1	0000000001	电汇	DH020118		人民币	50,000.00		借	209,000.00	销售部		现金流量项目
								日合计		50,000.00		借	209,000.00			
支付供应商	2024年11月20日	付-0004	般应付款(22020	付 1	0000000001	现金支票	xj03		人民币		8,814.00	借	200,186.00	采购部		现金流量项目
								日合计			8,814.00	借	200,186.00			
支付供应商	2024年11月21日	付-0005	般应付款(22020	付 3	0000000003	转账支票	ZZ09	付供应商货款和预付款	人民币		74,241.00	借	125,945.00	财务部		现金流量项目
支付供应商	2024年11月21日	付-0006	预付账款(1123)	付 3	0000000003	转账支票	ZZ09	付供应商货款和预付款	人民币		5,759.00	借	120,186.00	财务部		现金流量项目
								日合计			80,000.00	借	120,186.00			
客户业务收款	2024年11月22日	收-0004	应收账款(1122)	收 3	0000000004	转账支票	CCB13	货款及预收款	人民币	800.00		借	120,986.00	财务部		现金流量项目
客户业务收款	2024年11月22日	收-0005	预收账款(2203)	收 3	0000000004	转账支票	CCB13	货款及预收款	人民币	600.00		借	121,586.00	财务部		现金流量项目
								日合计		1,400.00		借	121,586.00			
								月合计		122,400.00	104,114.00	借	121,586.00			
								年累计		122,400.00	104,114.00	借	121,586.00			

图11-26　银行存款日记账登记信息

（三）向应收款或应付款管理系统传递收付款单

如果应收款或者应付款管理系统中的收付款项没有在“收款单据处理”或者“付款单据处理”中填制收款单据或者付款单据，而是直接在出纳管理的资金账户中添加资金收支业务，则可以通过出纳管理系统“收支操作”菜单中的“出纳收款”和“出纳付款”功能，生成收款单或付款单，自动传递至应收款或应付款管理系统，实现与往来系统的数据交换。下面以一个虚构的业务为例进行操作说明。

业务内容为：11月30日，通过工行转账支票ZZ11支付供应商上海明珠服装厂货款1 111元。

1. 在银行存款的结算账户中添加一笔支付供应商货款的付款业务（如图11-27所示）。

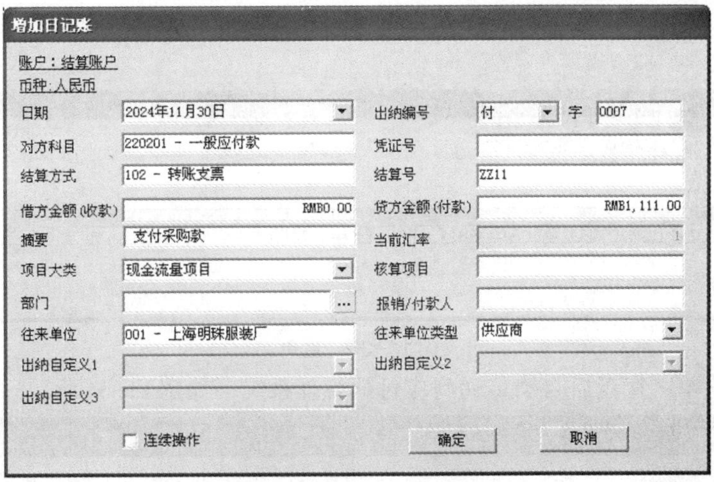

图 11-27　支付供应商货款

2.执行“收支操作”中“付款操作”项下“支付供应商”的“出纳付款”功能（如图 11-28所示）。

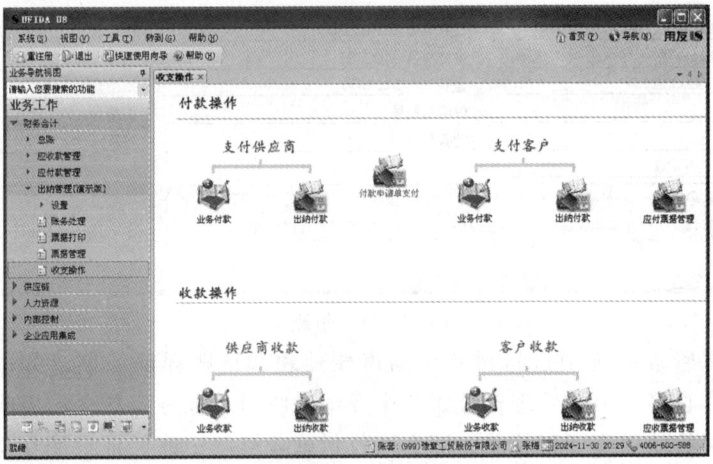

图 11-28　出纳付款

3.选择资金账户（如图 11-29所示）。

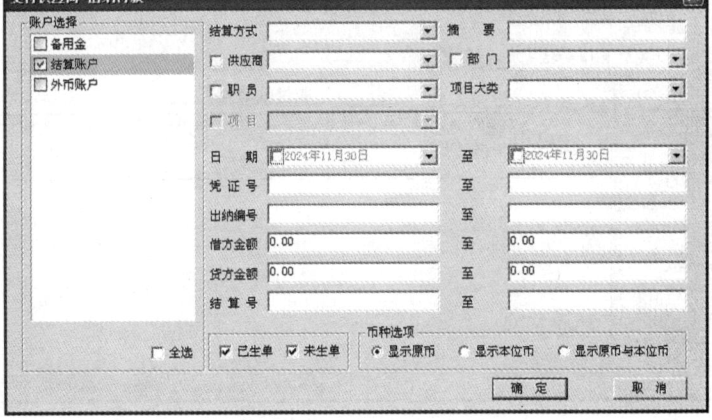

图 11-29　选择资金账户

4.选择在出纳管理的结算账户中添加的支付供应商货款业务，执行“生单”功能（如图11-30所示）。

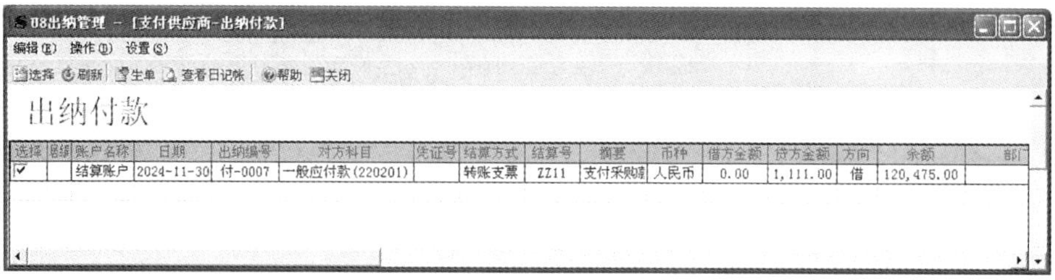

图11-30　生单

5.填制付款单，存盘后自动传递到应付款管理系统（如图11-31所示）。

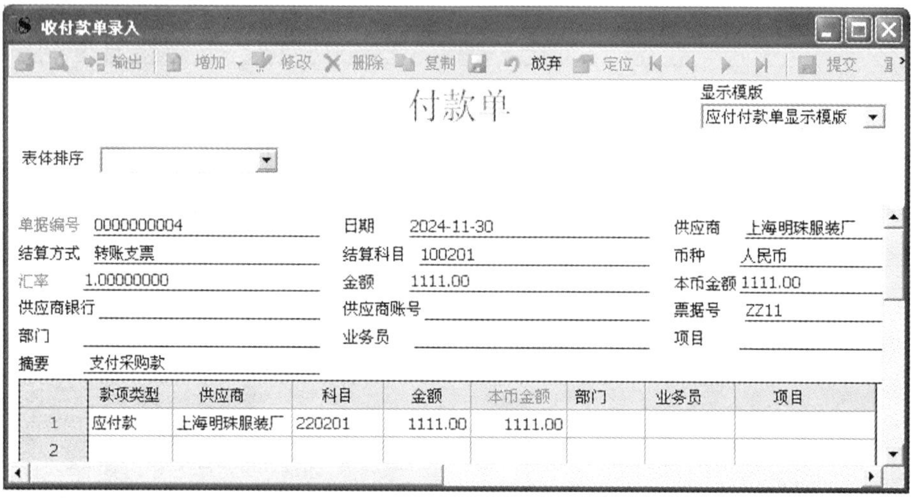

图11-31　付款单

6.在应付款管理系统中进行付款单据审核处理和记账凭证填制（如图11-32所示）。需要注意的是，直接在出纳管理资金账户中登记的收付款业务，如果向应收款或者应付款管理系统传递了收款单或者付款单，那么该收付款业务的记账凭证只能在应收款或应付款管理系统中填制，不能在出纳管理系统中填制。

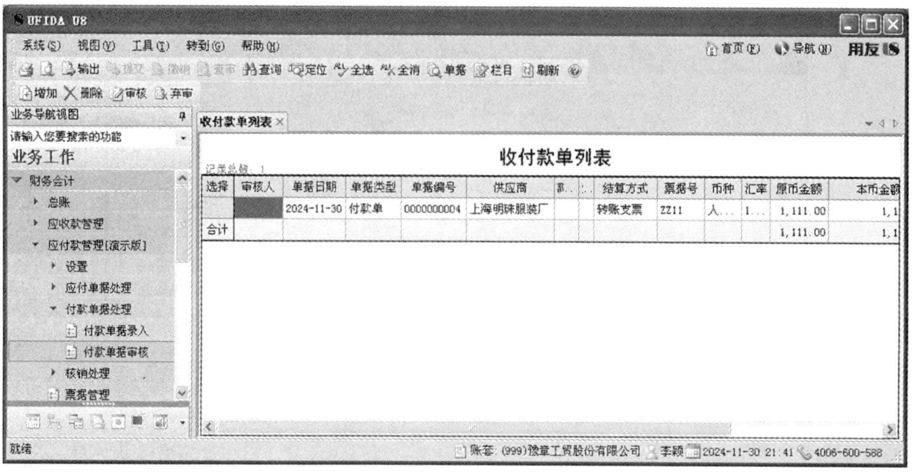

图11-32　收付款单列表

7. 虚构业务演示操作结束，在应付款管理系统的付款单据审核中删除该虚构业务。若已经审核，则需要先取消审核才能删除该虚构业务（如图 11-33 所示）。

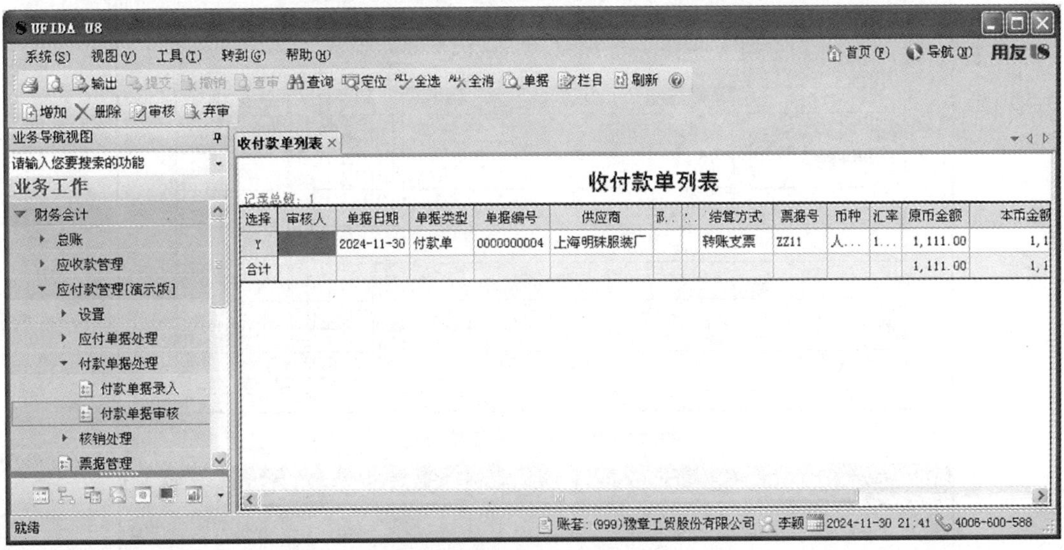

图 11-33　删除虚构业务

8. 删除虚构业务付款单时，选择同步删除日记账（如图 11-34 所示）。

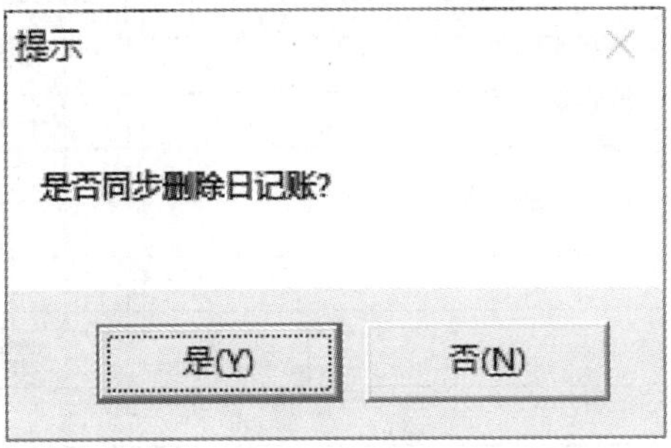

图 11-34　删除虚构业务日记账记录

二、填制记账凭证

制单是指以出纳日记账为依据生成总账凭证。制单前需要授予操作员填制凭证的权限，还需要在会计科目档案中指定库存现金科目和银行存款科目，否则制单功能将不能使用。进入出纳管理的“账务处理”菜单，在库存现金或者银行存款日记账界面选中一条日记账，执行“制单”功能（如图 11-35 所示）。

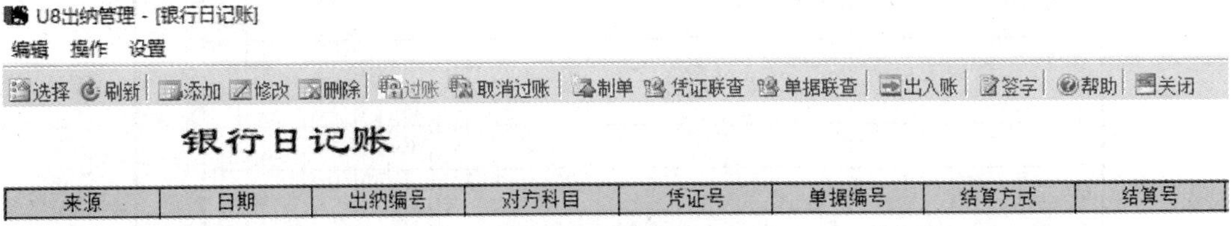

图 11-35　制单功能

系统弹出填制凭证窗口，完成记账凭证的填制（如图 11-36 至图 11-40 所示）。

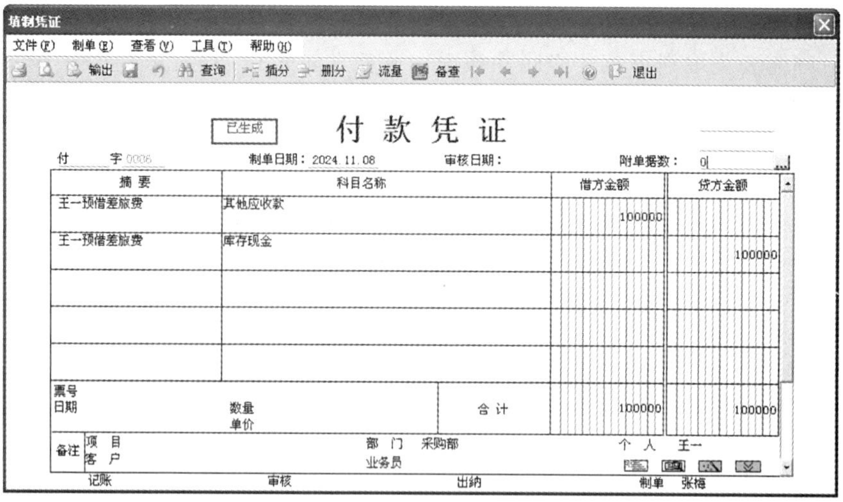

图 11-36 预借差旅费凭证

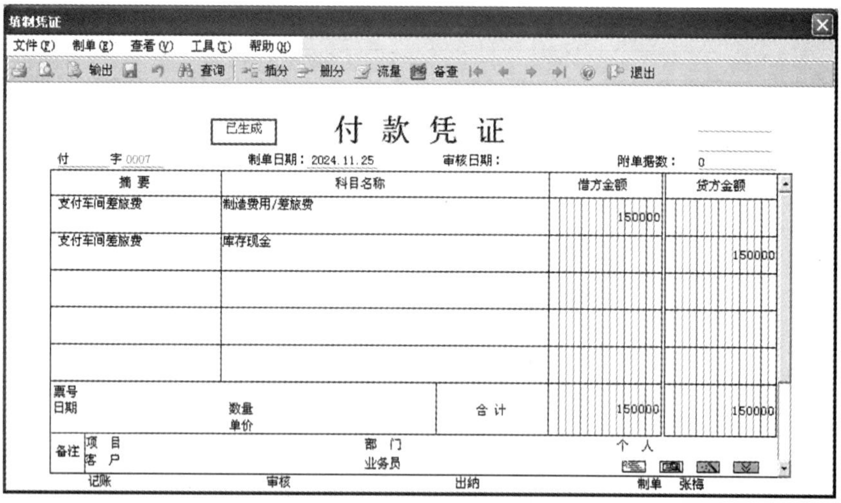

图 11-37 车间管理人员差旅费凭证

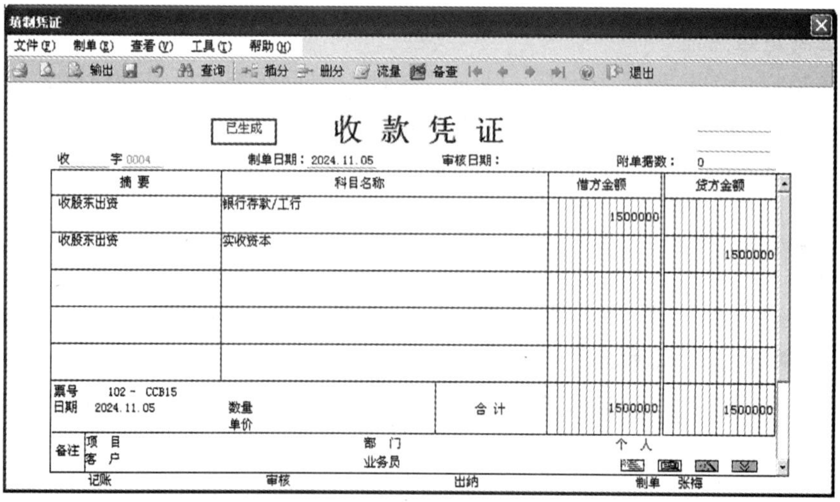

图 11-38 股东出资凭证

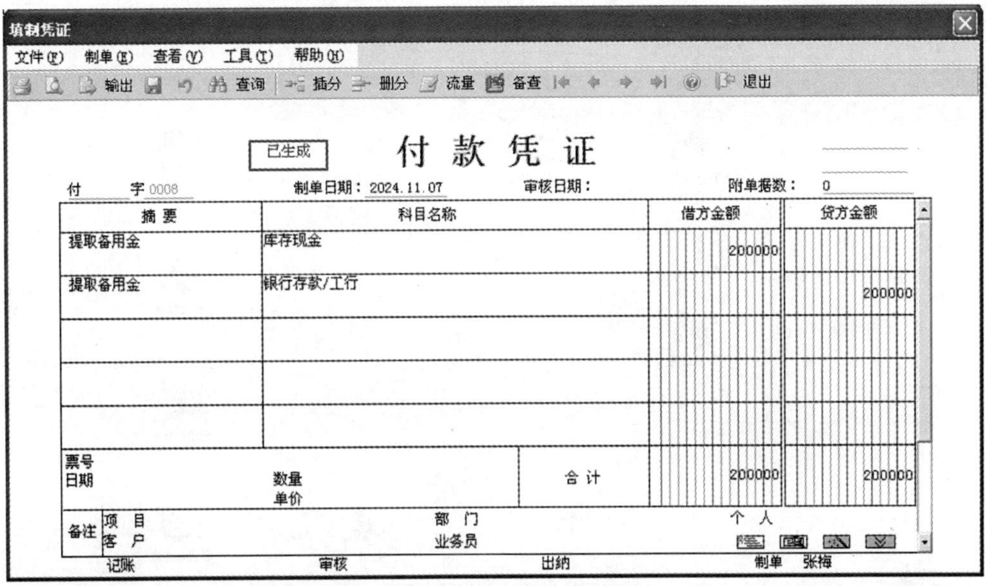

图 11-39 提取备用金凭证

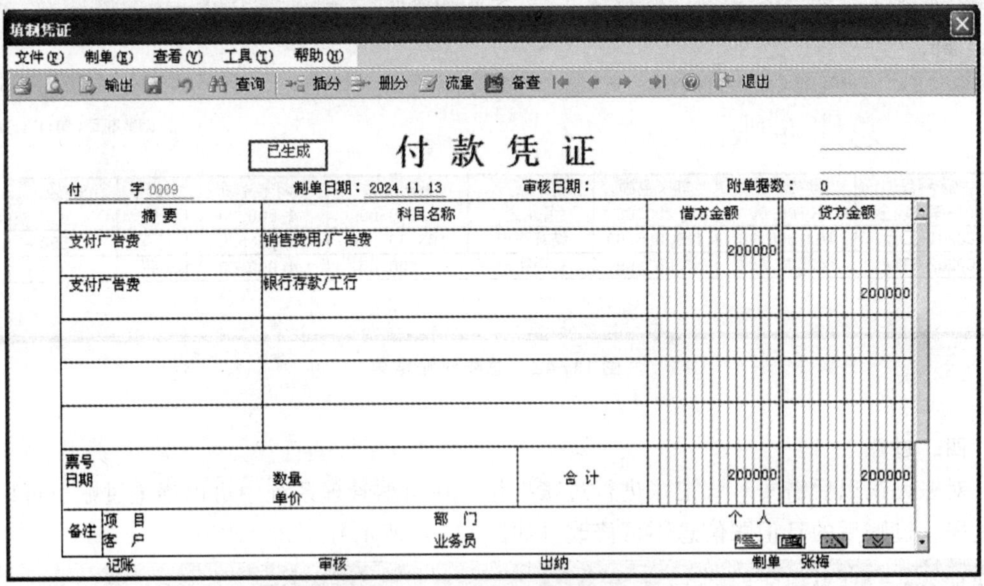

图 11-40 支付广告费凭证

如果填制记账凭证以后发现业务有错，只有先删除记账凭证才能修改业务。通过日记账页面“操作”菜单中的“删除凭证”功能可以完成记账凭证的删除操作。

三、总账对账

出纳在登记库存现金、银行存款账户的收支业务以后，需要及时与总账进行对账，确保出纳管理系统中的库存现金日记账、银行存款日记账与总账的数据一致（如图 11-41 所示）。

如果对账不平，可能是因为存在记账错误，也可能是因为存在未记账情况（如图 11-42 所示）。

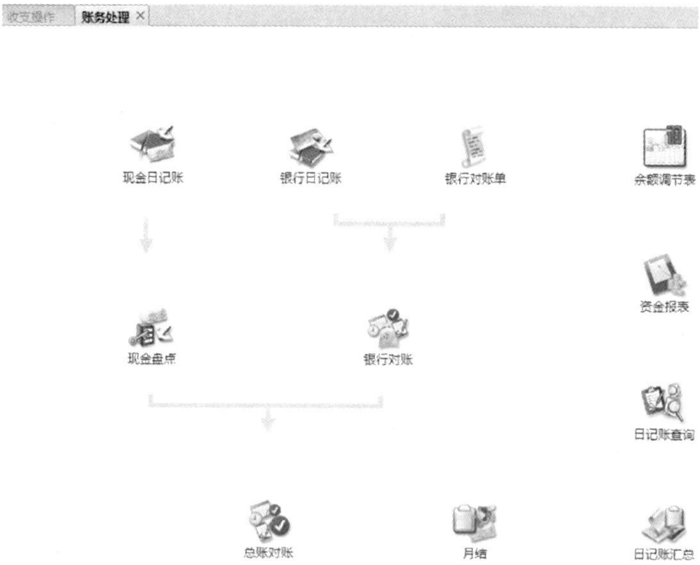

图 11-41　总账对账

总账科目	期初金额	期末金额	出纳账户	期初金额	期末金额	结果	差额
1001-库存现金	4,700.00	4,200.00	备用金	4,700.00	4,200.00	平	0
100201-工行	103,300.00	110,086.00	结算账户	103,300.00	121,586.00	不平	11500
100202-中行	4,000.00	4,000.00	外币账户	4,000.00	4,000.00	平	0

图 11-42　总账对账结果

四、过账

对账无误以后需要对日记账进行过账操作，在出纳管理系统中可以逐笔过账也可以全部过账，过账后的日记账信息不可修改（如图 11-43 所示）。

来源	日期	出纳编号	对方科目	凭证号	单据编号	结算方式
录入	2024年11月05日	收-0001	实收资本(4001)	收　4		转账支票
录入	2024年11月07日	付-0001	库存现金(1001)	付　8		现金支票

图 11-43　过账

五、出纳签字

由于出纳凭证涉及企业现金的收入与支出，因此应对其加强管理。出纳人员可通过出纳签字功能对制单员填制的带有库存现金、银行存款科目的凭证进行检查核对，主要核对出纳凭证和出纳日记账的科目和金额是否正确。

1. 点击日记账菜单中的“签字”功能，使用选择按钮弹出出纳签字过滤条件界面，用户可以重新进行出纳签字过滤条件的设置。

2. 点击工具栏中的“手工签字”按钮，可以进行手工签字，手动选择一条出纳日记账与一条总账凭证，当两者金额一致时同时在出纳日记账与总账凭证已签字字段下面打上签字标记“√”。点击工具栏中的“自动签字”按钮，可以弹出自动签字的条件窗口，系统会自动找匹配的出纳日记账与总账凭证进行出纳签字，并且打上签字标记“√”，自动签字条件为出纳日记账与总账凭证的结算方式、结算号、金额一致。如果需要取消签字，选中需要取消签字的记录，点击工具栏中的“取消签字”，即可取消该记录的签字状态（如图11-44、图11-45所示）。

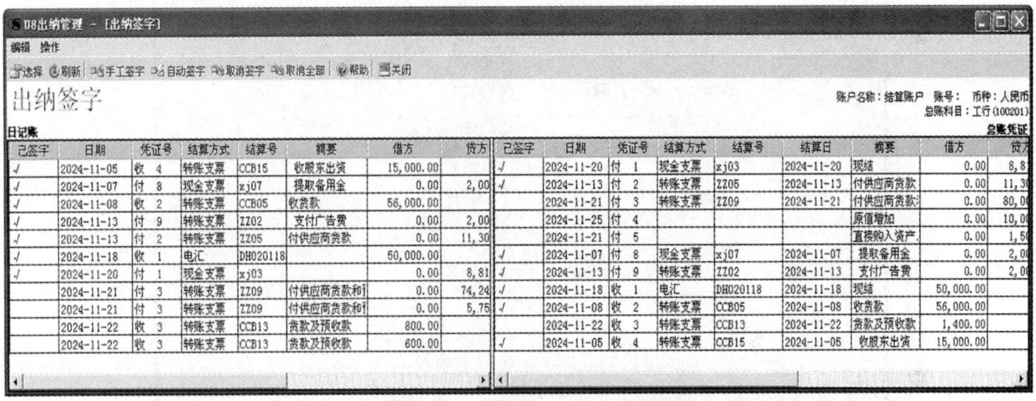

图 11-44 结算账户出纳签字

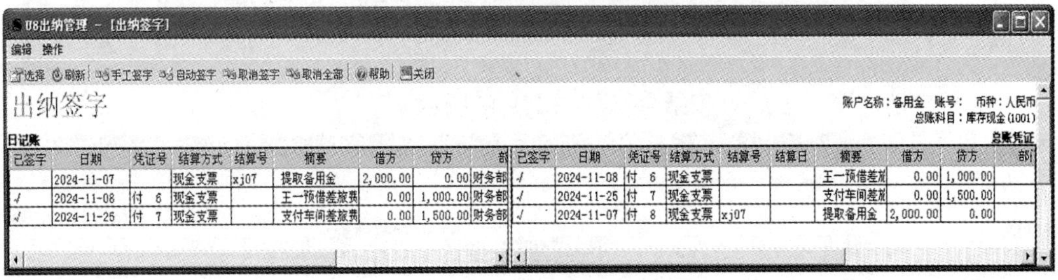

图 11-45 备用金账户出纳签字

六、银行对账

在期末，银行对账是出纳的重要工作，实际就是对银行存款的清查。通过将银行存款日记账的记录与银行对账单的记录进行逐笔核对，在排除未达账项的基础上查出可能存在的银行存款记账错误。

1. 输入银行对账单

需要把从银行获得的银行对账单输入计算机，以便开始对账（如图11-46所示）。

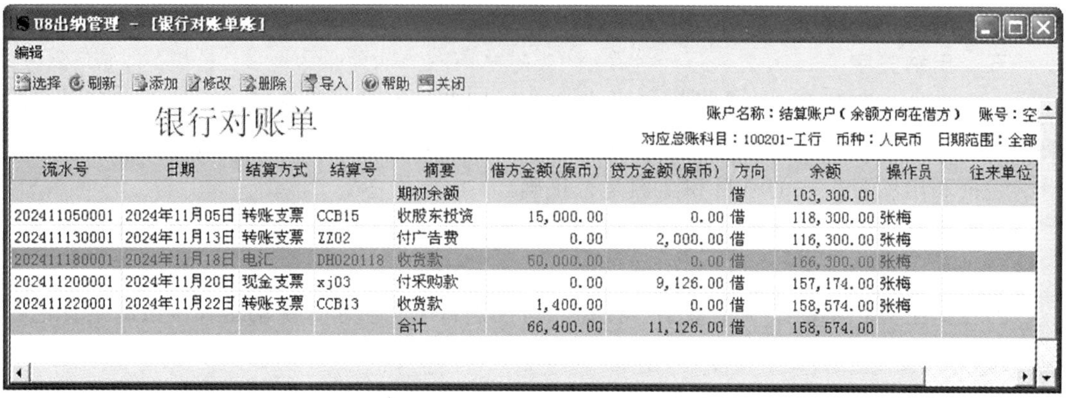

图 11-46 银行对账单输入

2.执行银行对账功能，选择对账条件（如图 11-47 所示）

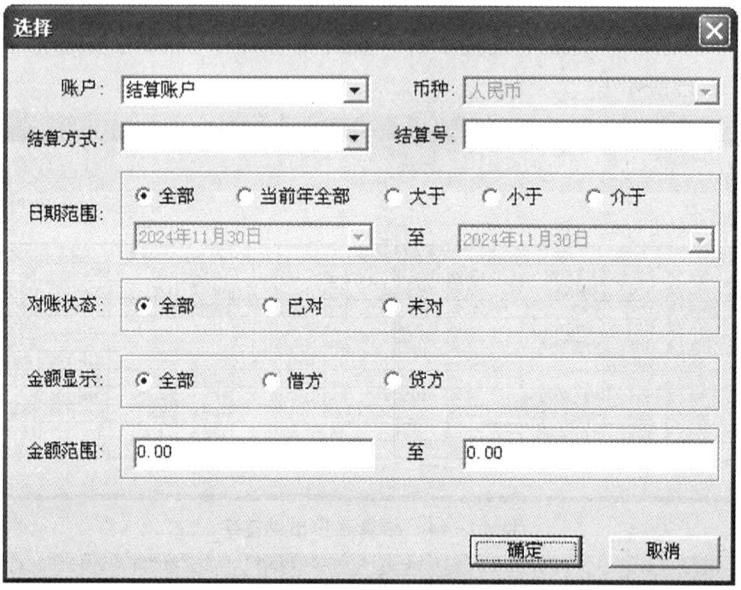

图 11-47 对账条件选择

3.执行自动对账，生成对账结果（如图 11-48 所示）

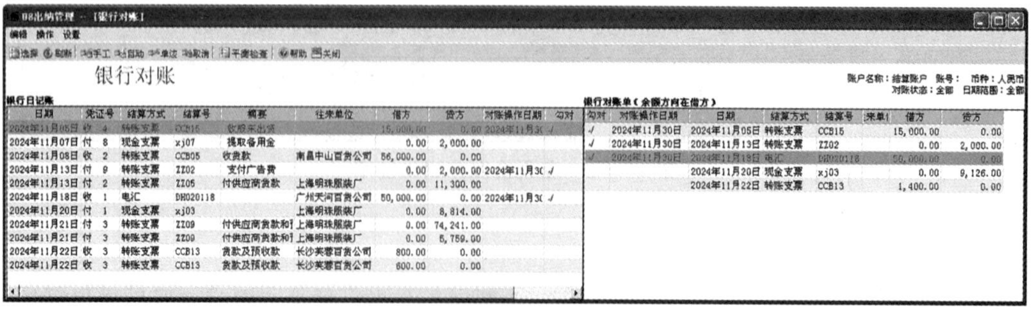

图 11-48 银行自动对账结果

4.银行存款余额调节表查询

银行对账完成以后系统会自动生成银行存款余额调节表，可以查询利用（如图 11-49 所示）。

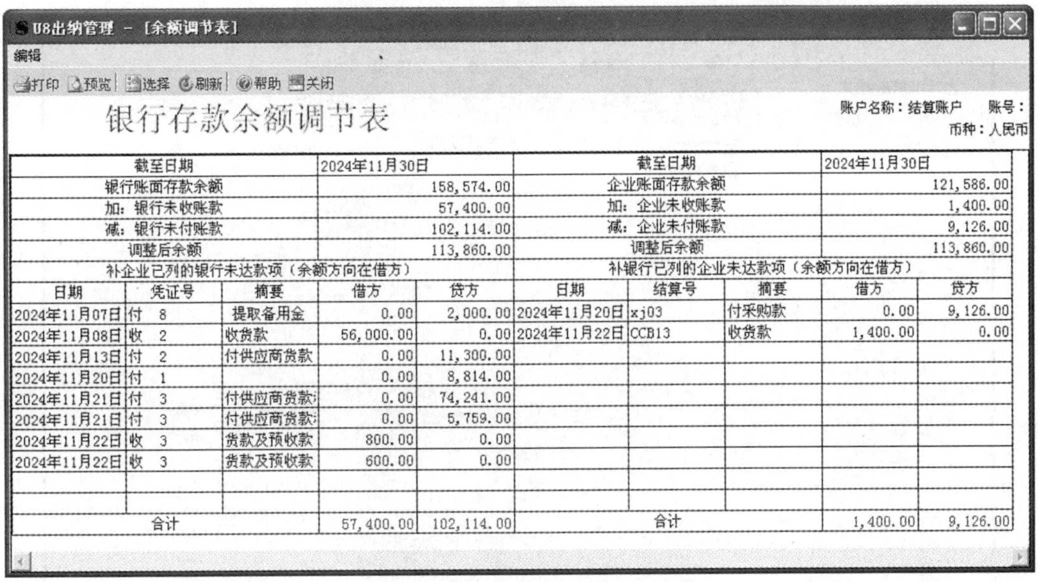

U8出纳管理 －［余额调节表］

银行存款余额调节表

账户名称：结算账户 账号：
币种：人民币

截至日期	2024年11月30日	截至日期	2024年11月30日
银行账面存款余额	158,574.00	企业账面存款余额	121,586.00
加：银行未收账款	57,400.00	加：企业未收账款	1,400.00
减：银行未付账款	102,114.00	减：企业未付账款	9,126.00
调整后余额	113,860.00	调整后余额	113,860.00

补企业已列的银行未达款项（余额方向在借方）					补银行已列的企业未达款项（余额方向在借方）				
日期	凭证号	摘要	借方	贷方	日期	结算号	摘要	借方	贷方
2024年11月07日	付 8	提取备用金	0.00	2,000.00	2024年11月20日	xj03	付采购款	0.00	9,126.00
2024年11月08日	收 2	收货款	56,000.00	0.00	2024年11月22日	CCB13	收货款	1,400.00	0.00
2024年11月13日	付 2	付供应商货款	0.00	11,300.00					
2024年11月20日	付 1		0.00	8,814.00					
2024年11月21日	付 3	付供应商货款	0.00	74,241.00					
2024年11月21日	付 3	付供应商货款	0.00	5,759.00					
2024年11月22日	收 3	货款及预收款	800.00	0.00					
2024年11月22日	收 3	货款及预收款	600.00	0.00					
合计			57,400.00	102,114.00	合计			1,400.00	9,126.00

图 11-49 银行存款余额调节表

第二节 出纳管理月末处理

一、生成资金报表

生成资金报表，如图 11-50 所示。

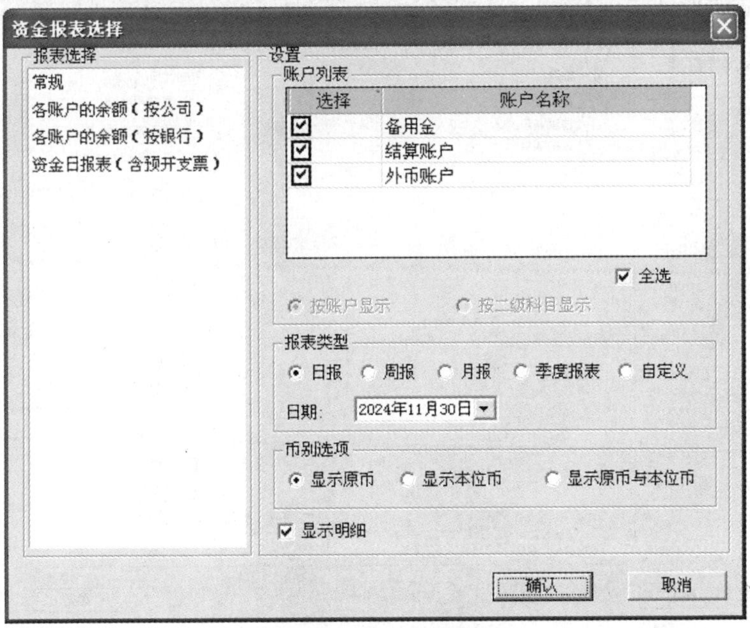

图 11-50 资金报表

二、日记账查询

进行日记账查询，如图 11-51 所示。

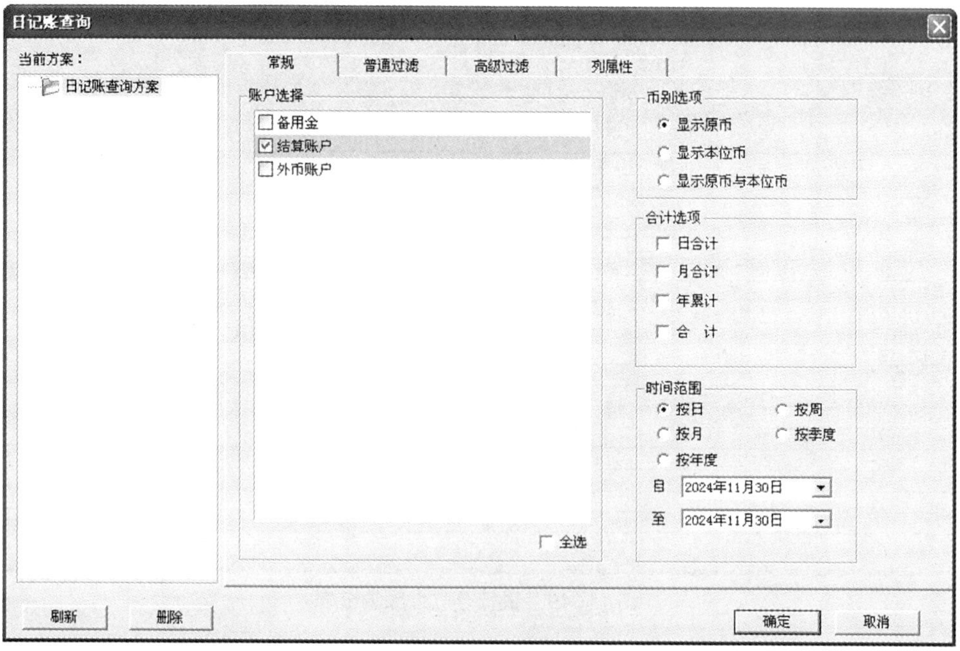

图 11-51　日记账查询

三、日记账汇总

进行日记账汇总，如图 11-52 所示。

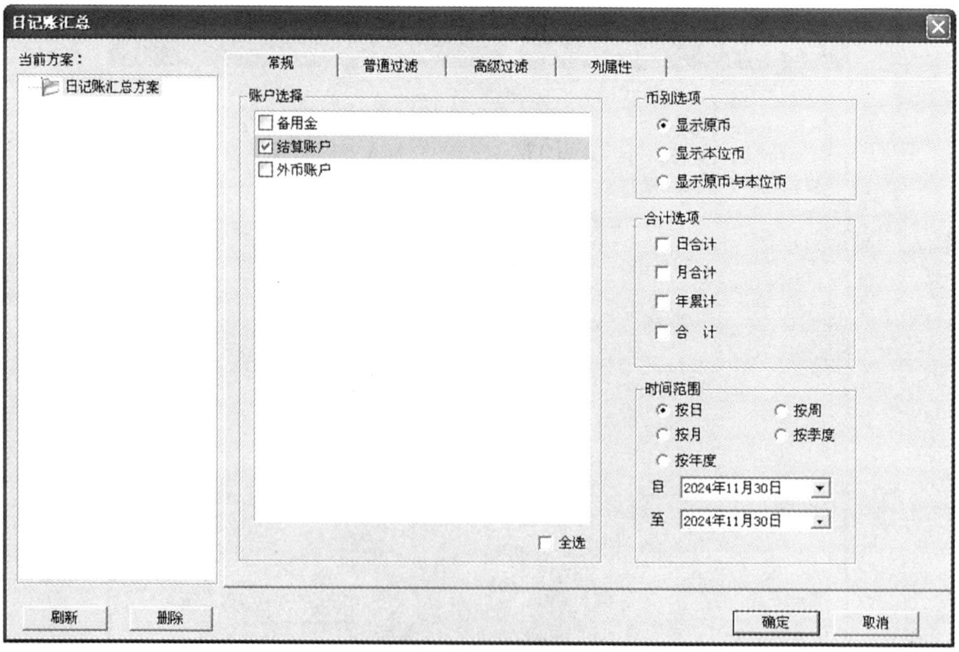

图 11-52　日记账汇总

四、期末结账

完成期末结账，如图 11-53 所示。

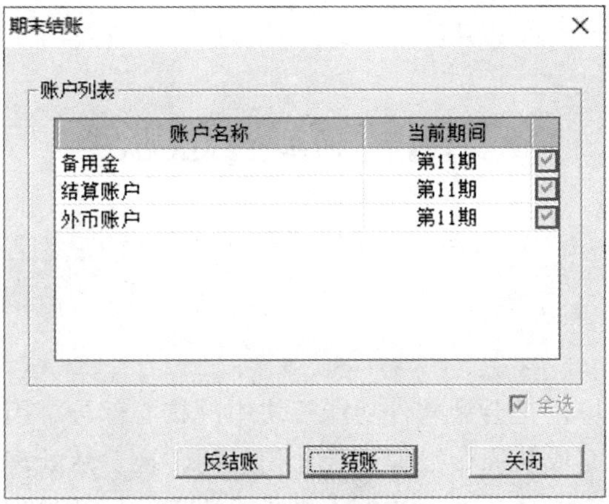

图 11-53 期末结账

思考题：

1. 请解释银行对账单余额方向。
2. 什么时候需要用到银行对账中的手工对账？请举例说明。
3. 编制银行存款余额调节表有什么作用？
4. 出纳管理系统与哪些子系统存在直接的数据传递关系？
5. 日记账中的过账操作有什么作用？

第十二章　总账

一直以来，总账模块都是会计软件功能模块中的核心部分，因为相比任何一个业务模块，只有总账模块能够完成从原始数据到会计信息的转换。从处理流程看，业务模块中的绝大部分数据都要通过记账凭证的形式汇入总账模块进行后续处理，或者直接通过填制记账凭证功能进入总账进行处理，从而能够反映出业务效果以及对财务的影响。

总账模块的基本操作流程如图 12-1 所示。在完成总账初始化工作以后，从凭证处理开始，顺序完成各项总账操作，并循环往复，构成完整的会计循环。

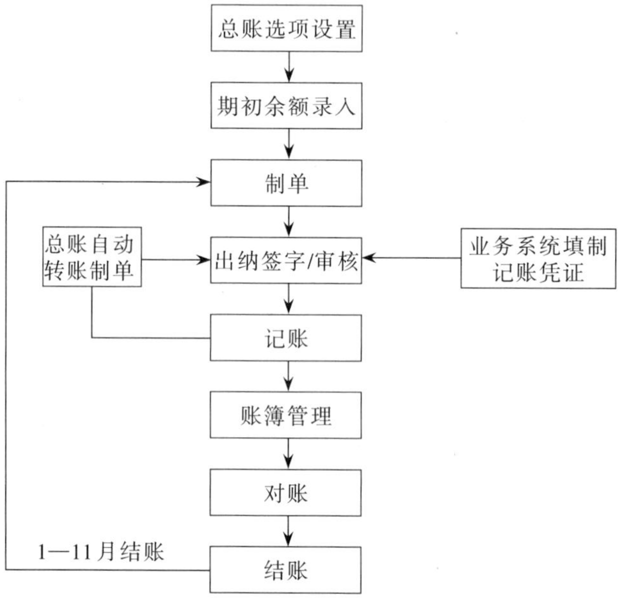

图 12-1　总账基本操作流程图

第一节　总账凭证处理

总账初始化完成以后，就可以开始在设定好的工作环境中进行凭证处理，这是总账日常业务的起点，具体包括填制凭证、查询凭证、审核凭证、记账等。

一、记账凭证项目的填制要求

记账凭证的输入是整个账务处理的起点。实际操作时，可以根据原始凭证内容直接在计算机中输入记账凭证，也可以先填好纸质记账凭证，然后成批输入计算机。

记账凭证的内容一般包括两部分：一是凭证头部分；二是凭证正文部分。填制时凭证各部分内容要求如下：

1.凭证类别：手工或参照输入事先定义好的凭证类别字。

2.凭证编号：总账选项设置中可以选择手工编号或者系统自动编号，通常选择系统自动编号。使用单用户版本软件时，凭证左上角由系统提示的凭证号就是正在填制的凭证的编号。在网络操作环境下，如果是多人同时制单，系统会在凭证的左上角先提示一个参考凭证号，真正的凭证编号只有在凭证存盘时才确定。系统同时也自动管理凭证页号，系统规定每页凭证有5条记录，当某号凭证内容较多，超过1页时，系统将自动在凭证号后面标上分单号。如果在初始设置时选择了手工编号，则用户可在凭证左上角手工录入凭证编号。在采用系统编号时，凭证一旦保存，其凭证类别、凭证编号将不能修改。在采用手工编号时，凭证一旦保存，其凭证类别不能修改，凭证编号可修改。

3.制单日期：填制凭证的日期。系统自动获取登录企业应用平台时输入的操作日期，将其作为记账凭证的制单日期，可以根据需要修改。但是，如果总账初始化时选择了“制单序时控制”，则凭证号越大，日期越靠后。

U8系统中日期的应用要求

4.附单据数：输入原始单据张数，以保证原始凭证和记账凭证的一致性。

5.摘要：输入业务的简要说明，不能为空。为了提高输入效率，可将常用的摘要事先建立摘要库，需要时只需输入或者选择该摘要编码。

6.科目名称：只能输入事先在会计科目档案中建立好的会计科目，并且必须是末级科目（或称记账科目），即该科目没有下级科目。科目可以用编码、中文名称、英文名称或助记码。

7.辅助项信息：对于具有辅助核算要求的会计科目，例如银行科目、数量核算、外币核算、客户往来、供应商往来等核算内容，系统会自动弹出辅助核算信息输入窗口。

8.凭证自定义项：凭证自定义项是由用户自行定义的凭证补充信息，由用户根据需要自行定义和输入，系统对这些信息不进行校验，只进行保存。

9.金额：凭证的借方或贷方发生额不能为零，可以用红字，红字金额以负数形式输入。如果金额的借贷方向反了，将光标移到金额栏，按空格键可以进行方向调整。

记账凭证是登记账簿的依据，在实行计算机处理账务以后，电子账簿的准确性与完整性完全依赖于记账凭证的准确性和完整性。计算机信息处理具有“垃圾进垃圾出”的特点，因此确保记账凭证输入的准确性和完整性十分重要。软件中使用了很多手段，比如会计科目合法性检测、会计科目辅助项内容完整性检测、借贷发生额平衡检测等，以尽可能地保证凭证内容填制的准确性和完整性。

二、填制凭证和查询凭证

总账中填制记账凭证的具体操作如下：

1.拥有填制凭证权限的会计人员登录“企业应用平台”，系统强制要求制单日期不能晚于操作系统日期（如图12-2所示）。

2.选择“总账”—“凭证”—“填制凭证”功能（如图12-3所示）。

3.总账业务1：11月15日，采购部王一报销差旅费1 000元。

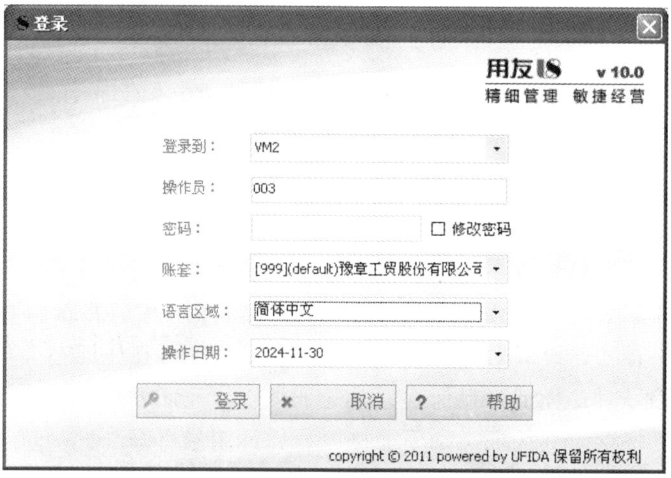

图 12-2 登录系统

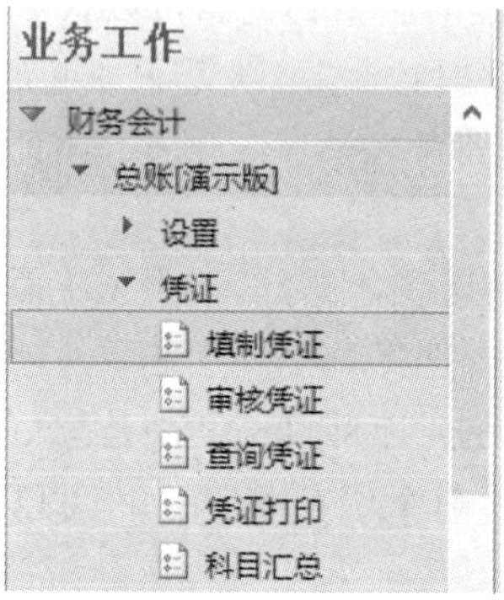

图 12-3 填制凭证功能

按业务输入该凭证的各项内容（如图 12-4 所示）。输入带辅助核算性质的会计科目时，除了输入科目的发生额以外，还需要输入该科目的辅助核算具体内容，例如管理费用科目的部门核算信息、其他应收款科目的个人往来信息等。

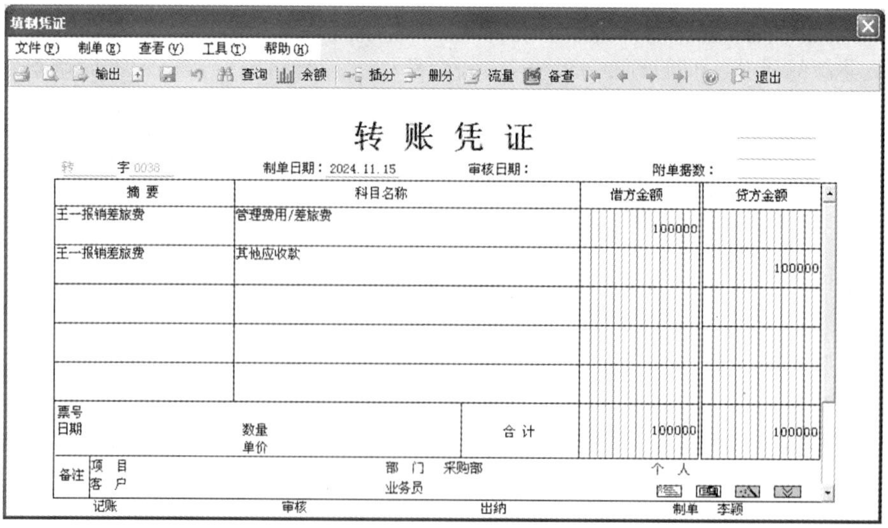

图 12-4 业务 1 凭证

4. 总账业务2：11月15日，接受华人公司以商标权向公司投资，评估价100 000元，其中80 000元作为注册资本。

按业务输入该凭证的各项内容（如图12-5所示）。

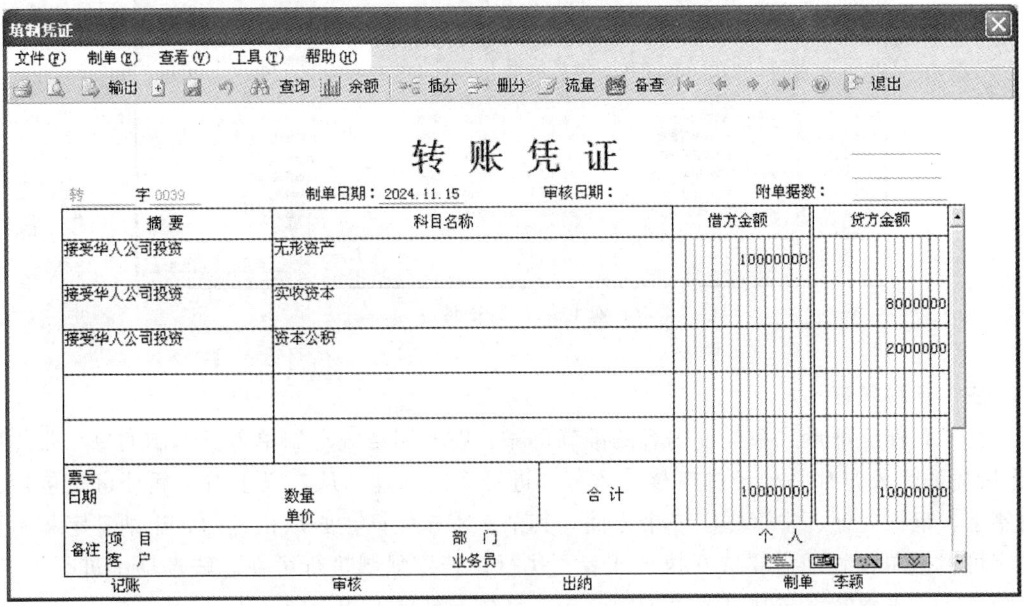

图12-5 业务2凭证

5. 总账业务3：11月17日，从原材料仓库领用1 000元（100米）布匹、200元（200粒）纽扣、100元（20卷）缝纫线，用于生产明珠男衣。

按业务输入该凭证的各项内容（如图12-6所示）。

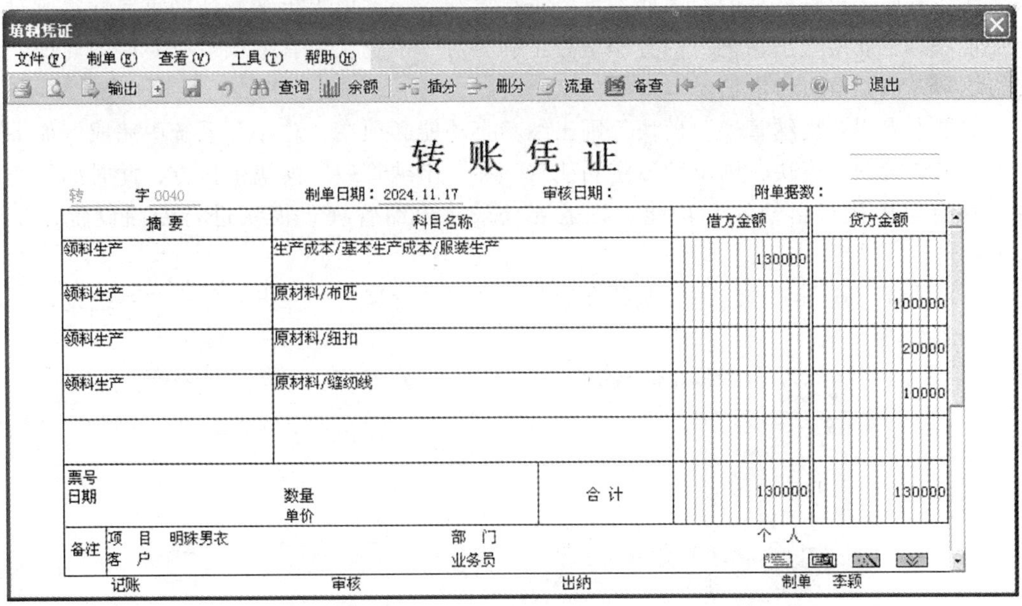

图12-6 业务3凭证

以上凭证存盘后，系统会将其放入临时凭证库，以备后续处理。用户可以通过“查询凭证”功能查询已经存盘的凭证（如图12-7所示）。

制单日期	凭证编号	摘要	借方金额合计	贷方金额合计	制单人	审核人	系统名	备注	审
2024-11-18	收 - 0001	现结	50,000.00	50,000.00	李颖		应收系统		
2024-11-08	收 - 0002	收货款	56,000.00	56,000.00	李颖		应收系统		
2024-11-22	收 - 0003	货款及预收款	1,400.00	1,400.00	李颖		应收系统		
2024-11-05	收 - 0004	收股东出资	15,000.00	15,000.00	张梅		出纳管理		
2024-11-20	付 - 0001	现结	8,814.00	8,814.00	李颖		应付系统		
2024-11-13	付 - 0002	付供应商货款	11,300.00	11,300.00	李颖		应付系统		
2024-11-21	付 - 0003	付供应商货款和预付款	80,000.00	80,000.00	李颖		应付系统		
2024-11-25	付 - 0004	原值增加	10,000.00	10,000.00	李颖		固定资产系统		
2024-11-21	付 - 0005	直接购入资产.	1,500.00	1,500.00	李颖		固定资产系统		
2024-11-08	付 - 0006	王一预借差旅费	1,000.00	1,000.00	张梅		出纳管理		
2024-11-25	付 - 0007	支付车间差旅费	1,500.00	1,500.00	张梅		出纳管理		
2024-11-07	付 - 0008	提取备用金	2,000.00	2,000.00	张梅		出纳管理		
2024-11-13	付 - 0009	支付广告费	2,000.00	2,000.00	张梅		出纳管理		
2024-11-10	转 - 0001	采购入库单	65,700.00	65,700.00	李颖		存货核算系统		

图 12-7 查询凭证

三、审核凭证

为了确保凭证形式和凭证内容的准确可靠，财务制度规定制单人员填制的每一张凭证（作废凭证除外）都必须经过审核，才可以进行后续处理。从广义上看，凭证审核包括出纳签字、审核凭证、主管签字三个方面。其中，审核凭证是必须执行的，出纳签字和主管签字可根据单位管理需要选择执行或者不执行，若要强制执行可在总账选项中进行设置。出纳签字、主管签字与制单可以为同一人，审核与制单不能为同一人。

1.出纳签字

出纳签字是指出纳人员对出纳凭证的一种审核操作。出纳凭证是指包含出纳科目的凭证，包括收款凭证和付款凭证，也就是涉及库存现金或银行存款的收入或支出的凭证，转账凭证是不属于出纳凭证的，因此不需要进行出纳签字。由于出纳凭证的重要性，应对其加强管理，主要检查出纳科目的金额是否正确，对于审查认为有错误或有异议的凭证，应交给填制人员修改后再审核。

如果未启用“出纳管理”模块，则出纳签字功能必须在“总账”系统中完成；如果启用了“出纳管理”模块，则出纳签字功能默认在“出纳管理”模块中执行，此时如果需要在总账模块中执行出纳签字功能，则需要登录“出纳管理”模块进行专门设置，步骤如下：

（1）选择“业务工作”—“财务会计”—“出纳管理”—“设置”—“系统设置”功能，如图 12-8 所示。

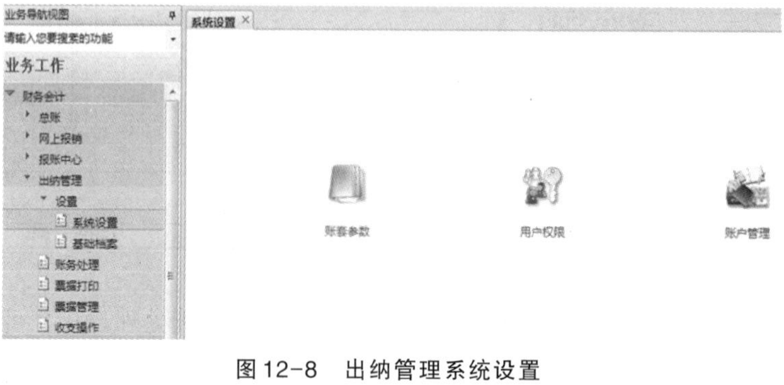

图 12-8 出纳管理系统设置

（2）在账套参数中选择出纳签字功能在“GL–总账”，如图12–9所示。

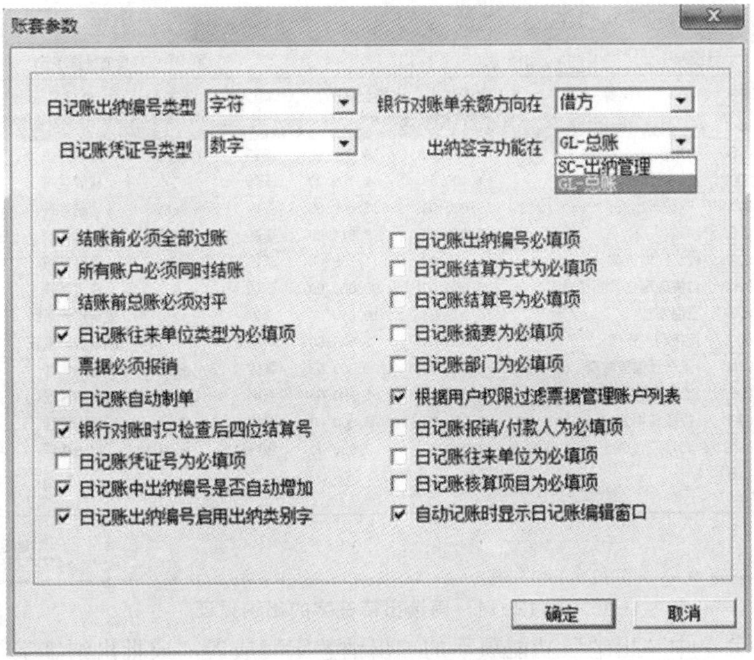

图12–9　出纳签字功能设置

（3）出纳人员登录企业应用平台，选择总账系统菜单中的“凭证”—“出纳签字”功能，如图12–10所示。

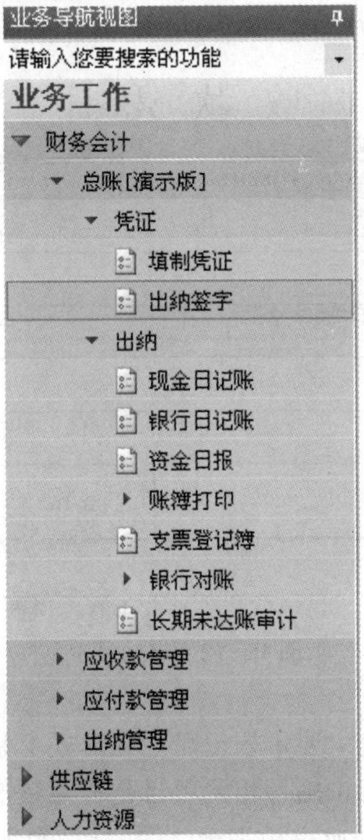

图12–10　出纳签字功能

（4）筛选出待签字的出纳凭证，如图12-11所示。

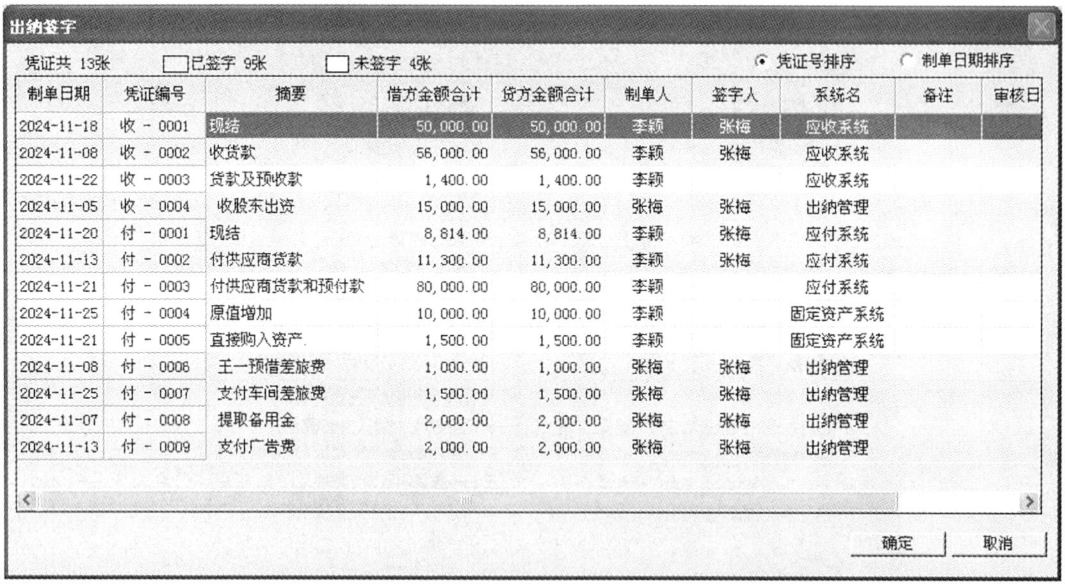

制单日期	凭证编号	摘要	借方金额合计	贷方金额合计	制单人	签字人	系统名	备注	审核日
2024-11-18	收 - 0001	现结	50,000.00	50,000.00	李颖	张梅	应收系统		
2024-11-08	收 - 0002	收货款	56,000.00	56,000.00	李颖	张梅	应收系统		
2024-11-22	收 - 0003	贷款及预收款	1,400.00	1,400.00	李颖		应收系统		
2024-11-05	收 - 0004	收股东出资	15,000.00	15,000.00	张梅	张梅	出纳管理		
2024-11-20	付 - 0001	现结	8,814.00	8,814.00	李颖	张梅	应付系统		
2024-11-13	付 - 0002	付供应商贷款	11,300.00	11,300.00	李颖	张梅	应付系统		
2024-11-21	付 - 0003	付供应商贷款和预付款	80,000.00	80,000.00	李颖		应付系统		
2024-11-25	付 - 0004	原值增加	10,000.00	10,000.00	李颖		固定资产系统		
2024-11-21	付 - 0005	直接购入资产	1,500.00	1,500.00	李颖		固定资产系统		
2024-11-08	付 - 0006	王一预借差旅费	1,000.00	1,000.00	张梅	张梅	出纳管理		
2024-11-25	付 - 0007	支付车间差旅费	1,500.00	1,500.00	张梅	张梅	出纳管理		
2024-11-07	付 - 0008	提取备用金	2,000.00	2,000.00	张梅	张梅	出纳管理		
2024-11-13	付 - 0009	支付广告费	2,000.00	2,000.00	张梅	张梅	出纳管理		

图12-11　筛选出待签字的出纳凭证

（5）选择菜单中“出纳”功能项下的“出纳签字”或者“成批出纳签字”完成签字操作，如图12-12所示。

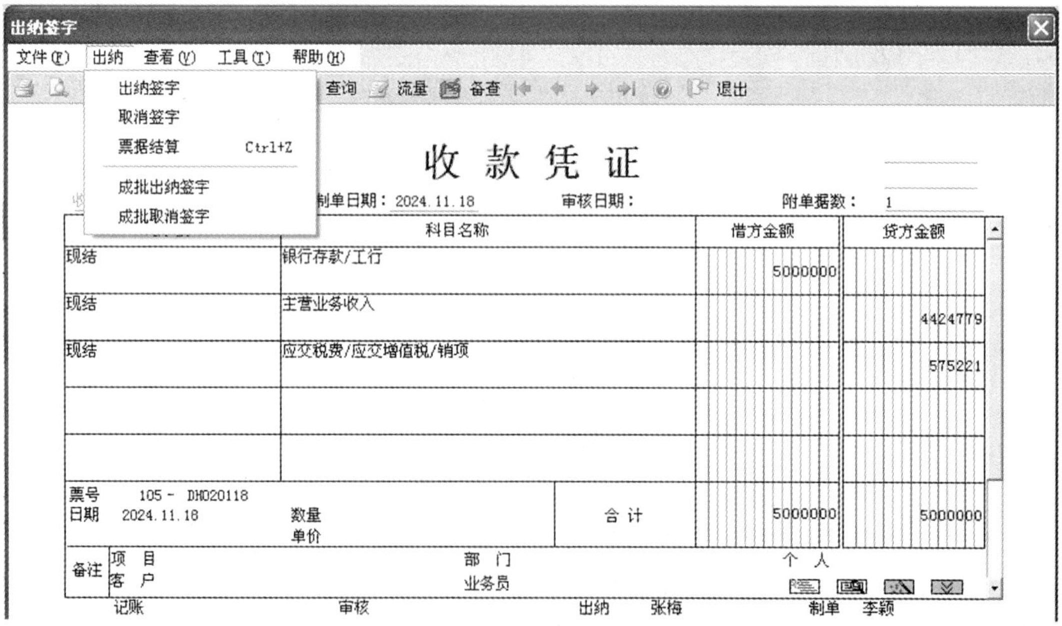

图12-12　出纳签字

2.审核凭证

与手工会计一样，审核凭证主要审核记账凭证形式上是否合规，以及内容上是否与原始凭证相符，包括会计分录是否正确、相关项目是否完整等。

以账套主管的身份登录“企业应用平台”，执行“总账”—“凭证”—“凭证审核”，如图12-13所示。

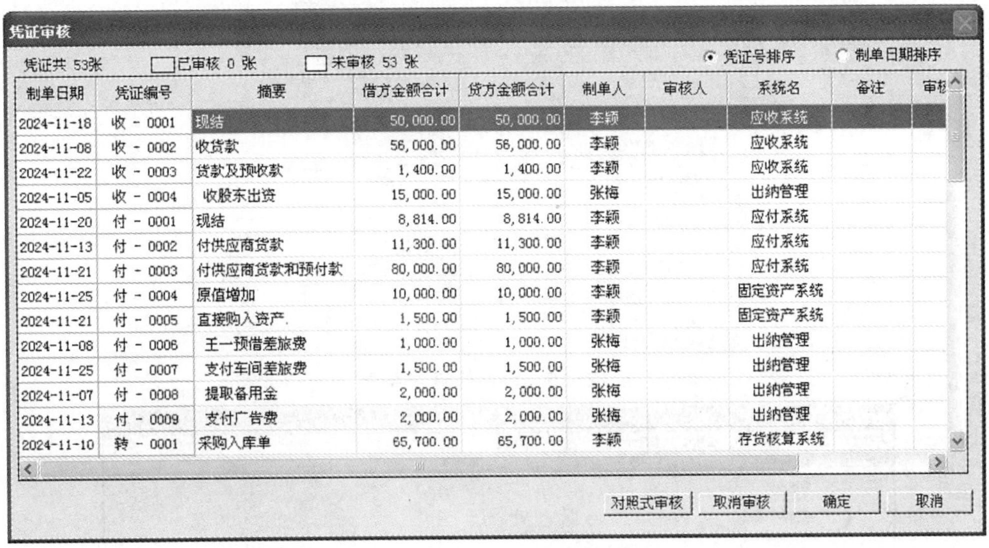

制单日期	凭证编号	摘要	借方金额合计	贷方金额合计	制单人	审核人	系统名	备注	审核
2024-11-18	收 - 0001	现结	50,000.00	50,000.00	李颖		应收系统		
2024-11-08	收 - 0002	收货款	56,000.00	56,000.00	李颖		应收系统		
2024-11-22	收 - 0003	货款及预收款	1,400.00	1,400.00	李颖		应收系统		
2024-11-05	收 - 0004	收股东出资	15,000.00	15,000.00	张梅		出纳管理		
2024-11-20	付 - 0001	现结	8,814.00	8,814.00	李颖		应付系统		
2024-11-13	付 - 0002	付供应商货款	11,300.00	11,300.00	李颖		应付系统		
2024-11-21	付 - 0003	付供应商货款和预付款	80,000.00	80,000.00	李颖		应付系统		
2024-11-25	付 - 0004	原值增加	10,000.00	10,000.00	李颖		固定资产系统		
2024-11-21	付 - 0005	直接购入资产	1,500.00	1,500.00	李颖		固定资产系统		
2024-11-08	付 - 0006	王一预借差旅费	1,000.00	1,000.00	张梅		出纳管理		
2024-11-25	付 - 0007	支付车间差旅费	1,500.00	1,500.00	张梅		出纳管理		
2024-11-07	付 - 0008	提取备用金	2,000.00	2,000.00	张梅		出纳管理		
2024-11-13	付 - 0009	支付广告费	2,000.00	2,000.00	张梅		出纳管理		
2024-11-10	转 - 0001	采购入库单	65,700.00	65,700.00	李颖		存货核算系统		

图12-13 审核凭证

系统提供的审核方法有两种：对照式审核、静态审核，可根据实际情况进行选择。

(1) 如果点击“对照式审核”按钮，则采用对照式审核方法，这种方法需要由审核员将凭证主要内容再重新输入一次，并与制单人员填制的凭证进行对照，确认凭证是否正确。审核人员输入凭证，如图12-14所示。

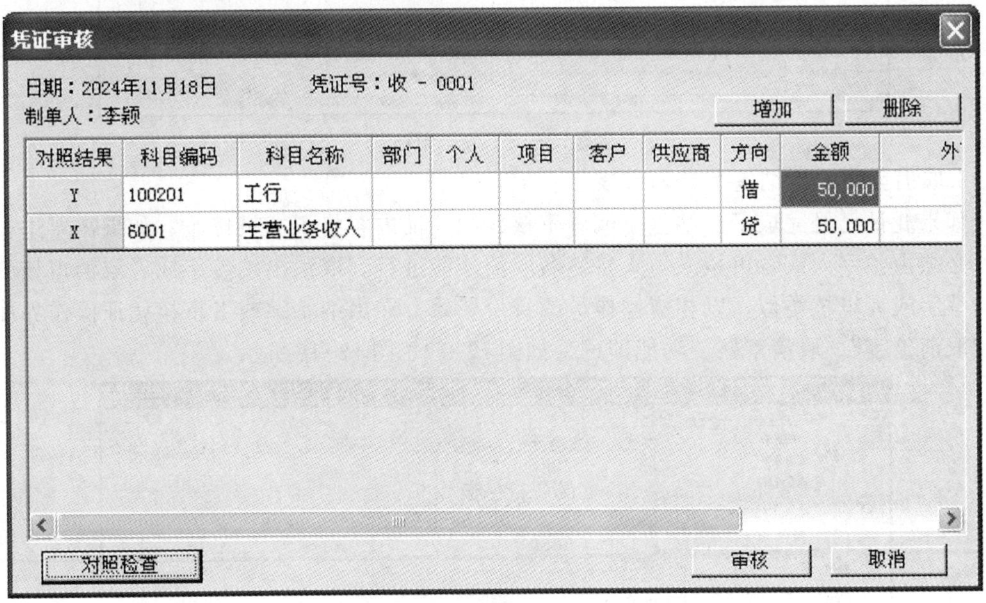

对照结果	科目编码	科目名称	部门	个人	项目	客户	供应商	方向	金额	外
Y	100201	工行						借	50,000	
X	6001	主营业务收入						贷	50,000	

图12-14 对照式审核输入凭证

可以点击“对照检查”调出对照表查看审核的详细内容。“已审核”可以显示匹配的会计科目，“审核错误”可以显示不匹配的会计科目，如图12-15所示。

(2) 如果在“凭证审核”界面直接点击“确定”按钮，则采取静态审核的方法，由审核人员将需要审核的凭证逐张调出查看，如果确认无误可以进行确认，或者成批审核凭证，如图12-16所示。

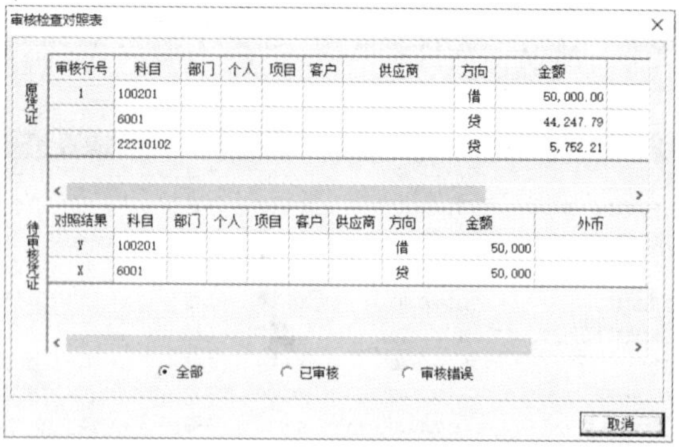

图 12-15　审核检查对照表

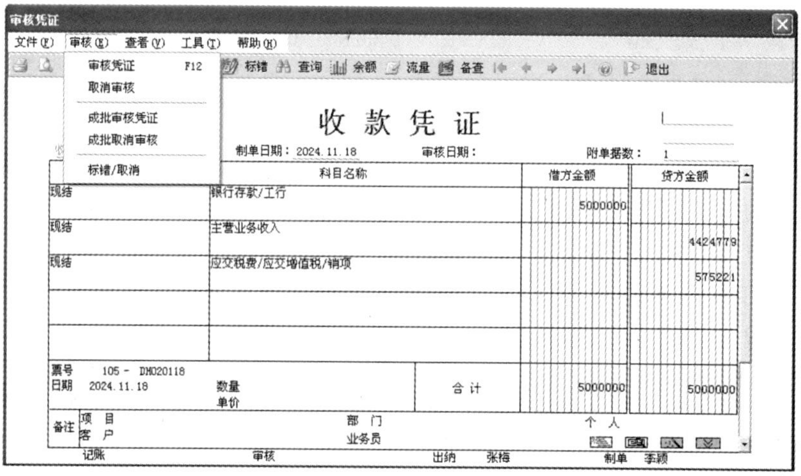

图 12-16　静态审核

3.取消凭证的出纳签字或者审核

如果凭证已经完成了出纳签字或者审核，则凭证内容将不能被修改；如果需要进行修改，必须由签字人或者审核人本人将签名取消才能进行。取消出纳签字或者取消审核的操作与签字或者审核类似，以相应操作员的身份登录，在出纳签字或者审核凭证操作界面点击“取消签字”“取消审核”功能即可，如图 12-17、图 12-18 所示。

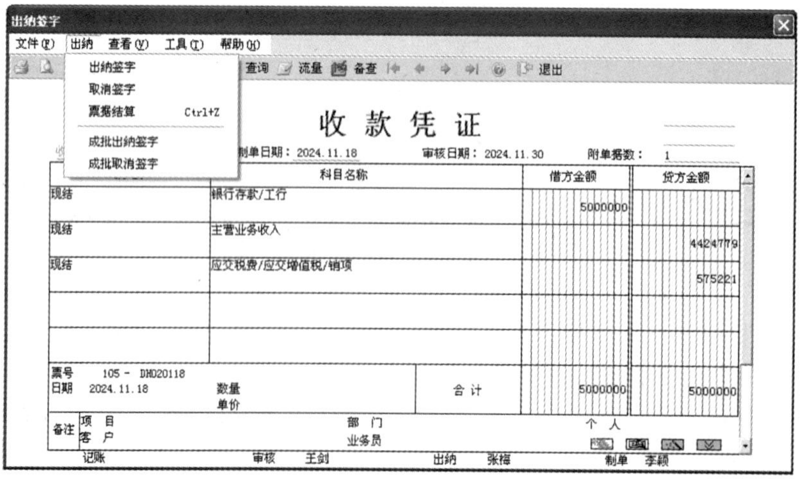

图 12-17　取消出纳签字

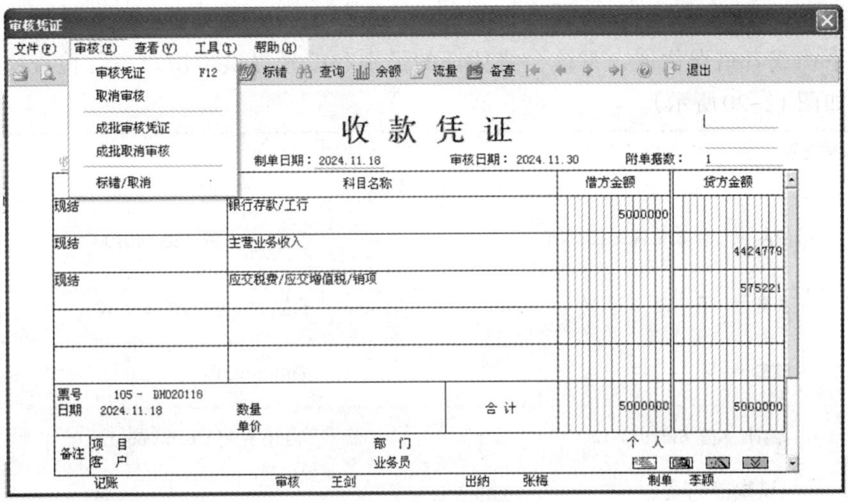

图 12-18 取消审核

四、记账

凭证在通过审核以后，可以登记相关账簿，包括总账、明细账、日记账、部门账、辅助账等。在手工会计中，这项工作非常烦琐，但在计算机中，这项工作则很简单，系统提供了一种向导方式来引导用户完成该项工作。

记账工作分三步进行：第一步，列示未记账凭证清单以及已审核凭证编号，从中选择记账范围，可输入连续编号范围，也可输入不连续编号；第二步，显示记账报告，这是经过合法性检验后的提示信息；第三步，当以上工作都确认无误后，单击“记账”按钮，系统开始登录有关的总账和明细账（包括金额式、外币金额式、数量金额式和数量外币式四种账页格式）、辅助账（包括客户往来辅助账、供应商往来辅助账、个人往来余额表、部门辅助总账、项目往来辅助账、银行往来辅助账等）。

记账只能按月进行，不允许跨月记账，即每次只能记一个月的账。记账选择需要确定记账月份、记账范围（如图 12-19 所示）。记账范围默认是全部已审核凭证。

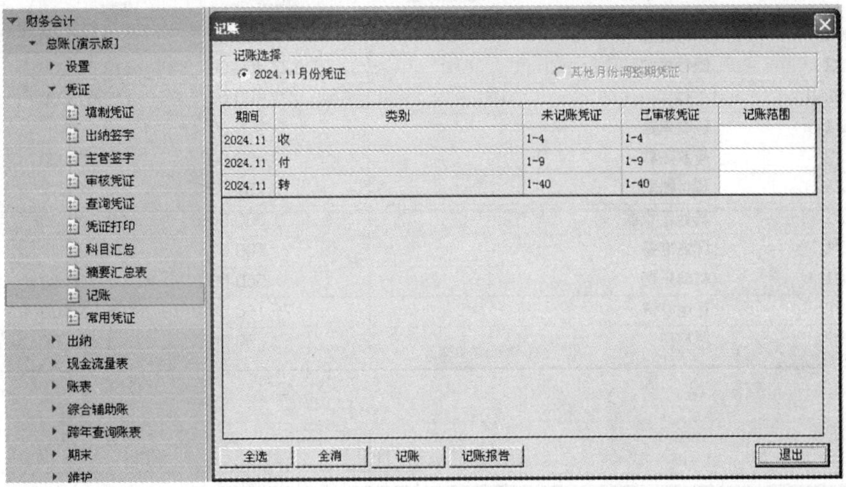

图 12-19 记账选择

为了确保记账数据正确，系统在记账前自动对记账凭证进行平衡校验和错误检验。如果发现不平衡或者错误凭证，系统会将凭证的类别和编号提供给用户进行检查修改，并停止记账（如图12-20所示）。

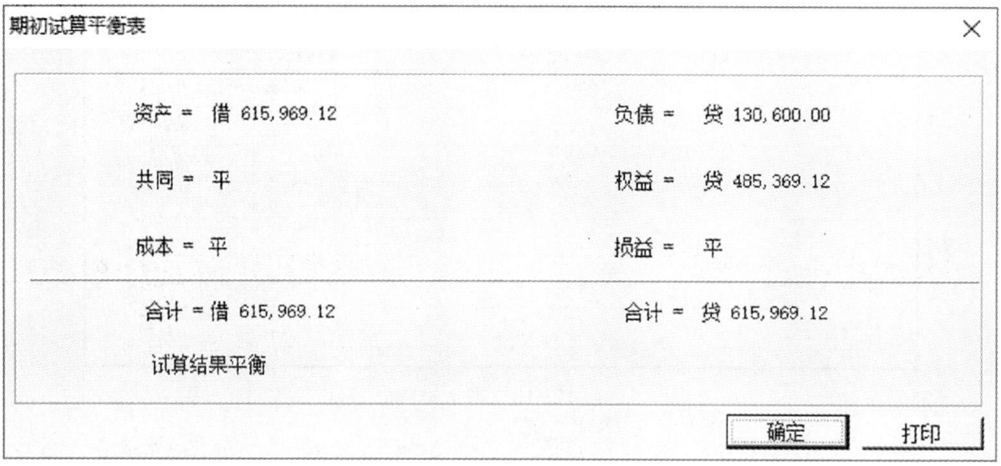

图12-20　期初试算平衡表

为了防止记账过程由于意外中断而造成错误，记账前系统将自动在硬盘中备份记账前的数据。这样，一旦记账过程出现断电或其他原因造成记账中断，系统将自动调用“恢复记账前状态”恢复数据，然后可以重新记账。

执行记账功能以后，系统把已审核的凭证从临时凭证库转移到正式凭证库中，同时产生本月最新的科目发生额、余额数据。

记账完成以后显示记账报告（如图12-21所示）。

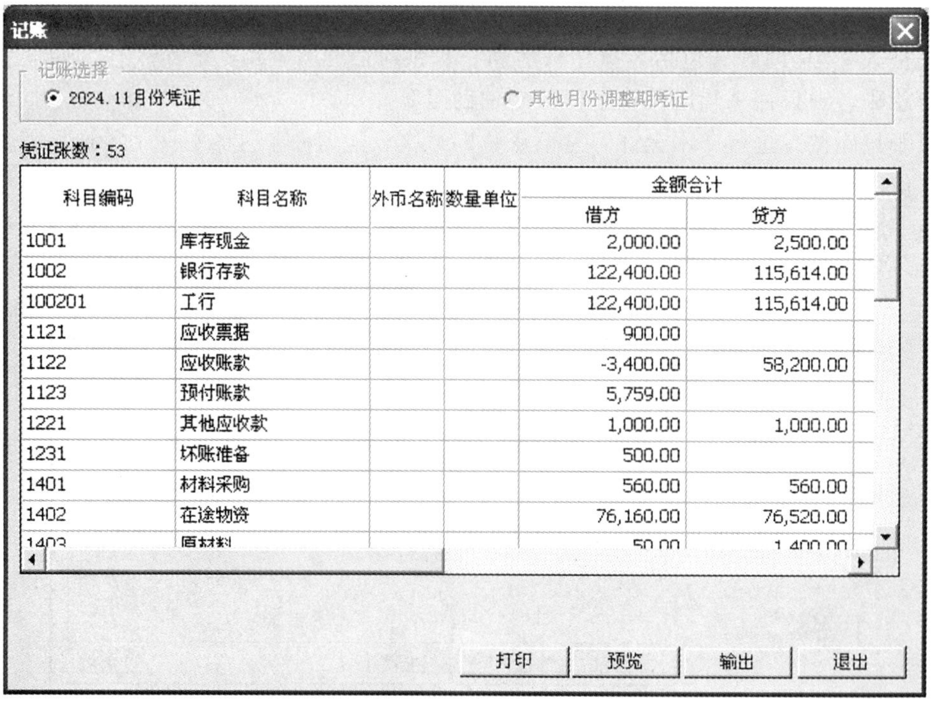

科目编码	科目名称	外币名称	数量单位	金额合计 借方	金额合计 贷方
1001	库存现金			2,000.00	2,500.00
1002	银行存款			122,400.00	115,614.00
100201	工行			122,400.00	115,614.00
1121	应收票据			900.00	
1122	应收账款			-3,400.00	58,200.00
1123	预付账款			5,759.00	
1221	其他应收款			1,000.00	1,000.00
1231	坏账准备			500.00	
1401	材料采购			560.00	560.00
1402	在途物资			76,160.00	76,520.00
1403	原材料			50.00	1,400.00

图12-21　记账报告

第二节 自动转账处理

在手工会计核算方式下，由于处理手段落后，可以说会计循环的每一个环节都是系统的瓶颈。随着越来越多的组织实现会计核算的信息化，相比以前的手工会计核算方式，很多环节都可以交给计算机来完成，如记账、编制会计报表等，大大提高了会计核算的工作效率。这时，从会计循环的全过程来看，记账凭证的输入环节很明显成为整个系统的瓶颈。因为在这个环节，一方面要保证输入会计数据的正确性；另一方面，凭证的输入速度由手工输入速度来决定。实际上，在设计软件时，开发人员已经在一些方面考虑到了这些需要解决的问题。例如，在保证凭证内容正确性方面，系统采取凭证存盘之前强制验证借贷方余额合计数平衡、凭证类别与凭证内容设定限制类型等措施；在提高输入速度方面，有凭证摘要库的建立、凭证号的自动填写、凭证日期的自动填写、事先设置凭证模板等措施。如果能够熟练使用财务软件中的自动转账功能，将使凭证输入内容的正确性和输入速度有更好的保障。

凭证输入的形式一般有两种：一是通过键盘以前台（直接根据原始凭证填制）或后台（先填好纸质凭证，然后将凭证内容输入计算机）方式进行，这是最常见的形式，大部分凭证是通过这种方式输入数据库的；二是由用户事先进行凭证定义，然后由计算机自动填制（这类凭证称为机制凭证）。实际操作中，并不能将所有的凭证填制工作都交由计算机完成，因为交给计算机自动生成的凭证必须符合一些条件：一是该类凭证每个会计期间都要做；二是科目的对应关系可以事先确定，金额的计算是有规律可遵循的。否则交给计算机做要么意义不大，要么做不出来。如果能够尽可能多地将满足上述条件的凭证交给计算机自动来完成，凭证输入内容的正确性和输入速度将提高很多。

在所有的会计业务中，如下业务具备上述条件：固定资产折旧计提、无形资产摊销、销售成本结转、汇兑损益结转、期间损益结转等。该类业务在手工会计中编制费时费力，且容易出错，在电算化会计中从键盘输入也要先通过手工方式计算出金额，不比手工方式效率高。如果能够交给计算机自动填制，将节时省力，不易出错。很多财务软件具备这项功能。

具备转账定义和生成权限的操作员登录“总账”—“期末”—“转账定义”（如图12-22所示）。

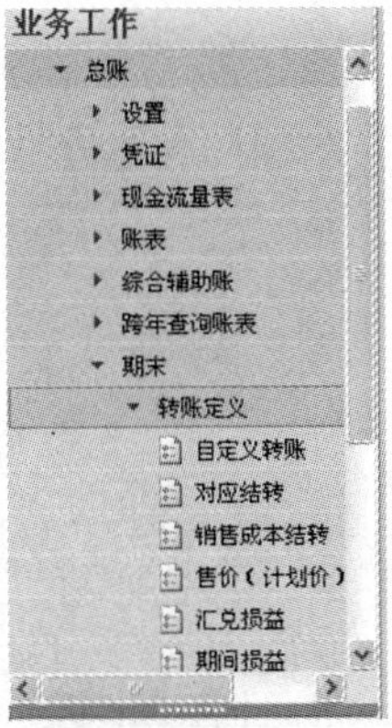

图12-22 转账定义功能

一、自定义转账

对于一些每个会计期间都会发生的业务，如果这些业务的科目对应关系明确，业务发生金额有规律，可以使用自定义转账功能来完成这些凭证，提高这些凭证的输入效率。总账的月末无形资产摊销业务操作步骤如下：

1.进入总账“期末”—“转账定义”功能，选择自定义转账，定义无形资产摊销凭证，输入转账序号1，转账说明“无形资产摊销”，凭证类别“转账凭证”（如图12-23所示）。

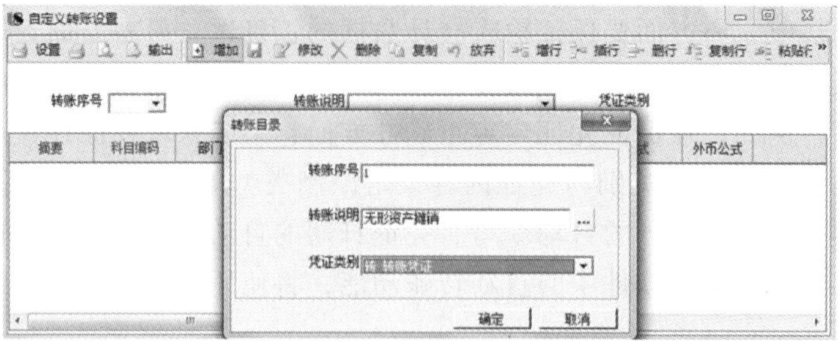

图12-23 自定义无形资产摊销凭证

2.定义凭证摘要、科目编码、方向、金额公式（如图12-24所示）。

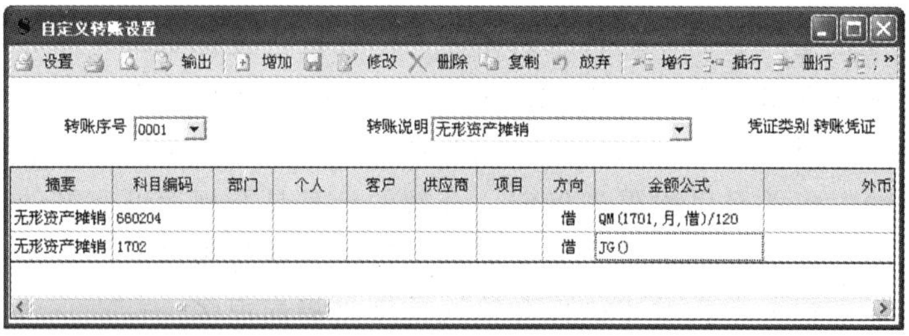

图12-24 定义无形资产摊销凭证相关信息

3.执行“期末”—“转账生成”功能，选择结转月份（如图12-25所示）。

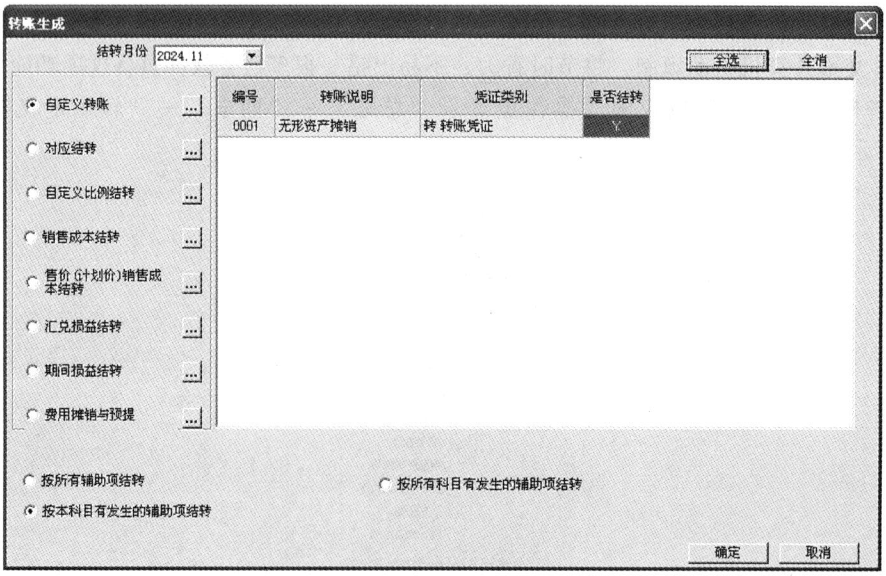

图12-25 选择结转月份

4. 系统自动生成无形资产摊销凭证（如图12-26所示）。

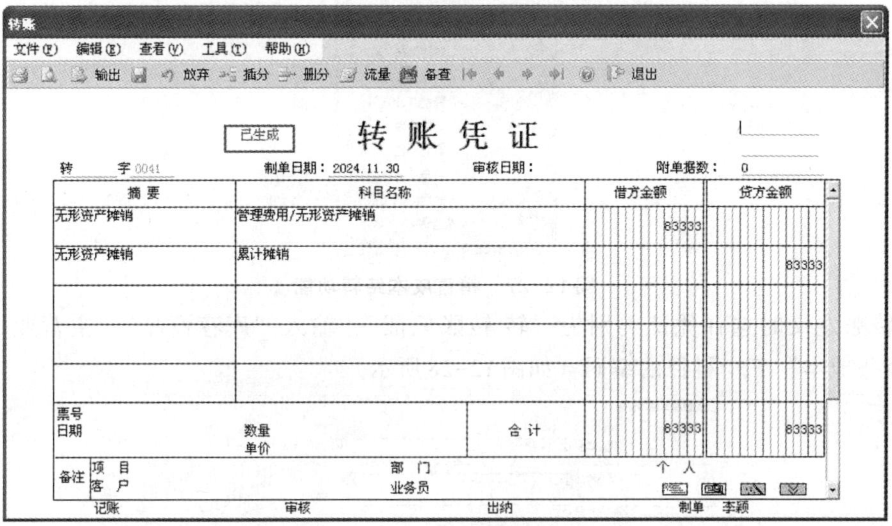

图12-26 生成无形资产摊销凭证

二、销售成本结转

如果启用了供应链相关模块，则销售成本结转可以在期末由存货核算系统自动生成；如果未启用供应链模块，则销售成本结转需要在总账系统中生成。

在总账中生成销售成本结转业务凭证可以有多种方式：

1. 手工计算出相关数据，然后通过填制凭证功能来完成。

2. 利用自定义转账功能进行定义，具体操作步骤与“无形资产摊销”业务类似，在借方主营业务成本科目的金额公式栏中填入：SFS（6001，月，贷）*（QM（1405，月，借）/ SQM（1405，月，借）），在贷方库存商品科目的金额公式栏中填入：JG（）。

3. 使用总账系统中已经定义好的销售成本结转模板生成凭证。

下面主要介绍第三种方式。需要说明的是，由于本账套在供应链管理系统中已经完成了销售成本结转，且库存商品科目并未进行明细核算，因此以下仅是介绍在总账中进行销售成本结转的一种操作方法和步骤，不需要实际生成销售成本结转凭证。

在实现产品销售收入以后，通常要做两笔分录：销售收入的确认和销售成本的结转。因为销售数量事先是未知的，所以收入的确认必须通过键盘方式输入或者通过销售管理模块转入。

销售成本结转业务的科目对应关系是固定的，借记“主营业务成本”科目，贷记“库存商品”科目。计算销售成本需要的销售数量已经在收入确认凭证中输入，可以直接由计算机提取，且计算销售成本需要的单位成本数据已经在总账的期初余额中输入，当期入库的产品成本可以通过入库凭证找到，所以销售成本的结转凭证是可以由计算机自动填制的。

进入“业务工作”—“财务会计”—“总账”—“期末”—“转账定义”，根据企业销售成本的确认方式，比如按实际成本结转（具体又分为加权平均法、先进先出法、个别辨认法等）、计划成本结转、售价法等，选择“销售成本结转”或者“售价（计划价）结转”，本例是采用全月加权平均法确认销售成本，执行“销售成本结转”功能（如图12-27所示）。

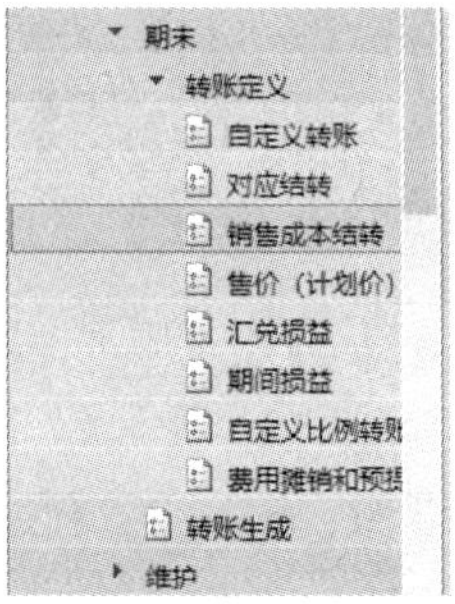

图 12-27　销售成本结转功能

1. 转账定义时选择凭证类别为“转 转账凭证”，输入“库存商品”“主营业务收入”“主营业务成本”三个科目的编码（如图 12-28 所示）。

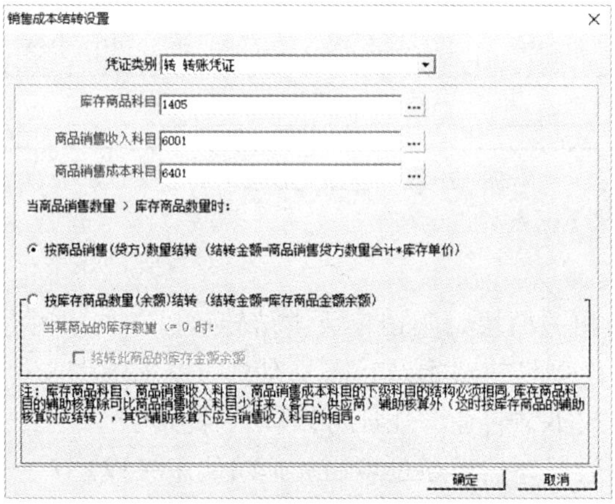

图 12-28　销售成本结转设置

2. 转账生成时，选择结转月份，可以是一个月，也可以是多个月合并结转（如图 12-29 所示）。

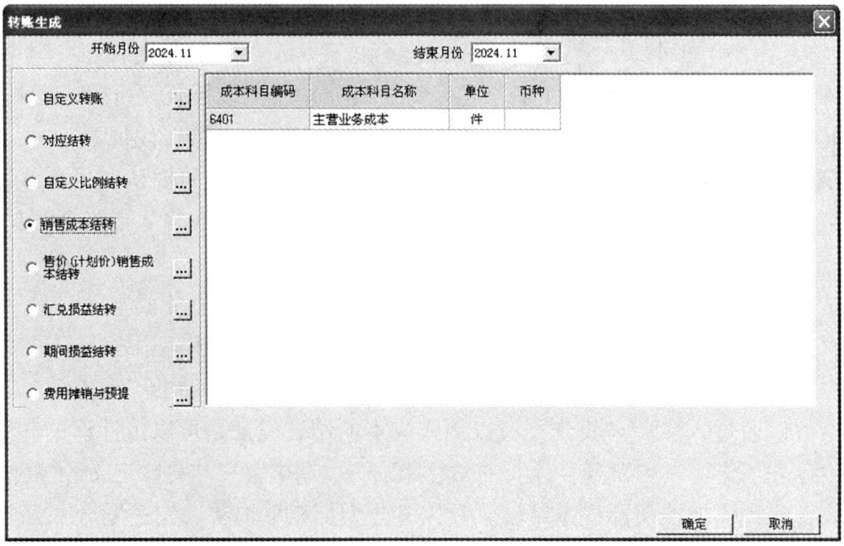

图 12-29　选择结转月份

3. 系统自动生成销售成本结转一览表（如图 12-30 所示）。

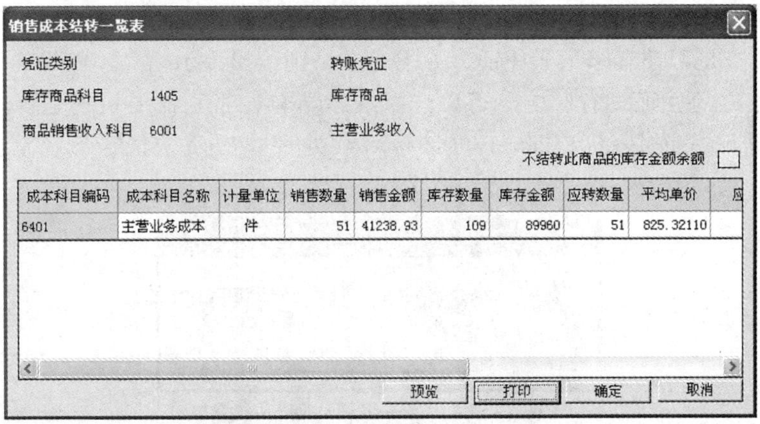

图 12-30　销售成本结转一览表

4.系统自动生成销售成本结转凭证。本例所有销售成本结转都已经在供应链系统中完成，所以此处不需要再次生成结转凭证。

三、汇兑损益结转

汇兑损益也称汇兑差额，就是由于汇率的浮动所产生的结果，即企业在发生外币交易、兑换业务和期末账户调整及外币报表换算时，由于采用不同货币或同一货币不同比价的汇率核算时产生的、按记账本位币折算的差额。

1.转账定义时输入汇兑损益入账科目，选中需要计算汇兑损益的外币科目（如图 12-31 所示）。

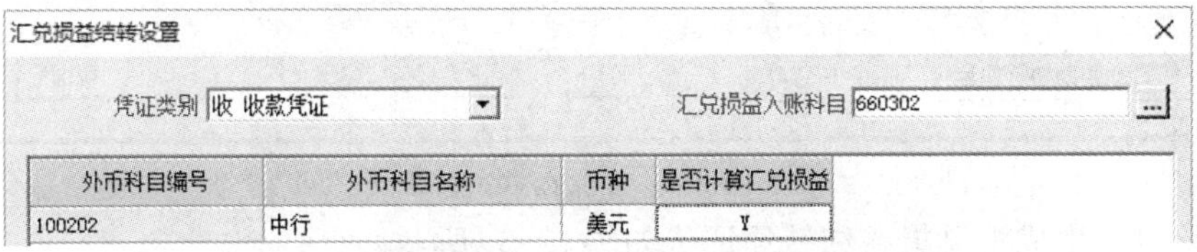

图 12-31　汇兑损益结转设置

2.转账生成时，选择结转月份与外币币种（如图 12-32 所示）。

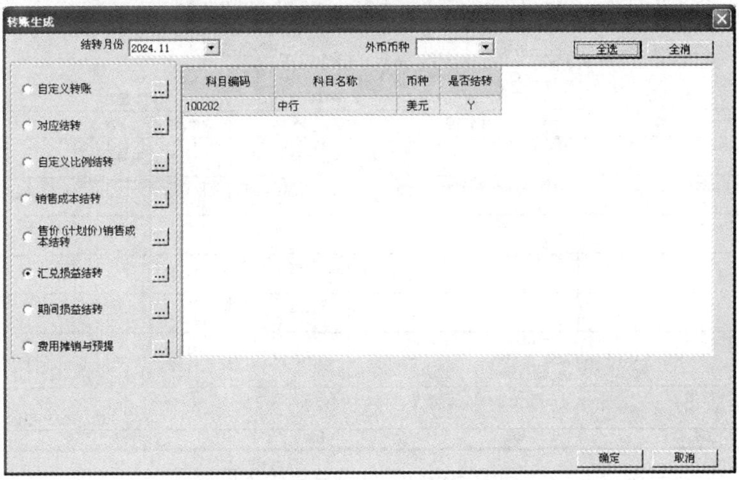

图 12-32　结转月份和币种选择

由于自动转账凭证的生成与其他凭证有密切联系，所以在自动生成转账凭证之前，系统都会自动检查是否还有未记账凭证，如果存在，则给出提示信息。如果确认未记账凭证对即将转账生成的凭证没有影响，可以选择继续结转，否则需要检查是哪一个凭证未记账，对自动转账凭证是否有影响，再进行后续处理。提示未记账凭证信息如图 12-33 所示。

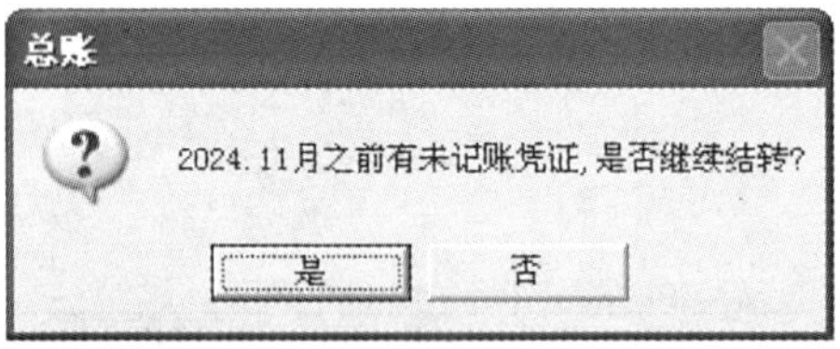

图 12-33 提示未记账凭证信息

3.系统自动生成汇兑损益试算表（如图 12-34 所示）。

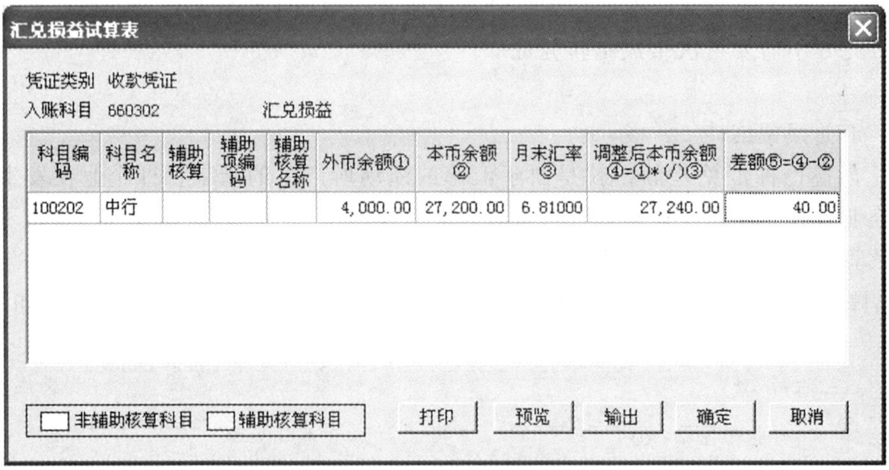

图 12-34 汇兑损益试算表

4.系统自动生成汇兑损益结转凭证（如图 12-35 所示）。

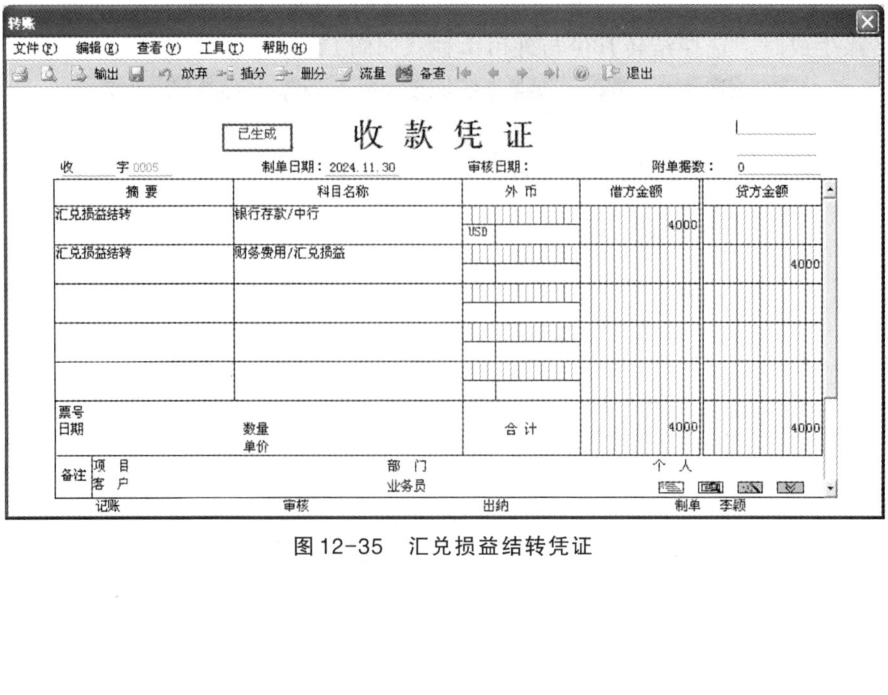

图 12-35 汇兑损益结转凭证

四、期间损益结转

期间损益结转反映企业在一个会计期间内实现的利润或亏损总额。每个会计期间都需要计算损益，实务上是期末时将损益类账户的余额结转到本年利润账户，一般要做两张凭证：一张是收入类科目结转至本年利润贷方，另一张是支出类科目结转至本年利润借方。

期间损益结转的基本操作步骤是：首先检查涉及损益类科目的记账凭证是否已经全部记账，若没有全部记账则需要先对其进行记账。接下来对需要填制的期间损益凭证进行定义，然后由计算机自动生成凭证。凭证生成以后与通过“填制凭证”功能做好的凭证一样，必须进行审核、记账等后续工作才能处理完成。

1.在转账设置中输入本年利润对应的科目编码（如图12-36所示）。

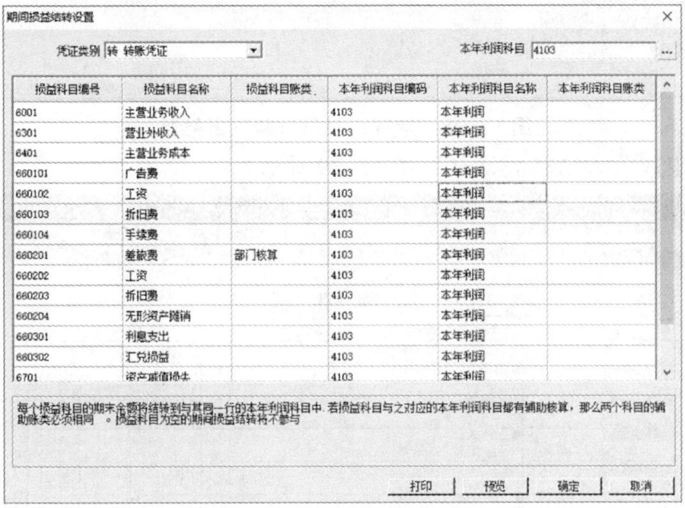

图12-36　期间损益结转设置

2.选择结转月份以及收入类型（如图12-37所示）。

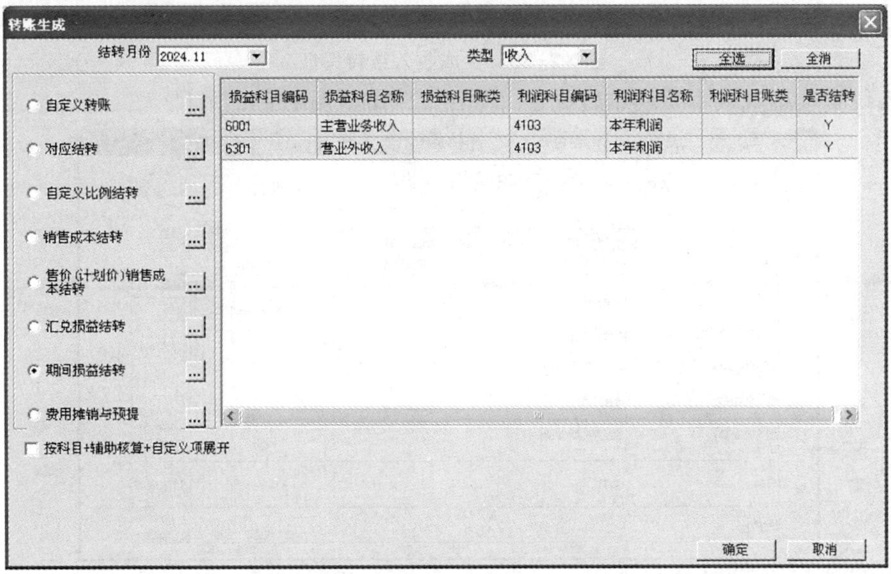

图12-37　选择结转月份和收入类型

3.选择结转月份以及支出类型（如图12-38所示）。

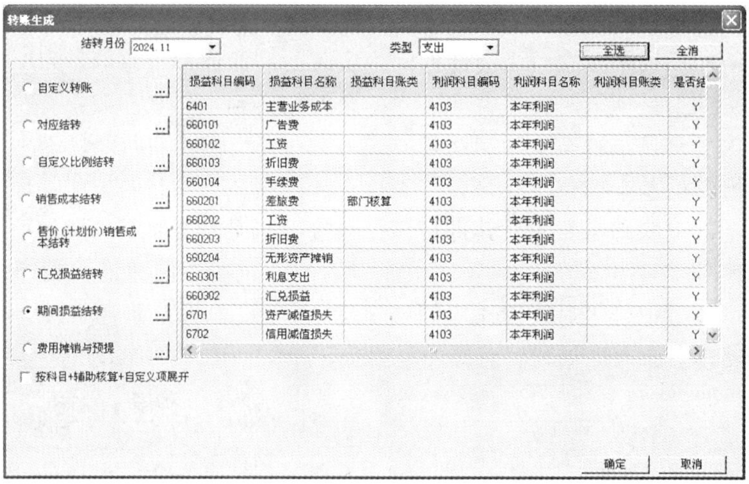

图12-38　选择结转月份和支出类型

4.系统自动生成收入结转凭证（如图12-39所示）。

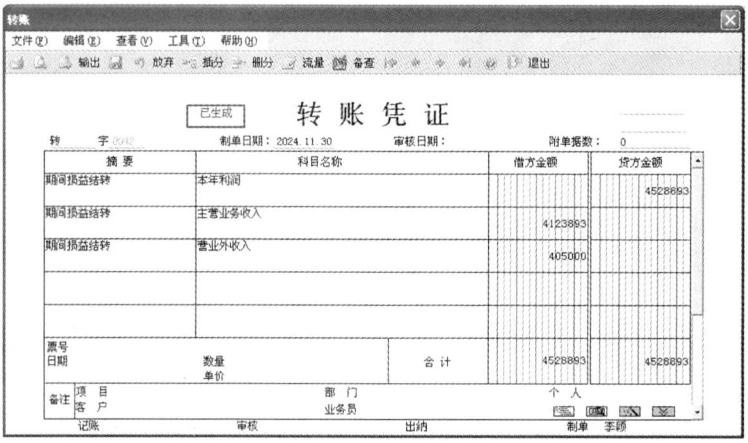

图12-39　生成收入结转凭证

5.系统自动生成成本费用结转凭证（如图12-40至图12-42所示）。

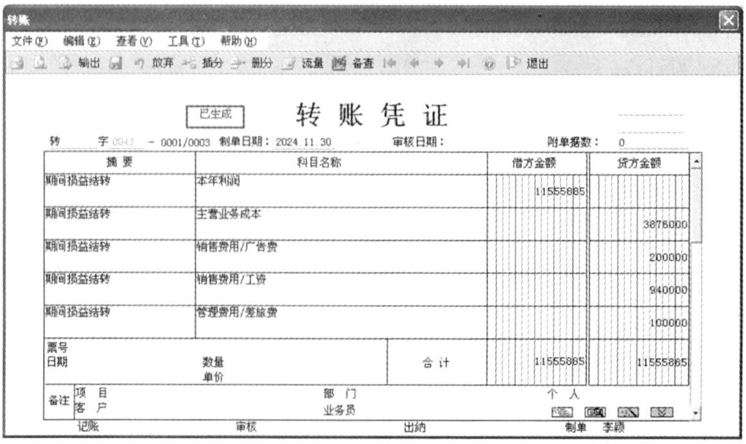

图12-40　生成成本费用结转凭证1

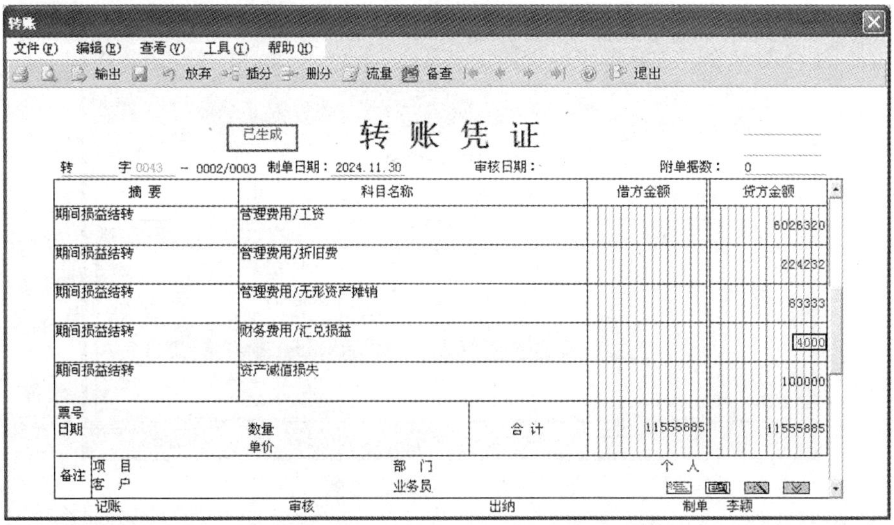

图12-41 生成成本费用结转凭证2

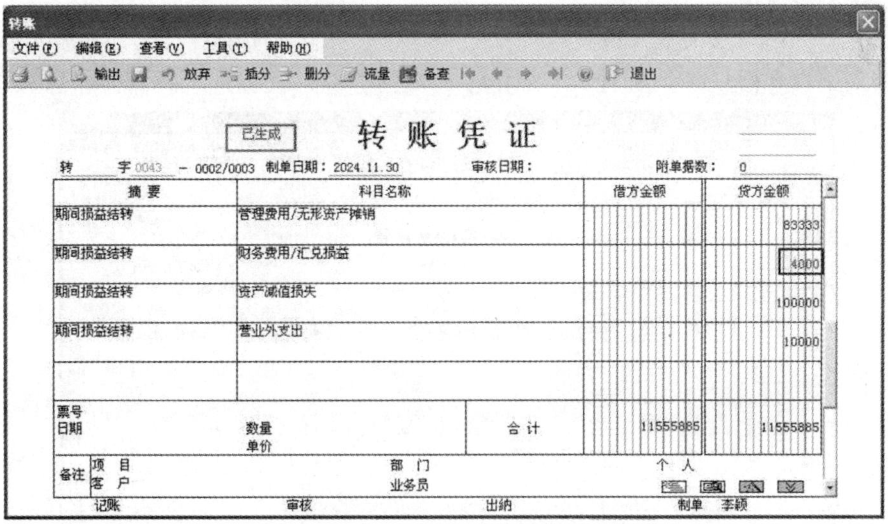

图12-42 生成成本费用结转凭证3

以上生成的记账凭证都要及时审核记账。

第三节 账簿查询

凭证处理工作完成以后，就可以对账簿进行查询利用，总账系统提供了丰富的账簿查询功能，可以满足各类账簿的查询输出。

一、总账查询

总账查询用于查询各总账科目的期初余额、各月发生额合计和月末余额，而且可以查询所有二至六级明细科目的期初余额、各月发生额合计和月末余额。查询总账时，标题显示为“所查科目的一级科目名称+总账”。例如，库存现金总账如图12-43所示。

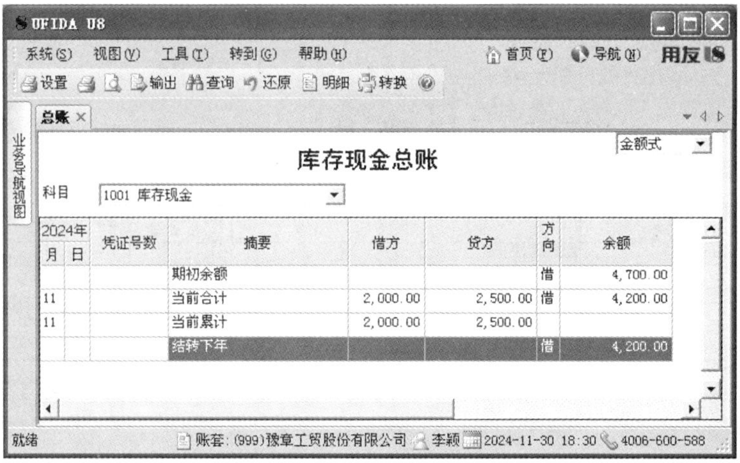

2024年 月	日	凭证号数	摘要	借方	贷方	方向	余额
			期初余额			借	4,700.00
11			当前合计	2,000.00	2,500.00	借	4,200.00
11			当前累计	2,000.00	2,500.00		
			结转下年			借	4,200.00

图 12-43 库存现金总账

二、余额表查询

余额表查询用于查询某月或某几个月的所有总账科目或明细科目的期初余额、本期发生额、期末余额等信息（如图 12-44 所示）。

科目编码	科目名称	期初余额 借方	期初余额 贷方	本期发生 借方	本期发生 贷方	期末余额 借方	期末余额 贷方
1001	库存现金	4,700.00		2,000.00	2,500.00	4,200.00	
1002	银行存款	130,500.00		122,440.00	115,614.00	137,326.00	
1121	应收票据			900.00		900.00	
1122	应收账款	106,600.00		-3,400.00	58,200.00	45,000.00	
1123	预付账款			5,759.00		5,759.00	
1221	其他应收款	2,000.00		1,000.00	1,000.00	2,000.00	
1231	坏账准备		1,000.00	500.00			500.00
1321	代理业务资产	41,500.00				41,500.00	
1401	材料采购			560.00	560.00		
1402	在途物资			76,160.00	76,520.00		360.00
1403	原材料	6,500.00		50.00	1,400.00	5,150.00	
1405	库存商品	55,800.00		73,440.00	39,280.00	89,960.00	
1406	发出商品	73,200.00				73,200.00	
1407	商品进销差价		16,200.00	520.00	1,040.00		16,720.00
1601	固定资产	260,860.00		15,500.00	25,470.00	250,890.00	
1602	累计折旧		48,490.88	3,933.28	9,527.28		54,084.88
1603	固定资产减值准				1,000.00		1,000.00
1606	固定资产清理			6,066.72		6,066.72	
1701	无形资产			100,000.00		100,000.00	
1702	累计摊销				833.33		833.33
资产小计		681,660.00	65,690.88	405,429.00	332,944.61	761,951.72	73,498.21
2202	应付账款		11,300.00	85,541.00	73,178.80	1,062.20	
2203	预收账款				600.00		600.00
2211	应付职工薪酬				105,503.20		105,503.20
2221	应交税费		77,800.00	9,952.80	5,361.07		73,208.27
2314	代理业务负债		41,500.00				41,500.00
负债小计			130,600.00	95,493.80	184,643.07	1,062.20	220,811.47
4001	实收资本		410,000.00		95,000.00		505,000.00
4002	资本公积		33,669.12	22,547.28	20,000.00		31,121.84
4103	本年利润			115,558.85	45,288.93	70,269.92	
4104	利润分配		41,700.00				41,700.00
权益小计			485,369.12	138,106.13	160,288.93	70,269.92	577,821.84
5001	生产成本			26,100.00		26,100.00	

图 12-44 发生额及余额表

三、明细账查询

明细账查询用于查询各账户的明细发生情况，以及按任意条件组合查询明细账，在查询过程中可以包含未记账凭证。

本功能提供了三种明细账的查询格式：普通明细账、按科目排序明细账、月份综合明细账。普通明细账是按科目查询、按发生日期排序的明细账；按科目排序明细账是按非末级科目查询、按其发生的末级科目排序的明细账；月份综合明细账是按非末级科目查询，包含非末级科目总账数据及末级科目明细数据的综合明细账，对各级科目的数据关系一目了然。例如，库存商品明细账如图12-45所示。

库存商品明细账

数量单位：件

科目　1405 库存商品

月份：2024.11-2024.11

2024年 月	日	凭证号数	摘要	单价	借方 数量	借方 金额	贷方 数量	贷方 金额	方向	余额 数量	余额 单价	余额 金额
			期初余额						借			55,800.00
11	10	转-0001	采购入库单_-	462.67606	142.00000	65,700.00			借	142.00000		121,500.00
11	19	转-0003	采购入库单_-	400.00000	4.00000	1,600.00			借	146.00000		123,100.00
11	20	转-0005	红字回冲单_-	800.00000	-10.00000	-8,000.00			借	136.00000		115,100.00
11	20	转-0006	蓝字回冲单_-	780.00000	10.00000	7,800.00			借	146.00000		122,900.00
11	22	转-0007	采购入库单_-	220.00000	8.00000	1,760.00			借	154.00000		124,660.00
11	23	转-0010	采购入库单_-	333.33333	9.00000	3,000.00			借	163.00000		127,660.00
11	30	转-0012	采购入库单_-	830.00000	4.00000	3,320.00			借	167.00000		130,980.00
11	30	转-0013	采购入库单_-	300.00000	-7.00000	-2,100.00			借	160.00000		128,880.00
11	30	转-0016	专用发票_-	840.00000			50.00000	42,000.00	借	110.00000		86,880.00
11	30	转-0018	专用发票_-	800.00000			-5.00000	-4,000.00	借	115.00000		90,880.00
11	30	转-0022	入库调整单_-			360.00			借	115.00000		91,240.00
11	30	转-0023	专用发票_-	400.00000			2.00000	800.00	借	113.00000		90,440.00
11	30	转-0024	专用发票_-	120.00000			4.00000	480.00	借	109.00000		89,960.00
11			当前合计		160.00000	73,440.00	51.00000	39,280.00	借	109.00000	825.32110	89,960.00
11			当前累计		160.00000	73,440.00	51.00000	39,280.00	借	109.00000	825.32110	89,960.00
			结转下年		160.00000		51.00000		借	109.00000	825.32110	89,960.00

图12-45　库存商品明细账

四、序时账查询

序时账查询用于按时间顺序排列每笔业务的明细数据（如图12-46所示）。

五、多栏账查询

本功能可以用于设计企业需要的多栏明细账。可按明细科目保存为不同的多栏账名称，在以后的查询中只需要选择多栏明细账直接查询即可；还可按明细科目自由设置不同样式的多栏账（如图12-47、图12-48所示）。

日期	凭证号数	科目编码	科目名称	摘要	方向	数量	外币	金额
2024.11.05	收-0004	100201	工行	收股东出资_102_CCB15_2024.11.05	借			15,000.00
2024.11.05	收-0004	4001	实收资本	收股东出资_102_CCB15	贷			15,000.00
2024.11.07	付-0008	1001	库存现金	提取备用金_101_xj07	借			2,000.00
2024.11.07	付-0008	100201	工行	提取备用金_101_xj07_2024.11.07	贷			2,000.00
2024.11.08	收-0002	100201	工行	收货款_102_CCB05_2024.11.08	借			56,000.00
2024.11.08	收-0002	1122	应收账款	收货款_南昌中山_102_CCB05_-	贷			56,000.00
2024.11.08	付-0006	1221	其他应收款	王一预借差旅费_采购部_王一	借			1,000.00
2024.11.08	付-0006	1001	库存现金	王一预借差旅费_101_	贷			1,000.00
2024.11.10	转-0001	1405	库存商品	采购入库单_-	借	142.00000		65,700.00
2024.11.10	转-0001	1402	在途物资	采购入库单	贷			65,700.00
2024.11.10	转-0002	1402	在途物资	采购专用发票	借			65,700.00
2024.11.10	转-0002	22210101	进项	采购专用发票	借			8,541.00
2024.11.10	转-0002	220201	一般应付款	采购专用发票_上海明珠_王一	贷			74,241.00
2024.11.13	付-0002	220201	一般应付款	付供应商货款_上海明珠_102_ZZ05_-	借			11,300.00
2024.11.13	付-0002	100201	工行	付供应商货款_102_ZZ05_2024.11.13	贷			11,300.00
2024.11.13	付-0009	660101	广告费	支付广告费_102_ZZ02	借			2,000.00
2024.11.13	付-0009	100201	工行	支付广告费_102_ZZ02_2024.11.13	贷			2,000.00
2024.11.13	转-0015	1122	应收账款	销售专用发票_南昌中山_杨健	借			800.00
2024.11.13	转-0015	6001	主营业务收入	销售专用发票	贷	4.00000		707.96
2024.11.13	转-0015	22210102	销项	销售专用发票	贷			92.04
2024.11.15	转-0038	660201	差旅费	王一报销差旅费_采购部	借			1,000.00
2024.11.15	转-0038	1221	其他应收款	王一报销差旅费_采购部_王一_2024.11.15	贷			1,000.00
2024.11.15	转-0039	1701	无形资产	接受华人公司投资	借			100,000.00
2024.11.15	转-0039	4001	实收资本	接受华人公司投资	贷			80,000.00
2024.11.15	转-0039	4002	资本公积	接受华人公司投资	贷			20,000.00
2024.11.17	转-0026	1121	应收票据	收款单_南昌中山_103_sy01_2024.11.17_-	借			900.00
2024.11.17	转-0026	1122	应收账款	收款单_南昌中山_-	贷			900.00
2024.11.17	转-0040	50010101	服装生产	领料生产_明珠男衣	借			1,300.00
2024.11.17	转-0040	140301	布匹	领料生产	贷	100.00000		1,000.00
2024.11.17	转-0040	140302	纽扣	领料生产	贷	200.00000		200.00
2024.11.17	转-0040	140303	缝纫线	领料生产	贷	20.00000		100.00
2024.11.18	收-0001	100201	工行	现结_105_DH020118_2024.11.18	借			50,000.00

图 12-46　序时账

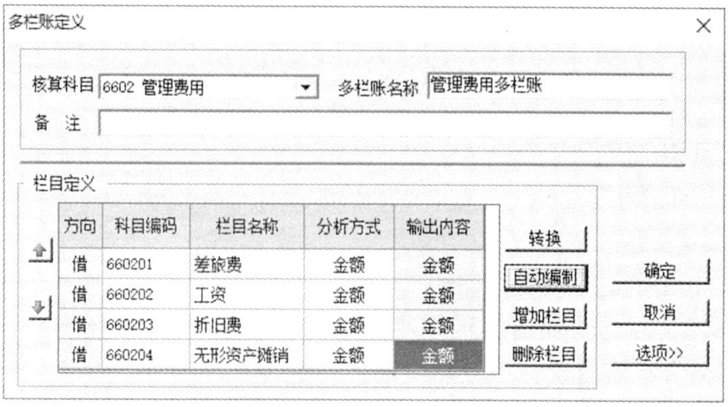

方向	科目编码	栏目名称	分析方式	输出内容
借	660201	差旅费	金额	金额
借	660202	工资	金额	金额
借	660203	折旧费	金额	金额
借	660204	无形资产摊销	金额	金额

图 12-47　定义多栏账

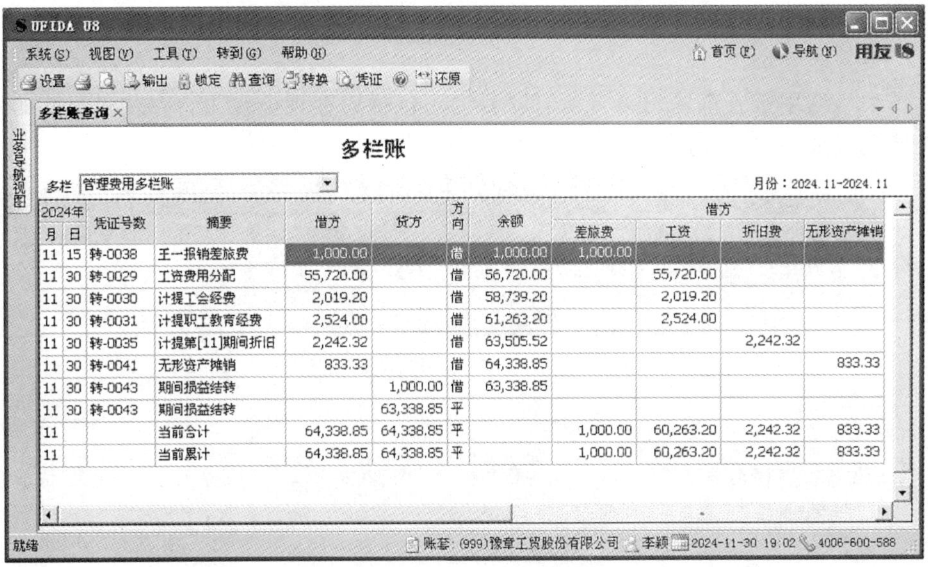

图 12-48　查询多栏账

六、综合多栏账查询

综合多栏账查询是在多栏账的基础上新增的一个账簿查询方式，它既可以以科目为分析栏目查询明细账，也可以以辅助项及自定义项为分析栏目查询明细账，还可以完成多组借贷栏目在同一账表中的查询。其目的主要是为了完成商品销售、库存、成本明细账的横向联合查询，并提供简单的计算功能，以方便用户对商品进销存状况的即时了解。

七、日记账查询

日记账查询主要用于查询除库存现金日记账、银行存款日记账以外的其他日记账。首先要在会计科目中将要查询日记账的科目属性设置为“日记账”。如果某日的凭证已填制完毕但未登记入账，可以通过选择“包含未记账凭证”进行查询（如图 12-49 所示）。

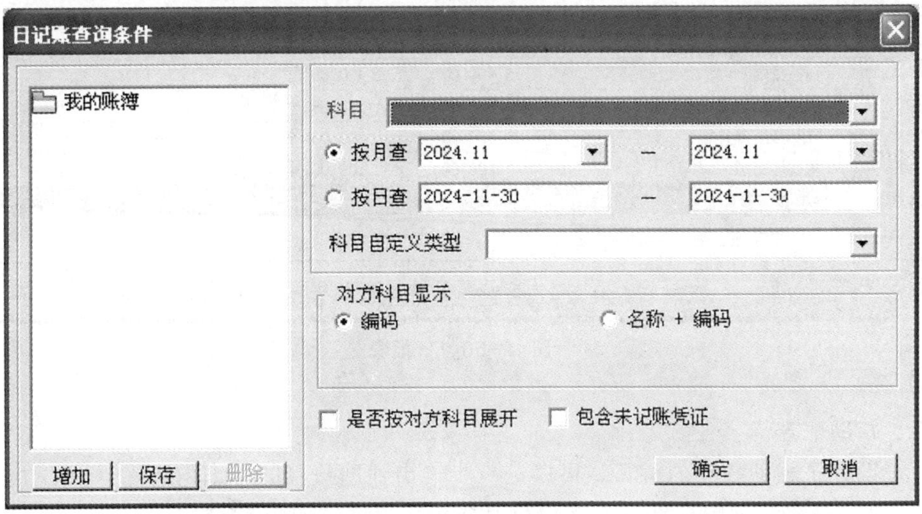

图 12-49　日记账查询

八、日报表查询

日报表查询用于查询输出某日所有科目（不包括库存现金、银行存款科目）的发生额及余额情况（如图12-50所示）。

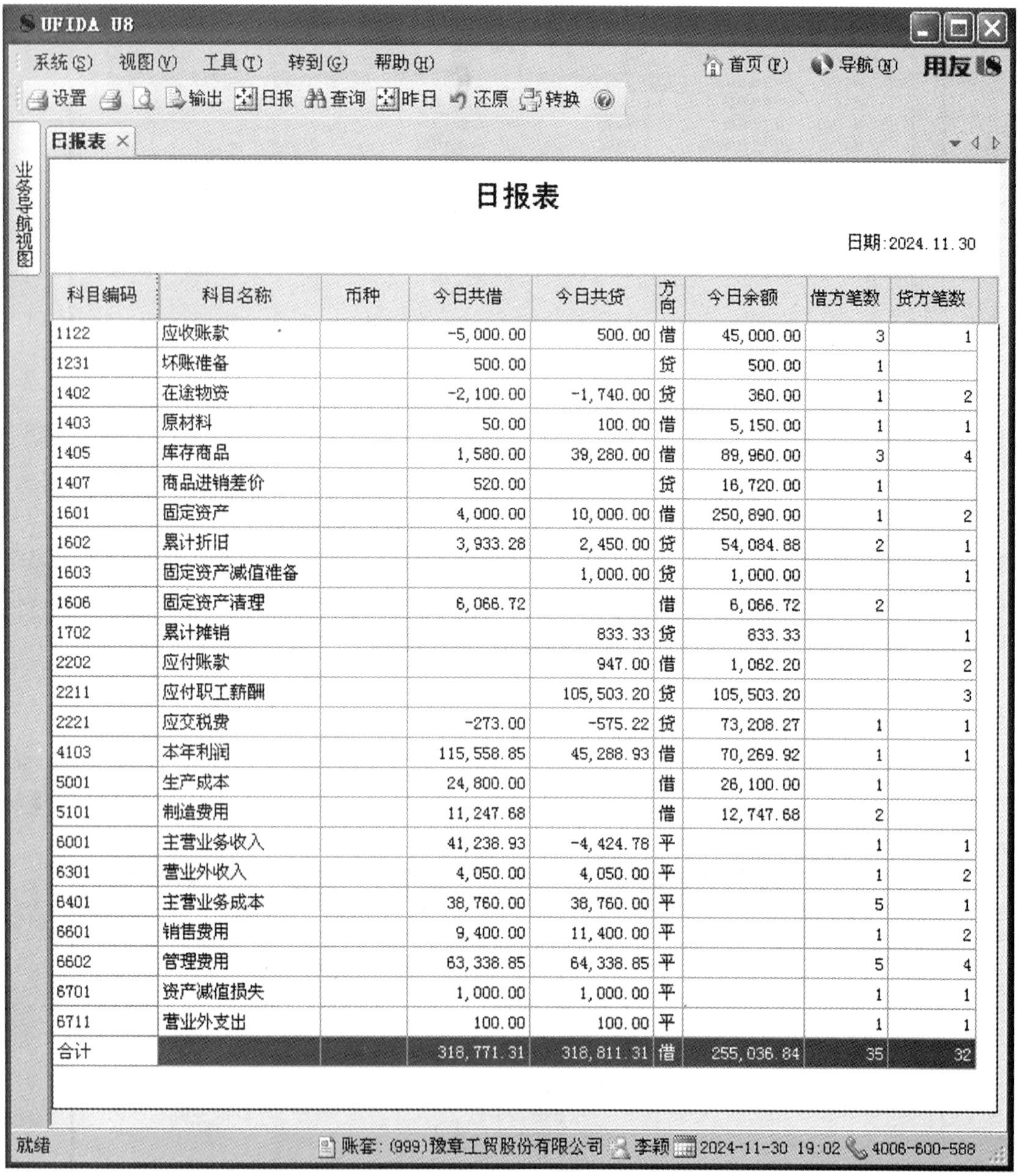

科目编码	科目名称	币种	今日共借	今日共贷	方向	今日余额	借方笔数	贷方笔数
1122	应收账款		-5,000.00	500.00	借	45,000.00	3	1
1231	坏账准备		500.00		贷	500.00	1	
1402	在途物资		-2,100.00	-1,740.00	贷	360.00	1	2
1403	原材料		50.00	100.00	借	5,150.00	1	1
1405	库存商品		1,580.00	39,280.00	借	89,960.00	3	4
1407	商品进销差价		520.00		贷	16,720.00	1	
1601	固定资产		4,000.00	10,000.00	借	250,890.00	1	2
1602	累计折旧		3,933.28	2,450.00	贷	54,084.88	2	1
1603	固定资产减值准备			1,000.00	贷	1,000.00		1
1606	固定资产清理		6,066.72		借	6,066.72	2	
1702	累计摊销			833.33	贷	833.33		1
2202	应付账款			947.00	借	1,062.20		2
2211	应付职工薪酬			105,503.20	贷	105,503.20		3
2221	应交税费		-273.00	-575.22	贷	73,208.27	1	1
4103	本年利润		115,558.85	45,288.93	借	70,269.92	1	1
5001	生产成本		24,800.00		借	26,100.00	1	
5101	制造费用		11,247.68		借	12,747.68	2	
6001	主营业务收入		41,238.93	-4,424.78	平		1	1
6301	营业外收入		4,050.00	4,050.00	平		1	2
6401	主营业务成本		38,760.00	38,760.00	平		5	1
6601	销售费用		9,400.00	11,400.00	平		1	2
6602	管理费用		63,338.85	64,338.85	平		5	4
6701	资产减值损失		1,000.00	1,000.00	平		1	1
6711	营业外支出		100.00	100.00	平		1	1
合计			318,771.31	318,811.31	借	255,036.84	35	32

图12-50 日报表

九、辅助账查询

对于设置了辅助核算的科目，可以进一步输出辅助核算的详细内容。

1.“客户往来辅助账”项下的客户科目余额表查询（如图12-51所示）。

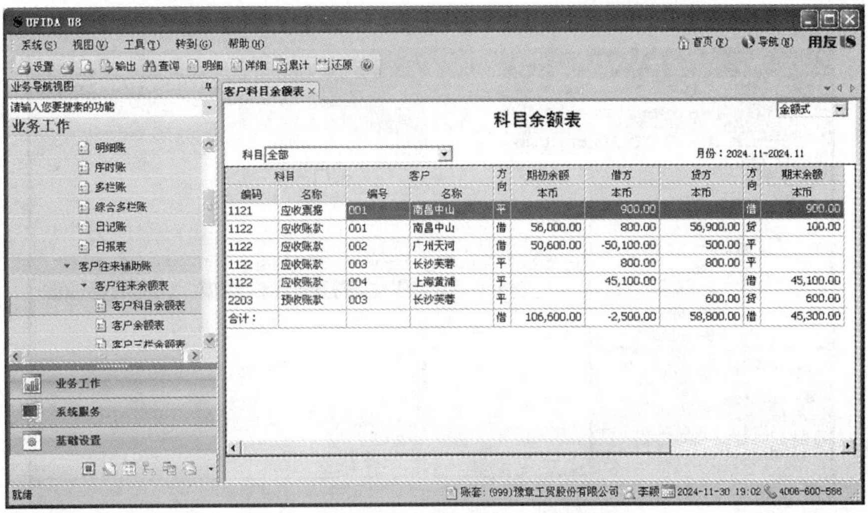

科目编码	科目名称	客户编号	客户名称	方向	期初余额本币	借方本币	贷方本币	方向	期末余额本币
1121	应收票据	001	南昌中山	平		900.00		借	900.00
1122	应收账款	001	南昌中山	借	56,000.00	800.00	56,900.00	贷	100.00
1122	应收账款	002	广州天河	借	50,600.00	-50,100.00	500.00	平	
1122	应收账款	003	长沙芙蓉	平		800.00	800.00	平	
1122	应收账款	004	上海黄浦	平		45,100.00		借	45,100.00
2203	预收账款	003	长沙芙蓉	平			600.00	贷	600.00
合计：				借	106,600.00	-2,500.00	58,800.00	借	45,300.00

图 12-51 客户往来辅助账科目余额表

2.“供应商往来辅助账”项下的供应商余额表查询（如图 12-52 所示）。

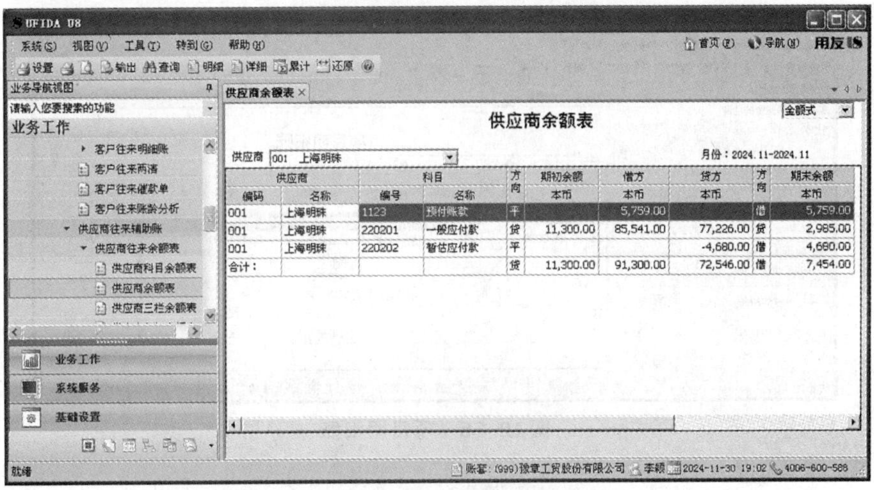

供应商编码	供应商名称	科目编号	科目名称	方向	期初余额本币	借方本币	贷方本币	方向	期末余额本币
001	上海明珠	1123	预付账款	平		5,759.00		借	5,759.00
001	上海明珠	220201	一般应付款	贷	11,300.00	85,541.00	77,226.00	贷	2,985.00
001	上海明珠	220202	暂估应付款	平			-4,680.00	借	4,680.00
合计：				贷	11,300.00	91,300.00	72,546.00	借	7,454.00

图 12-52 供应商往来辅助账供应商余额表

3. 个人往来余额表查询（如图 12-53 所示）。

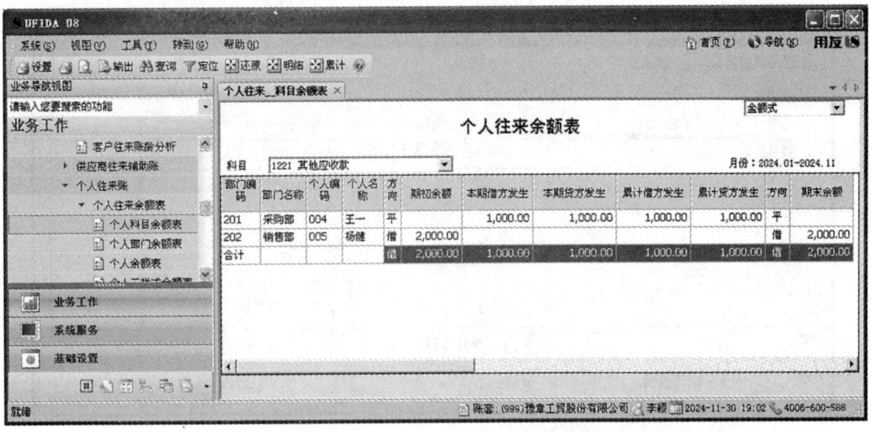

部门编码	部门名称	个人编码	个人名称	方向	期初余额	本期借方发生	本期贷方发生	累计借方发生	累计贷方发生	方向	期末余额
201	采购部	004	王一	平		1,000.00	1,000.00	1,000.00	1,000.00	平	
202	销售部	005	杨健	借	2,000.00					借	2,000.00
合计				借	2,000.00	1,000.00	1,000.00	1,000.00	1,000.00	借	2,000.00

图 12-53 个人往来余额表

4.部门辅助总账查询（如图12-54所示）。

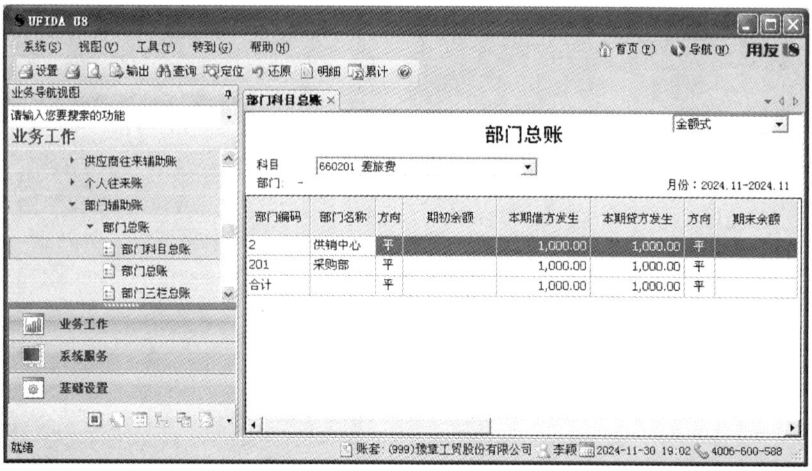

图12-54 部门总账

5.项目辅助明细账查询（如图12-55所示）。

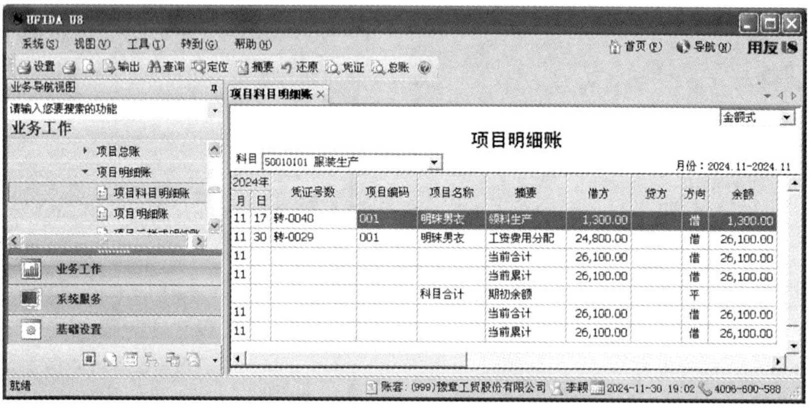

图12-55 项目明细账

十、跨年查询账表

该功能可以实现跨不同的会计年度查询相关的数据（如图12-56所示）。

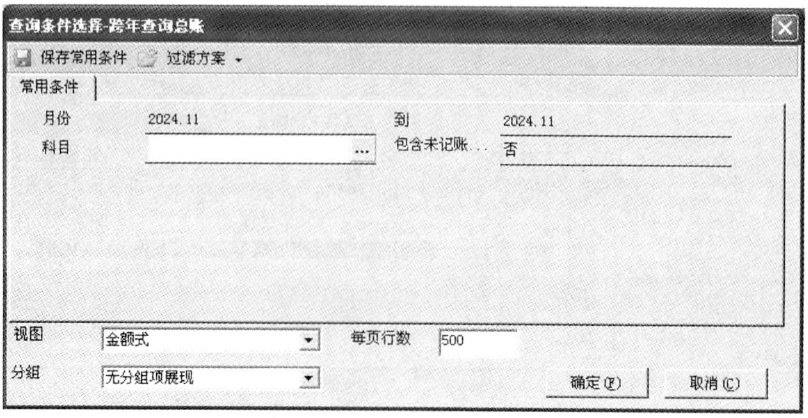

图12-56 跨年查询总账

第四节　凭证及账簿修改

在凭证及账簿处理过程中，如果出现错误，可以根据错误出现的不同阶段，采用不同的方式进行修改。

一、直接修改凭证

记账凭证存盘后发现凭证内容错误，且发生错误的项目不是凭证类别或编号，如果凭证尚未进行出纳签字或者审核等后续处理，就可以直接对错误的项目进行修改，然后再次存盘即可改正错误；如果此时凭证已经进行出纳签字或者审核，则需要取消出纳签字或者审核，然后直接修改再次存盘。

二、作废/恢复凭证

如果一张凭证填制完成存盘后发现错误，且错误是凭证类别、编号或者填制日期（跨月），则需要调用作废、整理凭证的功能来处理这张凭证。如果凭证进行了出纳签字、审核、记账等任何一项操作，或者该凭证来源于总账以外的系统，则该凭证不能进行作废/恢复操作。

1.进行凭证的作废操作前，首先在“填制凭证”中定位到待作废凭证（因为前面的记账凭证均已记账，所以此处根据演示需要由会计任意新增一张记账凭证并存盘），然后在“制单”菜单中选择“作废/恢复”功能（如图12-57所示）。

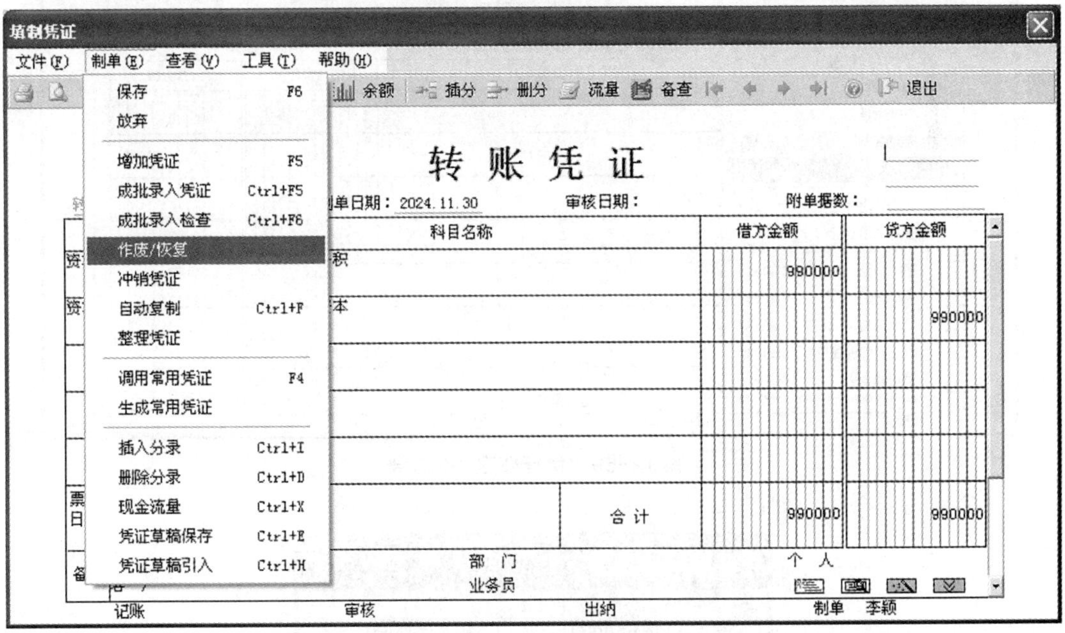

图 12-57　作废/恢复功能

系统将会在凭证上盖“作废”戳记，但这张凭证依然被保留在数据库中，还占用了一个凭证号（如图12-58所示）。

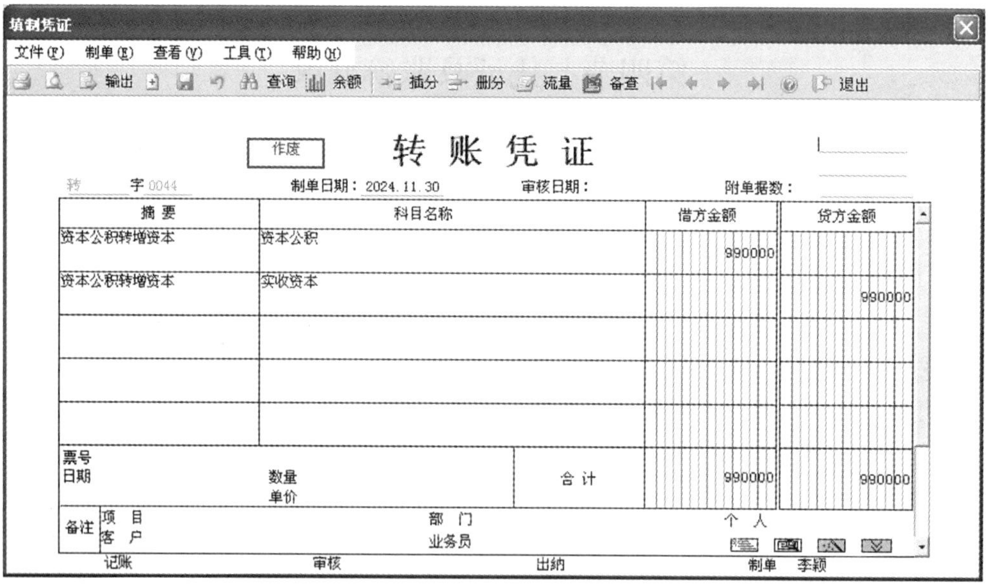

图 12-58　执行凭证作废功能

2. 如果需要把作废的凭证从数据库中清除，可以执行“整理凭证”功能，准备将其永久删除（如图 12-59 所示）。

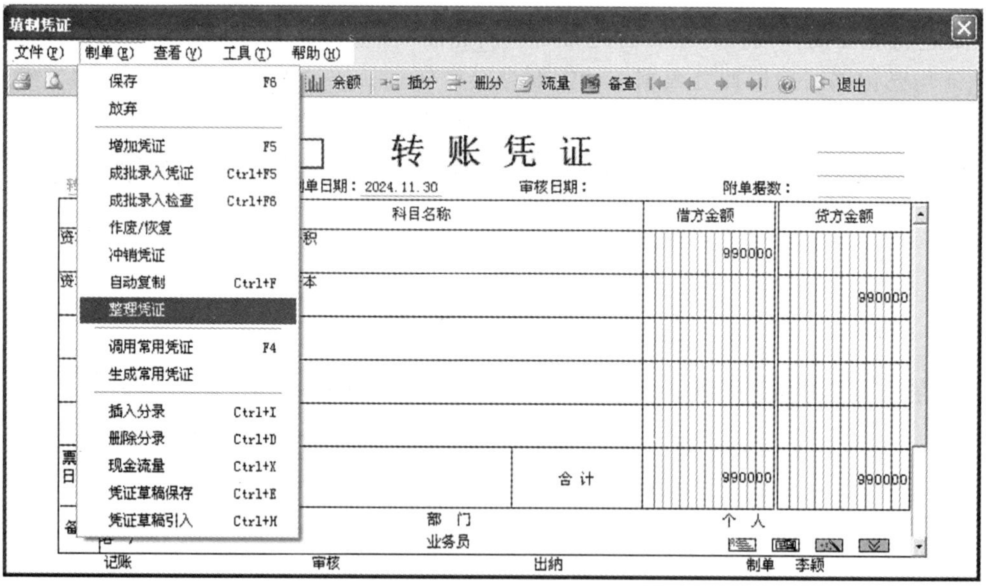

图 12-59　执行整理凭证功能

3. 选择凭证期间（如图 12-60 所示）。

图 12-60　选择凭证期间

4.选择需要作废（永久删除）的凭证（如图12-61所示）。

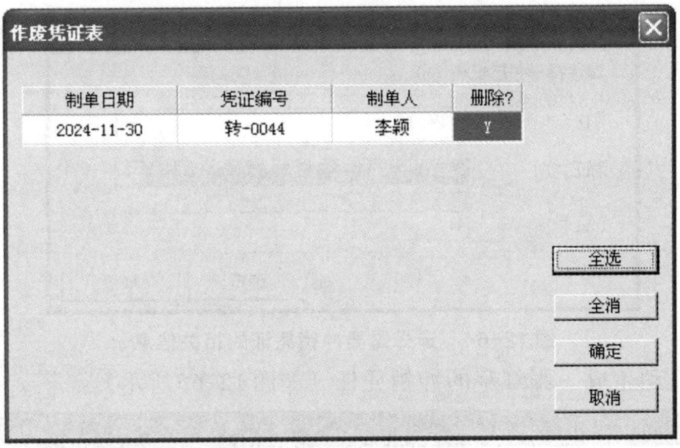

图12-61 选择作废凭证

5.确认是否需要整理凭证断号（如图12-62所示）。

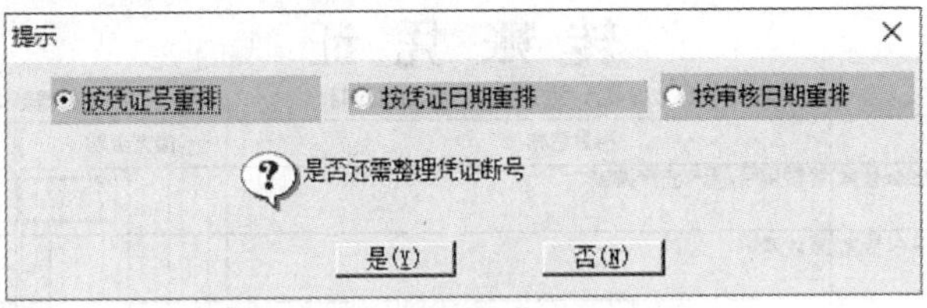

图12-62 确认是否需要整理凭证断号

三、冲销凭证

如果凭证记账以后发现了错误，可以调用“冲销凭证”功能将这类错误进行修改并保留修改的痕迹。

1.执行“制单”菜单中的“冲销凭证”功能（如图12-63所示）。

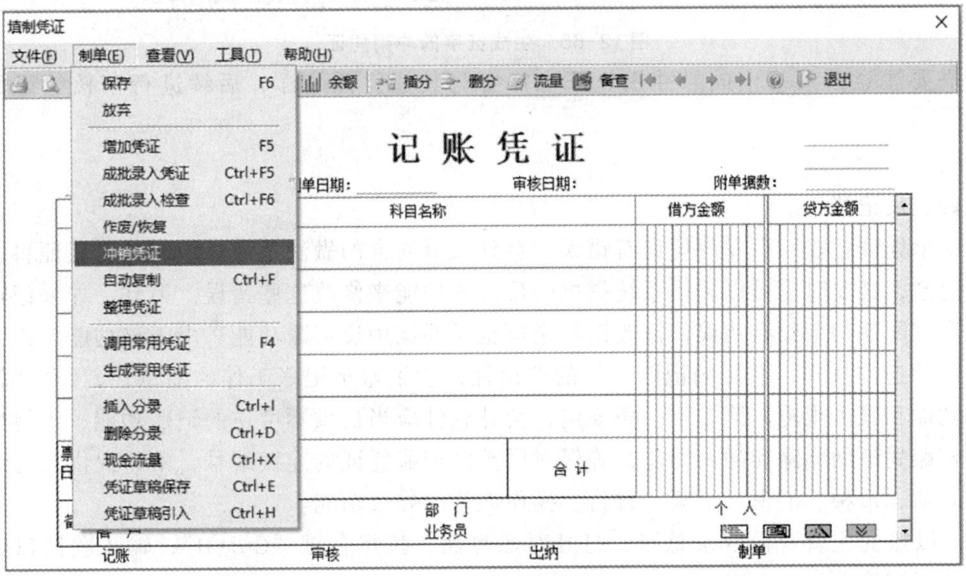

图12-63 冲销凭证功能

2.选择需要冲销的凭证月份、凭证类别及凭证号（如图12-64所示）。

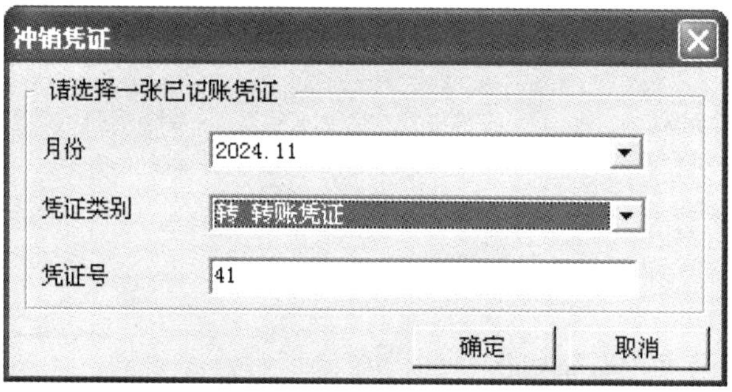

图12-64　选择需要冲销凭证的相关信息

3.系统将会自动生成一张红字的冲销凭证（如图12-65所示）。

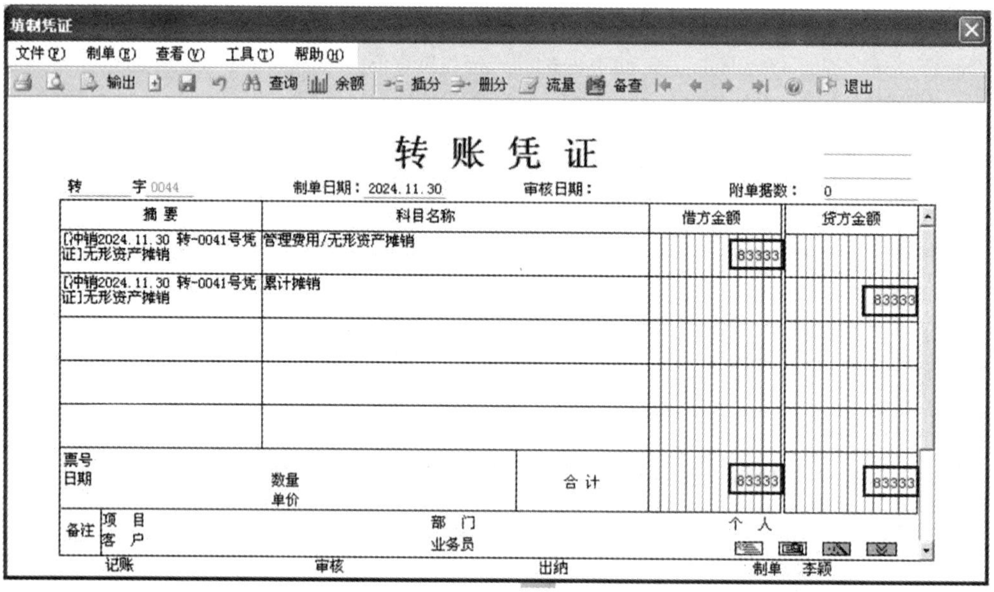

图12-65　生成红字的冲销凭证

需要注意：系统生成的冲销凭证也需要与其他凭证一样，后续进行审核、记账等操作。

四、反记账

如果凭证记账以后发现凭证有错误，会计人员通常的做法是通过填制冲销凭证将错误修改过来，必要时也可以调用系统提供的反记账功能来修改这些错误。另外，如果记账以后发现总账期初余额有错误，修改期初余额也需要调用反记账功能。由于该功能是正常操作流程的逆向操作，会影响记账工作的严肃性，为了避免记账工作的随意性，《会计软件基本功能和服务规范》第二十一条规定，会计软件应当提供不可逆的记账功能，不得提供对已记账凭证的删除和插入功能，确保对同类已记账凭证的连续编号，不得提供对已记账凭证日期、币种、汇率、金额、科目、操作人等的修改功能。

1.以账套主管身份登录总账，打开对账界面，按组合键“Ctrl+H”，输入验证口令以后激活反记账功能（如图12-66、图12-67所示）。

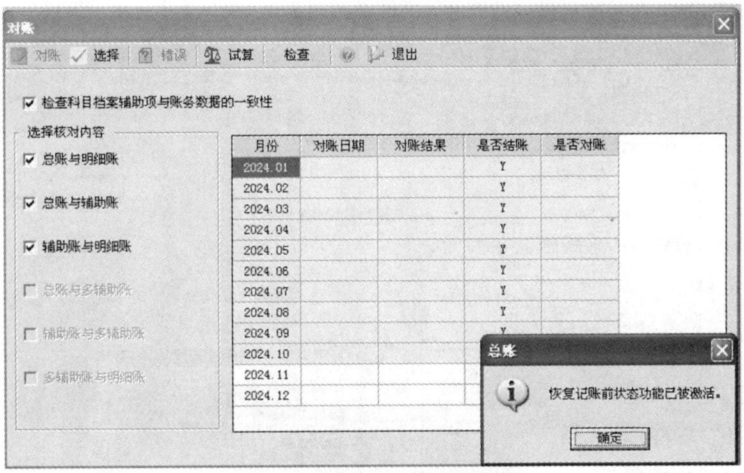

图 12-66 激活反记账功能

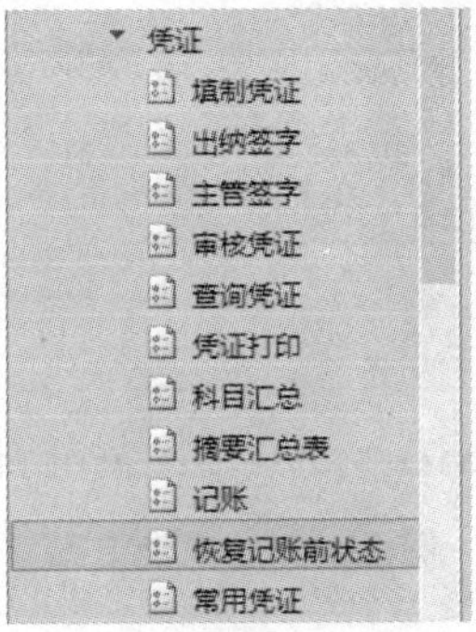

图 12-67 恢复记账前状态功能

2. 选择一种恢复方式（如图 12-68 所示）。

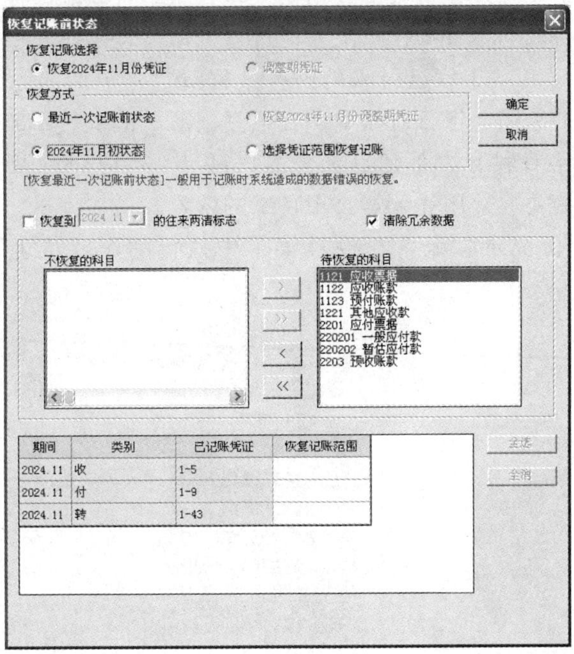

图 12-68 选择恢复方式

3.输入账套主管密码以后即可完成反记账工作（如图12-69所示）。

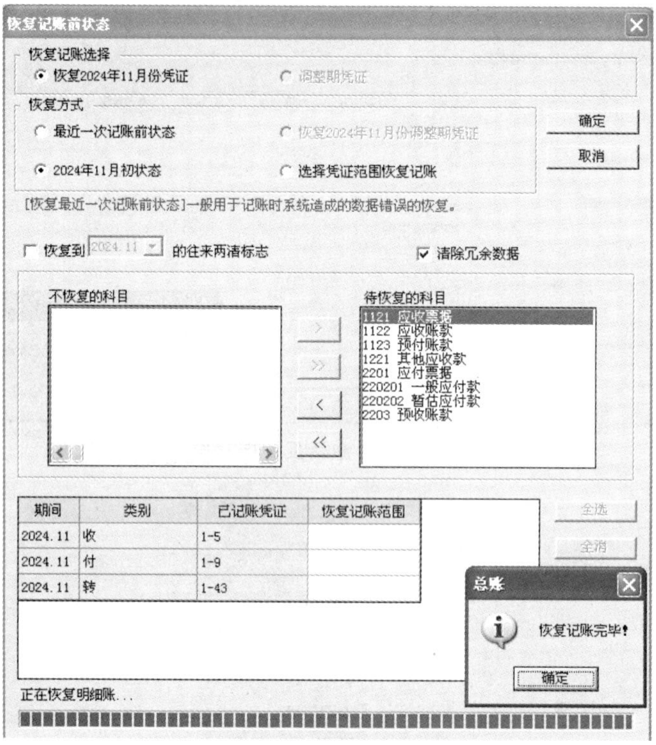

图12-69 恢复记账

五、账簿清理

当年初建完账后，发现账建得太乱或错误太多，希望将该账冲掉，然后重新建账，可使用该功能。必须具备账套主管操作权限才能进行账簿清理操作。

账簿清理可以将账套本年度已录入的财务数据清空，包括：凭证及明细账、科目总账、辅助总账、多辅助总账、银行对账单、支票登记簿、汇率、外部凭证临时表等内容。

清理后仍然保留会计科目、部门目录、客户目录、供应商目录、项目目录、个人目录、凭证类别、常用摘要、常用凭证等公用目录的内容。

1.以账套主管身份登录总账，在设置菜单中执行“账簿清理”功能（如图12-70所示）。

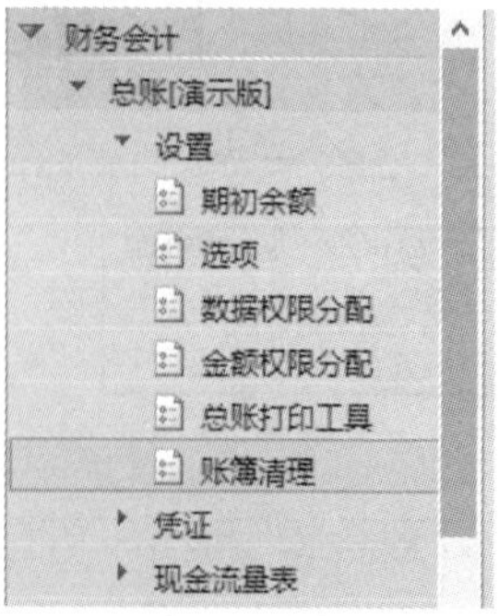

图12-70 账簿清理功能

2.清理账务数据（如图12-71所示）。

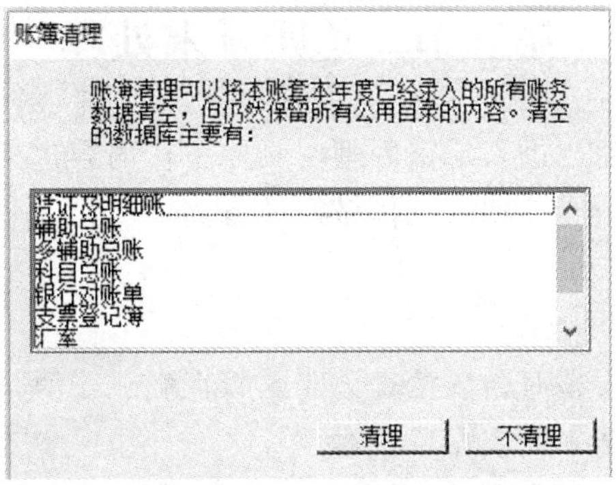

图12-71　账簿清理

六、重新初始化

当会计科目体系发生重大变化时，可以使用该功能将总账系统进行重新初始化。

执行重新初始化后，该年度将视为一个新的启用年度，本会计年度数据与之前年度数据将会割裂开，成为两段独立、并列的数据，在跨年查询账表中将不再支持本年度与之前年度连续查询。

1.具备操作权限的用户执行总账“维护”菜单中的“重新初始化”功能（如图12-72所示）。

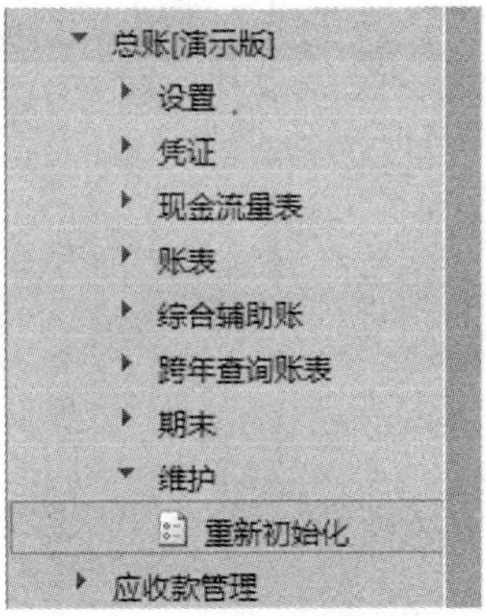

图12-72　重新初始化功能

2.选择数据处理对象（如图12-73所示）。

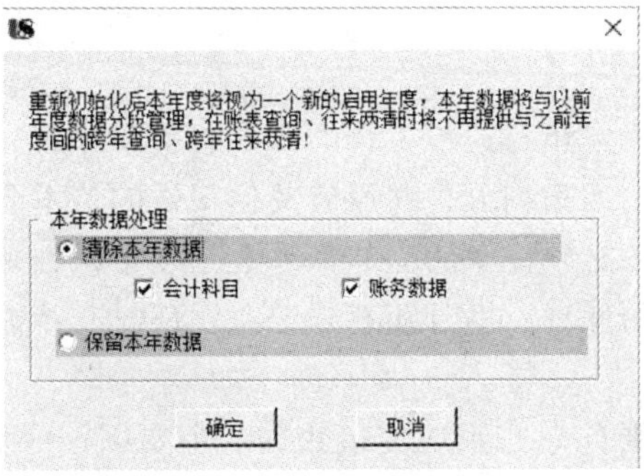

图12-73　选择数据处理对象

第五节　总账月末处理

总账日常业务完成以后，进入期末处理。具体工作内容包括对账和结账，结束一个会计期间的总账处理，为下个会计期间工作做好准备。

一、对账

对账是对账簿数据进行核对，以检查记账是否正确、账簿是否平衡，主要核对总账与明细账、总账与辅助账数据来完成账账核对。

实行计算机记账后，只要记账凭证输入正确，记账以后各账簿都应该是正确和平衡的，但由于非法操作、计算机病毒或其他原因，有时可能会造成数据库中某些数据被破坏，因而引起账账不符。为确保相关数据相符，可使用对账功能进行检查，并且计算机对账速度很快，对一次账不会对系统效率造成很大影响，因此在大部分软件中还保留了这项功能。

对账之前选择核对内容，选择需要核对的会计月份，执行对账操作，系统将显示对账结果（如图12-74所示）。

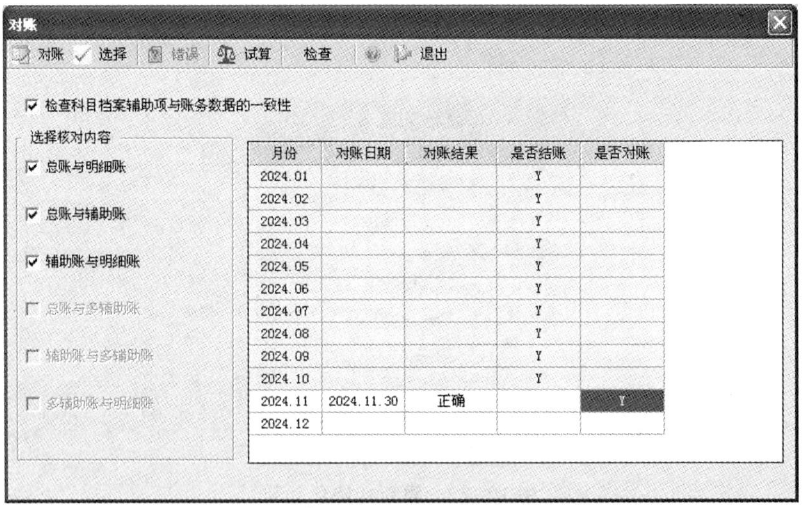

图12-74　选择核对内容及会计月份

二、结账

结账是总账处理的最后一步，这步工作的开始也就意味着一个会计期间即将结束。由于结账只是在核算期间上的人为划分，并没有其他很强的技术要求，因此，这步工作通常都是采用向导方式进行的。必须注意的是，如果上月未结账，那本月不能记账，也不能结账，但可以填制、审核新的凭证；本月还有未记账凭证时，不能进行结账；已经结账的月份不能再填制记账凭证。

由于很多业务系统需要向总账系统传递数据（主要以记账凭证形式），因此，为了防止结账导致的数据在相关子系统之间的不一致，在总账结账之前，系统会检查相关子系统是否结账，包括应付、应收、成本管理、固定资产、项目成本、存货核算、薪资管理等。具体结账的顺序要求如下：

1. 采购管理先结账，应付款后结账。
2. 销售管理先结账，应收款后结账。
3. 采购管理、销售管理先结账，库存管理后结账。
4. 库存管理先结账，存货核算后结账。
5. 总账最后结账。

业务系统结账

如果这些子系统已经在总账结账的当月启用但是未结账，则总账不能结账，需要将这些子系统结账或者取消启用才可以进行总账结账。

业务系统结账以后，可以进行总账结账，具体步骤如下：

1.启动结账向导（如图12-75所示）。

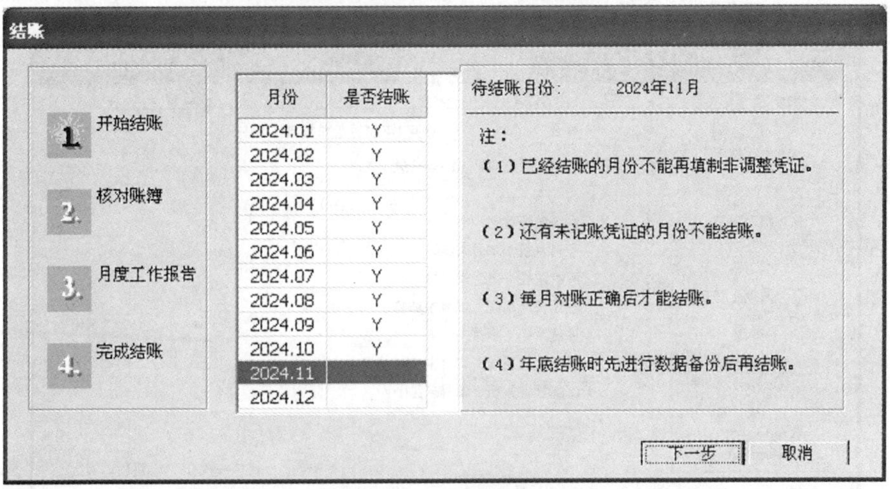

图12-75 结账向导

2.核对账簿（如图12-76所示）。

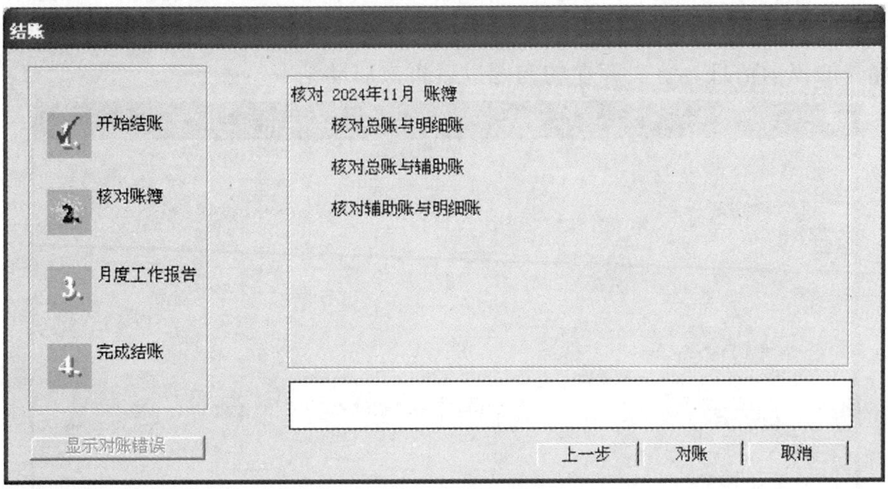

图12-76 核对账簿

3.系统生成月度工作报告（如图12-77、图12-78所示）。

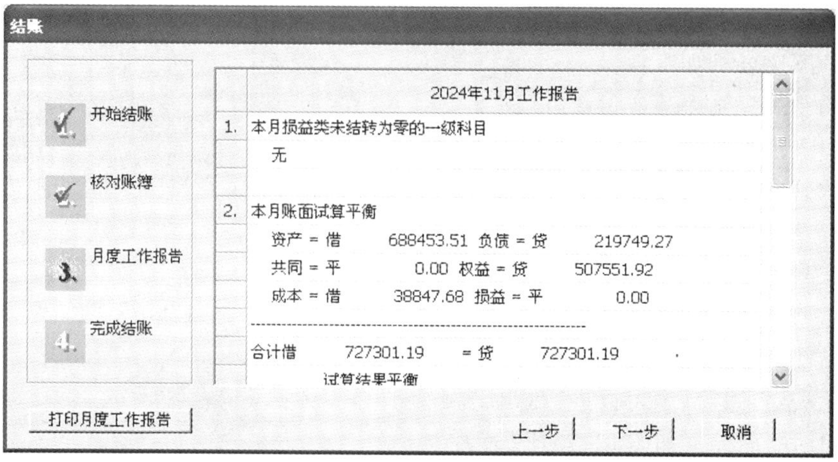

图 12-77　月度工作报告 1

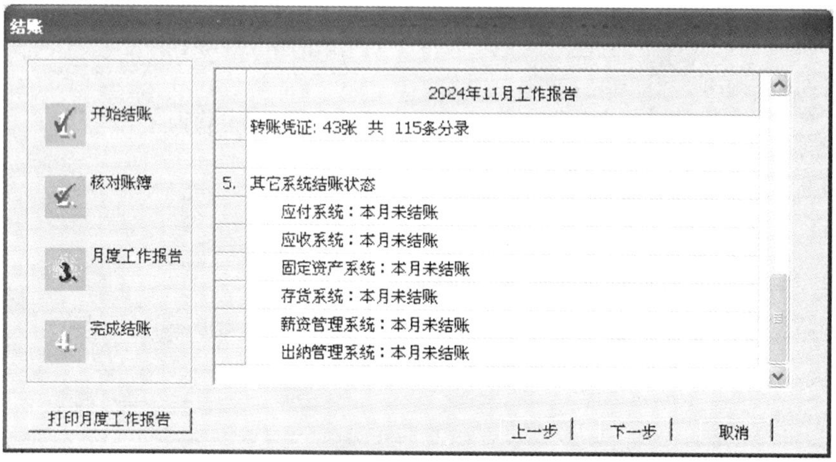

图 12-78　月度工作报告 2

4.完成结账。如果各项条件满足，系统可以正常结账；如果不能结账，则会出现无法结账提示信息（如图 12-79 所示），此时需要仔细查看月度工作报告，特别是第一部分和最后一部分的提示信息，解决存在的问题以后再次启动结账。

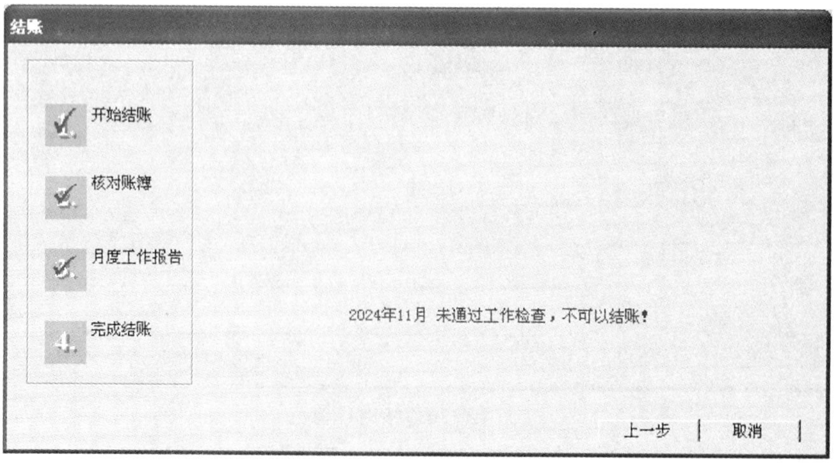

图 12-79　无法结账提示信息

三、反结账

如果总账结账以后（如图12-80所示），发现前面的处理存在问题，也可以调用系统提供的反结账功能将结账标记去除，从而为修改错误提供可能。

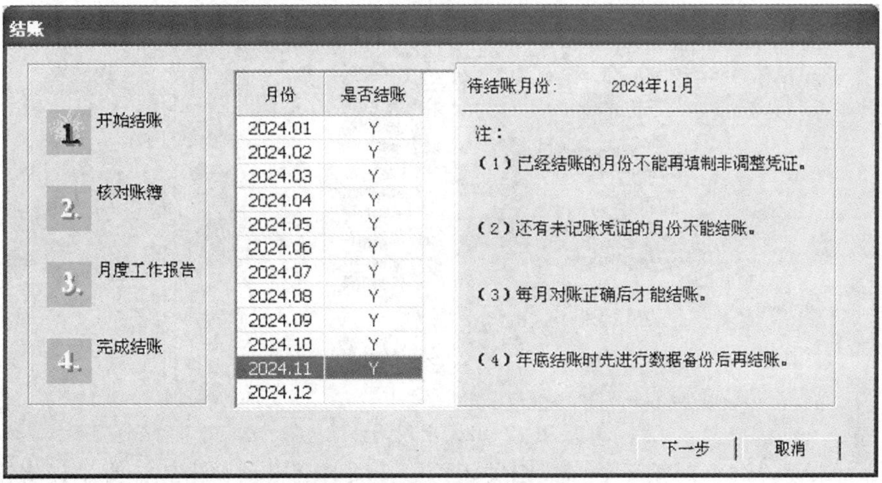

图12-80 总账11月份结账

反结账的具体操作如下：以账套主管的身份登录总账，在已经结账的最后一个月份按组合键“Ctrl+Shift+F6”，如果是笔记本电脑，根据情况可按组合键“Ctrl+Shift+Fn+F6”，然后输入主管口令，即可完成该月份的反结账工作，依此也可将其他月份反结账。需要注意的是，使用该功能可能会破坏总账的记账、结账规则。原有规则是：总账上月未结账，则下月不能记账，但是如果使用反结账功能将连续多个月实现反结账操作以后，就会发现该规则被破坏了，所以反结账功能必须慎用（如图12-81所示）。

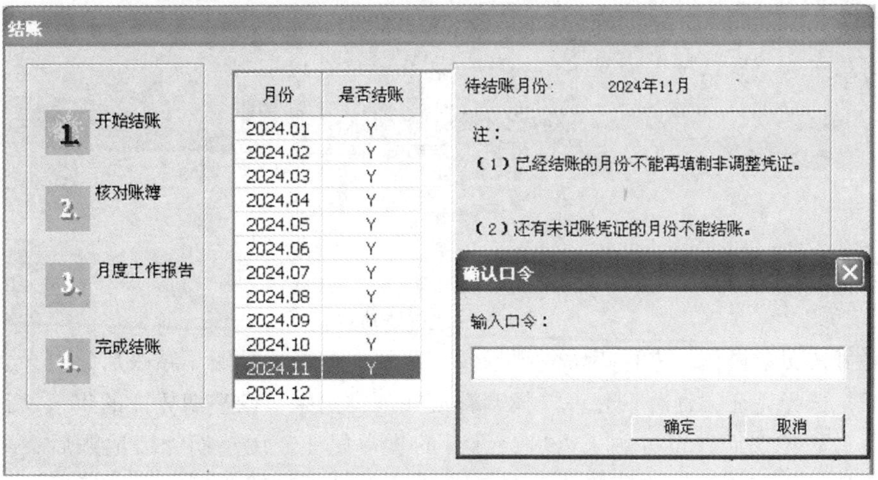

图12-81 输入口令完成反结账工作

四、调整期

正常情况下，总账月度结账后，本月不能再填制记账凭证。若需要在结账以后仍然可以填制凭证，可在总账选项中启用调整期。系统自动在结账功能菜单后增加关账功能，在结账之后关账之前为调整期，在调整期内填制的凭证为调整凭证。本功能用于以下几种情况：适应追溯调整法，在结账后仍然可以填制凭证调整年度报表数据；生成对比报表，UFO可以同时生成包含和不包含调整凭证的报表。

在总账选项中，选中“启用调整期”（如图12-82所示）。

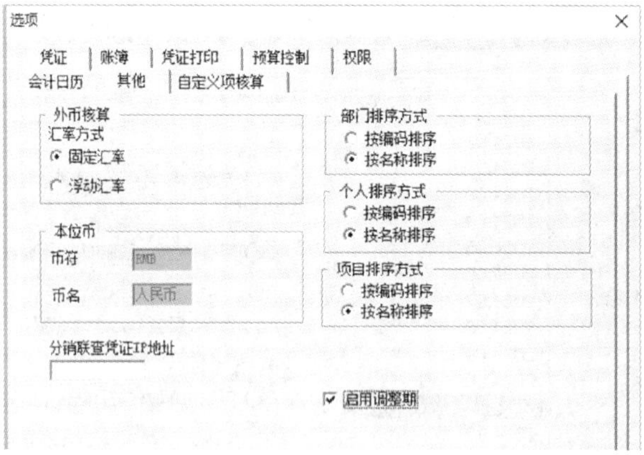

图12-82 启用调整期

如果尚未设置调整期凭证类别，则关闭总账选项时会自动弹出凭证类别设置窗口，要求选择调整期凭证类别，可双击调整期列进行选择（如图12-83所示）。

图12-83 调整期凭证类别设置

关闭总账选项后系统自动显示“关账”菜单（如图12-84所示）。

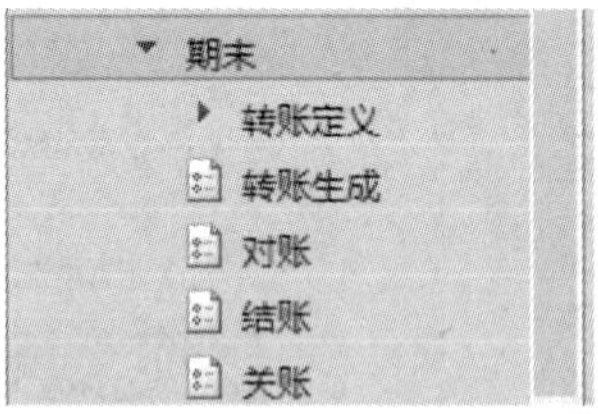

图12-84 关账功能

此时可按正常操作，进行正常凭证录入、审核、记账、结账。结账后，可录入当月调整期凭证，选择凭证类别时只允许选择调整期凭证类别字，调整期凭证的审核、记账与日常凭证类似。结账后，也可录入以后会计月的日常凭证。调整期凭证记账后，可进行关账，关账后该期间不能再进行操作。如需修改或新增调整期凭证，可进行反关账、反记账、弃审等操作。反记账的界面提供“只恢复本月调整期凭证”选项，当结账后未关账时，该选项可用。

如果在总账系统选项中取消“启用调整期”，已存的数据不发生变化，后续操作将不能生成调整期凭证。

思考题：

1.为什么启用了应收模块后通常需要将总账选项中的“可以使用应收受控科目”设置为不可用？

2.反结账的操作可能会对记账、结账规则带来什么影响？

3.会计科目的期初余额方向与该科目默认余额方向不一致应该怎样处理？

4.期末使用自动转账方式进行期间损益结转的操作需要注意哪些问题？

5.如何设置出纳签字功能在总账中完成而不是在出纳管理中完成？

6.总账能否结账受哪些模块影响？

7.完成如下操作（以下部分操作有破坏性，请先备份账套数据，以便恢复）：

（1）查询库存现金11月借方发生额；

（2）查询应交税费11月末余额；

（3）冲销11月份的1号转账凭证；

（4）作废11月份的1号付款凭证；

（5）永久删除11月份的1号付款凭证；

（6）修改11月初库存现金余额（加上1 000元）以及应付职工薪酬余额（加上1 000元）。

8.在自定义转账中，设计销售成本结转业务（采用加权平均法计算销售成本）。

9.凭证的作废和冲销有什么不同？

10.总账在结账以后是否还能填制凭证？

第十三章 报表管理

财务报告是反映企业一定时点的财务状况和一定期间的经营成果与现金流量的书面文件，其内容包括资产负债表、利润表、现金流量表、所有者权益（或股东权益）变动表及附注，其中财务报表是财务报告的核心内容。

用友U8的报表管理系统是报表事务处理的工具，它是一个独立于系统数据库的模块，通过系统事先定义或者二次开发的各种函数与数据库保持密切的联系。除此之外，该系统也可以独立运行，作为一个电子表格软件用于处理日常办公事务。因此，它被称为UFO（user friend office）模块。

UFO报表制作分为两大部分，一是报表格式设计，二是报表数据处理，这两部分工作在不同状态下进行。报表工作区的左下角有一个“格式/数据”按钮，单击这个按钮可以在“格式状态”和“数据状态”之间切换。

总体来看，报表的编制与手工方式下的流程相似，只是侧重点有变化，报表操作流程如图13-1所示。

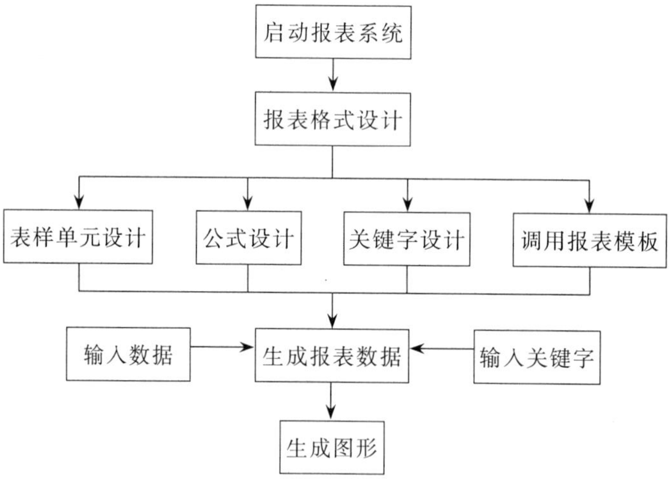

图13-1 报表操作流程

只有在设计报表格式和生成报表数据之前明确报表数据取自哪个默认的账套及账套库，后续执行UFO报表功能时才能提取到报表相关项目的数据。用户可以通过企业应用平台，登录到指定的账套和账套库，实际上就是确认默认的账套和账套库（如图13-2所示）。

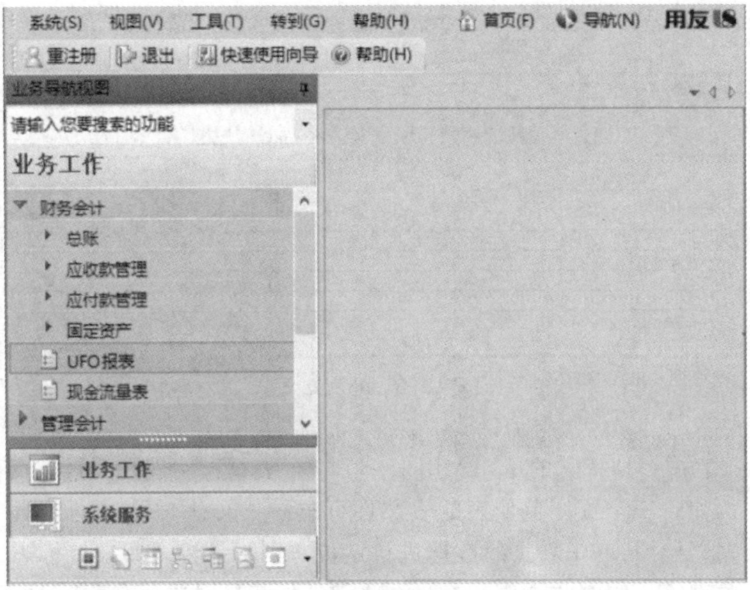

图13-2 登录企业应用平台

第一节 报表格式设计

在报表格式设计状态下，根据对外披露以及内部管理的要求进行报表格式设计，如设定表尺寸、行高和列宽、单元属性、单元风格、组合单元、关键字；定义报表的单元公式(计算公式)、审核公式及舍位平衡公式。在格式状态下所看到的是报表的格式，报表的数据全部隐藏；在格式状态下所做的操作会使本报表所有的表页都发生变化；在格式状态下不能进行数据的输入、计算等操作。

一、报表基本格式设计

报表的格式设计在格式状态下进行，设计好的格式对所有表页都有效。基本设计内容如下：

1.报表外观定义

（1）设置表尺寸。定义报表的大小，即设定报表的行数和列数。

（2）定义组合单元。把几个单元作为一个单元使用。

（3）输入报表中的项目标识，包括表头、表体和表尾。在格式状态下定义的单元内容为默认表样型，定义为表样型的单元在数据状态下不允许修改和删除。

（4）定义行高和列宽。

（5）设置单元风格。设置单元的字形、字体、字号、颜色、图案、折行显示等。

（6）设置单元属性。把需要输入数字的单元定为数值单元，把需要输入字符的单元定为字符单元。

报表外观定义如图13-3所示。如果有其他软件中已经制作好的报表格式，可以直接复制到编辑窗口中。

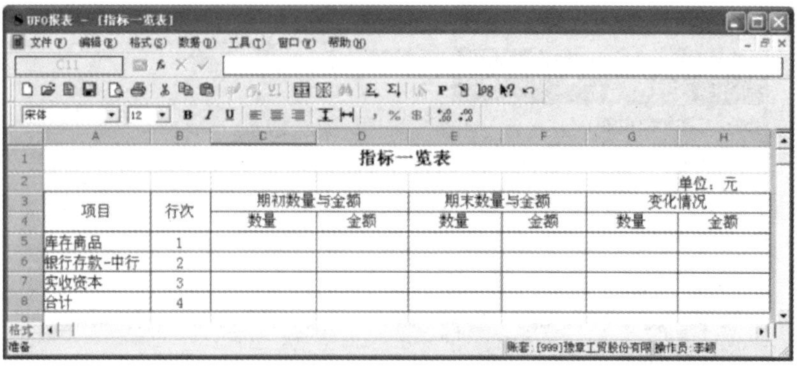

图 13-3　外观定义

2.报表关键字定义

关键字是报表中一种特殊的单元，用来标示一个表页，实现在大量表页中快速进行目标表页选择。例如，一个资产负债表的表文件可放一年共计12个月的资产负债表（甚至多年的多张表），要对某一张表页的数据进行定位，则要设置一些定位标志，这些标志在UFO中被称为关键字。UFO共提供了6种关键字，分别是“单位名称”“单位编号”“年”“季”“月”“日”。除此之外，UFO还增加了一个自定义关键字，当定义名称为“周”和“旬”时有特殊意义，可以用于业务函数中代表取数日期。

报表关键字定义是指确定报表需要使用哪些关键字，以及关键字在报表上的位置。指标一览表中的三个关键字“单位名称”“年”“月”定义结果如图13-4所示。

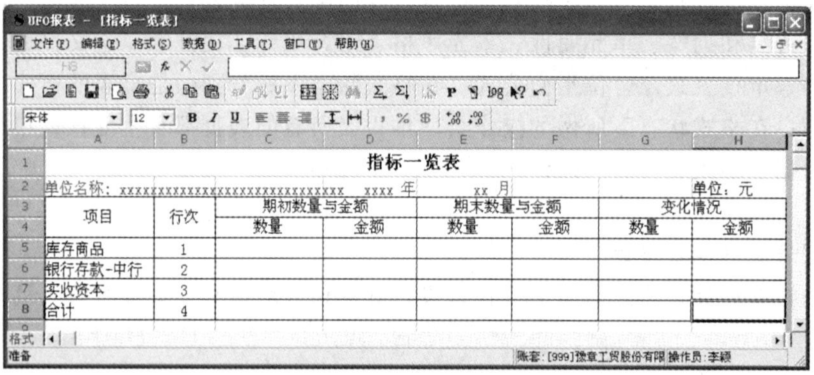

图 13-4　关键字定义

3.报表项目计算公式定义

报表项目的计算公式定义是报表格式设计部分的核心内容，它定义了报表项目本身以及项目之间的数据运算关系，可以实现报表项目数据的自动计算。财务报表中的数据一般来源于总账系统、业务系统或报表系统本身，使用系统事先定义好的函数。例如，使用账务函数能够实现数据的自动获取。

账务函数的基本格式为：函数名（<科目编码>，<会计期间>，[方向]，[账套号]，[会计年度]，[编码1]，[编码2]，[截止日期]）。其中，科目编码可以是科目名称，且必须用双引号括起来。会计期间可以是“年”“季”“月”等变量，也可以是具体表示“年”“季”“月”的数字。方向即“借”或“贷”，可以省略。账套号为数字。会计年度即数据取数的年度，可以为具体的值，可以定义为关键字“年”，也可以省略。[编码1] 和

[编码2] 与科目编码的核算账类有关，可以取科目的辅助账，如职员编码、项目编码等，如无辅助核算则省略。

(1) 选择需要定义公式的单元格，通过函数向导选择所需要的函数（如图13-5所示）。

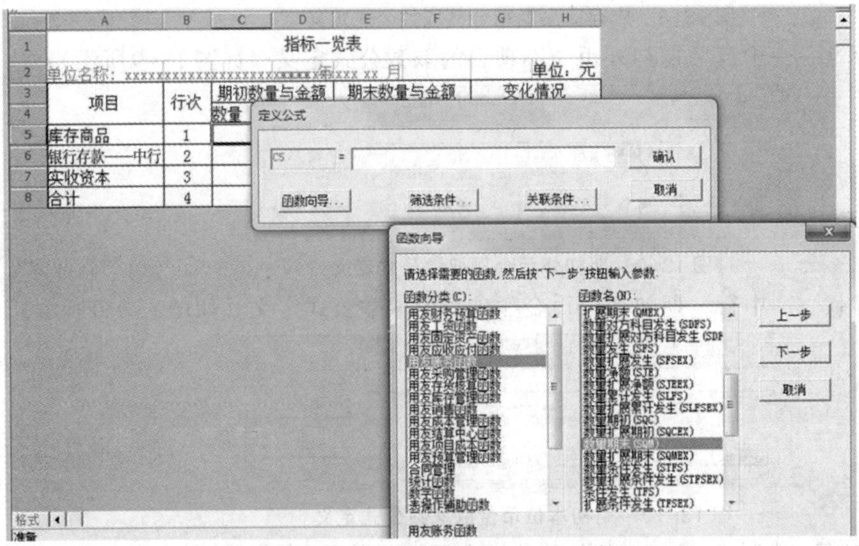

报表账务函数参数应用

图13-5 运用函数向导定义公式

(2) 选择函数中的各项参数内容（如图13-6所示）。

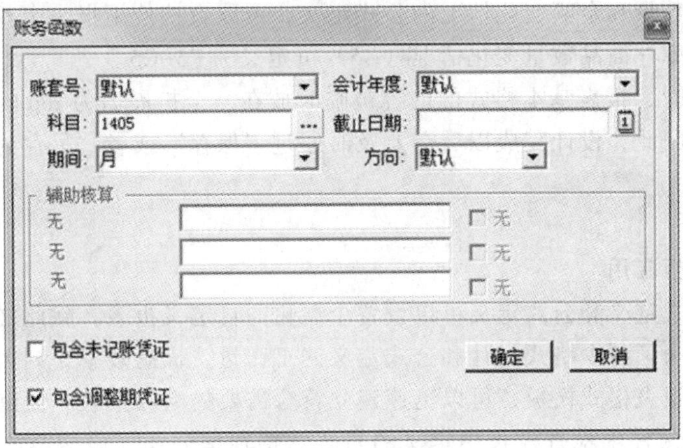

图13-6 选择各项参数内容

(3) "库存商品"期初数量项目的取数公式定义（如图13-7所示）。

图13-7 库存商品期初数量取数公式定义

(4) "库存商品"期初金额项目的取数公式定义（如图13-8所示）。

图 13-8 库存商品期初金额取数公式定义

（5）"银行存款——中行"期初外币金额项目的取数公式定义（如图 13-9 所示）。

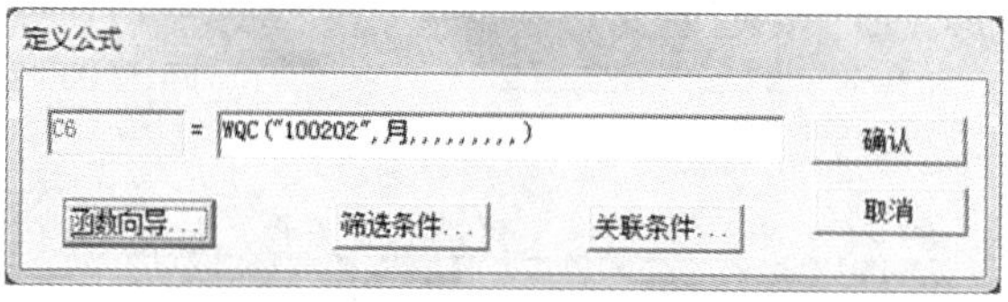

图 13-9 期初外币金额取数公式定义

（6）"银行存款——中行"期初本位币金额项目的取数公式定义（如图 13-10 所示）。

图 13-10 期初本位币金额取数公式定义

（7）报表中项目的期末数量与金额的公式可参照期初数量与金额的方式定义，只是函数名分别改为 QM、SQM、WQM。

（8）报表中数量和金额变化情况的公式定义，可以直接使用报表中相关的单元格运算来完成。例如，库存商品数量变化情况（G5）可定义为 E5-C5。

在报表设计时，报表基本格式的内容被临时放在一个扩展名为 rep 的文件中，没有放在系统数据库，因此，设计完成以后需要及时通过"保存"或者"另存为"功能存盘，以便后续使用。

二、报表模板应用

通过报表格式定义和公式定义可以设置个性化的自定义报表。除此之外，对于一些通用的会计报表，为了减少格式设计和公式定义的工作量，提高效率，利用系统为用户提供的各种标准财务报表格式模板，可以迅速建立符合需要的财务报表。但是，使用报表模板时也要注意，必须仔细检查模板中定义的格式，特别是公式（包括会计科目、计算规则等）是否与本单位的要求完全一致，对于不一致的部分需要自行调整。

1.选择报表模板

选择"2007 年新会计制度科目"中的报表模板（如图 13-11 所示）。

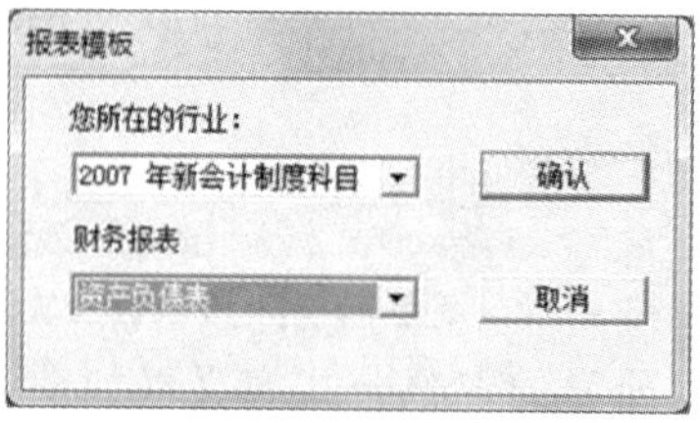

图 13-11 选择报表模板

2.生成并修改报表格式

生成资产负债表格式，并按企业实际情况进行修改（如图13-12所示）。

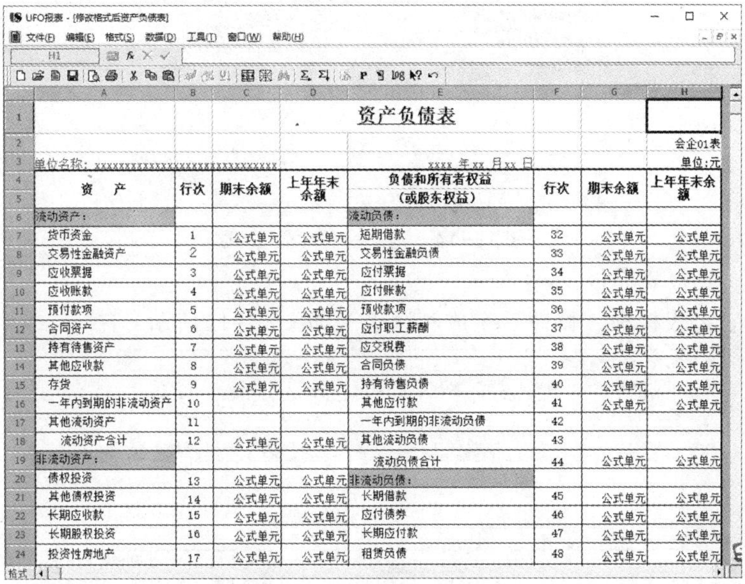

图13-12 资产负债表报表模板

3.定义审核公式

对于报表中或者报表间存在钩稽关系的项目，可以定义审核公式来检查这些关系是否成立，不成立时给出提示信息提醒编制者。例如，资产负债表中“期初资产合计数”项目与“期初权益合计数”项目，两者数据应该相等，期末也是这样。这样的关系可以定义审核公式以及不成立时给出的提示信息（如图13-13所示）。

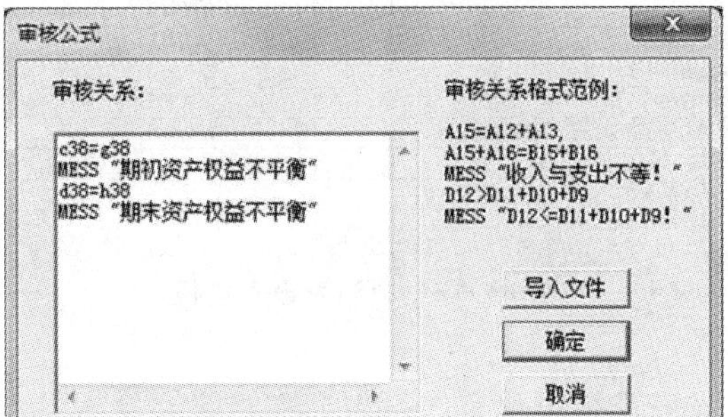

图13-13 定义审核公式

4.定义舍位平衡公式

舍位平衡是指报表进行舍位（舍弃小数点后面位数）操作后，舍位前需要满足的平衡关系，舍位后依然要满足这些平衡关系。定义舍位平衡公式用于报表舍位后，自动调控定义了平衡公式中项目数据的平衡关系。例如，如果要求无论计量单位是什么，均只保留两位小数，则将资产负债表计量单位“元”改为“万元”后，就会存在舍掉四位的问题，如12 345.67元变成1.23万元。但是，资产负债表中类似“负债合计=流动负债合计+非流动负债合计”的计算公式无论何时都要保持平衡，这样就可以定义舍位平衡公式，确保上面的公式舍位后依然保持平衡（如图13-14所示）。

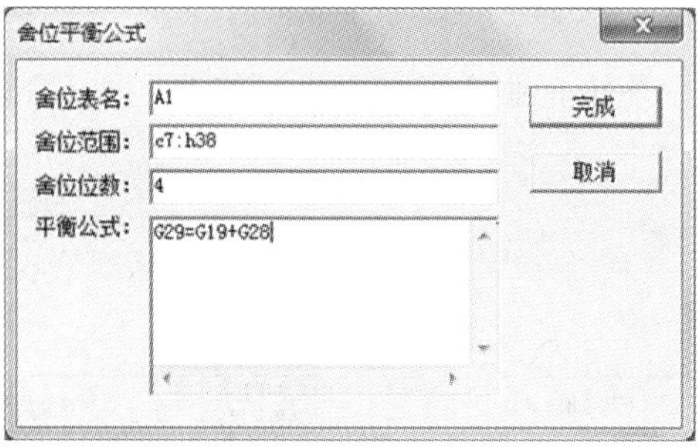

图13-14 定义舍位平衡公式

5.调用利润表报表模板

调用利润表报表模板，修改后生成利润表（如图13-15所示）。

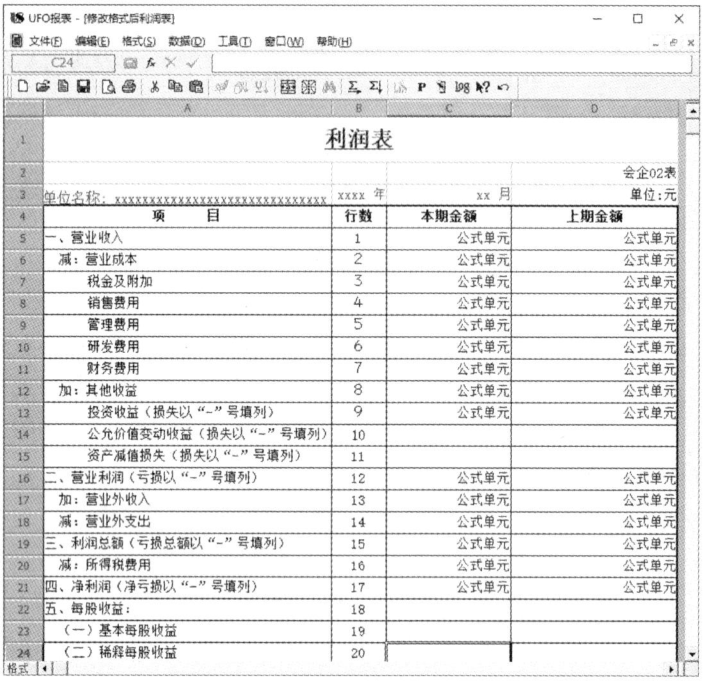

	A	B	C	D
1	利润表			
2				会企02表
3	单位名称：xxxxxxxxxxxxxxxxxxxxxxxxxxxxxxxx	xxxx 年	xx 月	单位：元
4	项　　目	行数	本期金额	上期金额
5	一、营业收入	1	公式单元	公式单元
6	减：营业成本	2	公式单元	公式单元
7	税金及附加	3	公式单元	公式单元
8	销售费用	4	公式单元	公式单元
9	管理费用	5	公式单元	公式单元
10	研发费用	6	公式单元	公式单元
11	财务费用	7	公式单元	公式单元
12	加：其他收益	8	公式单元	公式单元
13	投资收益（损失以"-"号填列）	9	公式单元	公式单元
14	公允价值变动收益（损失以"-"号填列）	10		
15	资产减值损失（损失以"-"号填列）	11		
16	二、营业利润（亏损以"-"号填列）	12	公式单元	公式单元
17	加：营业外收入	13	公式单元	公式单元
18	减：营业外支出	14	公式单元	公式单元
19	三、利润总额（亏损总额以"-"号填列）	15	公式单元	公式单元
20	减：所得税费用	16	公式单元	公式单元
21	四、净利润（净亏损以"-"号填列）	17	公式单元	公式单元
22	五、每股收益：	18		
23	（一）基本每股收益	19		
24	（二）稀释每股收益	20		

图13-15 利润表报表模板

6.自定义报表模板

对于本企业常用、报表模板中没有的报表，在自定义完成这些报表的格式和公式后，可以将其保存为报表模板，以后可以直接调用（如图13-16、图13-17所示）。

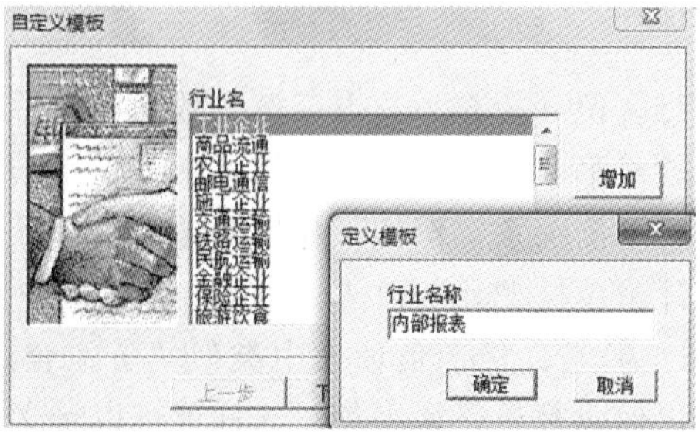

图13-16 添加自定义报表行业名称

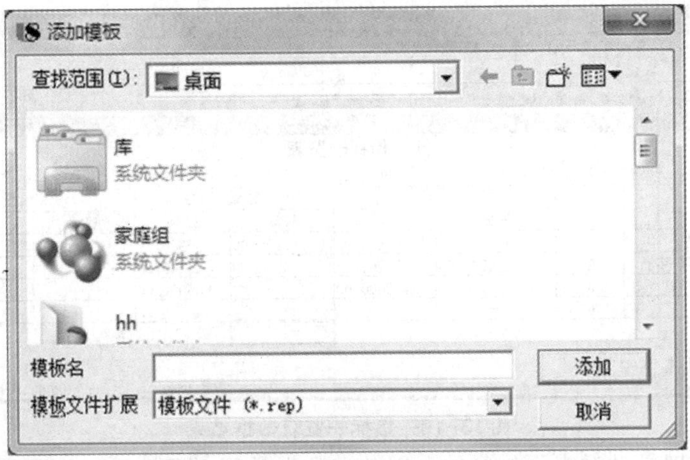

图13-17 添加自定义报表模板

第二节 报表数据处理

报表数据处理是在数据状态下，依据定义的报表格式和公式，通过手工填入或者自动计算，生成和审核报表数据的操作。报表数据处理主要包括输入数据、输入关键字、增加或删除表页、审核、舍位平衡、制作图形、汇总、合并报表等。在数据状态下不能修改报表的格式，所看到的是报表的全部内容，包括格式和数据。

一、基本数据处理

基本数据处理负责生成报表中各项目的数据。报表的数据包括报表单元的数值和字符以及游离于单元之外的关键字，对于未定义公式的项目，通过键盘手工输入数据；对于已经定义公式的项目，在输入关键字以后，计算机根据项目的计算公式自动进行取数和计算（如图13-18、图13-19所示）。

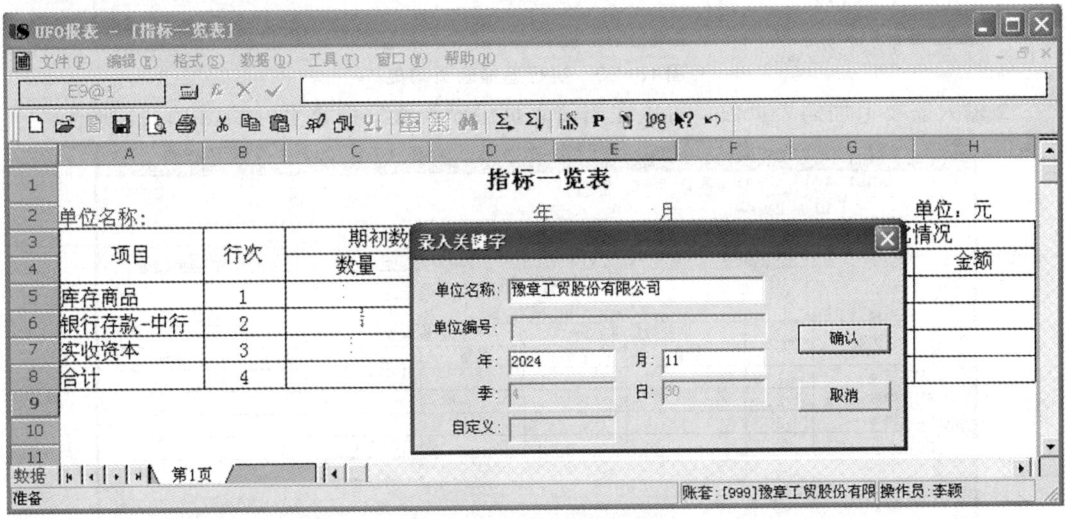

图13-18 输入报表关键字

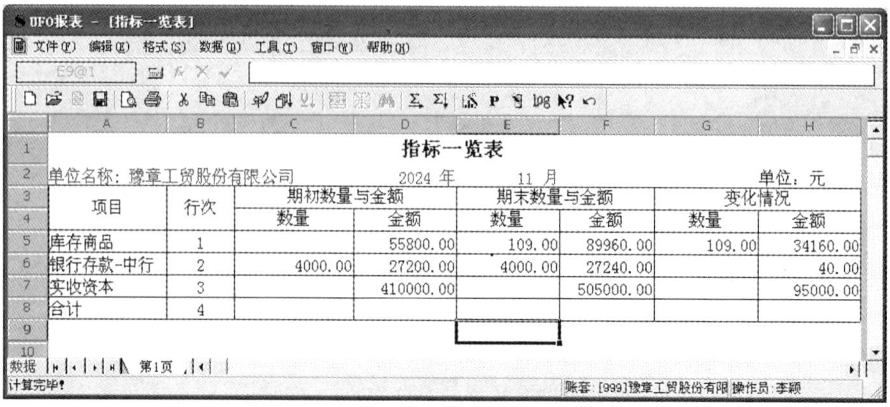

图 13-19 指标一览表数据结果

基本数据处理是针对表页进行的，因此在数据处理时还涉及对表页的操作，如增加、删除、插入、追加、排序、查找、透视等。表页是指一张报表中格式相同而数据不同的数据表，U8支持一张报表管理99999张表页，表页在报表中的序号在表页下方以标签的形式出现，称为“页标”。“页标”用“第1页”至“第99999页”表示。当前表的第2页，可以表示为@2。针对表页的操作如下：

1.执行“编辑”—“追加”—“表页”功能（如图13-20所示）。

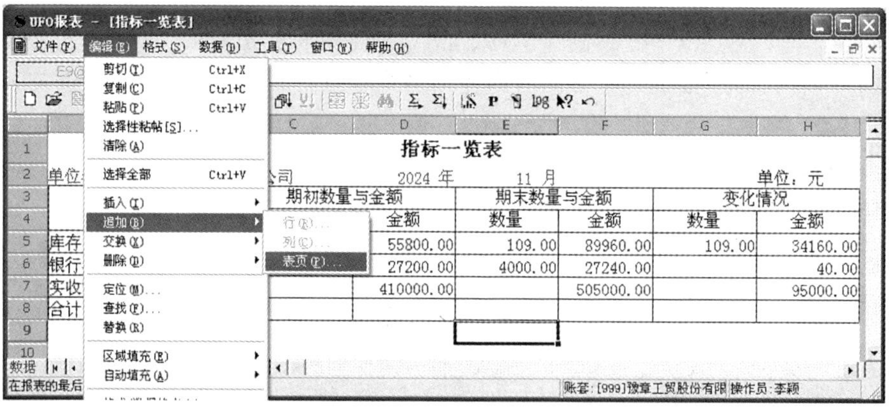

图 13-20 执行追加表页功能

2.输入需要追加的表页数，可以在当前表页后面加入空白表页（如图13-21所示）。

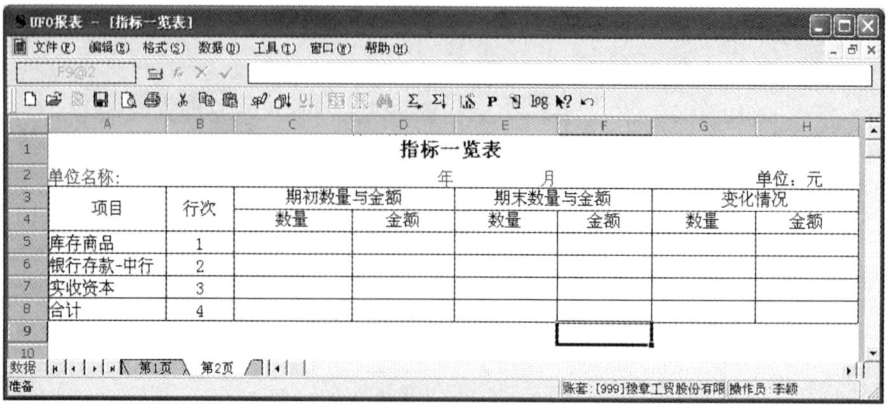

图 13-21 表页管理

3.资产负债表输出结果（如图13-22（a）、图13-22（b）所示）。

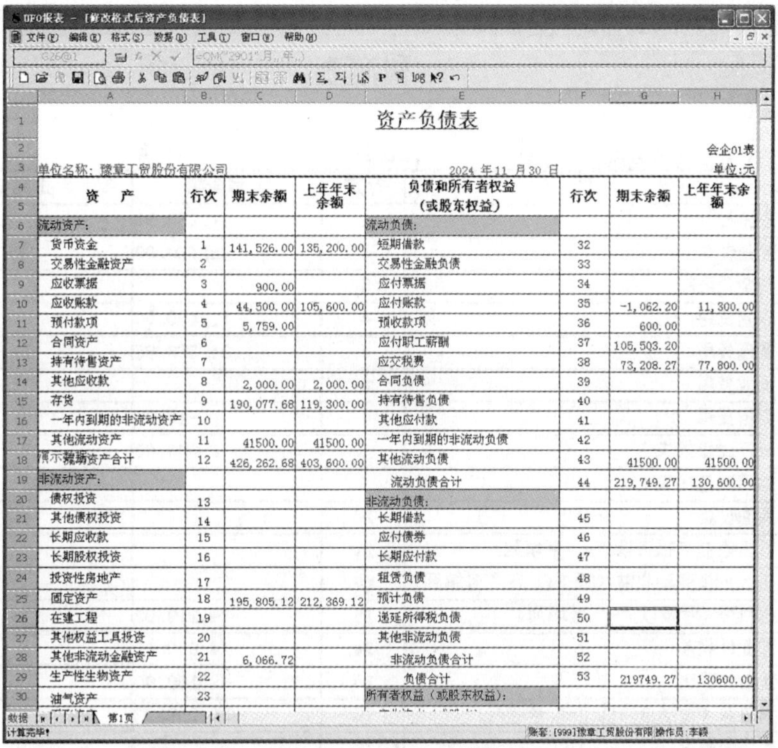

资产负债表

会企01表

单位名称：豫章工贸股份有限公司　　2024 年 11 月 30 日　　单位:元

资　产	行次	期末余额	上年年末余额	负债和所有者权益（或股东权益）	行次	期末余额	上年年末余额
流动资产:				流动负债:			
货币资金	1	141,526.00	135,200.00	短期借款	32		
交易性金融资产	2			交易性金融负债	33		
应收票据	3	900.00		应付票据	34		
应收账款	4	44,500.00	105,600.00	应付账款	35	-1,062.20	11,300.00
预付款项	5	5,759.00		预收款项	36	600.00	
合同资产	6			应付职工薪酬	37	105,503.20	
持有待售资产	7			应交税费	38	73,208.27	77,800.00
其他应收款	8	2,000.00	2,000.00	合同负债	39		
存货	9	190,077.68	119,300.00	持有待售负债	40		
一年内到期的非流动资产	10			其他应付款	41		
其他流动资产	11	41500.00	41500.00	一年内到期的非流动负债	42		
流动资产合计	12	426,262.68	403,600.00	其他流动负债	43	41500.00	41500.00
非流动资产:				流动负债合计	44	219,749.27	130,600.00
债权投资	13			非流动负债:			
其他债权投资	14			长期借款	45		
长期应收款	15			应付债券	46		
长期股权投资	16			长期应付款	47		
投资性房地产	17			租赁负债	48		
固定资产	18	195,805.12	212,369.12	预计负债	49		
在建工程	19			递延所得税负债	50		
其他权益工具投资	20			其他非流动负债	51		
其他非流动金融资产	21	6,066.72		非流动负债合计	52		
生产性生物资产	22			负债合计	53	219749.27	130600.00
油气资产	23			所有者权益（或股东权益）:			

图13-22（a）　资产负债表输出结果1

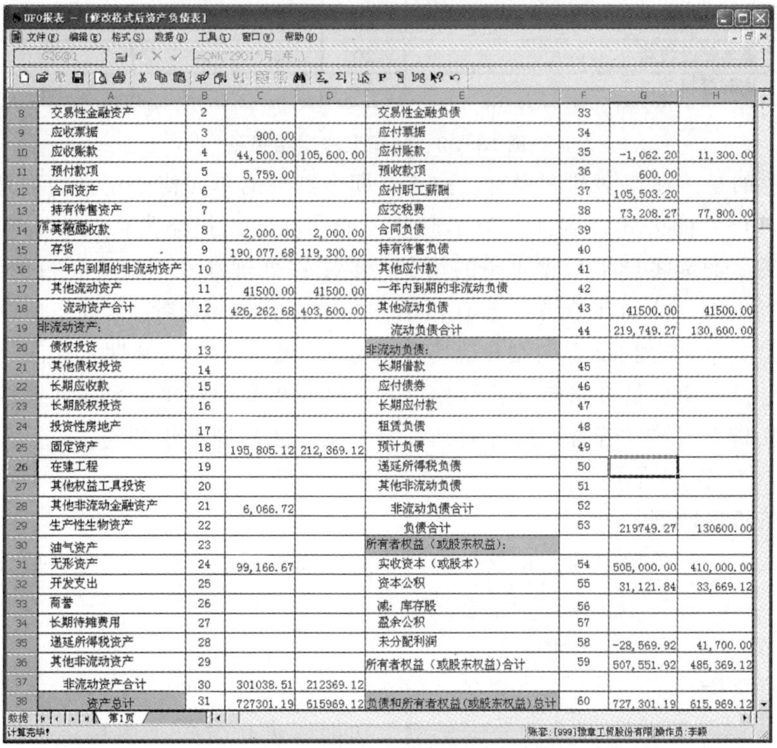

资　产	行次	期末余额	上年年末余额	负债和所有者权益（或股东权益）	行次	期末余额	上年年末余额
交易性金融资产	2			交易性金融负债	33		
应收票据	3	900.00		应付票据	34		
应收账款	4	44,500.00	105,600.00	应付账款	35	-1,062.20	11,300.00
预付款项	5	5,759.00		预收款项	36	600.00	
合同资产	6			应付职工薪酬	37	105,503.20	
持有待售资产	7			应交税费	38	73,208.27	77,800.00
其他应收款	8	2,000.00	2,000.00	合同负债	39		
存货	9	190,077.68	119,300.00	持有待售负债	40		
一年内到期的非流动资产	10			其他应付款	41		
其他流动资产	11	41500.00	41500.00	一年内到期的非流动负债	42		
流动资产合计	12	426,262.68	403,600.00	其他流动负债	43	41500.00	41500.00
非流动资产:				流动负债合计	44	219,749.27	130,600.00
债权投资	13			非流动负债:			
其他债权投资	14			长期借款	45		
长期应收款	15			应付债券	46		
长期股权投资	16			长期应付款	47		
投资性房地产	17			租赁负债	48		
固定资产	18	195,805.12	212,369.12	预计负债	49		
在建工程	19			递延所得税负债	50		
其他权益工具投资	20			其他非流动负债	51		
其他非流动金融资产	21	6,066.72		非流动负债合计	52		
生产性生物资产	22			负债合计	53	219749.27	130600.00
油气资产	23			所有者权益（或股东权益）:			
无形资产	24	99,166.67		实收资本（或股本）	54	505,000.00	410,000.00
开发支出	25			资本公积	55	31,121.84	33,669.12
商誉	26			减：库存股	56		
长期待摊费用	27			盈余公积	57		
递延所得税资产	28			未分配利润	58	-28,569.92	41,700.00
其他非流动资产	29			所有者权益（或股东权益）合计	59	507,551.92	485,369.12
非流动资产合计	30	301038.51	212369.12				
资产总计	31	727301.19	615969.12	负债和所有者权益（或股东权益）总计	60	727,301.19	615,969.12

图13-22（b）　资产负债表输出结果2

4.利润表输出结果（如图13-23所示）。

利润表

会企02表

单位名称：豫章工贸股份有限公司　2024 年　11 月　单位:元

项　目	行数	本期金额	上期金额
一、营业收入	1	41,238.93	
减：营业成本	2	38,760.00	
税金及附加	3		
销售费用	4	11,400.00	
管理费用	5	64,338.85	
研发费用	6		
财务费用	7	-40.00	
资产减值损失	8	1,000.00	
信用减值损失	9		
加：其他收益	10		
投资收益（损失以"-"号填列）	11		
公允价值变动收益（损失以"-"号填列）	12		
二、营业利润（亏损以"-"号填列）	13	-74,219.92	
加：营业外收入	14	4,050.00	
减：营业外支出	15	100.00	
三、利润总额（亏损总额以"-"号填列）	16	-70,269.92	
减：所得税费用	17		
四、净利润（净亏损以"-"号填列）	18	-70,269.92	
五、每股收益:	19		
（一）基本每股收益	20		
（二）稀释每股收益	21		

图13-23　利润表输出结果

需要注意的是，在编制利润表时，由于本期金额列的单元格中定义的都是获取损益类科目发生额（FS）的公式，因此，为了避免可能存在的因损益类科目发生额蓝字与红字相抵而导致发生额为零产生数据出错的情况，要求在处理涉及损益类科目的日常业务时，收入类科目发生额一律填在贷方（若有相反方向则在贷方填红字），成本费用类科目发生额一律填在借方（若有相反方向则在借方填红字）。此外，在填制期末期间损益结转凭证时，收入类科目一律从借方结转（若有相反方向则在借方填红字）到本年利润，成本费用类科目一律从贷方结转（若有相反方向则在贷方填红字）到本年利润。

二、审核报表数据

执行"数据"菜单项中的"审核"功能，对定义的报表审核公式进行验证，给出审核结果。

三、舍位平衡

执行"数据"菜单项中的"舍位平衡"功能，进行舍位平衡操作，生成舍位后的报表。

第三节 报表的其他操作

一、报表取数方法

一张报表中单元格数据可以有以下几种来源：在数据状态下直接输入、通过函数从账套中取数、从报表本表页或其他表页取数、根据其他报表表页取数。

1.本表页取数

在报表中，要引用一个数据，需要确定该数据的位置。如果只有一张报表的一张表页，有单元格名称就可以，即通过该表页的行（横轴）和列（纵轴）位置进行定位。

单元格可以相对引用，也可以绝对引用。在相对引用公式中，如果进行了行列的插删，数据源区域的首尾将自动调整为新位置，而绝对引用公式中的数据源区域不改变。也就是说，对绝对公式进行移动或复制时，系统将精确地复制初始公式中的绝对引用，而相对公式自动调整为新位置，所以公式复制或移动后，相对公式指向不同的单元格，而不是初始公式中的引用。这些单元格与包含公式备份的单元格之间的关系，等同于原始公式中引用的单元格与包含公式本身的单元格之间的关系。

相对引用的方法是在数据源单元前加上问号“?”。例如，相对引用单元A1，可以写为？A1，相对引用区域A1：C2，可以写为？A1:？C2。

2.跨表页取数

如果一张报表有多张表页，需要从该报表的表页取数时，就要加上表页信息，表页信息的唯一性可以通过表页号或者关键字来实现。一是直接使用表页号，如A1@1，表示取该报表第1张表页A1单元格数据，C5@3表示取该报表第3张表页C5单元格数据。二是使用select（）函数通过报表关键字信息来定位其他表页，格式为：SELECT（区域，[页面筛选条件]）。区域：绝对地址表示的数据来源，不含页号和表名（因为是本表取数，所以不含表名；页号由页面筛选条件确定）。页面筛选条件为确定数据源所在表页，格式为：<目标页关键字@|目标页单元格@|变量|常量><关系运算符><目标页关键字@|目标页单元格@|变量|常量>。

该公式中，“@”符号前的年、月等关键字是取数当前表页所录入的关键字，“@”符号后面的关键字是指被取数表页的关键字，后面的关键字依据“关系运算符”由前面的关键字计算得出，从而定位到被取数的那张表页。

例如，若当前表页中关键字“年”为2023，此时B=SELECT（B，年@=年+1）命令表示本页B列取本表关键字“年”为2022的表页中B列数值；B=SELECT（C，年@=年-1）命令表示本页B列取关键字“年”为2024的表页中C列数值；B1：C4=SELECT（B1：C4，单位编号=“10”）命令表示本页B1：C4取关键字“单位编号”为10的表页中B1：C4的数值；B=SELECT（C，单位=“豫章公司”）命令表示本页B列取关键字“单位”为“豫章公司”的表页中C列数值。

3.跨报表取数

如果有多张报表和多张表页，跨报表取数时，需要在前面三维表达方式定位（行、列、表页）的基础上再增加报表名字。例如，报表单元格需要引用报表名为“资产负债表”的第3张表页C6单元格，可以写为“资产负债表”->c6@3。财务指标计算表的公式定义见表13-1。因此，在UFO中要确定一个数据的所需要素为：表名、表页、行、列。

表13-1 **财务指标计算表**

项目	计算公式	公式定义
流动比率	流动资产/流动负债	"资产负债表"->C18@1/"资产负债表"->G19@1
资产负债率	负债总额/资产总额	"资产负债表"->G29@1/"资产负债表"->C38@1
销售净利率	净利润/销售收入×100%	"利润表"->C21@1/"利润表"->C5@1
资产净利率	净利润/总资产×100%	"利润表"->C21@1/"资产负债表"->C385@1
应收账款周转率	产品销售收入/［（期初应收账款+期末应收账款）÷2］	"利润表"->C5@1/（"资产负债表"->D10@1+"资产负债表"->C10@1）*2

二、固定区及可变区

如果一张报表中的行或者列的数目会根据不同的情况发生变化，即事先无法准确知道行或者列的数量，可以通过设置报表的可变区来适应这些不同数量要求。可变区是屏幕显示一个区域的行数或列数是不固定的数字，与之相对应的就是固定区，固定区是组成一个区域的行数和列数是固定的数目。

可变区的最大行数或最大列数是在格式设计中设定的，在一个报表中只能设置一个可变区，或是行可变区或是列可变区。有可变区的报表称为可变表，没有可变区的报表称为固定表。

设置可变区后，屏幕只显示可变区的第一行或第一列，其他可变行列隐藏在表体内。在以后的数据操作中，可变行列数随着需要可以进行增减（如图13-24、图13-25所示）。

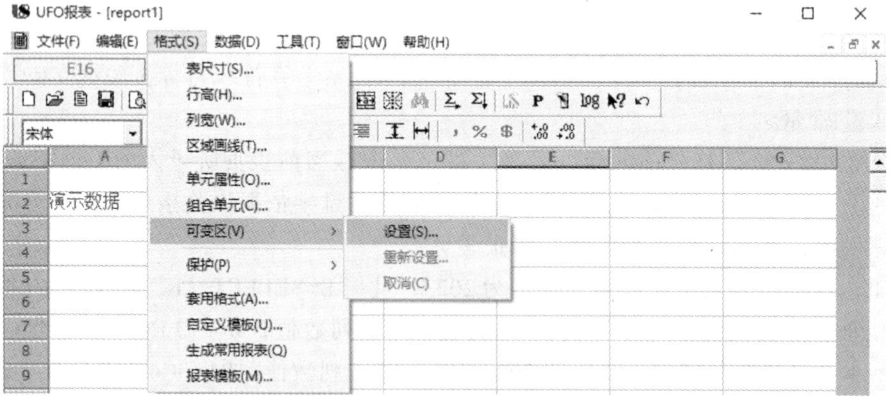

图13-24 设置可变区功能

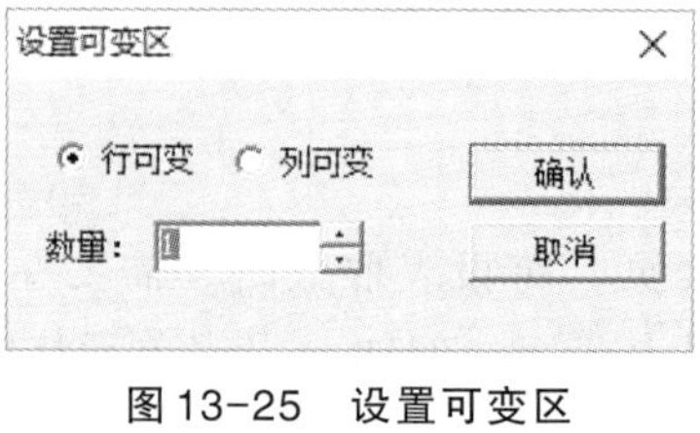

图13-25 设置可变区

三、图表功能

报表数据生成之后，为了对报表数据进行直观的分析和了解，方便对数据的对比、趋势和结构分析，可以利用图形对数据进行直观显示。UFO图表格式提供了直方图、圆饼图、折线图、面积图四大类共十种格式的图表。图表是利用报表文件中的数据生成的，图表与报表数据存在着直接的联系。报表数据发生变化时，图表也随之变化；报表数据删除后，图表也随之消失（如图13-26所示）。

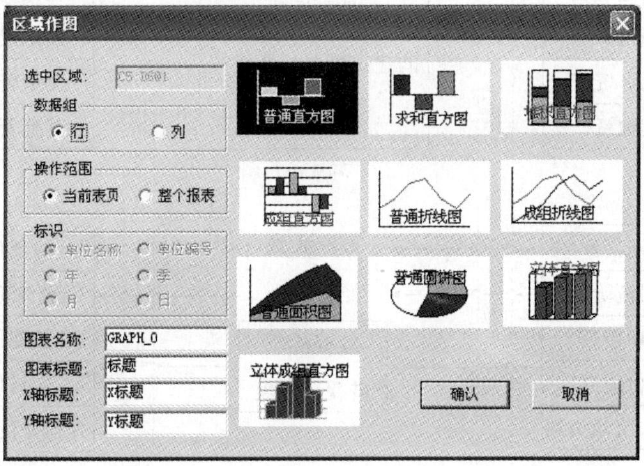

图13-26 图表格式

第四节 现金流量表

现金流量表是反映企业在一定会计期间现金和现金等价物流入和流出的报表，是财务报表的四张基本报表之一。它与其他报表之间的关系如图13-27、图13-28所示。现金流量表能够反映企业一定期间内现金流入和流出的原因，能够说明企业的偿债能力和股利支付能力，可以用来分析企业未来获取现金的能力，可以用来分析企业投资和理财活动对经营成果和财务状况的影响，能够提供不涉及现金的投资和筹资活动的信息。

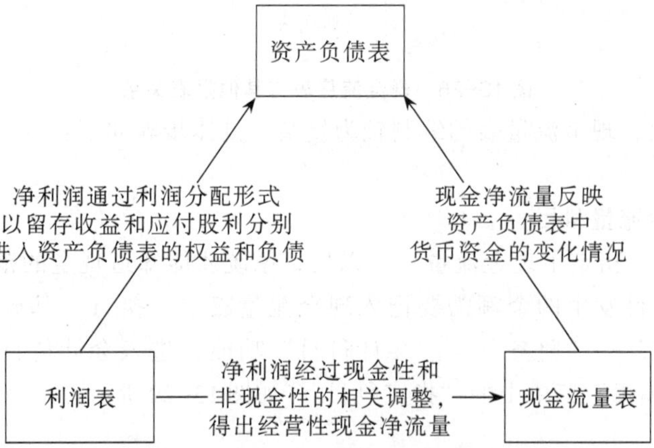

图13-27 现金流量表与其他报表关系1

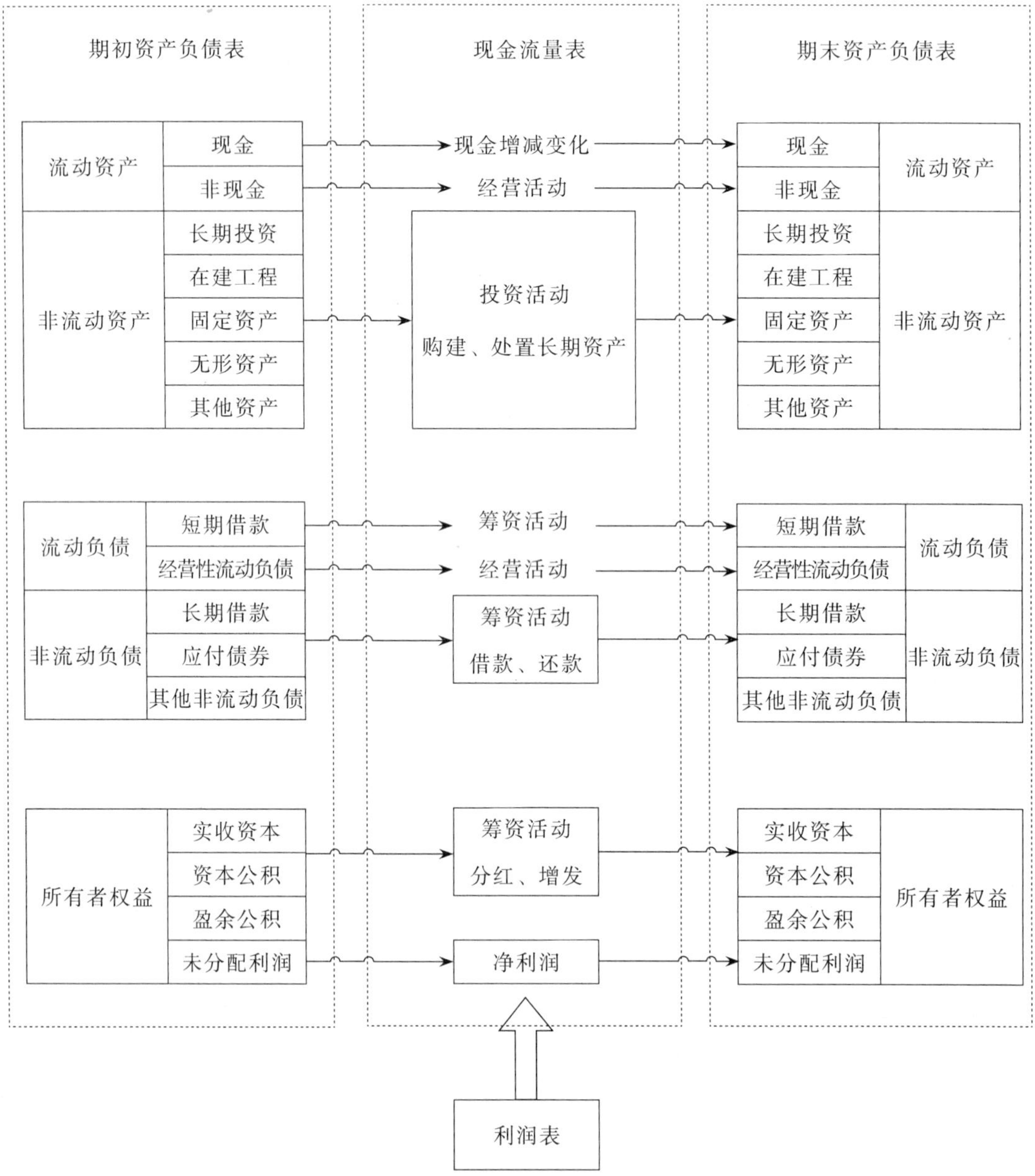

图 13-28　现金流量表与其他报表关系 2

相比其他报表，现金流量表的编制较为复杂，具体步骤如下：

一、指定现金流量科目

指定了现金流量科目以后，系统才能知道现金的范围，从而判断哪些科目发生的金额需要记入现金流量表中。执行“基础设置”—“基础档案”—“财务”—“会计科目”功能，进入会计科目编辑界面中，点击“编辑”菜单中的“指定科目”（如图 13-29 所示）。

现金流量表的编制方法

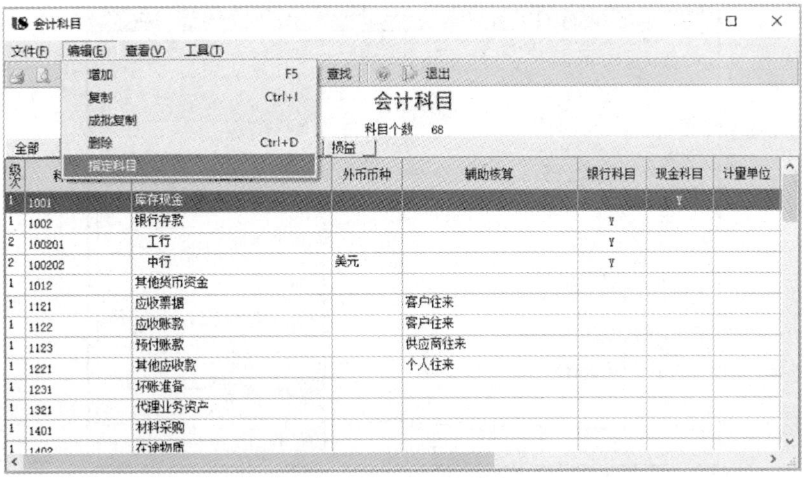

图13-29 指定科目

在待选科目列表中双击需要进行现金流量分配的科目（如“库存现金”“银行存款”等科目和“其他货币资金”等现金等价物科目），使其出现在已选科目列表中（如图13-30所示）。

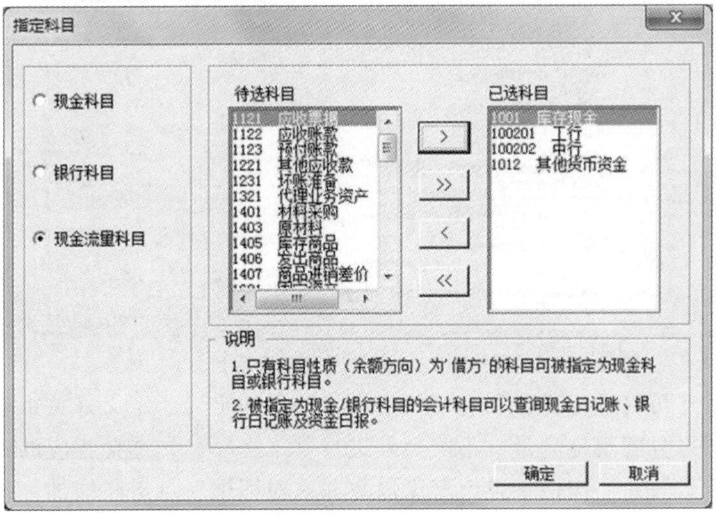

图13-30 选择现金流量科目

二、维护现金流量项目

系统根据建账时选择的行业类型内置了现金流量项目，也提供了新增、修改、删除功能，允许在此基础上进行现金流量项目的设置。

点击“基础设置”—“基础档案”—“财务”—“项目目录”，进入项目档案的设置界面（如图13-31所示）。在“项目大类”处选择“现金流量项目”，点击“项目分类定义”页框，显示系统内置的现金流量项目分类的定义情况，可根据需要进行增加、删除、修改等。

点击“项目目录”页签，点击“维护”按钮，进入项目目录维护界面，可以使用“增加”“删除”按钮对现金流量项目目录进行维护（如图13-32所示）。

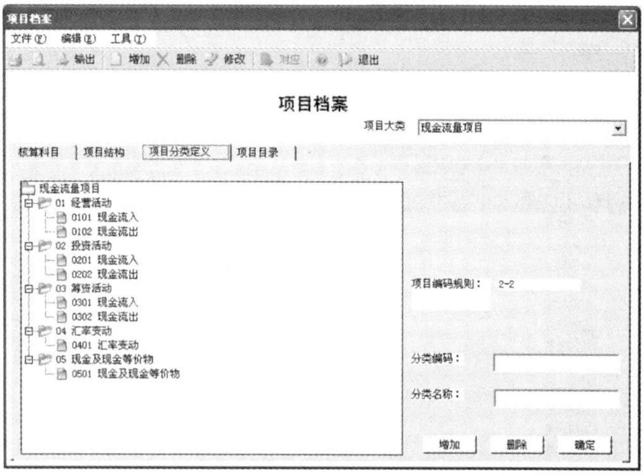

图 13-31 项目档案

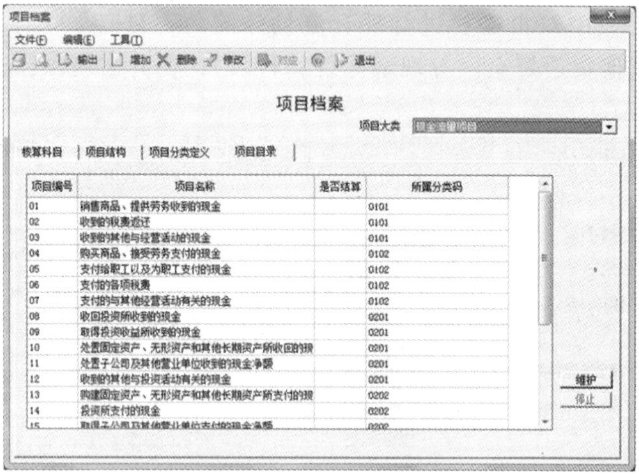

图 13-32 设置现金流量项目

除此之外，还可以进行科目和现金流量项目关系的定义，定义好关系后，填制凭证时系统自动按此关系分配现金流量，不需另外进行手工选择。先选择相应的项目记录，然后再点击“定义取数关系”按钮，弹出定义取数关系对话框。点击“增加”按钮后增加一行记录，取数方式只有“取凭证数”唯一一种，数据源处填入相应的科目内容，选择金额方向，如果有几个科目相应增加几行记录，完成后点击“确定”按钮退出（如图 13-33 所示）。

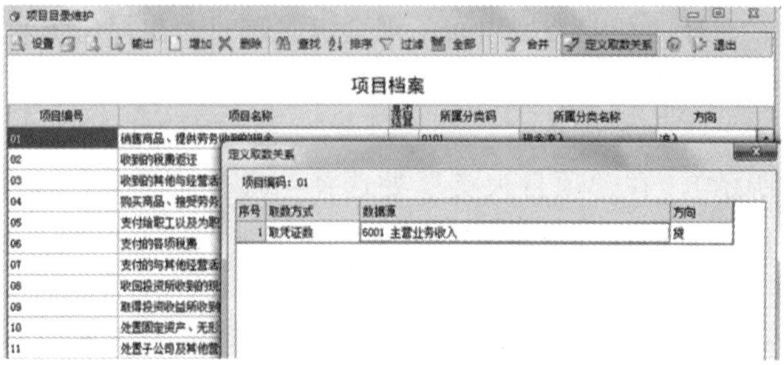

图 13-33 定义取数关系

三、指定记账凭证的现金流量项目

在业务发生以后填制记账凭证时，如果涉及现金流量科目，则需要由制单人根据业务内容指定现金流量科目对应的现金流量项目。

1.例如，本月发生一笔预借差旅费以现金支付1 000元的业务。在业务发生时填制记账凭证（如图13-34所示）。

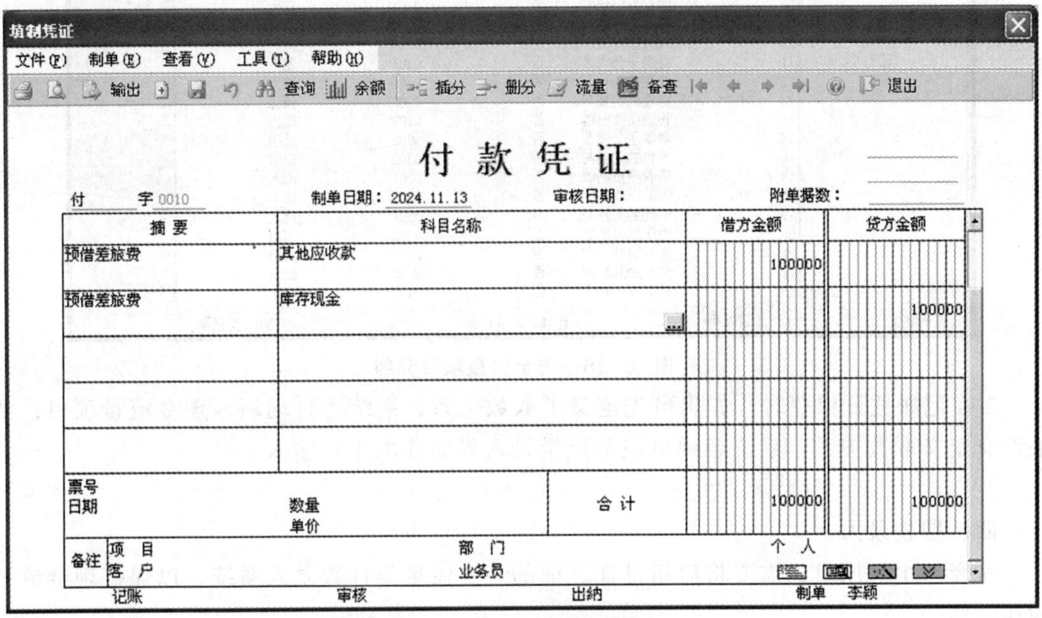

图13-34 填制记账凭证

在记账凭证中输入1001库存现金科目（此科目为现金流量科目）时，需要点击菜单中的“流量”功能按钮，在弹出的“现金流量录入修改”界面（如图13-35所示），点击“项目编码”对话框，选择事先已经维护好的现金流量项目编码（如图13-36所示）。

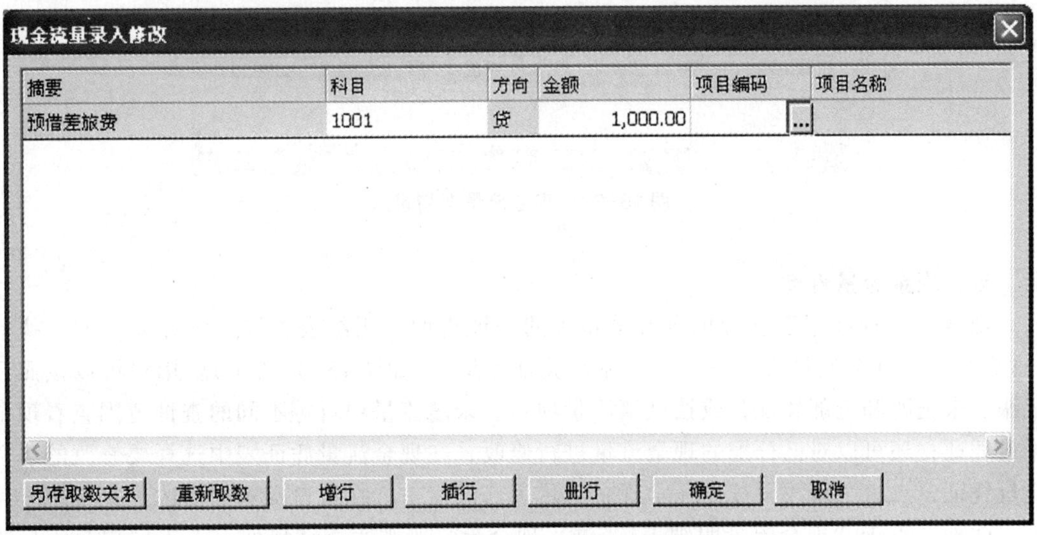

图13-35 现金流量录入

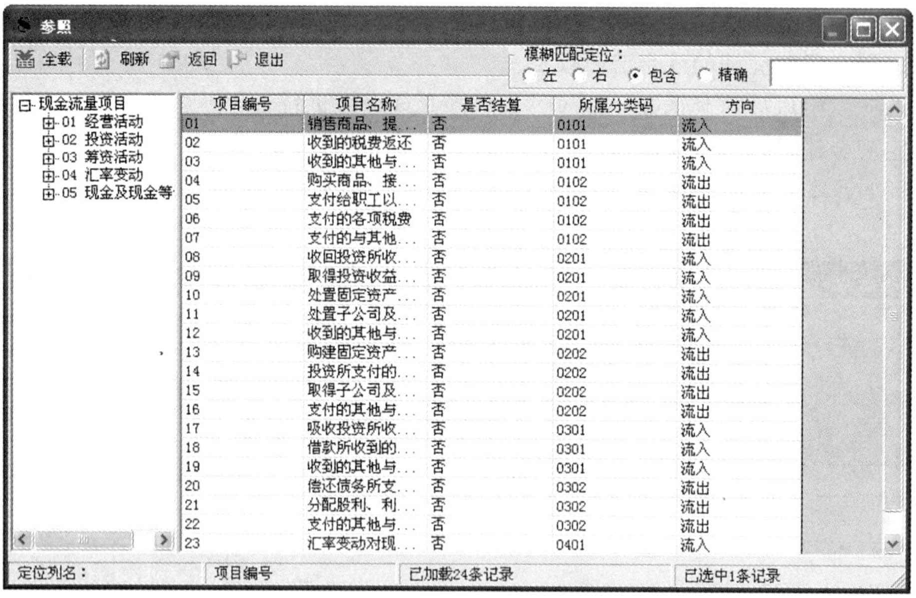

图13-36 现金流量项目参照

2.在记账凭证保存时，如果事先定义了取数关系，系统将自动填入现金流量项目；如果没有定义取数关系，系统会弹出现金流量录入界面要求用户输入。

四、期初录入

账套年中启用时，需要将启用日期之前的现金流量累计数录入系统，以保持现金流量的连续性。

点击“业务工作”—“财务会计”—“总账”—“现金流量表”—“期初录入”，进入期初录入界面录入期初现金流量（如图13-37所示）。

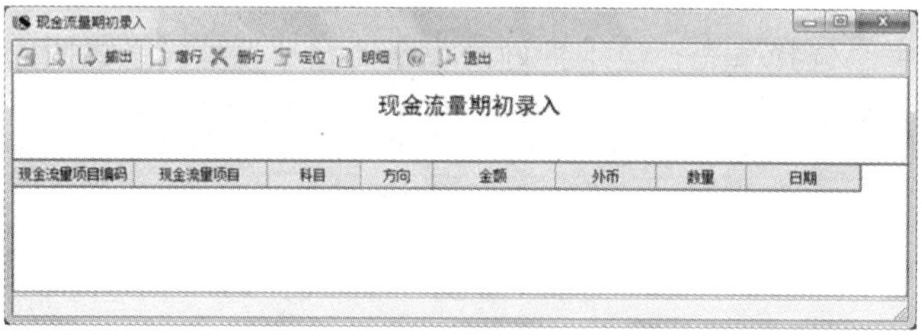

图13-37 现金流量期初录入

五、现金流量查询

现金流量查询用于进行现金流量相关的凭证查询、明细表查询、统计表查询，执行“总账”—“现金流量表”—“现金流量凭证查询”（如图13-38所示）。用户可以按照已记账、未记账和全部凭证，或按已填流量项目、未填流量项目等不同的查询范围查看现金流量凭证；还可以对已分配的现金流量进行修改，在现金流量凭证表中选择要修改的现金流量凭证，点击“修改”按钮显示现金流量表修改窗口，在窗口提示中修改。

此外，点击“现金流量明细表”，进入现金流量明细表查询界面；点击“现金流量统计表”，进入现金流量统计表查询界面。

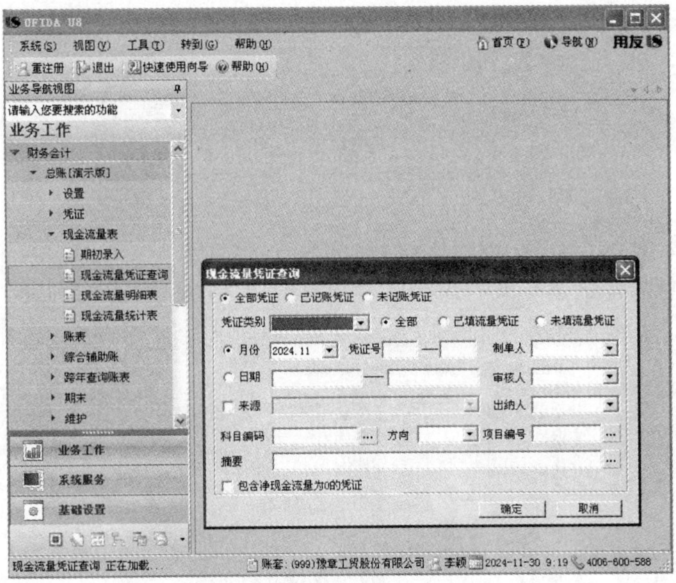

图13-38 现金流量凭证查询

六、制作现金流量表

进入UFO报表系统，新建一张空白报表，点击格式菜单下的报表模板，选择“2007年新会计制度科目”和“现金流量表”（如图13-39所示）。

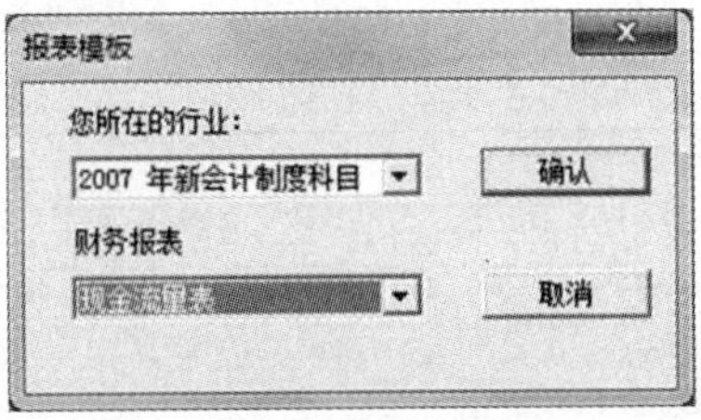

图13-39 选择报表模板

1.生成现金流量表模板（如图13-40所示）。

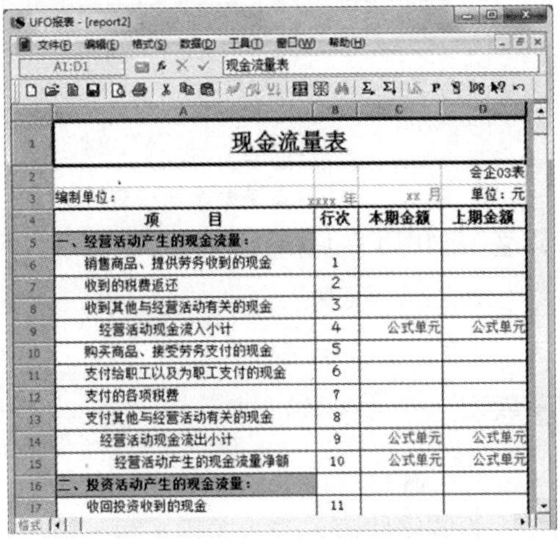

图13-40 现金流量表模板

2.定义报表各项目公式（如图13-41所示）。

图13-41　公式设置

3.选择“函数向导”，在左边的函数分类中选择“用友账务函数”，右边的函数名中选择“现金流量项目累计金额”或“现金流量项目金额”（如图13-42所示）。

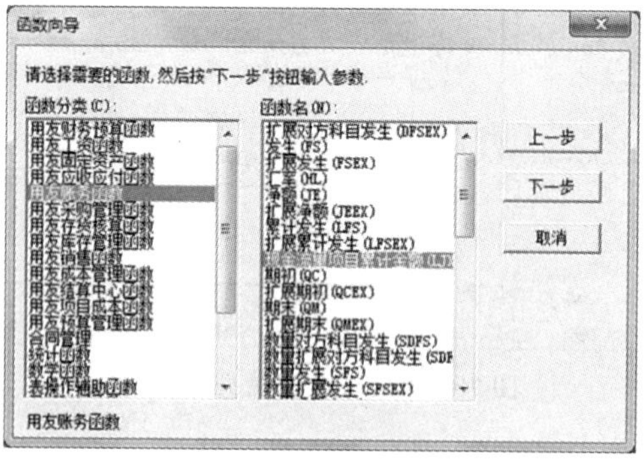

图13-42　函数向导

4.双击该函数名，弹出账务函数录入界面。会计期间有“月”“季”“年”的选择，根据所做报表期间不同进行选择，注意流入、流出方向，选择相应的现金流量项目编码（如图13-43所示）。

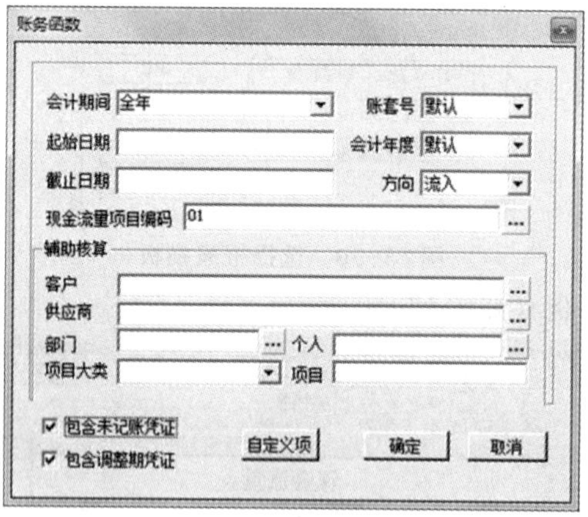

图13-43　账务函数参数设置

5.完成现金流量公式设置（如图13-44所示）。

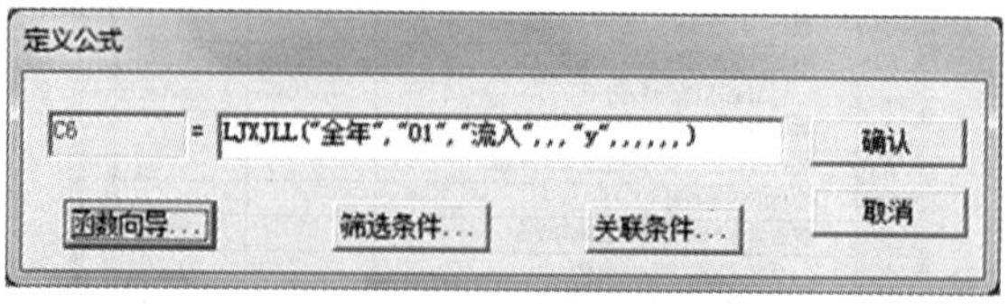

图13-44　完成公式设置

6.将报表从格式状态切换为数据状态，输入关键字后，即可自动计算生成现金流量表项目数据（如图13-45所示）。

现金流量表

会企03表

编制单位: 2024 年 11 月 单位: 元

项 目	行次	本期金额	上期金额
一、经营活动产生的现金流量:			
销售商品、提供劳务收到的现金	1		
收到的税费返还	2		
收到其他与经营活动有关的现金	3		
经营活动现金流入小计	4		
购买商品、接受劳务支付的现金	5		
支付给职工以及为职工支付的现金	6		
支付的各项税费	7		
支付其他与经营活动有关的现金	8	1,000.00	
经营活动现金流出小计	9	1,000.00	
经营活动产生的现金流量净额	10	-1,000.00	
二、投资活动产生的现金流量:			
收回投资收到的现金	11		
取得投资收益收到的现金	12		
处置固定资产、无形资产和其他长期资产收回的现金净额	13		
处置子公司及其他营业单位收到的现金净额	14		
收到其他与投资活动有关的现金	15		
投资活动现金流入小计	16		
购建固定资产、无形资产和其他长期资产支付的现金	17		
投资支付的现金	18		
取得子公司及其他营业单位支付的现金净额	19		
支付其他与投资活动有关的现金	20		
投资活动现金流出小计	21		
投资活动产生的现金流量净额	22		

图 13-45 现金流量表项目数据

思考题:

1.报表中定义关键字有什么作用?

2.什么是可变表?如何设置报表的可变区?

3.如何编制自定义报表?如何利用模板编制资产负债表、利润表、现金流量表?

4.报表账务函数有哪些参数?

5.报表项目的取数方式有哪几种?应如何取数?

综合练习

理论练习

实践练习

参考文献

［1］中华人民共和国会计法［S/OL］.［2024-06-28］. http：//kjs.mof.gov.cn/zt/kjfxcgc/kjfqw/202408/t20240814_3941788.htm.

［2］国务院. 国务院关于印发“十三五”国家信息化规划的通知［S/OL］.［2016-12-15］. https：//www.gov.cn/zhengce/content/2016-12/27/content_5153411.htm.

［3］财政部，国家档案局. 会计档案管理办法［S/OL］.［2015-12-11］. https：//www.gov.cn/gongbao/content/2016/content_5041555.htm.

［4］财政部. 关于印发《会计信息化工作规范》的通知［S/OL］.［2024-07-26］. https：//www.gov.cn/gongbao/2024/issue_11586/202409/content_6975086.html.

［5］财政部. 关于印发《会计软件基本功能和服务规范》的通知［S/OL］.［2024-07-29］. https：//www.gov.cn/zhengce/zhengceku/202408/content_6967134.htm.

［6］财政部，国家档案局. 关于规范电子会计凭证报销入账归档的通知［S/OL］.［2020-03-23］. https：//www.gov.cn/zhengce/zhengceku/2020-04/03/content_5498598.htm.

［7］财政部. 关于全面推进我国会计信息化工作的指导意见［S/OL］.［2009-04-12］. https：//www.gov.cn/gongbao/content/2009/content_1471715.htm.

［8］财政部. 关于印发《代理记账基础工作规范（试行）》的通知［S/OL］.［2023-11-08］. https：//www.gov.cn/zhengce/zhengceku/202311/content_6917039.htm.

［9］财政部. 关于印发《企业数据资源相关会计处理暂行规定》的通知［S/OL］.［2023-08-01］. https：//www.gov.cn/gongbao/2023/issue_10746/202310/content_6907744.html.

［10］艾文国，孙洁，张华. 会计信息化［M］. 3版. 北京：高等教育出版社，2015.

［11］陈福军. 会计电算化［M］. 5版. 大连：东北财经大学出版社，2022.

［12］陈光锋. 互联网思维：商业颠覆与重构［M］. 北京：机械工业出版社，2014.

［13］程平，何雪峰. “云会计”在中小企业会计信息化中的应用［J］. 重庆理工大学学报，2011（1）：55-60.

［14］房琳琳，王志文，张霞. 用友ERP供应链管理系统实验教程［M］. 北京：清华大学出版社，2009.

［15］弗里德曼. 世界是平的：21世纪简史［M］. 何帆，肖莹莹，译. 长沙：湖南科技出版社，2008.

［16］黄辉. 会计电算化：业财一体化［M］. 大连：东北财经大学出版社，2023.

［17］罗姆尼，施泰因巴特. 会计信息系统［M］. 张瑞君，程玲莎，译. 12版. 北京：中国人民大学出版社，2013.

［18］秦荣生. “互联网+”时代会计行业的发展趋势［J］. 中国注册会计师，2015

(12)：20-24.

[19] 秦荣生. 大数据时代的会计、审计发展趋势 [J]. 会计之友，2014 (32)：81-84.

[20] 秦荣生. 区块链技术及其在会计审计中的应用 [J]. 审计观察，2019 (6)：4-7.

[21] 秦荣生. 人工智能与智能会计应用研究 [J]. 会计之友，2020 (18)：11-13.

[22] 秦荣生. 云计算的发展及其对会计、审计的挑战 [J]. 当代财经，2013 (1)：111-117.

[23] 舍恩伯格，库克耶. 大数据时代——生活、工作与思维的大变革 [M]. 盛杨燕，周涛，译. 杭州：浙江人民出版社，2013.

[24] 沈文华，吴扬俊. 会计信息系统教程 [M]. 5 版. 北京：电子工业出版社，2015.

[25] 王良明. 云计算通俗讲义 [M]. 3 版. 北京：电子工业出版社，2019.

[26] 王新玲，房琳琳，吕志明. 新编会计信息系统实验教程（用友 ERP-U8 版）[M]. 北京：清华大学出版社，2012.

[27] 吴军. 智能时代 [M]. 北京：中信出版社，2017.

[28] 扬克，瑞希，霍桑纳格. 人工智能三部曲 [M]. 布晚，王斐，蔡瑜，译. 上海：文汇出版社，2020.

[29] 张瑞君，蒋砚章，殷建红. 会计信息系统 [M]. 8 版. 北京：中国人民大学出版社，2019.

[30] 张新民. 大数据：深刻改变未来 [M]. 北京：科学出版社，2013.

[31] 朱建明. 区块链技术与应用 [M]. 北京：机械工业出版社，2017.